KOCH / HENDLER

Baurecht, Raumordnungs- und Landesplanungsrecht

REIHE
Rechtswissenschaft heute

Baurecht
Raumordnungs- und Landesplanungsrecht

von

Dr. Hans-Joachim Koch

o. Professor an der Universität Hamburg
Richter am Hamburgischen Oberverwaltungsgericht a. D.

und

Dr. Reinhard Hendler

o. Professor an der Universität Trier

3. neu überarbeitete Auflage 2001

RICHARD BOORBERG VERLAG

Stuttgart · München · Hannover · Berlin · Weimar · Dresden

Die Deutsche Bibliothek – CIP-Einheitsaufnahme

Koch, Hans-Joachim:
Baurecht, Raumordnungs- und Landesplanungsrecht / von Hans-Joachim Koch und Reinhard Hendler. Mitbegr. von Rüdiger Hosch. – 3., neu überarb. Aufl.. – Stuttgart ; München ; Hannover ; Berlin ; Weimar ; Dresden : Boorberg, 2001
  (Reihe Rechtswissenschaft heute)
  ISBN 3-415-02776-7

Satz: Dörr + Schiller GmbH, Stuttgart
Druck und buchbinderische Verarbeitung: C. Maurer, Geislingen/Steige
© Richard Boorberg Verlag GmbH & Co, 1988
Internet: www.boorberg.de

Vorwort

Mit dieser Neuauflage wird das Lehrbuch auf den neuesten Stand der bau- und raumordnungsrechtlichen Gesetzgebung, Rechtsprechung und Literatur gebracht. Zudem sind die Bemühungen um die Ausrichtung des Lehrbuchs an den Anforderungen von Studium und Prüfung verstärkt worden, z. b. durch die neu aufgenommenen Hinweise zum Gutachtenaufbau, den Abdruck eines Bebauungsplans mit Begründung sowie eine umfangreiche Rechtsprechungsübersicht. Für kritische Anregungen aus dem Leserkreis sind die Verfasser auch weiterhin stets dankbar.

Gegenüber der Vorauflage ist unverändert geblieben, dass die fachliche Alleinverantwortung für den baurechtlichen Teil bei Hans-Joachim Koch, für den raumordnungs- und landesplanungsrechtlichen Teil bei Reinhard Hendler liegt.

Den Verfassern ist von ihren Mitarbeiterinnen und Mitarbeitern in vielfältiger Weise hilfreiche Unterstützung geleistet worden. Dafür danken sie Herrn Christian Evers, Frau Cornelia Grewing, Herrn Heiko Haller, Herrn Dr. Jörn Heimlich, der sich namentlich um die Aktualisierung der §§ 5, 6 verdient gemacht hat, Herrn Dr. Christian Heitsch, Frau Marianne Hoffmann, Frau Maren Janke, Herrn Thorsten Manegold, Frau Maria Schmitt, Herrn Marcel Séché, Frau Claudia Trenkle (alle Trier) sowie Frau Ursula Prall, Frau Ulrike Wielk, Herrn Markus Detjen, Herrn Dr. Peter Schütte und Herrn Dr. Moritz Reese (alle Hamburg).

Hamburg/Trier, im Dezember 2000

Hans-Joachim Koch   Reinhard Hendler

Inhaltsverzeichnis

Vorwort 5
Schrifttum 15
Abkürzungen 21
Einleitung 27

1. Teil
Raumordnung und Landesplanung

§ 1 Grundlagen 31
I. Gesetzgebungskompetenzen sowie bundes- und landesgesetzliche Regelungen auf dem Gebiet der Raumordnung 31
II. Begriffliche Klärungen und Abgrenzungen 33
   1. Raumordnung, Städtebau und fachliche Raumgestaltung 33
   2. Der Begriff der raumbedeutsamen Planungen und Maßnahmen 34
III. Das System der Raumplanung 36
IV. Aufgabe und Leitvorstellung der Raumordnung sowie das Gegenstromprinzip 38
   1. Inhaltliche Charakterisierungen 38
   2. Rechtliche Bedeutung 40

§ 2 Geschichtliche Entwicklung der Raumordnung und Landesplanung 41

§ 3 Erfordernisse der Raumordnung 43
I. Allgemeine Charakterisierung 43
II. Grundsätze der Raumordnung 44
   1. Begriff 44
   2. Rechtsgrundlagen und Inhalte 44
   3. Bindungswirkung 45
     a) Die Regelung des § 4 Abs. 2 ROG 45
     b) Die Regelung des § 4 Abs. 3 ROG 46
     c) Die Regelung des § 4 Abs. 4 ROG 47
   4. Sonstige rechtliche Bedeutung 48
III. Ziele der Raumordnung 48
   1. Begriff 48
   2. Rechtsgrundlagen und Inhalte 49
   3. Bindungswirkung 52
     a) Die Zielbeachtenspflicht des § 4 Abs. 1 ROG 52
     b) Die Zielbeachtenspflicht des § 4 Abs. 3 ROG 53
     c) Die Zielberücksichtigungspflicht des § 4 Abs. 4 ROG 54
     d) Raumordnungsklauseln 54
     e) Abgeschwächte Zielbeachtenspflichten bei besonderen Bundesmaßnahmen 55
     f) Zielabweichung und Zieländerung 55
   4. Rechtsnatur 56

IV.	Sonstige Erfordernisse der Raumordnung	57
	1. Begriff	57
	2. Bindungswirkungen	57

§ 4 Raumordnung im Bund (Bundesraumordnung, Bundesplanung) 58
I. Überblick 59
II. Bundesraumordnungsprogramm, Raumordnungspolitischer Orientierungsrahmen und Raumordnungspolitischer Handlungsrahmen 59
III. Sonstige Formen der Bundesraumordnung 60

§ 5 Die Raumordnungsplanung auf Landesebene 61
I. Die Vorgaben des Bundesrechts 61
   1. Planungsverpflichtung und Planungsberechtigung 61
   2. Planungsinhalte 62
   3. Planungsverfahren 63
II. Landesrechtliche Ausgestaltungen 64
   1. Baden-Württemberg 64
   2. Bayern 65
   3. Berlin und Brandenburg 67
   4. Hessen 69
   5. Mecklenburg-Vorpommern 71
   6. Niedersachsen 72
   7. Nordrhein-Westfalen 73
   8. Rheinland-Pfalz 74
   9. Saarland 76
   10. Sachsen 78
   11. Sachsen-Anhalt 79
   12. Schleswig-Holstein 80
   13. Thüringen 81

§ 6 Die Raumordnungsplanung auf regionaler Ebene (Regionalplanung) 83
I. Die Vorgaben des Bundesrechts 83
II. Landesrechtliche Ausgestaltungen 85
   1. Baden-Württemberg 85
   2. Bayern 87
   3. Brandenburg 89
   4. Hessen 93
   5. Mecklenburg-Vorpommern 95
   6. Niedersachsen 96
   7. Nordrhein-Westfalen 98
   8. Rheinland-Pfalz 101
   9. Sachsen 103
   10. Sachsen-Anhalt 106
   11. Schleswig-Holstein 108
   12. Thüringen 109

§ 7 Vorbereitung, Verwirklichung und Sicherung der Raumordnungsplanung 112
I. Vorbemerkung 112
II. Untersagung raumordnungswidriger Planungen und Maßnahmen 113

III.	Raumordnungsverfahren	114
	1. Rechtliche Grundlagen	114
	2. Allgemeine Charakterisierung	114
	3. Gegenstand	115
	4. Verfahrensdurchführung	116
	5. Rechtswirkungen und Rechtsnatur des Ergebnisses	117
IV.	Mitteilungs- und Auskunftspflichten	118
	1. Die bundesgesetzlichen Regelungen	118
	a) Unmittelbar geltende Regelungen	118
	b) Anweisungsregelung für die Länder	119
	2. Landesgesetzliche Regelungen	119
V.	Raumordnungskataster, Raumbeobachtung und raumordnerisches Informationssystem	119
VI.	Beratungswesen	120
	1. Planungsbeiräte	120
	2. Gemeinsame Beratung zwischen Bundesregierung und Landesregierungen	121
	3. Weitere Formen der Beratung	121
VII.	Raumordnungsberichte (Landesentwicklungsberichte)	121

§ 8 Raumordnung und Gemeinden 122
I. Einführende Hinweise 123
II. Die Bindung der Gemeinden an die Ziele der Raumordnung 124
III. Die landesplanerische Entschädigung 125
IV. Zur Frage inhaltlicher Bestimmtheit raumordnerischer Pläne 126

§ 9 Gerichtlicher Rechtsschutz gegenüber Raumordnungsplänen 129
I. Vorbemerkungen 130
II. Der Rechtsschutz von Personen des Privatrechts 130
   1. Verwaltungsgerichtliches Normenkontrollverfahren 130
   2. Verwaltungsgerichtliche Inzidentkontrolle 132
III. Der Rechtsschutz der Gemeinden 133
   1. Verfassungsgerichtliche Verfahren 133
   2. Verwaltungsgerichtliches Normenkontrollverfahren 134
   3. Anfechtungsklage 135
   4. Allgemeine Feststellungsklage 135
   5. Verwaltungsgerichtliche Inzidentkontrolle 136

§ 10 Europäische Raumordnung 139

2. Teil
Bauleitplanung

§ 11 Grundlagen 143
I. Gegenstand und Aufgaben der Bauleitplanung 143
II. Die geschichtliche Entwicklung der städtebaulichen Planung 145
III. Das geltende Bauplanungsrecht 152
IV. Übersicht über die nachfolgende Darstellung 153

§ 12 Die Planungshoheit der Gemeinden 154
I. Die verfassungsrechtliche Gewährleistung der gemeindlichen
   Planungshoheit 155
II. Gesetzliche Sicherungen und Beschränkungen der Planungshoheit 160
   1. Schutz der gemeindlichen Planungshoheit 160
   2. Schranken der gemeindlichen Planungshoheit 162
III. Gemeindliche Planungshoheit als wehrfähiges Recht 165

§ 13 Planungspflichten 166
I. Die Erforderlichkeit der Bauleitplanung (§ 1 Abs. 3 BauGB) 168
II. Die Anpassung an die überörtlichen Gesamtplanungen
    (§ 1 Abs. 4 BauGB) 171
   1. Keine Pflicht zur Erstplanung 171
   2. Die rechtlichen Anforderungen an landesplanerische Festsetzungen 172
   3. Die Verbindlichkeit landesplanerischer Festsetzungen 173
   4. Die Durchsetzung des Anpassungsgebots 174
III. Die Anpassung an die überörtlichen Fachplanungen 174
   1. Die Beteiligung der Fachplanungsträger im Verfahren der
      Bauleitplanung 174
   2. Der Planungsverband 175
   3. Die nachrichtliche Übernahme verbindlicher Fachplanungen 175
   4. Die bebauungsrechtliche Privilegierung von Fachplanungen
      (§ 38 BauGB) 175
IV. Vertragliche Verpflichtung zur Bauleitplanung 177

§ 14 Formen der Planung und Gestaltungsmöglichkeiten 179
I. Flächennutzungsplan und Bebauungsplan als Handlungsformen der
   Bauleitplanung 180
   1. Die Funktion des Flächennutzungsplanes 180
   2. Die Funktion des Bebauungsplanes 182
   3. Der vorhabenbezogene Bebauungsplan 183
II. Die Festsetzung baulicher Nutzungen nach der BauNVO 185
   1. Die Art der baulichen Nutzung 186
   2. Das Maß der baulichen Nutzung 187
   3. Die Bauweise 188
III. Umweltschutz durch Festsetzungen im Bebauungsplan 188
   1. Immissionsschutz 189
   2. Naturschutz 192
   3. Altlasten 195

§ 15 Das Verfahren der Bauleitplanung 196
I. Der Gang des Planverfahrens im Überblick 198
II. Elemente der Privatisierung im Bebauungsplanverfahren 200
   1. Kooperatives Städtebaurecht – Ursachen und Entwicklungen 200
   2. Der vorhabenbezogene Bebauungsplan (§ 12 BauGB) 202
   3. Die städtebaulichen Verträge (§ 11 BauGB) 203
   4. Der Projektmittler 203
III. Das Verhältnis von Flächennutzungsplan und Bebauungsplänen 204
IV. Die Beteiligung der Bürger 206
V. Die Umweltverträglichkeitsprüfung (UVP) 210

§ 16 Die Sicherung der Bauleitplanung (§§ 14 ff. BauGB) 213
I. Die Veränderungssperre und die Zurückstellung von Baugesuchen 213
II. Die Teilungsgenehmigung 217
III. Die Vorkaufsrechte der Gemeinde 220

§ 17 Die Rechtfertigung der Planung zwischen planerischer Gestaltungsfreiheit und rechtsstaatlichem Abwägungsgebot 222
I. Das Gebot gerechter Abwägung: Einführende Bemerkungen 223
II. Die normtheoretische Grundlegung: Normstrukturen im Planungsrecht und planerische Gestaltungsfreiheit 225
   1. Die Unterscheidung zwischen konditionaler und finaler Programmierung der Verwaltung 225
   2. Planerische Gestaltung als abwägende Entscheidung zwischen kollidierenden Zielen 227
III. Die Elemente des rechtsstaatlichen Abwägungsgebots im Einzelnen 229
   1. Zur Konkretisierung der Abwägungsregeln 229
      a) Der rechtliche Kern des Abwägungsgebots 229
      b) Der Abwägungsausfall 231
      c) Das Abwägungsdefizit 233
      d) Die Abwägungsdisproportionalität und die Optimierungsgebote.... 234
   2. Sonstige Regeln gerechten Abwägens 240
      a) Das Gebot der Rücksichtnahme 240
      b) Das Gebot der Konfliktbewältigung 241
   3. Die Anwendung des Abwägungsgebots auf Abwägungsvorgang und Abwägungsergebnis 245
IV. Planungsleitsätze als Abwägungsschranken 248

§ 18 Die Rechtswirksamkeit von Bauleitplänen 249
I. Fehlerhafte Bauleitpläne und der Grundsatz der Planerhaltung (§§ 214 ff. BauGB) 250
   1. Vom Nichtigkeitsdogma zum Grundsatz der Planerhaltung 250
   2. Zur Fehleranfälligkeit von Bauleitplänen 252
   3. Die (relative) Unbeachtlichkeit von Fehlern (§ 214 BauGB) 254
   4. Die Rügefristen für beachtliche Verfahrens-, Form- und Abwägungsfehler 256
   5. Das ergänzende Verfahren nach § 215a BauGB 258
   6. Der Grundsatz der Planerhaltung: Verfahrensgestaltung zwischen Effizienz und Fairness 261
II. Die Nichtigkeit funktionsloser planerischer Festsetzungen 262

§ 19 Vermögensrechtliche Plangewährleistung und sonstiges Planschadensrecht (§§ 39 ff. BauGB) 264
I. Problemstellung 266
II. Entschädigung bei Änderung oder Aufhebung einer zulässigen Nutzung .. 267
   1. Zulässige Nutzungen 268
   2. Aufhebung der zulässigen Nutzung 269
III. Ansprüche wegen nachteiliger Festsetzungen im Bebauungsplan 271
IV. Ersatz des Vertrauensschadens 273
V. Die verfassungsrechtliche Einordnung des Planungsschadensrechts 275

§ 20 Die Instrumente der Planverwirklichung im Überblick (Vorkaufsrecht, Baugebot, Enteignung, Umlegung, Erschließung) 279

§ 21 Die Kontrolle der Bauleitpläne 283
I. Verwaltungsinterne Kontrolle im Rahmen von Anzeige- und Genehmigungsverfahren 285
II. Die Bebauungspläne in der abstrakten Normenkontrolle 286
  1. Die Zulässigkeit des Normenkontrollantrages 287
     a) Der Gegenstand eines Normenkontrollverfahrens 287
     b) Die Antragsbefugnis 289
     c) Antragsfrist 292
  2. Die Begründetheit eines Normenkontrollantrages 292
     a) Fehlerhaftigkeit des Bebauungsplanes 292
     b) Die Rechtserheblichkeit der Fehler 295
     c) Aufbauhinweise: Bebauungspläne in der abstrakten Normenkontrolle (§ 47 VwGO) 296
  3. Verfahrensrechtliche Fragen 297
     a) Die Beiladung Drittbetroffener 297
     b) Mündliche Verhandlung 298
     c) Rechtsmittel 299
  4. Die einstweilige Anordnung im Normenkontrollverfahren 300
     a) Normenkontrollverfahren und effektiver Rechtsschutz 300
     b) Zulässigkeit eines Antrages auf einstweilige Anordnung 301
     c) Begründetheit eines Antrages auf einstweilige Anordnung 303
III. Bauleitpläne als Gegenstände inzidenter gerichtlicher Kontrolle 305

§ 22 Das besondere Städtebaurecht im Überblick (Sanierungsmaßnahmen, Entwicklungsmaßnahmen, Erhaltungssatzung, städtebauliche Gebote) 306

§ 23 Die Hauptstadtplanung 311

3. Teil
Zulassung und Überwachung baulicher Anlagen

§ 24 Das Verfahren der Vorhabenzulassung nach den Landesbauordnungen . 315
I. Einführung 316
II. Das Baugenehmigungsverfahren 318
  1. Der Gang des Verfahrens 318
  2. Die zuständigen Behörden 319
  3. Parallele Gestattungsverfahren 322
  4. Baugenehmigung, Teilbaugenehmigung, Vorbescheid 326
III. Das vereinfachte Genehmigungsverfahren 329
IV. Das Bauanzeigeverfahren 330
V. Die verfahrensfreien Vorhaben 332
VI. Der Abbau präventiver Kontrollen – Nutzen und Risiken 333

§ 25 Die bauordnungsrechtlichen Zulässigkeitsvoraussetzungen 337
I. Zum Geltungsbereich der Landesbauordnungen:
   Der Begriff der baulichen Anlage 338
II. Die bauordnungsrechtliche Generalklausel 339
III. Die bauliche Ausnutzung des Grundstücks 341
IV. Anforderungen an die Bauausführung im Überblick 343
V. Bauprodukte 344
VI. Bauliche Gestaltung 346
VII. Notwendige Ausstattung baulicher Anlagen 347
VIII. Ausnahmen und Befreiungen von bauordnungsrechtlichen Anforderungen . 351
IX. Baulasten 353

§ 26 Die bauplanungsrechtlichen Zulässigkeitstatbestände 354
I. Das gesetzliche System der Zulässigkeitstatbestände 354
II. Der Geltungsbereich der bauplanungsrechtlichen Zulässigkeitstatbestände . 356
   1. Der Begriff des baulichen Vorhabens i.S. von § 29 BauGB 357
   2. Der Vorrang der Fachplanungen nach § 38 BauGB 359
III. Vorhaben im Geltungsbereich eines qualifizierten Bebauungsplanes
   (§ 30 Abs. 1 BauGB i.V.m. der BauNVO) 360
   1. Bebauungsplan und Baunutzungsverordnung 362
   2. Das Rücksichtnahmegebot des § 15 BauNVO 364
   3. Insbesondere: Rücksichtnahmegebot und Schutz vor schädlichen
      Umwelteinwirkungen 365
   4. Die Befreiung von planerischen Festsetzungen 368
   5. Erschließung 371
   6. Hinweise zum Gutachtenaufbau 373
IV. Vorhaben innerhalb der im Zusammenhang bebauten Ortsteile
   (§ 34 BauGB) 374
   1. Überblick 376
   2. Der Bebauungszusammenhang als Voraussetzung aller Zulässigkeits-
      tatbestände des § 34 BauGB 378
   3. Der Einfügenstatbestand (§ 34 Abs. 1 BauGB) 379
   4. Der baugebietsorientierte Zulässigkeitstatbestand
      (§ 34 Abs. 2 BauGB) 382
   5. Hinweise zum Gutachtenaufbau 383
V. Vorhaben im Außenbereich (§ 35 BauGB) 384
   1. Überblick 385
   2. Die privilegierten Vorhaben 387
   3. Die sonstigen Vorhaben 389
   4. Die öffentlichen Belange 390
   5. Hinweise zum Gutachtenaufbau 393
VI. Vorhaben im zukünftigen Geltungsbereich eines in der Planung
   befindlichen Bebauungsplanes (§ 33 BauGB) 393
   1. Die Funktion dieses Zulässigkeitstatbestandes 393
   2. Die tatbestandlichen Voraussetzungen 394
VII. Keine Zulässigkeit von Vorhaben wegen Bestandsschutzes oder
   „eigentumskräftig verfestigter Anspruchsposition" 395
   1. Die alte Dogmatik des aktiven Bestandsschutzes 396
   2. Die Wende in der Bestandsschutzrechtsprechung 399

13

VIII. Hinweise zum Gutachtenaufbau: Die Baugenehmigung im Rechtsstreit I (Bauherrenklage) 401

§ 27 Bauaufsichtliche Maßnahmen 403
I. Grundstrukturen des Bauaufsichtsrechts der Landesbauordnungen 403
II. Die Überwachung des Baugeschehens 405
III. Der (passive) Bestandsschutz für rechtmäßige bauliche Anlagen 406
    1. Die Anpassung bestehender Anlagen an neues Baurecht 407
       a) Änderungen des Bauordnungsrechts 407
       b) Änderungen des Bauplanungsrechts 407
    2. Die Anpassung baulicher Anlagen an neue Entwicklungen und Erkenntnisse 409
IV. Die Beseitigung rechtswidriger Zustände 410
V. Die bauaufsichtlichen Ermächtigungsgrundlagen im Überblick 413

§ 28 Nachbarschutz im öffentlichen Baurecht 414
I. Die Verletzung in eigenen Rechten als verwaltungsprozessuale Voraussetzung erfolgreicher Nachbarklagen 416
    1. Überblick 416
    2. Die Schutznormtheorie 418
II. Das Gebot der Rücksichtnahme als nachbarschützendes Element baurechtlicher Normen 421
III. Drittschützende Normen des öffentlichen Baurechts 424
    1. Verankerung des Drittschutzes in den Normen des Bauplanungsrechts . 424
    2. Verankerung des Drittschutzes in den Normen des Bauordnungsrechts . 430
IV. Nachbarschutz aus Grundrechten 430
V. Nachbarschutz nach der Deregulierung 432
VI. Das Verhältnis von öffentlich-rechtlichem und privatrechtlichem Nachbarschutz 435
VII. Die Verwirkung von Abwehrrechten 438
VIII. Hinweise zum Gutachtenaufbau: Die Baugenehmigung im Rechtsstreit II (Nachbarschutz) 438

Anhang
I   Übersicht über höchstrichterliche Entscheidungen 443
II   Bebauungsplan mit Auszügen aus der Begründung 449
III Stichwortverzeichnis 461

Schrifttum

A. Raumordungs- und Landesplanungsrecht

I. Allgemeines Schrifttum

Bielenberg/Erbguth/Runkel, Raumordnungs- und Landesplanungsrecht des Bundes und der Länder. Kommentar und Textsammlung, Loseblattausgabe, Stand: 42. Lfg. 2000

Cholewa et al., Raumordnung in Bund und Ländern. Kommentar zum Raumordnungsgesetz des Bundes und Vorschriftensammlung aus Bund und Ländern, Loseblattausgabe, Stand: Juli 1999

Dörr, Raumordnungs- und Landesplanungsrecht, in: Achterberg/Püttner/Würtenberger (Hrsg.), Besonderes Verwaltungsrecht, Bd. I, 2. Aufl. 2000, S. 544–626

Erbguth/Schoeneberg, Raumordungs- und Landesplanungsrecht, 2. Aufl. 1992

Forsthoff/Blümel, Raumordnungsrecht und Fachplanungsrecht, 1970

Fürst/Ritter, Landesentwicklungsplanung und Regionalplanung. Ein verwaltungswissenschaftlicher Grundriss, 2. Aufl. 1993

Hoppe, Allgemeine Grundlagen, in: Hoppe/ Schoeneberg, Raumordnungs- und Landesplanungsrecht des Bundes und des Landes Niedersachsen, 1987, S. 1–348 (auch abgedruckt in: Hoppe/Menke, Raumordnungs- und Landesplanungsrecht des Bundes und des Landes Rheinland-Pfalz, 1986, S. 1–348)

Ronellenfitsch, Einführung in das Planungsrecht, 1986

Steiner, Raumordnungs- und Landesplanungsrecht, in: ders. (Hrsg.), Besonderes Verwaltungsrecht, 6. Aufl. 1999, S. 745–783

Wahl, Rechtsfragen der Landesplanung und Landesentwicklung, Bd. I und II, 1978

Im Übrigen enthält die unten bei B. aufgeführte baurechtliche Literatur häufig auch einen raumordnungs- und landesplanungsrechtlichen Teil. Hingewiesen sei insoweit auf die Lehrbücher von *Battis, Brohm, Hoppe/Grotefels, Peine* sowie auf die Fallsammlung von *Gubelt*.

II. Länderspezifisches Schrifttum

Baden-Württemberg

Angst/Kröner/Traulsen, Landesplanungsrecht für Baden-Württemberg, 2. Aufl. 1985

Schmidt-Aßmann/Trute, Raumordnung und Landesplanung, in: Maurer/Hendler (Hrsg.), Baden-Württembergisches Staats- und Verwaltungsrecht, 1990, S. 351–373

Bayern

Heigl/Hosch, Raumordnung und Landesplanung in Bayern. Kommentar und Vorschriftensammlung, Loseblattausgabe, Stand: 20. Lfg. 1998

Knemeyer, Raumordnung und Landesplanung, in: Berg et al. (Hrsg.), Staats- und Verwaltungsrecht in Bayern, 6. Aufl. 1996, S. 286–301.

Berlin / Brandenburg

Wimmer, Norbert, Raumordnung und Landesplanung in Berlin und Brandenburg, LKV 1998, 127

Hessen

Ihmels/Köppl, Hessisches Landesplanungsgesetz, 1983

Steinberg, Landesplanungsrecht, in: Meyer/Stolleis, Hessisches Staats- und Verwaltungsrecht, 2. Aufl. 1986, S. 308–329

Lautner, Städtebaurecht, Landes- und Regionalplanungsrecht unter besonderer Berücksichtigung der Rechtslage in Hessen, 3. Aufl. 1990

Niedersachsen

Meier, Raumordnung und Landesplanung, in: Faber/Schneider (Hrsg.), Niedersächsisches Staats- und Verwaltungsrecht, 1985, S. 329–349

Schoeneberg, Landesrecht Niedersachsen, in: Hoppe/Schoeneberg, Raumordnungs- und Landesplanungsrecht des Bundes und des Landes Niedersachsen, 1987, S. 349–610

Nordrhein-Westfalen

Depenbrock/Reiners, Landesplanungsgesetz Nordrhein-Westfalen. Kommentar, 1985

Hoppe, Das Recht der Raumordnung und Landesplanung in Nordrhein-Westfalen, in: Grimm/Papier (Hrsg.), Nordrhein-Westfälisches Staats- und Verwaltungsrecht, 1986, S. 305–378

Niemeier/Dahlke/Lowinski, Landesplanung in Nordrhein-Westfalen. Kommentar zum Landesplanungsgesetz und Landesentwicklungsprogramm, 1977

Rheinland-Pfalz

Brenken/Schefer, Landesplanungsgesetz und Regionengesetz von Rheinland-Pfalz, 2. Aufl. 1983

Menke, Landesrecht Rheinland-Pfalz, in: Hoppe/Menke, Raumordnungs- und Landesplanungsrecht des Bundes und des Landes Rheinland-Pfalz, 1986, S. 349–547

Thüringen

Bauder/Schwartz, Landesplanungsrecht Thüringen, 1992

B. Baurecht

I. Lehr- und Handbücher

1. Bundesrecht

Battis, Öffentliches Baurecht und Raumordnungsrecht, 4. Auflage 1999

Brohm, Öffentliches Baurecht, 2. Auflage 1999

Dürr, Baurecht, 8. Auflage 1996

Finkelnburg/Ortloff, Öffentliches Baurecht, Bd. I, 5. Auflage 1998; Bd. II, 4. Auflage 1998

Gelzer/Birk, Bauplanungsrecht, 6. Auflage, 1998

Hoppe/Grotefels, Öffentliches Baurecht, 1995

Hoppe/Stüer, Die Rechtsprechung zum Bauplanungsrecht, 1995

Hoppenberg, Handbuch des Öffentlichen Baurechts, Loseblatt, Stand: 2000

Krebs, Baurecht, in: Schmidt-Aßmann (Hrsg.), Besonderes Verwaltungsrecht, 11. Auflage 1999

Oldiges, Baurecht, in: Steiner (Hrsg.), Besonderes Verwaltungsrecht, 6. Auflage 1999

Peine, Öffentliches Baurecht, 3. Auflage 1997

Schenke, Bauordnungsrecht, in: Achterberg/Püttner/Würtenberger (Hrsg.), Besonderes Verwaltungsrecht, 2. Auflage, 2000

Schmidt-Eichstaedt, Städtebaurecht, 3. Auflage 1998

Stollmann, Öffentliches Baurecht, 1998

Stüer, Handbuch des Bau- und Fachplanungsrecht, 2. Auflage 1998

2. Landesrecht

Dürr/König, Baurecht für Bayern, 4. Auflage 2000

Dürr/Dahlke-Piel, Baurecht für Sachsen, 2. Auflage 2001 (i. Vb.)

Dürr, Baurecht für Baden-Württemberg, 10. Auflage 2001 (i. Vb.)

Dürr/Seiler-Dürr, Baurecht für Rheinland-Pfalz, 2000

Dürr/Korbmacher, Baurecht für Berlin, 1996

Dürr/Middeke, Baurecht für Nordrhein-Westphalen, 2. Auflage 1999

Dürr/Seiler, Baurecht für die neuen Länder, 1992

Koch, Recht der Landesplanung und des Städtebaus, in: Hoffmann-Riem/Koch (Hrsg.), Hamburgisches Staats- und Verwaltungsrecht, 2. Auflage 1998

Lechelt, Baurecht in Hamburg, 2 Bände, 1994

Hermes, Baurecht, in: Meyer/Stolleis (Hrsg.), Staats- und Verwaltungsrecht für Hessen, 5. Auflage, 2000

II. Kommentare

1. Bundesrecht

Battis/Krautzberger/Löhr, BauGB, 7. Auflage 1999

Bielenberg/Koopmann/Krautzberger, Städtebaurecht, Loseblatt, Stand: Januar 2000

Brügelmann (Kohlhammer-Kommentar), BauGB, Loseblatt, Stand: Juli 2000

Ernst/Zinkahn/Bielenberg, Baugesetzbuch, 6. Auflage 1997, Loseblatt, Stand: April 2000

Fickert/Fieseler, BauNVO, 9. Auflage 1998

König/Roeser/Stock, BauNVO, 1999

Schlichter/Stich (Hrsg.), Berliner Kommentar zum Baugesetzbuch, 2. Auflage 1996 *dies.* (Hrsg.), Berliner Schwerpunkte-Kommentar, 1998

Schrödter, Baugesetzbuch, 6. Auflage 1999

2. Landesrecht

Alexejew/Haase/Großmann/Möhl, Hamburgisches Bauordnungsrecht, Loseblatt, Stand: Juni 1999

Große-Suchsdorf u. a., Niedersächsische Bauordnung, 6. Auflage 1996

Jäde/Weinl/Dirnberger, Bauordnungrecht Brandenburg, Loseblatt, Stand: 2000

Krebs/Böckenförde/Temme, Bauvorschriften für Nordrhein-Westphalen, Loseblatt, Stand: August 2000

Müller/Weiss/Allgeier/Jasch/Skoruppa, Das Baurecht in Hessen, Loseblatt, Stand: März 2000

Sauter/Imig/Kieß/Hornung/Keßler, Landesbauordnung für Baden-Württemberg, Stand: Dezember 1999

Simon, Bayerische Bauordnung, Loseblatt, Stand: 2000

Stich/Gabelmann/Porger, Landesbauordnung Rheinland-Pfalz, Stand: 2000

Thiel/Rößler/Schumacher, Baurecht in Nordrhein-Westphalen, Bauordnungsrecht, Bd. 2, 3/1, Stand: 1999

III. Fallsammlungen

Gubelt, Fälle zum Bau- und Raumordnungsrecht, 4. Auflage, 1995

Seidel, Bauplanungs- und Bauordnungsrecht: Fälle und Lösungen, 1999

Steiner, Baurecht, Prüfe dein Wissen, 2. Auflage, 1996

Abkürzungen

a.A.	anderer Ansicht
aaRT	Allgemein anerkannte Regeln der Technik
ABl.	Amtsblatt
a.F.	alte Fassung
ARGEBAU	Arbeitsgemeinschaft der Länder für das Bau-, Wohnungs- und Siedlungswesen
AöR	Archiv des öffentlichen Rechts
AtomG	Atomgesetz
BaufreistVO	Baufreistellungsverordnung
BauGB	Baugesetzbuch
BauGB-MaßnG	Maßnahmengesetz zum Baugesetzbuch
BauNVO	Baunutzungsverordnung
BauO Bln.	Bauordnung für Berlin
BauO-DDR	Bauordnung der DDR
BauO LSA	Bauordnung des Landes Sachsen-Anhalt
BauO NW	Bauordnung für das Land Nordrhein-Westfalen
BauR	Baurecht
BauROG	Gesetz zur Änderung des Baugesetzbuchs und zur Neuregelung des Rechts der Raumordnung (Bau- und Raumordnungsgesetz 1998 – BauROG) vom 18. 8. 1997 (BGBl. I. S. 2081)
BauZVO	Bauplanungs- und Zulassungsverordnung der DDR
BaWüAGVwGO	Baden-Württembergisches Gesetz zur Ausführung der Verwaltungsgerichtsordnung
BaWüGBl.	Gesetzesblatt für Baden-Württemberg
BaWüLPlG	Baden-Württembergisches Landesplanungsgesetz
BaWüStGHG	Baden-Württembergisches Staatsgerichtshofgesetz
BaWüVerf.	Baden-Württembergische Verfassung
BayAGVwGO	Bayerisches Gesetz zur Ausführung der Verwaltungsgerichtsordnung
BayBO	Bayerische Bauordnung
BayGVBl.	Bayerisches Gesetz- und Verordnungsblatt
BayLPlG	Bayerisches Landesplanungsgesetz
BayVBl.	Bayerische Verwaltungsblätter
BayVerf.	Bayerische Verfassung
BayVerfGH	Bayerischer Verfassungsgerichtshof
BayVfGHG	Bayerisches Verfassungsgerichtshofgesetz
BayVGH	Bayerischer Verwaltungsgerichtshof

BBauBl.	Bundesbaublatt
BBauG	Bundesbaugesetz
BbgBKAusV	Brandenburgische Verordnung über die Bildung des Braunkohlenausschusses
BbgBO	Brandenburgische Bauordnung
BbgGVBl.	Gesetz- und Verordnungsblatt für das Land Brandenburg
BbgLPlG	Brandenburgisches Landesplanungsgesetz und Vorschaltgesetz zum Landesentwicklungsprogramm für das Land Brandenburg
BbgLPlVSchG	Brandenburgisches Vorschaltgesetz zum Landesplanungsgesetz und Landesentwicklungsprogramm
BbgRegBkPlG	Gesetz zur Einführung der Regionalplanung und der Braunkohle- und Sanierungsplanung im Land Brandenburg
BbgVerfG	Brandenburgisches Verfassungsgericht
BbgVwGG	Brandenburgisches Verwaltungsgerichtsgesetz
BBodSchG	Bundesbodenschutzgesetz
Bd.	Band
ber.	berichtigt
BFernStrG	Bundesfernstraßengesetz
BGBl.	Bundesgesetzblatt
BGH	Bundesgerichtshof
BGHZ	Entscheidungen des BGH in Zivilsachen
BImSchG	Bundes-Immissionsschutzgesetz
BImSchV	Bundesimmissionsschutzverordnung
Bln/BbgLPlanV	Vertrag über die Aufgaben und Trägerschaft sowie Grundlagen und Verfahren der gemeinsamen Landesplanung zwischen den Ländern Berlin und Brandenburg (Landesplanungsvertrag)
BlnGVBl.	Gesetz- und Verordnungsblatt für Berlin
BMBau	Bundesministerium für Verkehr, Bau- und Wohnungswesen
BNatSchG	Bundesnaturschutzgesetz
B-Plan	Bebauungsplan
BR-Drs.	Bundesratsdrucksache
BremAGVwGO	Bremisches Gesetz zur Ausführung der Verwaltungsgerichtsordnung
BremLBO	Bremische Landesbauordnung
BremStGHG	Bremisches Staatsgerichtshofgesetz
BRS	Baurechtssammlung
BT-Drs.	Bundestagsdrucksache
BVerfG	Bundesverfassungsgericht
BVerfGE	Entscheidungen des Bundesverfassungsgerichts
BVerfGG	Bundesverfassungsgerichtsgesetz

BVerwG	Bundesverwaltungsgericht
BVerwGE	Entscheidungen des Bundesverwaltungsgerichts
BWaldG	Bundeswaldgesetz
DÖV	Die Öffentliche Verwaltung
DV	Die Verwaltung
DVBl.	Deutsches Verwaltungsblatt
DVO	Durchführungsverordnung
EG	Europäische Gemeinschaft
EGV	Vertrag zur Gründung der Europäischen Gemeinschaft
ESVGH	Entscheidungssammlung des Hessischen Verwaltungsgerichtshofs und des Verwaltungsgerichtshofs Baden-Württemberg
EuGH	Europäischer Gerichtshof
et al.	und andere
EUREK	Europäisches Raumentwicklungskonzept
FHH	Freie und Hansestadt Hamburg
FlugLG	Fluglärmgesetz
Fn.	Fußnote
FN-Plan	Flächennutzungsplan
FG	Festgabe
FS	Festschrift
GastG	Gaststättengesetz
GBl.	Gesetzblatt
GewArch	Gewerbearchiv
GewO	Gewerbeordnung
GG	Grundgesetz
GKG-LSA	Gesetz über kommunale Gemeinschaftsarbeit des Landes Sachsen-Anhalt
GMBl.	Gemeinsames Ministerialblatt
GROVerfV (Bln/Bbg)	Verordnung über die einheitliche Durchführung von Raumordnungsverfahren für den gemeinsamen Planungsraum Berlin-Brandenburg (Gemeinsame Raumordnungsverfahrensverordnung – GROVerfV)
GV NW	Gesetz- und Verordnungsblatt für das Land Nordrhein-Westfalen
GVBl.	Gesetz- und Verordnungsblatt
GVOBl.	Gesetz- und Verordnungsblatt für Schleswig-Holstein
HBauO	Hamburgische Bauordnung
HBO	Hessische Bauordnung
HessAGVwGO	Hessisches Gesetz zur Ausführung der Verwaltungsgerichtsordnung
HessLROP	Hessisches Landesraumordnungsprogramm

HessVGH	Hessischer Verwaltungsgerichtshof
HessWassG	Hessisches Wassergesetz
HLPG	Hessisches Landesplanungsgesetz
Hrsg.	Herausgeber
IK	Innere Kolonisation
i.V.m.	in Verbindung mit
IzR	Informationen zur Raumentwicklung
JA	Juristische Arbeitsblätter
JuS	Juristische Schulung
JZ	Juristenzeitung
LAI	Länderausschuss für Immissionsschutz
LBauO M-V	Landesbauordnung Mecklenburg-Vorpommern
LBO BW	Landesbauordnung für Baden-Württemberg
LBauO Rh.-Pf.	Landesbauordnung Rheinland-Pfalz
LBO Saarl.	Bauordnung für das Saarland
LBO S-H	Landesbauordnung für das Land Schleswig-Holstein
LEGrG	Landesentwicklungsgrundsätzegesetz
LEPro	Landesentwicklungsprogramm
Lfg.	Lieferung
lit.	Buchstabe
LKV	Landes- und Kommunalverwaltung
LPlG	Landesplanungsgesetz
LROP	Landesraumordnungsprogramm
LuftVG	Luftverkehrsgesetz
MBl.	Ministerialblatt
MBO	Musterbauordnung
MeVoGOrgG	Gerichtsorganisationsgesetz des Landes Mecklenburg-Vorpommern
MeVoLPlG	Gesetz über die Raumordnung und Landesplanung des Landes Mecklenburg-Vorpommern
MKRO	Ministerkonferenz für Raumordnung
m.w.N.	mit weiteren Nachweisen
NBauO	Niedersächsische Bauordnung
NdsVerf.	Niedersächsische Verfassung
NdsVwGG	Niedersächsisches Verwaltungsgerichtsgesetz
NJ	Neue Justiz
NJW	Neue Juristische Wochenschrift
NK-Antrag	Normenkontrollantrag

NordÖR	Zeitschrift für öffentliches Recht in Norddeutschland
NROG	Niedersächsisches Gesetz über Raumordnung und Landesplanung
NuR	Natur und Recht
NVwZ	Neue Zeitschrift für Verwaltungsrecht
NVwZ-RR	NVwZ-Rechtsprechungs-Report
NWLEPro	Nordrhein-Westfälisches Landesentwicklungsprogramm
NWLPlG	Nordrhein-Westfälisches Landesplanungsgesetz
NWVBl.	Nordrhein-Westfälische Verwaltungsblätter
NWVerf	Nordrhein-Westfälische Verfassung
NWVerfGH	Nordrhein-Westfälischer Verfassungsgerichtshof
NWVerfGHG	Nordrhein-Westfälisches Verfassungsgerichtshofgesetz
o.J.	ohne Jahresangabe
OVG	Oberverwaltungsgericht
OVGE	Entscheidungen der Oberverwaltungsgerichte
PlanzVO	Planzeichenverordnung
PrGS	Preußische Gesetzessammlung
RegG	Rheinland-Pfälzisches Regionengesetz
RGBl.	Reichsgesetzblatt
RhPfAGVwGO	Rheinland-Pfälzisches Gesetz zur Ausführung der Verwaltungsgerichtsordnung
RhPfLForstG	Rheinland-Pfälzisches Landesforstgesetz
RhPfLPflG	Rheinland-Pfälzisches Landespflegegesetz
RhPfLPlG	Rheinland-Pfälzisches Landesgesetz über Raumordnung und Landesplanung
RhPfVerf.	Rheinland-Pfälzische Verfassung
RhPfVerfGHG	Rheinland-Pfälzisches Verfassungsgerichtshofgesetz
Rn.	Randnummer/Randnummern
ROG	Raumordnungsgesetz
ROV	Raumordnungsverordnung
RSU	Sachverständigenrat für Umweltfragen
SaAnAGVwGO	Gesetz zur Ausführung der Verwaltungsgerichtsordnung des Landes Sachsen-Anhalt
SaAnLPlG	Landesplanungsgesetz des Landes Sachsen-Anhalt
SaAnLPlVSchG	Vorschaltgesetz zur Raumordnung und Landesentwicklung des Landes Sachsen-Anhalt
SaarlAGVwGO	Saarländisches Ausführungsgesetz zur Verwaltungsgerichtsordnung
SächsBO	Sächsische Bauordnung
SächsLPlG	Gesetz zur Raumordnung und Landesplanung des Freistaates Sachsen

SächsGOrgG	Sächsisches Gerichtsorganisationsgesetz
SächsVBl.	Sächsisches Verwaltungsblatt
SchlHAGVwGO	Schleswig-Holsteinisches Ausführungsgesetz zur Verwaltungsgerichtsordnung
SchlHLEGrG	Schleswig-Holsteinisches Landesentwicklungsgrundsätzegesetz
SchlHLPlG	Schleswig-Holsteinisches Gesetz über die Landesplanung
SLPG	Saarländisches Landesplanungsgesetz
StAnz.	Staatsanzeiger
StBauFG	Städtebauförderungsgesetz
StGH BW	Baden-Württembergischer Staatsgerichtshof
TA Lärm	Technische Anleitung zum Schutz gegen Lärm
TA Luft	Technische Anleitung zur Reinhaltung der Luft
ThLPlG	Thüringer Landesplanungsgesetz
ThürAGVwGO	Thüringer Gesetz zur Ausführung der Verwaltungsgerichtsordnung
ThürBO	Thüringer Bauordnung
ThürWaldG	Thüringer Waldgesetz
UPR	Umwelt- und Planungsrecht
UTR	Umwelt- und Technikrecht
UVP	Umweltverträglichkeitsprüfung
VEPl	Vorhaben- und Erschließungsplan
VerfGH	Verfassungsgerichtshof
VerfVO-RROP	Verordnung über das Verfahren zur Aufstellung und Abstimmung sowie über die Art der Darstellung der Regionalen Raumordnungsprogramme
VerwArch	Verwaltungsarchiv
VG	Verwaltungsgericht
VGH	Verwaltungsgerichtshof
VR	Verwaltungsrundschau
VwGO	Verwaltungsgerichtsordnung
VwGOÄndG	Gesetz zur Änderung der VwGO
VwVfG	Verwaltungsverfahrensgesetz
WHG	Wasserhaushaltsgesetz
WiVerw	Wirtschaft und Verwaltung
ZAU	Zeitschrift für angewandte Umweltforschung
ZfBR	Zeitschrift für deutsches und internationales Baurecht
ZUR	Zeitschrift für Umweltrecht

Einleitung

Um die Nutzung des Bodens konkurrieren viele Interessenten. Für das Wohnen einschließlich sozialer und kultureller Nebeneinrichtungen, für Gewerbe und Industrie sowie für Verkehrseinrichtungen aller Art wird in zunehmendem und inzwischen Besorgnis erregendem Maße Boden „verbraucht".[1] Diese Nutzungsansprüche sowie das Interesse an der Erhaltung von Natur und Landschaft werden von verschiedenen Fachbehörden verwaltet.

Bauliche Anlagen bedürfen regelmäßig einer **Baugenehmigung**, die von der Bauaufsichtsbehörde nach Maßgabe der städtebaulichen (§§ 29 ff. BauGB), der bauordnungsrechtlichen (Bauordnungen der Länder) und sonstigen öffentlich-rechtlichen Normen erteilt wird. Auch Anlagen, die wegen ihrer spezifischen Gefährlichkeit einer **besonderen** Genehmigungspflicht unterliegen – beispielsweise nach dem BImSchG oder AtomG – müssen den baurechtlichen Genehmigungvoraussetzungen genügen. Die Erfüllung der baurechtlichen Anforderungen wird dann allerdings teilweise nicht im Rahmen des baurechtlichen, sondern im Rahmen des besonderen Genehmigungsverfahrens überprüft. In diesen Fällen schließt dann die „Spezial"-Genehmigung die Baugenehmigung ein (vgl. z. B. § 13 BImSchG).

Anders verhält es sich mit einer Reihe wichtiger baulicher Vorhaben, die von bestimmten baurechtlichen Anforderungen freigestellt sind (vgl. § 38 BauGB) und deren Zulässigkeit nach Maßgabe besonderer gesetzlicher Regelungen unter Befreiung vom Erfordernis einer Baugenehmigung in **Planfeststellungsverfahren** festgestellt wird. Zu diesen Vorhaben gehören u. a. Flughäfen, Bundesfernstraßen und Abfalldeponien. Die Planfeststellungsbehörden sind nach dem jeweiligen Fachgesetz verpflichtet, städtebauliche Aspekte zu berücksichtigen. Eine solche Berücksichtigung ist jedoch weniger als eine strikte Beachtung der städtebaulichen Zulässigkeitsvoraussetzungen.[2] Wesentlicher Grund für diese relative Freistellung solcher Vorhaben vom öffentlichen Baurecht ist ihr **überörtlicher** Charakter. Bundesfernstraßen beispielsweise können und müssen zwar mit Rücksicht auf örtliche Belange, jedoch letztlich nicht in durchgehender Bindung an diese Belange verwirklicht werden. Gerade die bauplanungsrechtlichen Genehmigungstatbestände erhalten von örtlichen Zielvorstellungen der Gemeinde und von den örtlichen Gegebenheiten ihre Maßstäblichkeit und können daher überörtlichen Anliegen wie dem Fernstraßenbau nur begrenzt gerecht werden.

Gleichsam im Gegensatz zur Genehmigung bzw. Planfeststellung baulicher Anlagen stehen **Schutzgebietsfestsetzungen**, jedenfalls soweit es beispielsweise um die Festsetzung von Natur- und Landschaftsschutzgebieten geht

---

[1] Einen Überblick hierzu bietet die Bodenschutzkonzeption der Bundesregierung: BT-Drs. 10/2977.
[2] Vgl. näher unten § 13, Rn. 16 ff.

(vgl. §§ 12 ff. BNatSchG sowie die entsprechenden Regelungen in den Landesnaturschutzgesetzen).

5 Die vorstehend dargestellten konkreten, rechtsverbindlichen Entscheidungen über die Zulässigkeit bzw. Unzulässigkeit bestimmter Bodennutzungen bedürfen einer **planerischen Koordination**, wenn nicht gänzlich unerträgliche Nutzungssituationen beispielsweise in Form eines räumlichen Durcheinanders von Wohn- und Industrienutzung entstehen sollen. Neben der Koordination von Nutzungswünschen ist auch die Sicherung von Zielen des Allgemeinwohls wie etwa des Schutzes von Natur und Landschaft effektiv nur durch eine **vorausschauende, lenkende Planung** möglich.

6 Auf **örtlicher Ebene** soll diese planerische Koordination und vorausschauende Lenkung wesentlich durch die **Bauleitplanung** bewältigt werden. Diese muss im Regelfall in zwei Stufen erfolgen. Vorrangig sind die **Grundzüge** der beabsichtigten Bodennutzung für das **ganze** Gemeindegebiet im **Flächennutzungsplan** darzustellen (vgl. § 5 BauGB). Auf dieser Grundlage sind sodann für **Teile** des Gemeindegebiets die zulässigen Nutzungen detailliert und mit Rechtsverbindlichkeit für die Bürger in Bebauungsplänen festzusetzen (vgl. § 9 BauGB).[3] Diese planerischen Festsetzungen sind sodann bei der Erteilung von Baugenehmigungen grundsätzlich einzuhalten (§§ 30, 31 BauGB).[4] Soweit ein Bebauungsplan nicht existiert, enthalten die städtebaulichen Genehmigungstatbestände des BauGB sozusagen hilfsweise Gesichtspunkte für eine die Verträglichkeit sichernde Koordination von Nutzungswünschen (§§ 34, 35 BauGB).

7 Auch wenn die gemeindliche Bauleitplanung die Belange des Naturschutzes und der Landschaftspflege, insbesondere des Naturhaushalts, zu beachten hat (§ 1 Abs. 5 Nr. 7 BauGB), so ist gleichwohl durch das BNatSchG eine spezifische Landschaftsplanung vorgesehen, die auf **örtlicher** Ebene in Form eines **Landschaftsplanes** erfolgen soll (§§ 5–7 BNatSchG). Die Regelung des Verhältnisses zur Bauleitplanung hat der Bundesgesetzgeber dabei den Ländern überlassen (§ 6 Abs. 3, 4 BNatSchG), die sehr unterschiedliche Gestaltungen normiert haben. Einige Länder haben die Landschaftsplanung auf örtlicher Ebene in die Bauleitplanung integriert, andere haben die Landschaftsplanung als eigenständige Planung ausgestaltet. Unabhängig von dieser Gestaltung bleibt zu beachten, dass die Bauleitplanung **die** räumliche Gesamtplanung auf örtlicher Ebene darstellt, d.h. die Planung, die im Prinzip alle konkurrierenden Formen der Bodennutzung zu berücksichtigen und zu einem Ausgleich zu bringen hat. Die Landschaftsplanung ist demgegenüber **eine** räumliche Fachplanung, die lediglich bestimmte, wenn auch wichtige öffentliche Belange zu verwalten hat. Sie hat dabei auf die „Verwertbarkeit des Landschaftsplanes für die Bauleitplanung... Rücksicht zu nehmen" (§ 6 Abs. 3 Satz 2 BNatSchG).

---

3 Einzelheiten zur Bauleitplanung unten § 14, Rn. 1 ff.
4 Näher dazu unten § 26, Rn. 20 ff.

Auf **überörtlicher** Ebene ist die planerische Koordination und Lenkung der **8**
Bodennutzung die Aufgabe von **Raumordnung und Landesplanung**.[5] Das
der Erfüllung dieser Aufgabe dienende Hauptinstrument, die überörtliche
räumliche Gesamtplanung, wird in schwach ausgeprägter Form auf Bundesebene, hauptsächlich aber auf Landesebene sowie auf regionaler Ebene eingesetzt. Raumordnung und Landesplanung sind an gesetzlich vorgegebene
Raumordnungsgrundsätze (§ 2 ROG) gebunden, zu deren Konkretisierung
die Planungsträger vor allem **Ziele** der Raumordnung aufstellen (§ 7 Abs. 1,
§ 3 Nr. 2 ROG). Ein solches Ziel ist beispielsweise die Festlegung der Zentralitätsstruktur eines Landes, mit der Orten die Aufgabe von Ober-, Mitteloder Unterzentren zugewiesen wird. Die Subjekte öffentlicher Verwaltung,
teilweise auch Personen des Privatrechts, sind bei ihren raumbedeutsamen
Planungen und Maßnahmen an diese Ziele gebunden (§ 4 Abs. 1, 3 ROG; § 1
Abs. 4 BauGB; § 6 Abs. 3 Satz 1 Hs. 1 BNatSchG etc.). Einigen überörtlichen
Fachplanungen ist allerdings eine recht starke Stellung gegenüber der Raumordnung und Landesplanung eingeräumt worden (§ 5 ROG).

Im Folgenden wird die **räumliche Gesamtplanung** zunächst auf überörtlicher **9**
Ebene (1. Teil), sodann auf örtlicher Ebene (2. Teil) dargestellt. Aus dem
Bereich der konkreten Entscheidungen über Formen der Bodennutzung
wird anschließend das **Baugenehmigungsrecht** behandelt (3. Teil). Die räumlichen Fachplanungen sind nicht Gegenstand des Buches.

---

5 Ausführlich unten *Teil 1*.

1. Teil

Raumordnung und Landesplanung

§ 1 Grundlagen

Literatur: *Bielenberg/Erbguth/Runkel*, Raumordnungs- und Landesplanungsrecht des Bundes und der Länder. Kommentar und Textsammlung, Loseblattausgabe (Stand: 42. Lfg. 2000), J 610; *Cholewa* et al., Raumordnung in Bund und Ländern. Kommentar zum Raumordnungsgesetz des Bundes und der Länder, Loseblattausgabe (Stand: Juli 1999), Einführung III – IX; *Erbguth/Schoeneberg*, Raumordnungs- und Landesplanungsrecht, 2. Aufl. 1992, S. 21–68; *Hendler*, Zur Einführung: Raumplanungsrecht, JuS 1979, 618; *Hoppe*, Allgemeine Grundlagen, in: *Hoppe/Schoeneberg*, Raumordnungs- und Landesplanungsrecht des Bundes und des Landes Niedersachsen, 1987, S. 1 (11–58); *Peine*, Öffentliches Baurecht, 3. Aufl. 1997, S. 1–21.

I. Gesetzgebungskompetenzen sowie bundes- und landesgesetzliche Regelungen auf dem Gebiet der Raumordnung

Nach Art. 75 Abs. 1 Nr. 4 GG besitzt der **Bund** die **Rahmengesetzgebungskompetenz** zur **Raumordnung**. Von dieser Kompetenz hat er durch den Erlass des **Raumordnungsgesetzes** Gebrauch gemacht.[1]   **1**

Dem Bund ist ferner vom Bundesverfassungsgericht eine ausschließliche gesetzgeberische **Vollkompetenz kraft Natur der Sache** über die raumordnerische Gestaltung des Gesamtraums der Bundesrepublik Deutschland (Bundesplanung) zugestanden worden.[2] Doch sind bisher keine gesetzlichen Regelungen zu einer das gesamte deutsche Staatsgebiet umfassenden, gegenüber den Ländern verbindlichen Raumordnungsplanung des Bundes ergangen. Im Schrifttum besteht eine Kontroverse darüber, inwieweit derartige Regelungen zulässig sind.[3]   **2**

Die **Flächenländer** haben ausnahmslos eigene raumordnungsrechtliche Gesetze erlassen, die vielfach als **Landesplanungsgesetze** bezeichnet werden und der Ausfüllung des vom Bund im Raumordnungsgesetz gesetzten Rahmens dienen. Insoweit ist auf folgende Gesetze zu verweisen: **3**

---

[1] Raumordnungsgesetz (ROG) vom 18. 8. 1997 (BGBl. I S. 2081), geändert durch Gesetz vom 15. 12. 1997 (BGBl. I S. 2902). Das Raumordnungsgesetz vom 8. 4. 1965 (BGBl. I S. 306), das in der Folgezeit mehrfach geändert worden war, ist durch Art. 11 Abs. 2 BauROG aufgehoben worden.
[2] BVerfGE 3, 407 (427f.); 15, 1 (16).
[3] Vgl. dazu *Bielenberg/Erbguth/Runkel*, Raumordnungs- und Landesplanungsrecht des Bundes und der Länder. Kommentar und Textsammlung, Loseblattausgabe (Stand: 42. Lfg. 2000), J 610 Rn. 58ff. m.w.N.

- Baden-Württembergisches Landesplanungsgesetz i.d.F. der Bekanntmachung vom 8.4.1992 (GBl. S. 229), zuletzt geändert durch Art. 12 des Gesetzes vom 16.12.1996 (GBl. S. 776, 779),
- Bayerisches Landesplanungsgesetz (BayLPlG) i.d.F. der Bekanntmachung vom 16.9.1997 (GVBl. S. 501), zuletzt geändert durch Gesetz vom 25.4.2000 (GVBl. S. 280),
- Brandenburgisches Landesplanungsgesetz und Vorschaltgesetz zum Landesentwicklungsprogramm für das Land Brandenburg (Brandenburgisches Landesplanungsgesetz – BbgLPlG) vom 20.7.1995 (GVBl. I S. 210), Gesetz vom 20.7.1995 (GVBl. I S. 210) zu dem Vertrag über die Aufgaben und Trägerschaft sowie Grundlagen und Verfahren der gemeinsamen Landesplanung zwischen den Ländern Berlin und Brandenburg (Landesplanungsvertrag) vom 6.4.1995, geändert durch Gesetz vom 4.2.1998 (GVBl. I S. 14) zum Staatsvertrag über das gemeinsame Landesentwicklungsprogramm der Länder Berlin und Brandenburg (Landesentwicklungsprogramm) und über die Änderung des Landesplanungsvertrages vom 7.8.1997, Gesetz zur Einführung der Regionalplanung und der Braunkohlen- und Sanierungsplanung im Land Brandenburg (RegBkPlG) vom 13.5.1993 (GVBl. I S. 170), geändert durch Gesetz vom 20.7.1995 (GVBl. I S. 210),
- Hessisches Landesplanungsgesetz (HLPG) vom 29.11.1994 (GVBl. I S. 707),
- Gesetz über die Raumordnung und Landesplanung des Landes Mecklenburg-Vorpommern – Landesplanungsgesetz (LPlG) – vom 5.5.1998 (GVBl. S. 503, ber. S. 613),
- Niedersächsisches Gesetz über Raumordnung und Landesplanung (NROG) i.d.F. vom 27.4.1994 (GVBl. S. 212), geändert durch Gesetz vom 21.11.1997 (GVBl. S. 481),
- Nordrhein-Westfälisches Landesplanungsgesetz (LPlG) i.d.F. der Bekanntmachung vom 29.6.1994 (GV NW S. 474, ber. S. 702),
- Rheinland-Pfälzisches Landesplanungsgesetz (LPlG) i.d.F. der Bekanntmachung vom 8.2.1977 (GVBl. S. 5), zuletzt geändert durch Gesetz vom 18.7.1996 (GVBl. S. 268),
- Saarländisches Landesplanungsgesetz (SLPG) vom 27.4.1994 (ABl. S. 866),
- Gesetz zur Raumordnung und Landesplanung des Freistaates Sachsen (Landesplanungsgesetz – SächsLPlG), zuletzt geändert durch Gesetz vom 6.9.1995 (GVBl. S. 281, 285),
- Landesplanungsgesetz des Landes Sachsen-Anhalt (LPlG) vom 28.4.1998 (GVBl. S. 255),
- Schleswig-Holsteinisches Gesetz über die Landesplanung (Landesplanungsgesetz) i.d.F. vom 10.2.1996 (GVOBl. S. 232),
- Thüringer Landesplanungsgesetz (ThLPlG) i.d.F. vom 17.7.1991 (GVBl. S. 210).

4 In den **Stadtstaaten** Berlin, Bremen und Hamburg, für die bundesrechtliche Sonderregelungen gelten[4], sind keine eigenständigen Landesgesetze auf dem Gebiet der Raumordnung ergangen. Soweit es um Berlin geht, sind allerdings die staatsvertraglichen Vereinbarungen mit dem Land Brandenburg über die gemeinsame Landesplanung und das gemeinsame Landesentwicklungsprogramm zu beachten.[5]

5 Wie in diesem Zusammenhang hervorgehoben sei, haben die Länder ihr Raumordnungsrecht (Landesplanungsrecht) vielfach noch nicht dem neuen Raum-

---
4 Vgl. § 8 Abs. 1 Satz 2 ROG.
5 Vgl. dazu oben bei Rn. 3 die entsprechenden Angaben zum Land Brandenburg.

ordnungsgesetz des Bundes angepasst, das mit Beginn des Jahres 1998 in Kraft getreten ist (Art. 2, 11 Abs. 1 BauROG). In § 22 ROG ist den Ländern für diese Anpassung eine Vierjahresfrist eingeräumt worden. Es dürfte daher alsbald eine rege gliedstaatliche Raumordungsgesetzgebung einsetzen.

II. Begriffliche Klärungen und Abgrenzungen

1. Raumordnung, Städtebau und fachliche Raumgestaltung

Unter dem **Begriff der Raumordnung** (Art. 75 Abs. 1 Nr. 4 GG) ist die hoheitliche Gestaltung des **Raumes jenseits der Ortsebene** unter **überörtlichen** und **überfachlichen** Gesichtspunkten zu verstehen, die **nicht unmittelbar** die rechtlichen Beziehungen des Menschen zum Grund und Boden betrifft. **6**

Hiervon abzugrenzen ist das **Bodenrecht**. Dieses zeichnet sich dadurch aus, dass es auf die **unmittelbaren** rechtlichen Beziehungen des Menschen zum Grund und Boden gerichtet ist.[6] Das Bodenrecht gehört zu den Materien der **konkurrierenden Gesetzgebung** (Art. 74 Abs. 1 Nr. 18 GG) und stellt die Grundlage für die Regelung des **Städtebaus** dar. Auf dieser Grundlage ist beispielsweise das **Baugesetzbuch** erlassen worden.[7] Der **Begriff des Städtebaus** bezieht sich auf die hoheitliche, die Regelung der **unmittelbaren** rechtlichen Beziehungen des Menschen zum Grund und Boden einschließende Gestaltung des **lokalen Raumes** unter **überfachlichen** und **örtlichen** Gesichtspunkten. **7**

Die Raumordnung unterscheidet sich hiernach vom Städtebau durch das Merkmal der Überörtlichkeit (des Raumes und der Gestaltungsgesichtspunkte) sowie den Umstand, dass sie nicht die Regelung der unmittelbaren rechtlichen Beziehungen des Menschen zum Grund und Boden umfasst. Das für die Raumordnung konstitutive weitere Merkmal der Überfachlichkeit stellt das Abgrenzungskriterium zu einer Gestaltung des Raumes dar, die primär unter einem besonderen Sachgesichtspunkt erfolgt, etwa dem der Verkehrsinfrastruktur, der Wasserwirtschaft oder des Naturschutzes und der Landschaftspflege. Derartige **fachliche (sektorale) Raumgestaltungen**, die insbesondere als **Fachplanungen** in Erscheinung treten, sind ein Teil der Kompetenzmaterie, zu der der Sachgesichtspunkt gehört, dem sie dienen. **8**

Beispiel: Die der Verwirklichung der Ziele des Naturschutzes und der Landschaftspflege dienende Landschaftsplanung (§§ 5–7 BNatSchG) ist der Kompetenzmaterie des Naturschutzes und der Landschaftspflege zuzuordnen (Art. 75 Abs. 1 Nr. 3 GG).

---

[6] BVerfGE 3, 407 (424).
[7] Baugesetzbuch (BauGB) vom 23. 6. 1960 (BGBl. I S. 341) i. d. F. der Bekanntmachung vom 27. 8. 1997 (BGBl. I S. 2141), zuletzt geändert durch Gesetz vom 17. 12. 1997 (BGBl. I S. 3108, ber. BGBl. I 1998 S. 137). Vgl. dazu unten die Bearbeitung des Zweiten Teils.

Im Gegensatz zu den fachlichen Raumgestaltungen bezieht sich die **Raumordnung** auf die **räumliche Gesamtstruktur.**

9 Nicht selten wird bei der Bestimmung des Raumordnungsbegriffs im Einklang mit bundesverfassungsgerichtlichen Äußerungen[8] auf die Merkmale der Übergeordnetheit und Zusammenfassung zurückgegriffen.[9] In den §§ 1 Abs. 1 Satz 1, 8 Abs. 1 ROG werden diese Merkmale zur näheren Kennzeichnung der Raumordnungspläne herangezogen. Das BVerfG hat die Raumordnung als „zusammenfassende, übergeordnete Planung und Ordnung des Raumes" charakterisiert und im weiteren ausgeführt: „Sie ist übergeordnet, weil sie überörtliche Planung ist und weil sie vielfältige Fachplanungen zusammenfasst und aufeinander abstimmt".[10] Wenn auch der undifferenzierten Gleichsetzung von Raumordnung und Planung nicht gefolgt werden kann[11], so wird doch bei den begrifflichen Konkretisierungen des BVerfG im Übrigen deutlich, dass es hier der Sache nach um die Merkmale der Überörtlichkeit und Überfachlichkeit geht. Als unzutreffend erweist sich ein Begriffsverständnis, wonach die Raumordnung in dem Sinne übergeordnet ist, dass die ihr zuzurechnende Planung rechtliche Bindungswirkungen gegenüber anderen hoheitlichen raumbezogenen Planungen entfaltet. Zwar gehen von der Raumordnungsplanung zurzeit auf Grund einfachgesetzlicher Regelung (§ 4 ROG, § 1 Abs. 4 BauGB) derartige Bindungswirkungen aus. Doch handelt es sich hierbei nicht um ein konstitutives Begriffsmerkmal. Denn der Gesetzgeber könnte auch eine rein persuasorische Raumordnung einführen.[12]

2. Der Begriff der raumbedeutsamen Planungen und Maßnahmen

10 Beim Begriff der raumbedeutsamen Planungen und Maßnahmen handelt es sich um einen raumordnungsrechtlichen **Schlüsselbegriff**. Dies geht schon daraus hervor, dass zum Gegenstand der Raumordnung im verfassungsrechtlichen Sinn (Art. 75 Abs. 1 Nr. 4 GG) ausschließlich raumbedeutsame Planungen und Maßnahmen gehören. Der Begriff wird zudem in mehreren Rechtsvorschriften ausdrücklich verwandt (z. B. in § 4 Abs. 1, § 14, § 15 Abs. 1, § 16, § 18 Abs. 1 ROG).

11 Eine **Legaldefinition** des Begriffs der raumbedeutsamen Planungen und Maßnahmen ist in § 3 Nr. 6 ROG enthalten. Danach umfasst dieser Begriff Planungen (auch Raumordnungspläne), Vorhaben und sonstige Maßnahmen, durch die Raum in Anspruch genommen oder die räumliche Entwicklung oder Funktion eines Gebietes beeinflusst wird (einschließlich des Einsatzes der hierfür vorgesehenen Finanzmittel).

12 Wie sich der Definition entnehmen lässt, erstreckt sich der Maßnahmebegriff auch auf Planungen und Vorhaben. Dass der Gesetzgeber die Planungen besonders erwähnt hat, erklärt sich aus ihrer hervorgehobenen Bedeutung im

---

8 BVerfGE 3, 407 (425).
9 Vgl. z. B. *Krautzberger*, in: Battis/Krautzberger/Löhr, Baugesetzbuch, 7. Aufl. 1999, § 1 Rn. 37.
10 Vgl. dazu oben Fn. 8.
11 Zum Verhältnis von Raumordnung und Planung vgl. unten § 1 Rn. 17.
12 Zumindest mißverständlich daher *Hoppe*, Planung, in: Isensee/Kirchhof (Hrsg.), Handbuch des Staatsrechts, Bd. III, 1988, S. 653 (665, Rn. 24); *Hoppe/Grotefels*, Öffentliches Baurecht, 1995, § 1 Rn. 10.

Bereich der Raumordnung. Mit der besonderen Erwähnung der Vorhaben hat er verdeutlicht, dass raumbedeutsame Vorhaben i. S. d. § 35 Abs. 3 Satz 2 BauGB zu den raumbedeutsamen Maßnahmen i. S. d. Raumordnungsrechts gehören.[13]

Bemerkenswert ist ferner, dass in der Legaldefinition des § 3 Nr. 6 ROG zwischen raumbeanspruchenden und raumbeeinflussenden Maßnahmen unterschieden wird. Im Einzelfall kann die Beurteilung der Frage, ob sich eine bestimmte Tätigkeit als raumbeanspruchend oder bloß raumbeeinflussend, als Planung, Vorhaben oder sonstige Maßnahme erweist, erhebliche Schwierigkeiten aufwerfen. Zu beachten ist jedoch, dass hier mit unterschiedlichen Zuordnungen keine differierenden Rechtsfolgen verbunden sind. Der Zuordnung kommt lediglich rechtssystematische Bedeutung zu. Es genügt letztlich die Feststellung, dass eine raumbedeutsame Maßnahme vorliegt, wobei eine mittelbare Raumwirksamkeit ausreicht.[14] Allerdings muss es sich um eine Maßnahme von **überörtlicher** Bedeutung handeln. Dies folgt aus dem Rechtsbegriff der Raumordnung (Art. 75 Abs. 1 Nr. 4 GG), zu dessen Merkmalen die Überörtlichkeit gehört.

13

Die raumbedeutsamen Planungen und Maßnahmen können ebensowohl öffentlichrechtlicher wie privatrechtlicher Natur sein. Sie umfassen grundsätzlich auch Normsetzungsakte. Allerdings vertritt das BVerwG die Auffassung, dass **gesamtraumbezogene Rechtsverordnungen** aus dem Begriff der raumbedeutsamen Planungen und Maßnahmen ausscheiden.[15] Darunter sind solche (bundesrechtlichen) Rechtsverordnungen zu verstehen, die nicht auf die Gestaltung bestimmter Einzel- oder Teilräume zielen, sondern für den Gesamtraum der Bundesrepublik einheitlich geltendes Recht schaffen.

14

Beispiel (nach BVerwGE 77, 47, aus der Zeit vor der gesetzlichen Neuordnung des Post- und Fernmeldewesens): Rechtsverordnung des zuständigen Bundesministers zur Festlegung der Kriterien für die Bildung von Nah- und Ferndienstbereichen im Fernsprechverkehr als Grundlage des Gesprächstarifsystems. Bei der verordnungsrechtlichen Kriterienfestlegung handelt es sich insofern nicht um Planung, als es an plantypischen Inhalten fehlt. Zudem geht es hier nicht um bauliche Anlagen, sodass auch kein Vorhaben vorliegt. Eine sonstige Maßnahme i. S. d. § 3 Nr. 6 ROG scheidet ebenfalls aus, weil die Festlegung nicht einzel-, sondern gesamtraumbezogen ist. Sie zielt nicht auf die Gestaltung bestimmter Teilräume, sondern schafft für den Gesamtraum der Bundesrepublik Deutschland einheitlich geltendes Recht. Dass sie sich auf die raumstrukturelle Entwicklung auszuwirken vermag, erweist sich als unbeachtlich.

Inwieweit die übrige (d. h. die nicht gesamtraumbezogene) verordnungsrechtliche Normsetzung dem Begriff der raumbedeutsamen Planungen und Maßnahmen unterfällt, hat das BVerwG nicht abschließend entschieden. Ausschlaggebend ist jedoch, dass § 3 Nr. 6 ROG keinen rechtsformbezogenen

15

---

13 Vgl. BT-Drucks. 13/6392, S. 81.
14 Zur mittelbaren Raumwirksamkeit, die in den Einzelheiten noch streitig ist, vgl. im näheren z. B. *Bielenberg/Erbguth/Runkel* (Fn. 3), K § 3 Rn. 245; *Hoppe*, Allgemeine Grundlagen, in: Hoppe/Schoeneberg, Raumordnungs- und Landesplanungsrecht des Bundes und des Landes Niedersachsen, 1987, S. 1 (67, Rn. 162).
15 BVerwGE 77, 47 (54).

Differenzierungsgesichtspunkt, sondern ausschließlich materielle Anforderungen enthält. Außerdem erstreckt die Vorschrift den Begriff der raumbedeutsamen Planungen und Maßnahmen ausdrücklich auf Raumordnungspläne, wobei bedeutsam ist, dass diese häufig als Rechtsverordnungen, Satzungen oder formelle Gesetze ergehen. Hieraus lässt sich die Schlussfolgerung ziehen, dass raumbedeutsame Planungen und Maßnahmen vorliegen, wenn die materiellen Anforderungen des § 3 Nr. 6 ROG erfüllt sind, gleichviel, ob Normsetzungsakte oder andere Handlungsformen in Rede stehen.

16 Der Begriff der raumbedeutsamen Planungen und Maßnahmen umfasst nach alledem zahlreiche unterschiedliche Tätigkeiten.

Beispiele: Bebauungsplanung, Flächennutzungsplanung, Regionalplanung, Planfeststellungen, Ausweisung von Naturschutzgebieten, Auflegung von Förderungsprogrammen zur Industrieansiedlung, Errichtung eines Windenergieparks (Ansammlung von Windenergieanlagen) etc.

III. Das System der Raumplanung

17 Die **Raumordnungsplanung** steht zur Raumordnung in einem instrumentalen Verhältnis. Sie ist ein besonders wichtiges Handlungsinstrument der Raumordnung. Ein weiteres Handlungsinstrument stellt beispielsweise die Wirtschaftsförderung dar.

18 In systematischer Hinsicht gehört die Raumordnungsplanung zur Kategorie der **räumlichen Gesamtplanung**, die ihrerseits von der Kategorie der **räumlichen Fachplanung** zu unterscheiden ist. Die räumliche Fachplanung stellt das Handlungsinstrument der fachlichen (sektoralen) Raumgestaltung dar. Sie ist dementsprechend auf die förmlich-planerische Gestaltung des Raumes vornehmlich unter einem besonderen Sachgesichtspunkt gerichtet. Bei näherer Betrachtung untergliedert sie sich in dreifacher Weise, und zwar in die **Planfeststellungen** (einschließlich Plangenehmigungen), die **Schutzgebietsfestsetzungen** sowie die **sonstigen räumlichen Fachplanungen**.

19 Bei den **Planfeststellungen** (einschließlich Plangenehmigungen) handelt es sich um die Aufstellung verbindlicher Pläne zur Errichtung spezieller Anlagen.

Beispiele: Straßen, Flugplätze, Abfalldeponien.

Da für Planfeststellungen und Plangenehmigungen bei grundsätzlich gleichen Rechtswirkungen lediglich unterschiedliche verfahrensrechtliche Anforderungen bestehen (vgl. z.B. § 74 VwVfG), ist es gerechtfertigt, beiden Einrichtungen denselben Standort im System der Raumplanung zuzuweisen.

20 Die **Schutzgebietsfestsetzungen** sind dadurch gekennzeichnet, dass bestimmte territoriale Bereiche förmlich ausgewiesen werden, für die besondere Regelungen vor allem hinsichtlich der Bodennutzung gelten sollen. Sie werden daher auch als **Nutzungsregelungen** bezeichnet.

Beispiele: Wasserschutzgebiete, Naturschutzgebiete, militärische Schutzbereiche.

Zu den **sonstigen räumlichen Fachplanungen** gehören alle raumbezogenen hoheitlichen Planungen, die der Wahrnehmung spezieller Fachbelange dienen, ohne sich den Planfeststellungen oder den Schutzgebietsfestsetzungen zuordnen zu lassen.

Beispiele: Landschaftsplanung, Schulentwicklungsplanung, Krankenhausbedarfsplanung.

21

Die Kategorie der räumlichen Gesamtplanung umfasst neben der Raumordnungsplanung auch die **städtebauliche Planung**, die sich als Handlungsinstrument des Städtebaus erweist und gesetzlich als Bauleitplanung ausgestaltet ist. Die beiden Arten der räumlichen Gesamtplanung unterscheiden sich indes nicht nur dadurch, dass die Raumordnungsplanung überörtlichen und die städtebauliche Planung örtlichen Charakter trägt. Vielmehr sind hier noch drei weitere Unterscheidungsmerkmale bedeutsam.

22

Einmal ist zu beachten, dass die städtebauliche Planung als Gegenstand des Bodenrechts der **konkurrierenden Gesetzgebung** (Art. 74 Abs. 1 Nr. 18 GG) unterliegt, während die Raumordnungsplanung zur **rahmenrechtlichen Gesetzgebungsmaterie** der Raumordnung (Art. 75 Abs. 1 Nr. 4 GG) gehört. Zum anderen stellt die städtebauliche Planung eine Angelegenheit der örtlichen Gemeinschaft i. S. d. Art. 28 Abs. 2 Satz 1 GG dar. Infolgedessen wird sie von der Verfassungsgarantie der gemeindlichen Selbstverwaltung erfasst, was bei der Raumordnungsplanung nicht der Fall ist. Ferner regelt die städtebauliche Planung in Gestalt der Bebauungsplanung durch „parzellenscharfe" Vorschriften **unmittelbar** die Nutzung des Bodens und damit auch **Rechte und Pflichten der einzelnen Staatsbürger** (namentlich der Grundstückseigentümer). Demgegenüber erzeugt die Raumordnungsplanung mit ihren grobmaschigeren, mehr Grundsatz- oder Richtliniencharakter tragenden Bestimmungen unmittelbare rechtliche Bindungswirkungen hauptsächlich nur im Bereich der öffentlichen Verwaltung. Dies gilt jedenfalls insoweit, als sich die gesetzliche Ausgestaltung der Raumordnungsplanung auf den Kompetenztitel der Raumordnung (Art. 75 Abs. 1 Nr. 4 GG) stützt. Sollen Private an die Inhalte von Raumordnungsplänen gebunden werden (wie es nunmehr § 4 ROG abweichend vom früheren Recht vorsieht[16]), sind andere Kompetenztitel heranzuziehen.

23

Die Raumordnungsplanung tritt derzeit auf drei räumlichen Ebenen in Erscheinung, und zwar auf Bundesebene als **Bundesplanung** (Bundesraumordnung)[17], auf Landesebene als **hochstufige Landesplanung**[18] sowie auf regionaler Ebene als **Regionalplanung**.[19]

24

In Schleswig-Holstein gibt es zudem eine förmliche, durch Gesetz geregelte **Kreisentwicklungsplanung**.[20] Zwar steht diese nach der landesgesetzlichen Systematik außerhalb

25

---

16 Näher dazu unten § 3 Rn. 9 ff., 39 ff.
17 Vgl. näher unten § 4.
18 Vgl. näher unten § 5.
19 Vgl. näher unten § 6.
20 §§ 11–13a SchlHLPlG. Vgl. hierzu auch *Göb/Laux/Salzwedel/Breuer*, Kreisentwicklungsplanung, 1974; *Conrad/Marheinecke*, Kreisentwicklungsplanung in Schleswig-Holstein, 1977; *P. C. Ernst*, Verfassungsrechtliche und sonstige Vorgaben der Kreisentwicklungsplanung, 1979.

der Raumordnungsplanung, denn zu den in § 3 Abs. 1 SchlHLPlG jeweils aufgeführten Plänen der Raumordnung gehören die Kreisentwicklungspläne nicht. Sie enthalten auch keine Ziele der Raumordnung. Gleichwohl weist die Kreisentwicklungsplanung auffällige Ähnlichkeiten mit der Raumordnungsplanung auf, zumal ihre Aufgabe u. a. darin besteht, die angestrebte Entwicklung der kreisangehörigen Gemeinden im Rahmen ihrer durch Raumordnungspläne festgelegten Funktionen sowie die Zuordnung der kreisangehörigen Gemeinden oder Gemeindeteile zu zentralen Orten zu konkretisieren (§ 11 Abs. 3 Nrn. 3, 4 SchlHLPlG). Es handelt sich hierbei um charakteristische raumordnerische Aussagen, und zwar mit Bindungswirkung gegenüber den Gemeinden (§ 12 Abs. 2 SchlHLPlG).

26 Die Abstufung von der größeren zur kleineren Raumeinheit setzt sich auf der Ortsebene mit der **städtebaulichen Planung** (Bauleitplanung) fort, die ihrerseits aus der **Flächennutzungsplanung** sowie der **Bebauungsplanung** besteht. Dabei erstreckt sich der Flächennutzungsplan nach der gesetzlichen Konzeption über das gesamte Gemeindegebiet (§ 5 Abs. 1 Satz 1 BauGB), der Bebauungsplan dagegen nur über ein gemeindliches Teilgebiet (§ 9 Abs. 7 BauGB).

27 Zur Veranschaulichung der vorstehenden Ausführungen sei auf die grafische Skizze des Systems der Raumplanung verwiesen (S. 39).

IV. Aufgabe und Leitvorstellung der Raumordnung sowie das Gegenstromprinzip

28 Zu Aufgabe und Leitvorstellung der Raumordnung trifft § 1 ROG einige allgemeine Aussagen. Außerdem enthält die Vorschrift das Gegenstromprinzip.

1. Inhaltliche Charakterisierungen

29 Nach § 1 Abs. 1 ROG bezieht sich die **Aufgabe der Raumordnung** auf die **Entwicklung, Ordnung** und **Sicherung** des **Gesamtraums** sowie der **Teilräume** der Bundesrepublik Deutschland. Die Aufgabenerfüllung erfolgt mit Hilfe von **Raumordnungsplänen** sowie der **Abstimmung raumbedeutsamer Planungen und Maßnahmen**. Der Einsatz dieser Instrumente zielt auf **Abstimmung** der unterschiedlichen Anforderungen an den Raum, auf **Konfliktausgleich** sowie auf **Vorsorge** für einzelne Raumfunktionen und Raumnutzungen.

30 **Leitvorstellung** ist bei alledem – wie aus § 1 Abs. 2 Satz 1 ROG hervorgeht – die **nachhaltige Raumentwicklung**. Diese zeichnet sich nach der gesetzgeberischen Konkretisierung dadurch aus, dass sie die sozialen und wirtschaftlichen Ansprüche an den Raum mit dessen ökologischen Funktionen in Einklang bringt und zu einer dauerhaften, großräumig ausgewogenen Ordnung führt. Im weiteren sind acht spezielle Anforderungen an die nachhaltige Raument-

§ 1 Grundlagen

Das System der Raumplanung

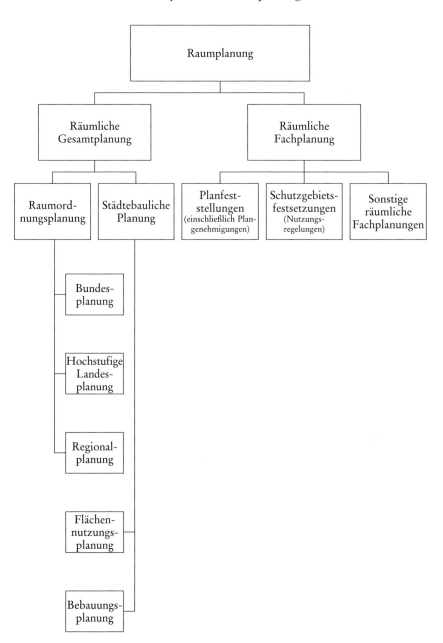

wicklung normiert worden (§ 1 Abs. 2 Satz 2 ROG). Sie betreffen die Individualfreiheit, den Umweltschutz, die wirtschaftliche Entwicklung, das Offenhalten von Raumnutzungsoptionen, die teilräumliche Vielfalt, die Gleichwertigkeit der Lebensverhältnisse, die infolge der deutschen Vereinigung virulent gewordenen raumstrukturellen Ungleichgewichte sowie den europäischen Einigungsprozess.

31 Das **Gegenstromprinzip** stellt einen traditionellen Bestandteil des Raumordnungsrechts dar. Es ist Gegenstand des § 1 Abs. 3 ROG, der eine **Legaldefinition** enthält, wonach sich die Entwicklung, Ordnung und Sicherung der Teilräume in die Gegebenheiten und Erfordernisse des Gesamtraums einfügen soll, während die Entwicklung, Ordnung und Sicherung des Gesamtraums die Gegebenheiten und Erfordernisse seiner Teilräume berücksichtigen soll.

2. Rechtliche Bedeutung

32 Die rechtliche Bedeutung des § 1 ROG besteht vor allem darin, dass hier ein allgemeiner Rahmen für die Aufstellung von Raumordnungsgrundsätzen durch die Länder festgelegt und eine Orientierungshilfe für die Anwendung der bundesrechtlichen Raumordnungsgrundsätze geliefert wird (§ 2 Abs. 1, 3 ROG).

33 Hinsichtlich des § 1 Abs. 3 ROG (Gegenstromprinzip) kommt die Besonderheit hinzu, dass diese Vorschrift starke prozedurale Implikationen aufweist. Daraus erklärt es sich, dass im Schrifttum vielfach auch vom Gegenstromverfahren gesprochen wird.[21] Von entscheidender Bedeutung ist in diesem Zusammenhang, dass die in § 1 Abs. 3 ROG geforderte strukturelle und funktionale Harmonie zwischen dem Gesamtraum und seinen Einzelräumen wesentlich davon abhängt, inwieweit die an der planerischen Gestaltung der jeweiligen Raumeinheiten beteiligten Hoheitsträger untereinander kooperieren. Der Bundesgesetzgeber hat dem Rechnung getragen und die Grundsatzregelung des § 1 Abs. 3 ROG durch verschiedene Vorschriften verfahrensrechtlich ausgeformt. So haben beispielsweise die Länder nach § 14 Satz 1 ROG eine **allgemeine Abstimmungspflicht** der öffentlichen Stellen sowie der Privatrechtssubjekte i. S. d. § 4 Abs. 3 ROG bei der Ausübung raumbedeutsamer Tätigkeiten zu normieren. Und § 9 Abs. 4 ROG schreibt den Ländern vor, die Regionalplanung für **kommunale Einwirkungen** zu öffnen.

---

[21] Vgl. insb. *Braese*, Das Gegenstromverfahren in der Raumordnung – zum Abstimmungsverfahren bei Planungen, 1982.

§ 2 Geschichtliche Entwicklung der Raumordnung und Landesplanung

Literatur: *Umlauf*, Wesen und Organisation der Landesplanung, o. J. (1958); *Cholewa* et al., Raumordnung in Bund und Ländern. Kommentar zum Raumordnungsgesetz des Bundes und Vorschriftensammlung aus Bund und Ländern, Loseblattausgabe (Stand: Juli 1999), Einführung II; *Erbguth/Schoeneberg*, Raumordnungs- und Landesplanungsrecht, 2. Aufl. 1992, S. 1–7; *Wahl*, Rechtsfragen der Landesplanung und Landesentwicklung, Bd. I, 1978, S. 171–202; *Fürst/Ritter*, Landesentwicklung und Regionalplanung, 2. Aufl. 1993, S. 5–17.

Raumordnung und Landesplanung sind – von älteren historischen Vorläufern abgesehen – zu Beginn des 20. Jahrhunderts aus den Bemühungen um die Bewältigung der Stadt-Umland-Problematik hervorgegangen. Zur Lösung dieser Problematik, die sich im Zuge der Industrialisierung und dem damit verbundenen starken Wachstum der Städte herausgebildet hatte, wurden überörtliche Sonderinstitutionen mit raumplanerischer Aufgabenstellung geschaffen. 1

Im Jahre 1911 entstand der **Verband Groß Berlin**, bei dem es sich um den gesetzlichen Zusammenschluss des Stadtkreises Berlin mit sechs weiteren Stadtkreisen, zwei Landkreisen und acht kreisangehörigen Gemeinden handelte. Er war als kommunaler Zweckverband verfasst. Seine Aufgaben betrafen die Sachgebiete des Verkehrs, der Flächenfreihaltung sowie des Siedlungswesens.¹ 2

Ein weiteres wichtiges Ereignis für die geschichtliche Entwicklung der Raumordnung und Landesplanung stellt die Gründung des **Siedlungsverbands Ruhrkohlenbezirk** dar, die „zur Förderung der Siedlungstätigkeit" erfolgte. Der Verband bestand zum Gründungszeitpunkt aus mehr als zwei Dutzend Stadt- und Landkreisen. Zu seinem Aufgabenbereich gehörten u. a. bestimmte raumplanerische Maßnahmen von überörtlicher Bedeutung (namentlich auf dem Sachgebiet des Fluchtlinienwesens), die Förderung des öffentlichen Nahverkehrs sowie die Schaffung und Sicherung größerer Freiflächen.² 3

Die in der Errichtung der beiden erwähnten Verbände zum Ausdruck kommenden Entwicklungsansätze wurden in der Folgezeit verstärkt aufgegriffen und ausgebaut. In zahlreichen Regionen (z. B. Düsseldorf, Münsterland, West- und Ost-Sachsen, Brandenburg-Mitte, Rhein-Main, Merseburg etc.) entstanden **Landesplanungsverbände** (bzw. ähnlich bezeichnete Einrichtungen gleicher Art), die sich im Jahre 1929 zur **Arbeitsgemeinschaft der Landesplanungsstellen** zusammenschlossen. 4

Während der totalitären Herrschaftsperiode des Nationalsozialismus erfolgte eine deutliche Intensivierung der Raumordnung und Landesplanung. Auch in 5

---

1 Zweckverbandsgesetz für Groß Berlin vom 19. 7. 1911 (PrGS S. 123).
2 Gesetz, betreffend Verbandsordnung für den Siedlungsverband Ruhrkohlenbezirk, vom 5. 5. 1920 (PrGS S. 286).

organisationsrechtlicher Hinsicht fanden weit reichende Veränderungen statt. Im Jahre 1935 wurde durch Gesetz die „Reichsstelle zur Regelung des Landbedarfs der öffentlichen Hand" errichtet, die dem Reichskanzler, der seinerzeit zugleich als „Führer" figurierte, unmittelbar unterstand.³ Sie erhielt wenig später im Wege des Erlasses die Bezeichnung **Reichsstelle für Raumordnung**. Gleichzeitig wurde ihr „die zusammenfassende, übergeordnete Planung des deutschen Raumes für das gesamte Reichsgebiet" übertragen.⁴ Da die Reichsstelle für Raumordnung zudem mit umfangreichen Weisungs- und Regelungsbefugnissen ausgestattet war⁵, erwies sie sich als ein zentralistisches raumpolitisches Lenkungsorgan.

6 Nach dem Zweiten Weltkrieg verlief die Entwicklung zunächst recht zögernd. Ursächlich hierfür dürften nicht zuletzt die grundsätzlichen Vorbehalte gegenüber staatlicher Planungstätigkeit gewesen sein. Raumordnung und Landesplanung waren einmal dadurch suspekt geworden, dass der nationalsozialistische Staat sie wesentlich gefördert hatte. Hinzu kamen nachhaltige politisch-ideologische Bestrebungen, sich von Modellen sozialistischer Planwirtschaft deutlich abzusetzen. Vor dem politischen Erfahrungshintergrund der Nachkriegszeit schien einiges dafür zu sprechen, dass staatliche Planung ein Erzeugnis totalitärer Herrschaftsformen darstellt. Doch setzte sich zunehmend die Erkenntnis durch, dass auch ein freiheitlicher, den Gedanken der Marktwirtschaft betonender Staat auf Planung nicht völlig verzichten kann, wenn er seiner Verantwortung für die gegenwärtigen und künftigen Lebensbedingungen gerecht werden will.

7 Während es vor dem Jahr 1960 lediglich in Nordrhein-Westfalen und Bayern Landesplanungsgesetze gab, setzte in der darauf folgenden Zeit eine außerordentlich rege gesetzgeberische Tätigkeit auf dem Sachgebiet der Raumordnung und Landesplanung ein. Noch vor dem Jahr 1970 bestanden in allen Flächenländern raumordnungsrechtliche Spezialgesetze. Hervorzuheben ist zudem der **Erlass des Raumordnungsgesetzes** durch den Bund im Jahr 1965. Inzwischen sind die betreffenden Gesetze des Bundes und der Länder vielfach geändert worden. Nach der deutschen Vereinigung im Jahr 1990 haben auch die neu hinzugekommenen Flächenländer raumordnungsrechtliche Spezialgesetze erlassen.⁶

---

3 Gesetz über die Regelung des Landbedarfs der öffentlichen Hand vom 29. 3. 1935 (RGBl. S. 468).
4 Erlaß über die Reichsstelle für Raumordnung vom 26. 6. 1935 (RGBl. S. 793).
5 Vgl. neben dem Hinweis oben in Fn. 4 auch den zweiten Erlaß über die Reichsstelle für Raumordnung vom 18. 12. 1935 (RGBl. S. 1515).
6 Zu den derzeit bestehenden gesetzlichen Grundlagen der Raumordnung und Landesplanung vgl. oben § 1 Rn. 1 ff.

§ 3 Erfordernisse der Raumordnung

Literatur: *Bielenberg/Erbguth/Runkel*, Raumordnungs- und Landesplanungsrecht des Bundes und der Länder. Kommentar und Textsammlung, Loseblattausgabe (Stand: 42. Lfg. 2000), K § 3 Rn. 5–200, §§ 4, 5; *Brummund*, Die Grundsätze der Raumordnung, 1989; *Cholewa* et al., Raumordnung in Bund und Ländern. Kommentar zum Raumordnungsgesetz des Bundes und Vorschriftensammlung aus Bund und Ländern, Loseblattausgabe (Stand: Juli 1999), § 3 Rn. 8–35, §§ 4, 5; *Erbguth*, Das Gebot einer materiellen Abgrenzung zwischen Grundsätzen und Zielen der Raumordnung, LKV 1994, 89; *Folkerts*, Raumordnungsziele im Ländervergleich, 1988; *Goppel*, Ziele der Raumordnung, BayVBl. 1998, 289; ders., Grundsätze der Raumordnung in Raumordnungsplänen, BayVBl. 1999, 331; *Hoppe*, Allgemeine Grundlagen, in: Hoppe/Schoeneberg, Raumordnungs- und Landesplanungsrecht des Bundes und des Landes Niedersachsen, 1987, S. 1 (59–66); ders., Zur Abgrenzung der Ziele der Raumordnung (§ 3 Nr. 2 ROG) von Grundsätzen der Raumordnung (§ 3 Nr. 3 ROG) durch § 7 Abs. 1 Satz 3 ROG, DVBl. 1999, 1457; *Lehners*, Raumordnungsgebiete nach dem Raumordnungsgesetz 1998, 1998; *Passlick*, Die Ziele der Raumordnung und Landesplanung, 1986; *Schulte*, Ziele der Raumordnung, NVwZ 1999, 942; *Spiecker*, Raumordnung und Private, 1999.

Fall 1: Die Gemeinde G liegt an einem Fluss in einem landschaftlich reizvollen Gebiet, das durch den Landesentwicklungsplan im Rahmen der Festlegung der Ziele der Raumordnung und Landesplanung zum „ökologischen Vorranggebiet" erklärt worden ist. Zu diesen Zielen gehört ferner, dass G – ebenso wie den Nachbargemeinden – die „raumordnerische Hauptfunktion Fremdenverkehr und Erholung" zukommt. Der Landesentwicklungsplan ist nach den Vorschriften des Landesplanungsgesetzes aufgestellt, von der Landesregierung durch Beschluss für verbindlich erklärt und öffentlich bekannt gemacht worden.

G möchte in ihrer Bauleitplanung die Voraussetzungen für die Errichtung einer großindustriellen Anlage schaffen. Einwänden, dass dies mit dem im Landesentwicklungsplan festgelegten Zielen der Raumordnung und Landesplanung unvereinbar und daher unzulässig sei, hält sie entgegen, der Plan könne für sie schon deshalb nicht verbindlich sein, weil er keine Rechtssatzform (Gesetz, Rechtsverordnung, Satzung) aufweise. Außerdem sei sie bei ihrer Bauleitplanung zur Abwägung berechtigt und verpflichtet (§ 1 Abs. 6 BauGB). Sie habe alle Gesichtspunkte sorgfältig abgewogen und dabei die Erkenntnis gewonnen, dass sie die besten Zukunftschancen besitze, wenn sie die auf Grund ihrer günstigen Flusslage gegebenen Möglichkeiten, sich zu einer Industriegemeinde zu entwickeln, konsequent nutze. Infolgedessen habe sie den industriellen Belangen Priorität eingeräumt. Da bereits ein kapitalkräftiger Investor bereitstehe, müssten die Ziele der Raumordnung ausnahmsweise zurücktreten. Wie ist die Argumentation der G rechtlich zu beurteilen?

I. Allgemeine Charakterisierung

Den **Erfordernissen der Raumordnung** kommt wegen der von ihnen ausgehenden rechtlichen **Bindungswirkungen** (§§ 4, 5 ROG) eine hervorgehobene Bedeutung zu. Diese Bindungswirkungen erstrecken sich traditionell im Wesentlichen auf **Verwaltungssubjekte**. Soweit es um **private Rechtsträger** geht, sind sie durch das zu Beginn des Jahres 1998 in Kraft getretene neue

1

bundesgesetzliche Raumordnungsrecht deutlich ausgedehnt worden. Bei dieser Ausdehnung handelt es sich gleichsam um die raumordnungsrechtliche Antwort auf die gegenwärtige „Privatisierungswelle". Auf nähere Einzelheiten der Bindungswirkungen wird noch zurückzukommen sein.

2 Nach § 3 Nr. 1 ROG untergliedern sich die **Erfordernisse der Raumordnung** in drei Arten, und zwar in
- die Grundsätze der Raumordnung,
- die Ziele der Raumordnung sowie
- die sonstigen Erfordernisse der Raumordnung.

Zwischen den drei Arten der Raumordnungserfordernisse bestehen erhebliche rechtliche Unterschiede.

II. Grundsätze der Raumordnung

1. Begriff

3 Wie aus § 3 Nr. 4 ROG hervorgeht, handelt es sich bei den (in § 2 Abs. 2 ROG enthaltenen oder auf Grund des § 2 Abs. 3 ROG aufgestellten) Grundsätzen der Raumordnung um **allgemeine Aussagen** zur Entwicklung, Ordnung und Sicherung des Raumes als **Vorgaben für nachfolgende Abwägungs- oder Ermessensentscheidungen**. Die Begriffsbestimmung ist dahin zu ergänzen, dass Entsprechendes für die **Auslegung unbestimmter Rechtsbegriffe** (öffentliches Interesse, Wohl der Allgemeinheit etc.) sowie die **Ausübung etwaiger Beurteilungsspielräume** gilt.

2. Rechtsgrundlagen und Inhalte

4 Eine katalogartige Zusammenstellung von Grundsätzen der Raumordnung findet sich in der Vorschrift des § 2 Abs. 2 ROG. Nach § 2 Abs. 3 ROG können zudem die Länder im Rahmen der bundesrechtlichen Vorgaben des § 2 Abs. 2 sowie des § 1 ROG weitere Grundsätze aufstellen. Dies gilt sowohl für die Landesplanungsgesetze (einschließlich ergänzender Gesetze) als auch für die Raumordnungspläne.[1] In den Ländern ist die Aufstellung zusätzlicher Raumordnungsgrundsätze in großem Umfang erfolgt, wobei allerdings zum Teil abweichende Bezeichnungen gewählt worden sind (Landesentwicklungsgrundsätze, raumpolitische Grundsätze etc.).[2]

5 Soweit es um die Inhalte der Raumordnungsgrundsätze geht, trifft § 2 Abs. 2 Nr. 1 ROG für den Gesamtraum der Bundesrepublik Deutschland die Gene-

---

[1] Näher dazu *Goppel*, Grundsätze der Raumordnung in Raumordnungsplänen, BayVBl. 1999, 331 ff.
[2] Vgl. z.B. Art. 2 BayLPlG; § 3 HessLPlG; § 2 MeVoLPlG; §§ 1 ff. NWLEPro; §§ 3–13 SchlHLEGrG; § 2 ThLPlG.

ralaussage, dass eine **ausgewogene Siedlungs- und Freiraumstruktur** zu entwickeln und die **Funktionsfähigkeit des Naturhaushalts** zu sichern ist. Konkretisierungen zur Ausgestaltung der Siedlungs- und Freiraumstruktur sind in § 2 Abs. 2 Nrn. 2, 3 ROG, zur Funktionsfähigkeit des Naturhaushalts in § 2 Abs. 2 Nr. 8 ROG enthalten.

Von erhöhter praktischer Bedeutung ist der Grundsatz, dass die Siedlungstätigkeit auf ein **System leistungsfähiger Zentraler Orte** auszurichten ist (§ 2 Abs. 2 Nr. 2 Satz 2 ROG). In den Zentralen Orten, die durch Raumordnungspläne festgelegt werden sollen (§ 7 Abs. 2 Nr. 1 lit. b ROG), ist nach § 2 Abs. 2 Nr. 4 Satz 2 ROG die soziale Infrastruktur (Schulen, Krankenhäuser, Theater, Sportarenen, Einzelhandelsgroßprojekte etc.) zu bündeln. Soweit die Zentralen Orte in ländlichen Räumen liegen, sind sie als Träger der teilräumlichen Entwicklung zu unterstützen (§ 2 Abs. 2 Nr. 6 Satz 3 ROG). 6

Zu den **ländlichen Räumen** gehören die Gebiete außerhalb der verdichteten Räume mit deren Randzonen. Unter **verdichteten Räumen** sind dabei Gebiete mit einer erhöhten Konzentration von Einwohnern und Arbeitsplätzen zu verstehen. Nach § 2 Abs. 2 Nr. 6 Satz 1 ROG sind die ländlichen Räume als Lebens- und Wirtschaftsräume mit eigenständiger Bedeutung zu sichern. Dies betrifft eine besonders wichtige raumordnerische Aufgabe, weil die Landbevölkerung im Fall der Vernachlässigung ihrer Lebensbedingungen erfahrungsgemäß in die großstädtischen Verdichtungsräume abwandert, wodurch sich die hier bestehenden sozialen Probleme verschärfen. Zu den Verdichtungsräumen heißt es in § 2 Abs. 2 Nr. 5 Satz 1 ROG, dass sie als Wohn-, Produktions- und Dienstleistungsschwerpunkte zu sichern sind. 7

Ein bedeutsames Anliegen der Raumordnung besteht zudem in der **Stärkung der strukturschwachen Räume**. Nach der **Legaldefinition** des § 2 Abs. 2 Nr. 7 Satz 1 ROG handelt es sich hierbei um Räume, in denen die Lebensbedingungen in ihrer Gesamtheit im Verhältnis zum Bundesdurchschnitt wesentlich zurückgeblieben sind oder ein solches Zurückbleiben zu befürchten ist. Für diese Räume ist vorgesehen, dass die Entwicklungsvoraussetzungen bevorzugt zu verbessern sind, insbesondere hinsichtlich ausreichender und qualifizierter Ausbildungs- und Erwerbsmöglichkeiten, angemessener Umweltbedingungen sowie einer zeitgerechten Infrastrukturausstattung (§ 2 Abs. 2 Nr. 7 ROG). Weitere Grundsätze betreffen beispielsweise die Wirtschaftsstruktur, die Landwirtschaft, den Wohnbedarf der Bevölkerung, die zivile und militärische Verteidigung sowie Erholung, Freizeit und Sport (§ 2 Abs. 2 Nrn. 9, 10, 11, 14, 15). 8

3. Bindungswirkung

a) Die Regelung des § 4 Abs. 2 ROG

Die Grundsätze der Raumordnung sind zunächst von **öffentlichen Stellen** (§ 3 Nr. 5 ROG) zu **berücksichtigen**. Dies ergibt sich aus § 4 Abs. 2 ROG. Danach greift die Berücksichtigungspflicht ein, wenn öffentliche Stellen 9

- eigene **raumbedeutsame Planungen und Maßnahmen** durchführen (§ 4 Abs. 2 i.V.m. Abs. 1 Satz 1 ROG),
- über die Zulässigkeit raumbedeutsamer Maßnahmen, die von **anderen öffentlichen Stellen** durchgeführt werden, durch **Genehmigung, Planfeststellung** oder **in sonstiger Form** entscheiden (§ 4 Abs. 2 i.V.m. Abs. 1 Satz 2 Nr. 1 ROG),
- über die Zulässigkeit raumbedeutsamer Maßnahmen, die von **Personen des Privatrechts** durchgeführt werden, durch **Planfeststellung** oder **Plangenehmigung** entscheiden (§ 4 Abs. 2 i.V.m. Abs. 1 Satz 2 Nr. 2 ROG).

10 Die Berücksichtigung der Raumordnungsgrundsätze erfolgt dabei in der **Abwägung** oder der **Ermessensausübung**, und zwar **nach Maßgabe der dafür geltenden Vorschriften**. Die zuletzt genannte Einschränkung bedeutet z.B., dass eine Berücksichtigung ausscheidet, wenn die fachgesetzlichen Spezialvorschriften die Einbeziehung von Raumordnungsbelangen in die Abwägungs- oder Ermessensentscheidung nicht zulassen. Der Abwägung und Ermessensausübung i.S.d. § 4 Abs. 2 ROG stehen im Übrigen die Auslegung unbestimmter Rechtsbegriffe sowie die Ausübung etwaiger Beurteilungsspielräume gleich.

b) Die Regelung des § 4 Abs. 3 ROG

11 Die Regelung des § 4 Abs. 3 ROG enthält **zwei Fälle** einer **Gleichstellung von Personen des Privatrechts mit öffentlichen Stellen** i.S.d. § 3 Nr. 5 ROG. Die Gleichstellung erfolgt dann, wenn

- eine Person des Privatrechts, an der öffentliche Stellen mehrheitlich beteiligt sind, raumbedeutsame Planungen und Maßnahmen in Wahrnehmung öffentlicher Aufgaben durchführt, oder
- eine Person des Privatrechts in Wahrnehmung öffentlicher Aufgaben raumbedeutsame Planungen und Maßnahmen durchführt, die überwiegend mit öffentlichen Mitteln finanziert werden.

12 Für die dargelegten beiden Fälle ordnet § 4 Abs. 3 ROG hinsichtlich der Raumordnungsgrundsätze die entsprechende Anwendung des § 4 Abs. 2 ROG an, der seinerseits auf § 4 Abs. 1 ROG verweist. Dabei bedeutet die entsprechende Anwendung des § 4 Abs. 2 i.V.m. Abs. 1 Satz 1 ROG, dass die betreffenden **Personen des Privatrechts** selbst **Adressaten der Berücksichtigungspflicht** sind.

13 Die entsprechende Anwendung des § 4 Abs. 2 i.V.m. Abs. 1 Satz 2 Nr. 1 ROG hat in den Gleichstellungsfällen des § 4 Abs. 3 ROG zur Folge, dass die öffentlichen Stellen (Behörden) auch dann zur Berücksichtigung von Raumordnungsgrundsätzen verpflichtet sind, wenn sie über die Zulässigkeit solcher raumbedeutsamer Maßnahmen entscheiden, die nicht von anderen öffentlichen Stellen, sondern von Personen des Privatrechts durchgeführt werden. Adressaten der Berücksichtigungspflicht sind hier mithin nicht die Personen des Privatrechts, sondern die Zulassungsbehörden. Allerdings ergeben sich hieraus

Rückwirkungen im Sinne einer **mittelbaren Berücksichtigungspflicht** privater Rechtsträger. Denn sofern diese die Raumordnungsgrundsätze unberücksichtigt lassen, laufen sie Gefahr, dass ihre raumbedeutsamen Maßnahmen von den zuständigen Behörden nicht zugelassen werden.

Selbstständige Bedeutung besitzt die Konstellation des § 4 Abs. 3 ROG i. V. m. § 4 Abs. 2, Abs. 1 Satz 2 Nr. 1 ROG analog indes nur insoweit, als die behördliche Zulassungsentscheidung nicht in Form einer Planfeststellung oder einer Plangenehmigung ergeht. Denn die Planfeststellungs- und Plangenehmigungsfälle werden bei Personen des Privatrechts bereits von der **unmittelbaren** Anwendung des § 4 Abs. 2 i. V. m. Abs. 1 Satz 2 Nr. 2 ROG erfasst.³ Eines Rückgriffs auf § 4 Abs. 3 ROG, der zur **analogen** Anwendung des § 4 Abs. 2 ROG führt, bedarf es hier nicht.

14

Auch der Konstellation des § 4 Abs. 3 ROG i. V. m. § 4 Abs. 2, Abs. 1 Satz 2 Nr. 2 ROG analog kommt keine selbstständige Bedeutung zu, da die diesbezüglichen Fälle ebenfalls bereits von der **unmittelbaren** Anwendung des § 4 Abs. 2 i. V. m. Abs. 1 Satz 2 Nr. 2 ROG erfasst werden.

15

c) Die Regelung des § 4 Abs. 4 ROG

Bei der Regelung des § 4 Abs. 4 Satz 1 ROG handelt es sich um einen **Auffangtatbestand**, der die **Berücksichtigung** der **Erfordernisse der Raumordnung** (§ 3 Nr. 1 ROG) bei der behördlichen Zulassungsentscheidung über raumbedeutsame Maßnahmen von Personen des Privatrechts betrifft. Hervorzuheben ist, dass die Berücksichtigungspflicht lediglich nach Maßgabe der für die behördliche Zulassungsentscheidung geltenden Vorschriften der Fachgesetze besteht. Soweit es um Raumordnungsgrundsätze geht, greift § 4 Abs. 4 Satz 1 ROG nur bei solchen Fällen ein, die nicht bereits von § 4 Abs. 2 i. V. m. Abs. 1 Satz 2 Nr. 2 ROG und § 4 Abs. 3 ROG erfasst werden.

16

Beispiel: Behördliche Zulassungsentscheidung, die keine Planfeststellung oder Plangenehmigung darstellt, über eine nicht überwiegend mit öffentlichen Mitteln finanzierte Maßnahme eines privaten Unternehmens, an dem öffentliche Stellen nicht mehrheitlich beteiligt sind.

Durch die Anordnung des § 4 Abs. 4 Satz 2 ROG, wonach § 4 Abs. 1 Satz 2 Nr. 2 ROG unberührt bleibt, wird die Auffangfunktion des § 4 Abs. 4 Satz 1 ROG bestätigt. § 4 Abs. 4 Satz 3 ROG trifft eine Sonderregelung, die sich lediglich auf das bundesimmissionsschutzrechtliche Genehmigungsverfahren für die Errichtung und den Betrieb von öffentlich zugänglichen Abfallbeseitigungsanlagen privater Rechtsträger bezieht. Die Vorschrift betrifft zwar auch die Berücksichtigung von Raumordnungsgrundsätzen, ist aber für Raumordnungsziele bedeutsamer.⁴

17

---

3 Vgl. oben § 3 Rn. 9.
4 Vgl. dazu unten § 3 Rn. 48.

4. Sonstige rechtliche Bedeutung

18 Die rechtliche Bedeutung der Raumordnungsgrundsätze erschöpft sich nicht in den aus § 4 ROG resultierenden Bindungswirkungen (Berücksichtigungspflichten). Vielmehr sind hier noch weitere Regelungen bedeutsam.

19 Für die **Bundesebene** schreibt § 18 Abs. 1 Satz 1 ROG vor, dass das für Raumordnung zuständige Bundesministerium auf die Verwirklichung der in § 2 Abs. 2 ROG normierten Raumordnungsgrundsätze hinzuwirken hat. Dies geschieht beispielsweise durch das Entwerfen von **Leitbildern für die räumliche Entwicklung des Bundesgebiets** als Grundlage für rechtlich vorgesehene Abstimmungen raumbedeutsamer Planungen und Maßnahmen des Bundes sowie der Europäischen Gemeinschaft. Zudem hat der Bund nach § 18 Abs. 4 ROG darauf hinzuwirken, dass die **Personen des Privatrechts**, an denen er beteiligt ist, im Rahmen der ihnen obliegenden Aufgaben bei raumbedeutsamen Planungen und Maßnahmen die bundesrechtlichen Raumordnungsgrundsätze berücksichtigen.

20 Für die **Landesebene** ordnet § 7 Abs. 1 Satz 1 ROG an, dass die Grundsätze der Raumordnung durch **Raumordnungspläne** zu konkretisieren sind. Diese Vorschrift bedarf allerdings der Umsetzung durch den Landesgesetzgeber, während die zuvor erwähnten Regelungen des § 18 Abs. 1, 4 ROG unmittelbar gelten.

III. Ziele der Raumordnung

1. Begriff

21 Unter Zielen der Raumordnung sind nach der Begriffsbestimmung des § 3 Nr. 2 ROG verbindliche, räumlich und sachlich bestimmte und bestimmbare Festlegungen in Raumordnungsplänen zu verstehen. Die Festlegungen können dabei textlicher oder zeichnerischer Art sein. Sie dienen der Entwicklung, Ordnung und Sicherung des Raumes. Ihr besonderes Kennzeichen besteht darin, dass sie auf einer **abschließenden Abwägung** des Trägers der Raumordnungsplanung für das Landesgebiet oder die Region beruhen.

22 Das **Merkmal der abschließenden Abwägung** stellt ein wesentliches Kriterium zur Unterscheidung von Zielen und Grundsätzen der Raumordnung dar. Denn für die Raumordnungsgrundsätze ist gerade kennzeichnend, dass sie lediglich Vorgaben (Belange) für nachfolgende Abwägungs- oder Ermessensentscheidungen bilden (§ 3 Nr. 3 ROG). Raumordnungsziele tragen demgegenüber **Letztentscheidungscharakter**.

23 Gleichwohl bereitet es bisweilen beträchtliche Schwierigkeiten, Ziele und Grundsätze der Raumordnung exakt voneinander abzugrenzen.

Beispiel: Die Festlegung in einem Raumordnungsplan, wonach Baumalleen zu erhalten sind, kann sowohl ein Ziel als auch einen Grundsatz darstellen.

Die Abgrenzungsschwierigkeiten werden durch die (von den Ländern in Landesrecht zu transformierende) Vorschrift des § 7 Abs. 1 Satz 3 ROG nicht geschmälert, wonach die **Raumordnungsziele** als solche in den Raumordnungsplänen zu **kennzeichnen** sind. Denn diese Kennzeichnung stellt keinen konstitutiven Qualifikationsakt dar. Ob ein Ziel oder ein Grundsatz vorliegt, ist vielmehr im Rahmen einer objektiven Betrachtungsweise anhand der begrifflichen Merkmale des § 3 Nrn. 2, 3 ROG zu ermitteln. Der Kennzeichnung nach § 7 Abs. 1 Satz 3 ROG kann dabei allerdings eine wichtige Indizwirkung zukommen. 24

Besonders umstritten ist die Frage der Abgrenzung von Zielen und Grundsätzen derzeit im Hinblick auf die Festlegung von Vorbehalts- und Eignungsgebieten i. S. d. § 7 Abs. 4 Satz 1 Nrn. 2, 3 ROG. Darauf wird noch des Näheren einzugehen sein.[5] 25

2. Rechtsgrundlagen und Inhalte

Wie der vorstehend behandelten Begriffsbestimmung des § 3 Nr. 2 ROG entnommen werden kann, sind Ziele der Raumordnung ausschließlich in **Raumordnungsplänen** enthalten. Aus § 7 Abs. 1 Satz 1 ROG ergibt sich zudem, dass die Grundsätze der Raumordnung durch Raumordnungspläne zu konkretisieren sind. Die Kombination beider Vorschriften unter Einbeziehung von § 3 Nr. 3 und § 7 Abs. 7 Satz 1 ROG lässt erkennen, dass es sich bei der Zielfestlegung um die Konkretisierung der allgemeinen Aussagen der Raumordnungsgrundsätze auf der Grundlage einer planerischen Abwägung handelt. 26

Beispiel: Die Konkretisierung des Raumordnungsgrundsatzes, wonach die Siedlungstätigkeit auf ein System Zentraler Orte auszurichten ist (§ 2 Abs. 2 Nr. 2 ROG), erfolgt in der Weise, dass nach einer raumordnerischen Abwägung im Plan festgelegt wird, welche Gemeinden jeweils Oberzentrum bzw. Mittelzentrum oder Unterzentrum sind.

Die Ziele der Raumordnung und Landesplanung können sich ferner als bloße numerische Vorgaben erweisen (Richtwerte). 27

Beispiel: Es wird die anzustrebende Zahl der Einwohner, der Arbeitsplätze oder der Wohneinheiten eines Ortes festgelegt.

In § 7 Abs. 2–4 ROG werden die Inhalte von Raumordnungsplänen des Näheren geregelt. Ob die betreffenden Inhalte als Grundsätze oder Ziele festzulegen sind, ist zwar bundesgesetzlich offen gelassen worden (ausdrücklich in § 7 Abs. 3 Satz 1 ROG). Doch geht es in diesem Zusammenhang **typischerweise** um **Zielfestlegungen**. 28

Zu beachten ist ferner, dass die Regelungen des § 7 Abs. 2–4 ROG nicht unmittelbar gelten, sondern der **Umsetzung in Landesrecht** bedürfen. Nach den bundesgesetzlichen Regelungen sollen die Raumordnungspläne Festlegun- 29

---

5 Vgl. unten § 3 Rn. 35 ff.

gen insbesondere zur **Siedlungsstruktur**, zur **Freiraumstruktur** sowie zur **Infrastruktur** enthalten. Hinsichtlich der Siedlungsstruktur wird dabei u. a. die Festlegung von Zentralen Orten, von Raumkategorien (Verdichtungsräume, ländliche Räume, strukturschwache Räume) sowie von Achsen (bandartige siedlungsstrukturelle Schwerpunkte) erwähnt. Soweit es um die Freiraumstruktur geht, kann bei diesbezüglichen Festlegungen nach § 7 Abs. 2 Satz 2 ROG zugleich bestimmt werden, dass unvermeidbare Beeinträchtigungen der Leistungsfähigkeit des Naturhaushalts oder des Landschaftsbildes, die auf Freiraumflächen erfolgen, an anderer näher bezeichneter Stelle im Plangebiet ausgeglichen, ersetzt oder gemindert werden können. Es handelt sich hierbei um die raumordnungsrechtliche Ergänzung zu § 1 a Abs. 3 BauGB.

30   Die Vorschrift des § 7 Abs. 3 ROG befasst sich mit der Aufnahme raumbedeutsamer Planungen und Maßnahmen von öffentlichen Stellen (§ 3 Nr. 5 ROG) und Personen des Privatrechts (§ 4 Abs. 3 ROG) in die Raumordnungspläne. Die Aufnahme erfolgt auf Grund einer Abwägung nach § 7 Abs. 7 ROG durch Festlegung von Zielen oder Grundsätzen. Im Vordergrund stehen hierbei die förmlichen behördlichen Fachplanungen.

31   Während § 4 ROG (auch) die von Raumordnungsplänen ausgehenden rechtlichen Bindungswirkungen betrifft, regelt § 7 Abs. 3, 7 ROG umgekehrt den Einfluss der gebundenen Verwaltungs- und Privatrechtssubjekte auf die Inhalte der Pläne. In dem erwähnten bundesgesetzlichen Vorschriftengefüge lässt sich ein **gegenstandsbezogenes Gegenstromprinzip** ausmachen, das sich auf das Verhältnis von fachübergreifender Gesamtplanung und fachspezifischen Planungen und Maßnahmen bezieht. Es tritt zum **raumbezogenen Gegenstromprinzip** des § 1 Abs. 3 ROG hinzu, bei dem es um das Verhältnis von Gesamtraum und Teilräumen geht.

32   Besonders erwähnt sei zudem, dass die Raumordnungspläne nach § 7 Abs. 3 Satz 2 Nr. 1 Hs. 2 ROG auch die Funktion von **Landschaftsprogrammen** und **Landschaftsrahmenplänen** (§ 5 BNatSchG) übernehmen können. Damit ist die Primärintegration (d. h. die Erarbeitung der betreffenden naturschutzfachlichen Programme und Pläne im Rahmen und als Bestandteil von Raumordnungsplanungen) nunmehr bundesgesetzlich ausdrücklich anerkannt.[6]

33   Die Vorschrift des § 7 Abs. 4 ROG enthält eine Kategorisierung festlegungsfähiger Raumordnungsgebiete. Die Kategorisierung betrifft die **Vorrang-, Vorbehalts- und Eignungsgebiete**. Ob allerdings diese Gebiete mit dem in § 7 Abs. 4 ROG bestimmten Inhalt in den Raumordnungsplänen festgelegt werden können, hängt von der Rezeption des bundesrahmengesetzlichen Konzepts durch die Länder bei der Ausgestaltung des Landesplanungsrechts ab.

34   Eine lebhafte Kontroverse wird gegenwärtig über die Frage geführt, inwieweit die Gebietskategorien des § 7 Abs. 4 Satz 1 den Grundsätzen oder Zielen der Raumordnung zuzurechnen sind. Einigkeit besteht darüber, dass es sich bei den **Vorranggebieten** (§ 7 Abs. 4 Satz 1 Nr. 1 ROG) um **Ziele** handelt, da sie

---

6   Zur Thematik im früheren Recht vgl. *Hendler*, Das rechtliche Verhältnis von überörtlicher Landschaftsplanung und Raumordnungsplanung, NuR 1981, 41 (45 f.).

eine strikte Ausschlusswirkung gegenüber solchen raumbedeutsamen Nutzungen entfalten, die mit dem vorrangigen raumordnerischen Gebietszweck nicht vereinbar sind. Erhebliche Meinungsdivergenzen zeigen sich demgegenüber dann, wenn es um die Zuordnung von Vorbehaltsgebieten geht.

Unter **Vorbehaltsgebieten** sind – wie sich aus der Legaldefinition des § 7 Abs. 4 Satz 1 Nr. 2 ROG ergibt – solche Gebiete zu verstehen, in denen bestimmten raumbedeutsamen Funktionen oder Nutzungen bei der Abwägung mit konkurrierenden raumbedeutsamen Nutzungen besonderes Gewicht beigemessen werden soll. Da Vorbehaltsgebiete hiernach auf eine Abwägung zielen, werden sie häufig als Raumordnungsgrundsätze (§ 3 Nr. 3 ROG) qualifiziert.[7] Allerdings weisen sie insofern eine abschließend abgewogene Komponente i. S. d. Zielbegriffs (§ 3 Nr. 2 ROG) auf, als der Umstand, dass einer bestimmten raumbedeutsamen Funktion oder Nutzung „ein besonderes Gewicht beigemessen werden soll", in den nachfolgenden Abwägungen nicht mehr zur Disposition steht. Sie tragen daher zum Teil Letztentscheidungscharakter, sodass es gerechtfertigt ist, sie den Raumordnungszielen zuzuordnen.[8]

35

Unterschiedliche Auffassungen werden ferner zur Klassifizierung von **Eignungsgebieten** vertreten. Nach der Legaldefinition des § 7 Abs. 4 Satz 1 Nr. 3 ROG handelt es sich hierbei um Gebiete, welche sich für bestimmte raumbedeutsame Maßnahmen eignen, die städtebaulich nach § 35 BauGB zu beurteilen sind und an anderer Stelle im Planungsraum ausgeschlossen werden. Eignungsgebiete dienen der raumordnerischen Steuerung des Außenbereichs im Sinne einer Konzentration bestimmter Vorhaben. Sie zeichnen sich durch eine **gespaltene Wirkungsweise** aus. Innergebietlich entfalten sie eine Eignungswirkung, außergebietlich eine strikte Ausschlusswirkung.

36

Einhellig anerkannt ist, dass Eignungsgebiete insoweit, als es um die **außergebietlichen Flächen** geht, wegen der von ihnen ausgehenden strikten Ausschlusswirkung **Ziele der Raumordnung** darstellen.[9] Umstritten ist dagegen

37

---

7 *Bielenberg/Erbguth/Runkel*, Raumordnungs- und Landesplanungsrecht des Bundes und der Länder. Kommentar und Textsammlung, Loseblattausgabe (Stand: 42. Lfg. 2000), K § 3 Rn. 185; *Steiner*, Raumordnungs- und Landesplanungsrecht, in: ders. (Hrsg.), Besonderes Verwaltungsrecht, 6. Aufl. 1999, S. 745 (764 f., Rn. 57); *Spiecker*, Raumordnung und Private, 1999, S. 237 ff.; *Schink*, Raumordnungsgebiete und kommunale Planungshoheit – Chancen und Schwierigkeiten für die Kommunen –, in: Jarass (Hrsg.), Raumordnungsgebiete (Vorbehalts-, Vorrang- und Eignungsgebiete) nach dem neuen Raumordnungsgesetz, 1998, S. 46 (58); *Grotefels*, Vorrang-, Vorbehalts- und Eignungsgebiete in der Raumordnung (§ 7 Abs. 4 ROG), in: Erbguth et al. (Hrsg.), Planung, FS für Werner Hoppe, 2000, S. 369 (376 ff.).
8 *Hendler*, Systematische Aspekte der Raumordnungsgebiete und die Bindungswirkung von Raumordnungszielen, in: Jarass (Hrsg.) , Raumordnungsgebiete (Vorbehalts-, Vorrang- und Eignungsgebiete) nach dem neuen Raumordnungsgesetz, 1998, S. 88 (106 ff.). Ebenso (zumindest im Ergebnis) *Goppel*, Ziele der Raumordnung, BayVBl. 1998, 289 (291); *Manssen*, Differenzierung vertikaler Verwaltungsstrukturen durch Raum- und Regionalplanung, in: Wallerath (Hrsg.), Administrative Strukturen und Verwaltungseffizienz, 1998, S. 31 (39 f.); BayVGH, BayVBl. 1998, 436 (437); NuR 1997, 291 (293); BayVBl. 1997, 178 ff.
9 Vgl. z. B. *Spiecker* (Fn. 7), S. 241 f. m.w.N.

die Zielqualität hinsichtlich der innergebietlichen Flächen. Sie wird teils bejaht[10], teils aber auch abgelehnt.[11] Entscheidende Bedeutung besitzt hier indes folgender Gesichtspunkt: Je großflächiger die Ausschlusswirkung des Eignungsgebiets für grundrechtsgeschützte Nutzungen (Kiesabbau, Errichtung von Windenergieanlagen etc.) ist, um so stärkeres Gewicht kommt den ausgeschlossenen Nutzungen auf den Binnenflächen des Eignungsgebiets zu. Hierdurch erhalten die **Binnenflächen** die **Rechtswirkungen eines Vorbehaltsgebiets**, auch ohne dass dieses ausdrücklich festgelegt worden ist. Sofern Vorbehaltsgebiete daher als Raumordnungsziele qualifiziert werden, weisen auch die Binnenflächen von Eignungsgebieten Zielqualität auf. Bei einer Qualifizierung der Vorbehaltsgebiete als Raumordnungsgrundsätze stellt sich demgegenüber ein anderes Ergebnis ein. In diesem Fall setzt sich die gespaltene Wirkungsweise der Eignungsgebiete in einer gespaltenen Rechtsqualität fort: Außergebietlich stellen sie Ziele, innergebietlich Grundsätze der Raumordnung dar.

38 Keine Beurteilungsunterschiede ergeben sich bei der Variante des § 7 Abs. 4 Satz 2 ROG, die dadurch gekennzeichnet ist, dass ein **Vorranggebiet mit der Wirkung eines Eignungsgebiets kombinier**t wird. Bei dieser Variante erweisen sich die Binnenflächen eines Eignungsgebiets als Vorranggebiet, sodass ein **einheitliches Raumordnungsziel** vorliegt.

3. Bindungswirkung

39 Die besondere Bedeutung der Ziele der Raumordnung resultiert aus deren **weitreichender rechtlicher Bindungswirkung**. Allerdings sind Art und Maß der Zielbindungswirkung durchaus uneinheitlich. Es lassen sich **Zielbeachtens- und Zielberücksichtigungspflichten** ausmachen, wobei zudem zwischen **unmittelbaren** und **mittelbaren** Pflichten zu unterscheiden ist. Einzelheiten hierzu ergeben sich aus der allgemeinen Bindungsvorschrift des § 4 ROG sowie für bestimmte Sachbereiche aus Spezialvorschriften (Raumordnungsklauseln).

a) Die Zielbeachtenspflicht des § 4 Abs. 1 ROG

40 Die in § 4 Abs. 1 ROG normierte Pflicht zur Beachtung der Ziele der Raumordnung bedeutet, dass diese **strikt einzuhalten** sind. Insbesondere dürfen sie bei administrativen Abwägungen oder Ermessensbetätigungen nicht hinter andere Belange zurückgestellt werden. Dies schließt zwar nicht aus, dass sie dem Beachtenspflichtigen einen Ausfüllungs- oder Ausgestaltungsspielraum belassen. Doch geht es dabei jeweils nur um eine **zielinterne Konkretisierung**.

---

10 *Bielenberg/Erbguth/Runkel* (Fn. 7), K § 3 Rn. 55; *Ingo Schmidt*, Wirkung von Raumordnungszielen auf die Zulässigkeit privilegierter Außenbereichsvorhaben, 1997, S. 79 f.; Hendler (Fn. 8), S. 112 ff.

11 *Erbguth*, Eignungsgebiete als Ziele der Raumordnung?, DVBl. 1998, 209 (212, 214); *Spiecker* (Fn. 7), S. 245; *Grotefels* (Fn. 7), S. 380 ff.

Die Beachtenspflicht erstreckt sich im Übrigen auch auf die **nachträgliche** **41**
Anpassung bestehender Planungen an die Raumordnungsziele.[12] Dagegen
folgt aus ihr nicht, dass zur Verwirklichung der Ziele dort Pläne aufzustellen
sind, wo bisher keine vorhanden waren. Eine **Erstplanungspflicht** liegt außerhalb ihrer rechtlichen Reichweite.[13] Auf diese Thematik wird noch zurückzukommen sein.[14]

Die Zielbeachtenspflicht des § 4 Abs. 1 ROG obliegt **unmittelbar** den öffent- **42**
lichen Stellen (§ 3 Nr. 5 ROG). Sie greift ein, wenn eine öffentliche Stelle

– eigene raumbedeutsame Planungen und Maßnahmen durchführt (§ 4 Abs. 1 Satz 1 ROG),
– über die Zulässigkeit einer raumbedeutsamen Maßnahme, die von einer anderen öffentlichen Stelle durchgeführt wird, durch Genehmigung, Planfeststellung oder in sonstiger Form entscheidet (§ 4 Abs. 1 Satz 2 Nr. 1 ROG),
– über die Zulässigkeit einer raumbedeutsamen Maßnahme, die von einer Person des Privatrechts durchgeführt wird, durch Planfeststellung oder Plangenehmigung entscheidet (§ 4 Abs. 1 Satz 2 Nr. 2 ROG).

In den beiden letzten Fällen besteht für die betreffenden Maßnahmenträger **43**
eine **mittelbare Zielbeachtenspflicht** insofern, als ihre Maßnahme nicht zugelassen wird, wenn sie nicht ihrerseits die Raumordnungsziele einhalten. Für öffentliche Stellen als Maßnahmenträger (§ 4 Abs. 1 Satz 2 Nr. 1 ROG) ergibt sich hier allerdings kein besonderer Pflichtenzuwachs gegenüber § 4 Abs. 1 Satz 1 ROG, weil sie nach dieser Vorschrift die Raumordnungsziele bereits unmittelbar zu beachten haben. Anders verhält es sich insoweit dagegen mit den Personen des Privatrechts (§ 4 Abs. 1 Satz 2 Nr. 2 ROG).

44

b) Die Zielbeachtenspflicht des § 4 Abs. 3 ROG

Die Vorschrift des § 4 Abs. 3 ROG weist die Besonderheit auf, dass sie über die analoge Anwendung des § 4 Abs. 1 Satz 1 ROG eine **unmittelbare Zielbeachtenspflicht für Personen des Privatrechts** enthält. Die Pflicht besteht im Hinblick auf raumbedeutsame Planungen und Maßnahmen, die in Wahrnehmung öffentlicher Aufgaben durchgeführt werden. Sie setzt voraus, dass öffentliche Stellen (§ 3 Nr. 5 ROG) an den handelnden Personen des Privatrechts mehrheitlich beteiligt sind oder die betreffenden Planungen und Maßnahmen überwiegend mit öffentlichen Mitteln finanziert werden.

Die in § 4 Abs. 3 ROG ebenfalls vorgesehene analoge Anwendung des § 4 **45**
Abs. 1 Satz 2 Nr. 1 ROG führt zudem zu einer **mittelbaren Zielbeachtenspflicht von Personen des Privatrechts**. Da diese Pflicht jedoch nur dann

---

12 *Bielenberg/Erbguth/Runkel* (Fn. 7), K § 4 Rn. 92; *Spiecker* (Fn. 7), S. 121. Abweichend *Brohm*, Öffentliches Baurecht, 2. Aufl. 1999, § 36 Rn. 5; *Goppel* (Fn. 8), BayVBl. 1998, 290.
13 *Steiner* (Fn. 7), S. 767, Rn. 63; *Manssen* (Fn. 8), S. 38; *Goppel* (Fn. 8), BayVBl. 1998, 290. Abweichend *Bielenberg/Erbguth/Runkel* (Fn. 7), K § 4 Rn. 92.
14 Vgl. unten § 8 Rn. 5 f.

eingreift, wenn auch die unmittelbare Zielbeachtenspflicht besteht, ergeben sich für die privaten Rechtsträger insoweit keine zusätzlichen Anforderungen.

c) Die Zielberücksichtigungspflicht des § 4 Abs. 4 ROG

46 Nach § 4 Abs. 4 Satz 1 ROG sind die **Behörden** verpflichtet, die Erfordernisse der Raumordnung und damit auch die **Raumordnungsziele** (§ 3 Nr. 1 ROG) zu **berücksichtigen**, wenn sie über die Zulässigkeit raumbedeutsamer Maßnahmen von Personen des Privatrechts entscheiden. Hierdurch werden die betreffenden **Privatrechtssubjekte mittelbar** an die Raumordnungsziele **gebunden**, wiewohl in schwächerem Maße als bei Zielbeachtenspflichten. Allerdings greift § 4 Abs. 4 Satz 1 ROG nur insoweit ein, als für Private nicht die (unmittelbaren und mittelbaren) Zielbeachtenspflichten des § 4 Abs. 1, 3 ROG gelten.

47 Dass § 4 Abs. 1 Satz 2 Nr. 2 ROG unberührt bleibt, legt § 4 Abs. 4 Satz 2 ROG ausdrücklich fest. Der Anwendungsvorrang von § 4 Abs. 3 ROG im Verhältnis zu § 4 Abs. 4 ROG ist zwar gesetzlich nicht eigens bestimmt worden, folgt aber aus der Regelungssystematik. Denn § 4 Abs. 3 ROG liefe leer, wenn § 4 Abs. 4 ROG vorginge.

48 Die Berücksichtigungspflicht des § 4 Abs. 4 Satz 1 ROG besteht zudem bei den Raumordnungszielen ebenso wie bei den Raumordnungsgrundsätzen[15] lediglich nach Maßgabe der für die behördliche Zulassungsentscheidung geltenden fachgesetzlichen Vorschriften. Die Sonderregelung des § 4 Abs. 4 Satz 3 ROG wirkt den raumordnerischen Folgen des § 38 BauGB entgegen, der die Errichtung und den Betrieb öffentlich zugänglicher Abfallbeseitigungsanlagen, die einer bundesimmissionsschutzrechtlichen Genehmigung bedürfen[16], von den §§ 29–37 BauGB und damit insbesondere von der Zielbindungswirkung des § 35 Abs. 3 Satz 2 Hs. 1 BauGB dispensiert. Ohne diese Dispensierung wären die bauplanungsrechtlichen Anforderungen nach § 6 Abs. 1 Nr. 2 Var. 1 BImSchG zu beachten.

d) Raumordnungsklauseln

49 Häufig ist die rechtliche Bindungswirkung von Raumordnungszielen auch in fachgesetzlichen Vorschriften, den sog. **Raumordnungsklauseln**, geregelt. Dies gilt namentlich für das Bauplanungsrecht (§ 1 Abs. 4, § 35 Abs. 3 Satz 2 Hs. 1 BauGB) sowie im weiteren beispielsweise für die Bereiche der Landschaftsplanung (§ 5 Abs. 1 BNatSchG), der Luftreinhalteplanung (§ 47 Abs. 1 letzter Satz BImSchG) und der wasserrechtlichen Bewirtschaftungsplanung (§ 36 b Abs. 1 Satz 2 WHG). Raumordnungsklauseln finden sich auch im Landesrecht.[17]

---

15 Vgl. dazu oben § 3 Rn. 16.
16 Vgl. § 4 Abs. 1 BImSchG i. V. m. Nr. 8 des Anhangs zur 4. BImSchVO.
17 Vgl. z. B. § 22 Abs. 2 RhPfLForstG, § 7 Abs. 1 Satz 2 ThürWaldG.

§ 4 Abs. 5 ROG geht auf die Raumordnungsklauseln ausdrücklich ein. Danach bleiben diese Klauseln unberührt, soweit sie weitergehende Zielbindungswirkungen als die allgemeinen Vorschriften des § 4 ROG statuieren. Wie ergänzend hinzugefügt sei, gehen sie im Falle der Statuierung gleicher Zielbindungswirkungen dem § 4 ROG aus Spezialitätsgründen vor.

50

e) Abgeschwächte Zielbeachtenspflichten bei besonderen Bundesmaßnahmen

In § 5 ROG ist für besondere Bundesmaßnahmen eine Abschwächung der Pflichten zur Beachtung der Raumordnungsziele vorgesehen. Nach dieser Vorschrift können sich öffentliche Stellen des Bundes, im Auftrag des Bundes tätige öffentliche Stellen sowie Personen des Privatrechts i.S.d. § 4 Abs. 3 ROG, die für den Bund öffentliche Aufgaben durchführen, für bestimmte raumbedeutsame Planungen und Maßnahmen unter näher geregelten Voraussetzungen von den Zielbeachtenspflichten des § 4 Abs. 1, 3 ROG befreien.

51

f) Zielabweichung und Zieländerung

Durch die Vorschrift des § 11 ROG werden die Länder verpflichtet, Rechtsgrundlagen für ein Verfahren zur Abweichung von Zielen der Raumordnung zu schaffen. Für dieses **Zielabweichungsverfahren** bestehen eine materielle und eine formelle bundesrechtliche Vorgabe: In materieller Hinsicht darf eine Zielabweichung nur dann zugelassen werden, wenn sie unter raumordnerischen Gesichtspunkten vertretbar ist und die Grundzüge der Planung nicht berührt werden. Und in formeller Hinsicht darf die Antragsbefugnis den in § 5 Abs. 1 ROG genannten öffentlichen Stellen und Personen des Privatrechts sowie den zielbeachtenspflichtigen kommunalen Gebietskörperschaften nicht vorenthalten werden.

52

Einige Länder haben bereits (teilweise noch unter der Geltung des früheren bundesgesetzlichen Raumordnungsrechts) Zielabweichungsverfahren eingeführt.[18] Soweit dies nicht geschehen ist, kann die für die Raumordnung zuständige Landesbehörde auf der Grundlage der Überleitungsvorschrift des § 23 Abs. 2 ROG Zielabweichungen zulassen, sofern die Voraussetzungen des § 11 ROG erfüllt sind.[19]

53

In der Planungspraxis sind Ziele der Raumordnung nicht selten als Soll-Aussage gefasst oder in der Weise formuliert worden, dass ihr Inhalt lediglich „in der Regel" gilt. Derartige „**Soll-Ziele**" oder „**In-der-Regel-Ziele**" bedeuten, dass von ihnen bei exzeptionellen oder atypischen Sachverhalten – ohne formelles Verfahren – abgewichen werden darf. Es handelt sich hier gleichsam um **Raumordnungsziele mit integrierter Abweichungsmöglichkeit**. Biswei-

54

---

18 § 5 Abs. 6 MeVoLPlG; § 12 NROG; § 19 a NWLPlG; § 10 SaAnLPlG.
19 Ausführlich zur Thematik *Schrage*, Zielabweichungsverfahren bei Raumordnungsplänen, 1998.

len werden sie als unzulässig betrachtet.[20] Doch kann dem nicht gefolgt werden, da den betreffenden Zielen weder die Begriffsbestimmung des § 3 Nr. 2 ROG noch die Vorschrift des § 11 ROG entgegensteht.[21]

55 Die Zielabweichung ist von der **Zieländerung** zu unterscheiden. Ein Zieländerungsverfahren kommt dann in Betracht, wenn die Voraussetzungen für eine Zielabweichung nicht vorliegen.

Beispiel: Eine Zielabweichung auf der Grundlage des in § 11 ROG vorgesehenen Verfahrens scheidet aus, da sie die Grundzüge der Planung berührt.

4. Rechtsnatur

56 Die Ziele der Raumordnung weisen keine einheitliche Rechtsnatur auf. Sie teilen vielmehr die von den Ländern unterschiedlich geregelte Rechtsnatur der Raumordnungspläne, in denen sie enthalten sind. Häufig werden diese Pläne durch ausdrückliche landesrechtliche Regelung den Gesetzen, Rechtsverordnungen oder Satzungen zugeordnet. Allerdings fehlt es des Öfteren auch – namentlich im Bereich der Regionalplanung – an einer derartigen Zuordnungsregelung.

57 Im Schrifttum besteht eine ausgedehnte Kontroverse darüber, ob die Ziele der Raumordnung (bzw. die Pläne, in denen sie enthalten sind) zwingend der Rechtssatzform bedürfen, d. h. als Gesetz, Rechtsverordnung oder Satzung zu erlassen sind. Die Kontroverse hat sich vor allem an der vom verfassungskräftigen Schutz der kommunalen Selbstverwaltungsgarantie des Art. 28 Abs. 2 GG umfassten Planungshoheit der Gemeinden entzündet. Zu beachten ist hierbei, dass diese Planungshoheit durch die von den Zielen der Raumordnung ausgehende rechtliche Bindungswirkung beeinträchtigt werden kann und Eingriffe in das gemeindliche Selbstverwaltungsrecht dem Gesetzesvorbehalt des Art. 28 Abs. 1 Satz 1 GG unterliegen.[22] Gleichwohl wird das Erfordernis der Rechtssatzform für die Ziele der Raumordnung von der überwiegenden Auffassung mit unterschiedlichen Begründungen verneint.[23] Auch die im neuen bundesgesetzlichen Raumordnungsrecht erfolgte Erstreckung der (unmittelbaren und mittelbaren) Zielbeachtenspflichten auf Personen des Privatrechts stellt grundsätzlich keinen Anlass dar, von diesem Standpunkt ab-

---

20 *Erbguth*, Das Gebot der materiellen Abgrenzung zwischen Grundsätzen und Zielen der Raumordnung, LKV 1994, 89 (92); *Schroeder*, Die Wirkung von Raumordnungszielen, UPR 2000, 52 (53 f.).
21 Näher dazu *Hendler* (Fn. 8), S. 108 ff. Im Ergebnis ebenso BayVGH, BayVBl. 1992, 529 (529); *Goppel* (Fn. 8), BayVBl. 1998, 291 f.; *Spiecker* (Fn. 7), S. 91; *Cholewa* et al., Raumordnung in Bund und Ländern, Kommentar zum Raumordnungsgesetz des Bundes und Vorschriftensammlung aus Bund und Ländern, Loseblattausgabe (Stand: Juli 1999), § 3 Rn. 24 d.
22 Zum Spannungsverhältnis von Gemeinden und Raumordnung vgl. unten § 8.
23 Vgl. z. B. BVerfGE 76, 107 (117); HessVGH, UPR 1991, 349 (349); OVG Lüneburg, DVBl. 1973, 151 (155); *Schmidt-Aßmann*, Grundfragen des Städtebaurechts, 1972, S. 154; *Hendler*, Gemeindliches Selbstverwaltungsrecht und Raumordnung, 1972, S. 21 ff. Die Gegenansicht vertritt neben anderen *Breuer*, Die hoheitliche raumgestaltende Planung, 1968, S. 227. Differenzierend *Erbguth/Schoeneberg*, Raumordnungs- und Landesplanungsrecht, 2. Aufl. 1992, S. 114 f. (Rn. 87 f.).

zurücken. Voraussetzung ist allerdings, dass vom Gesetz hinreichende inhaltliche und verfahrensrechtliche Bestimmungen hinsichtlich der Raumordnungsziele getroffen werden.

Da sich diejenigen Ziele, die nicht in Form von Gesetzen, Rechtsverordnungen oder Satzungen ergehen, den anderen traditionellen Formen hoheitlichen Handelns (Verwaltungsakt, Verwaltungsvorschrift, verwaltungsinterner Einzelakt) nicht vollständig zuordnen lassen, sind sie als **hoheitliche Maßnahmen eigener Art** zu qualifizieren. Für den noch näher zu erörternden Rechtsschutz[24] ist dabei bedeutsam, dass es sich hier um normähnliche Maßnahmen handelt, die zu den untergesetzlichen Rechtsvorschriften im Sinne des § 47 Abs. 1 Nr. 2 VwGO gehören. Die Zuordnung zu § 47 Abs. 1 Nr. 2 VwGO hat sich inzwischen weitgehend durchgesetzt,[25] wenngleich bei der Beurteilung der Rechtsnatur der nicht in Rechtssatzform erlassenen Ziele der Raumordnung Divergenzen im rechtsdogmatischen Detail bestehen. 58

IV. Sonstige Erfordernisse der Raumordnung

1. Begriff

Zu den sonstigen Erfordernissen der Raumordnung gehören nach der Begriffsbestimmung des § 3 Nr. 4 ROG einmal die Ergebnisse förmlicher landesplanerischer Abstimmungsverfahren, wie z.B. von Raumordnungsverfahren.[26] Ferner umfassen sie in Aufstellung befindliche Ziele der Raumordnung sowie raumordnerische Stellungnahmen, die beispielsweise von Landesplanungsbehörden im Rahmen einer Beteiligung an Planungsverfahren anderer Behörden abgegeben werden. 59

2. Bindungswirkungen

Hinsichtlich der Bindungswirkungen stehen die sonstigen Erfordernisse der Raumordnung den Raumordnungsgrundsätzen gleich (§ 4 Abs. 2–4 ROG). Insoweit kann daher auf die entsprechenden Ausführungen zu den Raumordnungsgrundsätzen verwiesen werden.[27] 60

---

24 Vgl. unten § 9.
25 Vgl. z.B. *Brohm* (Fn. 12), § 37 Rn. 48 (S. 617); *Peine*, Öffentliches Baurecht, 3. Aufl. 1997, Rn. 96; *Battis*, Öffentliches Baurecht und Raumordnungsrecht, 4. Aufl. 1999, S. 39; *Dörr*, Raumordnungs- und Landesplanungsrecht, in: Achterberg/Püttner/Würtenberger (Hrsg.), Besonderes Verwaltungsrecht, Bd. I, 2. Aufl. 2000, S. 544 (624, Rn. 220); BayVGH, BayVBl. 1982, 726 (726f.), BayVBl. 1984, 240 (240ff.), BayVBl. 1996, 81 (81). Anders OVG Lüneburg, DVBl. 1973, 151 (155f.). Einen näheren Überblick zur Entwicklung der Rechtsprechung bietet *Blümel*, Rechtsschutz gegen Raumordnungspläne, VerwArch. 84 (1993), S. 123 (124ff.).
26 Vgl. dazu unten § 7 Rn. 9ff.
27 Vgl. oben § 3 Rn. 9ff.

Zum Fall 1: Die aus § 1 Abs. 4 BauGB folgende Pflicht der Gemeinde G, die Bauleitpläne den Zielen der Raumordnung und Landesplanung anzupassen, stellt eine Beschränkung der von der kommunalen Selbstverwaltungsgarantie des Art. 28 Abs. 2 GG umfassten gemeindlichen Planungshoheit dar. Allerdings wird die kommunale Selbstverwaltung lediglich „im Rahmen der Gesetze" verfassungsrechtlich garantiert, wobei der Gesetzesbegriff im materiellen Sinn zu verstehen ist. Dies bedeutet zunächst, dass er sich auch auf Rechtsverordnungen und Satzungen erstreckt. Der hier zu beurteilende Landesentwicklungsplan, der die für G maßgeblichen Ziele der Raumordnung und Landesplanung enthält, erweist sich allerdings weder als förmliches Gesetz noch als Rechtsverordnung oder Satzung. Insofern ist fraglich, ob er den Anforderungen des Art. 28 Abs. 2 Satz 1 GG genügt. Aus der bundesverfassungsgerichtlichen Rechtsprechung geht indes hervor, dass Einschränkungen der gemeindlichen Selbstverwaltung auch durch solche untergesetzlichen Rechtsnormen zulässig sind, die keine Rechtsverordnungen oder Satzungen darstellen (BVerfGE 76, 107/117). Das Gericht hebt insoweit ausdrücklich auf raumordnungsrechtliche Pläne ab. Allerdings verlangt es, dass diese Pläne auf einer hinreichenden, mit dem Maßstab des Art. 80 Abs. 1 Satz 2 GG übereinstimmenden Ermächtigung beruhen. Davon kann allerdings bezüglich des Landesentwicklungsplans im Fall 1 ausgegangen werden. Die weit überwiegende Lehre gelangt – wenn auch teilweise mit anderer Begründung – zu dem gleichen Ergebnis wie das BVerfG.

Hinsichtlich der weiteren Argumentation der G ist hervorzuheben, dass die Ziele der Raumordnung (im Gegensatz zu den Raumordnungsgrundsätzen) Letztentscheidungscharakter tragen. Nach § 1 Abs. 4 BauGB üben die Ziele (ebenso wie nach § 4 Abs. 1 ROG sowie den entsprechenden landesgesetzlichen Vorschriften) strikte rechtliche Bindungswirkungen aus. Dies bedeutet, dass sie von den gebundenen Rechtssubjekten nicht im Rahmen einer Abwägung hinter andere Belange zurückgestellt werden dürfen.

Aus alledem ergibt sich, dass die Ziele der Raumordnung im Landesentwicklungsplan für G verbindlich sind und eine Zurückstellung hinter andere Belange im bauleitplanerischen Abwägungsprozess (§ 1 Abs. 6 BauGB) nicht in Betracht kommt. G könnte allenfalls versuchen, über ein Abweichungsverfahren (§ 11 ROG) zum Erfolg zu kommen.

§ 4 Raumordnung im Bund (Bundesraumordnung, Bundesplanung)

Literatur: *Brohm*, Öffentliches Baurecht, 2. Aufl. 1999, S. 578–588; *Göb*, Die Bundesraumordnung vor neuen Herausforderungen – Gedanken zu einem Bundesraumordnungskonzept, IzR 1991, 731; *Haneklaus*, Bundeskompetenzen in der Raumordnung, in: ders., Raumordnung im Bundesstaat, 1993, S. 1; *Hoppe/Erbguth*, Möglichkeiten und Aufgaben des Bundes im Bereich der Raumordnung zur Durchsetzung von Umwelterfordernissen, DVBl. 1983, 1213; *Peine*, Öffentliches Baurecht, 3. Aufl. 1997, S. 37–54; *Schöler*, Die Stellung des für die Raumordnung zuständigen Bundesministers im Rahmen der verfassungsmäßigen Verteilung der Verantwortung gem. Art. 65 GG, 1976; *Suderow*, Rechtsprobleme des Bundesraumordnungsprogramms, 1975; *Trzaskalik*, Verfassungsrechtliche Probleme einer Bundesraumplanung, DV 11 (1978), S. 273.

I. Überblick

Die Bundesraumordnung ist nur schwach ausgeprägt. Sie umfasst neben der vom Bund festgelegten Leitvorstellung der Raumordnung (§ 1 Abs. 2 ROG) sowie den von ihm erlassenen Raumordnungsgrundsätzen (§ 2 Abs. 2 ROG) die in den §§ 18–21 ROG normierten Bestandteile. Wie bereits erwähnt[1], gibt es keine bundeseigene, mit Rechtsbindungswirkung gegenüber den Ländern ausgestattete Raumordnungsplanung für das Gebiet des Gesamtstaats. Immerhin sind aber (noch in der Zeit vor der bundesgesetzlichen Neuordnung des Raumordnungsrechts) von der Exekutive raumordnerische Aussagen für den Gesamtraum des Bundes entwickelt worden.

1

II. Bundesraumordnungsprogramm, Raumordnungspolitischer Orientierungsrahmen und Raumordnungspolitischer Handlungsrahmen

Auf Bundesebene besteht seit 1975 das von Bund und Ländern gemeinsam entwickelte „Raumordnungsprogramm für die großräumige Entwicklung des Bundesgebiets" (**Bundesraumordnungsprogramm**).[2] Es handelt sich hierbei um ein planerisches Grobkonzept für die räumlich-strukturelle Gestaltung des (vor der Wiedervereinigung bestehenden) staatlichen Gesamtraums, das die Inhalte des § 1 ROG a.F. sowie die Grundsätze des § 2 Abs. 1 ROG a.F. konkretisiert. Das Bundesraumordnungsprogramm ist im Februar 1975 von der Ministerkonferenz für Raumordnung (MKRO) gegen die Stimmen von Baden-Württemberg und Bayern verabschiedet worden. Die Bundesregierung hat es im April desselben Jahres beschlossen und dem Deutschen Bundestag zur Unterrichtung zugeleitet.

2

Rechtscharakter und Bindungswirkungen des Bundesraumordnungsprogramms werden unterschiedlich beurteilt.[3] Einigkeit besteht indes darüber, dass dem Programm keine Rechtsnormqualität zukommt. Bei näherer Betrachtung erweist es sich als eine Vereinbarung zwischen der Bundesregierung und den Landesregierungen, darauf hinzuwirken, dass die Programmaussagen von den öffentlichen Planungsträgern beachtet werden. Allerdings erstrecken sich diese Rechtswirkungen nur auf diejenigen Landesregierungen, die dem Programm zugestimmt haben.

3

---

1 Vgl. oben § 1 Rn. 2.
2 BT-Drucks. 7/3584. Aus dem Schrifttum vgl. beispielsweise *Suderow*, Rechtsprobleme des Bundesraumordnungsprogramms, 1975; *Schmidt-Aßmann*, Rechtsfragen der im Bundesraumordnungsprogramm angelegten Bund-Länder-Planung, IK 1974, 212 ff.; *Buchsbaum*, Das Bundesraumordnungsprogramm und seine Verbindlichkeit, DÖV 1975, 545 ff.; *Battis*, Rechtsfragen zum Bundesraumordnungsprogramm, JZ 1976, 73 ff.; *Trzaskalik*, Verfassungsrechtliche Probleme einer Bundesraumplanung, DV 11 (1978), S. 273 ff.; *Hoppe*, Allgemeine Grundlagen, in: Hoppe/Schoeneberg, Raumordnungs- und Landesplanungsrecht des Bundes und des Landes Niedersachsen, 1987, S. 1 (274 ff.).
3 Vgl. dazu *Hendler*, Zur Einführung: Raumplanungsrecht, JuS 1979, 618 (620 m.w.N.).

4 In der Praxis hat das Bundesraumordnungsprogramm keine besondere Bedeutung erlangt und lediglich ein Schattendasein geführt. Die MKRO hat zwar im Jahre 1981 beschlossen, das Programm fortzuschreiben.[4] Doch ist dies bisher nicht geschehen.

5 Auch der vom Bundesministerium für Raumordnung, Bauwesen und Städtebau erarbeitete **Raumordnungspolitische Orientierungsrahmen**[5], der im Entwurf von der MKRO mit Beschluss vom 27.11.1992 in den Grundzügen zustimmend zur Kenntnis genommen worden ist[6], enthält keine formale Anknüpfung an das Bundesraumordnungsprogramm. Gleichwohl kann er in materieller Hinsicht als Aktualisierung und Modernisierung dieses Programms betrachtet werden. Er trägt insbesondere veränderten Gegebenheiten (Wiedervereinigung, fortgeschrittener europäischer Integrationsprozess) Rechnung. Durch den von der MKRO am 8.3.1995 beschlossenen **Raumordnungspolitischen Handlungsrahmen**[7] ist er konkretisiert und weiterentwickelt worden.

III. Sonstige Formen der Bundesraumordnung

6 Zu den sonstigen Formen der Bundesraumordnung gehören zunächst zwei **gesetzliche Hinwirkungspflichten**: Nach § 18 Abs. 1 Satz 1 ROG hat das für Raumordnung zuständige Bundesministerium auf die Verwirklichung der Raumordnungsgrundsätze des § 2 Abs. 2 ROG hinzuwirken. Und nach § 18 Abs. 4 ROG obliegt dem Bund eine Hinwirkungspflicht des Inhalts, dass die Personen des Privatrechts, an denen er beteiligt ist, bei ihren raumbedeutsamen Planungen und Maßnahmen die Leitvorstellung des § 1 Abs. 2 ROG und die Raumordnungsgrundsätze des § 2 Abs. 2 ROG berücksichtigen sowie die Raumordnungsziele beachten. Besondere Bedeutung erlangt diese Hinwirkungspflicht in den Fällen, in den die betreffenden Privatrechtssubjekte nicht bereits ihrerseits unmittelbar oder mittelbar an die Grundsätze und Ziele der Raumordnung gebunden sind (§ 4 Abs. 1 Satz 2 Nr. 2, Abs. 2 i.V.m. Abs. 1 Satz 2 Nr. 2, Abs. 3, 4 ROG).

7 Der Bund wird ferner (jeweils gemeinsam mit den Ländern) tätig, wenn es um die **Raumordnung auf europäischer Ebene** oder **im grenzüberschreitenden nachbarstaatlichen Bereich** geht (§ 18 Abs. 2, 3 ROG). Das für Raumordnung zuständige Bundesministerium entwickelt zudem insbesondere **Leitbilder** zur

---

4 Der Beschluß ist abgedruckt in DÖV 1982, 318.
5 Abgedruckt bei *Bielenberg/Erbguth/Runkel*, Raumordnungs- und Landesplanungsrecht des Bundes und der Länder. Kommentar und Textsammlung, Loseblattausgabe (Stand: 42. Lfg. 2000), B 420, S. 1 ff.; *Cholewa* et al., Raumordnung in Bund und Ländern. Kommentar zum Raumordnungsgesetz des Bundes und Vorschriftensammlung aus Bund und Ländern, Loseblattausgabe (Stand: Juli 1999), Vorschriftensamml. Bund, Gliederungsabschnitt II 4 (S. 29 ff.).
6 Abgedruckt bei *Bielenberg/Erbguth/Runkel* (Fn. 5), B 420, S. 22 f.; *Cholewa* et al. (Fn. 5), Vorschriftensamml. Bund, Gliederungsabschnitt II 4 (S. 61 f.).
7 Abgedruckt bei *Cholewa* et al. (Fn. 5), Vorschriftensamml. Bund, Gliederungsabschnitt II 5.

räumlichen Entwicklung des Bundesgebiets oder zu länderübergreifenden raumstrukturellen Zusammenhängen als Grundlage für die Abstimmung raumbedeutsamer Planungen und Maßnahmen des Bundes und der Europäischen Gemeinschaft, wobei sich die Abstimmung selbst nach den einschlägigen gemeinschaftsrechtlichen Vorschriften richtet (§ 18 Abs. 1 Satz 2 ROG). Die Entwicklung der Leitbilder durch das Bundesministerium erfolgt – wie gesetzlich ausdrücklich bestimmt ist – auf der Grundlage der Raumordnungspläne und in Zusammenarbeit mit den für Raumordnung zuständigen obersten Landesplanungsbehörden. Damit wird nicht zuletzt dem Umstand Rechnung getragen, dass der Bund lediglich über vergleichsweise schmale Kompetenzen auf dem Sachgebiet der Raumordnung verfügt.

Bestandteile der Bundesraumordnung sind schließlich ein vom Bundesamt für Bauwesen und Raumordnung geführtes **Informationssystem** (§ 18 Abs. 5 ROG), **Auskunfts- und Unterrichtungspflichten** (§ 19 Abs. 1–3 ROG) sowie ein **Beratungs- und Berichtswesen** (§ 19 Abs. 4, §§ 20, 21 ROG). Darauf wird noch näher einzugehen sein.[8]

8

§ 5 Die Raumordnungsplanung auf Landesebene

Literatur: *Bielenberg/Erbguth/Runkel*, Raumordnungs- und Landesplanungsrecht des Bundes und der Länder. Kommentar und Textsammlung, Loseblattausgabe (Stand: 42. Lfg. 2000), M 100 – M 240; *Brohm*, Öffentliches Baurecht, 2. Aufl. 1999, S. 589–599; *Cholewa* et al., Raumordnung in Bund und Ländern. Kommentar zum Raumordnungsgesetz des Bundes und Vorschriftensammlung aus Bund und Ländern, Loseblattausgabe (Stand: Juli 1999), Erl. zu § 6; *Dörr*, Raumordnungs- und Landesplanungsrecht, in: Achterberg/Püttner/Würtenberger (Hrsg.), Besonderes Verwaltungsrecht, Bd. I, 2. Aufl. 2000, S. 544 (578–594); *Erbguth/Schoeneberg*, Raumordnungs- und Landesplanungsrecht, 2. Aufl. 1992, S. 72–117; *Hoppe*, Allgemeine Grundlagen, in: Hoppe/Schoeneberg, Raumordnungs- und Landesplanungsrecht des Bundes und des Landes Niedersachsen, 1987, S. 1 (281–295); *Peine*, Öffentliches Baurecht, 3. Aufl. 1997, S. 55–79; *Steiner*, Raumordnungs- und Landesplanungsrecht, in: ders. (Hrsg.), Besonderes Verwaltungsrecht, 6. Aufl. 1999, S. 745 (752–754, 757f.); *Zoubek*, Sektoralisierte Landesplanung, 1983.

I. Die Vorgaben des Bundesrechts

1. Planungsverpflichtung und Planungsberechtigung

Nach § 8 Abs. 1 Satz 1 ROG sind die Länder verpflichtet, einen zusammenfassenden und übergeordneten Plan aufzustellen, dessen Geltungsbereich sich

1

---

8 Vgl. unten § 7 Rn. 21 ff.

über das gesamte Landesgebiet erstreckt. Wie sich aus § 7 Abs. 1 Satz 2 ROG ergibt, ist die Aufstellung räumlicher und sachlicher Teilpläne zulässig.

2 Das Kennzeichen **räumlicher** Teilpläne besteht darin, dass sie lediglich für einen Teil des Landesgebiets gelten.

Beispiel: Es wird ein Landesraumordnungsplan aufgestellt, dessen Geltungsbereich sich auf den Küstenstreifen des Landes beschränkt.

3 Zu beachten ist, dass es sich bei dem im vorstehenden Beispiel angesprochenen räumlichen Teilplan **nicht** um Regionalplanung (§ 9 ROG)[1], sondern um hochstufige Landesplanung (§ 8 ROG) handelt. Die Besonderheit besteht hier darin, dass die auf Landesebene aufgestellten raumordnerischen Pläne nicht das Gesamtgebiet, sondern lediglich ein Teilgebiet des Landes betreffen. Die Vorschrift des § 7 Abs. 1 Satz 2 ROG ermöglicht die Aufstellung von Raumordnungsplänen, deren Geltungsbereich über die für die Regionalplanung festgelegten Regionen hinausreicht, aber gleichwohl nicht das gesamte Landesgebiet umfasst.

4 Für **sachliche** Teilprogramme und Teilpläne ist kennzeichnend, dass sie eine gegenständliche Beschränkung aufweisen.

Beispiel: Es wird ein Landesraumordnungsplan aufgestellt, der lediglich Standorte für Kraftwerke festlegt.

5 Auf Grund ihrer gegenständlichen Beschränkung nähert sich die sachliche Teilplanung im Sinne des § 7 Abs. 1 Satz 2 ROG der räumlichen Fachplanung[2] an. Gleichwohl gehört sie rechtlich zur Raumordnungsplanung. Dies bedeutet, dass sie Ziele der Raumordnung festlegen und damit auch die zieltypischen rechtlichen Bindungswirkungen (§ 4 ROG) auslösen kann. Hierin unterscheidet sie sich wesentlich von der Fachplanung, bei der die Festlegung von Raumordnungszielen nicht in Betracht kommt, da diese nach § 3 Nr. 2 ROG lediglich in Raumordnungsplänen enthalten sein können.

6 Wie aus der **Stadtstaatenklausel** des § 8 Abs. 1 Satz 2 ROG hervorgeht, kann in den Ländern Berlin, Bremen und Hamburg die Flächennutzungsplanung nach § 5 BauGB die Funktion eines Landesplans übernehmen. Die Stadtstaaten sind zur Aufstellung von raumordnerischen Plänen zwar berechtigt, aber nicht verpflichtet.

2. Planungsinhalte

7 Hinsichtlich der Planungsinhalte schreibt § 7 Abs. 1 Satz 1 ROG vor, dass in Raumordnungsplänen, zu denen nach § 3 Nr. 7 ROG neben den Regionalplänen auch die Landespläne gehören, die Grundsätze der Raumordnung (§ 2 ROG) nach Maßgabe der Leitvorstellung und des Gegenstromprinzips (§ 1 Abs. 2, 3 ROG) zu konkretisieren sind. Dies geschieht regelmäßig für einen

---

1 Näheres dazu unten § 6.
2 Vgl. dazu oben § 1 Rn. 18 ff.

mittelfristigen Zeitraum. § 7 Abs. 2, 3 ROG enthält nähere Bestimmungen über die Festlegungen, die in Raumordnungsplänen getroffen werden sollen. Es handelt sich hier jedoch nicht um rahmengesetzlich vorgeschriebene Mindestinhalte, denn wie der Wortlaut der Vorschrift („sollen") zeigt, kann von einer Festlegung der aufgeführten Inhalte ausnahmsweise abgesehen werden, wenn besondere Gründe hierfür bestehen. Zudem kann in landesrechtlichen Bestimmungen angeordnet werden, dass in die Raumordnungspläne weitere Inhalte aufzunehmen sind bzw. aufgenommen werden dürfen. Schließlich können die betreffenden Pläne neben Raumordnungszielen auch Grundsätze der Raumordnung enthalten (§ 2 Abs. 3 ROG).[3]

3. Planungsverfahren

Soweit es um das Planungsverfahren geht, besteht die bundesrechtliche Vorgabe, dass für die Aufstellung von Zielen der Raumordnung die **Beteiligung der öffentlichen Stellen und der Personen des Privatrechts**, für die eine Beachtenspflicht nach § 4 Abs. 1 oder Abs. 3 ROG begründet werden soll, vorzusehen ist (§ 7 Abs. 5 ROG). Dies betrifft insbesondere die gemeindliche Beteiligung, denn der Begriff der öffentlichen Stellen erstreckt sich nach § 3 Nr. 5 ROG auch auf die kommunalen Gebietskörperschaften. Mit der Beteiligungsregelung des § 7 Abs. 5 ROG wird neben dem Gegenstromprinzip (§ 1 Abs. 3 ROG) vor allem auch der kommunalen Selbstverwaltungsgarantie des Art. 28 Abs. 2 GG Rechnung getragen, die nicht zuletzt die Planungshoheit der Gemeinden umfasst.[4] Es wäre mit dem verfassungskräftigen Schutz der gemeindlichen Planungshoheit unvereinbar, die Gemeinden an die Ziele der Raumordnung zu binden, ohne ihnen eine Möglichkeit der Mitwirkung an der Zielfestlegung einzuräumen.[5] Ähnliches gilt für die Gemeindeverbände, soweit ihnen eigenverantwortlich wahrzunehmende Kompetenzen im Bereich raumbedeutsamer Planungen und Maßnahmen gesetzlich übertragen worden sind. Eine **Bürgerbeteiligung** hat der Bundesgesetzgeber bundesrechtlich nur im Rahmen einer „Kann-Vorschrift" vorgesehen (§ 7 Abs. 6 ROG).[6] Die **Beteiligung von Verbänden**, insbesondere den nach § 29 BNatSchG anerkannten Naturschutzverbänden, ist bundesrechtlich nicht geregelt worden.[7]

8

---

3 Vgl. auch oben § 3 Rn. 4.
4 BVerfGE 56, 298 (312 f.); 76, 107 (118 f.). Näheres unten § 12.
5 BVerwG, DVBl. 1969, 362 (363 f.); BVerwGE 31, 263 (264 ff.).
6 Mit dieser Thematik befassen sich ausführlich *Wickrath*, Bürgerbeteiligung im Recht der Raumordnung und Landesplanung, 1992, und *Wahl*, Bürgerbeteiligung bei der Landesplanung, in: Blümel (Hrsg.), Frühzeitige Bürgerbeteiligung bei Planungen, Schriftenreihe der Hochschule Speyer, Bd. 87, 1982, S. 113 ff.
7 Zu den landesrechtlichen Bestimmungen vgl. *Wilrich*, Verbandsbeteiligung in der Raumplanung, UPR 2000, 366 ff.

II. Landesrechtliche Ausgestaltungen

1. Baden-Württemberg

9 *Planarten:* Auf Landesebene sind zwei Planarten vorgesehen, und zwar der **Landesentwicklungsplan** sowie **fachliche Entwicklungspläne**.

10 *Planinhalte:* Der **Landesentwicklungsplan** enthält nach § 3 Abs. 1 BaWüLPlG einmal Grundsätze und Ziele der Raumordnung und Landesplanung für die räumliche Ordnung und Entwicklung des Landes sowie zum anderen Ziele für landeswichtige raumbedeutsame Einzelvorhaben. Die planerischen Ausweisungen beziehen sich beispielsweise auf Oberzentren und Mittelzentren, Verdichtungsräume, ländliche Gebiete und Entwicklungsachsen. Außerdem werden u. a. Räume mit besonderen Entwicklungsaufgaben festgelegt (§ 3 Abs. 2 BaWüLPlG).

11 Die **fachlichen Entwicklungspläne** enthalten – wie aus § 4 Abs. 1 BaWüLPlG hervorgeht – die Grundsätze und Ziele der Raumordnung und Landesplanung für die Entwicklung des Landes in einem oder mehreren Fachbereichen (z. B. Verkehr, Freizeit und Erholung, Naturschutz). Ferner können in die Pläne Ziele für einzelne landeswichtige raumbedeutsame Vorhaben aufgenommen und zu diesem Zweck Bereiche für besondere Aufgaben sowie vorsorglich freizuhaltende Flächen für Trassen oder Standorte mit ihren Entwicklungsaufgaben ausgewiesen werden.

12 *Planungszuständigkeit und Planungsverfahren:* Während der **Landesentwicklungsplan** vom Wirtschaftsministerium als oberster Raumordnungs- und Landesplanungsbehörde aufgestellt wird (§ 5 Abs. 1 Satz 1 i. V. m. § 21 Abs. 1 BaWüLPlG), erfolgt die Aufstellung der **fachlichen Entwicklungspläne** durch das für den entsprechenden Fachbereich zuständige Ministerium (§ 5 Abs. 1 Satz 2 BaWüLPlG). Dabei sind jeweils, soweit sie berührt sein können, die öffentlichen Planungsträger (Gemeinden, Landkreise, Regionalverbände[8] etc.) sowie die Nachbarstaaten zu beteiligen (§ 5 Abs. 3 BaWüLPlG). Wird ein Beteiligungsverfahren im Zusammenhang mit der Aufstellung eines Entwicklungsplans eingeleitet, so ist der entsprechende Planentwurf dem Landtag zur Stellungnahme zuzuleiten (§ 5 Abs. 2 BaWüLPlG). Die Entwicklungspläne werden von der Landesregierung beschlossen (§ 5 Abs. 4 BaWüLPlG).

13 In § 6 Abs. 1 BaWüLPlG wird die Landesregierung ermächtigt, die Entwicklungspläne durch **Rechtsverordnung** für verbindlich zu erklären. Erst mit dieser Verbindlicherklärung entfalten die in den Plänen enthaltenen Grundsätze und Ziele der Raumordnung und Landesplanung ihre spezifischen rechtlichen Bindungswirkungen (§ 6 Abs. 3 BaWüLPlG).[9] Wird ein Entwicklungsplan unter Verletzung landesplanungsgesetzlicher Verfahrens- oder Formvor-

---

8 Vgl. dazu unten § 6 Rn. 8.
9 Vgl. zu dieser Bindungswirkung im näheren oben § 3 Rn. 9 ff., 39 ff.

schriften aufgestellt, so zieht dies nur unter bestimmten Voraussetzungen die Ungültigkeit des Plans nach sich (**Grundsatz der Planerhaltung**, § 7 Ba-WüLPlG).

Geltender Plan: Zur Zeit gilt der von der Landesregierung für verbindlich erklärte Landesentwicklungsplan 1983.[10] Ein mit einer Verbindlicherklärung ausgestatteter fachlicher Entwicklungsplan besteht gegenwärtig nicht. Die Verbindlicherklärung des fachlichen Entwicklungsplans „Kraftwerksstandorte" aus dem Jahr 1985[11] wurde bereits nach wenigen Jahren wieder aufgehoben.[12] 14

2. Bayern

Planarten: Das bayerische Recht sieht für die Landesebene das **Landesentwicklungsprogramm** sowie **fachliche Programme und Pläne** vor. 15

Planinhalte: Im **Landesentwicklungsprogramm** sind die Grundzüge der anzustrebenden räumlichen Ordnung und Entwicklung des Staatsgebiets als Ziele der Raumordnung und Landesplanung festzulegen, wobei für überregionale Teilräume besondere Regelungen getroffen werden können (Art. 13 Abs. 1 Sätze 1, 2 BayLPlG). Zudem ist die Aufnahme einzelner Planungen und Maßnahmen vorgeschrieben, soweit diese für das gesamte Staatsgebiet oder größere Teile desselben raumbedeutsam sind (Art. 13 Abs. 1 Satz 3 BayLPlG). Zu den Inhalten des Landesentwicklungsprogramms gehören nach Art. 13 Abs. 2 BayLPlG ferner u. a. die Einteilung des Staatsgebiets in Regionen, die Festlegung der zentralen Orte (mit Ausnahme der Kleinzentren), die Ausweisung von überregional bedeutsamen Entwicklungsachsen sowie die Gebiete, deren Lebens- und Wirtschaftsbedingungen zu ihrer Erhaltung oder Verbesserung besonderer Maßnahmen bedürfen. Zudem können im Landesentwicklungsprogramm nach Art. 15 Satz 1 BayLPlG Bereiche, für die Ziele der Raumordnung und Landesplanung in fachlichen Programmen und Plänen aufgestellt werden, sowie die für deren Ausarbeitung und Aufstellung zuständigen Behörden bestimmt werden. 16

Wie der Regelung des Art. 15 BayLPlG zu entnehmen ist, werden in den **fachlichen Programmen und Plänen** die Inhalte des Landesentwicklungsprogramms auf bestimmten Sachgebieten (z. B. Naturschutz und Landschaftspflege, Abfallbeseitigung, Freizeit und Erholung) konkretisiert. 17

Planungszuständigkeit und Planungsverfahren: Das **Landesentwicklungsprogramm** wird von der obersten Landesplanungsbehörde, dem Staatsministerium für Landesentwicklung und Umweltfragen, ausgearbeitet (Art. 14 Abs. 1 Satz 1 i.V.m. Art. 5 Abs. 1 BayLPlG). Die Ausarbeitung erfolgt im 18

---

10 Verordnung vom 12.12.1983 (GBl. 1984 S. 37, ber. S. 324), geändert durch Art. 97 der Verordnung vom 23.7.1993 (GBl. S. 533).
11 Verordnung vom 9.12.1985 (GBl. S. 566).
12 Verordnung vom 1.2.1988 (GBl. S. 89).

Benehmen mit den übrigen Staatsministerien und unter Einbeziehung des Landesplanungsbeirats in Form der Anhörung (Art. 14 Abs. 1 BayLPlG). Zum **Landesplanungsbeirat** enthalten die Art. 11, 12 BayLPlG nähere Regelungen. Danach ist er bei der obersten Landesplanungsbehörde zu bilden. Die Beiratsmitglieder werden durch den Staatsminister für Landesentwicklung und Umweltfragen auf Vorschlag bestimmter, durch Rechtsverordnung der Staatsregierung[13] festgelegter Organisationen berufen, zu denen neben den kommunalen Spitzenverbänden Bayerns etliche Vereinigungen, Gremien etc. des wirtschaftlichen, sozialen, kulturellen und kirchlichen Bereichs gehören. Der Minister ist zudem zur Berufung von Sachverständigen (nach Anhörung des Landesplanungsbeirats) befugt.

19 Bevor das Landesentwicklungsprogramm aufgestellt wird, ist es – wie aus Art. 14 Abs. 2 Satz 1 BayLPlG hervorgeht – den kommunalen Spitzenverbänden Bayerns sowie denjenigen Gemeinden, Landkreisen und Bezirken, für die eine unmittelbare Anpassungspflicht begründet wird, zur Stellungnahme bekanntzugeben. Wenn ein regionaler Planungsverband besteht, tritt dieser an die Stelle der Verbandsmitglieder (Art. 14 Abs. 2 Satz 4 i.V.m. Art. 6 Abs. 5 BayLPlG). Nach Art. 8 Abs. 5 Satz 2 BayLPlG hat der Verband seinerseits vor der von ihm abzugebenden Stellungnahme die Verbandsmitglieder zu beteiligen, für die voraussichtlich eine Anpassungspflicht begründet wird.

20 Der abschließende Rechtsakt der Planungsphase besteht darin, dass die im Landesentwicklungsprogramm enthaltenen Ziele der Raumordnung und Landesplanung von der Staatsregierung mit Zustimmung des Landtags als **Rechtsverordnung** beschlossen werden (Art. 14 Abs. 3 BayLPlG).

21 Hinsichtlich der **fachlichen Programme und Pläne** ergibt sich aus Art. 15 BayLPlG, dass sie auf der Grundlage des Landesentwicklungsprogramms für das Staatsgebiet insgesamt oder größere Teile davon aufgestellt werden können. Die Aufstellung sowie die vorausgehende Ausarbeitung der Programme und Pläne erfolgen durch die im Landesentwicklungsprogramm bezeichneten zuständigen Staatsbehörden im Einvernehmen mit den Landesplanungsbehörden der entsprechenden Verwaltungsstufe (Art. 16 Abs. 1 Satz 1, Abs. 3 Satz 2 BayLPlG). In die Ausarbeitung sind nach Maßgabe einer differenzierten rechtlichen Regelung der Landesplanungsbeirat bzw. die Planungsbeiräte der regionalen Planungsverbände[14] sowie die kommunalen Spitzenverbände Bayerns *oder* jene Gebietskörperschaften unterhalb der Landesebene (Bezirke, Landkreise, Gemeinden) einzubeziehen, für die voraussichtlich eine Anpassungspflicht begründet wird (Art. 16 Abs. 1 Satz 2, Abs. 2 Satz 1 BayLPlG). Soweit voraussichtlich eine *unmittelbare* Anpassungspflicht begründet wird, sind die betroffenen Gebietskörperschaften nach Art. 16 Abs. 2 Satz 2 BayLPlG stets zu beteiligen. Allerdings tritt auch hier an die Stelle der Landkreise und Gemeinden der jeweilige regionale Planungsverband (Art. 16 Abs. 2 Satz 3

---

13 Verordnung über die Zusammensetzung des Landesplanungsbeirats i.d.F. der Bekanntmachung vom 22.6.1992 (GVBl. S. 191).
14 Vgl. dazu unten § 6 Rn. 15.

i. V. m. Art. 6 Abs. 5, Art. 8 Abs. 5 Satz 2 BayLPlG). Die Aufstellung der fachlichen Programme und Pläne wird nach Art. 16 Abs. 4 Satz 3 BayLPlG von den zuständigen Staatsministerien im Gesetz- und Verordnungsblatt bekannt gemacht.

Geltende Pläne: Gegenwärtig befinden sich neben dem Landesentwicklungsprogramm Bayern[15] mehrere fachliche Pläne in den Bereichen der Abfallbeseitigung, der Energieversorgung sowie der Forstwirtschaft in Kraft.[16]

22

3. Berlin und Brandenburg

Die Länder Berlin und Brandenburg haben sich für eine gemeinsame Landesplanung auf der Grundlage eines **Landesplanungsvertrages**[17] entschieden.[18] Das darüber hinaus für Brandenburg geltende Landesplanungsgesetz beschränkt sich auf einige ergänzende Regelungen.

23

Planarten: Die hochstufige Raumordnungsplanung erfolgt in Form eines **gemeinsamen Landesentwicklungsprogramms** und **gemeinsamer Landesentwicklungspläne** (Art. 7, 8 Bln/BbgLPlanV).

24

Planinhalte: Das gemeinsame Landesentwicklungsprogramm legt Grundsätze und Ziele der Raumordnung und Landesplanung, die für die Gesamtentwicklung der beiden Länder von Bedeutung sind, fest (Art. 7 Abs. 1 Satz 2 Bln/BbgLPlanV). Es bildet die Grundlage für die gemeinsamen Landesentwicklungspläne, die ihrerseits weitere Grundsätze und Ziele der Raumordnung und Landesplanung festlegen, und zwar insbesondere für die Bereiche Raumstruktur, zentralörtliche Gliederung und übergeordnete Infrastrukturen, potenzieller Siedlungsraum und zu erhaltender Freiraum, schutzwürdige Bereiche zur Sicherung der natürlichen Lebensgrundlagen, Entwicklungszentren und besondere Fördergebiete (Art. 8 Abs. 2 Bln/BbgLPlanV). Es handelt sich hier um gesetzlich vorgegebene Mindestinhalte, daneben dürfen weitere Grundsätze und Ziele festgelegt werden. Der Landesentwicklungsplan für den engeren Verflechtungsraum Brandenburg-Berlin unterliegt den noch detaillierteren Vorgaben des Art. 8 Abs. 3 Bln/BbgLPlanV. Im weiteren ist vorgesehen, dass die Aufstellung für sachliche oder räumliche Teilabschnitte zulässig ist (Art. 8 Abs. 1 Bln/BbgLPlanV).

25

---

15 Verordnung der Staatsregierung vom 25. 1. 1994 (GVBl. S. 25, ber. S. 688), zuletzt geändert durch § 2 des Gesetzes vom 25.4.2000 (GVBl. S. 280).
16 Zu den fachlichen Plänen Bayerns vgl. im näheren die Aufstellung bei *Cholewa* et al., Raumordnung in Bund und Ländern. Kommentar zum Raumordnungsgesetz des Bundes und Vorschriftensammlung aus Bund und Ländern, Loseblattausgabe (Stand: Juli 1999), Vorschriftensamml. Bayern, Gliederungsabschnitt III Nrn. 1.2 – 1.10.
17 Vgl. oben § 1 Rn. 3.
18 Vgl. dazu *Priebs*, Gemeinsame Landesplanung Berlin/Brandenburg – Vorbild für die Regionen Bremen und Hamburg?, DÖV 1996, 541 (543 ff.); *Wimmer*, Raumordnung und Landesplanung in Berlin und Brandenburg, LKV 1998, 127 ff.

26 Für das Land Brandenburg sei schließlich noch darauf hingewiesen, dass die in § 3 BbgLPlG genannten Grundsätze der Raumordnung und Landesplanung mit Inkrafttreten des gemeinsamen Landesentwicklungsprogramms am 1.3.1998[19] außer Kraft getreten sind (§ 5 Abs. 3 Satz 1 Bln/BbgLPlanV). Darüber hinaus gelten die in § 4 BbgLPlG enthaltenen Ziele nur solange fort, bis sie durch Wirksamwerden entsprechender oder widersprechender Ziele in den gemeinsamen Landesentwicklungsplänen nach Art. 8 Bln/BbgLPlanV ersetzt werden.

27 *Planungszuständigkeit und Planungsverfahren*: Art. 2 Abs. 1 Satz 1 Bln/BbgLPlanV sieht vor, dass Berlin und Brandenburg eine **gemeinsame Landesplanungsabteilung** einrichten, die Teil der für Raumordnung und Landesplanung zuständigen obersten Behörden beider Länder ist.[20] In Brandenburg ist oberste Landesplanungsbehörde das für Raumordnung und Landesplanung zuständige Ministerium (§ 2 Satz 1 BbgLPlG), wobei die behördlichen Aufgaben und Befugnisse durch die gemeinsame Landesplanungsabteilung als gemeinsamem Planungsträger wahrgenommen werden (Art. 2 Abs. 1 Satz 2 Bln/BbgLPlanV). Die Einzelheiten sind in den Art. 2–5 Bln/BbgLPlanV geregelt. Daneben bilden beide Länder eine **gemeinsame Landesplanungskonferenz**, welche die erforderliche planerische Koordinierungsarbeit leistet (Art. 6 Bln/BbgLPlanV).

28 Der gemeinsamen Planungsabteilung obliegt die Erarbeitung, Aufstellung, Änderung, Ergänzung und Fortschreibung sowohl des gemeinsamen Landesentwicklungsprogramms als auch der gemeinsamen Landesentwicklungspläne (Art. 2 Abs. 2 Nr. 1, Art. 8 Abs. 6 Satz 1 Bln/BbgLPlanV). Art. 7 Abs. 2 Bln/BbgLPlanV schreibt für das Verfahren zur Erarbeitung des Landesentwicklungs*programms* eine Beteiligungspflicht hinsichtlich der Gemeinden und Gemeindeverbände, für die eine Anpassungspflicht begründet wird, sowie der Träger der Regionalplanung und des Braunkohlenausschusses vor. Die Beteiligung kreisangehöriger Städte und Gemeinden erfolgt in Brandenburg über die Landkreise, in Berlin sind die Bezirke frühzeitig zu beteiligen. Weitere Einzelheiten regelt Art. 7 Abs. 3 Bln/BbgLPlanV. Das gemeinsame Landesentwicklungsprogramm wird als **Staatsvertrag** zwischen den Ländern Berlin und Brandenburg vereinbart (Art. 7 Abs. 1 Satz 1 Bln/BbgLPlanV).

29 Für das Verfahren zur Aufstellung der gemeinsamen Landesentwicklungs*pläne* gelten nach Art. 8 Abs. 4 Bln/BbgLPlanV die soeben dargestellten Beteiligungsvorschriften entsprechend. Darüber hinaus sieht Art. 8 Abs. 5 Bln/BbgLPlanV vor, dass dem jeweils zuständigen Ausschuss des Abgeordnetenhauses von Berlin sowie des brandenburgischen Landtags Gelegenheit gegeben werden muss, zu dem Planentwurf Stellung zu nehmen (vgl. ergänzend § 6 BbgLPlG). Nach Art. 8 Abs. 6 Bln/BbgLPlanV wird der endgültige Plan von beiden Regierungen jeweils als **Rechtsverordnung** erlassen und den Landes-

---

[19] Vgl. die Bekanntmachung zum Inkrafttreten des Staatsvertrages über das gemeinsame Landesentwicklungsprogramm der Länder Berlin und Brandenburg (Landesentwicklungsprogramm) und über die Änderung des Landesplanungsvertrages vom 6.3.1998 (BbgGVBl. I S. 49).
[20] Kritisch *Hoppe*, Bauleitplanung und Landesplanung in der Bundeshauptstadt Berlin, DVBl. 1997, 234 (238).

parlamenten zur Kenntnisnahme zugeleitet. Die Rechtsverordnungen sind in beiden Ländern am selben Tag in Kraft zu setzen. Mit dem Tag des Inkrafttretens entfalten die Pläne ihre Bindungswirkungen.

Geltende Pläne: Auf Landesebene gilt das gemeinsame Landesentwicklungsprogramm der Länder Berlin und Brandenburg, das am 7. 9. 1997 als Staatsvertrag vereinbart worden ist.[21] Daneben existieren der gemeinsame Landesentwicklungsplan für den engeren Verflechtungsraum Brandenburg-Berlin vom 2. 3. 1998[22] und der gemeinsame Landesentwicklungsplan Standortsicherung Flughafen vom 18. 3. 1999.[23] Schließlich hat das Land Brandenburg den Landesentwicklungsplan Brandenburg LEP I – Zentralörtliche Gliederung – vom 4. 7. 1995[24] erlassen.

30

4. Hessen

Planart: In Hessen besteht die hochstufige Raumordnungsplanung aus der Aufstellung eines einzigen Plans, dem **Landesentwicklungsplan**.

31

Planinhalte: Aus § 4 HLPG geht hervor, dass der Landesentwicklungsplan die Vorgaben für eine großräumige Ordnung und Entwicklung des Landes und seiner Regionen enthält. Durch ihn werden die landesplanerischen Voraussetzungen geschaffen, um die Leitvorstellungen und Grundsätze zu verwirklichen, wie sie im Bundesrecht (§§ 1, 2 ROG) und im Landesrecht (§§ 2, 3 HLPG) niedergelegt sind. Der Landesentwicklungsplan hat die Anforderungen der Siedlungsentwicklung, der Wirtschaft und der Infrastruktur mit den Erfordernissen des Umwelt-, Klima- und Naturschutzes abzustimmen. Dieser ökologische Akzent wird noch durch die dem Plan zugeordnete Funktion verstärkt, dazu beizutragen, dass die natürlichen Ressourcen des Landes schonend genutzt werden. Zu den Planinhalten gehören insbesondere die Ordnungsräume, die Verdichtungsräume und die ländlichen Räume, die Ober- und Mittelzentren sowie Vorgaben für die Ausweisung von Unter- und Kleinzentren, Räume mit besonderen Entwicklungs- und Förderaufgaben, Einrichtungen, Trassen und Standorte für Verkehrserschließung, Ver- und Entsorgung sowie eine Vorausschau der Bevölkerungs- und Wirtschaftsentwicklung. Es lässt sich zudem eine deutliche gesetzliche Intention zu Gunsten einer Stärkung der Regionalplanung feststellen. So heißt es in § 4 Abs. 1 Satz 3 HLPG, dass der (für die Regionalplanung nach § 5 Abs. 7 HLPG verbindliche) Landesentwicklungsplan die Entscheidungsspielräume der Regionen nicht stärker einschränkt, als dies zur Umsetzung von überregional bedeutsamen Vorgaben erforderlich ist.

32

---

21 Staatsvertrag über das gemeinsame Landesentwicklungsprogramm der Länder Berlin und Brandenburg (Landesentwicklungsprogramm) und über die Änderung des Landesplanungsvertrages vom 7. 8. 1997; Berlin: Gesetz vom 9. 12. 1997 (BlnGVBl. S. 657), Brandenburg: Gesetz vom 4. 2. 1998 (BbgGVBl. I S. 14).
22 BlnGVBl. S. 38, BbgGVBl. II S. 186.
23 BlnGVBl. S. 121, BbgGVBl. II S. 262.
24 BbgGVBl. II S. 474.

33 *Planungszuständigkeit und Planungsverfahren:* Der Entwurf zur Aufstellung oder Änderung des Landesentwicklungsplans wird von dem für Raumordnung und Landesplanung zuständigen Ministerium als oberster Landesplanungsbehörde erarbeitet (§ 5 Abs. 1 Satz 1 i. V. m. § 16 Abs. 1 Satz 1 HLPG). Dieses hat dabei die Planungen der obersten Landesbehörden zu berücksichtigen und zudem den Regionalversammlungen[25], den benachbarten Bundesländern, den kommunalen Spitzenverbänden, den Selbstverwaltungsorganisationen der Wirtschaft, den Gewerkschaften sowie den nach § 29 BNatSchG anerkannten Naturschutzverbänden frühzeitig Gelegenheit zu geben, an der Ausarbeitung mitzuwirken. Der erarbeitete Planentwurf wird alsdann von der obersten Landesplanungsbehörde der Landesregierung zur Beschlussfassung über die Anhörung vorgelegt (§ 5 Abs. 2 HLPG). Billigt die Regierung den Entwurf, so wird er dem Landtag zur Kenntnisnahme und zugleich zahlreichen gesetzlich näher bestimmten Stellen zur Stellungnahme zugeleitet. Anhörungsberechtigt sind neben den Einrichtungen, denen bereits bei der Erarbeitung des Planentwurfs eine Mitwirkungsmöglichkeit zu eröffnen war, etliche weitere Institutionen, wie z. B. der Bund, die Arbeitsgemeinschaft der Ausländerbeiräte in Hessen, die Landesarbeitsgemeinschaft der hessischen Frauenbeauftragten, die Regionalverkehrsträger, die Verbraucherorganisationen etc. (§ 5 Abs. 3 HLPG). Bei Festlegungen, die grenzüberschreitende Wirkungen haben, sind die betroffenen Länder und die sonstigen Träger der Raumordnung zu beteiligen (§ 10 Abs. 1 HLPG).

34 Die Landesregierung stellt den Landesentwicklungsplan unter Berücksichtigung der Ergebnisse der Anhörung durch **Rechtsverordnung** fest (§ 5 Abs. 4 HLPG). Er ist einschließlich seiner Begründung bei den oberen Landesplanungsbehörden (den Regierungspräsidien, § 16 Abs. 2 Satz 1 HLPG) sowie bei den Kreisverwaltungen und kreisfreien Städten zur Einsicht für die Öffentlichkeit bereitzuhalten. Schließlich ist zu beachten, dass der Landesentwicklungsplan nach 10 Jahren außer Kraft tritt, wenn er nicht zwischenzeitlich an die weitere Entwicklung angepasst worden ist (§ 5 Abs. 6 HLPG).

35 *Geltende Pläne:* Das Hessische Landesraumordnungsprogramm aus dem Jahre 1970 ist mittlerweile außer Kraft getreten (§ 21 Nr. 2 HLPG). Der durch Beschluss der Landesregierung vom 27. 4. 1971 (StAnz. S. 1041) festgestellte Landesentwicklungsplan ist bislang durch die fortgeschriebenen Regionalen Raumordnungspläne aktualisiert worden. Eine Neuaufstellung ist unlängst erfolgt.[26]

---

25 Vgl. unten § 6 Rn. 34 ff.
26 Verordnung über den Landesentwicklungsplan Hessen 2000 (GVBl. I 2001 S. 1)

5. Mecklenburg-Vorpommern

Planart: Das Land Mecklenburg-Vorpommern hat sich dafür entschieden, auf Landesebene nur einen Plan, das **Landesraumordnungsprogramm**, aufzustellen. 36

Planinhalte: Wie das Landesraumordnungsprogramm inhaltlich auszugestalten ist, ergibt sich aus § 6 MeVoLPlG. Danach enthält es die Ziele und Grundsätze der Raumordnung und Landesplanung, die das gesamte Land betreffen oder für die räumliche Beziehung der Landesteile untereinander wesentlich sind. Des Näheren sind im Landesraumordnungsprogramm namentlich die zentralen Orte für die Ober- und Mittelbereiche festzulegen, die Kriterien für die Ausweisung der zentralen Orte der Nahbereiche in den regionalen Raumordnungsprogrammen aufzustellen, die Räume für großflächige schutzwürdige Raumfunktionen zu bezeichnen und die überregionalen Achsen auszuweisen. Außerdem ist die anzustrebende geordnete Entwicklung des Raumes in den Grundzügen darzustellen, und zwar vor allem im Hinblick auf den Schutz der natürlichen Lebensgrundlagen, die Siedlungsstruktur, den Verkehr, die gewerbliche Wirtschaft, den Fremdenverkehr, die Land- und Forstwirtschaft, die Wasserwirtschaft sowie die Energiewirtschaft. Dabei sind die kollidierenden Raumnutzungsansprüche einzelner Fachplanungen auszugleichen. Die landesweiten Erfordernisse und Maßnahmen des Naturschutzes und der Landschaftspflege werden auf der Grundlage eines von der obersten Naturschutzbehörde zu erarbeitenden „Gutachtlichen Landschaftsprogramms" nach Abwägung mit den anderen Belangen (z.B. des Verkehrs oder der gewerblichen Wirtschaft) in das Landesraumordnungsprogramm aufgenommen. Diese Regelung trägt den rahmenrechtlichen Vorgaben des § 5 Abs. 1, 2 BNatSchG Rechnung. 37

Planungszuständigkeit und Planungsverfahren: Das Landesraumordnungsprogramm wird von dem für Raumordnung und Landesplanung zuständigen Ministerium als oberster Landesplanungsbehörde erarbeitet (§ 7 Abs. 1 i.V.m. § 10 Satz 2 MeVoLPlG). An der Erarbeitung sind nach § 7 Abs. 1 Satz 2 MeVoLPlG die Landkreise, die kreisfreien Städte und die Planungsträger (§ 1 Abs. 1 Satz 3 MeVoLPlG) zu beteiligen. Die Beteiligung der kreisangehörigen Gemeinden erfolgt über die Landkreise, wobei allerdings die von der Beurteilung der Kreise abweichenden gemeindlichen Stellungnahmen der Landesplanungsbehörde vorzulegen sind (§ 7 Abs. 1 Sätze 3, 4 MeVoLPlG). Die Landesplanungsbehörde ist verpflichtet, bereits zu Beginn des Aufstellungsverfahrens, d.h. vor der Erarbeitung des Landesraumordnungsprogramms, ihre Planungsabsicht den Beteiligungsberechtigten mitzuteilen und ihnen Gelegenheit zur Äußerung zu geben (§ 7 Abs. 2 Satz 1 MeVoLPlG). Nach der Erarbeitung des Programmentwurfs werden die Beteiligungsberechtigten erneut eingeschaltet. Dies geschieht in der Weise, dass ihnen der Entwurf unter Angabe einer Frist zur Stellungnahme zugeleitet wird (§ 7 Abs. 2 Satz 2 MeVoLPlG). 38

39 Das Landesraumordnungsprogramm wird nach § 7 Abs. 3 Satz 1 MeVoLPlG von der Landesregierung im Benehmen mit dem Landesplanungsbeirat festgestellt und als **Rechtsverordnung** erlassen. Zum **Landesplanungsbeirat** enthält § 11 MeVoLPlG nähere Regelungen. Danach setzt er sich aus dem für Raumordnung und Landesplanung zuständigen Landesminister als Vorsitzendem sowie aus Vertretern verschiedener, gesetzlich aufgeführter Organisationen zusammen, zu denen die im Landtag mit einer Fraktion vertretenen Parteien, die kommunalen Landesverbände, die regionalen Planungsverbände[27], die Gewerkschaften, die Arbeitgeberverbände, die Kirchen sowie u.a. auch das Landesamt für Denkmalpflege gehören. Die Vertreter werden auf Vorschlag der betreffenden Organisation vom für Raumordnung und Landesplanung zuständigen Landesminister berufen, der außerdem weitere Sachverständige hinzuziehen kann.

40 *Geltender Plan:* Seit dem Jahr 1993 ist das „Erste Landesraumordnungsprogramm Mecklenburg-Vorpommern" in Kraft.[28]

6. Niedersachsen

41 *Planart:* In Niedersachsen ist auf Landesebene ein aus **zwei Teilen** bestehendes **Landes-Raumordnungsprogramm** vorgesehen.

42 *Planinhalte:* Nach § 4 Abs. 2 NROG enthält **Teil I** des **Landes-Raumordnungsprogramms** die Ziele der Raumordnung zur allgemeinen Entwicklung des Landes sowie die Grundsätze der Raumordnung, die das Land auf Grund der entsprechenden bundesrechtlichen Ermächtigung (§ 2 Abs. 3 ROG) aufzustellen berechtigt ist. In **Teil II** des **Landes-Raumordnungsprogramms**, der aus Teil I zu entwickeln ist, sind weitere Ziele der Raumordnung festzulegen, die für die Entwicklung des Landes oder dessen Teilräume von Bedeutung sind. Dazu gehören vor allem raumbedeutsame öffentliche Fachplanungen, wobei die Festlegung hier auf der Grundlage einer Abwägung zwischen den jeweiligen fachplanerischen Erfordernissen und den Belangen anderer raumbedeutsamer Planungen erfolgt (§ 4 Abs. 3 NROG).

43 *Planungszuständigkeit und Planungsverfahren:* Beide Teile des Landes-Raumordnungsprogramms werden von der obersten Landesplanungsbehörde, dem für die Raumordnung und Landesplanung zuständigen Ministerium, entworfen (§ 5 Abs. 1 i.V.m. § 14 Abs. 1 Satz 1 NROG). Das förmliche Aufstellungsverfahren wird dadurch eingeleitet, dass die oberste Landesplanungsbehörde ihre allgemeinen Planungsabsichten im Niedersächsischen Ministerialblatt bekanntmacht (§ 5 Abs. 2 NROG).

44 Wie aus § 5 Abs. 3 NROG hervorgeht, sind an der Erarbeitung des Landes-Raumordnungsprogramms – soweit sie jeweils von den Planungen berührt sein können – alle in § 4 Abs. 5 ROG a.F. genannten Stellen (einschließlich der

---

[27] Vgl. dazu unten § 6 Rn. 41 ff.
[28] Verordnung vom 16.7.1993 (GVBl. S. 733).

Behörden der benachbarten Bundesländer) sowie ferner u. a. die kommunalen Spitzenverbände, die nach § 29 BNatSchG anerkannten Verbände und die Nachbarstaaten zu beteiligen. Zudem sollen diejenigen Verbände und Vereinigungen beteiligt werden, deren Aufgabenbereich für die Landesentwicklung von Bedeutung ist. Die Beteiligung erfolgt in der Weise, dass der Entwurf des Landes-Raumordnungsprogramms den Beteiligungsberechtigten zur Stellungnahme zugeleitet wird. Soweit bestimmte Beteiligungsberechtigte (z. B. Träger der Regionalplanung[29] oder kommunale Spitzenverbände) zu wesentlichen Inhalten des Programmentwurfs Anregungen und Bedenken vortragen, sind diese mit ihnen zu erörtern. Mit den übrigen Beteiligten kann eine Erörterung stattfinden.

Während **Teil I** des Landesraumordnungsprogramms als **Gesetz** ergeht (§ 5 Abs. 4 NROG), wird **Teil II** von der Landesregierung als **Rechtsverordnung** beschlossen, wobei zuvor dem Landtag Gelegenheit zur Stellungnahme zu geben ist (§ 5 Abs. 5 NROG).   45

Geltende Pläne: Die beiden Teile des derzeit geltenden Landes-Raumordnungsprogramms sind im Jahr 1994 in Kraft getreten.[30]   46

7. Nordrhein-Westfalen

Planarten: Das nordrhein-westfälische Recht sieht auf Landesebene ein **Landesentwicklungsprogramm** und **Landesentwicklungspläne** vor.   47

Planinhalte: Wie aus § 12 NWLPlG hervorgeht, enthält das **Landesentwicklungsprogramm** Grundsätze und allgemeine Ziele der Raumordnung und Landesplanung für die Gesamtentwicklung des Landes sowie für alle raumbedeutsamen Planungen und Maßnahmen einschließlich der raumwirksamen Investitionen. In den **Landesentwicklungsplänen** sind nach der Vorschrift des § 13 Abs. 1 NWLPlG auf der Grundlage des Landesentwicklungsprogramms die Ziele der Raumordnung und Landesplanung für die Gesamtentwicklung des Landes festzulegen.   48

Planungszuständigkeit und Planungsverfahren: Die Erarbeitung des **Landesentwicklungsprogramms** obliegt nach § 2 Nr. 1 NWLPlG der für die Raumordnung und Landesplanung zuständigen obersten Landesbehörde (Landesplanungsbehörde). Im Erarbeitungsverfahren sind die Gemeinden und Gemeindeverbände, für die eine Anpassungspflicht begründet werden soll, oder deren Zusammenschlüsse zu beteiligen (§ 12 Satz 3 NWLPlG). Das Landesentwicklungsprogramm wird als **Gesetz** beschlossen (§ 12 Satz 1 NWLPlG).   49

---

29 Vgl. dazu unten § 6 Rn. 47.
30 Gesetz über das Landes-Raumordnungsprogramm Niedersachsen – Teil I – vom 2. 3. 1994 (GVBl. S. 130), geändert durch Gesetz vom 23. 2. 1998 (GVBl. S. 269); Verordnung über das Landes-Raumordnungsprogramm Niedersachsen – Teil II – vom 18. 7. 1994 (GVBl. S. 317), geändert durch Gesetz vom 19. 3. 1998 (GVBl. S. 270).

50 Die **Landesentwicklungspläne** werden ebenso wie das Landesentwicklungsprogramm, dessen Konkretisierung sie dienen, von der Landesplanungsbehörde erarbeitet, wobei auch hier die Gemeinden und Gemeindeverbände, für die eine Anpassungspflicht begründet werden soll, oder deren Zusammenschlüsse zu beteiligen sind (§ 2 Nr. 1, § 13 Abs. 2 Satz 1 Hs. 2 i.V.m. § 12 Satz 3 NWLPlG). Zu den Beteiligungsberechtigten gehören ferner die Bezirksplanungsräte[31] (§ 13 Abs. 2 Satz 1 Hs. 1 NWLPlG). Die erarbeiteten Planentwürfe sind von der Landesregierung mit einem Bericht über das Erarbeitungsverfahren dem Landtag zuzuleiten (§ 13 Abs. 2 Satz 2 NWLPlG). Im Anschluss daran erfolgt die Planaufstellung durch die Landesplanungsbehörde im Einvernehmen mit dem für die Landesplanung zuständigen Landtagsausschuss sowie den fachlich zuständigen Landesministerien (§ 13 Abs. 2 Satz 3 NWLPlG). Die aufgestellten Landesentwicklungspläne werden im nordrhein-westfälischen Gesetz- und Verordnungsblatt bekannt gemacht mit der Folge, dass sie Ziele der Raumordnung und Landesplanung werden und die entsprechenden Bindungswirkungen entfalten (§ 13 Abs. 4 Satz 1, Abs. 6 NWLPlG).

51 *Geltende Pläne:* In Kraft befinden sich zurzeit neben dem Landesentwicklungsprogramm[32] der Landesentwicklungsplan Nordrhein-Westfalen vom 11.5.1995 (GV NW S. 532)[33], der einige der bislang geltenden Landesentwicklungspläne außer Kraft gesetzt hat, sowie der Landesentwicklungsplan „Schutz vor Fluglärm" vom 17.8.1998 (GV NW S. 512).

8. Rheinland-Pfalz

52 *Planart:* Rheinland-Pfalz gehört zu denjenigen Bundesländern, die sich bei der hochstufigen Landesplanung auf eine Planart beschränken. Nach § 9 Abs. 1 RhPfLPlG ist dies das **Landesentwicklungsprogramm**.

53 *Planinhalte:* Wie sich aus der allgemeinen Regelung des § 9 Abs. 1 RhPfLPlG ergibt, weist das Landesentwicklungsprogramm (zusammen mit den regionalen Raumordnungsplänen) diejenigen Ziele der Landesplanung auf, die räumlich und sachlich zur Verwirklichung der Raumordnungsgrundsätze des § 2 Abs. 1 ROG a. F. erforderlich sind. Weitere inhaltliche Anforderungen ergeben sich aus § 10 RhPfLPlG. Danach sind in das Landesentwicklungsprogramm nicht nur Ziele, sondern auch Grundsätze der Landesplanung aufzunehmen. Im Einzelnen enthält es Beschreibungen und zeichnerische Darstel-

---

31 Näheres zu diesen Institutionen unten § 6 Rn. 56 ff.
32 Gesetz zur Landesentwicklung (Landesentwicklungsprogramm – LEPro) in der Fassung der Bekanntmachung vom 5.10.1989 (GV NW S. 485, ber. S. 648). Vgl. dazu *Hoppe*, „Ziele der Raumordnung" (§ 3 Nr. 2 ROG 1998) und „Allgemeine Ziele der Raumordnung und Landesplanung" im Landesentwicklungsprogramm – LEPro – des Landes Nordrhein-Westfalen, NWVBl. 1998, 461 ff.
33 Eingehend dazu *Hoppe/Scheipers*, Entsprechen die Ziele der Raumordnung und Landesplanung im Landesentwicklungsplan NRW 1995 der Rechtsprechung des Verfassungsgerichtshofs für das Land NRW?, in: Burmeister (Hrsg.), Verfassungsstaatlichkeit. FS für Klaus Stern zum 65. Geburtstag, 1997, S. 1117 ff.

lungen zu den nach § 2 Abs. 1 ROG a. F. abzugrenzenden siedlungsstrukturellen Raumtypen, den Ober- und Mittelzentren, den landesplanerischen Erfordernissen und Maßnahmen zur Sicherung der natürlichen Lebensgrundlagen, den Räumen mit besonderer Bedeutung für den Naturhaushalt, den Räumen und Flächen, welche vorsorgend die Umwelt und die natürlichen Ressourcen schützen und sichern sollen, den sonstigen landesplanerisch relevanten Raumstrukturen sowie den das ganze Land und seine Teilräume berührenden raumbedeutsamen Planungen und Maßnahmen der Planungsträger des Bundes und des Landes (einschließlich der unter Bundes- oder Landesaufsicht stehenden Körperschaften) nach ihrer Abstimmung untereinander. Bei der inhaltlichen Ausgestaltung des Landesentwicklungsprogramms sollen zudem die regionalen Raumordnungspläne[34] berücksichtigt werden, soweit es die Belange des größeren Raumes zulassen.

Planungszuständigkeit und Planungsverfahren: Für die Erarbeitung des Landesentwicklungsprogramms ist das fachlich zuständige Ministerium als oberste Landesplanungsbehörde zuständig (§ 11 Abs. 1 Satz 1 i. V. m. §§ 5 Satz 1, 6 Abs. 1 Nr. 1 lit. a RhPfLPlG). Die Erarbeitung erfolgt unter Beteiligung der obersten Landesbehörden sowie der von der Planung berührten Behörden und Planungsträger des Bundes, des Landes, der benachbarten Länder und der Nachbarstaaten (§ 11 Abs. 1 Satz 1 RhPfLPlG). Beteiligt werden darüber hinaus die Regionen in den Nachbarstaaten, soweit Gegenseitigkeit gewährleistet ist (§ 11 Abs. 1 Satz 2 RhPfLPlG). Den kommunalen Spitzenverbänden sowie den Gemeinden und Gemeindeverbänden, für die unmittelbare Anpassungspflichten begründet werden, räumt § 11 Abs. 1 Satz 3 RhPfLPlG ein Anhörungsrecht ein. **54**

Anzuhören ist zudem der **Landesplanungsbeirat**, und zwar bereits vor der Programmerarbeitung (§ 11 Abs. 1 Satz 1 RhPfLPlG). Beim Landesplanungsbeirat, der in den §§ 7, 8 RhPfLPlG näher geregelt worden ist, handelt es sich um ein bei der obersten Landesplanungsbehörde gebildetes Gremium, dem die fachlich zuständige Ministerin oder der fachlich zuständige Minister als vorsitzendes Mitglied sowie etliche weitere Mitglieder angehören, die vom fachlich zuständigen Ministerium auf Vorschlag gesetzlich bestimmter Organisationen und Einrichtungen berufen werden. Vorschlagsberechtigt sind u. a. die im Landtag mit einer Fraktion vertretenen Parteien, die Hochschulen, das für die Raumordnung zuständige Bundesministerium, die regionalen Planungsgemeinschaften[35], die Gewerkschaften, die Arbeitgeberverbände, die Kammern der wirtschaftlichen Selbstverwaltung sowie der Städtetag, der Landkreistag und der Gemeinde- und Städtebund Rheinland-Pfalz. Berufungen über die vorgeschlagenen Mitglieder hinaus sind zulässig. **55**

Über den Stand der Arbeiten am Entwurf des Landesentwicklungsprogramms ist der Innenausschuss des Landtags auf dem Laufenden zu halten. Ihm ist **56**

---

34 Näheres zu diesen Plänen unten § 6 Rn. 67.
35 Vgl. dazu unten § 6 Rn. 68 ff.

zudem Gelegenheit zur Stellungnahme zu geben (§ 11 Abs. 1 Satz 4 RhPfLPlG).

57 Das Landesentwicklungsprogramm wird im Benehmen mit dem Innenausschuss des Landtags von der Landesregierung beschlossen, der hierbei eine Begründungspflicht insoweit obliegt, als sie einer Stellungnahme, die im Hinblick auf die Programmerarbeitung von einem Beteiligungs- bzw. Anhörungsberechtigten abgegeben worden ist, nicht Rechnung trägt (§ 11 Abs. 1 Sätze 5, 6 RhPfLPlG). Die im Landesentwicklungsprogramm festgesetzten Ziele und Grundsätze der Landesplanung werden – wie aus § 11 Abs. 1 Satz 7 RhPfLPlG hervorgeht – durch **Rechtsverordnung** der Landesregierung für verbindlich erklärt.

58 *Geltender Plan:* Zur Zeit gilt in Rheinland-Pfalz das Landesentwicklungsprogramm (LEP III) aus dem Jahre 1995.[36]

9. Saarland

59 *Planart:* Die hochstufige Landesplanung erfolgt im Saarland durch die Aufstellung von **Landesentwicklungsplänen.**

60 *Planinhalte:* Wie sich aus den §§ 4, 6 Abs. 1 SLPG ergibt, werden in den Landesentwicklungsplänen die Ziele der Raumordnung und Landesplanung für die räumliche Ordnung und Entwicklung des Landes festgelegt. Dabei können sich Zielfestlegungen auch auf einzelne raumbedeutsame Planungen und Maßnahmen beziehen, die für das Land wichtig sind. Im näheren gehören zu den Inhalten der Landesentwicklungspläne vor allem das angestrebte System von Versorgungsorten (namentlich von zentralen Orten), die angestrebte räumliche Verteilung von Einrichtungen (z. B. der Versorgung und Entsorgung, der sozialen Infrastruktur, des Bildungswesens etc.), die angestrebte räumliche Verteilung der Flächennutzungen (z. B. für die Sachbereiche Wohnen, Industrie und Gewerbe, Land- und Forstwirtschaft, Naturschutz und Landschaftspflege etc.) sowie die Darstellung des Ordnungsraums, des Verdichtungsraums und des ländlichen Raums einschließlich der Leitsätze für die Weiterentwicklung dieser Räume.

61 *Planungszuständigkeit und Planungsverfahren:* Die Landesentwicklungspläne werden von der Landesplanungsbehörde, dem Ministerium für Umwelt, im Einvernehmen mit den beteiligten Landesministerien nach Anhörung des Landesplanungsbeirats aufgestellt (§ 7 Abs. 1 i. V. m. § 18 SLPG). Zum **Landesplanungsbeirat** bestehen nähere Regelungen in § 19 SLPG. Danach werden 17 Beiratsmitglieder von der Landesregierung auf Vorschlag bestimmter Organisationen berufen. Vorschlagsberechtigt sind – wenngleich in unterschiedlichem Umfang – der Städte- und Gemeindetag, der Landkreistag, die Industrie- und Handelskammer, die Handwerkskammer, die Landwirtschaftskam-

---

[36] Vgl. die Landesverordnung über das Landesentwicklungsprogramm (LEP III) vom 27. 6. 1995 (GVBl. S. 225), geändert durch Verordnung vom 27. 4. 1999 (GVBl. S. 109).

mer, die Arbeitskammer, die Universität des Saarlandes sowie die nach § 29 BNatSchG anerkannten Verbände. Ferner wird die/der Landesbeauftragte für Naturschutz in den Beirat berufen. Die Berufung weiterer Personen ist zulässig, jedoch soll die Gesamtzahl von 25 Beiratsmitgliedern nicht überschritten werden. Die Sitzungen des Beirats werden von der Landesplanungsbehörde geleitet.

Die Aufstellung der Landesentwicklungspläne kann für einen oder mehrere Sachbereiche sowie für das Gesamtgebiet oder Teilgebiete des Landes erfolgen (§ 6 Abs. 2 Satz 2 SLPG). Während der Planaufstellung ist dem Landtag nach § 7 Abs. 3 SLPG Gelegenheit zur Stellungnahme zu geben. In das Planungsverfahren sind zudem diejenigen Gemeinden und Gemeindeverbände, für deren Entwicklung die Pläne Bedeutung besitzen, möglichst frühzeitig einzubeziehen. Ihnen ist während des gesamten Verfahrens eine begleitende Einwirkung auf die grundsätzlichen Entscheidungen zu ermöglichen (§ 7 Abs. 2 Sätze 1, 2 SLPG). Zu beteiligen sind auch Bundesbehörden, soweit die Planung deren Belange berührt (§ 7 Abs. 2 Satz 3 SLPG). Die aufgestellten Landesentwicklungspläne werden von der Landesregierung beschlossen (§ 7 Abs. 1 SLPG). Wie aus § 8 SLPG hervorgeht, sind die textlichen Darstellungen der Landesentwicklungspläne im Amtsblatt des Saarlandes bekannt zu machen, während die zu den Plänen gehörenden zeichnerischen Darstellungen sowie der Erläuterungsbericht bei der Landesplanungsbehörde zu jedermanns Einsicht bereitzuhalten sind, worauf in der Bekanntmachung hinzuweisen ist. Mit der Bekanntmachung im Amtsblatt werden die Landesentwicklungspläne wirksam. Sind bei der Aufstellung oder Fortschreibung der Pläne Verfahrens- oder Formvorschriften verletzt worden, so ist dies nur unter bestimmten Voraussetzungen beachtlich (**Grundsatz der Planerhaltung**, § 9 SLPG). **62**

Geltende Pläne: Beide Teile des Raumordnungsprogramms des Saarlandes[37] gelten nach § 23 Abs. 2 SLPG (in Anknüpfung an die Überleitungsvorschrift des § 20 Abs. 1 Satz 1 SLPG 1978) als Landesentwicklungspläne fort. Weitere Landesentwicklungspläne bestehen auf der Grundlage der Überleitungsvorschrift des § 23 Abs. 1 SLPG, und zwar der Landesentwicklungsplan „Siedlung" vom 11.11.1997 (ABl. S. 1316) sowie der Landesentwicklungsplan „Umwelt (Flächenvorsorge für Freiraumfunktionen, Industrie und Gewerbe)" vom 18.12.1979 (ABl. 1980 S. 345), der inzwischen mehrfach geändert worden ist.[38] **63**

---

37 Allgemeiner Teil vom 10.10.1967 (ABl. 1969 S. 37); Besonderer Teil vom 28.4.1970 (ABl. S. 496) mit Änderung vom 15.4.1975 (ABl. S. 534).
38 1. Änderung vom 24.5.1984 (ABl. S. 894), 2. Änderung vom 7.6.1989 (ABl. S. 1218, ber. ABl. S. 1454), 3. Änderung vom 24.7.1990 (ABl. S. 916), 4. Änderung vom 16.12.1993 (ABl. 1994 S. 419), 5. Änderung vom 28.11.1995 (ABl. 1996 S. 270); 6. Änderung vom 30.3.1999 (ABl. S. 697).

10. Sachsen

64 *Planarten:* Das sächsische Recht sieht auf Landesebene den **Landesentwicklungsplan** und **Fachliche Entwicklungspläne** vor.

65 *Planinhalte:* Nach § 2 Abs. 1 Satz 1 SächsLPlG enthält der **Landesentwicklungsplan** die Grundsätze und Ziele der Raumordnung und Landesplanung für die räumliche Ordnung und Entwicklung des Landes. Dies gilt namentlich für die Bereiche der Ökologie, der Wirtschaft, der Siedlung und der Infrastruktur. Wie § 2 Abs. 1 Satz 2, Abs. 2 SächsLPlG des Näheren bestimmt, gehört zu den Planinhalten neben dem Landschaftsprogramm (§ 5 BNatSchG) die Ausweisung der Verdichtungsräume, des ländlichen Raums, der Oberzentren, Mittelzentren, Mittelbereiche und Unterzentren. Ferner sind namentlich auch die Achsen mit überregionaler Bedeutung sowie die Räume mit besonderen Entwicklungs-, Sanierungs- und Förderungsaufgaben auszuweisen.

66 Die **Fachlichen Entwicklungspläne** enthalten Grundsätze und Ziele der Raumordnung und Landesplanung für die Entwicklung des Landes in einem oder mehreren Fachbereichen (§ 11 Abs. 1 Satz 1 SächsLPlG). Sie können auch Ziele für einzelne landeswichtige raumbedeutsame Vorhaben festlegen und in diesem Zusammenhang Bereiche für besondere Aufgaben sowie vorsorglich freizuhaltende Flächen für Trassen oder Standorte bestimmen (§ 11 Abs. 1 Satz 3 SächsLPlG). Nach ausdrücklicher Regelung des § 11 Abs. 1 Satz 2 SächsLPlG müssen die Fachlichen Entwicklungspläne nicht nur den Grundsätzen und Zielen des (bundesrechtlichen) Raumordnungsgesetzes und des Landesentwicklungsplans entsprechen, sondern auch mit den Regionalplänen in Einklang stehen.

67 *Planungszuständigkeit und Planungsverfahren:* Der **Landesentwicklungsplan** wird von der obersten Raumordnungs- und Landesplanungsbehörde, dem Staatsministerium für Umwelt und Landesentwicklung, aufgestellt, wobei die Staatsministerien, deren Aufgaben berührt werden, zu beteiligen sind (§ 3 Abs. 1 i. V. m. § 18 Abs. 1 SächsLPlG). Beteiligungsberechtigt sind ferner, soweit sie berührt sein können oder eine Anpassungspflicht begründet wird, die Regionalen Planungsverbände[39], die Gemeinden und deren Zusammenschlüsse, die Landkreise, die kommunalen Spitzenverbände, die nach § 29 BNatschG anerkannten Verbände und die anderen Träger öffentlicher Belange sowie – nach den Grundsätzen der Gegenseitigkeit und Gleichwertigkeit – die benachbarten Länder und ausländischen Staaten (§ 3 Abs. 3 SächsLPlG). Bei der Ausweisung von Unterzentren ist nach der Spezialregelung des § 2 Abs. 2 Nr. 2 SächsLPlG das Benehmen mit den Regionalen Planungsverbänden herzustellen. Den Planentwurf hat die Staatsregierung frühzeitig dem Landtag zuzuleiten, um ihm Gelegenheit zur Stellungnahme zu geben (§ 3 Abs. 2 SächsLPlG). Ist das Aufstellungsverfahren durchgeführt, wird der Landesentwicklungsplan von der Staatsregierung beschlossen und nach Zustimmung des

---

[39] Vgl. dazu unten § 6 Rn. 78 ff.

Landtags durch **Rechtsverordnung** für verbindlich erklärt (§ 3 Abs. 4, § 4 Abs. 1 SächsLPlG).

Soweit es um **Fachliche Entwicklungspläne** geht, erfolgt die Aufstellung, die fakultativ ist, durch die für die jeweiligen Sachgebiete zuständigen Staatsministerien im Einvernehmen mit der obersten Raumordnungs- und Landesplanungsbehörde sowie im Benehmen mit den berührten Regionalen Planungsverbänden (§ 11 Abs. 2 Satz 1 SächsLPlG). Im Übrigen gelten für das Aufstellungsverfahren (einschließlich der Mitwirkung des Landtags) die vorstehend dargestellten, den Landesentwicklungsplan betreffenden Vorschriften entsprechend (§ 11 Abs. 2 Satz 2 SächsLPlG). Auch die Fachlichen Entwicklungspläne werden von der Staatsregierung durch **Rechtsverordnung** für verbindlich erklärt (§ 11 Abs. 2 Satz 3 SächsLPlG), wobei hier jedoch im Gegensatz zum Landesentwicklungsplan die vorherige Zustimmung des Landtags nicht vorgeschrieben ist. 68

Die Verletzung von landesplanungsgesetzlichen Verfahrens- oder Formvorschriften bei der Aufstellung des Landesentwicklungsplans und Fachlicher Entwicklungspläne führt nur unter bestimmten Voraussetzungen zur Ungültigkeit der Pläne (**Grundsatz der Planerhaltung**, § 12 SächsLPlG). 69

Geltender Plan: Seit dem Jahr 1994 befindet sich der Landesentwicklungsplan Sachsen in Kraft.[40] Ein rechtswirksamer Fachlicher Entwicklungsplan besteht bisher nicht. 70

11. Sachsen-Anhalt

Planart: Die Rechtsordnung Sachsen-Anhalts kennt auf Landesebene nur eine Planart, den **Landesentwicklungsplan**. 71

Planinhalte: Nach § 4 SaAnLPlG enthält der Landesentwicklungsplan die raumbedeutsamen Ziele und Grundsätze der Raumordnung, die der Entwicklung, Ordnung und Sicherung der nachhaltigen Raumentwicklung des Landes zu Grunde zu legen sind. In den Plan sollen bestimmte, gesetzlich näher bezeichnete Bestandteile der Bereiche Siedlungsstruktur, Freiraumstruktur und Infrastruktur als Mindestinhalte aufgenommen werden. Dazu gehören u. a. die Zentralen Orte der oberen und mittleren Stufe sowie Standorte für überregional bedeutsame Industrieanlagen. 72

Planungszuständigkeit und Planungsverfahren: Das Aufstellungsverfahren wird von der obersten Landesplanungsbehörde, dem für Raumordnung und Landesplanung zuständigen Ministerium, dadurch eingeleitet, dass sie die allgemeinen Planungsabsichten der Landesregierung zum Landesentwicklungsplan im Ministerialblatt des Landes bekannt macht und dabei auf die Möglichkeit, Anregungen und Bedenken vorbringen zu können, hinweist (§ 5 Abs. 1 i. V. m. § 16 Abs. 1 Satz 1 SaAnLPlG). Im weiteren sieht § 5 Abs. 2 73

---

[40] Verordnung der Sächsischen Staatsregierung über den Landesentwicklungsplan Sachsen (LEP) vom 16. 8. 1994 (GVBl. S. 1489).

SaAnLPlG vor, dass der Planentwurf von der obersten Landesplanungsbehörde unter Beteiligung aller Ressorts erarbeitet wird. Im Anschluss daran ist er den Regionalen Planungsgemeinschaften, den öffentlichen Stellen und den Personen des Privatrechts, für die eine Beachtenspflicht nach § 4 ROG begründet werden soll, sowie Verbänden und Vereinigungen, deren Aufgabenbereich für die Landesentwicklung von Bedeutung ist, zur Stellungnahme zuzuleiten. Die Behörde ist ausdrücklich dazu verpflichtet, mit den Beteiligten deren Anregungen und Bedenken zu erörtern. Der Landesentwicklungsplan ist zudem mit dem Bund und den Nachbarländern abzustimmen (§ 3 Abs. 10 SaAnLPlG). In Sachsen-Anhalt besteht die Besonderheit, dass nicht nur die oberste Landesplanungsbehörde, sondern auch eine Landtagsfraktion oder mindestens acht Mitglieder des Landtags den Entwurf eines Landesentwicklungsplans erarbeiten können (§ 5 Abs. 3 SaAnLPlG). Die Durchführung des Beteiligungsverfahrens durch die Landesregierung ist in diesem Fall jedoch von einem Mehrheitsbeschluss des Landtages abhängig. Mit der Festellung durch **Gesetz** endet das Aufstellungsverfahren (§ 5 Abs. 4 Satz 1 SaAnLPlG). Nach dem in § 9 SaAnLPlG normierten **Grundsatz der Planerhaltung** führen Abwägungsmängel sowie die Verletzung von Verfahrens- und Formvorschriften nur unter bestimmten Voraussetzungen zur Nichtigkeit des Landesentwicklungsplans.

74 *Geltender Plan:* Das als Art. II des SaAnLPlVSchG[41] erlassene Landesentwicklungsprogramm ist mit Ablauf des 31. 12. 1997 außer Kraft getreten (Art. III SaAnLPlVSchG). Auf Landesebene existiert der Landesentwicklungsplan aus dem Jahr 1999.[42]

12. Schleswig-Holstein

75 *Planart:* Das Land Schleswig-Holstein hat sich hinsichtlich der hochstufigen Landesplanung für die Beschränkung auf eine Planart, den **Landesraumordnungsplan**, entschieden.

76 *Planinhalte:* Die Inhalte des Landesraumordnungsplans sind in § 5 SchlHLPlG geregelt. Danach enthält er die Ziele der Raumordnung und Landesplanung, die das gesamte Land betreffen oder für die räumliche Beziehung der Landesteile untereinander wesentlich sind. Im näheren ist vorgeschrieben, dass er die anzustrebende geordnete Entwicklung des Raumes in den Grundzügen festlegt, und zwar vor allem hinsichtlich der Bevölkerungs- und Siedlungsstruktur, der gewerblichen Wirtschaft, der Land- und Forstwirtschaft, der Wasserwirtschaft, der Energieversorgung, des Verkehrs sowie des Schutzes der natürlichen Lebensgrundlagen. Hierbei sind die sich überschneidenden Raumnutzungsansprüche inhaltlich abzustimmen. Außerdem ergänzt

---

41 Vorschaltgesetz zur Raumordnung und Landesentwicklung des Landes Sachsen-Anhalt vom 2. 6. 1992 (GVBl. S. 390), zuletzt geändert durch Gesetz vom 28. 10. 1997 (GVBl. S. 918).
42 Gesetz über den Landesentwicklungsplan des Landes Sachsen-Anhalt vom 23. 8. 1999 (GVBl. S. 244).

der Landesraumordnungsplan die Regelungen des Landesentwicklungsgrundsätzegesetzes[43] zu den Funktionen und Entwicklungszielen der zentralen Orte sowie der Stadtrandkerne[44] und bestimmt die Kriterien für die Funktionen jener Gemeinden, die nicht zu den zentralen Orten gehören.

Planungszuständigkeit und Planungsverfahren: Der Landesraumordnungsplan wird von der Ministerpräsidentin oder dem Ministerpräsidenten als **Landesplanungsbehörde** aufgestellt (§ 7 Abs. 1 Satz 1, § 8 Abs. 1 SchlHLPlG). Die Wahrnehmung dieser Aufgabe kann nach § 8 Abs. 2 SchlHLPlG auf eine Ministerin oder einen Minister oder auf Dritte übertragen werden. An der Aufstellung des Landesraumordnungsplans sind die Kreise und kreisfreien Städte zu beteiligen, wobei den Kreisen ihrerseits die Beteiligung der Gemeinden ihres Gebiets obliegt (§ 7 Abs. 1 Sätze 2, 3 SchlHLPlG). Im Anschluss hieran wird der Plan von der Landesplanungsbehörde festgestellt, die zuvor in näher geregelter Weise das Benehmen mit den fachlich beteiligten Ministerinnen und Ministern sowie dem Landesplanungsrat herbeizuführen hat (§ 7 Abs. 2, 3 Satz 1 SchlHLPlG). 77

Der in den §§ 9, 10 SchlHLPlG näher geregelte **Landesplanungsrat** besteht aus Mitgliedern, die von der Ministerpräsidentin oder dem Ministerpräsidenten berufen werden, wobei Frauen und Männer nach Möglichkeit gleichmäßig zu berücksichtigen sind. Die Berufung erfolgt zum großen Teil auf Vorschlag bestimmter, gesetzlich aufgeführter Organisationen. Vorschlagsberechtigt sind die Landtagsfraktionen, die kommunalen Landesverbände, die Kammern der wirtschaftlichen Selbstverwaltung, Gewerkschaften, Unternehmensverbände sowie der Landesnaturschutzverband und die Ministerin oder der Minister für Natur und Umwelt. Der Landesplanungsrat soll höchstens 35 Mitglieder umfassen; den Vorsitz führt die Ministerpräsidentin oder der Ministerpräsident. 78

Der festgestellte Landesraumordnungsplan wird im Amtsblatt für Schleswig-Holstein bekannt gemacht (§ 7 Abs. 3 Satz 2 SchlHLPlG). Mit der Bekanntmachung entfaltet er seine Rechtswirkungen. 79

Geltender Plan: Gegenwärtig gilt der Landesraumordnungsplan i. d. F. vom 11. Juli 1979 (ABl. S. 603). 80

13. Thüringen

Planart: Auf Landesebene ist in Thüringen das **Landesentwicklungsprogramm** vorgesehen. Allerdings können Ziele der Raumordnung und Landesplanung auch in **staatlichen Fachplänen** durch die oberste Fachbehörde fest- 81

---

[43] Gesetz über Grundsätze zur Entwicklung des Landes (Landesentwicklungsgrundsätzegesetz) i. d. F. der Bekanntmachung vom 31. 10. 1995 (GVOBl. S. 364).
[44] Vgl. dazu auch die Landesverordnung zur Feststellung der zentralen Orte und Stadtrandkerne einschließlich ihrer Nah- und Mittelbereiche sowie ihre Zuordnung zu den verschiedenen Stufen (Verordnung zum zentralörtlichen System) vom 16. 12. 1997 (GVOBl. 1998 S. 123).

gelegt werden, was sich – worauf noch näher einzugehen sein wird – als Besonderheit erweist.

82 *Planinhalte:* Wie sich aus § 10 ThLPlG ergibt, legt das **Landesentwicklungsprogramm** die aus den Raumordnungsgrundsätzen (§ 2 Abs. 1 ROG a. F., § 2 Abs. 1 ThLPlG) abgeleitete anzustrebende räumliche Ordnung und Entwicklung des Landes als Ziele der Raumordnung und Landesplanung fest. Zudem stellt es unter anderem besonders zu entwickelnde Gebiete und Schwerpunkte sowie die zentralen Orte der höheren Stufe (Ober- und Mittelzentren) dar.

83 *Planungszuständigkeit und Planungsverfahren:* Das **Landesentwicklungsprogramm** wird von der obersten Landesplanungsbehörde, d. h. dem für die Landesplanung zuständigen Ministerium, aufgestellt (§ 11 Abs. 1 Satz 1 i. V. m. § 3 Nr. 1 ThLPlG). An der Aufstellung sind die anderen Ministerien des Landes, die kommunalen Spitzenverbände, die regionalen Planungsgemeinschaften[45] sowie die Gemeinden und Gemeindeverbände, für die eine unmittelbare Anpassungspflicht begründet wird, zu beteiligen (§ 11 Abs. 1 Satz 2 ThLPlG). Zudem wirkt hier der bei der obersten Landesplanungsbehörde zu bildende **Landesplanungsbeirat** beratend mit (§ 7 Abs. 1 ThLPlG). Wie aus § 7 Abs. 2 ThLPlG hervorgeht, gehören dem Beirat insbesondere Vertreter des kommunalen, wirtschaftlichen, sozialen, kirchlichen, wissenschaftlichen und ökologischen Bereichs an. Beiratsvorsitzender ist der für die Landesplanung zuständige Minister, der auch die Mitglieder beruft und die Geschäfte führt. Die näheren Einzelheiten sind verordnungsrechtlich geregelt.[46] Das aufgestellte Landesentwicklungsprogramm wird von der Landesregierung als **Rechtsverordnung** erlassen (§ 11 Abs. 2 ThLPlG).

84 Aus § 9 Abs. 2 ThLPlG ergibt sich die Besonderheit, dass Ziele der Raumordnung und Landesplanung auch in **staatlichen Fachplänen**, die der Verbesserung der Raumstruktur dienen sollen, festgelegt werden können. Die Festlegung erfolgt dabei durch die *oberste Fachbehörde* nach Maßgabe des Landesentwicklungsprogramms. Das Einvernehmen der obersten Landesplanungsbehörde ist herbeizuführen. Außerdem sind die Gemeinden und Gemeindeverbände zu beteiligen, für die eine Anpassungspflicht begründet wird. Die Vorschrift des § 9 Abs. 2 ThLPlG enthält eine atypische, wenngleich bundesrechtlich zulässige Ausprägung der Aufstellung sachlicher Teilpläne im Sinne des § 7 Abs. 1 Satz 2 ROG. Ein atypischer Fall liegt insofern vor, als die Ziele der Raumordnung und Landesplanung nicht landesplanungsbehördlich, sondern fachbehördlich festgelegt werden.

85 Werden bei der Aufstellung der Ziele der Raumordnung und Landesplanung des Landesentwicklungsprogramms oder der staatlichen Fachpläne Verfahrens- oder Formvorschriften verletzt, die im Landesplanungsgesetz enthalten oder auf Grund dieses Geetzes erlassen worden sind, so ergibt sich daraus nur

---

45 Vgl. dazu unten § 6 Rn. 101 ff.
46 Thüringer Verordnung über den Landesplanungsbeirat vom 10. 9. 1991 (GVBl. S. 413), geändert durch Verordnung vom 12. 1. 1996 (GVBl. S. 27).

unter bestimmten Voraussetzungen die Ungültigkeit der Ziele (**Grundsatz der Zielerhaltung**, § 21 ThLPlG).

Geltender Plan: Derzeit gilt das Landesentwicklungsprogramm aus dem Jahre 1993.[47]

86

§ 6 Die Raumordnungsplanung auf regionaler Ebene (Regionalplanung)

Literatur: *Benz,* Regionalplanung in der Bundesrepublik Deutschland, 1982; *Bielenberg/Erbguth/Runkel,* Raumordnungs- und Landesplanungsrecht des Bundes und der Länder, Kommentar und Textsammlung, Loseblattausgabe (Stand: 42. Lfg. 2000), M 250–M 280; *Brentano,* Verfassungs- und raumordnungsrechtliche Probleme der Regionalplanung, 1978; *Dörr,* Raumordnungs- und Landesplanungsrecht, in: Achterberg/Püttner/Würtenberger (Hrsg.), Besonderes Verwaltungsrecht, Bd. I, 2. Aufl. 2000, S. 544 (595–610); *Erbguth,* Regionalplanung in den ostdeutschen Ländern, 1999; *Erbguth/Schoeneberg,* Raumordnungs- und Landesplanungsrecht, 2. Aufl. 1992, S. 117–161; *Götz,* Staat und Kommunalkörperschaften in der Regionalplanung, in: Schneider/Götz (Hrsg.), Im Dienst an Recht und Staat, FS für Werner Weber zum 70. Geburtstag, 1974, S. 979; *Gruber,* Die kommunalisierte Regionalplanung, 1994; *Hoppe,* Allgemeine Grundlagen, in: Hoppe/Schoeneberg, Raumordnungs- und Landesplanungsrecht des Bundes und des Landes Niedersachsen, 1987, S. 1 ff. (296–310); *Janning,* Räumliche und trägerschaftliche Alternativen zur Organisation der Regionalplanung, 1982; *Lange,* Die Organisation der Region, 1968; *Peine,* Öffentliches Baurecht, 3. Aufl. 1997, S. 80–86; *Pühl,* Die Organisation der Regionalplanung nach der Gebiets- und Verwaltungsreform, 1979; *Steiner,* Raumordnungs- und Landesplanungsrecht, in: ders. (Hrsg.), Besonderes Verwaltungsrecht, 6. Aufl. 1999, S. 745 (752–758).

I. Die Vorgaben des Bundesrechts

Nach § 6 Satz 1 ROG sind die Länder verpflichtet, Rechtsgrundlagen für eine Raumordnung in ihrem Gebiet (Landesplanung) im Rahmen der §§ 7–16 ROG zu schaffen. Dies betrifft einmal die Raumordnungsplanung, die sich über das gesamte Land (bzw. Teile hiervon[1]) erstreckt, sowie zum anderen die Regionalplanung. Auch hier ist im Übrigen die Aufstellung von räumlichen und sachlichen Teilplänen zulässig (§ 7 Abs. 1 Satz 2 ROG).

1

Eine bundesrechtliche Rahmenregelung speziell zur Regionalplanung findet sich in § 9 ROG. Danach besteht eine **Pflicht zur Regionalplanung** für diejenigen Länder, deren Gebiet die Verflechtungsbereiche mehrerer zentraler Orte oberster Stufe umfasst (§ 9 Abs. 1 Satz 1 ROG). Diese Pflicht betrifft alle

2

---

47 Vgl. Thüringer Verordnung über das Landesentwicklungsprogramm Thüringen vom 10. 11. 1993 (GVBl. S. 709), geändert durch Verordnung vom 27. 1. 1998 (GVBl. S. 25).
1 Vgl. zur räumlichen Teilplanung oben § 5 Rn. 2.

Flächenländer mit Ausnahme des Saarlandes.² Aus § 9 Abs. 2 Satz 1, Abs. 3 ROG geht hervor, dass die Regionalpläne aus dem Raumordnungsplan für das Landesgebiet zu entwickeln und bei benachbarten Planungsräumen aufeinander abzustimmen sind. Die Träger der Regionalplanung werden durch die Vorschrift des § 9 Abs. 5 ROG, wonach ihnen weitere Aufgaben übertragen werden können, gestärkt. Ferner kann unter bestimmten, in § 9 Abs. 6 ROG näher aufgeführten Voraussetzungen zugelassen werden, dass ein Plan zugleich die Funktion eines Regionalplans und eines gemeinsamen Flächennutzungsplans i.S.d. § 204 BauGB übernimmt. Hierdurch soll nach dem Willen des Gesetzgebers eine neue und eigenständige Planungsebene etabliert werden, die sich beispielsweise in der Maßstäblichkeit und Regelungsdichte ausdrücken kann.³

3 Darüber hinaus stellen einige Regelungen den Schutz der kommunalen Selbstverwaltung (Art. 28 Abs. 2 GG) sicher. So bestimmt § 9 Abs. 2 Satz 2 ROG, dass die Flächennutzungspläne und die Ergebnisse der von Gemeinden beschlossenen sonstigen städtebaulichen Planungen – dem Gegenstromprinzip (§ 1 Abs. 3 ROG) entsprechend – in der raumplanerischen Abwägung (§ 7 Abs. 7 ROG) zu berücksichtigen sind. Zudem sind die Gemeinden und Gemeindeverbände oder deren Zusammenschlüsse in einem **förmlichen Verfahren** bei der Regionalplanung zu beteiligen. Dies gilt allerdings nur, soweit die Planung nicht durch Zusammenschlüsse von Gemeinden und Gemeindeverbänden zu **regionalen Planungsgemeinschaften** erfolgt (§ 9 Abs. 4 ROG). Im Hinblick auf die Beteiligungspflicht ist unerheblich, ob der Entwurf ein Ziel enthält, das gegenüber der Gemeinde eine strikte Beachtenspflicht auslöst.⁴ Sollte auf regionaler Ebene eine **länderübergreifende Raumordnungsplanung** erforderlich sein, verlangt § 9 Abs. 1 Satz 2 ROG, dass die notwendigen Maßnahmen im gegenseitigen Einvernehmen zu treffen sind. Zu diesen Maßnahmen gehört z.B. eine **gemeinsame Regionalplanung** oder auch eine **gemeinsame informelle Planung**. Eine **Bürgerbeteiligung** ist ebenso wie für die hochstufige Landesplanung nur im Rahmen einer Kann-Vorschrift vorgesehen (§ 7 Abs. 6 ROG). Unter bestimmten Voraussetzungen kann eine fehlende Öffentlichkeitsbeteiligung jedoch einen Abwägungsmangel begründen, etwa dann, wenn der Regionalplan Ziele enthält, welche (auch) Private binden.⁵

4 Im Übrigen gelten auch für Regionalpläne hinsichtlich der **Planinhalte** die in § 7 ROG niedergelegten allgemeinen Vorschriften über Raumordnungspläne.⁶

5 Bis auf das Saarland haben alle Flächenländer die Regionalplanung gesetzlich eingeführt.

---

2 *Runkel*, Das neue Raumordnungsgesetz, WiVerw 1997, 267 (284).
3 Begründung des Gesetzentwurfs der Bundesregierung, BR-Drucks. 635/96, S. 85. Vgl. dazu auch *Runkel* (Fn. 2), WiVerw 1997, 267 (292); *Spannowsky*, Der „Regionale Flächennutzungsplan" als neues Instrument der räumlichen Ordnung des örtlichen und überörtlichen Raums, UPR 1999, 409 ff.
4 *Runkel* (Fn. 2), WiVerw 1997, 267 (290).
5 *Runkel* (Fn. 2), WiVerw 1997, 267 (290 f.).
6 Vgl. oben § 5 Rn. 7.

II. Landesrechtliche Ausgestaltungen

Die landesrechtlichen Ausgestaltungen der Regionalplanung zeichnen sich durch einen hohen Variantenreichtum aus. Besonders auffällig sind in diesem Zusammenhang die grundlegenden Unterschiede bei der Lösung der Organisationsfrage. Die meisten Länder haben die Regionalplanung besonderen, vornehmlich von kommunalen Gebietskörperschaften getragenen **Verbänden** überantwortet. Das Verbandsmodell ist – mit etlichen Abweichungen bezüglich der organisatorischen Details – in Baden-Württemberg, Bayern, Brandenburg, Mecklenburg-Vorpommern, Rheinland-Pfalz, Sachsen, Sachsen-Anhalt und Thüringen verwirklicht worden. Die übrigen Länder haben die Regionalplanung teils den Kreisen übertragen (Niedersachsen), teils bei den staatlichen Mittelinstanzen angesiedelt (Hessen, Nordrhein-Westfalen) und teils der Regierungsebene zugeordnet (Schleswig-Holstein). Im näheren ergibt sich hinsichtlich der rechtlichen Ausgestaltung der Regionalplanung durch die einzelnen Bundesländer das nachstehend skizzierte Bild föderaler Vielfalt.

1. Baden-Württemberg

Planinhalte: Aus § 8 BaWüLPlG ergibt sich, dass die **Regionalpläne** Grundsätze und Ziele der Raumordnung und Landesplanung für die räumliche Ordnung und Entwicklung der Region festlegen, wobei die Grundsätze der Raumordnung nach § 2 ROG a. F. sowie die in den Entwicklungsplänen nach § 2 BaWüLPlG enthaltenen Grundsätze und Ziele der Raumordnung und Landesplanung räumlich und sachlich auszuformen sind. Die Regionalpläne müssen dabei diejenigen Ziele der Raumordnung und Landesplanung aufnehmen, die zur Verwirklichung der Grundsätze der Raumordnung erforderlich sind. Im näheren gehören zu den Planinhalten u. a. Ausweisungen von Unter- und Kleinzentren, Entwicklungsachsen (soweit sie nicht im Landesentwicklungsplan festgelegt sind), schutzbedürftigen Freiraumbereichen, Schwerpunkten für Industrie- und Dienstleistungseinrichtungen sowie von Gemeinden, in denen aus besonderen Gründen (namentlich aus Rücksicht auf Naturgüter) keine über die Eigenentwicklung hinausgehende Siedlungstätigkeit stattfinden soll. Zudem werden für die langfristig anzustrebende Siedlungsstruktur in den Verdichtungsräumen und in den nicht strukturschwachen Teilen ihrer Randzonen Richtwerte nach örtlichen Verwaltungsräumen als Ziele der Raumordnung und Landesplanung ausgewiesen. Bestimmte Inhalte des Landesentwicklungsplans und der fachlichen Entwicklungspläne sind in die Regionalpläne nachrichtlich zu übernehmen.

Organisation und Verfahren: Die Organisation der Regionalplanung ist in den §§ 22–35 BaWüLPlG geregelt. Danach wird die Regionalplanung durch elf **Regionalverbände** wahrgenommen, die jeweils das Gebiet mehrerer Stadt- bzw. Landkreise umfassen (§ 22 Abs. 1 BaWüLPlG). Hinzu kommt der staatsvertraglich mit Bayern gegründete grenzüberschreitende Regionalverband Donau-Iller, für den rechtliche Besonderheiten gelten (§ 22 Abs. 2 BaWüLPlG).[7] Bei den in § 22 Abs. 1 BaWüLPlG aufgeführten elf Verbänden handelt es sich um Körperschaften des öffentlichen Rechts mit Dienstherrnfähigkeit, Satzungsgewalt und der Befugnis zur eigenverantwortlichen Verwaltung ihrer Angelegenheiten.[8] Organe des Verbands sind die Verbandsversammlung und der Verbandsvorsitzende. Die Mitglieder der Verbandsversammlung, des Hauptorgans, werden von den Kreisräten und den Landräten der Landkreise sowie von den Gemeinderäten und den Oberbürgermeistern der Stadtkreise gewählt. Den Verbandsvorsitzenden wählt die Verbandsversammlung aus ihrer Mitte. Außerdem bestellt sie zur Vorbereitung ihrer Verhandlungen über die Aufstellung der Regionalpläne aus ihrer Mitte einen Planungsausschuss. In diesen Ausschuss können widerruflich auch solche Personen als beratende Mitglieder berufen werden, die Organisationen angehören, welche an der Regionalplanung Anteil haben.

9 Wie aus § 9 Abs. 2 BaWüLPlG hervorgeht, sind bei der Ausarbeitung der Regionalpläne verschiedene Rechtssubjekte zu beteiligen, und zwar – soweit sie jeweils berührt sein können – die Gemeinden, die übrigen Träger der Bauleitplanung, die Landkreise, die anderen öffentlichen Planungsträger, die Nachbarstaaten (nach den Grundsätzen der Gegenseitigkeit und Gleichwertigkeit) sowie die auf Grund des § 29 BNatSchG anerkannten Verbände. Die Regionalverbände haben die ausgearbeiteten Regionalpläne nach § 9 Abs. 3 BaWüLPlG den Beteiligungsberechtigten zuzuleiten, die Anregungen und Bedenken zu den Planungsarbeiten vorbringen können. Die vorgebrachten Anregungen und Bedenken sind von den Regionalverbänden zu prüfen und mit den Beteiligungsberechtigten zu erörtern, denen anschließend auch das Ergebnis mitzuteilen ist.

10 Der Regionalplan wird durch regionalverbandliche **Satzung** festgestellt (§ 9 Abs. 6 BaWüLPlG). Die im Regionalplan enthaltenen Grundsätze und Ziele der Raumordnung und Landesplanung werden vom Wirtschaftsministerium als oberster Raumordnungs- und Landesplanungsbehörde durch Genehmigung für verbindlich erklärt (§ 10 Abs. 1 Satz 1 i.V.m. § 21 Abs. 1 BaWüLPlG). Aus dessen Letztentscheidungsrecht ergibt sich, dass die Regionalplanung eine staatliche Aufgabe ist.[9] Dem zum Zweck der Verbindlicherklärung vorzulegenden Plan sind die nicht berücksichtigten Anregungen und Bedenken der Beteiligungsberechtigten mit einer Stellungnahme des Regionalverbands beizufügen (§ 9 Abs. 7 BaWüLPlG). Der Plan wird für verbindlich erklärt, wenn er in dem gesetzlich normierten Verfahren aufgestellt worden ist, sonstigen Rechtsvorschriften nicht widerspricht und sich die vorgesehene räumliche Entwicklung der Region in die angestrebte räumliche Entwicklung

---

[7] Staatsvertrag zwischen dem Land Baden-Württemberg und dem Freistaat Bayern über die Zusammenarbeit bei der Landesentwicklung und über die Regionalplanung in der Region Donau-Iller vom 31.3.1973 (BaWüGBl. S. 129; BayGVBl. S. 305). Zur Zulässigkeit der staatsvertraglichen Verbandsbildung vgl. BayVGH, UPR 1991, 352 (352f.).
[8] Vgl. zur Rechtsstellung der Regionalplanungsträger auch VGH Mannheim, DÖV 1999, 476ff.
[9] VGH Mannheim, DÖV 1999, 476 (478).

des Landes einfügt, wie sie sich aus Entwicklungsplänen nach § 2 BaWüLPlG sowie Entscheidungen des Landtags, der Landesregierung und der obersten Landesbehörden ergibt (§ 10 Abs. 1 Satz 1 BaWüLPlG).

Die ministerielle Genehmigung, mit der die Verbindlicherklärung erfolgt ist, die verbandliche Feststellungssatzung sowie der Text- und Kartenteil des Regionalplans sind nach näherer Bestimmung des § 10 Abs. 2 Sätze 1–3 BaWüLPlG im Staatsanzeiger bzw. durch öffentliche Auslegung bekannt zu machen. Erst nach Abschluss des differenzierten Bekanntmachungsverfahrens entfalten die regionalplanerischen Grundsätze und Ziele der Raumordnung und Landesplanung ihre rechtlichen Bindungswirkungen (§ 10 Abs. 2 Satz 4 i. V. m. § 10 Abs. 1 Satz 2 und § 6 Abs. 3 BaWüLPlG). In § 11 BaWüLPlG ist der **Grundsatz der Planerhaltung** gesetzlich niedergelegt. Danach führt die Verletzung landesplanungsgesetzlicher Verfahrens- oder Formvorschriften nur in bestimmten Fällen zur Ungültigkeit des Regionalplans.   11

Länderübergreifende Regionalplanung: Hinsichtlich der länderübergreifenden Regionalplanung enthält § 39 BaWüLPlG eine Ermächtigung der obersten Raumordnungs- und Landesplanungsbehörde, verordnungsrechtliche Sonderregelungen zu treffen.   12

Geltende Regionalpläne: Es bestehen zahlreiche Regionalpläne, z. B. für die Gebiete Mittlerer Neckar, Nordschwarzwald, Hochrhein-Bodensee und Ostwürttemberg. Daneben existieren im Rahmen der grenzüberschreitenden Regionalplanung der Raumordnungsplan Rhein-Neckar 2000 und der Regionalplan Donau-Iller.[10]   13

2. Bayern

Planinhalte: Nach Art. 17 Abs. 1 BayLPlG legen die **Regionalpläne** die anzustrebende räumliche Ordnung und Entwicklung einer Region als Ziele der Raumordnung und Landesplanung fest.[11] Insbesondere bestimmen sie u. a. die zentralen Orte der untersten Stufe (Kleinzentren), die anzustrebende Raum-, Siedlungs- und Wirtschaftsstruktur der Region, die Funktionen von Gemeinden oder von einheitlich strukturierten regionalen Teilbereichen, die Planungen und Maßnahmen zur Erhaltung und Gestaltung der Landschaft sowie die sonstigen Planungen und Maßnahmen, die zur Verwirklichung der Grundsätze und übergeordneter Ziele der Raumordnung und Landesplanung erforderlich sind (Art. 17 Abs. 2 BayLPlG).   14

Organisation und Verfahren: Zur Wahrnehmung der Regionalplanung sind in Bayern **regionale Planungsverbände** vorgesehen (Art. 6–10 BayLPlG). Die   15

---

10 Vgl. im einzelnen die Zusammenstellung bei *Cholewa* et al., Raumordnung in Bund und Ländern. Kommentar zum Raumordnungsgesetz des Bundes und Vorschriftensammlung aus Bund und Ländern, Loseblattausgabe (Stand: Juli 1999), Vorschriftensamml. Baden-Württemberg, Gliederungsabschnitt III Nrn. 2, 3.
11 Vgl. zur Regionalplanung in Bayern *Busse*, Neue Vorgaben für die Regionalplanung – ein trojanisches Pferd für die örtliche Bauleitplanung?, BayVBl. 1998, 293 (295 ff.).

Verbände entstehen in allen durch das Landesentwicklungsprogramm festgelegten Regionen; Entstehungszeitpunkt ist das Inkrafttreten der entsprechenden Festlegung im Landesentwicklungsprogramm (Art. 7 BayLPlG). Derzeit gibt es 17 regionale Planungsverbände sowie den staatsvertraglich mit Baden-Württemberg gegründeten Regionalverband Donau-Iller, für den allerdings rechtliche Besonderheiten gelten.[12]

16 Zu den Mitgliedern der landesplanungsgesetzlich geregelten regionalen Planungsverbände gehören ausschließlich die in der jeweiligen Region liegenden Gemeinden sowie die Landkreise, deren Gebiet vollständig oder teilweise zu der betreffenden Region gehört (Art. 8 Abs. 6 BayLPlG). An Verbandsorganen werden die **Verbandsversammlung**, der **Planungsausschuss** und der **Verbandsvorsitzende** gesetzlich gefordert (Art. 8 Abs. 7 Satz 1 BayLPlG). Weitere Organe sowie ein regionaler Planungsbeirat können durch die Verbandssatzung eingerichtet werden (Art. 8 Abs. 7 Satz 2 BayLPlG).

17 Die Verbandsversammlung ist das Hauptorgan. Sie besteht aus den von den Verbandsmitgliedern entsandten Verbandsräten, die ein unterschiedliches, an der Einwohnerzahl des vertretenen Verbandmitglieds ausgerichtetes Stimmgewicht besitzen (Art. 8 Abs. 8 BayLPlG). Hervorgehoben sei zudem, dass durch die Verbandssatzung ein **regionaler Planungsbeirat** eingerichtet werden kann, dem der Verbandvorsitzende und außer ihm höchstens 40 Vertreter von Organisationen des wirtschaftlichen, sozialen, kulturellen und kirchlichen Lebens angehören, deren Aufgaben durch raumbedeutsame Planungen und Maßnahmen berührt werden (Art. 8 Abs. 7 Satz 2, Abs. 10 i. V. m. Art. 12 Abs. 1 Satz 1 BayLPlG). Die Vertreter werden auf Vorschlag der genannten Organisationen vom Verbandsvorsitzenden berufen. Welche Organisationen im Einzelnen zur Benennung von Vertretern berechtigt sind, bestimmt die Verbandssatzung. Diese regelt auch die Beteiligung des regionalen Planungsbeirats an der Ausarbeitung und Fortschreibung des Regionalplans.

18 Die Regionalpläne werden von den regionalen Planungsverbänden unter Beteiligung der Bezirke sowie im Benehmen mit den anderen öffentlichen Planungsträgern ausgearbeitet und beschlossen, wobei die **Beschlussfassung der Verbandsversammlung** vorbehalten ist (Art. 18 Abs. 1 Satz 1 i. V. m. Art. 8 Abs. 8 letzter Satz BayLPlG). Die Einbeziehung der Bezirke und der anderen öffentlichen Planungsträger erfolgt jeweils nur insoweit, als deren Aufgaben berührt werden (Art. 18 Abs. 1 Satz 1 BayLPlG). An der Ausarbeitung von Zielen der Raumordnung und Landesplanung sind zudem die Verbandsmitglieder zu beteiligen, für die voraussichtlich eine Anpassungspflicht begründet wird (Art. 8 Abs. 5 Satz 2 BayLPlG). In inhaltlicher Hinsicht besteht die gesetzliche Vorgabe, dass der Regionalplan unter Beachtung der vom Staat gesetzten Planungsziele auszuarbeiten ist (Art. 17 Abs. 5 BayLPlG). Zur Ausarbeitung bedienen sich die regionalen Planungsverbände der **Regionsbeauftragten** (Art. 6 Abs. 3, 5 Abs. 2 BayLPlG).

---

12 Vgl. dazu die Nachweise oben in Fn. 7.

Der beschlossene Regionalplan wird auf Antrag des regionalen Planungsverbands durch die zuständige höhere Landesplanungsbehörde (Regierung) für verbindlich erklärt (Art. 18 Abs. 2 Satz 1 i. V. m. Art. 5 Abs. 1 BayLPlG). Anschließend ist die Aufstellung des Plans von der obersten Landesplanungsbehörde im Gesetz- und Verordnungsblatt bekannt zu machen (Art. 18 Abs. 6 i. V. m. Art. 16 Abs. 4 Satz 3 BayLPlG). Die in dem Plan enthaltenen Ziele der Raumordnung und Landesplanung sind in ihrem räumlichen Geltungsbereich bei den unteren Landesplanungsbehörden, den Kreisverwaltungsbehörden, zur Einsicht für jedermann auszulegen, wobei die Auslegung zu den Aufgaben der höheren Landesplanungsbehörden (Regierungen) gehört (Art. 18 Abs. 6 i. V. m. Art. 16 Abs. 4 Satz 1, Art. 5 Abs. 1 BayLPlG). **19**

Länderübergreifende Regionalplanung: Nach Art. 27 BayLPlG kann die oberste Landesplanungsbehörde für die länderübergreifende Regionalplanung besondere, von den gesetzlichen Vorschriften abweichende Regelungen treffen. **20**

Geltende Pläne: In allen Regionen Bayerns sind Regionalpläne (zumindest in einem Teilabschnitt) in Kraft getreten. Daneben gilt im Rahmen der grenzüberschreitenden Regionalplanung mit dem Land Baden-Württemberg der Regionalplan Donau-Iller.[13] **21**

3. Brandenburg

Planinhalte: Die **Regionalpläne** geben – wie es in § 1 Satz 2 BbgRegBkPlG[14] heißt – den überörtlichen Rahmen und die Ziele der Raumordnung und Landesplanung vor. Nach § 2 Abs. 1 BbgRegBkPlG vertiefen sie die in den einschlägigen Gesetzen und höherrangigen Plänen enthaltenen Grundsätze und Ziele der Raumordnung und Landesplanung für die jeweiligen Regionen zur Sicherung und Entwicklung der natürlichen und wirtschaftlichen Lebensgrundlagen in verschiedenen Sachbereichen. Es geht hier beispielsweise um die Bereiche Bevölkerung und Arbeitsmarkt, Wohnen und Verkehr, Gewerbe und Industrie, Natur-, Landschafts- und Bodenschutz sowie Freiraumentwicklung, Wasserwirtschaft, Rohstoffsicherung, Abfallwirtschaft und Altlasten etc. **22**

Um die Entwicklung der Regionen in die angestrebte gesamträumliche Entwicklung des Landes einzufügen, sollen die Regionalpläne zudem einen eigenen Gestaltungsraum erfüllen und zu diesem Zweck weitere Ziele der Raumordnung und Landesplanung sowie qualitative oder quantitative Vorgaben festsetzen. In § 2 Abs. 2 BbgRegBkPlG ist ferner vorgeschrieben, dass auch die raumbedeutsamen überörtlichen Erfordernisse und Maßnahmen der Fachplanungen nach Abwägung mit den anderen raumbedeutsamen Planungen und Maßnahmen sowie den Erfordernissen der Raumordnung als regionalplanerische Ziele der Raumordnung und Landesplanung auszuweisen sind. **23**

---

13 Vgl. dazu die Zusammenstellung bei *Cholewa* et al. (Fn. 10), Vorschriftensamml. Bayern, Gliederungsabschnitt III Nrn. 2, 3.
14 Gesetz zur Einführung der Regionalplanung und der Braunkohlen- und Sanierungsplanung im Land Brandenburg vom 13. 5. 1993 (GVBl. I S. 170), geändert durch Gesetz vom 20. 7. 1995 (GVBl. I S. 210).

24 *Organisation und Verfahren:* Bei der Regionalplanung ist das Land Brandenburg zu einer engen Zusammenarbeit mit dem Land Berlin verpflichtet (Art. 1 Abs. 3, Art. 11 Bln/BbgLPlanV). Diese erfolgt in der **regionalen Planungskonferenz** und im **Regionalplanungsrat**. Die Beschlüsse beider Gremien haben jedoch nur empfehlenden Charakter. Träger der Regionalplanung sind in Brandenburg **Regionale Planungsgemeinschaften** (§ 4 Abs. 2 Satz 1 BbgRegBkPlG). Durch § 3 BbgRegBkPlG ist das Land in fünf Regionen eingeteilt worden, die sich nach gesetzlicher Charakterisierung wegen der besonderen Lage von Berlin in der Mitte des Landes räumlich-sektoral von der inneren bis zur äußeren Landesgrenze erstrecken. In diesen Regionen ist kraft § 4 Abs. 1 BbgRegBkPlG jeweils eine Regionale Planungsgemeinschaft entstanden, zu deren Mitgliedern die Landkreise und kreisfreien Städte des betreffenden Gebiets gehören. Die Regionalen Planungsgemeinschaften sind **Körperschaften des öffentlichen Rechts** unter der Aufsicht der Landesplanungsbehörde, des Ministeriums für Umwelt, Naturschutz und Raumordnung (§ 4 Abs. 3 Sätze 1, 2 BbgRegBkPlG i. V. m. § 2 Satz 1 BbgLPlG). Sie besitzen zwei **Organe**, und zwar die **Regionalversammlung** sowie den **Regionalvorstand** (§ 5 BbgRegBkPlG).

25 Die Regionalversammlung besteht nach § 6 BbgRegBkPlG aus den geborenen und den übrigen Regionalräten sowie den Vertretern bestimmter Organisationen bzw. Bereiche (Industrie- und Handelskammer, Handwerkskammer, nach § 29 BNatSchG anerkannte Naturschutzverbände, Arbeitnehmer, Arbeitgeber etc.). In der von der Braunkohlen- und Sanierungsplanung betroffenen Region kann auch ein Vertreter aus dem in § 14 BbgRegBkPlG geregelten Braunkohlenausschuss in die Regionalversammlung entsandt werden. Geborene Regionalräte sind die Landräte, die Oberbürgermeister sowie die Bürgermeister der Gemeinden ab einer Größe von zehntausend Einwohnern. Die übrigen Regionalräte werden von den Kreistagen sowie den Stadtverordnetenversammlungen der kreisfreien Städte nach näherer gesetzlicher und satzungsrechtlicher Regelung gewählt. In der Regionalversammlung sind allein die Regionalräte und die Vertreter des Braunkohlenausschusses stimmberechtigt. Die übrigen Mitglieder der Versammlung besitzen lediglich ein Beratungsrecht. Den Regionalvorstand wählt die Regionalversammlung aus ihrer Mitte (§ 7 BbgRegBkPlG).

26 In jeder Region wird zudem eine **Regionale Planungsstelle** eingerichtet, deren Mitarbeiter von der Regionalen Planungsgemeinschaft eingestellt werden (§ 9 Abs. 1 Satz 1 BbgRegBkPlG). Der Planungsstelle obliegt einmal die planerische und organisatorische Vorbereitung und Ausführung der Beschlüsse und Aufträge der Organe der Regionalen Planungsgemeinschaft. Sie hat zudem die in § 4 Abs. 2 Satz 1 BbgRegBkPlG normierte Pflichtaufgabe der Regionalen Planungsgemeinschaft zu erfüllen, einen Regionalplan aufzustellen, fortzuschreiben sowie zu ändern und zu ergänzen (§ 9 Abs. 1 Satz 2 BbgRegBkPlG).

Bei der Erarbeitung der Regionalpläne sind nach § 2 Abs. 4 BbgRegBkPlG frühzeitig unter Mitteilung der vorgesehenen Zielvorstellung zahlreiche Institutionen zu beteiligen, und zwar neben den Landkreisen, kreisfreien Städten, Ämtern, Gemeinden, kommunalen Spitzenverbänden und den übrigen öffentlichen Planungsträgern auch die benachbarten Regionalen Planungsgemeinschaften und, soweit sie berührt sein können, die Nachbarländer und Nachbarstaaten (insbesondere das Land Berlin) sowie die sonstigen Träger öffentlicher Belange. Hinzu kommt in den von der Braunkohlen- und Sanierungsplanung betroffenen Regionen der Braunkohlenausschuss. Der Entwurf des Regionalplans ist den Beteiligungsberechtigten durch die Regionale Planungsgemeinschaft unter angemessener Fristsetzung zur Stellungnahme zuzuleiten (§ 2 Abs. 5 Satz 1 BbgRegBkPlG). Die fristgemäß vorgebrachten Anregungen und Bedenken hat die Regionale Planungsgemeinschaft zu prüfen und abweichende Meinungen der Beteiligungsberechtigten mit einer Stellungnahme der Landesplanungsbehörde mitzuteilen (§ 2 Abs. 5 Sätze 2, 3 BbgRegBkPlG). **27**

Der Regionalplan ist nach § 2 Abs. 6 BbgRegBkPlG von der Regionalen Planungsgemeinschaft durch **Satzung** festzustellen, die von der Landesplanungsbehörde im Einvernehmen mit den fachlich zuständigen Landesministern durch Genehmigung für verbindlich erklärt wird, soweit sie gesetzeskonform aufgestellt worden ist und sonstigen Rechtsvorschriften nicht widerspricht. Die Satzung und die im Regionalplan enthaltenen Ziele der Raumordnung und Landesplanung werden im Amtsblatt des Landes Brandenburg veröffentlicht. **28**

Die Landesplanungsbehörde nimmt eine relativ starke Stellung in der Regionalplanung ein. Denn sie erlässt z.B. nach § 2 Abs. 9 BbgRegBkPlG in Abstimmung mit den zuständigen obersten Landesbehörden Richtlinien mit einheitlichen Kriterien über Inhalte und Verfahren der Planung. Hinsichtlich der Beachtung dieser Richtlinien kann sie zudem Weisungen erteilen. Kommt die Regionale Planungsgemeinschaft den Weisungen innerhalb einer festgesetzten angemessenen Frist nicht nach, ist die Landesplanungsbehörde befugt, die Planung ganz oder teilweise selbst durchzuführen und im Einvernehmen mit den fachlich zuständigen Landesministerien für verbindlich zu erklären (§ 4 Abs. 3 Sätze 3, 4 BbgRegBkPlG).

Besonderheit: In Brandenburg ist nach näherer Regelung der §§ 12 ff. BbgRegBkPlG eine **Braunkohlen- und Sanierungsplanung** eingeführt worden, die in bestimmten, verordnungsrechtlich abzugrenzenden Gebieten durchgeführt wird. Der Rechtsprechung des brandenburgischen Verfassungsgerichts zufolge zählt die Braunkohlenplanung als besondere Form der Regionalplanung zur Landesplanung und fällt mithin in die Gesetzgebungskompetenz des Landes.[15] Während die Braunkohlenplanung auf die Ermöglichung einer langfristig sicheren und zugleich umwelt- und sozialverträglichen Energieversorgung gerichtet ist, besteht die Zielsetzung der Sanierungsplanung darin, bergbauliche Folgeschäden in jenen Gebieten nach Möglichkeit auszugleichen, in denen der Braunkohlenabbau mittelfristig ausläuft oder bereits **29**

---

15 BbgVerfG, DVBl. 1999, 34 (35), m.w.N. zur Gegenansicht.

eingestellt worden ist. Der Träger der Braunkohlen- und Sanierungsplanung ist der Braunkohlenausschuss. Die Grundsätze seiner Bildung und die Zusammensetzung werden nach § 14 Abs. 1 Satz 2 BbgRegBkPlG durch eine Rechtsverordnung der Landesregierung geregelt.[16] Das BbgVerfG hält es zwar mit Blick auf das Rechtsstaats- und das Demokratieprinzip für verfassungsrechtlich bedenklich, dass der Gesetzgeber selbst keine weiteren inhaltlichen Vorgaben macht, doch hat es von einer Nichtigerklärung des § 14 Abs. 1 Satz 2 BbgRegBkPlG abgesehen.[17]

30 In den Braunkohlen- und Sanierungsplänen werden Ziele der Raumordnung und Landesplanung festgelegt. Die Pläne werden auf der Grundlage des gemeinsamen Landesentwicklungsprogramms und der gemeinsamen Landesentwicklungspläne[18] sowie nach Abstimmung mit der Regionalplanung in einem näher geregelten Verfahren aufgestellt, vom Braunkohlenausschuss durch Beschluss festgestellt und von der Landesregierung durch **Rechtsverordnung** für verbindlich erklärt. Der Feststellungsbeschluss des Braunkohlenausschusses sowie die im Plan enthaltenen Ziele der Raumordnung und Landesplanung sind im Gesetz- und Verordnungsblatt des Landes Brandenburg zu veröffentlichen.

31 Der gesetzlichen Konzeption zufolge spielt der Braunkohlenausschuss die entscheidende Rolle bei der Braunkohlen- und Sanierungsplanung. Die Landesregierung ist lediglich berechtigt, die Pläne auf ihre Gesetzeskonformität hin zu prüfen und auf Grund des § 12 Abs. 6 Satz 1 BbgRegBkPlG für verbindlich zu erklären, ein Initiativrecht oder eine eigene inhaltliche Gestaltungsbefugnis steht ihr nicht zu. Mit Blick darauf hat das BbgVerfG die Vorschrift wegen eines Verstoßes gegen das Prinzip der Entscheidungsverantwortlichkeit des Verordnungsgebers, wie es Art. 80 BbgVerf. zugrundeliege, für verfassungswidrig erklärt.[19] Nach den Vorgaben der Gerichtsentscheidung ist der Gesetzgeber nunmehr verpflichtet, im Wege einer Neuregelung die Stellung der Landesregierung bei der Planung zu Lasten der Position des Braunkohlenausschusses wesentlich zu stärken. Die nordrhein-westfälischen Bestimmungen können hier als Vorbild dienen.[20]

32 *Geltende Pläne:* Im Land Brandenburg sind für alle fünf Planungsregionen Regionalpläne sowie zahlreiche Braunkohlen- und Sanierungspläne in Kraft getreten.[21]

---

16 Verordnung über die Bildung des Braunkohlenausschusses des Landes Brandenburg (Bbg.BKAusV) vom 8. 4. 1992 (GVBl. II S. 139), zuletzt geändert durch Verordnung vom 1. 8. 1997 (GVBl. II S. 733).
17 BbgVerfG, DVBl. 2000, 1440 (1444 f.).
18 Vgl. dazu oben § 5 Rn. 24 ff.
19 BbgVerfG, DVBl. 2000, 1440 (1442 ff.). Die Verfassungswidrigkeit des § 12 Abs. 6 Satz 1 BbgRegBkPlG zog im weiteren die Nichtigkeit der im Rahmen des Rechtsstreits angegriffenen Verordnung über die Verbindlichkeit des Braunkohlenplans Tagebau Jänschwalde vom 8. 9. 1998 (GVBl. II S. 570) nach sich.
20 Vgl. dazu unten § 6 Rn. 64 ff.
21 Nachweise bei *Cholewa* et al. (Fn. 10), Vorschriftensamml. Brandenburg, Gliederungsabschnitt III 2, 3. Zur Nichtigkeit der Verordnung über die Verbindlichkeit des Braunkohlenplans Tagebau Jänschwalde vgl. oben Fn. 19.

4. Hessen

Planinhalte: Wie aus § 6 Abs. 1 Satz 1 HLPG hervorgeht, legen die **Regional-** 33
pläne die Ziele der Raumordnung und Landesplanung für die Entwicklung der
Planungsregion unter Beachtung der Vorgaben des Landesentwicklungsplans
fest. Die Pläne enthalten neben den verbindlichen Vorgaben des Landesentwicklungsplans (vgl. § 5 Abs. 7 Satz 1 HLPG) insbesondere Festlegungen zu den
Bereichen Siedlungsstruktur und Bevölkerungsverteilung, Unter- und Kleinzentren, Wohnsiedlungs- und Gewerbeflächen, Trassen bzw. Standorte für Infrastruktureinrichtungen, Vorranggebiete für den Natur- und Landschaftsschutz
sowie für die Landwirtschaft etc. (§ 6 Abs. 3 HLPG). Weitere Anforderungen an
die Form und den Mindestinhalt von Regionalplänen können im Wege einer
ministeriellen Rechtsverordnung festgelegt werden (§ 6 Abs. 1 Satz 4 HLPG).[22]

Organisation und Verfahren: Nach § 17 HLPG ist das Land in die **drei Pla-** 34
nungsregionen Nord-, Mittel- und Südhessen unterteilt, welche territorial mit
den in Hessen bestehenden Regierungsbezirken Kassel, Gießen und Darmstadt
übereinstimmen. Die Regionalplanung ist den **Regionalversammlungen** übertragen worden, die bei ihrer Planungstätigkeit der Rechtsaufsicht des Landes
unterstehen (§ 1 Abs. 2 Satz 2 HLPG). Näheres zu diesen Gremien ergibt sich aus
den §§ 18, 19 HLPG. Danach werden sie in den drei Planungsregionen gebildet
und setzen sich aus Vertretern der Landkreise, der kreisfreien Städte und der
kreisangehörigen Gemeinden mit mehr als 50.000 Einwohnern zusammen. In der
Planungsregion Südhessen kommen Vertreter des Umlandverbands Frankfurt[22a]
und in der Planungsregion Nordhessen Vertreter des Zweckverbands Raum
Kassel hinzu. Die Mitglieder werden von den jeweiligen Vertretungskörperschaften gewählt, wobei das Verfahren in § 19 HLPG im Einzelnen geregelt ist. Gemäß
§ 18 Abs. 3 HLPG ist die Regionalversammlung bei der Ausführung des Gesetzes
Trägerin eigener Rechte und Pflichten, die sie gegenüber den Dienststellen des
Landes auch verwaltungsgerichtlich zu verteidigen vermag.[23] Ihre innere Organisation und die Wahrnehmung ihrer Aufgaben legt die Regionalversammlung
weitgehend autonom fest (§§ 18 Abs. 3 Satz 2, 19 Abs. 5 Satz 1 Hs. 1 HLPG). Das
Gesetz enthält jedoch Mindestvorgaben hinsichtlich der **Organe**: Nach § 19
Abs. 5 Satz 1 HLPG hat die Regionalversammlung aus ihrer Mitte ein **Präsidium**
zu wählen und einen **Haupt- und Planungsausschuss** als ständigen Ausschuss
zu bestellen. Darüber hinaus kann sie weitere Ausschüsse einrichten (§ 19 Abs. 5
Satz 2 HLPG). Ferner hat sie die Wahl, entweder beratende Mitglieder zu berufen
oder einen Planungsbeirat einzurichten, wobei in beiden Fällen zahlreichen
Organisationen ein Entsendungsrecht eingeräumt wird (§ 19 Abs. 6 HLPG).

Nach § 7 Abs. 1 Satz 1 HLPG obliegt es der Regionalversammlung, die Auf- 35
stellung oder Änderung eines Regionalplans zu beschließen. Die oberen Lan-

---
22 Bislang ist die Planzeichenverordnung Regionalpläne vom 10. 11. 1997 (GVBl. I S. 479) ergangen.
22a Ab 1. April 2001 tritt an die Stelle des Umlandverbands Frankfurt der Planungsverband
Ballungsraum Frankfurt/Rhein-Main. Vgl. dazu das Gesetz zur Stärkung der kommunalen
Zusammenarbeit und Planung in der Region Rhein-Main vom 19.12.2000 (GVBl. I S. 542).
23 Vgl. zur insoweit abweichenden alten Rechtslage VGH Kassel, DÖV 1995, 35f.

desplanungsbehörden (Regierungspräsidien) fungieren im Planungsverfahren als Geschäftsstelle der jeweiligen, insoweit weisungsberechtigten Regionalversammlung und haben u. a. die Aufgabe, vor der Erstellung des Regionalplans auf Beschluss der Regionalversammlung ein **Raumordnungsgutachten** zu erarbeiten (§§ 6 Abs. 2 Satz 1, 16 Abs. 2 Satz 2 Nr. 1 HLPG). Das Gutachten bildet *eine* Grundlage für die Erarbeitung des Regionalplans (§ 6 Abs. 2 Satz 2 HLPG). Der **Planentwurf** selbst wird ebenfalls von der oberen Landesplanungsbehörde erarbeitet (§ 7 Abs. 1 Satz 2 HLPG). In der Entwurfsphase besteht ein Recht der kommunalen Gebietskörperschaften, anderer Träger öffentlicher Belange und der nach § 29 BNatSchG anerkannten Naturschutzverbände auf frühzeitige Beteiligung (§ 7 Abs. 2 Satz 2 HLPG). Gemäß § 7 Abs. 3, 4 HLPG leitet die Regionalversammlung das Anhörungs- und Offenlegungsverfahren ein und beschließt über den Planentwurf, nachdem ihn die Geschäftstelle auf Grund der Ergebnisse der Anhörung und Offenlegung überprüft hat.

36 Den beschlossenen Regionalplan legt die Regionalversammlung sodann der obersten Landesplanungsbehörde vor (§§ 8 Abs. 1 Satz 1, 18 Abs. 2 Nr. 1 HLPG), die ihn mit dem Bund und den benachbarten Ländern abstimmt (§ 8 Abs. 1 Satz 2 HLPG). Über die **Genehmigung des Regionalplans** entscheidet innerhalb einer Frist von sechs Monaten die Landesregierung (§ 8 Abs. 1 Satz 3, Abs 2 HLPG). Die Genehmigungsvoraussetzungen sind in § 8 Abs. 3 HLPG enthalten. Hiernach dürfen die Festsetzungen des Plans grundsätzlich nicht gegen verbindliche Vorgaben des Landesentwicklungsplans verstoßen, zudem darf der Plan keinen Widerspruch zu öffentlichrechtlichen Vorschriften aufweisen. Das Planungsverfahren wird mit der **Bekanntgabe des Plans und seiner Genehmigung** im Staatsanzeiger für das Land Hessen abgeschlossen, zuständig hierfür ist die obere Landesplanungsbehörde. Mit der Bekanntmachung tritt der Regionalplan in Kraft und entfaltet seine Bindungswirkungen (§ 8 Abs. 6, 7 HLPG, § 11 Satz 1 HLPG). Werden bei der Aufstellung des Regionalplans landesplanungsgesetzliche Verfahrens- oder Formvorschriften verletzt, sind diese Fehler unter bestimmten Voraussetzungen unbeachtlich (**Grundsatz der Planerhaltung**, § 12 HLPG).

37 Hingewiesen sei noch auf die recht strengen Bestimmungen zur Anpassungspflicht. § 7 Abs. 6 HLPG sieht vor, dass Regionalpläne innerhalb von fünf Jahren an die veränderten Verhältnisse anzupassen sind. Geschieht dies nicht und bleibt auch eine Nachfristsetzung durch die oberste Landesplanungsbehörde erfolglos, so führt diese das Planaufstellungsverfahren in eigener Zuständigkeit durch.

38 *Länderübergreifende Regionalplanung:* Trifft der Regionalplan Festlegungen mit grenzüberschreitenden Wirkungen, sind die betroffenen Länder und die sonstigen Träger der Raumordnung zu beteiligen. Unter bestimmten Voraussetzungen können besondere Vereinbarungen mit den beteiligten Ländern getroffen werden (§ 10 HLPG).

39 *Geltende Pläne:* Gemäß § 20 HLPG gelten die Regionalen Raumordnungspläne, die nach dem HLPG a. F. festgestellt worden sind, fort. Derzeit existie-

ren für alle drei Planungsregionen Regionale Raumordnungspläne.[24] Zudem gilt im Rahmen der grenzüberschreitenden Regionalplanung der Länder Baden-Württemberg, Hessen und Rheinland-Pfalz der Raumordnungsplan Rhein-Neckar 2000.[25]

5. Mecklenburg-Vorpommern

Planinhalte: Nach § 8 MeVoLPlG bestimmen die aus dem Landesraumordnungsprogramm zu entwickelnden **regionalen Raumordnungsprogramme** insbesondere die zentralen Orte der Nahbereichsstufe und die regionalen Achsen. Zudem legen sie vor allem auch Vorrang- und Vorbehaltsgebiete mindestens für die Fachbereiche Natur und Landschaft, Fremdenverkehr sowie Trinkwasser- und Rohstoffsicherung fest. Die regionalen Erfordernisse und Maßnahmen des Naturschutzes und der Landschaftspflege sind von der naturschutzrechtlich zuständigen Behörde in den gutachtlichen Landschaftsrahmenplänen zu erarbeiten und nach Abwägung mit den anderen Belangen in die regionalen Raumordnungsprogramme aufzunehmen. Dies dient der landesrechtlichen Umsetzung der Rahmenvorschrift des § 5 Abs. 1 BNatSchG. 40

Organisation und Verfahren: Durch § 12 Abs. 1 MeVoLPlG ist das Land in **vier Planungsregionen** eingeteilt und zugleich für jede dieser Regionen ein regionaler Planungsverband gebildet worden. Bei den **regionalen Planungsverbänden** handelt es sich um Zusammenschlüsse der Landkreise und kreisfreien Städte in der jeweiligen Region (§ 12 Abs. 2 MeVoLPlG). Sie sind Körperschaften des öffentlichen Rechts unter der Rechtsaufsicht sowie der – gesetzlich näher umschriebenen – Fachaufsicht des Landes (§ 12 Abs. 3, 5 MeVoLPlG). 41

Zu den in § 14 MeVoLPlG geregelten **Organen der regionalen Planungsverbände** gehören die **Verbandsversammlung** und der **Verbandsvorstand**. Die Verbandsversammlung besteht aus den Landräten, den Oberbürgermeistern der kreisfreien Städte sowie aus weiteren Vertretern der Verbandsmitglieder. Dem Verbandsvorstand gehören neben den Landräten und den Oberbürgermeistern der kreisfreien Städte weitere Vorstandsmitglieder an, die aus dem Kreis der weiteren Vertreter der Verbandsversammlung gewählt werden. 42

Die Aufstellung (und Fortschreibung) der regionalen Raumordnungsprogramme erfolgt durch die regionalen Planungsverbände, die sich hierbei der **Ämter für Raumordnung und Landesplanung** bedienen (§ 9 Abs. 1 Sätze 1, 2 MeVoLPlG). Bei diesen Ämtern handelt es sich zwar nach § 10 Satz 3 MeVolPlG um nachgeordnete Behörden der obersten Landesplanungsbehörde, nämlich dem für Raumordnung und Landesplanung zuständigen Ministerium. Doch stehen sie insoweit, als es um die Aufstellung der regionalen Raum- 43

---

24 Nordhessen: Beschluß der Landesregierung vom 9.3.1995 (StAnz. S. 2131), Mittelhessen: Beschluß der Landesregierung vom 9.3.1995 (StAnz. S. 1648), Südhessen: Beschluß der Landesregierung vom 9.3.1995 (StAnz. S. 1877), unlängst abgelöst durch den Regionalplan Südhessen 2000 (StAnz. 2001 S. 614).
25 StAnz. 1992 S. 3040.

ordnungsprogramme geht, unter der fachlichen Weisungsgewalt der regionalen Planungsverbände (§ 9 Abs. 1 Satz 3 MeVoLPlG). Die Vorschrift des § 9 Abs. 3 MeVoLPlG bestimmt, dass die regionalen Raumordnungsprogramme unter Beteiligung der Gemeinden, Landkreise und – soweit sie berührt sein können – anderen Planungsträger zu erarbeiten sind. Es können auch Dritte an der Erarbeitung beteiligt werden.

44   Wie aus § 9 Abs. 4, 5 MeVoLPlG hervorgeht, werden die regionalen Raumordnungsprogramme von den regionalen Planungsverbänden beschlossen und anschließend von der Landesregierung durch **Rechtsverordnung** für verbindlich erklärt. Die Verbindlicherklärung setzt voraus, dass die Programme gesetzeskonform aufgestellt worden sind und sonstigen Rechtsvorschriften nicht widersprechen. Außerdem ist erforderlich, dass sich die geplante Entwicklung der Region in die angestrebte räumliche Entwicklung des Landes einfügt, wie sie sich aus Entscheidungen des Landtags, der Landesregierung und der obersten Landesbehörden ergibt.

45   *Geltende Pläne:* Bisher sind in Mecklenburg-Vorpommern drei regionale Raumordnungsprogramme in Kraft getreten.[26]

6. Niedersachsen

46   *Planinhalte:* Die in Niedersachsen vorgesehenen **Regionalen Raumordnungsprogramme** enthalten die Darstellung der angestrebten räumlichen und strukturellen Entwicklung des jeweiligen Planungsraums (§ 6 Abs. 1 NROG). Nach § 6 Abs. 2 NROG sind sie aus dem Landes-Raumordnungsprogramm zu entwickeln, dessen konkrete Ziele der Raumordnung für den Planungsraum sie zu übernehmen haben. Soweit es erforderlich ist und das Landes-Raumordnungsprogramm dies nicht ausschließt, sind die betreffenden Ziele zu präzisieren. Daneben legen die Regionalen Raumordnungsprogramme diejenigen Ziele der Raumordnung fest, die ihnen durch das Landes-Raumordnungsprogramm vorbehalten worden sind. Soweit es sich dabei um raumbeanspruchende und raumbeeinflussende öffentliche Fachplanungen handelt, erfolgt die Festlegung unter Berücksichtigung fachplanerischer Erfordernisse und unter Abwägung mit anderen raumbedeutsamen Planungen. Im Einklang mit den Grundsätzen der Raumordnung und den Zielen des Landes-Raumordnungsprogramms können weitere Raumordnungsziele für die Entwicklung des Planungsraums festgelegt werden.

47   *Organisation und Verfahren:* Niedersachsen ist das einzige Land, das die **Landkreise** und **kreisfreien Städte** zu Trägern der Regionalplanung erklärt.

---

26 Landesverordnung über die Verbindlichkeit des Regionalen Raumordnungsprogramms Mittleres Mecklenburg/Rostock vom 18. 10. 1994 (GVBl. S. 1022), fortgeschrieben durch Verordnungen vom 8. 3. 1999 (GVBl. S. 242) und vom 10. 12. 1999 (GVBl. S. 654); Landesverordnung über die Verbindlichkeit des Regionalen Raumordnungsprogramms Mecklenburgische Seenplatte vom 26. 6. 1998 (GVBl. S. 644); Landesverordnung über die Verbindlichkeit des Regionalen Raumordnungsprogramms Vorpommern vom 29. 9. 1998 (GVBl. S. 833).

Die Trägerschaft ergibt sich aus § 7 NROG, wo zugleich vorgesehen ist, dass auch ein Zweckverband Träger der Regionalplanung sein kann, wenn die Abgrenzung des Verbandsbereichs als Planungsraum dem Landes-Raumordnungsprogramm nicht widerspricht.[27] Außerdem bestimmt die Vorschrift, dass die Aufgabe der Regionalplanung zum eigenen Wirkungskreis der zuständigen kommunalen Körperschaften gehört. Nach § 8 Abs. 1, 6 NROG sind die betreffenden Körperschaften verpflichtet, für ihren jeweiligen Bereich ein Regionales Raumordnungsprogramm zu entwerfen, wobei dieses Programm in den kreisfreien Städten durch den Flächennutzungsplan ersetzt wird.

Wie aus § 8 Abs. 3 NROG hervorgeht, sind an der Programmerarbeitung – soweit sie jeweils berührt sein können – die kreisangehörigen Gemeinden und Samtgemeinden, die nicht selbst als Träger der Regionalplanung fungierenden Landkreise und kreisfreien Städte, die öffentlichrechtlich Verpflichteten in gemeindefreien Gebieten und Bezirken, die benachbarten Regionalplanungsträger und ausländischen Staaten sowie die nach § 29 BNatSchG anerkannten Verbände zu beteiligen. Die Vorschrift erwähnt in diesem Zusammenhang ausdrücklich auch die Behörden des Bundes, des Landes und der Nachbarländer sowie die sonstigen in § 4 Abs. 5 ROG a.F. genannten Stellen, die für den Planungsraum zuständig sind. Zudem sollen diejenigen Verbände und Vereinigungen beteiligt werden, deren Aufgabenbereich für die Landesentwicklung oder für die regionale Entwicklung von Bedeutung ist.

48

Die Beteiligung erfolgt dabei in der Weise, dass der Entwurf des Regionalen Raumordnungsprogramms den Beteiligungsberechtigten zur Stellungnahme zugeleitet wird. Soweit bestimmte Beteiligungsberechtigte (z.B. kreisangehörige Gemeinden oder benachbarte Regionalplanungsträger) zu wesentlichen Teilen des Programmentwurfs Anregungen und Bedenken vorgetragen haben, sind diese mit ihnen zu erörtern. Hinsichtlich der übrigen Beteiligten steht es im Ermessen des Trägers der Regionalplanung, ob eine Erörterung durchgeführt wird.

49

Das Regionale Raumordnungsprogramm wird vom Träger der Regionalplanung durch **Satzung** festgestellt und in dem Fall, dass es rechtmäßig und mit den Zielen der Raumordnung vereinbar ist, von der Aufsichtsbehörde genehmigt (§ 8 Abs. 4 NROG). Anschließend ist es in der für die Satzungen der Gemeinden und Landkreise vorgeschriebenem Form öffentlich bekannt zu machen (§ 8 Abs. 5 NROG).[28] Nach § 9 Abs. 1 Satz 1 NROG ist eine Verletzung von Verfahrensvorschriften bei der Aufstellung eines Regionalen Raumordnungsprogramms unbeachtlich, wenn sie nicht schriftlich innerhalb eines

50

---

27 Vgl. hierzu § 2 Abs. 1 des Gesetzes über die Bildung des Zweckverbandes „Großraum Braunschweig" vom 27.11.1991 (GVBl. S.305), zuletzt geändert durch Art. 1 des Gesetzes vom 12.9.1996 (GVBl. S. 418), sowie § 2 Abs. 2 des Gesetzes über den Kommunalverband „Großraum Hannover" vom 20.5.1992 (GVBl. S. 153), zuletzt geändert durch Art. 3 des Gesetzes vom 1.4.1996 (GVBl. S. 82).
28 Weitere Einzelheiten zum Planungsverfahren ergeben sich aus der Verordnung über das Verfahren zur Aufstellung und über die Darstellung der Regionalen Raumordnungsprogramme (VerfVO-RROP) vom 26.7.1995 (GVBl. S. 260).

51 Jahres nach Bekanntmachung bei der Aufsichtsbehörde geltend gemacht worden ist (**Grundsatz der Planerhaltung**).

51 *Geltende Pläne:* Derzeit gelten in Niedersachsen zahlreiche Regionale Raumordnungsprogramme.[29]

7. Nordrhein-Westfalen

52 Im Land Nordrhein-Westfalen besteht hinsichtlich der Regionalpläne die terminologische Besonderheit, dass sie als **Gebietsentwicklungspläne** bezeichnet werden.[30]

53 *Planinhalte:* Nach § 14 Abs. 1 NWLPlG legen die Gebietsentwicklungspläne die regionalen Ziele der Raumordnung und Landesplanung für die Entwicklung des jeweiligen Planungsraums (Regierungsbezirks) fest. Die Zielfestlegung erfolgt dabei auf der Grundlage des Landesentwicklungsprogramms und der Landesentwicklungspläne und gilt für alle Planungen und Maßnahmen im Planungsgebiet.

54 Zudem erfüllen die Gebietsentwicklungspläne – wie § 14 Abs. 2 NWLPlG zu entnehmen ist – die Funktionen eines Landschaftsrahmenplans (§ 5 BNatSchG) und eines forstlichen Rahmenplans (§§ 6, 7 BWaldG). Sie stellen insoweit raumwirksame Ziele von regionaler Bedeutung zur Verwirklichung des Naturschutzes und der Landschaftspflege (Landschaftsrahmenplan) sowie zur Sicherung der für die Entwicklung der Lebens- und Wirtschaftsverhältnisse notwendigen forstlichen Voraussetzungen (forstlicher Rahmenplan) dar.

55 Weitere Einzelheiten zur inhaltlichen Ausgestaltung der Gebietsentwicklungspläne ergeben sich aus dem Verordnungsrecht.[31] Danach konkretisieren die Gebietsentwicklungspläne u. a. selbstständig und ergänzend die Grundsätze und Allgemeinen Ziele des Landesentwicklungsprogramms und die Ziele der Landesentwicklungspläne für das Plangebiet. Ferner sollen sie sachliche, räumliche und zeitliche Beziehungen und Abhängigkeiten der Darstellungen untereinander und bei der Umsetzung in nachfolgende Planungs- und Genehmigungsverfahren und -entscheidungen aufzeigen. Zudem geben sie Hinweise für die regionalplanerische Beurteilung von raumbedeutsamen Fachplanungen und Projekten.

56 *Organisation und Verfahren:* In Nordrhein-Westfalen ist die Regionalplanung (Gebietsentwicklungsplanung) auf der Ebene der Regierungsbezirke angesiedelt. Die Planungen erfolgen durch die Bezirksregierung als **Bezirksplanungsbehörde** (§ 3 Abs. 1 NWLPlG) und die **Bezirksplanungsräte**, die in den Regierungsbezirken zu bilden sind.

---

29 Vgl. im einzelnen die Aufstellung bei *Cholewa* et al. (Fn. 10), Vorschriftensamml. Niedersachsen, Gliederungsabschnitt III Nr. 2.
30 Vgl. zu diesen *Schleberger*, Zur Reform der Mittelebene der Verwaltung in Nordrhein-Westfalen, NWVBl. 1997, 321 (324 f.).
31 Vgl. dazu § 2 der 3. Durchführungsverordnung zum Landesplanungsgesetz vom 17. 1. 1995 (GV NW S. 144).

Die organisationsrechtlichen Strukturen der Bezirksplanungsräte sind in den §§ 5, 6, 8 NWLPlG des Näheren geregelt. Danach handelt es sich hier um Gremien, zu deren stimmberechtigten Mitgliedern ausschließlich Mandatsträger gemeindlicher Vertretungskörperschaften im Regierungsbezirk gehören.[32] Die stimmberechtigten Mitglieder werden zum weit überwiegenden Teil von den Vertretungskörperschaften der Landkreise und kreisfreien Städte gewählt, im Übrigen aus Reservelisten berufen. Die Reservelisten werden von den Parteien und Wählergruppen aufgestellt, die in den gemeindlichen Vertretungskörperschaften des Regierungsbezirks vertreten sind und bei den Gemeindewahlen mindestens 5 % der im Regierungsbezirk abgegebenen gültigen Stimmen erreicht haben. Die Listen bedürfen der Bestätigung durch die Landesplanungsbehörde. Nach § 2 NWLPlG ist dies die für Raumordnung und Landesplanung zuständige oberste Landesbehörde. 57

Die stimmberechtigten Mitglieder des Bezirksplanungsrats berufen einige Mitglieder mit beratender Stimme aus folgenden Organisationen hinzu: Industrie- und Handelskammern, Handwerkskammern, Landwirtschaftskammern, Gewerkschaften, Arbeitgeberverbände, Sportverbände, nach § 29 BNatSchG anerkannte Naturschutzverbände. Außerdem nehmen an den Sitzungen des Bezirksplanungsrats die Oberstadtdirektoren der kreisfreien Städte, die Oberkreisdirektoren der Kreise sowie je ein Vertreter der Landschaftsverbände[33] beratend teil. 58

Eine Sonderregelung besteht für die Bezirksplanungsräte in den Regierungsbezirken Arnsberg, Düsseldorf und Münster. An den Sitzungen dieser Gremien nimmt auch je ein stimmberechtigtes Mitglied der Verbandsversammlung des Kommunalverbandes Ruhrgebiet[34] beratend teil, soweit es um Beratungsgegenstände geht, die mit den Aufgaben und Tätigkeiten des Kommunalverbands im Zusammenhang stehen. 59

Nach § 7 Abs. 1 Satz 1 NWLPlG besitzt der Bezirksplanungsrat die Entscheidungsbefugnis über die Erarbeitung des Gebietsentwicklungsplans sowohl in Sach- als auch in Verfahrensfragen. Das Erarbeitungsverfahren wird von der Bezirksplanungsbehörde durchgeführt, die dabei an die Weisungen des Bezirksplanungsrats gebunden ist. Wie aus § 15 Abs. 1 Satz 1 NWLPlG hervorgeht, erfolgt nach dem Beschluss des Bezirksplanungsrats über die Erarbeitung des Gebietsentwicklungsplans die Einbeziehung der Beteiligten, zu denen neben den Gemeinden und Kreisen etliche weitere Institutionen gehören, wie z. B. das Landesamt für Agrarordnung, das Landesoberbergamt, die Wehr- 60

---

32 Nach der Rechtsprechung (BVerwG, ZfBR 1986, 289; OVG Münster, NVwZ 1984, 388) ist es unbedenklich, dass kommunale Mandatsträger, die zwar der Vertretungskörperschaft eines Kreises, nicht aber zugleich der einer Gemeinde angehören, kein stimmberechtigtes Mitglied des Bezirksplanungsrats sein können.
33 Vgl. dazu die Landschaftsverbandsordnung für das Land Nordrhein-Westfalen i.d.F. der Bekanntmachung vom 14. 7. 1994 (GV NW S. 657), zuletzt geändert durch Gesetz vom 17. 12. 1997 (GV NW S. 458).
34 Vgl. dazu das Gesetz über den Kommunalverband Ruhrgebiet i.d.F. der Bekanntmachung vom 14. 7. 1994 (GV NW S. 640), zuletzt geändert durch Gesetz vom 17. 12. 1997 (GV NW S. 458).

bereichsverwaltungen, die Landschaftsverbände, der Kommunalverband Ruhrgebiet, die nach § 29 BNatSchG anerkannten Naturschutzverbände etc.[35]

61   Die Beteiligten werden in der Weise in die Planungen einbezogen, dass sie von der Bezirksplanungsbehörde schriftlich zur Mitwirkung aufgefordert werden. Innerhalb einer von der Bezirksplanungsbehörde gesetzten Frist, die mindestens drei Monate beträgt, können sie Anregungen und Bedenken zum Entwurf des Entwicklungsplans vorbringen (§ 15 Abs. 1 Sätze 2, 3 NWLPlG). Nach Ablauf der Frist sind die fristgemäß vorgebrachten Anregungen und Bedenken mit den betroffenen Beteiligten in dem Bestreben zu erörtern, einen Ausgleich der Meinungen herbeizuführen (§ 15 Abs. 2 Sätze 1, 2 NWLPlG). Über das Erörterungsergebnis hat die Bezirksplanungsbehörde dem Bezirksplanungsrat zu berichten, wobei ersichtlich werden muss, bei welchen Anregungen und Bedenken Übereinstimmung erzielt werden konnte und bei welchen dies nicht gelang (§ 15 Abs. 2 Sätze 3, 4 NWLPlG).

62   Im Anschluss an das Erarbeitungsverfahren wird der Gebietsentwicklungsplan durch **Beschluss des Bezirksplanungsrats** aufgestellt und der Landesplanungsbehörde von der Bezirksplanungsbehörde mit einem Bericht darüber vorgelegt, ob über den Gebietsentwicklungsplan Einigkeit besteht bzw. welche abweichenden Meinungen von den Beteiligten und aus der Mitte des Bezirksplanungsrats bekundet worden sind (§ 15 Abs. 3 Satz 1 NWLPlG). Die Bezirksplanungsbehörde hat zudem darzulegen, ob sie Bedenken gegenüber dem Gebietsentwicklungsplan hegt, wobei dem Bezirksplanungsrat Gelegenheit zur Stellungnahme zu geben ist (§ 15 Abs. 3 Satz 2 NWLPlG).

63   Die Gebietsentwicklungspläne bedürfen nach § 16 Abs. 1 Satz 1 NWLPlG der **Genehmigung durch die Landesplanungsbehörde**, die hierüber im Einvernehmen mit den fachlich zuständigen Landesministerien entscheidet. Aus § 16 Abs. 2 NWLPlG ergibt sich, dass die Genehmigung von Gebietsentwicklungsplänen im Gesetz- und Verordnungsblatt für das Land Nordrhein-Westfalen bekannt gemacht und der in der Bekanntmachung bezeichnete Plan bei der Landesplanungsbehörde, der Bezirksplanungsbehörde sowie den Kreisen und Gemeinden, auf deren Bereich sich die Planung erstreckt, zur Einsicht für jedermann niedergelegt wird. Mit der Genehmigungsbekanntmachung werden die Gebietsentwicklungspläne Ziele der Raumordnung und Landesplanung und entfalten die entsprechenden rechtlichen Bindungswirkungen (§ 16 Abs. 3 NWLPlG). Die Verletzung landesplanungsrechtlicher Verfahrens- oder Formvorschriften bei der Erarbeitung und Aufstellung eines Gebietsentwicklungsplans ist nur unter bestimmten Voraussetzungen beachtlich (**Grundsatz der Planerhaltung**, § 17 NWLPlG).

---

35 Zum Kreis der Beteiligten vgl. im näheren § 1 der 2. DVO zum Landesplanungsgesetz vom 24. 10. 1989 (GV NW S. 536), geändert durch Verordnungen vom 12. 7. 1994 (GV NW S. 544) und vom 17. 1. 1995 (GV NW S. 144).

Besonderheit: Die §§ 24 ff. NWLPlG enthalten Sondervorschriften für das Rheinische Braunkohlenplangebiet.[36] In diesem verordnungsrechtlich im Einzelnen abgegrenzten Gebiet[37] werden auf der Grundlage des Landesentwicklungsprogramms und der Landesentwicklungspläne sowie nach Abstimmung mit den Gebietsentwicklungsplänen **Braunkohlenpläne** aufgestellt, die Ziele der Raumordnung und Landesplanung festlegen. Die Aufstellung der Pläne erfolgt nach einem gesetzlich geordneten Erarbeitungsverfahren durch **Beschluss des Braunkohlenausschusses**, bei dem es sich um einen rechtlich näher geregelten Sonderausschuss des Bezirksplanungsrats im Regierungsbezirk Köln handelt.[38] Die Pläne bedürfen der landesplanungsbehördlichen Genehmigung, die im Gesetz- und Verordnungsblatt für das Land Nordrhein-Westfalen bekannt zu machen ist. Der in der Bekanntmachung bezeichnete Plan wird bei der Landesplanungsbehörde, bei der Bezirksplanungsbehörde Köln sowie bei den Kreisen und Gemeinden, auf deren Bereich er sich erstreckt, zur Einsichtnahme für jedermann niedergelegt.

64

Die nordrhein-westfälischen Braunkohlenpläne stellen (ebenso wie die brandenburgischen Braunkohlen- und Sanierungspläne) fachspezifische Ergänzungen zu den Gebietsentwicklungsplänen (Regionalplänen) dar. Der NWVerfGH versteht sie als „Gebietsentwicklungspläne mit sachlich und räumlich begrenztem Gegenstand".[39]

65

Geltende Pläne: Derzeit bestehen in Nordrhein-Westfalen zahlreiche Gebietsentwicklungspläne, wobei die Lage insofern etwas unübersichtlich ist, als die Pläne, die durch die ehemaligen Landesplanungsgemeinschaften nach früherem Recht aufgestellt worden sind, teilweise noch fortgelten. Daneben sind einige Braunkohlenpläne erstellt worden.[40]

66

8. Rheinland-Pfalz

Planinhalte: Die **regionalen Raumordnungspläne** sollen nach § 12 Abs. 1 RhPfLPlG das Landesentwicklungsprogramm für den Bereich der Regionen vertiefen und dabei im wesentlichen zu den gesetzlich bezeichneten Sachgegenständen Aussagen treffen. Zu diesen Sachgegenständen gehören die besonderen Funktionen der Gemeinden, die zentralen Orte der Grundversorgung (Grundzentren), die zur Verwirklichung der Raumordnung geeignet erscheinenden

67

---

36 Die gesetzlichen Bestimmungen über den Braunkohlenabbau genügen nach NWVerfGH, NVwZ-RR 1998, 478 (479 ff.), der „Wesentlichkeitstheorie". Zur Vereinbarkeit mit der gemeindlichen Selbstverwaltungsgarantie vgl. NWVerfGH, NVwZ-RR 1998, 473 (474 ff.). Mit beiden Problemkreisen befaßt sich auch *Degenhart*, Braunkohlenplanung unter Gesetzesvorbehalt?, DVBl. 1996, 773 ff.
37 Verordnung über die Abgrenzung des Braunkohlenplangebietes (4. DVO zum Landesplanungsgesetz) vom 31. 10. 1989 (GV NW S. 538).
38 Vgl. zur (hinreichenden) demokratischen Legitimation dieses Gremiums NWVerfGH, NVwZ-RR 1998, 473 (475 f.).
39 NWVerfGH, NVwZ-RR 1998, 473.
40 Vgl. hierzu im einzelnen *Cholewa* et al. (Fn. 10), Vorschriftensamml. Nordrh.-Westf., Gliederungsabschnitt III Nr. 2, 3.

Maßnahmen, die überörtlichen Erfordernisse und Maßnahmen zur Verwirklichung der Ziele des Naturschutzes und der Landschaftspflege i. S. d. § 16 Abs. 1 RhPfLPflG sowie bestimmte raumbedeutsame Fach- und Einzelplanungen für die Region. Soweit es die Belange des größeren Raumes zulassen, sollen verbindliche Bauleitpläne der Gemeinden berücksichtigt werden (§ 12 Abs. 2 RhPfLPlG). In § 12 Abs. 3 RhPfLPlG ist vorgesehen, dass zur Vertiefung der regionalen Raumordnungspläne fachlich oder räumlich begrenzte **Teilpläne** aufgestellt werden können.

68 *Organisation und Verfahren:* Das Land Rheinland-Pfalz ist durch besonderes Gesetz[41] in **fünf Regionen** eingeteilt worden, in denen jeweils die kreisfreien Städte und die Landkreise eine **Planungsgemeinschaft** bilden (§ 15 Abs. 1 RhPfLPlG). Die Mitgliedschaft in den Planungsgemeinschaften ist allerdings nicht auf kreisfreie Städte und Landkreise beschränkt. Vielmehr können auf Antrag auch große kreisangehörige Städte, Industrie- und Handelskammern, Handwerkskammern und Landwirtschaftskammern sowie Gewerkschaften und Arbeitgeberverbände als Mitglieder aufgenommen werden (§ 15 Abs. 2 RhPfLPlG).

69 Bei den Planungsgemeinschaften handelt es sich um **Körperschaften des öffentlichen Rechts** unter der Aufsicht der oberen Landesplanungsbehörden (Struktur- und Genehmigungsdirektionen) mit der **Regionalvertretung** sowie dem **Regionalvorstand** als **Organen** (§ 16 Abs. 1, 2, 8 i. V. m. § 5 RhPfLPlG). Die Regionalvertretung besteht aus den Oberbürgermeistern der kreisfreien Städte, den Landräten, je einem Vertreter der auf Antrag aufgenommenen Mitglieder sowie weiteren Vertretern jedes gebietskörperschaftlichen Mitglieds, die von den Stadträten und Kreistagen nach einem bestimmten Schlüssel gewählt werden (§ 16 Abs. 3 RhPfLPlG). Der Regionalvorstand wird von der Regionalvertretung aus ihrer Mitte gewählt, wobei seine Zusammensetzung gesetzlich näher geregelt ist (§ 16 Abs. 4 RhPfLPlG).

70 Die Aufstellung (und Änderung) des regionalen Raumordnungsplans obliegt der Planungsgemeinschaft als Pflichtaufgabe der kommunalen Selbstverwaltung (§ 15 Abs. 3 Satz 1 RhPfLPlG). Die Planungsgemeinschaft ist auch für die Planerarbeitung zuständig, wobei allerdings die technische Herstellung der Entwürfe von der oberen Landesplanungsbehörde vorgenommen wird (§ 13 Abs. 1 Satz 1, § 15 Abs. 5 Satz 1 RhPfLPlG). Die Erarbeitung des regionalen Raumordnungsplans erfolgt dabei unter Beteiligung der durch die Planung berührten Behörden und Planungsträger des Bundes und des Landes sowie der Gebietskörperschaften (§ 13 Abs. 1 Satz 1 RhPfLPlG).

71 Sofern ein **regionaler Planungsbeirat** besteht, ist dieser vor der Planerarbeitung anzuhören (§ 13 Abs. 1 Satz 1, § 15 Abs. 8 Satz 4 RhPfLPlG). Wie sich aus § 15 Abs. 7 RhPfLPlG ergibt, ist die Bildung eines derartigen Beirats, dem namentlich von verschiedenen, gesetzlich bestimmten Einrichtungen (aner-

---

41 Regionengesetz in der Fassung vom 8. 2. 1977 (GVBl. S. 14), geändert durch Gesetz vom 20. 12. 1994 (GVBl. S. 461) sowie durch Gesetz vom 18. 7. 1996 (GVBl. S. 268).

kannte Landespflegeorganisationen, Kirchen, Bahn, Post, Trägerorganisationen der Naturparke etc.) entsandte Mitglieder angehören, fakultativ.

Die Regelungen des § 13 Abs. 1 Sätze 2, 3 RhPfLPlG sehen vor, dass die Gebietskörperschaften nach der Fertigstellung des Planentwurfs Gelegenheit erhalten, zu den sie berührenden Zielaussagen Stellung zu nehmen. Wird einer entsprechenden Stellungnahme bei der Beschlussfassung über den regionalen Raumordnungsplan durch die Regionalvertretung nach § 15 Abs. 4 Nr. 3 RhPfLPlG nicht Rechnung getragen, so ist dies in dem Beschluss zu begründen. 72

Der von der Regionalvertretung beschlossene regionale Raumordnungsplan bedarf der **Genehmigung** des fachlich zuständigen Ministeriums als oberster Landesplanungsbehörde, das hierüber im Benehmen mit den jeweils berührten obersten Landesbehörden und nach Anhörung des Landesplanungsbeirats entscheidet (§ 13 Abs. 2 S. 1 i.V.m. § 5 RhPfLPlG). Die Genehmigungserteilung setzt nach § 13 Abs. 2 Satz 2 RhPfLPlG voraus, dass die Planaufstellung keine Mängel aufweist, wobei es nicht nur um Fragen der Gesetzmäßigkeit geht. Vielmehr wird auch die zweckmäßige Anwendung von Raumordnungsgrundsätzen sowie die Beachtung bestimmter Verfahrensvorschriften gefordert. Mit der **Bekanntmachung des Genehmigungsbescheids** im Staatsanzeiger für Rheinland-Pfalz wird der regionale Raumordnungsplan verbindlich (§ 13 Abs. 2 Satz 4 RhPfLPlG).[42] Der Erlass eines nachfolgenden neuen Landesentwicklungsprogramms hat auf die Verbindlichkeit keinen Einfluss.[43] 73

Länderübergreifende Regionalplanung: Zu einer die Landes- und Staatsgrenzen überschreitenden Zusammenarbeit auf dem Gebiet der Regionalplanung bestehen gesetzliche Sonderregelungen (§ 15 Abs. 10 RhPfLPlG, § 3 RegG). 74

Geltende Pläne: In allen fünf rheinland-pfälzischen Regionen liegen regionale Raumordnungspläne vor. Darüber hinaus gilt im Rahmen der grenzüberschreitenden Regionalplanung der Raumordnungsplan Rhein-Neckar 2000.[44] 75

9. Sachsen

Planinhalte: Der Inhalt der **Regionalpläne** ergibt sich aus § 6 SächsLPlG. Danach sind in den Regionalplänen die Grundsätze und Ziele der Raumordnung und Landesplanung für die räumliche Ordnung und Entwicklung der Regionen festzulegen. Die Festlegungen erfolgen dabei auf der Grundlage einer Bewertung des Zustands von Natur und Landschaft mit ihrer gewachsenen 76

---

42 Nach *Menke*, Landesrecht Rheinland-Pfalz, in: Hoppe/Menke, Raumordnungs- und Landesplanungsrecht des Bundes und des Landes Rheinland-Pfalz, 1986, S. 349 (542, Rn. 1360), sind die zielförmigen Festlegungen regionaler Raumordnungspläne als Rechtsverordnungen zu qualifizieren. Zwar bezieht sich diese Aussage auf die frühere Rechtslage, doch hat das neue Recht keine für die Beurteilung der Rechtsnatur der Pläne entscheidende Änderung gebracht.
43 OVG Koblenz, NuR 2000, 519 (521).
44 Vgl. dazu die Zusammenstellung bei *Cholewa* et al. (Fn. 10), Vorschriftensamml. Rheinl.-Pfalz, Gliederungsabschnitt III Nrn. 2, 3.

Siedlungsstruktur und betreffen insbesondere die Bereiche der Ökologie, der Wirtschaft, der Siedlung sowie der Infrastruktur.

77 Durch die Regionalpläne werden die Grundsätze der Raumordnung nach § 2 ROG sowie die im Landesentwicklungsplan und in den Fachlichen Entwicklungsplänen enthaltenen Grundsätze und Ziele der Raumordnung und Landesplanung räumlich und sachlich ausgeformt. Sie umfassen zugleich die Landschaftsrahmenpläne im Sinne des § 5 BNatSchG. Zudem haben sie nach näherer gesetzlicher Regelung konkrete Mindestaussagen zu treffen. Es geht hierbei u. a. um die Ausweisung der Kleinzentren, der Bereiche zur Sicherung von Land- und Forstwirtschaft sowie von Wasser- und Rohstoffvorkommen, der Schwerpunkte für die Entwicklung von Industrie- und Dienstleistungen, der vorsorglich freizuhaltenden Bereiche für Trassen und Infrastrukturvorhaben sowie der Gemeinden, in denen aus besonderen Gründen (namentlich aus Rücksicht auf Naturgüter) keine über die Eigenentwicklung hinausgehende Siedlungstätigkeit stattfinden soll. Bestimmte Inhalte aus dem Landesentwicklungsplan und den Fachlichen Entwicklungsplänen sind in den Regionalplan nachrichtlich zu übernehmen, wie z. B. die Festlegung der Oberzentren, der Mittelzentren und Mittelbereiche, der Unterzentren sowie der Verdichtungsräume.

78 *Organisation und Verfahren:* Durch § 19 Abs. 1, 2 SächsLPlG ist der Freistaat Sachsen in **fünf Planungsregionen** eingeteilt worden, wobei für jede Planungsregion ein **Regionaler Planungsverband** errichtet worden ist, der sich als Träger der Regionalplanung erweist. Bei den Regionalen Planungsverbänden handelt es sich um **Körperschaften des öffentlichen Rechts**, zu deren Mitgliedern ausschließlich die kreisfreien Städte und die Landkreise der jeweiligen Region gehören (§ 19 Abs. 3 SächsLPlG). Sie stehen – wie sich aus § 25 i. V. m. § 18 Abs. 1 SächsLPlG ergibt – unter der Rechtsaufsicht sowie der beschränkten Fachaufsicht der obersten Raumordnungs- und Landesplanungsbehörde (Staatsministerium für Umwelt und Landesentwicklung). Ihre **Organe** sind die **Verbandsversammlung**, der **Planungsausschuss** und der **Verbandsvorsitzende** (§ 19 Abs. 4 SächsLPlG).

79 Die **Verbandsversammlung** stellt das **Hauptorgan** des Regionalen Planungsverbandes dar. Sie besteht aus den Oberbürgermeistern der kreisfreien Städte, den Landräten sowie aus weiteren Vertretern, die nach einem bestimmten Schlüssel von den Stadtverordnetenversammlungen und Kreistagen der Verbandsmitglieder gewählt werden (§ 20 Abs. 1, 2 SächsLPlG). Nach § 20 Abs. 5 SächsLPlG soll sich die Verbandsversammlung durch die Berufung beratender Mitglieder ergänzen, wobei u. a. folgende Institutionen, soweit sie im Verbandsgebiet tätig sind, ein Vorschlagsrecht besitzen: Industrie- und Handelskammer, Handwerkskammer, Organisation der landwirtschaftlichen Berufsvertretung, Arbeitgeberverbände, Gewerkschaften, Kirchen, nach § 29 BNatSchG anerkannte Naturschutzverbände. Für den Regionalen Planungsverband „Oberlausitz-Niederschlesien" kann auch der Domowina-Bund Lausitzer Sorben e. V. ein beratendes Mitglied vorschlagen.

Dem von der Verbandsversammlung zu bestellenden **Planungsausschuss** fällt vor allem die Aufgabe zu, die Beratungen und Beschlüsse der Verbandsversammlung vorzubereiten (§ 21 SächsLPlG). Der **Verbandsvorsitzende** ist das **Vollzugsorgan des Verbandes**. Er wird von der Verbandsversammlung aus ihrer Mitte gewählt (§ 22 SächsLPlG). 80

Die Regionalen Planungsverbände sind verpflichtet, für ihre Planungsregion einen Regionalplan aufzustellen (§ 7 Abs. 1 Satz 1 SächsLPlG). Soweit es zur Ausformung des Landesentwicklungsplans oder eines Fachlichen Entwicklungsplans erforderlich ist, kann die oberste Raumordnungs- und Landesplanungsbehörde Weisungen über den Planungszeitraum, den gesetzlichen Mindestinhalt, die Form des Regionalplans sowie die Grundzüge der Planung erteilen (§ 6 Abs. 3 Satz 1 SächsLPlG). Die Regionalpläne sind zudem den staatlichen Fachplanungen anzupassen, an deren Aufstellung die Regionalen Planungsverbände beteiligt waren (§ 6 Abs. 3 Satz 2 SächsLPlG). 81

Zur Planausarbeitung bedienen sich die Regionalen Planungsverbände der bei den Staatlichen Umweltfachämtern eingerichteten **Regionalen Planungsstellen**, die an die Beschlüsse und Aufträge der Verbandsorgane gebunden sind (§ 7 Abs. 1 Satz 2, § 24, § 22 Abs. 2 Satz 4 SächsLPlG). Bei der Ausarbeitung sind nach § 7 Abs. 3 SächsLPlG die Gemeinden, deren Zusammenschlüsse, die Landkreise, die Kommunalen Spitzenverbände, die oberste Raumordnungs- und Landesplanungsbehörde, die nach § 29 BNatSchG anerkannten Verbände und – soweit sie berührt sein können – die anderen Träger öffentlicher Belange sowie die benachbarten Länder und ausländischen Staaten (im Rahmen der Gegenseitigkeit und Gleichwertigkeit) zu beteiligen. 82

Dem Regionalen Planungsverband obliegt nach § 7 Abs. 4 SächsLPlG die Pflicht, den ausgearbeiteten Planentwurf den Beteiligungsberechtigten zuzuleiten. Diese können innerhalb einer verbandlich festgesetzten Frist, die drei Monate nicht übersteigen soll, Anregungen und Bedenken zum Entwurf vorbringen. Der Regionale Planungsverband hat die fristgemäß vorgebrachten Anregungen und Bedenken zu prüfen und den Beteiligten das Prüfungsergebnis mitzuteilen. 83

Anschließend stellt die Verbandsversammlung den Regionalplan durch **Satzung** fest (§ 7 Abs. 7 SächsLPlG). Die Grundsätze und Ziele des Plans werden sodann von der obersten Raumordnungs- und Landesplanungsbehörde im Einvernehmen mit den berührten Staatsministerien durch **Genehmigung** für verbindlich erklärt, soweit der Plan gesetzeskonform aufgestellt worden ist, sonstigen Rechtsvorschriften nicht widerspricht und sich in die angestrebte Entwicklung des Landes einfügt, wie sie sich aus dem Landesentwicklungsplan, Fachlichen Entwicklungsplänen sowie staatlichen Planungszielen auf Grund von Entscheidungen des Landtags, der Staatsregierung und der obersten Landesbehörden ergibt (§ 9 Abs. 1 SächsLPlG). 84

Die Feststellungssatzung, der Textteil des Regionalplans sowie die Verbindlicherklärung sind vom Regionalen Planungsverband im Sächsischen Amtsblatt 85 öffentlich bekanntzumachen (§ 9 Abs. 2 Satz 1 SächsLPlG). Für den Kartenteil des Plans ist eine im Einzelnen geregelte einmonatige öffentliche Auslegung vorgesehen (§ 9 Abs. 2 Sätze 2, 3 SächsLPlG). Nach Ablauf der Auslegungsfrist wird der Regionalplan verbindlich (§ 9 Abs. 2 Satz 4 SächsLPlG). Sind bei seiner Aufstellung Verfahrens- oder Formvorschriften des Landesplanungsgesetzes verletzt worden, ist dies nur unter bestimmten Voraussetzungen beachtlich (**Grundsatz der Planerhaltung**, § 12 SächsLPlG).

86   *Besonderheit:* Die §§ 8, 23 SächsLPlG schreiben eine **Braunkohlenplanung** vor. Danach ist in den Braunkohlenplangebieten „Westsachsen" und „Oberlausitz-Niederschlesien", deren Umfang in einer Verordnung des Näheren festgelegt worden ist[45], von den betreffenden Regionalen Planungsverbänden für jeden Tagebau ein Braunkohlenplan aufzustellen. Für die Planaufstellung wird dabei der Planungsausschuss der beteiligten Verbände zu einem Braunkohlenausschuss erweitert. Anders als in Brandenburg und Nordrhein-Westfalen stellt der Braunkohlenplan in Sachsen keine separate Ergänzung, sondern einen **integrierten Bestandteil des Regionalplans** dar.

87   *Länderübergreifende Regionalplanung:* In § 10 SächsLPlG wird die oberste Raumordnungs- und Landesplanungsbehörde ermächtigt, für die länderübergreifende Regionalplanung durch Rechtsverordnung Regelungen zu treffen, die von den gesetzlichen Vorschriften abweichen, soweit es zwingend erforderlich ist.

88   *Geltende Pläne:* Verbindliche Regionalpläne gibt es bisher in Sachsen nicht. Allerdings existieren für den Tagebau in den Gebieten Reichwalde, Nochten und Olbersdorf Braunkohlenpläne.[46]

10. Sachsen-Anhalt

89   *Planinhalte:* Nach § 6 Abs. 1 SaAnLPlG sind die **Regionalen Entwicklungspläne** aus dem Landesentwicklungsplan zu entwickeln, indem sie dessen landesbedeutsame Ziele und Grundsätze der Raumordnung übernehmen und im Rahmen des Erforderlichen konkretisieren und ergänzen. Dabei sind die Ziele und Grundsätze der Raumordnung festzulegen, die der Entwicklung, Ordnung und Sicherung der nachhaltigen Raumentwicklung in der Planungsregion dienen. Soweit erforderlich, enthalten die Pläne mindestens Festlegungen in Bezug auf die Zentralen Orte der untersten Stufe (Grundzentren), die Siedlungsschwerpunkte in den Verdichtungsräumen, die räumliche Konkretisierung und Ergänzung der im Landesentwicklungsplan ausgewiesenen schutz- und nutzungsbezogenen Festlegungen zur Freiraumstruktur, die zu sichernden Standorte und Trassen für die Infrastruktur sowie die weiteren, im Landes-

---

45 Verordnung des Sächsischen Staatsministeriums für Umwelt und Landwirtschaft zum Neuerlass der Anlage zu § 8 Abs. 3 Sächsisches Landesplanungsgesetz vom 8. 2. 1999 (GVBl. S. 80).
46 Bekanntmachungen des Regionalen Planungsverbandes Oberlausitz-Niederschlesien vom 21. 2. 1994 (ABl. S. 438) und vom 13. 10. 1995 (ABl. S. 1280).

entwicklungsplan den Regionalen Entwicklungsplänen vorbehaltenen Festlegungen (§ 6 Abs. 3 SaAnLPlG).

Organisation und Verfahren: Im Land Sachsen-Anhalt sind durch § 17 Abs. 2 SaAnLPlG **fünf Planungsregionen** gebildet worden. Innerhalb einer Planungsregion fungieren die Landkreise und kreisfreien Städte als Planungsträger, wobei sie zur Erledigung ihrer Planungsaufgaben **Regionale Planungsgemeinschaften** als Zweckverbände bilden (§ 17 Abs. 1 SaAnLPlG). Diese unterliegen der Rechtsaufsicht des für Raumordnung und Landesplanung zuständigen Ministeriums als oberster Landesplanungsbehörde (§ 16 Abs. 1 Satz 1, Satz 2 Nr. 10 SaAnLPlG). Nach § 17 Abs. 1 Satz 3 SaAnLPlG gilt für die Regionalen Planungsgemeinschaften das Gesetz über kommunale Gemeinschaftsarbeit[47], soweit das SaAnLPlG selbst keine abweichenden Regelungen trifft.

90

Die **Organe** der Regionalen Planungsgemeinschaft sind hiernach die **Verbandsversammlung** und der **Verbandsvorsitzende**, welcher den Zweckverband nach außen vertritt, darüber hinaus kann die Verbandssatzung einen Verbandsausschuss als weiteres Organ vorsehen (§§ 10, 12 Abs. 1 Satz 1 GKG-LSA). Die Verwaltung des Verbandes wird von seinem Geschäftsführer geleitet (§ 12 Abs. 1 Satz 2 GKG-LSA). Nach § 18 Abs. 1 SaAnLPlG führt die Verbandsversammlung einer regionalen Planungsgemeinschaft die Bezeichnung **Regionalversammlung**. Sie besteht aus den Landrätinnen und Landräten, den Oberbürgermeisterinnen und Oberbürgermeistern sowie den Bürgermeisterinnen und Bürgermeistern der kreisfreien Städte und der Gemeinden ab einer Größe von 10.000 Einwohnerinnen und Einwohnern. Mitglieder der Regionalversammlung sind daneben weitere Vertreterinnen und Vertreter, die von den Landkreisen und kreisfreien Städten der Planungsregion entsandt werden. Wie viele es im Einzelnen sind, richtet sich nach der jeweiligen Einwohnerzahl. Die Wahl erfolgt durch die Kreistage bzw. Stadträte nach einem in § 18 Abs. 4 SaAnLPlG näher geregelten Verfahren. Sämtliche Vertreterinnen und Vertreter in der Regionalversammlung sind an Aufträge und Weisungen nicht gebunden (§ 18 Abs. 5 Satz 2 SaAnLPlG).

91

Das Verfahren zur Aufstellung eines Regionalen Entwicklungsplans ist in § 7 SaAnLPlG im Einzelnen geregelt. Es wird durch die Regionale Planungsgemeinschaft eingeleitet, indem sie die diesbezüglichen allgemeinen Planungsabsichten öffentlich in den Landkreisen und kreisfreien Städten bekannt macht und den öffentlichen Stellen und Personen des Privatrechts, für die eine Beachtenspflicht nach § 4 ROG begründet werden soll, sowie den Verbänden und Vereinigungen, deren Aufgabenbereich für die Regionalentwicklung von Bedeutung ist, mitteilt. Entwurfsvorschläge können von den Genannten innerhalb einer Frist von drei Monaten gemacht werden. Die Erarbeitung des Planentwurfs erfolgt unter Mitwirkung der Landkreise, kreisfreien Städte und Gemeinden der Planungsregion. Zudem muss eine Abstimmung mit den

92

---

47 Gesetz über kommunale Gemeinschaftsarbeit (GKG-LSA) i.d.F. der Bek. vom 26.2.1998 (GVBl. S. 81).

benachbarten Planungsräumen vorgenommen werden (§ 3 Abs. 10 SaAnLPlG). Der Entwurf ist der obersten Landesplanungsbehörde, d. h. dem für Raumordnung und Landesplanung zuständigen Ministerium, zur Prüfung vorzulegen (§ 7 Abs. 2 i. V. m. § 16 Abs. 1 Satz 1 SaAnLPlG). Anschließend ist er den eingangs aufgeführten Beteiligten i. S. d. § 7 Abs. 1 SaAnLPlG zuzuleiten, die Anregungen und Bedenken vorbringen können, welche mit ihnen zu erörtern sind. Zu beachten ist, dass keine Verpflichtung, sondern nur eine Berechtigung der Regionalen Planungsgemeinschaft besteht, den Planentwurf zum Zwecke der Bürgerbeteiligung öffentlich auszulegen (§ 7 Abs. 4, 5 SaAnLPlG). Eine derartige restriktive Partizipationsregelung steht allerdings mit der bundesrechtlichen Regelung des § 7 Abs. 6 ROG in Einklang.

93 Der Regionale Entwicklungsplan ist von der Regionalversammlung zu beschließen und bedarf der **Genehmigung** der obersten Landesplanungsbehörde (§ 7 Abs. 6 SaAnLPlG). Das Verfahren endet gemäß § 7 Abs. 7 SaAnLPlG mit der **Veröffentlichung** des Plans. Dem in § 9 SaAnLPlG niedergelegten **Grundsatz der Planerhaltung** zufolge sind die Verletzung von Verfahrens- und Formvorschriften sowie Abwägungsmängel nur unter bestimmten Voraussetzungen beachtlich.

94 *Besonderheit:* Nach § 8 Abs. 1 SaAnLPlG ist in Sachsen-Anhalt für Gebiete, in denen Braunkohleaufschluss- oder -abschlussverfahren durchgeführt werden sollen, ein **Regionaler Teilgebietsentwicklungsplan** aufzustellen. Die entsprechenden Planungsräume werden von der obersten Landesplanungsbehörde festgelegt (§ 16 Abs. 1 Satz 2 Nr. 7 SaAnLPlG). Ein derartiger Plan kann darüber hinaus auch für verdichtete Räume oder sonstige strukturelle Verflechtungen aufgestellt werden (§ 8 Abs. 2 SaAnLPlG). Das hierbei einzuhaltende Verfahren entspricht im Wesentlichen dem Verfahren der Aufstellung von Regionalen Entwicklungsplänen. Allerdings besteht insofern ein Unterschied, als eine Öffentlichkeitsbeteiligung zwingend vorzusehen ist (§ 8 Abs. 4 SaAnLPlG).

95 *Geltende Pläne:* Nach § 20 Abs. 2 SaAnLPlG gelten die nach bisherigem Recht aufgestellten Regionalen Entwicklungsprogramme und die Regionalen Teilgebietsentwicklungsprogramme fort. Diese Überleitungsvorschrift betrifft die aus dem Jahre 1996 stammenden Regionalen Entwicklungsprogramme für die Regierungsbezirke Dessau, Halle und Magdeburg sowie die im Rahmen der Braunkohlenplanung ergangenen regionalen Teilgebietsentwicklungsprogramme für die Planungsräume Harbke, Nachterstedt „Seeland" und Profen.[48]

11. Schleswig-Holstein

96 *Planinhalte:* Hinsichtlich der inhaltlichen Ausgestaltung der **Regionalpläne** enthält § 6 SchlHLPlG einige Vorgaben. Danach legen diese Pläne die Ziele der

---

48 Vgl. die Nachweise bei *Cholewa* et al. (Fn. 10), Vorschriftensamml. Sachsen-Anhalt, Gliederungsabschnitt III Nrn. 2, 3.

Raumordnung und Landesplanung für die regionalen Planungsräume fest. Sie stellen die Nahbereiche der zentralen Orte (§ 14 LEGrG) dar und treffen hierzu sowie zu den Versorgungsbereichen der Stadtrandkerne (§ 20 LEGrG) Aussagen zur Entwicklung. Zudem enthalten sie Festlegungen zu den Funktionen und Entwicklungszielen der Gemeinden, die nicht zentrale Orte oder Stadtrandkerne sind. Ferner sollen sie die Angaben des Landesraumordnungsplans vertiefen und ergänzen, die sich auf die anzustrebende Entwicklung des Raumes in bestimmten Sachbereichen (Bevölkerungs- und Siedlungsstruktur, Energieversorgung, Wasserwirtschaft etc.) beziehen.

Organisation und Verfahren: Durch die Vorschrift des § 4 LEGrG ist das Land Schleswig-Holstein in **fünf regionale Planungsräume** eingeteilt worden. Die Aufstellung und Feststellung der Regionalpläne für diese Planungsräume erfolgt dabei durch die **Landesplanungsbehörde** (Ministerpräsidentin oder Ministerpräsident) in der gleichen Weise wie beim Landesraumordnungsplan (§§ 3, 7, 8 SchlHLPlG). Insofern kann auf die entsprechenden Ausführungen zum Landesraumordnungsplan verwiesen werden.[49]

97

Besonderheiten: In § 7a SchlHLPlG ist für Stadt-Umland-Gebiete eine **Regionalbezirksplanung** vorgesehen. Aus der Vorschrift ergibt sich, dass Stadt-Umland-Verbänden unter bestimmten Voraussetzungen durch die Landesplanungsbehörde im Benehmen mit dem Landesplanungsrat die Aufgabe übertragen werden kann, für das jeweilige Verbandsgebiet nach näherer gesetzlicher Regelung einen Regionalbezirksplan aufzustellen.

98

Geltende Pläne: In allen fünf regionalen Planungsräumen Schleswig-Holsteins sind Regionalpläne in Kraft getreten.[50] Ein Regionalbezirksplan besteht bisher nicht.

99

12. Thüringen

Planinhalte: Die aus dem Landesentwicklungsprogramm und den staatlichen Fachplänen zu entwickelnden **regionalen Raumordnungspläne** legen für die jeweilige Planungsregion und deren Strukturräume die anzustrebende räumliche Ordnung und Entwicklung als Ziele der Raumordnung und Landesplanung fest (§ 12 Abs. 1 i. V. m. § 9 Abs. 1, 2 ThLPlG). Die Darstellungen der regionalen Raumordnungspläne betreffen dabei u. a. die vorhandenen und die zu entwickelnden zentralen Orte (soweit sie nicht im Landesentwicklungsprogramm festgelegt sind), die Verflechtungsbereiche, die Vorrang- und Vorbehaltsgebiete, den Landschaftsrahmenplan nach § 5 BNatSchG sowie die raumbedeutsamen Planungen und Maßnahmen zur Beseitigung und Vermeidung von Umwelt- und Landschaftsschäden (§ 12 Abs. 2 ThLPlG). Die Pläne sollen auch Hinweise für die anzustrebende Struktur von Bevölkerung und Arbeitsplätzen geben; zudem können sie Empfehlungen für die räumliche

100

---

49 Vgl. oben § 5 Rn. 77 f.
50 Vgl. dazu die Nachweise bei *Cholewa* et al. (Fn. 10), Vorschriftensamml. Schlesw.-Holst., Gliederungsabschnitt III Nr. 2.

Gliederung von Verwaltungseinheiten und Gerichtsbezirken enthalten (§ 12 Abs. 3 ThLPlG).

101 *Organisation und Verfahren:* Auf der Grundlage des § 4 ThLPlG ist das Land Thüringen verordnungsrechtlich[51] in **vier Planungsregionen** eingeteilt worden, wobei zugleich ebenso viele **regionale Planungsgemeinschaften** entstanden sind. Bei den regionalen Planungsgemeinschaften handelt es sich um die Träger der Regionalplanung (§ 5 Abs. 1 Satz 1 ThLPlG). Sie stellen nach § 4 Abs. 2 Satz 1 ThLPlG **Körperschaften des öffentlichen Rechts** dar, in denen die Landkreise, die kreisfreien Städte sowie die kreisangehörigen Gemeinden über 20.000 Einwohner einer Region zusammengeschlossen sind.

102 Wie aus den organisationsrechtlichen Regelungen des § 6 ThLPlG hervorgeht, bestehen die notwendigen **Organe** der regionalen Planungsgemeinschaft aus der **Planungsversammlung** und dem **Präsidium mit dem Präsidenten**. Darüber hinaus können Ausschüsse gebildet werden. Der Planungsversammlung gehören die Landräte, die Oberbürgermeister der kreisfreien Städte sowie die Bürgermeister der kreisangehörigen Gemeinden über 20.000 Einwohner an. Hinzu kommen weitere Mitglieder, die nach einem bestimmten Schlüssel von den Vertretungskörperschaften der kreisfreien Städte aus ihrer Mitte sowie von den Vertretungskörperschaften der Landkreise auf Vorschlag der kreisangehörigen Gemeinden gewählt werden. Zum Präsidium und zu den Ausschüssen enthält das Landesplanungsgesetz keine näheren Angaben. Vielmehr wird insoweit durch § 6 Abs. 6 ThLPlG auf die Satzung der regionalen Planungsgemeinschaft verwiesen, der in verhältnismäßig weitem Umfang die Regelung der Organisationsstrukturen überlassen worden ist. Die Satzung soll an eine durch ministerielle Rechtsverordnung erlassene Mustersatzung[52] angepasst werden. Außerdem bedarf sie der rechtsaufsichtlichen Genehmigung der obersten Landesplanungsbehörde, d. h. des für die Landesplanung zuständigen Ministeriums (§ 3 Nr. 1 ThLPlG). Ergänzend sind die Vorschriften des zweiten Teils der Kommunalverfassung der DDR aus dem Jahr 1990[53] anzuwenden.

103 Die regionale Planungsgemeinschaft nimmt die Regionalplanung unter der beratenden Mitwirkung des regionalen Planungsbeirats wahr und bedient sich dabei der unter ihrer Weisungsgewalt stehenden oberen Landesplanungsbehörde (Landesverwaltungsamt). Dies ist den Regelungen des § 5 Abs. 1 i. V. m. § 3 Nr. 2 und § 8 Abs. 1 Satz 2 ThLPlG zu entnehmen.

104 Beim **regionalen Planungsbeirat** handelt es sich um eine Einrichtung, die bei jeder Planungsgemeinschaft zu bilden ist und aus Vertretern verschiedener Organisationen besteht, z. B. der kreisangehörigen Gemeinden, der Gewerk-

---

51 Vgl. § 1 der Thüringer Verordnung über die räumliche Abgrenzung der Planungsregionen im Land Thüringen (Landesregionenverordnung – LRegVO –) vom 22. 8. 1991 (GVBl. S. 360) mit Änderung vom 11. 5. 1994 (GVBl. S. 544).
52 Thüringer Verordnung über die Mustersatzung für regionale Planungsgemeinschaften vom 19. 9. 1991 (GVBl. S. 420).
53 Gesetz über die Selbstverwaltung der Gemeinden und Landkreise in der DDR (Kommunalverfassung) vom 17. 5. 1990 (GBl. I S. 255).

schaften, der Arbeitgeberverbände, der anerkannten Naturschutzverbände, der Kammern der gewerblichen Wirtschaft etc. (§ 8 Abs. 1 Satz 1, Abs. 2 ThLPlG). Vorsitzender des Beirats ist der Präsident der Planungsgemeinschaft, der auch die Beiratsmitglieder beruft und die Geschäfte führt, wobei er sich der oberen Landesplanungsbehörde bedient (§ 8 Abs. 3 ThLPlG). Die Regelung näherer Einzelheiten überlässt § 8 Abs. 2 Halbs. 2 ThLPlG der Satzung der Planungsgemeinschaft.

Das förmliche Verfahren zur Aufstellung des regionalen Raumordnungsplans beginnt mit der Beschlussfassung durch die Planungsversammlung der regionalen Planungsgemeinschaft über die Erarbeitung des Planentwurfs (§ 13 Abs. 1 i. V. m. § 5 Abs. 2 Nr. 1 und § 6 Abs. 1 ThLPlG). Liegt der von der oberen Landesplanungsbehörde zu erarbeitende Planentwurf vor, so beschließt die Planungsversammlung die Anhörung (§ 13 Abs. 2 Satz 1 i. V. m. § 5 Abs. 2 Nr. 2 und § 6 Abs. 1 ThLPlG). Auf der Grundlage dieses Beschlusses wird der Entwurf den Beteiligungsberechtigten zur Anhörung zugeleitet. Zu den Beteiligungsberechtigten gehören die Landkreise, die Gemeinden, die Regionalplanungsträger der benachbarten Gebiete und – soweit sie in ihrem Aufgabenbereich berührt sein können – die sonstigen öffentlichen Planungsträger sowie die juristischen Personen des Privatrechts, deren Kapital sich ganz oder überwiegend in öffentlicher Hand befindet. Die Anhörungsfrist beträgt zwei Monate. Werden die von den Landkreisen und Gemeinden vorgebrachten Belange nicht berücksichtigt, so ist dazu in der Begründung zum regionalen Raumordnungsplan Stellung zu nehmen (§ 13 Abs. 2 ThLPlG). **105**

Der nächste Verfahrensschritt betrifft die von der Planungsversammlung zu beschließende **Offenlegung des Planentwurfs** (§ 13 Abs. 3 i. V. m. § 5 Abs. 2 Nr. 3 und § 6 Abs. 1 ThLPlG). Die obere Landesplanungsbehörde führt den betreffenden Beschluss in der Weise aus, dass sie den Entwurf an ihrem Sitz sowie bei den Mitgliedern der regionalen Planungsgemeinschaft für die Dauer eines Monats öffentlich auslegt. **106**

Sofern die obere Landesplanungsbehörde bei den geschilderten Verfahrensschritten ein in Aufstellung befindliches Ziel für unvereinbar hält mit übergeordneten Zielen der Raumordnung und Landesplanung, hat sie die Planungsversammlung darauf hinzuweisen. Nicht berücksichtigte Hinweise sind mit einer Stellungnahme der oberen Landesplanungsbehörde dem Entwurf im weiteren Verfahren beizufügen (§ 13 Abs. 4 ThLPlG). **107**

Im Anschluss an das Offenlegungsverfahren beschließt die Planungsversammlung den regionalen Raumordnungsplan und dessen Vorlage zur Verbindlicherklärung (§ 5 Abs. 2 Nr. 4 i. V. m. § 6 Abs. 1 ThLPlG). Der beschlossene Plan wird sodann von der regionalen Planungsgemeinschaft über die obere Landesplanungsbehörde, die das ordnungsgemäße Aufstellungsverfahren prüft, der obersten Landesplanungsbehörde zur **Verbindlicherklärung** vorgelegt, wobei nicht berücksichtigte Anregungen und Bedenken mit einer Stellungnahme beizufügen sind (§ 13 Abs. 5 ThLPlG). **108**

Stellt die oberste Landesplanungsbehörde fest, dass der vorgelegte regionale Raumordnungsplan rechtmäßig ist und mit den übergeordneten Zielen der **109**

111

Raumordnung und Landesplanung übereinstimmt, so erkärt sie ihn auf Beschluss der Landesregierung für verbindlich und macht ihn im Staatsanzeiger für Thüringen bekannt (§ 13 Abs. 6, 9 ThLPlG). Eine Verletzung von Verfahrens- oder Formvorschriften des Landesplanungsrechts bei der Aufstellung von Zielen der Raumordnung und Landesplanung ist nur unter bestimmten Voraussetzungen beachtlich (**Grundsatz der Zielerhaltung**, § 21 ThLPlG).

110 *Geltende Pläne:* In Thüringen sind für alle vier Planungsregionen Regionale Raumordnungspläne in Kraft gesetzt worden.[54]

§ 7 Vorbereitung, Verwirklichung und Sicherung der Raumordnungsplanung

Literatur: *Blümel/Pfeil,* Kommunale Planungshoheit und Ergebnis des Raumordnungsverfahrens, VerwArch. 88 (1997), S. 353; *Bussek,* Die Wirksamkeit von Raumordnungsverfahren, 1987; *Dickschen,* Das Raumordnungsverfahren im Verhältnis zu den fachlichen Genehmigungs- und Planfeststellungsverfahren, 1987; *Erbguth,* Raumordnungsverfahren, in: Kimminich/v. Lersner/Storm (Hrsg.), Handwörterbuch des Umweltrechts, 2. Aufl. 1994, Sp. 1683; *Erbguth/Schoeneberg,* Raumordnungs- und Landesplanungsrecht, 2. Aufl. 1992, S. 163 – 238; *Hopp,* Rechts- und Vollzugsfragen des Raumordnungsverfahrens, 1999; *Lautner,* Funktionen raumordnerischer Verfahren, 1999; v. *Mutius,* Umweltverträglichkeitsprüfung im Raumordnungsverfahren, BayVBl. 1988, 641; *Schoen,* Landesplanerische Untersagung, 1999; *Schmidt-Assmann,* Aufgaben, Rechtscharakter und Entwicklungstendenzen des Raumordnungsverfahrens, VBlBW 1986, 2; *Wagner,* Verfahrensbeschleunigung durch Raumordnungsverfahren, DVBl. 1991, 1230; *Wahl,* Das Raumordnungsverfahren am Scheideweg, in: Franßen u.a. (Hrsg.), Bürger-Richter-Staat, FS für Horst Sendler, 1991, S. 199; *Zoubek,* Das Raumordnungsverfahren – Eine rechtsvergleichende Untersuchung des förmlichen landesplanerischen Abstimmungsinstrumentes, 1978; ders., Sicherungsinstrumente in der Landesplanung, 1986.

I. Vorbemerkung

1 Bund und Länder haben zahlreiche gesetzliche Regelungen getroffen, die der Vorbereitung, Verwirklichung und Sicherung der Raumordnungsplanung dienen. Neben einigen repressiven Instrumenten der für die Raumordnung zuständigen Behörden geht es hier vor allem um Information, Koordination, Konsultation, Observation und Dokumentation.

---

54 Vgl. im einzelnen *Cholewa* et al. (Fn. 10), Vorschriftensamml. Thüringen, Gliederungsabschnitt III. Nr. 2.

II. Untersagung raumordnungswidriger Planungen und Maßnahmen

Nach § 12 ROG sind die Länder verpflichtet, rechtliche Möglichkeiten für die **Untersagung raumordnungswidriger Planungen und Maßnahmen** zu schaffen. Die Vorschrift dient der Effektivierung der Raumordnungsplanung und unterscheidet zwischen der zeitlich unbefristeten und zeitlich befristeten Untersagung.

Die **unbefristete Untersagung** ist in § 12 Abs. 1 Nr. 1 ROG geregelt. Sie betrifft die Zielverstöße nach § 4 Abs. 1, 3 ROG.

Hinsichtlich der **befristeten Untersagung** (einstweiligen Untersagung) sind die Regelungen des § 12 Abs. 1 Nr. 2, Abs. 2, 4 ROG einschlägig, die sich auf die Phase der Aufstellung, Änderung, Ergänzung und Aufhebung von Raumordnungszielen beziehen. Insoweit ist von den Ländern vorzusehen, dass raumbedeutsame Planungen und Maßnahmen einstweilen untersagt werden können, wenn die (begründete) Befürchtung besteht, dass sie die Verwirklichung der künftigen raumordnerischen Zielgestaltung unmöglich machen oder wesentlich erschweren. Voraussetzung für die Untersagung ist jedoch, dass die betreffenden Planungen und Maßnahmen von der Zielbindungswirkung erfasst werden, sei es nach § 4 Abs. 1, 3 ROG, sei es nach § 4 Abs. 4 ROG oder nach § 4 Abs. 5 i. V. m. fachgesetzlichen Vorschriften (z. B. § 35 Abs. 3 Satz 2 BauGB).

Mit dem Sicherungsinstrument der einstweiligen Untersagung wird der Gefahr entgegengewirkt, dass die Vorstellungen des zuständigen Planungsträgers über die künftigen Inhalte der Raumordnungspläne durch raumbedeutsame Maßnahmen Dritter durchgekreuzt werden.

Beispiel: Nach den Vorstellungen des zuständigen Trägers der Regionalplanung soll ein bestimmter territorialer Bereich im Regionalplan als Naherholungsgebiet für eine Großstadt ausgewiesen werden. Eine Nachbargemeinde der Großstadt beabsichtigt, einen Bebauungsplan aufzustellen, der in dem betreffenden Bereich ein Industriegebiet festsetzt.

Zu berücksichtigen ist hierbei, dass die Aufstellung, Änderung, Ergänzung oder Aufhebung von Raumordnungszielen längere Zeit in Anspruch nehmen kann. Allerdings gibt § 12 Abs. 4 ROG den Ländern vor, dass die **Höchstdauer der befristeten Untersagung** zwei Jahre nicht überschreiten darf.

Hinsichtlich des Rechtsschutzes bestimmt § 12 Abs. 3 ROG, dass Widerspruch und Anfechtungsklage gegen eine (befristete oder unbefristete) Untersagung keine aufschiebende Wirkung haben. Bedeutsam ist insoweit, dass die Anfechtungsklage und der ihr vorausgehende Widerspruch einen Verwaltungsakt voraussetzen (§ 42 Abs. 1, § 68 Abs. 1 VwGO), aber nicht jede Untersagung die Begriffsmerkmale des Verwaltungsakts (§ 35 VwVfG) erfüllt. So fehlt es beispielsweise am Merkmal der Außenwirkung, wenn die für die Raumordnung zuständige Landesbehörde die raumbedeutsame Planung einer anderen Landesbehörde untersagt. Dagegen liegt ein Verwaltungsakt vor, wenn die landesbehördliche Untersagungsanordnung gegenüber einer eigenständigen juristischen Person des öffentlichen Rechts, wie z. B. einer Gemeinde, ergeht.

8 **Ausgestaltungsregelungen** zur Untersagung raumordnungswidriger Planungen und Maßnahmen sind in allen **Landesplanungsgesetzen** enthalten,[1] doch weisen sie vielfach inhaltliche Unterschiede auf. Außerdem bedürfen sie zum großen Teil noch der Anpassung an das (neue) Bundesrecht.

III. Raumordnungsverfahren

1. Rechtliche Grundlagen

9 Das Raumordnungsverfahren ist auf Bundesebene in der Rahmenvorschrift des § 15 ROG geregelt. Die Vorschrift verpflichtet die Länder, Rechtsgrundlagen für dieses Verfahren zu schaffen. Dabei gilt hinsichtlich der Stadtstaaten insofern eine Besonderheit, als ihnen der Erlass entsprechender Regelungen freisteht (§ 15 Abs. 8 ROG). Während in den Stadtstaaten Bremen und Hamburg auf diesem Gebiet bisher keine gesetzgeberischen Tätigkeiten entfaltet worden sind, hat der Stadtstaat Berlin mit dem Land Brandenburg gemeinsame staatsvertragliche Rechtsgrundlagen zum Raumordnungsverfahren gebildet.[2] Auch in den übrigen Ländern bestehen durchweg entsprechende gesetzliche Regelungen, die überwiegend bereits unter der Geltung des früheren bundesgesetzlichen Raumordnungsrechts ergangen sind.[3]

2. Allgemeine Charakterisierung

10 Nach der Legaldefinition des § 15 Abs. 1 Satz 1 ROG ist das Raumordnungsverfahren darauf gerichtet, raumbedeutsame Planungen und Maßnahmen (3 Nr. 6 ROG) untereinander und mit den Erfordernissen der Raumordnung (§ 3 Nr. 1 ROG) abzustimmen. Es handelt sich hier um ein **Abstimmungsverfahren**, bei dem insbesondere untersucht wird, inwieweit eine raumbedeutsame Planung oder Maßnahme mit den Zielen der Raumordnung übereinstimmt bzw. in Übereinstimmung gebracht werden kann. Dabei sind auch – wie § 15 Abs. 1 Satz 3 ROG ausdrücklich vorschreibt – die raumbedeutsamen Auswirkungen der betreffenden Planung oder Maßnahme auf die in den Grundsätzen des § 2 Abs. 2 ROG genannten Belange unter überörtlichen Gesichtspunkten zu prüfen. Obschon zu diesen Belangen nicht zuletzt Um-

---

1 Vgl. § 15 BaWüLPlG; Art. 24 BayLPlG; Art. 14 Bln/BbgLPlanV; § 12 HLPG; § 16 MeVoLPlG; § 24 NROG; § 22 NWLPlG; § 19 RhPfLPlG (landesplanerischer Einspruch); § 11 SLPG; § 15 SächsLPlG; § 11 SaAnLPlG; § 15 SchlHLPlG; § 15 ThLPlG.
2 Art. 16 Bln/BbgLPlanV.
3 §§ 13, 14 BaWüLPlG; Art. 23 BayLPlG; § 11 HLPG; § 15 MeVoLPlG; §§ 17–23 NROG; §§ 23a–23h NWLPlG; § 18 RhPfLPlG; §§ 12–14 SLPG; § 14 SächsLPlG; § 15 SaAnLPlG; §§ 14–14b SchlHLPlG; § 17 ThLPlG.

weltgüter gehören,⁴ wird hier keine raumordnungsrechtliche Verpflichtung zur Vornahme einer formalisierten Umweltverträglichkeitsprüfung normiert. Landesrechtlich ist gleichwohl eine derartige Prüfung vielfach vorgesehen,⁵ was sich allerdings ohne weiteres als zulässig erweist, wie aus § 16 UVPG hervorgeht.

Beim Raumordnungsverfahren geht es nach den Präzisierungen des § 15 Abs. 1 Satz 2 ROG um eine **Raumverträglichkeitsprüfung**, an deren Ende eine Feststellung zu der Frage getroffen wird, ob raumbedeutsame Planungen und Maßnahmen mit den Erfordernissen der Raumordnung übereinstimmen bzw. wie raumbedeutsame Planungen und Maßnahmen unter den Gesichtspunkten der Raumordnung aufeinander abgestimmt oder durchgeführt werden können. Die Feststellung schließt die Prüfung von Standort- oder Trassenalternativen ein, die vom Träger der betreffenden Planung oder Maßnahme eingeführt worden sind (§ 15 Abs. 1 Satz 4 ROG). 11

3. Gegenstand

Die von der Bundesregierung noch auf Grund der Ermächtigung des § 6a Abs. 2 ROG a. F. (= § 17 Abs. 2 ROG) erlassene **Raumordnungsverordnung**⁶ enthält einen Katalog von Planungen und Maßnahmen, für die ein Raumordnungsverfahren durchgeführt werden soll, wenn sie im Einzelfall raumbedeutsam sind und überörtliche Bedeutung haben (§ 1 ROV). Ausnahmen von der Soll-Vorschrift des § 1 Satz 1 ROV bestehen namentlich für die Fälle, in denen die Beurteilung der Raumverträglichkeit einer Planung oder Maßnahme bereits auf anderer raumordnerischer Grundlage hinreichend gewährleistet ist. Dies ergibt sich aus § 15 Abs. 2 ROG, wobei die Vorschrift zugleich wichtige Beispiele für Ausnahmefälle liefert. 12

Zu dem von der Bundesregierung verordnungsrechtlich zusammengestellten Katalog gehören u. a. 13

– die Errichtung einer Anlage zur Sicherstellung und zur Endlagerung radioaktiver Abfälle, die einer Planfeststellung nach § 9b AtomG bedarf;
– die Herstellung, Beseitigung und wesentliche Umgestaltung eines Gewässers oder seiner Ufer, die einer Planfeststellung nach § 31 WHG bedürfen;
– der Bau einer Bundesfernstraße, die der Entscheidung nach § 16 BFernStrG bedarf;
– die Anlage und wesentliche Änderung eines Flugplatzes, die einer Planfeststellung nach § 8 LuftVG bedürfen;
– die Errichtung von Freileitungen mit 110 kV und mehr Nennspannung;

---

4 Vgl. z. B. § 2 Abs. 2 Nr. 8 ROG.
5 § 13 Abs. 3 Satz 2 BaWüLPlG; § 1 Abs. 4 GROVerfV(Bln/Bbg); § 15 Abs. 2 Satz 3 MeVoLPlG; § 17 Abs. 2 Satz 2 NROG; § 18 Abs. 8 RhPfLPlG; § 14 Abs. 3 Satz 2 SächsLPlG; § 15 Abs. 1 Satz 5 SaAnLPlG; § 14 Abs. 3 Satz 2 SchlHLPlG; § 17 Abs. 2 ThLPlG.
6 Raumordnungsverordnung (Verordnung zu § 6a Abs. 2 des Raumordnungsgesetzes) vom 13.12.1990 (BGBl. I S. 2766), zuletzt geändert durch Art. 4 BauROG.

- die Errichtung von Feriendörfern, großen Freizeitanlagen, Einkaufszentren, großflächigen Einzelhandelsbetrieben etc.

14 Der bundesrechtliche Katalog des § 1 ROV ist nicht abschließend. Vielmehr steht den Ländern die Befugnis zu, auch für weitere raumbedeutsame Planungen und Maßnahmen von überörtlicher Bedeutung (§ 1 Satz 2 ROV) die Durchführung eines Raumordnungsverfahrens rechtlich vorzusehen.

4. Verfahrensdurchführung

15 Zuständig für das Raumordnungsverfahren ist die in den entsprechenden landesgesetzlichen Vorschriften[7] bestimmte Behörde. Eingeleitet wird es von Amts wegen. Mehrere Landesplanungsgesetze sehen daneben eine Einleitung auf Antrag vor, wobei allerdings die Antragsberechtigung unterschiedlich ausgestaltet ist.[8] So steht sie beispielsweise nach § 17 Abs. 3 Satz 1 ThLPlG nur dem Vorhabenträger, nach § 15 Abs. 4 Satz 2 MeVoLPlG dagegen auch anderen berührten Planungsträgern zu. Ein Rechtsanspruch auf Einleitung des Raumordnungsverfahrens wird in einigen Landesplanungsgesetzen ausdrücklich ausgeschlossen.[9] Auch soweit es an einer derartigen Regelung fehlt, ist ein Einleitungsanspruch nach überwiegender Auffassung regelmäßig nicht anzuerkennen.[10] Aus § 15 Abs. 4 Satz 2 ROG ergibt sich, dass die landesbehördliche Entscheidung über die Verfahrenseinleitung bei Planungen und Maßnahmen von Verwaltungs- und Privatrechtssubjekten i. S. d. § 5 Abs. 1 ROG im Benehmen mit dem zuständigen Handlungssubjekt zu treffen ist.

16 Durch § 15 Abs. 3 ROG werden die Länder verpflichtet, die Einholung der für die Durchführung des Raumordnungsverfahrens erforderlichen Angaben zu regeln. Hierbei besteht die bundesrechtliche Vorgabe, dass eine Beschränkung auf solche Angaben erfolgen soll, die zur Bewertung der raumbedeutsamen Auswirkungen der betreffenden Planung oder Maßnahme notwendig sind. Ob die Öffentlichkeit am Raumordnungsverfahren beteiligt wird, überlässt § 15 Abs. 4 Satz 1 ROG dem Landesrecht. Einschränkende bundesrechtliche Sonderreglungen gelten allerdings für raumbedeutsame Planungen und Maßnahmen der militärischen und zivilen Verteidigung. Die Sonderregelungen betreffen sowohl Art und Umfang der Verfahrensunterlagen als auch die Frage der Öffentlichkeitsbeteiligung (§ 15 Abs. 5, Abs. 6 Satz 2 ROG). Außerdem wird

---

7 Vgl. z. B. Art. 23 Abs. 3 BayLPlG; § 13 Abs. 1, 2 BaWüLPlG; § 14 Abs. 1 i. V. m. § 8 SchlHLPlG.
8 § 15 Abs. 4 MeVoLPlG; § 20 Abs. 1 Satz 1 NROG; § 18 Abs. 1 Satz 2 RhPfLPlG; § 12 Abs. 1 Satz 1 SLPG; § 15 Abs. 3 Satz 1 SaAnLPIG; § 17 Abs. 3 Satz 1 ThLPlG.
9 § 17 Abs. 4 Satz 2 MeVoLPlG; § 20 Abs. 1 Satz 4 NROG; § 18 Abs. 1 S. 3 RhPfLPlG; § 12 Abs. 1 Satz 2 Hs. 2 SLPG; § 15 Abs. 3 Satz 2 SaAnLPIG; § 14 Abs. 1 Satz 3 Hs. 2 SchlHLPlG.
10 Vgl. z. B. BVerwG, DVBl. 1973, 448 (450); *Steiner*, Raumordnungs- und Landesplanungsrecht, in: ders. (Hrsg.), Besonderes Verwaltungsrecht, 6. Aufl. 1999, S. 645 (774, Rn. 80); *Dörr*, Raumordnungs- und Landesplanungsrecht, in: Achterberg/Püttner/Würtenberger (Hrsg.), Besonderes Verwaltungsrecht, Bd. I, 2. Aufl. 2000, S. 544 (617f., Rn. 203); *Bielenberg/Erbguth/Runkel*, Raumordnungs- und Landesplanungsrecht des Bundes und der Länder. Kommentar und Textsammlung, Loseblattausgabe (Stand: 42. Lfg. 2000), K § 4 Rn. 486. Abweichend neben anderen *Blümel*, Raumordnung und kommunale Selbstverwaltung, DVBl. 1973, 436 (438ff.).

der gliedstaatliche Entscheidungsspielraum bei der Ausgestaltung des Raumordnungsverfahrens insofern eingeschränkt, als § 15 Abs. 4 Satz 1 ROG die Unterrichtung und Beteiligung öffentlicher Stellen vorschreibt. Und § 15 Abs. 7 ROG gibt den Ländern Fristen sowohl hinsichtlich der Entscheidung über die Verfahrensdurchführung als auch hinsichtlich des Verfahrensabschlusses vor.

In einigen Landesplanungsgesetzen ist über die verfahrensrechtlichen Anforderungen des § 15 ROG hinaus auch die Einbeziehung der Nachbarstaaten vorgesehen,[11] wofür § 16 ROG eine allgemeine bundesrechtliche Vorgabe enthält. Teilweise ist landesgesetzlich zudem die Beteiligung der nach § 29 BNatSchG anerkannten Verbände angeordnet worden.[12]   17

5. Rechtswirkungen und Rechtsnatur des Ergebnisses

Das Ergebnis des Raumordnungsverfahrens besteht aus der **Feststellung** im Sinne des § 15 Abs. 1 Satz 2 ROG. Vielfach ist insoweit auch von raumordnerischer bzw. landesplanerischer Beurteilung die Rede.[13]   18

Zu den **Rechtswirkungen** des Ergebnisses enthält § 15 ROG keine Regelungen. Sie ergeben sich aus § 4 ROG, wobei zu beachten ist, dass das Verfahrensergebnis zu den sonstigen Erfordernissen der Raumordnung (§ 3 Nr. 1 ROG) gehört.[14] Dies bedeutet, dass (lediglich) eine **Berücksichtigungspflicht** im Zusammenhang mit raumbedeutsamen Planungen und Maßnahmen sowie der behördlichen Entscheidung hierüber besteht, und zwar (vom Ausnahmefall des § 4 Abs. 4 Satz 3 ROG abgesehen) nach Maßgabe der insoweit geltenden fachgesetzlichen Vorschriften. Bei der Bauleitplanung erfolgt die Berücksichtigung beispielsweise im Rahmen der Abwägung nach § 1 Abs. 6 BauGB. Das Verfahrensergebnis ersetzt nicht die spezialgesetzlich vorgesehenen Genehmigungen, Planfeststellungen oder sonstigen behördlichen Entscheidungen über die Zulässigkeit raumbedeutsamer Planungen und Maßnahmen. Die von den **Zielen der Raumordnung** ausgehenden Beachtens-, Anpassungs- und Berücksichtigungspflichten (§ 4 Abs. 1, 3, 4 ROG, § 1 Abs. 4, § 35 Abs. 3 Satz 2 BauGB) bleiben vom Verfahrensergebnis unberührt.   19

---

11 § 13 Abs. 6 Nr. 4 BaWüLPlG; § 21 Abs. 2 Satz 1 i.V.m. § 8 Abs. 3 Nr. 5 NROG; § 18 Abs. 6 Satz 1 RhPfLPlG; § 13 Abs. 3 Nr. 5 SLPG; § 14 Abs. 6 Nr. 5 SächsLPlG; § 14 a Abs. 2 Satz 1 Nr. 3 SchlHLPlG.
12 § 13 Abs. 6 Nr. 5 BaWüLPlG; § 15 Abs. 6 MeVoLPlG; § 21 Abs. 2 Satz 1 i.V.m. § 8 Abs. 3 Nr. 4 NROG; § 14 Abs. 6 Nr. 4 SächsLPlG; § 14 a Abs. 2 Nr. 1 Satz 1 Nr. 7 SchlHLPlG; § 17 Abs. 6 Nr. 4 ThLPlG. Vgl. ferner § 18 Abs. 6 Satz 1 RhPfLPlG, wo allgemein von „anerkannten Landespflegeorganisationen" die Rede ist.
13 Vgl. z.B. § 13 Abs. 3 BaWüLPlG; § 14 Abs. 4 SächsLPlG; § 15 Abs. 9 SaAnLPlG; § 14b Abs. 1 SchlHLPlG; § 17 Abs. 1 ThLPlG.
14 Vgl. dazu oben § 3 Rn. 59f.

20 Die **Rechtsnatur** des Verfahrensergebnisses ist umstritten. Im Mittelpunkt der Kontroverse steht dabei die Frage, ob es sich hier um einen Verwaltungsakt handelt, was indes von einer verbreiteten Auffassung verneint wird.[15]

IV. Mitteilungs- und Auskunftspflichten

21 Raumordnungsrechtliche Mitteilungs- und Auskunftspflichten sind sowohl bundes- als auch landesgesetzlich geregelt. Es handelt sich hierbei um zwei verschiedene Pflichtenarten. Der Unterschied besteht darin, dass Mitteilungspflichten (bzw. – was inhaltlich gleich bedeutend ist – Informations- und Unterrichtungspflichten) unaufgefordert, Auskunftspflichten dagegen auf Verlangen zu erfüllen sind. Allerdings halten sich nicht alle Landesplanungsgesetze strikt an diese Terminologie.[16]

1. Die bundesgesetzlichen Regelungen

a) Unmittelbar geltende Regelungen

22 Nach § 19 Abs. 1 Satz 2 ROG obliegt dem für Raumordnung zuständigen Bundesministerium eine **Unterrichtungspflicht** gegenüber den für die Raumordnung zuständigen obersten Landesbehörden sowie gegenüber den Personen des Privatrechts i.S.d. § 5 Abs. 1 ROG. Gegenstand der Unterrichtung sind raumbedeutsame Planungen und Maßnahmen, die eine wesentliche Bedeutung aufweisen und von öffentlichen Stellen des Bundes durchgeführt werden.

23 Umgekehrt sind die für Raumordnung zuständigen obersten Landesbehörden **verpflichtet**, das für Raumordnung zuständige Bundesministerium über die in ihren Ländern aufzustellenden und aufgestellten Raumordnungspläne sowie die beabsichtigten oder getroffenen sonstigen raumordnerischen Maßnahmen und Entscheidungen von wesentlicher Bedeutung zu **informieren** (§ 19 Abs. 2 ROG). Zudem haben die öffentlichen Stellen des Bundes sowie die Personen des Privatrechts i.S.d. § 5 Abs. 1 ROG dem für Raumordnung zuständigen Bundesministerium die erforderlichen **Auskünfte** über raumbedeutsame Planungen und Maßnahmen zu erteilen (§ 19 Abs. 1 Satz 1 ROG). Im Übrigen besteht zwischen Bund und Ländern eine allgemeine wechselseitige **Pflicht zur**

---

15 Vgl. z.B. BVerwG, NVwZ-RR 1996, 67 (67); *Bielenberg/Erbguth/Runkel* (Fn.10), K § 4 Rn. 462; *Blümel/Pfeil*, Kommunale Planungshoheit und Ergebnis des Raumordnungsverfahrens, VerwArch. 88 (1997), S. 353 (380), wobei die beiden Autoren allerdings abweichend vom BVerwG die Zulässigkeit einer allgemeinen Leistungsklage der Gemeinden gegen das Ergebnis eines Raumordnungsverfahrens bejahen; *Dörr* (Fn. 10), S. 619 (Rn. 207).Teilweise a.A. *Lautner*, Funktionen raumordnerischer Verfahren, 1999, S. 290. Angemerkt sei, dass die aufgrund des atypischen Raumordnungsverfahrens nach § 14 BaWüLPlG erteilte Genehmigung unstreitig einen Verwaltungsakt darstellt. Siehe dazu BVerwGE 80, 201 ff.
16 Abweichend z.B. § 15 Abs. 1 Satz 2 HLPG und § 18 Abs. 1 Satz 2 ThLPlG.

Erteilung von Auskünften, die für die Durchführung der Aufgaben der Raumordnung notwendig sind (§ 19 Abs. 3 ROG).

b) Anweisungsregelung für die Länder

In § 14 Satz 2 ROG werden die Länder angewiesen, Inhalt und Umfang der Mitteilungs- und Auskunftspflichten zu regeln, die den öffentlichen Stellen sowie den Personen des Privatrechts i. S. d. § 4 Abs. 3 ROG hinsichtlich ihrer beabsichtigten raumbedeutsamen Planungen und Maßnahmen obliegen. Es geht insoweit um die nähere Ausgestaltung der allgemeinen Abstimmungspflicht des § 14 Satz 1 ROG.

24

2. Landesgesetzliche Regelungen

Regelungen zu Mitteilungs- und Auskunftspflichten sind in allen Landesplanungsgesetzen enthalten, wenngleich sie einige inhaltliche Unterschiede aufweisen.[17] Bemerkenswert ist, dass vielfach auch privaten Rechtsträgern, die nicht unter § 4 Abs. 3 ROG fallen, eine Mitteilungs- bzw. Auskunftspflicht auferlegt wird.[18]

25

V. Raumordnungskataster, Raumbeobachtung und raumordnerisches Informationssystem

In engem Sachzusammenhang mit den raumordnungsrechtlichen Mitteilungs- und Auskunftspflichten steht die in den meisten Landesplanungsgesetzen[19] vorgesehene behördliche Führung eines **Raumordnungskatasters**, bei dem es sich um ein Verzeichnis raumbedeutsamer Planungen und Maßnahmen handelt. Bisweilen wird eine besondere Mitteilungspflicht zu Gunsten des Raumordnungskatasters ausdrücklich normiert.[20]

26

In Bayern ist zwar nicht die Führung eines Raumordnungskatasters, aber die **Raumbeobachtung** landesplanungsgesetzlich vorgeschrieben. Durch Art. 21 BayLPlG werden die Landesplanungsbehörden verpflichtet, die raumbedeutsamen Tatbestände und Entwicklungen fortwährend zu erfassen und zu verwerten.

27

---

17 §§ 12, 18 BaWüLPlG; Art. 20 BayLPlG; § 10 HLPG; § 20 MeVoLPlG; § 16 NROG; §§ 42, 43 NWLPlG; §§ 22, 23 RhPfLPlG; § 15 SLPG; § 16 SächsLPlG; § 13 Abs. 1 Sätze 2, 3 SaAnLPlG; § 19 SchlHLPlG; § 18 ThLPlG. Vgl. ferner Art. 20 Bln/BbgLPlanV.
18 Vgl. z. B. Art. 20 Abs. 2 BayLPlG; § 10 Abs. 1 HLPG; § 20 Abs. 2 MeVoLPlG; § 15 Abs. 2 SLPG; § 18 Abs. 1 ThLPlG.
19 § 19 BaWüLPlG; § 19 MeVoLPlG; § 15 NROG; § 21 RhPfLPlG; § 16 SLPG; § 17 SächsLPlG; § 14 SaAnLPlG; § 18 SchlHLPlG. Vgl. ferner Art. 18 Bln/BbgLPlanV.
20 § 18 Abs. 2 BaWüLPlG; § 16 Abs. 3 SächsLPlG; § 14 Abs. 2 SaAnLPlG (Sollvorschrift zur Bereitstellung von Unterlagen).

28 In § 18 Abs. 5 ROG ist zudem ein Informationssystem zur räumlichen Entwicklung im Bundesgebiet vorgesehen. Es wird vom **Bundesamt für Bauwesen und Raumordnung** geführt, dessen Aufgabe in der Ermittlung, Ausweitung und Bewertung raumentwicklungsrelevanter Daten besteht. Das für Raumordnung zuständige Bundesministerium ist verpflichtet, den Ländern die Ergebnisse des Informationssystems zur Verfügung zu stellen.

VI. Beratungswesen

29 Im Bereich der Raumordnung und Landesplanung besteht ein ausgeprägtes Beratungswesen, das verschiedene Formen aufweist. Es ist in etlichen bundes- und landesgesetzlichen Vorschriften geregelt.

1. Planungsbeiräte

30 Wie aus § 20 ROG hervorgeht, ist bei dem für die Raumordnung zuständigen Bundesministerium ein Beirat zu bilden, der die Aufgabe hat, den Minister in Grundsatzfragen der Raumordnung zu beraten. Dem Beirat gehören neben Vertretern der kommunalen Selbstverwaltung Sachverständige aus verschiedenen Bereichen (Wissenschaft, Landesplanung, Städtebau, Wirtschaft etc.) an. Die Beiratsmitglieder werden vom Minister im Benehmen mit den zuständigen Spitzenverbänden berufen.

31 In den Ländern bestehen vielfach Gesetzesvorschriften zur Bildung ähnlicher Beratungsgremien (Landesplanungsbeiräte, Regionale Planungsbeiräte).[21] Soweit diese Gremien am Aufstellungsverfahren der Raumordnungspläne auf Grund gesetzlicher Anordnung zu beteiligen sind, haben sie oben[22] bereits nähere Aufmerksamkeit erhalten. Dass hinsichtlich der in § 14 Abs. 6 MeVoLPlG geregelten regionalen Planungsbeiräte keine förmliche Einbeziehung in das Planaufstellungsverfahren vorgesehen ist, stellt eine Besonderheit dar. Ebenso wie in Rheinland-Pfalz[23] steht in Mecklenburg-Vorpommern die Bildung regionaler Planungsbeiräte den Trägern der Regionalplanung frei.

32 Im Übrigen reichen die Aufgaben der landesrechtlichen Planungsbeiräte über die gesetzlich angeordnete Mitwirkung am Planaufstellungsverfahren häufig hinaus. So ist ihnen beispielsweise des Öfteren eine Beratung der Behörden allgemein in Grundsatzfragen der Raumordnung übertragen worden.[24] Gelegentlich ist auch eine Beteiligung am Raumordnungsverfahren ausdrücklich vorgesehen.[25]

---

21 Art. 11, 12 BayLPlG; § 13, 14 HLPG; §§ 11, 14 Abs. 6 MeVoLPlG; §§ 7, 8, 15 Abs. 7, 8 RhPfLPlG; § 19 SLPG; §§ 9, 10 SchlHLPlG (Landesplanungsrat); §§ 7 8 ThLPlG.
22 Vgl. § 5 und § 6.
23 Vgl. dazu oben Gliederungsabschnitt § 6 Rn. 71.
24 Vgl. u. a. § 11 Abs. 1 Satz 2 MeVoLPlG; § 8 RhPfLPlG; § 9 Abs. 1 Satz 2 SLPG.
25 § 14 a Abs. 2 letzter Satz SchlHLPlG.

2. Gemeinsame Beratung zwischen Bundesregierung und Landesregierungen

Grundsätzliche Fragen sowie Zweifelsfragen der Raumordnung sollen nach der Vorschrift des § 19 Abs. 4 ROG von den für Raumordnung zuständigen Ministerien des Bundes und der Länder gemeinsam beraten werden. Einige Beratungsgegenstände sind in der Vorschrift beispielhaft aufgeführt. Zu ihnen gehören u.a. Leitbilder der räumlichen Entwicklung i.S.d. § 18 Abs. 1 Satz 2 ROG sowie Zweifelsfragen sowohl hinsichtlich der Abstimmung von raumbedeutsamen Planungen und Maßnahmen nach § 14 ROG als auch hinsichtlich der Folgen, die sich aus der Verwirklichung von Erfordernissen der Raumordnung in benachbarten Ländern und im Gesamtraum des Bundes ergeben.

33

Für die in § 19 Abs. 4 ROG vorgesehenen Beratungen besteht die (bereits unter der Geltung des früheren bundesgesetzlichen Raumordnungsrechts gebildete) **Ministerkonferenz für Raumordnung (MKRO)**.[26]

34

3. Weitere Formen der Beratung

In mehreren Landesplanungsgesetzen sind weitere Formen der Beratung ausdrücklich normiert worden. So obliegt beispielsweise den für die Raumordnung und Landesplanung zuständigen Behörden sowie den Trägern der Regionalplanung in Baden-Württemberg und Sachsen eine Beratungspflicht gegenüber anderen Verwaltungssubjekten sowie privatrechtlichen Planungsträgern.[27] Umgekehrt sind in Thüringen die von den Zielen der Raumordnung und Landesplanung erfassten Verwaltungssubjekte und juristischen Personen des Privatrechts verpflichtet worden, die Landesplanungsbehörden zu beraten.[28]

35

VII. Raumordnungsberichte (Landesentwicklungsberichte)

Dem Bundesamt für Bauwesen und Raumordnung obliegt nach § 21 ROG die Pflicht, dem für Raumordnung zuständigen Bundesministerium in regelmäßigen Abständen **Berichte zur Vorlage an den Bundestag** zu erstatten. Der Berichtsinhalt besteht aus einer Bestandsaufnahme, der Beschreibung von Entwicklungstendenzen sowie der Darstellung der im Rahmen der angestrebten räumlichen Entwicklung durchgeführten und beabsichtigten raumbedeutsamen Planungen und Maßnahmen. Außerdem sind die räumliche Verteilung der raumbedeutsamen Planungen und Maßnahmen des Bundes und der EG im Bundesgebiet sowie die Auswirkungen der Politik der EG auf die räumliche Entwicklung des Bundesgebiets zu behandeln.[29]

36

---

26 Verwaltungsabkommen zwischen dem Bund und den Ländern über die gemeinsamen Beratungen nach § 8 des Raumordnungsgesetzes vom 15.6.1967 (GMBl. S. 22).
27 § 12 Abs. 1 Satz 1, Abs. 3 BaWüLPlG; § 13 Abs. 2 Satz 1, Abs. 2 SächsLPlG.
28 § 18 Abs. 2 ThLPlG. Vgl. auch die ähnliche Regelung des § 15 Abs. 1 Satz 3 HLPG.
29 Vgl. dazu den unlängst vorgelegten Raumordnungsbericht 2000 (BT-Drucks. 14/3874).

37 Im Landesplanungsrecht der Gliedstaaten (mit Ausnahme Mecklenburg-Vorpommerns und Hessens) werden die Landesregierungen verpflichtet, dem Landtag periodisch über raumordnungsbedeutsame Sachverhalte zu berichten, wobei die Berichtszeiträume (im Gegensatz zur bundesgesetzlichen Regelung) festgelegt, wenngleich unterschiedlich bemessen sind.[30] Die baden-württembergische und die sächsische Regelung weisen insofern eine bemerkenswerte Besonderheit auf, als sie ausdrücklich anordnen, dass die Landesentwicklungsberichte eine Grundlage für die Aufstellung und Fortschreibung des Landesentwicklungsplans sowie der raumbedeutsamen Fachplanungen bilden. [31]

§ 8 Raumordnung und Gemeinden

Literatur: *Brohm*, Gemeindliche Selbstverwaltung und staatliche Raumplanung, DÖV 1989, 429; *Hendler*, Gemeindliches Selbstverwaltungsrecht und Raumordnung, 1972; *Meier*, Regionalplanung und kommunale Selbstverwaltung, 1984; *Motyl*, Die Gemeinden in der Landesplanung, 1973; *Scheipers*, Ziele der Raumordnung und Landesplanung aus Sicht der Gemeinden, 1995; *Schink*, Raumordnungsgebiete und kommunale Planungshoheit – Chancen und Schwierigkeiten für die Kommunen –, in: Jarass (Hrsg.), Raumordnungsgebiete (Vorbehalts-, Vorrang- und Eignungsgebiete) nach dem neuen Raumordnungsgesetz, 1998, S. 46; *Schmidt-Assmann*, Fortentwicklung des Rechts im Grenzbereich zwischen Raumordnung und Städtebau, Schriftenreihe „Städtebauliche Forschung" des Bundesministers für Raumordnung, Bauwesen und Städtebau, Bd. 03.055, 1977; ders., Die Stellung der Gemeinden in der Raumplanung, VerwArch. 71 (1980), S. 117; H. *Schultze*, Raumordnungspläne und gemeindliche Selbstverwaltung, 1970.

Fall 2 (nach NWVerfGH, NVwZ 1990, 456): Im Bundesland L besteht ein Grünzug, der sich über Gemarkungsteile der Gemeinden A, B und C erstreckt. Im Regionalplan werden die entsprechenden Gemarkungsteile in Form von Zielen der Raumordnung und Landesplanung als Bereiche für Landwirtschaft, Erholung und Landschaftsschutz ausgewiesen. Gemeinde A macht geltend, dies sei schon deshalb rechtswidrig, weil die Raumordnungsplanung auf Grund ihres überörtlichen Rechtscharakters keine zielförmigen Festlegungen für gemeindliche Gebietsteile treffen dürfe. Hat sie Recht?

Fall 3 (nach BVerfGE 76, 107): Das Landesplanungsgesetz des Bundeslandes B sieht vor, dass im Landesentwicklungsplan „auf Grund raumstruktureller Erfordernisse Vorrangstandorte für großindustrielle Anlagen am seeschifftiefen Fahrwasser" festgelegt werden können. Und ergänzend heißt es hierzu: „Alle raumbedeutsamen Planungen und Maßnahmen müssen mit der vorrangigen Zweckbestimmung des Standorts vereinbar sein". Der ordnungsgemäß als Rechtsverordnung ergangene Landesentwicklungsplan erklärt etwa ein Drittel des Gebiets der im Küstenbereich liegenden Stadt S zu einem entsprechenden Vorrangstandort. S hält sowohl diese Festlegung als auch die ihr zu Grunde liegende gesetzliche Ermächtigung für einen Verstoß gegen Art. 28 Abs. 2 Satz 1 GG. Sie macht geltend, dass ein wesentlicher Teil des Stadtgebiets ihrer planerischen Gestaltung weitgehend entzogen worden sei.

---

30 § 20 BaWüLPlG; Art. 19 BayLPlG; Art. 19 Bln/BbgLPlanV; § 13 NROG; § 39 NWLPlG; § 17 RhPfLPlG; § 20 SLPG; § 5 SächsLPlG; § 19 SaAnLPlG; § 20 SchlHLPlG; § 19 ThLPlG.
31 § 20 Abs. 2 BaWüLPlG, § 5 Abs. 2 SächsLPlG.

I. Einführende Hinweise

Zu den Bestandteilen der verfassungskräftigen Selbstverwaltungsgarantie des Art. 28 Abs. 2 Satz 1 GG gehört – wie bereits erwähnt[1] – u. a. die gemeindliche Planungshoheit. Darunter ist das Recht der Gemeinden zu verstehen, die baulich-räumliche Struktur des Ortes in eigener Verantwortung planerisch zu gestalten. Die Wahrnehmung dieses Rechts erfolgt vor allem mit Hilfe der Bauleitplanung.

Allerdings beziehen sich die planerischen Tätigkeiten der Gemeinden auf dasselbe Territorium wie die Planungen der Raumordnungsträger, wobei überdies aus unterschiedlichen Perspektiven geplant wird. Während sich die Raumordnungsträger an überörtlichen Gesichtspunkten auszurichten haben, sind für die Gemeinden örtliche Gesichtspunkte maßgebend. Bei dieser Ausgangslage können Planungskonflikte nicht ausbleiben, die auch schon des Öfteren die Gerichte beschäftigt haben.[2] Zur Bewältigung des Spannungsverhältnisses zwischen Raumordnung und Gemeinden hat die Gesetzgebung in mehrfacher Hinsicht Vorkehrungen getroffen.

Bedeutsam sind insoweit beispielsweise die Vorschriften über die gemeindliche Beteiligung an der Raumordnungsplanung (§ 9 Abs. 4 ROG sowie die entsprechenden landesgesetzlichen Bestimmungen).[3] Gleiches gilt für die Regelungen, die sich auf planerische Abstimmungen beziehen oder Informations-, Auskunfts- und Beratungspflichten begründen.[4] Zwar betreffen diese Regelungen (ebenso wie die Beteiligungsvorschrift des § 7 Abs. 5 ROG) nicht allein, aber insbesondere auch das Verhältnis von Raumordnungsträgern und Gemeinden. Besonders zu beachten ist indessen, dass die Gemeinden bei ihren raumbedeutsamen Planungen und Maßnahmen nach § 4 Abs. 1 Satz 1 ROG, § 1 Abs. 4 BauGB (sowie den entsprechenden landesgesetzlichen Bestimmungen) an die Raumordnungsplanung rechtlich gebunden sind. Hieraus folgt, dass sich die Raumordnungsplanung im Ergebnis gegenüber der gemeindlichen Planung durchzusetzen vermag. Auf diese Weise werden inhaltliche Widersprüche zwischen Raumordnungsplanung und gemeindlicher Planung überwunden, die sich mit den zuvor erwähnten „sanfteren" Methoden der Beratung, Abstimmung etc. nicht vermeiden bzw. ausräumen lassen.

---

1 Vgl. oben § 5 Rn. 8 mit Fn. 5.
2 Vgl. z.B. BVerfGE 76, 107 ff.; NWVerfGH, NVwZ 1990, 456 ff.; NWVBl. 1995, 373 ff.; BVerwGE 6, 342 ff.; 81, 307 ff.; BayVGH, BayVBl. 1984, 240 ff.; BayVBl. 1995, 662 f.; OVG Lüneburg, BauR 1996, 348 ff.; NuR 1996, 473 ff.
3 Ausführlich zu dieser Thematik *Henrich*, Kommunale Beteiligung in der Raumordnung und Landesplanung, Bd. I und II, 1981; *Schmidt-Aßmann*, Verfassungsrechtliche und verwaltungspolitische Fragen einer kommunalen Beteiligung an der Landesplanung, AöR 101 (1976), S. 520 ff.
4 Vgl. z.B. § 14 ROG sowie die Nachweise oben § 7 Fn. 17.

II. Die Bindung der Gemeinden an die Ziele der Raumordnung

4 Hinsichtlich der gemeindlichen Bindung an die Ziele der Raumordnung sind § 4 Abs. 1 Satz 1 ROG und § 1 Abs. 4 BauGB von grundlegender Bedeutung. Dabei erfasst die Spezialvorschrift des § 1 Abs. 4 BauGB den wichtigen Bereich der Bauleitplanung, während die allgemeine Vorschrift des § 4 Abs. 1 Satz 1 ROG die übrigen raumbedeutsamen Planungen und Maßnahmen der Gemeinden betrifft (soweit nicht auch hier eine spezielle Raumordnungsklausel eingreift). Sprachlich weichen die beiden Vorschriften zwar insofern voneinander ab, als einmal eine Beachtenspflicht und zum anderen eine Anpassungspflicht normiert wird. Doch ergeben sich hieraus nach überwiegend vertretener, zutreffender Rechtsauffassung keine inhaltlichen Unterschiede.[5]

5 Dies bedeutet: Ebenso wie § 4 Abs. 1 Satz 1 ROG[6] enthält § 1 Abs. 4 BauGB für die Gemeinden die Pflicht, bei ihren **Planaufstellungen** die Ziele der Raumordnung einzuhalten. Teilweise haben die Länder insoweit verfahrensrechtliche Sonderregelungen getroffen.[7] Ferner sind die Gemeinden verpflichtet, ihre vorhandenen Pläne **nachträglich** mit neu erlassenen Raumordnungszielen in Einklang zu bringen. Hinsichtlich dieser Pflicht ist landesgesetzlich des Öfteren vorgesehen, dass sie erst durch ein besonderes staatsbehördliches Verlangen aktualisiert wird.[8] Eine gemeindliche **Erstplanungspflicht** folgt dagegen weder aus § 4 Abs. 1 Satz 1 ROG[9] noch aus § 1 Abs. 4 BauGB.[10] Insoweit ist vor allem bedeutsam, dass eine expansive Auslegung der beiden Vorschriften vor dem Hintergrund des verfassungskräftigen Selbstverwaltungsrechts der Gemeinden ausscheidet. Denn die gemeindliche Erstplanungspflicht stellt einen weit reichenden Eingriff in die Selbstverwaltungsgarantie des Art. 28 Abs. 2 Satz 1 GG dar, sodass es hier einer eindeutigen Regelung bedarf. Allerdings haben einige Länder eine derartige Regelung getroffen und ein besonderes **Planungsgebot** eingeführt.[11]

---

5 Vgl. dazu *Faast*, Gemeindliche Erstplanungspflicht unter besonderer Berücksichtigung des Baus von P & R- Anlagen, 1997, S. 73 f. m.w.N. auch zur abweichenden Rechtsansicht.
6 Vgl. dazu oben § 3 Rn. 41.
7 Art. 12, 13 Bln/BbgLPlanV; § 21 MeVoLPlG; § 20 NWLPlG; § 16 SchlHLPlG; § 16 ThLPlG.
8 Art. 28 Abs. 1 BayLPlG; Art. 12 Abs. 2 Bln/BbgLPlanV; § 25 NROG; § 21 Abs. 1 NWLPlG; § 24 Abs. 1, 2 RhPflLPlG; § 16 Abs. 2 ThLPlG.
9 Vgl. oben § 3 Rn. 41.
10 Ebenso *Steiner*, Raumordnungs- und Landesplanungsrecht, in: ders. (Hrsg.), Besonderes Verwaltungsrecht, 6. Aufl. 1999, S. 745 (767 Rn. 63); *Brohm*, Öffentliches Baurecht, 2. Aufl. 1999, § 12 Rn. 9; *Dörr*, Raumordnungs- und Landesplanungsrecht, in: Achterberg/Püttner/Würtenberger (Hrsg.), Besonderes Verwaltungsrecht, Bd. I, 2 Aufl. 2000, S. 544 (577 f., Rn 91 ff.); *Faast* (Fn. 5), S. 77 ff., insb. S. 91 f. Abweichend neben anderen *Schmidt-Aßmann*, Fortentwicklung des Rechts im Grenzbereich zwischen Raumordnung und Städtebau, Schriftenreihe „Städtebauliche Forschung" des Bundesministers für Raumordnung, Bauwesen und Städtebau, Bd. 03.055, 1977, S. 21 (für § 1 Abs. 3 BBauG = § 1 Abs. 4 BauGB); *Goppel*, Ziele der Raumordnung, BayVBl. 1998, 289 (290); *Battis/Krautzberger/Löhr*, Baugesetzbuch, 7. Aufl. 1999, § 1 Rn. 32. Vgl. dazu auch unten § 13 Rn. 10.
11 § 15a BaWüLPlG; Art. 12 Abs. 5 Bln/BbgLPlanV; § 21 Abs. 2 NWLPlG; § 24 Abs. 1 RhPflLPlG; § 10 Abs. 2 SLPG; § 16 Abs. 3 ThLPlG.

Die Bedeutung der landesrechtlichen Normen zum Planungsgebot erschöpft sich indes nicht in der bloßen Begründung einer gemeindlichen Erstplanungspflicht. Zu berücksichtigen ist, dass diese Normen die staatliche Exekutive in die Lage versetzen, den Gemeinden aus raumordnerischen Gründen zugleich Planungsfläche, Planungszeitpunkt und Planungsinhalt detailliert vorzuschreiben. Dagegen werden im Schrifttum unter Hinweis auf Art. 28 Abs. 2 Satz 1 GG verfassungsrechtliche Bedenken erhoben.[12] Die Bedenken sind allerdings insoweit unbegründet, als der Einsatz des Planungsgebots an strenge formelle und materielle Voraussetzungen geknüpft wird, wie es z.B. in § 21 Abs. 2 NWLPlG geschehen ist.[13] Einer anderen Beurteilung unterliegen demgegenüber die lapidar gefassten Vorschriften des § 24 Abs. 1 RhPfLPlG sowie des § 16 Abs. 3 ThLPlG, die sich allenfalls mit Hilfe einer umfassenden verfassungskonformen Auslegung halten lassen. Da das Planungsgebot die Bindungswirkungen der Raumordnungspläne gegenüber den Gemeinden betrifft und somit nicht auf die unmittelbaren rechtlichen Beziehungen des Menschen zum Gund und Boden gerichtet ist, erweist es sich im Übrigen als Gegenstand der Raumordnung (Art. 75 Abs. 1 Nr. 4 GG), nicht des – vom Bund in weitem Umfang erschöpfend geregelten – Bodenrechts (Art. 74 Abs. 1 Nr. 18 GG). Kompetenzrechtliche Bedenken aus Art. 72 Abs. 1 GG gegenüber den hier in Rede stehenden landesgesetzlichen Normen[14] lassen sich daher bei näherer Betrachtung nicht aufrechterhalten.

6

III. Die landesplanerische Entschädigung

Den Gemeinden können aus der Erfüllung ihrer Pflicht, raumbedeutsame Planungen und Maßnahmen den Zielen der Raumordnung anzupassen, beachtliche wirtschaftliche Nachteile erwachsen. Hierbei ist insbesondere daran zu denken, dass ein rechtsverbindlicher Bebauungsplan nach § 1 Abs. 4 BauGB geändert werden muss. Für die Gemeinden kann dies in mehrfacher Hinsicht wirtschaftlich nachteilig sein, und zwar insofern, als

7

- sie Dritten gegenüber auf Grund der §§ 39–44 BauGB entschädigungspflichtig werden,
- Wertminderungen an ihren eigenen Grundstücken eintreten,
- die planerischen Änderungsarbeiten selbst Kosten verursachen oder
- Aufwendungen nutzlos werden, die sie im Vertrauen auf die Festsetzungen des Bebauungsplans erbracht haben, sei es für eigene Grundstücke, sei es für Erschließungsanlagen.

Abgesehen von Sachsen und Sachsen-Anhalt haben alle Länder einen gesetzlichen Nachteilsausgleich (landesplanerische Entschädigung) zu Gunsten der Gemeinden, teilweise auch zu Gunsten anderer Planungsträger, geschaffen.[15]

8

---

12 *Erbguth/Schoeneberg*, Raumordnungs- und Landesplanungsrecht, 2. Aufl. 1992, S. 225 (Rn. 163).
13 Ausführlich dazu *Stern/Burmeister*, Die Verfassungsmäßigkeit eines landesrechtlichen Planungsgebots für Gemeinden, 1975.
14 Vgl. dazu unten § 13 Rn. 11.
15 § 16 BaWüLPlG; Art. 28 Abs. 2, 3 BayLPlG; Art. 12 Abs. 6–8 Bln/BbgLPlanV; § 16 HLPG; § 18 MeVoLPlG; § 26 NROG; § 41 NWLPlG; § 24 Abs. 3 – 5 RhPfLPlG; § 21 SLPG; § 17 SchlHLPlG; § 22 ThLPlG.

Allerdings sind die betreffenden Vorschriften namentlich auch im Hinblick auf die erfassten Schadensfälle höchst unterschiedlich ausgestaltet worden. Immerhin wird jeweils – wenngleich mit teilweise deutlichen Abweichungen – der Fall geregelt, dass die Gemeinden auf Grund der nachträglichen Anpassung bestehender Bebauungspläne an Ziele der Raumordnung Entschädigungsleistungen gegenüber Dritten zu erbringen haben. Die übrigen Fälle gemeindlicher Planungsschäden sind in die gesetzlichen Regelungen der einzelnen Länder zur landesplanerischen Entschädigung entweder überhaupt nicht oder nur zum Teil einbezogen worden.[16]

IV. Zur Frage inhaltlicher Bestimmtheit raumordnerischer Pläne

9 Bei der Beurteilung der Frage inhaltlicher Bestimmtheit raumordnerischer Pläne sind **zwei gegenläufige verfassungsrechtliche Direktiven** zu berücksichtigen.

10 Einerseits verlangt das **Rechtsstaatsprinzip**, dass die in den Raumordnungsplänen festgelegten Ziele der Raumordnung möglichst bestimmt sind. Denn die Gemeinden, die bei ihrem raumbedeutsamen Handeln an diese Ziele gebunden sind, müssen exakt wissen, welche inhaltlichen Anforderungen sie zu erfüllen haben. Es geht hierbei um die rechtsstaatlichen Prinzipien der Rechtssicherheit, Vorhersehbarkeit und Berechenbarkeit des Rechts. Andererseits ist zu beachten, dass die in Art. 28 Abs. 2 Satz 1 GG verbürgte **gemeindliche Planungshoheit** der inhaltlichen Detaillierung raumordnerischer Pläne entgegenwirkt. Denn der Bestimmtheitsgrad dieser Pläne darf nicht ein solches Maß erreichen, dass den Gemeinden kein nennenswerter Spielraum mehr für die Verwirklichung eigener raumplanerischer Vorstellungen verbleibt.

11 Aus dem verfassungsrechtlichen Schutz der gemeindlichen Planungshoheit folgt, dass die Raumordnungsplanung – unbeschadet des rechtsstaatlichen Bestimmtheitsgebots – lediglich einen von den Gemeinden ausfüllungsfähigen Rahmen setzen darf. Insofern lässt sie sich als **Rahmenplanung** charakterisieren.

12 Allerdings taugt diese allgemeine Charakterisierung nicht zur Klärung konkreter Einzelfragen. So ist ihr beispielsweise nicht zu entnehmen, ob Festlegungen in den Raumordnungsplänen lediglich für übergemeindliche Raumeinheiten und das gemeindliche Gesamtgebiet oder auch für gemeindliche Gebietsteile getroffen werden dürfen.

Beispiel: Der Raumordnungsplan ordnet nicht nur der Gemeinde G eine zentralörtliche Funktion zu, sondern bestimmt zugleich, auf welchem innergemeindlichen Areal die entsprechenden öffentlichen Einrichtungen von überörtlicher Bedeutung zu errichten sind.

---

16 Zur Thematik vgl. vertiefend *Schmidt-Aßmann*, Der Ausgleich landesplanerischer Planungsschäden, o. J. (1976).

Im Schrifttum wird die hier angesprochene Thematik ausführlich erörtert und **13** teilweise unterschiedlich beurteilt.[17] Doch besteht im allgemeinen Einigkeit darüber, dass sich der raumordnungsplanerische Durchgriff auf gemeindliche Gebietsteile grundsätzlich als zulässig erweist.[18] Dem ist beizupflichten. Allerdings sind hier strenge Zulässigkeitsanforderungen zu stellen, insbesondere ist zu fordern, dass sich der „Durchgriff" auf ein qualifiziertes überörtliches Interesse stützen lässt.[19]

Zum Fall 2: Die Gemeinde A irrt. Ziele der Raumordnung dürfen grundsätzlich auch für gemeindliche Gebietsteile festgelegt werden. Allerdings bestehen hier strenge Zulässigkeitsvoraussetzungen, insbesondere ist ein qualifiziertes öffentliches Interesse erforderlich. Ob die Zulässigkeitsvoraussetzungen in concreto erfüllt sind, lässt sich mangels hinreichender Angaben im Sachverhalt nicht abschließend beurteilen. Für die Beurteilung besitzt jedoch der Umstand zentrale Bedeutung, dass der Grünzug eine reale Gegebenheit bestimmen, durch die Natur vorgezeichneten Ausmaßes darstellt. Hier greift infolgedessen der Gesichtspunkt der „Situationsgebundenheit der Planung" ein (NWVerfGH, NVwZ 1990, 456/458). Zudem erstreckt sich der im Regionalplan ausgewiesene Grünzug über die Gemeindegrenzen hinweg, was für das Merkmal der Überörtlichkeit bedeutsam ist. Hinzu kommt, dass der Gesetzgeber den besonderen Wert der Belange der Landwirtschaft, der Erholung sowie des Landschaftsschutzes in § 2 Abs. 2 Nrn. 8, 10, 14 ROG zum Ausdruck gebracht hat. Ferner sind in dem hier behandelten Zusammenhang u. a. noch folgende Gesichtspunkte zu berücksichtigen: Bedeutung des Grünzugs für die Region, Rang der entgegenstehenden Belange der Gemeinde, Größe der durch den Grünzug eingenommenen gemeindlichen Fläche, Anhörung der Gemeinde bei der regionalplanerischen Ausweisung des Grünzugs.

Zum Fall 3: Die landesplanungsgesetzliche Ermächtigung zur Festlegung von Vorrangstandorten für großindustrielle Anlagen am seeschifftiefen Fahrwasser stellt einen Eingriff in die gemeindliche Planungshoheit und damit in das durch Art. 28 Abs. 2 Satz 1 GG garantierte Selbstverwaltungsrecht der Gemeinden dar.

Der Eingriff wäre dann unzulässig, wenn er den unantastbaren Kernbereich des Art. 28 Abs. 2 Satz 1 GG erfasste. Ob die gemeindliche Planungshoheit zu diesem Kernbereich gehört, ist in der Literatur umstritten und vom BVerfG bisher ausdrücklich offen gelassen worden (BVerfGE 56, 298/312 f.; 76, 107/118 f.). Wie das BVerfG jedoch betont, ist der Kernbereich gemeindlicher Selbstverwaltung lediglich institutionell, nicht ohne weiteres auch individuell (d. h. für jede einzelne Gemeinde) geschützt. Nach Auffassung des Gerichts erweist es sich daher unter dem hier erörterten Gesichtspunkt als unschäd-

---

17 Vgl. z. B. *Ernst/Suderow*, Die Zulässigkeit raumordnerischer Festlegungen für Gemeindeteile, 1976; *Siedentopf*, Gemeindliche Selbstverwaltungsgarantie im Verhältnis zur Raumordnung und Landesplanung, 1977; *Schmidt-Aßmann* (Fn. 10), S. 54 ff.; Hendler, Grenzen der überörtlichen Planung aus der Sicht der gemeindlichen Planungshoheit, in: Regionale Raumordnung und gemeindliche Planungshoheit im Konflikt?, Schriftenreihe des Niedersächsischen Städteverbands, Heft 10, 1982, S. 18 ff. (23 ff.); *Wahl*, Rechtsfragen der Landesplanung und Landesentwicklung, Bd. II, 1978, S. 246 ff.; *Hoppe*, Allgemeine Grundlagen, in: Hoppe/Schoeneberg, Raumordnungs- und Landesplanungsrecht des Bundes und des Landes Niedersachsen, 1987, S. 1 (195 ff., Rn. 466); *Bielenberg/Erbguth/Runkel*, Raumordnungs- und Landesplanungsrecht des Bundes und der Länder. Kommentar und Textsammlung, Loseblattausgabe (Stand: 42. Lfg. 2000), K § 3 Rn. 116 f.
18 So auch NWVerfGH, NVwZ 1990, 456 (458).
19 *Hendler* (Fn. 17), S. 24 f. Ähnlich neben anderen *Hoppe* (Fn. 17), S. 196 f. (Rn. 466). Der NWVerfGH, NVwZ 1990, 456 (458), stellt auf die „Situationsgebundenheit" der überörtlichen Planung ab.

lich, wenn ein Gesetz den Verordnungsgeber nur ausnahmsweise zu Einschränkungen der Planungshoheit einzelner Gemeinden in räumlich klar abgegrenzten Gebieten ermächtigt. Da für die Festlegung von Vorrangstandorten für großindustrielle Anlagen am seeschifftiefen Fahrwasser nur wenige einzelne Gemeinden im Küstenbereich in Betracht kommen und diesen die Planungshoheit auch nicht gänzlich entzogen wird, scheidet ein Eingriff in den Kernbereich des Art. 28 Abs. 2 Satz 1 GG aus.

Eingriffe in das gemeindliche Selbstverwaltungsrecht, die den Kernbereich des Art. 28 Abs. 2 Satz 1 GG unangetastet lassen, sind indes nur unter der Voraussetzung verfassungskonform, dass sie das Willkürverbot und den Verhältnismäßigkeitsgrundsatz wahren. Mit der im Landesplanungsgesetz des Bundeslands B vorgesehenen Festlegung von Vorrangstandorten für großindustrielle Anlagen am seeschifftiefen Fahrwasser wird den betroffenen Gemeinden im Vergleich zu anderen Gemeinden eine Sonderbelastung auferlegt. Diese Sonderbelastung ist allerdings nicht willkürlich, weil ein überörtliches Interesse an der Errichtung und dem Betrieb solcher Anlagen besteht. Die Festlegung der hier in Rede stehenden Vorrangstandorte ist ferner zur Sicherung des Raumbedarfs der betreffenden Anlagen geeignet. Sie erweist sich auch als erforderlich, weil kein milderes, gleich wirksames Mittel zur Sicherung der benötigten Flächen ersichtlich ist. Soweit es um die Verhältnismäßigkeit im engeren Sinne (Angemessenheit) geht, ist die landesplanungsgesetzliche Ermächtigung wegen ihrer weit reichenden Beschränkung des gemeindlichen Selbstverwaltungsrechts in der Weise auszulegen, dass die Festlegung der Vorrangstandorte nur dort erfolgen darf, wo überörtliche Interessen, denen höchste landesweite Bedeutung zukommt, für eine entsprechende Industrieansiedlung sprechen. Die Ansiedlung muss für die raumstrukturelle Entwicklung des Landes zwingend erforderlich sein. Ist dies der Fall, liegt auch das qualifizierte öffentliche Interesse für den landesplanerischen „Durchgriff" auf gemeindliche Gebietsteile vor (vgl. dazu Fall 2). Schließlich ist zu beachten, dass die Festlegung der hier behandelten Vorrangstandorte den betroffenen Gemeinden nicht jeglichen Planungsspielraum nimmt. Die landesplanungsgesetzliche Ermächtigung zu derartigen Festlegungen verstößt demnach nicht gegen Art. 28 Abs. 2 Satz 1 GG.

Ob auch die konkrete Festlegung im Landesentwicklungsplan bezüglich der Stadt S mit Art. 28 Abs. 2 Satz 1 GG in Einklang steht, hängt davon ab, ob in diesem Einzelfall den vorstehend dargelegten Anforderungen, insbesondere dem Verhältnismäßigkeitsgrundsatz, Rechnung getragen worden ist. Angesichts der planerischen Gestaltungsfreiheit des Trägers der Landesentwicklungsplanung ist insoweit „maßgebend, ob der erhebliche Sachverhalt zutreffend und vollständig ermittelt und ob anhand dieses Sachverhalts alle sachlich beteiligten Belange und Interessen der Entscheidung zu Grunde gelegt sowie umfassend und in nachvollziehbarer Weise abgewogen worden sind" (BVerfGE 76, 107/121). Außerdem besteht ein Anhörungserfordernis hinsichtlich der Stadt S. Nach dem Sachverhalt darf jedoch davon ausgegangen werden, dass die erforderliche Anhörung erfolgt ist. Ob auch die übrigen Voraussetzungen in concreto erfüllt sind, lässt sich nicht abschließend beurteilen, weil der Sachverhalt hierzu keine näheren Angaben enthält.

§ 9 Gerichtlicher Rechtsschutz gegenüber Raumordnungsplänen

Literatur: *Bielenberg/Erbguth/Runkel*, Raumordnungs- und Landesplanungsrecht des Bundes und der Länder, Loseblattausgabe (Stand: 42. Lfg. 2000), K § 4 Rn. 410–486; *Blümel*, Rechtsschutz gegen Raumordnungspläne, VerwArch. 84 (1993), S. 123; *Erbguth/Schoeneberg*, Raumordnungs- und Landesplanungsrecht, 2. Aufl. 1992, S. 239–260; *Hoppe*, Allgemeine Grundlagen, in: *Hoppe/Schoeneberg*, Raumordnungs- und Landesplanungsrecht des Bundes und des Landes Niedersachsen, 1987, S. 1ff. (115–215); *Hosch*, Probleme des verwaltungsgerichtlichen Rechtsschutzes bei Zielen der Raumordnung und Landesplanung, WiVerw. 1977, 36; *Löhr*, Gerichtliche Rechtsschutzmöglichkeiten der Gemeinden gegen Regionalpläne, DVBl. 1980, 13; *Weidemann*, Gerichtlicher Rechtsschutz der Gemeinden gegen regionale Raumordnungspläne, 1983.

Fall 4: In einem Regionalplan des Bundeslandes B, das von der Möglichkeit der Einführung der verwaltungsgerichtlichen Normenkontrolle nach § 47 Abs. 1 Nr. 2 VwGO uneingeschränkt Gebrauch gemacht hat, ist die Stadt S (ca. 45.000 Einwohner) zum Mittelzentrum bestimmt worden, die benachbarte, etwa 15 km entfernt liegende Stadt T (ca. 48.000 Einwohner) dagegen nicht. Der zuständige Träger der Regionalplanung macht hierzu geltend, die Ausweisung von zwei Mittelzentren auf verhältnismäßig engem Raum sei aus raumordnerischer Sicht verfehlt. Infolgedessen sei lediglich die Stadt S als Mittelzentrum ausgewiesen worden. Die Stadt T tritt dem entgegen. Sie meint, dass sie an Stelle oder jedenfalls neben der Stadt S zum Mittelzentrum hätte bestimmt werden müssen, zumal sie deutlich mehr Einwohner besitze als die Nachbarstadt. Nach ihrer Auffassung leidet der Regionalplan an einem Abwägungsfehler. Sie stellt daher einen Normenkontrollantrag nach § 47 VwGO, um die Gültigkeit des Regionalplans gerichtlich überprüfen zu lassen. Ist der Antrag der Stadt T zulässig?

Fall 5: Der als Rechtsverordnung ergangene Landesraumordnungsplan des Bundeslandes B enthält im Gliederungsabschnitt „Ziele der Raumordnung" u. a. folgende Aussage: „Großflächige Einzelhandelsbetriebe (Einkaufszentren, Verbrauchermärkte etc.), deren Einzugsgebiete über die Grenzen der Ansiedlungsgemeinde wesentlich hinausreichen, sind nur in Orten mit zentralörtlicher Funktion (Ober-, Mittel- und Grundzentren) zulässig." Nach Verhandlungen mit einem Investor stellt die Gemeinde G, die nicht zu den Orten mit zentralörtlicher Funktion gehört, für eine Grundfläche von ca. 50.000 m² einen Bebauungsplan mit der Festsetzung „Sondergebiet für großflächigen Einzelhandel" auf. In dem Sondergebiet möchte der Investor ein sog. Factory-Outlet-Center (FOC, Fabrikverkaufszentrum) mit einer Verkaufsfläche von ca. 20.000 m² errichten, das aus etwa 80 Einzelgeschäften (sog. Outlet-Stores) besteht, in denen Waren hauptsächlich aus den Sortimenten Möbel, Textilien, Haushaltsgeräte, Unterhaltungselektronik und Gartengeräte direkt vom Hersteller an den Endverbraucher abgegeben werden, wobei die Preise deutlich unterhalb des üblichen Niveaus im Einzelhandel liegen. In dem Gebäudekomplex sollen zudem zwei Cafés und drei Restaurants untergebracht werden. Der Bebauungsplan wird ordnungsgemäß aus dem Flächennutzungsplan entwickelt (§ 8 Abs. 2 Satz 1 BauGB). Das vor Beginn der Bebauungsplanung auf Grund des § 1 Satz 3 Nr. 19 ROV durchgeführte Raumordnungsverfahren war mit der Feststellung abgeschlossen worden, das Vorhaben sei „landesplanerisch verfehlt".

Die Stadt S, ein im Landesraumordnungsplan festgelegtes Mittelzentrum mit ca. 50.000 Einwohnern, liegt von G etwa 20 km entfernt. Wie eine gründliche und sorgfältige Analyse der Auswirkungen des FOC ergeben hat, ist mit einem erheblichen Abzug von Kaufkraft aus dem Stadtgebiet zu rechnen. S befürchtet daher eine schwer wiegende

Beeinträchtigung ihrer eigenen Versorgungsstruktur und eine damit verbundene akute Gefährdung ihrer zentralörtlichen Funktion. G möchte wissen, ob

1) es sich bei der Aussage im Landesraumordnungsplan zu den großflächigen Einzelhandelsbetrieben um ein Raumordnungsziel handelt und – bejahendenfalls – dieses Ziel mit ihrem Selbstverwaltungsrecht (Art. 28 Abs. 2 Satz 1 GG) vereinbar ist,
2) die Festsetzung des Sondergebiets gegen den Landesraumordnungsplan verstößt,
3) die Stadt S unter Berufung auf die raumordnungsplanerische Festlegung gegen den Bebauungsplan einen zulässigen Normenkontrollantrag (§ 47 Abs. 1 Nr. 1 VwGO) stellen kann.

I. Vorbemerkungen

1 Fragen des gerichtlichen Rechtsschutzes gegenüber Raumordnungsplänen sind für die **Gemeinden** von hervorragender Bedeutung. Dies beruht auf dem besonderen Spannungsverhältnis, das zwischen der verfassungskräftig geschützten gemeindlichen Planungshoheit und der mit verbindlichen Vorgaben für die baulich-strukturelle Gestaltung des Ortes operierenden Raumordnungsplanung besteht. Insofern ist dem gemeindlichen Rechtsschutz erhöhte Aufmerksamkeit zu widmen.

2 Wachsende Bedeutung kommt inzwischen aber auch dem Rechtsschutz von **Personen des Privatrechts** auf dem Gebiet der Raumordnung zu. Insoweit gilt es zu beachten, dass die Bindung privater Rechtsträger an die Raumordnungspläne im Verlauf der Zeit erheblich verstärkt worden ist. Die Hauptbeispiele hierfür sind § 35 Abs. 3 Sätze 2, 3 BauGB und § 4 Abs. 1 Nr. 2, Abs. 3 Nr. 2 ROG.

II. Der Rechtsschutz von Personen des Privatrechts

1. Verwaltungsgerichtliches Normenkontrollverfahren

3 Beim Rechtsschutz Privater gegenüber Raumordnungsplänen kommt zunächst ein **verwaltungsgerichtliches Normenkontrollverfahren** nach § 47 VwGO in Betracht. Voraussetzung ist allerdings, dass das betreffende Land von der Möglichkeit des § 47 Abs. 1 Nr. 2 VwGO Gebrauch gemacht hat, ein derartiges Kontrollverfahren einzurichten. Von den meisten Bundesländern sind indes entsprechende Regelungen erlassen worden.[1]

---

[1] § 5 BaWüAGVwGO; Art. 5 Satz 1 BayAGVwGO; § 4 Abs. 1 BbgVwGG; Art. 7 Abs. 1 BremAGVwGO; § 11 Abs. 1 HessAGVwGO; § 13 MeVoGOrgG; § 7 NdsVwGG; § 4 Satz 1 RhPfAGVwGO; § 16 SaarlAGVwGO; Art. 4, § 2 Abs. 1 SächsGOrgG; § 10 SaAnAGVwGO; § 5 SchlHAGVwGO; § 4 ThürAGVwGO.

Mit der verwaltungsgerichtlichen Normenkontrolle können nach § 47 Abs. 1 Nr. 2 VwGO nur solche Rechtsvorschriften angegriffen werden, die **im Range unter dem Landesgesetz** stehen. Hierdurch scheiden jedoch allein diejenigen Raumordnungspläne aus, die als förmliches Gesetz ergehen. Denn die übrigen Pläne sind – wie bereits dargelegt[2] – entweder als Rechtsverordnungen, Satzungen oder als untergesetzliche normähnliche hoheitliche Maßnahmen eigener Art zu qualifizieren. Sie fallen nach zunehmend vertretener Rechtsansicht alle in den Anwendungsbereich des § 47 Abs. 1 Nr. 2 VwGO.[3]

4

Allerdings wird die **Antragsbefugnis** (§ 47 Abs. 2 Satz 1 VwGO) bei Personen des Privatrechts traditionell verneint. Die Begründung hierfür lautet, dass die Raumordnungspläne keine unmittelbare rechtliche Außenwirkung entfalten und deshalb Private nicht in ihren subjektiven öffentlichen Rechten verletzen können.[4] Gegenüber dieser streng restriktiven Position sind indes bereits auf der Grundlage des früheren Rechts gelegentlich Vorbehalte geäußert worden.[5] Unter der Geltung des mit Beginn des Jahres 1998 in Kraft getretenen novellierten Raumordnungsrechts, das sich durch eine verstärkte Planbindung Privater auszeichnet, haben die Vorbehalte erhebliches zusätzliches Gewicht erhalten.[6]

5

Dass die traditionelle Position korrekturbedürftig ist, belegen namentlich die Fälle, in denen mit Raumordnungsplänen gezielt private Vorhaben gesteuert werden. Eine derartige Steuerung erfolgt im Rahmen des § 35 Abs. 3 Satz 3 BauGB. Hier werden Raumordnungsziele speziell zu dem Zweck eingesetzt, bestimmte private Vorhaben (z. B. Bodenabbaumaßnahmen oder die Errichtung von Windenergieanlagen) an einer Stelle zu konzentrieren und damit zugleich an anderer Stelle auszuschließen. Obwohl sich dies in hohem Maße als grundrechtsrelevant erweist (wobei vor allem die Art. 12, 14 GG bedeutsam sind), wird die Antragsbefugnis von vornherein abgelehnt. Demgegenüber wird z. B. bei Bebauungsplänen, Natur- oder Wasserschutzgebietsverordnungen angenommen, dass sie von privaten Rechtsträgern zulässigerweise einem verwaltungsgerichtlichen Normenkontrollverfahren unterworfen werden können. Zwar gehen von Bebauungsplänen, Natur- und Wasserschutzgebietsverordnungen **unmittelbare** Rechtswirkungen gegenüber den Bürgern aus, wäh-

6

---

2 Vgl. oben § 3 Rn. 56 ff.
3 Vgl. dazu oben § 3 Rn. 58 mit Fn. 25. Allerdings erweist sich die verwaltungsgerichtliche Normenkontrolle gegen das rheinland-pfälzische Landesentwicklungsprogramm wegen der besonderen Bestimmung des § 4 Satz 2 RhPfAGVwGO als unzulässig. Siehe zu dieser Frage auch *Menke*, Landesrecht Rheinland-Pfalz, in: Hoppe/Menke, Raumordnungs- und Landesplanungsrecht des Bundes und des Landes Rheinland-Pfalz 1986, S. 349 (542, Rn. 1360).
4 Vgl. z. B. *Brohm*, Öffentliches Baurecht, 2. Aufl. 1999, § 37 Rn. 47; *Peine*, Öffentliches Baurecht, 3. Aufl. 1997, Rn. 96, 107.
5 Vgl. insb. *Blümel*, Rechtsschutz gegen Raumordnungspläne, VerwArch. 84 (1993), S. 123 (135 ff.), sowie ferner *Schmidt-Aßmann*, Rechtsstaatliche Anforderungen an Regionalpläne, DÖV 1981, 237 (246), und *Hendler*, in: Koch/Hendler (Vorauflage), S. 119.
6 Vgl. auch *Bielenberg/Erbguth/Runkel*, Raumordnungs- und Landesplanungsrecht des Bundes und der Länder, Loseblattausgabe (Stand: 42. Lfg. 2000), K § 4 Rn. 450: „Die Rechtsschutzmöglichkeiten Privater gegen Ziele der Raumordnung bedürfen.... einer Neubewertung".

rend Raumordnungsziele im Rahmen des § 35 Abs. 3 BauGB lediglich **mittelbar**, d.h. als Bestandteil öffentlicher Belange, rechtliche Bindungswirkungen für die Bürger entfalten. Dass von diesem Unterschied in der rechtstechnischen Konstruktion die Art des Rechtsschutzes abhängen soll, vermag jedoch angesichts der zunehmenden Bedeutung der Raumordnungsziele für den Einzelnen vor dem Hintergrund des Art. 19 Abs. 4 GG (Grundsatz effektiven Rechtsschutzes) nicht zu überzeugen.[7]

7 Die Antragsbefugnis nach § 47 Abs. 2 Satz 1 VwGO setzt freilich zumindest die Möglichkeit voraus, dass durch die Anwendung des Raumordnungsplans Rechte des Antragstellers „in absehbarer Zeit" verletzt werden. Dies bedeutet, dass der Antragsteller bereits konkrete Anstrengungen zur alsbaldigen Durchführung eines den Raumordnungszielen möglicherweise widersprechenden Vorhabens unternommen haben muss (z.B. Grundstückskauf oder Abschluss eines Pachtvertrags zum Zweck einer bestimmten Nutzung). Wenn nicht einmal diese Voraussetzungen erfüllt sind, ist der Normenkontrollantrag unzulässig.

2. Verwaltungsgerichtliche Inzidentkontrolle

8 Soweit Private den Raumordnungsplan auf dem Rechtsweg **nicht unmittelbar** angreifen können, haben sie unter bestimmten Voraussetzungen die Möglichkeit, **mittelbar** gegen den Plan vorzugehen und eine **verwaltungsgerichtliche Inzidentkontrolle** herbeizuführen. Eine entsprechende Konstellation ergibt sich dann, wenn sie die Gerichte anrufen, um sich gegen eine Verwaltungsmaßnahme zu wehren, deren Rechtmäßigkeit von der Gültigkeit des Raumordnungsplans abhängt. In diesem Fall prüft das betreffende Gericht als **Vorfrage**, ob der Plan mit dem geltenden Recht übereinstimmt.

Beispiel: Nach § 35 Abs. 3 Satz 2 BauGB dürfen raumbedeutsame Bauvorhaben im Außenbereich den Zielen der Raumordnung nicht widersprechen. Lehnt daher die Behörde unter Hinweis auf diese Vorschrift den Baugenehmigungsantrag für ein Außenbereichsvorhaben ab, so wird im Rahmen einer daraufhin erhobenen Verpflichtungsklage auf Genehmigungserteilung die Rechtmäßigkeit des betreffenden Raumordnungsplans durch das Gericht inzident überprüft.

9 Bei Raumordnungsplänen, die als förmliche Gesetze ergehen, greift in dem hier behandelten Zusammenhang allerdings das verfassungsgerichtliche Verwerfungsmonopol (Art. 100 Abs. 1 GG) ein.

---

7 Im Ergebnis ebenso *Bielenberg/Erbguth/Runkel* (Fn. 6), K § 4 Rn. 452 ff.

III. Der Rechtsschutz der Gemeinden

1. Verfassungsgerichtliche Verfahren

Die Gemeinden können Raumordnungspläne (bzw. die in ihnen enthaltenen Ziele der Raumordnung und Landesplanung) zunächst vor den Verfassungsgerichten **unmittelbar** angreifen. Insoweit ist in Betracht zu ziehen, dass sie das **Bundesverfassungsgericht** im Wege der **kommunalen Verfassungsbeschwerde** anrufen (Art. 93 Abs. 1 Nr. 4b GG i.V.m. § 91 BVerfGG). Allerdings kann die kommunale Verfassungsbeschwerde nur mit der Behauptung erhoben werden, dass der betreffende Raumordnungsplan Art. 28 Abs. 2 Satz 1 GG verletze.

10

Voraussetzung ist nach Art. 93 Abs. 1 Nr. 4b GG i.V.m. § 92 BVerfGG ferner, dass es sich bei den beanstandeten Raumordnungsplänen um Gesetze handelt. Der hier verwandte Gesetzesbegriff ist indes weit zu verstehen. Er umfasst nach der Rechtsprechung des Bundesverfassungsgerichts „alle Arten vom Staat erlassener Rechtsnormen..., die Außenwirkung gegenüber Gemeinden entfalten".[8] Wie bereits ausgeführt[9], stellen die Raumordnungspläne entweder förmliche Gesetze, Rechtsverordnungen, Satzungen oder normähnliche untergesetzliche hoheitliche Maßnahmen eigener Art dar. Eine kommunale Verfassungsbeschwerde scheidet auf der Grundlage der bundesverfassungsgerichtlichen Rechtsprechung[10] nur gegenüber den als Satzung ergehenden Raumordnungsplänen aus[11], weil diese nicht vom Staat (Land), sondern von verselbstständigten juristischen Personen des öffentlichen Rechts erlassen werden, z.B. von Landkreisen (§§ 7, 8 Abs. 4 NROG) oder von Regionalverbänden (§ 9 Abs. 1 Satz 1, Abs. 6, § 23 BaWüLPlG).

11

Im weiteren ist das Erfordernis der Rechtswegerschöpfung (§ 90 Abs. 2 Satz 1 BVerfGG) zu beachten, das nicht nur für die allgemeine, sondern ebenfalls für die kommunale Verfassungsbeschwerde gilt.[12] Zum Rechtsweg gehört dabei auch das Verfahren nach § 47 VwGO[13], auf das unter dem Gesichtspunkt des gemeindlichen Rechtsschutzes noch näher einzugehen sein wird.[14]

12

Von erhöhter Bedeutung ist in diesem Zusammenhang zudem die Subsidiaritätsklausel des Art. 93 Abs. 1 Nr. 4b GG i.V.m. § 91 Satz 2 BVerfGG. Danach kann eine kommunale Verfassungsbeschwerde dann nicht beim Bundesverfassungsgericht erhoben werden, wenn das Landesrecht den Gemeinden die Möglichkeit eröffnet, ein Verfahren wegen Verletzung ihres Selbstverwal-

13

---

8 BVerfGE 76, 107 (LS 1).
9 Vgl. oben § 3 Rn. 56 ff.
10 BVerfGE 76, 107 (114).
11 Ebenso *Erbguth/Schoeneberg*, Raumordnungs- und Landesplanungsrecht, 2. Aufl. 1992, S. 244 (Rn. 179). Anders *Clemens*, in: Umbach/Clemens (Hrsg.), Bundesverfassungsgerichtsgesetz, 1992, § 91 Rn. 24, 26 f.
12 BVerfGE 76, 107 (114).
13 BVerfGE 76, 107 (114).
14 Vgl. unten § 9 Rn. 15 ff.

tungsrechts beim **Landesverfassungsgericht** einzuleiten. Diese Möglichkeit ist in einigen Bundesländern gegeben, wie z. B. in Baden-Württemberg, Nordrhein-Westfalen und Rheinland-Pfalz.[15] In Bayern können die Gemeinden die Verletzung ihres durch Art. 11 Abs. 2 BayVerf. gewährleisteten Selbstverwaltungsrechts vor dem Verfassungsgerichtshof im Wege der Popularklage geltend machen.[16]

14 Hingewiesen sei darauf, dass die Gemeinden selbst in denjenigen Ländern, die eine kommunale Verfassungsbeschwerde (oder ein ähnliches Verfahren) eingeführt haben, nicht in jedem Fall beim Landesverfassungsgericht unmittelbar gegen Raumordnungspläne vorgehen können. Hier kommt es entscheidend auf die Einzelheiten des Landesrechts an. So sind beispielsweise im Rahmen der kommunalen Normenkontrolle nach Art. 76 BaWüVerf. nur formelle Gesetze rügefähig[17], zu denen jedoch die baden-württembergischen Raumordnungspläne nicht gehören.

2. Verwaltungsgerichtliches Normenkontrollverfahren

15 Die Gemeinden können gegen die nach ihrer Auffassung rechtswidrigen Raumordnungspläne ferner im Wege der verwaltungsgerichtlichen Normenkontrolle **unmittelbar** vorgehen, sofern das betreffende Land von der Möglichkeit des § 47 Abs. 1 Nr. 2 VwGO Gebrauch gemacht hat, ein derartiges Kontrollverfahren einzurichten, und der angegriffene Plan nicht in Form eines förmlichen Gesetzes ergangen ist.[18]

16 Soweit es um die Antragsbefugnis geht (§ 47 Abs. 2 Satz 1 VwGO), brauchen die Gemeinden nicht darzulegen, dass sie durch den von ihnen bekämpften Raumordnungsplan einen Nachteil erlitten oder zu erwarten haben. Denn sie können den Antrag als Behörde stellen. Hierbei reicht es aus, wenn die beanstandeten Festlegungen des Raumordnungsplans für das Gemeindegebiet gelten und von der Gemeinde bei ihrer Aufgabenerfüllung zu beachten sind.[19] Hinsichtlich der in den Plänen enthaltenen Ziele der Raumordnung ergibt sich die Beachtenspflicht aus § 4 Abs. 1 Satz 1 ROG, § 1 Abs. 4 BauGB sowie den entsprechenden landesrechtlichen Vorschriften. Auf Grund dieser Regelungen ist auch das (von der Antragsbefugnis zu unterscheidende) gemeindliche Rechtsschutzinteresse zu bejahen.[20]

17 Dem Verhältnis von verwaltungsgerichtlicher Normenkontrolle und verfassungsgerichtlichem Verfahren gelten die besonderen Bestimmungen des § 47 Abs. 3, 4 VwGO, deren praktische Bedeutung jedoch für den gemeindlichen Rechtsschutz gegenüber Raumordnungsplänen gering ist.

---

15 Vgl. Art. 76 BaWüVerf. i. V. m. § 8 Abs. 1 Nr. 8, § 54 BaWüStGHG; Art. 75 Nr. 4 NWVerf. i. V. m. § 50 NWVerfGHG; Art. 130 Abs. 1 RhPfVerf. i. V. m. § 23 RhPfVerfGHG.
16 Art. 98 Satz 4 BayVerf., Art. 2 Nr. 7, Art. 53 BayVfGHG. Vgl. dazu BayVerfGH, BayVBl. 1976, 589 (591 f.).
17 VGH Mannheim, ESVGH 19, 123 (125 ff.); StGH BW, DÖV 1977, 744 (744 f.).
18 Vgl. zu den genannten Voraussetzungen oben § 9 Rn. 3, 4.
19 BVerwGE 81, 307 (307 f).
20 BVerwGE 81, 307 (310 f.).

3. Anfechtungsklage

Da es sich bei den Raumordnungsplänen nicht um Verwaltungsakte handelt, ist eine Anfechtungsklage nach § 42 Abs. 1 VwGO unzulässig. Sie kann auch nicht erfolgreich gegen die (z.B. in § 8 Abs. 4 Satz 1 Hs. 2 NROG vorgesehene) Genehmigung eines Plans erhoben werden, weil diese gegenüber den Gemeinden einen unselbstständigen Teil des Plangebungsverfahrens darstellt.[21]

18

Bisweilen wird geltend gemacht, dass die Verbindlicherklärung eines Plans in den Fällen, in denen sie sich als Verwaltungsakt erweist, von den planbetroffenen Gemeinden mit der Anfechtungsklage angegriffen werden könne.[22] Ein Beispiel für eine als Verwaltungsakt zu qualifizierende Verbindlicherklärung bildet § 18 Abs. 2 Satz 1 BayLPlG.[23] Doch scheidet hier eine gemeindliche Anfechtungsklage aus. Denn die Verbindlicherklärung ergeht gegenüber dem Träger der Regionalplanung. Gegenüber den Gemeinden stellt sie ebenso wie die Genehmigung eines Raumordnungsplans einen unselbstständigen Teil des Plangebungsverfahrens dar. Zwischen beiden Rechtsinstituten besteht eine enge Sachverwandtschaft. So schreibt etwa § 10 Abs. 1 Satz 1 BaWüLPlG vor, dass die Grundsätze und Ziele eines Regionalplans „durch Genehmigung für verbindlich erklärt" werden.[24]

19

4. Allgemeine Feststellungsklage

Wenngleich die Gemeinden nach dem soeben Dargelegten nicht im Wege der Anfechtungsklage gegen Raumordnungspläne vorgehen können, so können sie sich dagegen doch mit Hilfe der allgemeinen Feststellungsklage (§ 43 VwGO) wehren.[25] Dabei betrifft die begehrte Feststellung nicht den Plan selbst, sondern das aus diesem auf Grund besonderer Vorschriften (wie z.B. § 1 Abs. 4 BauGB) resultierende Rechtsverhältnis zwischen der Gemeinde und einem anderen Subjekt hoheitlicher Gewalt. Die Feststellungsklage steht damit neben dem verwaltungsgerichtlichen Normenkontrollverfahren nach § 47 Abs. 1 Nr. 2 VwGO. Feststellungsfähig ist allerdings lediglich ein **konkretes Rechtsverhältnis**. Dieses liegt vor, wenn der Raumordnungsplan nicht nur allgemeine, auf weitere raumordnerische Präzisierung angelegte Aussagen aufweist, sondern inhaltlich bereits so bestimmt ist, dass der planerische Bewegungsspielraum der Gemeinden spürbar eingeengt wird.

20

Außerdem verlangt § 43 Abs. 1 VwGO ein **berechtigtes Interesse** an der baldigen Feststellung. Diese Voraussetzung ist insbesondere dann erfüllt,

21

---

21 Im Ergebnis ebenso *Hoppe*, Allgemeine Grundlagen, in Hoppe/Schoeneberg, Raumordnungs- und Landesplanungsrecht des Bundes und des Landes Niedersachsen, 1987, S. 1 (172, Rn. 417, Fn. 139) unter Hinweis auf *Weidemann*, Gerichtlicher Rechtsschutz der Gemeinden gegen regionale Raumordnungspläne, 1983, S. 68 f.; *Geiger*, Entscheidungserläuterung, JA 1993, 28.
22 Brohm (Fn. 4), § 37 Rn. 48.
23 BayVGH, JA 1993, 29.
24 Auf die Ähnlichkeit von Verbindlicherklärung und Genehmigung weist auch der BayVGH (BayVBl. 1984, 240/243; JA 1993, 29) hin.
25 *Bielenberg/Erbguth/Runkel* (Fn. 6), K § 4 Rn. 430 ff.; *Battis*, Öffentliches Baurecht und Raumordnungsrecht, 4. Aufl. 1999, S. 44. Vgl. ferner *Steiner*, Raumordnungs- und Landesplanungsrecht, in: ders. (Hrsg.), Besonderes Verwaltungsrecht, 6. Aufl. 1999, S. 745 (780 Rn. 94), der neben der Feststellungsklage auch die allgemeine Leistungsklage in Betracht zieht.

wenn die Gemeinde den Beschluss nach § 2 Abs. 1 Satz 2 BauGB zur Aufstellung eines Bauleitplans gefasst hat und ihre planerischen Vorstellungen mit dem Raumordnungsplan kollidieren.

5. Verwaltungsgerichtliche Inzidentkontrolle

22 Im Übrigen kann es bei bestimmten gemeindlichen Klagen noch zur verwaltungsgerichtlichen Inzidentkontrolle der Rechtmäßigkeit von Raumordnungsplänen kommen.[26] Ein entsprechender Fall tritt jeweils dann ein, wenn sich die Rechtmäßigkeit des Plans als **Vorfrage** für die Begründetheit eines gemeindlichen Klagebegehrens erweist.[27]

Beispiel: Die Behörde hat die Genehmigung des Flächennutzungsplans (§ 6 BauGB) mit der Begründung verweigert, der Plan verstoße gegen § 1 Abs. 4 BauGB, weil er mit den Zielen der Raumordnung des Regionalplans nicht in Einklang stehe. Wenn die Gemeinde eine Verpflichtungsklage auf Genehmigungserteilung erhebt, so prüft das Gericht inzident, ob der Regionalplan rechtmäßig (gültig) ist.

Zum Fall 4: Zweifelhaft ist die Zulässigkeit des Antrags der Stadt T allein in Bezug auf die Fragen, ob es sich bei dem angegriffenen Regionalplan um eine im Rang unter dem Landesgesetz stehende Rechtsvorschrift handelt (§ 47 Abs. 1 Nr. 2 VwGO) und ob die Stadt T die Antragsbefugnis besitzt (§ 47 Abs. 2 Satz 1 VwGO).

Was die erste Frage angeht, so enthält der Sachverhalt keine näheren Angaben zur Rechtsnatur des Regionalplans. Zu beachten ist jedoch, dass die Regionalpläne insoweit, als sie nicht in Form von Rechtsverordnungen oder Satzungen ergehen, untergesetzliche normähnliche Maßnahmen eigener Art darstellen und daher nach zunehmend vertretener Rechtsansicht taugliche Gegenstände eines verwaltungsgerichtlichen Normenkontrollverfahrens sind. Eine verwaltungsgerichtliche Normenkontrolle scheidet nur in dem Fall aus, dass die Regionalpläne als förmliches Gesetz erlassen werden. Doch ist dieser Fall in der deutschen Rechtsordnung (bisher) nicht vorgesehen.

Hinsichtlich der zweiten Frage vertritt der BayVGH (BayVBl. 1984, 240/242) die Auffassung, wonach eine Gemeinde dadurch einen Nachteil i.S.v. § 47 Abs. 2 Satz 1 VwGOa.F. erleiden kann, dass sie im Regionalplan nicht selbst als zentraler Ort ausgewiesen wurde. Die Ausweisung einer anderen Gemeinde könne für die nicht berücksichtigte Gemeinde einen solchen Nachteil dagegen nur dann begründen, wenn die Ausweisung der anderen Gemeinde die wesentliche Ursache der Nichtberücksichtigung war. Auf der Grundlage dieser Rechtsprechung besitzt die Stadt T die Antragsbefugnis zunächst unter dem Gesichtspunkt, dass sie neben der Nachbarstadt S nicht selbst zum Mittelzentrum erklärt wurde. Soweit sie geltend macht, nicht an Stelle der Nachbarstadt als Mittelzentrum ausgewiesen worden zu sein, ist die Antragsbefugnis ebenfalls gegeben. Zwar beantragt sie mit dieser Rüge (auch) die Nichtigerklärung der Ausweisung der Stadt S als Mittelzentrum. Doch ist sie hierzu ausnahmsweise befugt, da die diesbezüglichen besonderen Voraussetzungen im Sachverhalt erfüllt sind.

---

26 *Hoppe* (Fn. 21), S. 166 (Rn. 419), zählt auch die Feststellungsklage zum Bereich gerichtlicher Inzidentprüfung.
27 Zur näheren Charakterisierung der verwaltungsgerichtlichen Inzidentkontrolle vgl. oben § 9 Rn. 8 f.

Zu beachten ist, dass das BVerwG im Hinblick auf Regionalpläne inzwischen den Standpunkt eingenommen hat, demzufolge eine Gemeinde den Normenkontrollantrag als Behörde stellen kann und deshalb keinen Nachteil im Sinne des § 47 Abs. 2 Satz 1 VwGOa.F. geltend machen muss (BVerwGE 81, 307). Insofern kann dahinstehen, ob sich die dargelegte Rechtsprechung des BayVGH auf die neue Fassung des § 47 Abs. 2 Satz 1 VwGO übertragen läßt, die nicht auf einen Nachteil, sondern auf ein subjektives Recht abstellt.

Zum Fall 5:

1) Dem Umstand, dass die umstrittene Aussage im Gliederungsabschnitt „Ziele der Raumordnung" steht und damit vom Planungsträger selbst als Ziel gekennzeichnet worden ist, kommt zwar keine konstitutive Bedeutung, aber doch eine Indizwirkung zu. Da die Aussage räumlich und sachlich hinreichend bestimmt ist und zudem keine Anhaltspunkte dafür bestehen, dass es hier an der abschließenden Abwägung des Planungsträgers fehlt, lässt sich die Indizwirkung nicht entkräften. Es liegt demnach ein Raumordnungsziel i.S.d. § 3 Nr. 2 ROG vor.

Das Ziel des Raumordnungsplans läuft hinsichtlich der aufgeführten Einzelhandelsbetriebe letztlich auf ein partielles Planungsverbot für Gemeinden ohne zentralörtliche Funktion hinaus. Es handelt sich daher um eine durchaus schwer wiegende Beschränkung der von Art. 28 Abs. 2 Satz 1 GG garantierten gemeindlichen Planungshoheit. Ob diese zum unantastbaren Kernbereich des gemeindlichen Selbstverwaltungsrechts gehört, kann hier dahinstehen, denn durch das Ziel ist nicht die Substanz der Planungshoheit als solche, sondern nur die Ansiedlung bestimmter Einzelhandelsbetriebe betroffen. Derartige Eingriffe sind zulässig, wenn sie verhältnismäßig sind (vgl. BVerfGE 56, 298/312 ff.). Das Raumordnungsziel verfolgt den legitimen Zweck, das vom Landesraumordnungsplan geschaffene zentralörtliche Gliederungssystem zu schützen. Es ist auch geeignet, diesen Zweck zu erreichen. Ferner ist es erforderlich, denn ein milderes Mittel, das den Schutz der zentralen Orte ebenso wirksam sicherstellt, ist nicht ersichtlich. Orten ohne zentralörtliche Funktion bleibt es unbenommen, Gebiete für Einzelhandelszentren des eigenen Bedarfs auszuweisen. Das Raumordnungsziel geht damit nicht über das hinaus, was unbedingt notwendig ist, um den Zweck, zentrale Orte wirksam zu schützen, zu erreichen. Für die Angemessenheit spricht entscheidend das Gewicht des verfolgten Zwecks. Die Innenstädte der zentralen Orte sollen vor wirtschaftlichem und sozialem Verfall bewahrt werden. Es soll nicht dazu kommen, dass diese Orte eine kostenintensive, auch von den Nachbargemeinden in Anspruch genommene Infrastruktur bereitstellen (müssen), während sich die sonstigen Orte nur die wirtschaftlichen Vorteile sichern (vgl. OVG Münster, DÖV 1988, 843/845; OVG Koblenz, NVwZ 1989, 983/984). Auf diese Weise werden zu Gunsten der gesamten Bevölkerung landesweit ausgeglichene Versorgungsstrukturen geschaffen und erhalten. Die hohe Bedeutung dieses Zwecks rechtfertigt das eingesetzte planerische Mittel, welches lediglich verhindert, dass ein Ort ohne zentralörtliche Funktion das wirtschaftliche Potenzial der orts*fremden* Bevölkerung abschöpft. Die darin liegende Beschränkung auf die örtliche Gemeinschaft entspricht dem in Art. 28 Abs. 2 Satz 1 GG niedergelegten Grundkonzept der kommunalen Selbstverwaltung und kann schon deshalb nicht unzumutbar sein. Zweck und Mittel stehen also in einem angemessenen Verhältnis zueinander.

2) Fraglich ist, ob in der bloßen bebauungsplanerischen Festsetzung des Sondergebiets bereits ein Verstoß gegen den Raumordnungsplan liegt, da zumindest denkbar ist, dass sich in dem betreffendem Gebiet lediglich großflächige Einzelhandelsbetriebe ansiedeln, deren Einzugsbereiche über die Grenzen von G nicht wesentlich hinausreichen. Insoweit

darf jedoch nicht übersehen werden, dass kommunale Planung nicht unabhängig von tatsächlichen Gegebenheiten erfolgt. Auch G hat den Bebauungsplan gerade auf Grund von Verhandlungen mit dem Investor des FOC und zur Verwirklichung dieses Projekts aufgestellt. Der Einzugsbereich des FOC reicht zudem wesentlich über die Grenzen von G hinaus, da in erheblichem Umfang Kaufkraft aus dem Mittelzentrum S abgezogen wird. Angesichts dieser Umstände ist ein Verstoß gegen den Landesraumordnungsplan zu bejahen. Im Übrigen schließt die Festsetzung des Sondergebiets im Bebauungsplan nicht ausdrücklich aus, dass sich Einzelhandelsbetriebe ansiedeln, die vom Raumordnungsziel erfasst werden. Diese Unbestimmtheit geht zu Lasten von G (vgl. OVG Münster, NVwZ 1999, 79/82).

3) Im Rahmen der Zulässigkeit ist problematisch, ob S aus den raumordnungsplanerischen Festlegungen eine Antragsbefugnis herleiten kann (§ 47 Abs. 2 Satz 1 VwGO). Wegen der fehlenden Zielkonformität des Bebauungsplans könnte sich die Antragsbefugnis aus § 1 Abs. 4 BauGB ergeben. Zwar verleiht diese Vorschrift für sich genommen einer Gemeinde nicht das Recht, jegliche Verstöße gegen Raumordnungsziele zu rügen. Wenn es jedoch – wie hier – um den Verstoß gegen ein Ziel geht, das aus der zentralörtlichen Gliederung folgt, könnten zumindest diejenigen Gemeinden antragsbefugt sein, deren zentralörtliche Stellung durch die nachbargemeindliche Planung beeinträchtigt wird. Das OVG Bautzen (LKV 1994, 116/117) vertritt die Ansicht, § 1 Abs. 4 BauGB i. V. m. der landesplanerischen Einstufung als zentraler Ort verleihe diesem zumindest dann die Antragsbefugnis, wenn er geltend machen könne, durch die nachbargemeindliche Planung in einer *eigenen, hinreichend konkreten Planung* berührt zu sein. Die Einstufung hebe ihn nämlich aus dem Kreis der sonstigen Orte hinaus und sei mit rügefähigen landesplanerischen Privilegien verbunden. Diese Erwägung brachte das OVG Koblenz (NVwZ 1989, 983 f.) sogar zu der Beurteilung, die Einstufung diene gerade dem Schutz der Interessen zentraler Orte mit der Folge, dass sich die Antragsbefugnis bei einer nachteiligen nachbargemeindlichen Planung *direkt* aus der Rechtsstellung als zentraler Ort ergebe. Diese Rechtsprechung hat das Gericht nunmehr aber aufgegeben (OVG Koblenz, BRS 54 Nr. 13; OVG Koblenz, NVwZ 1999, 435/437).

Die überwiegende Zahl der Obergerichte lehnt eine Antragsbefugnis aus § 1 Abs. 4 BauGB ab (OVG Lüneburg, BRS 39 Nr. 36; VGH Mannheim VBlBW 1987, 461/463 f.; OVG Bautzen, LKV 1993, 97 f.; OVG Weimar, DÖV 1997, 791 f.). Die Ziele der Raumordnung dienten generell nur öffentlichen Interessen der Landesplanung. Soweit ein zentraler Ort daraus einen subjektiven Vorteile ziehe, handele es sich hierbei um bloße Rechtsreflexe (insoweit abweichend jedoch OVG Münster, DÖV 1988, 843/845). Die Stellung als zentraler Ort habe eine Gemeinde nicht auf Grund ihrer Planungshoheit, sondern lediglich durch eine landesplanerische Zuweisung erlangt (so auch BVerwG, NVwZ 1994, 285/288). Die Antragsbefugnis der S ergibt sich also der überwiegenden Rechtsprechung zufolge nicht aus § 1 Abs. 4 BauGB.

Der Verstoß gegen das raumordnungsplanerische Ziel könnte allerdings Rechte der S aus dem interkommunalen Abstimmungsgebot (§ 2 Abs. 2 BauGB) in Verbindung mit der Einstufung als Mittelzentrum verletzen und dadurch eine Antragsbefugnis begründen. Im vorliegenden Fall hat eine Analyse ergeben, dass S mit einem erheblichen Kaufkraftabzug rechnen muss, wenn das FOC gebaut wird; S sieht deshalb ihre zentralörtliche Stellung bedroht. Zwar handelt es sich bei der Einstufung als zentraler Ort um eine Position, aus der S – jedenfalls nach der überwiegenden Rechtsprechung – keine subjektiven Rechte ableiten kann. Allerdings kommt den landesplanerischen Funktionszuweisungen und sonstigen Raumordnungszielen bei der Gewichtung widerstreitender kommunaler Belange eine bedeutsame Rolle zu (OVG Koblenz, NVwZ 1999, 435/437). Ein Zielverstoß führt dabei zwar nicht automatisch zu einem Abstimmungsmangel im Rahmen des § 2 Abs. 2 BauGB. Hat aber eine Gemeinde die Belange einer Nachbargemeinde nicht hinreichend berücksichtigt, ist das interkommunale Abstimmungsgebot verletzt. In Betracht kommt hier insbesondere auch eine gemeindliche Planung, die einem benachbarten Mittelzentrum die Finanzkraft entzieht (vgl. OVG Münster, DÖV 1988, 843/845; OVG Bautzen, LKV 1994, 116/118 f.). Die Antragsbefugnis der S leitet sich demnach unmittelbar aus § 2 Abs. 2 BauGB ab, aber *innerhalb* dieser Vorschrift kann sie auf den Zielverstoß gestützt werden (vgl. BayVGH, GewArch 1991, 314 ff.; BayVBl. 1994, 495 ff.; OVG Lüneburg, BRS 39 Nr. 36 S. 77; OVG Münster, DÖV 1988, 843/844 f.; OVG Bautzen, LKV 1993, 97 ff.; LKV 1994, 116/118; OVG Weimar, DÖV 1997, 791). Ob der prognostizierte Kaufkraftabfluss – auch mit Blick auf die zentralörtliche Stellung der S – als solcher bereits zu einem materiellen Abstimmungsmangel führt, oder ob hierüber hinausgehende Voraussetzungen erfüllt sein müssen, ist eine Frage der Begründetheit (vgl. hierzu OVG Weimar, DÖV 1997, 791/793 m.w.N.).

§ 10 Europäische Raumordnung

Literatur: *Gatawis*, Grundfragen eines europäischen Raumordnungsrechts, 2000; *Jarass*, Europäisierung des Planungsrechts, DVBl. 2000, 945; ders., Wirkungen des EG-Rechts in den Bereichen der Raumordnung und des Städtebaus, DÖV 1999, 661; *Wahl*, Europäisches Planungsrecht – Europäisierung des deutschen Planungsrechts in: Grupp/Ronellenfitsch (Hrsg.), Planung – Recht – Rechtsschutz, FS für Willi Blümel, 1998, 617; *Battis*, Rechtsfragen der europäischen Raumordnungspolitik, in: Berkemann et al. (Hrsg.), Planung und Plankontrolle, FS für Otto Schlichter, 1995, S. 185; *Krautzberger/Selke*, Auf dem Wege zu einem Europäischen Raumentwicklungskonzept, DÖV 1994, 685; *Hendler*, Rechtliche Grundlagen einer europäischen Raumordnungspolitik, in: Mertins (Hrsg.), Vorstellungen der Bundesrepublik Deutschland zu einem europäischen Raumordnungskonzept, Marburger Geografische Schriften, Heft 125, 1993, S. 37; *David*, Europäische Tendenzen und gemeinschaftsrechtliche Grenzen einer Harmonisierung raumplanungsrechtlicher Vorschriften, DÖV 1993, 1021; *Schmidhuber/Hitzler*, Die Planungskompetenz der Europäischen Gemeinschaft beim Ausbau der europäischen Infrastrukturen, DÖV 1991, 271; *Spannowsky*, Die zunehmende Bedeutung des Rechts der Europäischen Gemeinschaft für die Regionalplanung, die Bauleitplanung und die Fachplanung, UPR 1998, 161; *Akademie für Raumforschung* und *Landesplanung* (Hrsg.), Grenzübergreifende Raumplanung. Erfahrungen und Perspektiven der Zusammenarbeit mit den Nachbarstaaten Deutschlands, Forschungs- und Sitzungsberichte, Bd. 188, 1992.

1 Auf europäischer Ebene ist die Raumordnung rechtlich nur schwach ausgeprägt. Insbesondere verfügt die EG über keine originäre Raumordnungskompetenz. Ein raumordnungspolitisches Mandat steht ihr bisher nicht zu. Immerhin gibt es aber auf europäischer Ebene einige bedeutsame raumordnungspolitische Ansätze. Hierzu gehören u. a.

– die 1970 beim Europarat gegründete Europäische Raumordnungsministerkonferenz,

- die 1983 von dieser Konferenz verabschiedete Raumordnungscharta[1] sowie
- die Kooperation von Nachbarstaaten auf dem Gebiet der Raumordnung.[2]

2 Wenngleich die EG nicht über eine originäre Raumordnungskompetenz verfügt, so besitzt sie doch verschiedene raumbedeutsame Kompetenzbereiche. Hervorgehoben seien insoweit die Bereiche
- der Landwirtschaft (Art. 32 ff. EGV),
- des Verkehrs (Art. 70 ff. EGV),
- der transeuropäischen Netze (Art. 154 ff. EGV),
- der Regionalpolitik (Art. 158 ff. EGV) sowie
- der Umweltpolitik (Art. 174 ff. EGV).

3 Hinsichtlich der Umweltpolitik besteht zudem die Besonderheit, dass dem Rat auf diesem Sachgebiet die Befugnis eingeräumt worden ist, „Maßnahmen im Bereich der Raumordnung" zu erlassen (Art. 175 Abs. 2 Satz 1 EGV). Dass der Begriff der Raumordnung im EGV erscheint, geht auf die Vereinbarungen von Maastricht über die Europäische Union zurück. Es handelt sich hierbei jedoch nicht um ein eigenständiges raumordnungspolitisches Mandat der Gemeinschaft, sondern lediglich um einen Bestandteil der Umweltpolitik. Die raumordnerischen Maßnahmen nach Art. 175 Abs. 2 Satz 1 EGV sind gleichsam in die Umweltpolitik eingebunden. Sie werden durch das umweltpolitische Mandat der Gemeinschaft zugleich legitimiert und limitiert.

4 Mit Rücksicht auf ihre raumbedeutsamen Kompetenzbereiche hat die EG bereits besondere institutionsrechtliche Vorkehrungen getroffen. So ist z. B. bei der Kommission ein informeller Ausschuss für Raumentwicklung eingerichtet worden, und das Europäische Parlament hat einen Ausschuss für Regionalpolitik und Raumordnung gebildet. Ferner sei darauf hingewiesen, dass die Kommission 1991 das Dokument „Europa 2000"[3] und 1995 das Dokument „Europa 2000+"[4] vorgelegt hat. Die Dokumente enthalten eine Analyse der bestehenden räumlichen Verhältnisse und vorsichtige Entwicklungsperspektiven. Im Jahr 1999 ist zudem vom Informellen Rat der für Raumordnung zuständigen Minister das Europäische Raumentwicklungskonzept (EUREK)[5] angenommen worden, mit dem sich Mitgliedstaaten und Kommission auf gemeinsame räumliche Ziele bzw. Leitbilder für die zukünftige Entwicklung des Territoriums der Europäischen Union verständigt haben. Das EUREK entfaltet keine rechtlichen Bindungswirkungen, sondern dient

---

1 Abgedruckt u. a. bei *Cholewa* et al., Raumordnung in Bund und Ländern. Kommentar zum Raumordnungsgesetz des Bundes und Vorschriftensammlung aus Bund und Ländern, Loseblattausgabe (Stand: Juli 1999), Vorschriftensamml. Bund, Gliederungsabschnitt III 6.2.
2 Vgl. dazu z. B. das Abkommen zwischen der Regierung der Bundesrepublik Deutschland und der Regierung des Königreichs Belgien über die Zusammenarbeit auf dem Gebiet der Raumordnung vom 3. 2. 1971 (GMBl. S. 114) sowie das Abkommen zwischen der Regierung der Bundesrepublik Deutschland und der österreichischen Bundesregierung über die Zusammenarbeit auf dem Gebiet der Raumordnung vom 11. 12. 1973 (BGBl. II 1974 S. 1110).
3 Europa 2000: Ausblick auf die Entwicklung des Gemeinschaftsraumes, BT-Drucks. 12/4640.
4 Europa 2000+: Europäische Zusammenarbeit bei der Raumentwicklung, KOM (94) 354 endg.
5 BT-Drucks. 14/1388.

den Mitgliedstaaten, deren Regionen und lokalen Gebietskörperschaften sowie der Europäischen Kommission im jeweils bestehenden Zuständigkeitsbereich lediglich als politischer Orientierungsrahmen.

Fragen der transnationalen Raumordnungspolitik kommt in einem zusammenwachsenden Europa eine verstärkte Bedeutung zu. Zunehmend erörtert werden vor allem Möglichkeiten einer Intensivierung der Raumordnung in der EG, wobei eine dreifache Zielsetzung auszumachen ist, und zwar die Koordinierung der raumbedeutsamen Maßnahmen der Gemeinschaft sowie die Harmonisierung der raumbedeutsamen Maßnahmen sowohl zwischen Gemeinschaft und Mitgliedstaaten als auch zwischen den Mitgliedstaaten. **5**

Es bleibt abzuwarten, inwieweit und mit welchem Tempo die vorhandenen Ansätze einer europäischen Raumordnung weiterentwickelt und ausgebaut werden. Eine maßvolle Weiterentwicklung dieser Ansätze dürfte dabei durchaus nützlich, ein umfassender Ausbau dagegen mit den Werten der Subsidiarität und der Dezentralisation kaum vereinbar sein. **6**

2. Teil

Bauleitplanung

§ 11 Grundlagen

Literatur: *Battis/Krautzberger/Löhr*, Die Neuregelungen des Baugesetzbuches zum 1.1.1998, NVwZ 1997, S. 1145; *Breuer*, Die Bodennutzung im Konflikt zwischen Städtebau und Eigentumsgarantie, 1976; *ders.*, Zur Entstehungsgeschichte eines modernen Städtebaurechts in Deutschland, in: Die Verwaltung 1986, S. 305; *BMBau* (Hrsg.), Siedlungsentwicklung und Siedlungspolitik. Nationalbericht Deutschland zur Konferenz Habitat II., 1996; *Bundesforschungsanstalt für Landeskunde und Raumordnung* (Hrsg.), Nachhaltige Stadtentwicklung. Herausforderungen an einen ressourcenschonenden und umweltverträglichen Städtebau, 1996; *Lüers*, Die Änderungen des Baugesetzbuches durch das Bau- und Raumordnungsgesetz 1998 – BauROG, ZfBR 1997, S. 231; *Schmidt-Aßmann*, Grundfragen des Städtebaurechts, 1972

I. Gegenstand und Aufgaben der Bauleitplanung

Nach § 1 Abs. 1 BauGB ist es Aufgabe der Bauleitplanung, „die bauliche und sonstige Nutzung der Grundstücke in der Gemeinde ... vorzubereiten und zu leiten". Vorbereiten und leiten meint dabei im Kern die Festlegung der für bestimmte Flächen **zulässigen Nutzungen**. Die „Ausnutzung" der zulässigen Nutzungen ist dann privater Initiative überlassen. Über die konkreten (baulichen) Vorhaben von Investoren wird in der Regel in einem **Baugenehmigungsverfahren** entschieden,[1] in dem es einerseits um die Vereinbarkeit des Vorhabens mit den planerischen Vorgaben der zulässigen Nutzung, andererseits aber auch um viele **bauordnungsrechtliche** Fragen nach der hinreichenden technischen Sicherheit des Projekts geht.

1

Die Vorbereitung und Leitung der Bodennutzung durch Festlegung der zulässigen Nutzungen geschieht grundsätzlich in **zweistufiger Form**: Auf sehr allgemeine, das gesamte Gemeindegebiet erfassende Weise werden im **Flächennutzungsplan** (s. § 5 BauGB) u.a. Bauflächen etwa für Wohnungsbau oder für Gewerbebetriebe, Flächen für überörtliche Verkehrswege und örtliche Hauptverkehrswege, für Versorgungs- und Entsorgungsanlagen, für Park- und Kleingartenanlagen, Wasserflächen, Flächen für Landwirtschaft und Wald dargestellt.

2

Detailliert und mit Außenverbindlichkeit gegenüber potenziellen Nutzern werden in Konkretisierung des Flächennutzungsplans durch **Bebauungsplan** (s. §§ 8, 9 BauGB) für Teile des Gemeindegebietes die zulässigen Nutzungen

3

---
1 S. unten 3. Teil.

nach Art und Maß bestimmt. So kann beispielsweise innerhalb der im Flächennutzungsplan dargestellten Bauflächen für Wohnungsbau ein Gebiet als „WA II o" festgesetzt werden, was nach den Symbolen der PlanZVO bedeutet, dass es sich um ein **allgemeines Wohngebiet** im Sinne von § 4 BauNVO handelt, welches maximal **zweigeschossig** bebaut werden darf, und zwar in **offener Bauweise**. D. h. gemäß § 22 BauNVO, dass die Gebäude mit seitlichem Grenzabstand zu errichten sind (s. die Abb. eines Bebauungsplanes im Anhang).

4 Nach § 1 Abs. 1 BauGB ist die bauliche und „sonstige" Nutzung der Grundstücke vorzubereiten. Aufgabe der Bauleitplanung kann danach nicht allein die Vorbereitung einer möglichst extensiven baulichen Nutzung des Gemeindegebietes sein, vielmehr stehen die Wünsche nach baulichen Nutzungen aller Art im Zielkonflikt namentlich mit der Aufgabe, die natürlichen Lebensgrundlagen zu erhalten und damit den „Freiflächenkonsum" einer wachstumsorientierten Gesellschaft zu bremsen und im Übrigen umweltverträglich zu gestalten.

5 Die **komplexe städtebauliche Zielsetzung**, der die Vorbereitung und Leitung der Grundstücksnutzung in der Gemeinde dienen muss, ist in dem vorrangigen Planungsleitsatz des § 1 Abs. 5 Satz 1 BauGB niedergelegt. Danach sollen die Bauleitpläne eine **nachhaltige städtebauliche Entwicklung** und eine sozialgerechte Bodennutzung gewährleisten, wobei eine menschenwürdige Umwelt zu sichern und die natürlichen Lebensgrundlagen zu schützen und zu entwickeln sind. Der Begriff der nachhaltigen städtebaulichen Entwicklung ist erst durch die jüngste Novelle durch das BauROG[2] in das Gesetz gelangt und entstammt der völkerrechtlichen Debatte im Anschluss an die Konferenz von Rio 1992. Seitdem hat der Begriff „sustainable development" (= dauerhaft umweltgerechte Entwicklung) Karriere gemacht[3] und auch in die Diskussion um die Stadtentwicklung Eingang gefunden.

6 In dem von der Bundesregierung vorgelegten „Städtebaulichen Bericht 1996 – Nachhaltige Stadtentwicklung"[4] werden als zentrale Handlungsfelder für eine nachhaltige Stadtentwicklung drei Bereiche genannt, nämlich

– eine haushälterische Bodenpolitik zur Reduzierung des Freiflächenverbrauches (S. 68 ff.),

---

2 Gesetz zur Änderung des Baugesetzbuchs und zur Neuregelung des Recht der Raumordnung vom 18. 8. 1997, BGBl. I, S. 2081.
3 *RSU*, Umweltgutachten 1996: Zur Umsetzung einer dauerhaft-umweltgerechten Entwicklung, BT-Drs. 13/4108; *Enquête-Kommission* „Schutz des Menschen und der Umwelt – Ziele und Rahmenbedingungen einer nachhaltig zukunftsverträglichen Entwicklung": Konzept Nachhaltigkeit, BT-Drs. 13/7400.
4 BT-Drs. 13/5490 vom 4. 9. 1996; erarbeitet von der Bundesforschungsanstalt für Landeskunde und Raumordnung; s. auch schon den von der Bundesregierung erstatteten Nationalbericht Deutschlands zur UN-Konferenz Habitat II: Siedlungsentwicklung und Siedlungspolitik, BT-Drs. 13/3679. Einen instruktiven Bericht aus der Planungspraxis gibt *Wickop*, Qualitätsziele für eine nachhaltige Stadtentwicklung, ZAU 1999, S. 98.

- eine stadtverträgliche Verkehrspolitik der Reduzierung der Automobilität (S. 87 ff.)[5] sowie
- eine städtische Umweltpolitik zur Reduzierung der Umweltbelastungen (S. 101 ff.).

Selbstverständlich können diese Ziele nicht allein mit Hilfe der Bauleitplanung verwirklicht werden. Sie hat dafür jedoch wichtige Grundvoraussetzungen zu schaffen. Das ist nachfolgend immer im Blick zu behalten.

Die Fülle der Belange, die die Gemeinde auf dem Weg zu einer nachhaltigen Stadtentwicklung in Betracht zu ziehen und zu einem gerechten Ausgleich (s. § 1 Abs. 6 BauGB) zu bringen hat, macht der Katalog des § 1 Abs. 5 Satz 2 BauGB deutlich, der sich von den Wohnbedürfnissen über die sozialen und kulturellen Bedürfnisse der Bevölkerung, die vielfältigen Belange der Wirtschaft bis zu den Belangen des Umweltschutzes erstreckt und trotz seiner Umfänglichkeit nicht abschließend ist („insbesondere"). 7

II. Die geschichtliche Entwicklung der städtebaulichen Planung

Die Wurzeln des modernen Städtebaurechts reichen zurück bis in die Mitte des 19. Jahrhunderts. Allerdings kam dem Bauplanungsrecht als Recht der Steuerung und Koordination der Bautätigkeit zunächst nur eine gegenüber dem Baupolizeirecht mit seinen Anforderungen an die Sicherheit der Bauwerke untergeordnete Rolle zu.[6] Beschränkungen der bereits in § 65 Abs. 1 S. 8 PrALR normierten **Baufreiheit**[7] waren dem vorherrschenden liberalen Staatsverständnis entsprechend trotz zunehmender Industrialisierung und steigender Bevölkerungskonzentration in den Städten und einer dadurch bedingten „wilden" Bautätigkeit[8] in der Gründerzeit nur zur **Gefahrenabwehr** zulässig. Erstmals durch das so genannte **Fluchtliniengesetz**[9] wurde in Preußen im Jahre 1875 eine partielle Unterscheidung zwischen Bauplanungsrecht und 8

---

5 Die Forderung nach Reduktion der Automobilität ist bezeichnenderweise das Themenfeld, auf dem die seinerzeitige Bundesregierung dem Bericht der Bundesforschungsanstalt widersprochen hat. Gegen jeglichen Sachverstand auf diesem Sektor vermochte sich die Bundesregierung offenbar der Interessenbindung in diesem Bereich nicht zu entziehen.
6 Gänzlich anders war dies noch im Zeitalter des landesfürstlichen Absolutismus, in dem die zentral gesteuerte Stadtentwicklung durch sog. „Baureglements" und vom Landesfürsten verbindlich festgesetzte Baupläne eine Blütezeit erlebte. Vgl. dazu *Breuer*, Zur Entstehungsgeschichte eines modernen Städtebaurechts in Deutschland, in: Die Verwaltung 1986, S. 305 (307). Zur Ausbildung der liberalen Bodenordnung bis 1850 s. *Schmidt-Aßmann*, Grundfragen des Städtebaurechts, 1972, S. 8 ff.
7 „...daß in der Regel jeder Eigentümer seinen Grund und Boden mit Gebäuden zu besetzen oder seine Gebäude zu verändern wohl befugt" ist.
8 Zwischen 1816 und 1830 stieg die Bevölkerungszahl in Deutschland um fünf auf 30 Mio., bis 1870 auf fast 41 Mio. und bis zum Beginn des 1. Weltkriegs auf 67 Mio. Einwohner an, s. *Schmidt-Aßmann* (Fn. 6), S. 19.
9 Preußisches Gesetz betreffend die Anlegung und Veränderung von Straßen und Plätzen in Städten und ländlichen Ortschaften (PrFluchtlG) vom 2.7.1875 – PrGS, S. 561. Siehe zur Entwicklung in Preußen *Stüer*, Handbuch des Bau- und Fachplanungsrechts, 2. Aufl. 1998, Rn. 13 ff.

Bauordnungsrecht unternommen.[10] Gesichert wurde insbesondere eine Beteiligung der zum Straßenbau verpflichteten Gemeinden unter Zustimmung der Ortspolizeibehörde bei der **Planung** von Straßen und Baufluchtlinien (§ 1 Abs. 1 PrFluchtlG).[11] Grundlegende Bedeutung kommt in der Entwicklung des öffentlichen Baurechts auch dem sog. *Kreuzberg*-Urteil des Preußischen OVG vom 14.6.1882 zu, in dem entschieden wurde, dass die polizeiliche Generalklausel (§ 10 Abs. 2 S. 17 PrALR) die Polizei nur zu Maßnahmen der Gefahrenabwehr, nicht aber darüber hinausgehend zu Maßnahmen einer koordinierten Stadtentwicklung ermächtige.[12]

9 Nicht nur für das Baurecht in Sachsen wegweisend war das **Allgemeine Baugesetz für das Königreich Sachsen** vom 1.7.1900 (AllgBauG).[13] In diesem wurde erstmalig eine umfassende, an das heutige Bauplanungsrecht erinnernde, **zweistufige städtebauliche Planung** eingeführt: Auf erster Stufe stand nach § 38 AllgBauG der lediglich vorbereitende und auf die Festlegung der Hauptverkehrsstraßen und die Hauptzüge der Entwässerungs- und Wasserversorgungsanlagen beschränkte so genannte Ortserweiterungsplan, auf einer zweiten Stufe der in §§ 15–26 AllgBauG normierte verbindliche Bebauungs- oder Fluchtlinienplan.[14] Zudem enthielt das AllgBauG bereits zahlreiche Instrumente zur **Sicherung der Bauleitplanung** (Bausperre, Teilungsgenehmigung im Plangebiet) und zur **Bodenordnung** (Umlegung, Grenzberichtigung, vorhabenbezogene und so genannte Zonenenteignung). Weiter gehend als das preußische Baurecht regulierte das Sächsische AllgBauG zudem in seinem 7. Abschnitt nicht nur Art und Maß der Bebauung unmittelbar entlang von

---

10 Die Entwicklung des Städtebaurechts verlief im Deutschen Reich nicht einheitlich, da die Gesetzgebungskompetenz nach Art. 4 der Verfassung ausschließlich bei den Gliedstaaten lag. Zur Entwicklung des Baurechts in Bayern und Baden vgl. *Breuer* (Fn. 6), S. 312 ff.; zur Entwicklung in Sachsen sogleich Rn. 9.

11 Desweiteren wurden die Gemeinden durch das PrFluchtlG verpflichtet, die Pläne nach der Zustimmung der Ortspolizeibehörde offenzulegen (§ 7). Zur Plandurchführung und -sicherung erhielt die Gemeinde daneben die Berechtigung zur Enteignung (§ 11) und zum Erlass von Ortsstatuten zur Steuerung der Bebauung in noch nicht erschlossenen Gebieten (§ 12). Die Ortspolizeibehörde durfte demgegenüber ihre Zustimmung zur Fluchtlinienplanung nur aus Gründen der Gefahrenabwehr verweigern (§ 5 Abs. 1).

12 Streitig war in diesem Gerichtsverfahren eine Verfügung des Berliner Polizeipräsidenten, wonach Gebäude rund um den Kreuzberg so gehalten werden sollten, dass eine ungehinderte Aussicht sowohl vom Denkmal aus auf Stadt und Umgebung als auch von der Stadt aus auf das Denkmal möglich bleiben sollte. Das OVG entschied, dass zu einer solchen Maßnahme der „Wohlfahrtspflege" die polizeiliche Generalklausel nicht ermächtige. Vgl. PrOVG vom 14.6.1882 – II. B. 23/82 – PrOVGE 9, S. 353, ebenfalls abgedruckt in DVBl. 1985, S. 219. Vor einer Überbewertung des *Kreuzberg*-Urteils warnt *Breuer* (Fn. 6), S. 317 m.w.N. auf die ergangene Rechtsprechung, angesichts späterer Entscheidungen des Preußischen OVGs, wonach verschiedene planartige Polizeiverordnungen als Maßnahmen einer weit verstandenen Gefahrenabwehr aufgefaßt wurden.

13 GVBl. S. 381. Ausführlich: *Breuer* (Fn. 6), S. 326 ff. sowie *Schmidt-Aßmann* (Fn. 6), 30 ff.; s. nunmehr mit zahlreichen instruktiven Beiträgen *Bauer u.a.* (Hrsg.), 100 Jahre Allgemeines Baugesetz Sachsen, 2000.

14 An die Stelle des Ortserweiterungsplans trat mit der Novelle des AllgBauG vom 20.7.1932 der Flächenaufteilungsplan, der bereits eine weitgehende Ähnlichkeit mit dem heutigen F-Plan hatte; vgl. *Breuer* (Fn. 6), S. 336.

Straßen und Fluchtlinien, sondern die gesamte bauliche Nutzung von Grundstücken. Einer übermäßigen Hinterhofbebauung, wie sie vor allem in Berlin aufgetreten war, wurden dadurch Schranken gesetzt.

Im Bestreben, ein stärker an den Wohnungsbedürfnissen ausgerichtetes städtebaulich-soziales Planungsprogramm zu schaffen, erging am 9.3.1918 das Preußische **Wohnungsgesetz**, welches das Fluchtliniengesetz zu einem umfassenderen Planungsgesetz fortentwickeln sollte.[15] Dieses gestattete in der Weimarer Republik erstmals die Festlegung von offener Bauweise und zweigeschossiger Bebauung in Außengebieten sowie eine den Wohnungsbedürfnissen angepasste Abstufung der baulichen Nutzbarkeit von Grundstücken und Wohngebieten.[16] Zur Versorgung der Bevölkerung mit Wohnraum wurde zudem 1919 die sog. **Behebungsverordnung**[17] erlassen, die es unter anderem ermöglichte, in einem vereinfachten Verfahren Bau- und Gartenland für Klein- und Mittelwohnungen gegen Entschädigung durch Bezirkswohnungskommissare zu enteignen. Das Ende der Weimarer Zeit war im Baurecht von dem Bemühen gekennzeichnet, eine reichseinheitliche Regelung zu schaffen. Unter dieser Zielsetzung wurde ein **Referentenentwurf für ein „Reichsstädtebaugesetz"**[18] erarbeitet.

10

Die Ansätze dieses Referentenentwurfs wurden im **Nationalsozialismus** zunächst nicht wieder aufgenommen.[19] Stattdessen wurde versucht, das Baurecht im Sinne der nationalsozialistischen Weltanschauung zu reformieren.[20] Dringende städtebauliche Problemlagen zwangen jedoch dazu, bei Einzelfragen auf die Vorarbeiten aus der Weimarer Republik zurückzugreifen. Hierzu zählt der Erlass des noch nicht von nationalsozialistischem Gedankengut geprägten **Wohnungssiedlungsgesetzes**[21] vom 22.9.1933, welches das bauplanungsrechtliche Instrument des Wirtschaftsplans für so genannte Wohnsiedlungs-

11

---

15 GS, S. 23. Ausführlich hierzu: *Schmidt-Aßmann* (Fn. 6), S. 34 ff.
16 Vgl. § 3 Abs. 3 des Wohnungsgesetzes: „Im Interesses des Wohnungsbedürfnisses ist ferner darauf Bedacht zu nehmen, dass in ausgiebiger Zahl und Größe Plätze (auch Garten-, Spiel- und Erholungsplätze) vorhanden sind, dass die Möglichkeit gegeben ist, an geeigneter Stelle Kirchen- und Schulbauten zu errichten, dass für Wohnzwecke Baublöcke von angemessener Tiefe und Straßen von geringerer Breite vorhanden sind entsprechend den verschiedenartigen Wohnbedürfnisse geschaffen werden, und dass durch die Festsetzung Baugelände entsprechend dem Wohnungsbedürfnis der Bevölkerung erschlossen wird."
17 Verordnung zur Behebung der dringendsten Wohnungsnot, vom 15.1.1919, RGBl., S. 69. Zu den anderen Regelungen der Behebungsverordnung vgl. *Ernst/Zinkahn/Bielenberg*, BauGB, Stand: 4/2000, *-Zinkahn*, Einl. Rn. 20.
18 ReichsarbBl. 1931 I, 266. S. dazu Ernst/Zinkahn/Bielenberg-*Zinkahn* (Fn. 17), Einl. Rn. 23.
19 Zur Reichsgesetzgebung von 1933 bis 1945 vgl. Ernst/Zinkahn/Bielenberg-*Zinkahn* (Fn. 17), Einl. Rn. 25 ff.; von einer „Rechtszersplitterung" spricht *Stüer* (Fn. 9), Rn. 18.
20 Zu einer reichseinheitlichen Regelung des Baurechts kam es zur Zeit des Nationalsozialismus jedoch nicht mehr. Der im Jahre 1942 erarbeitete Referentenentwurf für ein „Deutsches Baugesetzbuch" wurde nicht mehr veröffentlicht.
21 Gesetz über die Aufschließung von Wohnsiedlungsgebieten vom 22.9.1933, RGBl. I, S. 659.

gebiete einführte.²² Weitere reichseinheitliche Teilregelungen zum öffentlichen Baurecht ergingen auf der Grundlage des **Gesetzes über einstweilige Maßnahmen zur Ordnung des deutschen Siedlungswesens** vom 5.7.1934.²³ Hiezu zählten u.a. die **Bauregelungsverordnung** vom 15.2.1936²⁴ und die **Baugestaltungsverordnung** vom 10.11.1936.²⁵ Erstere ermöglichte die abgestufte Ausweisung von Baugebieten durch Polizeiverordnung²⁶ und den Erlass von Bauverboten für Außengebiete im Interesse einer geordneten Entwicklung des Gemeindegebietes. Letztere wies darüber hinaus der Bauaufsicht Kompetenzen zur Baugestaltung zu, die weit über die Abwehr von „Verunstaltungen" hinausgingen. Eindeutig von den Vorstellungen des Nationalsozialismus geprägt war das 1937 erlassene **Gesetz über die Neugestaltung deutscher Städte**,²⁷ welches die Grundlage für einzelne städtebauliche Maßnahmen repräsentativer Art bildete. Spätestens zu diesem Zeitpunkt war der aus dem 19. Jahrhundert stammende liberale Gedanke einer weitgehend uneingeschränkten Baufreiheit dem Prinzip der **Baufreiheit nach Maßgabe des Planungsrechts** gewichen.²⁸

12 Vordringliches Anliegen in der **Nachkriegszeit** musste angesichts eines geschätzten Wohnungsfehlbestandes von 5 bis 5,5 Mio. Wohnungen sein, unter Beachtung moderner städtebaulicher Konzepte Wohnraum für die Bevölkerung zu schaffen. Zu diesem Zweck wurde am 12.8.1947 durch das Zentralamt für Arbeit in der britischen Zone der Entwurf für ein einheitliches Aufbaugesetz veröffentlicht.²⁹ Auf Länderebene wurden daraufhin zunächst in den Jahren 1948/49 die sog. „Trümmergesetze" erlassen,³⁰ bevor es – mit Ausnahme von Bremen und Bayern – zu Beginn der Fünfzigerjahre zum Erlass von teilweise erheblich voneinander abweichenden **Aufbaugesetzen** kam.³¹ Diese ermöglichten die Koordination der städtebaulichen Entwicklung durch umfassende und verbindliche **Aufbaupläne**. Die weitere Rechtszersplitterung

---

22 Der Wirtschaftsplan ermöglichte rechtlich unverbindliche Festsetzungen baulicher Nutzungen, welche die Grundlage für behördliche Entscheidungen zur Sicherstellung der im Wirtschaftsplan aufgestellten Ordnungsziele bildeten. Verbunden mit der ebenfalls eingeführten Genehmigungspflicht für Erschließungstätigkeiten konnte so frühzeitig die Siedlungstätigkeit kontrolliert werden.
23 RGBl. I, S. 568.
24 RGBl. I, S. 104.
25 RGBl. I, S. 938.
26 Zugelassen als Baugebietstypen waren Kleinsiedlungsgebiete, Wohngebiete, Geschäftsgebiete und Gewerbegebiete. Dieses Recht hat z.T. noch heute Geltung – für Hamburg s. besonders BVerwGE 101, S. 364, und ausführlich *Lechelt*, Baurecht in Hamburg, 1994, S. 208 ff.; s. auch *Koch*, Recht der Landesplanung und des Städtebaus, in: Hoffmann-Riem/Koch (Hrsg.), HmbStVwR, 2. Aufl. 1998, S. 187 (220 ff.).
27 Vom 4.10.1937, RGBl. I, S. 1054.
28 So: *Hoppe/Grotefels*, Öffentliches Baurecht, 1995, S. 10.
29 Entwurf eines Gesetzes über den Aufbau der deutschen Gemeinden, sog. „Lemgoer Entwurf" vom 12.8.1947.
30 Nachweise bei Ernst/Zinkahn/Bielenberg-*Zinkahn* (Fn. 17), Einl. Rn. 34.
31 Nachweise bei Ernst/Zinkahn/Bielenberg-*Zinkahn* (Fn. 17), Einl. Rn. 35; die Aufbaugesetze sind teilweise noch heute rechtlich relevant, vgl. BVerwG, DVBl. 1992, S. 564 (565).

konnte durch die Aufbaugesetze jedoch nicht verhindert werden, da diese das bisherige Recht bis auf einzelne Vorschriften unverändert ließen.

Die Initiative zur Rechtsvereinheitlichung des Baurechts in der Bundesrepublik Deutschland ging zurück auf einen im Jahre 1950 durch das Bundesministerium für Wohnungsbau vorgelegten **Referentenentwurf für ein einheitliches Baugesetz**. Verschiedene Gutachten konnten in den folgenden Jahren jedoch die Unsicherheiten über die Zuständigkeit des Bundes zum Erlass eines *Bundes*baugesetzes nicht klären. Daher wurde nach § 97 BVerfGG a. F.[32] von der Bundesregierung ein **Rechtsgutachten vom BVerfG** mit der Zielsetzung eingeholt, für die Schaffung eines bundeseinheitlichen Baurechts Klarheit über den Umfang der Gesetzgebungszuständigkeit zu erlangen. Nach dem daraufhin am 16. 6. 1954 vom BVerfG erstatteten Rechtsgutachten[33] liegt bei den Ländern lediglich die Regelungskompetenz auf dem Gebiet des Bauordnungsrechts und beim Bund nach Art. 74 Nr. 18 a. F., 75 Abs. 1 Nr. 4 GG die Gesetzgebungszuständigkeit für die Bereiche der städtebaulichen Planung, Baulandumlegung und Bodenbewertung sowie des Bodenverkehrsrechts und des Erschließungsrechts. Auf der Grundlage dieses Gutachtens wurde erstmals durch das **Bundesbaugesetz (BBauG)** vom 23. 6. 1960[34] die Nutzung von Grund und Boden sowie das zugehörige Planungsinstrumentarium umfassend bundeseinheitlich geregelt.

13

Die sozialliberale Koalition mit Bundeskanzler *Brandt* (ab 1969) brachte auf vielen Politikfeldern wesentliche Neuentwicklungen. Das gilt auch für das öffentliche Baurecht, in dem die Grundlagen für eine umfassende, sozial „abgefederte" Stadterneuerung mit dem Städtebauförderungsgesetz (StBauFG) vom 27. 7. 1971[35] geschaffen worden sind.[36] Verbunden mit entsprechenden staatlichen Förderprogrammen ist mit diesem Gesetzeswerk eine eindrucksvolle Sanierung und Modernisierung in den Gemeinden der Bundesrepublik Deutschland gelungen,[37] ohne dass „Kahlschlagsanierungen" und „seelenlose" Trabantenstädte durchweg vermieden werden konnten.

14

Eine ähnliche Stoßrichtung hat die Novelle zum BBauG vom 18. 8. 1976.[38] Es ging darum, die Instrumente aktiver Steuerung der Stadtentwicklung und

15

---

32 Aufgehoben durch Gesetz vom 21. 7. 1956.
33 BVerfGE 3, S. 407.
34 BGBl. I, S. 341; geändert durch Gesetz vom 18. 8. 1976 – BGBl. I, S. 2221 – mit Wirkung zum 1. 1. 1977 – Neufassung in BGBl. I, S. 2257; wiederum geändert durch BauGB-Novelle vom 6. 7. 1979 – BGBl. I, S. 949. Zur Entwicklung des besonderen Städtebaurechts für Sanierungs- und Entwicklungsmaßnahmen s. *Bielenberg/Koopmann/Krautzberger*, Städtebauförderungsrecht, Bd. I, Stand: 10/1998, Einl. Rn. 200 ff.
35 Gesetz über die städtebaulichen Sanierungs- und Entwicklungsmaßnahmen in den Gemeinden, BGBl. I, S. 1225.
36 Unverändert informativ und beeindruckend zu diesem Neuansatz *Schulze-Fielitz*, Sozialplanung im Städtebaurecht, 1979.
37 Über die Schwierigkeiten und Erfolge der Stadterneuerungspolitik s. Schriftenreihe des Bundesministers für Raumordnung, Bauwesen und Städtebau Nr. 03.108, Materialien zum Baugesetzbuch, 1984, S. 117 ff. sowie Difu-Berichte 2/1986.
38 BGBl. I, S. 2221; Neufassung des BBauG in BGBl. I, S. 2256.

Elemente des Sanierungsrechts in das allgemeine Städtebaurecht zu überführen, wobei allerdings das grundlegende Anliegen der sozialliberalen Reformkoalition im Wesentlichen scheiterte, nämlich der Versuch, einen **sozialgerechten Bodenwertausgleich** zu schaffen, um städtebauliche Maßnahmen jedenfalls teilweise aus planungsbedingten Bodenwertsteigerungen zu finanzieren und Baulandspekulationen einzudämmen.[39] Außerdem stand die Novelle im Zeichen der Diskussion um eine stärkere Bürgerbeteiligung in der Planung[40] und einer vorsichtigen „Ökologisierung" des Bauplanungsrechts.[41]

16 Bereits mit der Novelle vom 6. 7. 1979[42] hat die zwischenzeitlich eskalierte und vieles dominierende Beschleunigungsgesetzgebung begonnen. Durch Fristen für Verfahrensabläufe, den Abbau von sachgerechten Verfahrensstufungen sowie durch Regelungen über die Irrelevanz von Verfahrensfehlern sollten erwünschte Investitionen erleichtert werden.[43] Diese Tendenzen wurden nach dem neuerlichen Regierungswechsel 1982 in der konservativ-liberalen Ära von Bundeskanzler *Kohl* verstärkt fortgesetzt. Mit dem **Baugesetzbuch (BauGB)** vom 8. 12. 1986[44] wurden das BBauG und das Städtebauförderungsgesetz auch in der Überzeugung straffend zusammengefasst, dass die Zeit einer aktiven Stadterneuerungspolitik verbunden mit einer flankierenden Sozialplanung im Wesentlichen vorbei sei. In diesem Punkt ist allerdings alsbald – nämlich 1990 und 1993 – wieder eine Korrektur erfolgt.[45] Im Übrigen ist das BauGB von 1986 durch einen weiteren Abbau von „Verfahrenshindernissen" in der Bauleitplanung, von der Erleichterung des Bauens ohne planerische Grundlage sowie einer massiven Fortentwicklung der Regelungen über die Irrelevanz von Verfahrens- und nunmehr sogar Abwägungsfehlern gekennzeichnet.[46]

17 Die Ende der Achtzigerjahre deutlich wachsende Arbeitslosigkeit sowie die auftretenden Engpässe in der Wohnraumversorgung, die ihre Ursachen in wohlstandsbedingten Steigerungen von Nutzungsansprüchen, geänderten

---

39 S. dazu § 135a des Gesetzesentwurfs der Bundesregierung und die dazugehörige Begründung in BT-Drs. 7/2496, S. 62: „...sicherstellen, dass die infolge (...) eines B-Plans eintretenden Wertsteigerungen der Allgemeinheit in der gleichen Höhe zugeführt werden, wie sie (..) aus der Enteignungsentschädigung ausgeschlossen werden sollen". Siehe auch: *Engelken*, Abschöpfung planungsbedingter Bodenwertsteigerungen: Ziele und Konsequenzen der vorliegenden Vorschläge, DÖV 1974, S. 685; dieses jüngst wieder von NRW in das Gesetzgebungsverfahren eingebrachte Anliegen fand keine Mehrheit im Bundesrat, führte allerdings zu einem entsprechenden Prüfauftrag (s. BT-Protokoll 184. Sitzung vom 26. 6. 1997, S. 16 696 (D)).
40 S. nur *Battis*, Partizipation im Städtebaurecht, 1976.
41 S. zu diesen Entwicklungstendenzen z. B. *Stich*, Sicherung einer menschenwürdigen Umwelt durch städtebauliche Planung, ZfBR 1978, S. 58.
42 BGBl. I, S. 949.
43 S. etwa die Übersicht über die wesentlichen Zielsetzungen der BBauG-Novelle von 1979 bei *Förster*, in: Brügelmann, Baugesetzbuch, Stand: 9/1998, Einl. Rn. 15 f.
44 BGBl. I, S. 2253.
45 S. Rn. 17 und 26.
46 Sehr kritisch *von Feldmann/Groth*, Das neue Baugesetzbuch, 1987; s. dazu auch: *Hoppenberg*, Das Baugesetzbuch, NJW 1987, S. 748; *Löhr*, Das neue Baugesetzbuch – Bauleitplanung, NVwZ 1987, S. 361; *Peine*, Das neue Baugesetzbuch, JZ 1987, S. 322; *Stelkens*, Das neue Baugesetzbuch – ein Gesetzbuch für die Bauleitplanung?, UPR 1987, S. 241.

Wohnformen (drastischer Anstieg von „Single"-Haushalten) sowie erheblichen Migrationsprozessen hatten, veranlassten den Gesetzgeber zu einer vielfältigen, forcierten „Beschleunigungsgesetzgebung". Zunächst trat am 1. 6. 1990 das **Wohnungsbau-Erleichterungsgesetz** mit dem darin enthaltenen **Maßnahmegesetz** zum BauGB (BauGB-MaßnG) in Kraft.[47] Dem folgte eine weitere Beschleunigungsstufe mit dem **Investitionserleichterungs- und Wohnbaulandgesetz** vom 22. 4. 1993,[48] das u. a. erhebliche Änderungen des Bauplanungsrechts brachte.[49]

Parallel zu diesen Entwicklungen trat im Rahmen der Währungs-, Wirtschafts- und Sozialunion zwischen der Bundesrepublik Deutschland und der DDR in der seinerzeitigen DDR die Bauplanungs- und Zulassungsverordnung (BauZ-VO) in Kraft, die im Wesentlichen eine stark vereinfachte Version des BauGB darstellte.[50] Auf Grund des **Einigungsvertrages** zwischen der Bundesrepublik Deutschland und der DDR vom 31. 8. 1990[51] trat mit dem Beitritt der DDR am 3. 10. 1990 auch das BauGB im Beitrittsgebiet in Kraft, wobei § 246a a. F. BauGB ein umfangreiches Übergangsrecht enthielt.[52]

Mit dem befristeten BauGB-MaßnG und den ebenfalls befristeten Übergangsregelungen für die neuen Bundesländer war eine erneute Novellierung des BauGB vorprogrammiert. Die umfänglichen Erfahrungen u. a. mit der partiellen Verlagerung der Planung auf die Investoren durch den so genannten Vorhaben- und Erschließungsplan und eine extensive Nutzung des Instruments des städtebaulichen Vertrages sollten ausgewertet und zu einem zeitgemäßen Städtebaurecht aus einem Guss verarbeitet werden.[53] Deshalb ist Anfang 1995 eine Expertenkommission (*Schlichter*-Kommission) eingesetzt worden, die noch Ende 1995 ihren Bericht zur „Novellierung des BauGB" vorgelegt hat.[54] Außerdem ist eine Fülle von Rechtsgutachten zu einzelnen Problemkomplexen vergeben worden.[55] Am 4. 12. 1996 hat die Bundesregierung ihren ersten „Entwurf eines Gesetzes zur Änderung des BauGB und zur Neuregelung des Rechts der Raumordnung (BauROG)" vorgelegt,[56] der in kontroverser parlamentarischer Debatte und in der Auseinandersetzung mit

---

47 Gesetz vom 17. 5. 1990, BGBl. I, S. 926; dazu für viele *Moench*, Das Maßnahmegesetz zum BauGB, NVwZ 1990, S. 918.
48 BGBl. I, S. 466.
49 S. für viele *Krautzberger/Runkel*, Die städtebaulichen Vorschriften des Investitionserleichterungs- und Wohnbaulandgesetzes vom 22. 4. 1993 (BGBl. I S. 466), DVBl. 1996, S. 453.
50 S. besonders *Bielenberg*, Neues Baurecht für die DDR, DVBl. 1990, S. 841.
51 Ratifizierungsgesetz vom 23. 9. 1990, BGBl. II, S. 885.
52 Für Einzelheiten *Krautzberger*, Das Städtebaurecht nach dem Einigungsvertrag, NVwZ 1991, S. 328; *Stüer*, Das Bauplanungsrecht in den neuen Bundesländern, DVBl. 1992, S. 266.
53 Beschluss des Deutschen Bundestages vom 12. 2. 1993 (BR-Drs. 82/92).
54 Dazu *Dolde*, Novellierung des Baugesetzbuchs, NVwZ 1996, S. 209, und *Stüer*, Novellierung des Baugesetzbuchs, DVBl. 1996, S. 177; s. zur seinerzeitigen Perspektivendiskussion auch *Hoppe/Appold* (Hrsg.), Städtebaurecht 2000, 1995.
55 Überblick bei *Krautzberger/Wagner*, Fortentwicklung des BauGB, DVBl. 1994, S. 1025.
56 BT-Drs. 13/6392.

dem Bundesrat noch wichtige Änderungen erfahren hat.[57] Mit dem BauROG vom 18. 8. 1997[58] ist schließlich das neue BauGB am 1. 1. 1998 in Kraft getreten.

III. Das geltende Bauplanungsrecht

20 Das BauGB 1998 hat die befristeten Sonderregelungen beseitigt und damit das öffentliche Baurecht wieder übersichtlicher gemacht. Im Übrigen wird zwar die mit dem BBauG 1960 geschaffene Grundstruktur des deutschen Bauplanungsrechts beibehalten, dennoch bringt das neue Recht einige sehr bedeutsame Veränderungen:[59]

21 – Der **Schutz der Umwelt** hat insbesondere durch § 1a BauGB, aber auch durch weitere flankierende Regelungen einen hohen Stellenwert im Bauplanungsrecht erhalten.

22 – Die ungerechtfertigte Reduktion der **Partizipationsmöglichkeiten** durch das BauGB-MaßnG ist wieder korrigiert worden: Die bedeutsame frühzeitige Bürgerbeteiligung ist nunmehr unverzichtbar.

23 – Den personell und insbesondere finanziell vielfach überforderten Gemeinden werden die durch die BauZVO der späten DDR und durch das BauGB-MaßnG schon erprobten Möglichkeiten einer „Privatisierung der Planung" durch den Vorhaben- und Erschließungsplan sowie weite Spielräume für städtebauliche Verträge auch weiterhin zur Verfügung gestellt (§§ 11, 12 BauGB).

24 – Im Recht der Zulassung baulicher Anlagen (§§ 29 ff. BauGB) wird allerdings der problematische Trend einer Förderung des „planlosen" Bauens namentlich durch eine „entfesselte" Befreiungsregelung fortgesetzt und damit die nicht selten problematische Abhängigkeit der Gemeinden vom wirtschaftlichen Druck der Investoren gestärkt.

25 – Auch die gegen eine angeblich überzogene Fehlersuche der Oberverwaltungsgerichte gerichtete Bestandskraftregelung für Bebauungspläne wurde – modernisiert durch einen in der Lehre entwickelten „Grundsatz der Planerhaltung" – festgeschrieben (§ 214 a BauGB).

26 – Das mit dem „marktgläubigen" BauGB von 1987 fast verabschiedete Städtebauförderungsrecht, dem Städte und Gemeinden außerordentlich positive Entwicklungen verdanken und das bereits 1990 mit dem Wohnungsbauerleichterungsgesetz und 1993 mit dem Investitions- und Wohnbauland-

---

57 S. zur Entstehungsgeschichte näher *Battis/Krautzberger/Löhr*, Die Neuregelungen des Baugesetzbuchs zum 1. 1. 1998, NVwZ 1997, S. 1145 f.; zu beachten sind auch die Ergebnisse des Planspiels: *Bunzel/Lau/Schäfer*, Planspiel „BauGB-Novelle 1997", Difu-Materialien 1/97.
58 BGBl. I, S. 2081.
59 Gesamtübersichten bei *Battis/Krautzberger/Löhr* (Fn. 57); ferner *Lüers*, Die Bauleitplanung nach dem BauROG, DVBl. 1998, S. 433 und *Stüer* (Fn. 9), Rn. 33 ff.

gesetz eine Revitalisierung erfahren hatte, erfährt nunmehr eine positive Fortentwicklung als „Besonderes Städtebaurecht" im novellierten BauGB.

Die Diskussionen um eine Novellierung der **BauNVO 1990** sind einstweilen ohne greifbares Ergebnis geblieben.⁶⁰ Die BauNVO, die mit ihren **Gebietstypen** den planenden Gemeinden wesentliche „Bausteine" für die städtebauliche Planung vorgibt, hat eine erhebliche praktische Bedeutung dafür, ob und wie die in §§ 1, 1a BauGB beschriebenen Ziele der städtebaulichen Planung verwirklicht werden können. Ob ein wirklich dringender Reformbedarf besteht, erscheint allerdings fraglich. Zu bedenken ist insbesondere, dass die Gebietstypen der BauNVO in hohem Maße einer näheren Ausformung durch die planende Gemeinde insofern zugänglich sind, als grundsätzlich zulässige Nutzungsarten im Bebauungsplan ausgeschlossen und – umgekehrt – nur ausnahmsweise zulässige Nutzungsarten regelmäßig zugelassen werden dürfen. 27

Ob die immer wieder diskutierte weitere Flexibilisierung der Gebietstypen zum Zwecke einer (noch) stärkeren Mischung von Nutzungsarten eine nachhaltige Stadtentwicklung fördern könnte, erscheint durchaus fraglich. Zwar ist eine durch Nutzungsmischung erstrebte „Stadt der kurzen Wege" geeignet, Mobilitätszwänge zu reduzieren und damit Verkehr zu vermeiden. Zugleich könnte jedoch eine sinkende Attraktivität von Wohngebieten zu einer Steigerung des Freizeitverkehrs führen. 28

Das Bauplanungsrecht ist nach der grundgesetzlichen Kompetenzordnung eine Domäne des Bundes (Art. 75 Abs. 1 Nr. 4, Art. 74 Abs. 1 Nr. 18 GG),⁶¹ während das auf die Sicherheit baulicher Anlagen zielende Bauordnungsrecht in die ausschließliche Regelungskompetenz der Länder fällt. Von jeher hat allerdings der Bund den Stadtstaaten (Berlin, Bremen und Hamburg) gewisse Anpassungen des Bauplanungsrechts an ihre spezifischen Verwaltungsstrukturen überantwortet (§ 246 BauGB). Neuerdings sind den Ländern als Ergebnis der Kontroversen zwischen Bund und Ländern in zwei Sachfragen vorübergehend landeseigene Regelungen zugestanden worden (§ 246 Abs. 6 und 7 BauGB). Entsprechende Länderregelungen sind jeweils zu beachten. 29

IV. Übersicht über die nachfolgende Darstellung

In der nachfolgenden Darstellung wird zunächst die **Planungshoheit der Gemeinden** näher eingegrenzt. Insbesondere geht es darum, dass die Bauleitplanung als **örtliche** Gesamtplanung natürlich Einschränkungen mit Blick auf die **überörtliche** Gesamtplanung, also die Landesplanung, aber auch mit Rück- 30

---

60 *Fickert/Fieseler*, Quo vadis BauNVO?, DVBl. 1996, S. 329; *Ziegler*, Zur beabsichtigten BauNVO-Novelle, ZfBR 1996, S. 187.
61 Grundlegend das frühere Rechtsgutachten des BVerfGE 3, S. 407; ferner E 77, S. 288 (*Stadtverband Saarbrücken*).

sicht auf **überörtliche Fachplanungen**, hinnehmen muss. Die Planungshoheit der Gemeinden erweist sich dabei als „wehrfähige" Position im Konflikt der verschiedenen Planungsstufen.

31 Einen Schwerpunkt der Darstellung bildet der Überblick über die **kommunalen Gestaltungsmittel**. Gerade im planerischen Instrumentarium insbesondere der BauNVO gewinnt die kommunale Bauleitplanung ihre spezifische Gestalt. Nicht zuletzt im Zeichen des neuen städtebaulichen Leitbildes einer **nachhaltigen** Stadtentwicklung verdienen die ökologisch orientierten Gestaltungsmittel zum Schutz von Natur und Landschaft, zum Immissionsschutz, zur Bewältigung der Altlasten usw. besondere Aufmerksamkeit.

32 Nach knapper Darstellung des Planverfahrens und der Instrumente der Sicherung der Bauleitplanung müssen die Anforderungen des **Gebots gerechter Abwägung** in den Blickpunkt treten. Jeglicher Einsatz der beschriebenen planerischen Gestaltungsmittel muss sich als ein gerechter Interessenausgleich rechtfertigen lassen. Allerdings ist auch die planerische Gestaltungsfreiheit der Gemeinde zu respektieren, weshalb die Grenzen des Gebots gerechter Abwägung zugleich die Grenzen gerichtlicher Kontrolle markieren.

33 Fehlerhafte Bebauungspläne sind nicht notwendig nichtig. In den letzten zwanzig Jahren ist nach und nach ein komplexes Regelungssystem bezüglich irrelevanter, rügebedürftiger und heilungsfähiger Fehler entstanden, sodass man in beachtlichem Umfange von der **Bestandskraft** fehlerhaften Satzungsrechts sprechen kann.

34 Die planerische Entscheidung über die zulässige Bodennutzung schafft Plangewinne, verursacht aber auch **planbedingte Schäden**. Plangewinne resultieren beispielsweise daraus, dass auf bislang der landwirtschaftlichen Nutzung vorbehaltenen Flächen Wohnungsbau als zulässig festgesetzt wird. Das treibt die Grundstückspreise zur Freude der Eigentümer nach oben. Andererseits müssen Grundeigentümer auch Einbußen hinnehmen, etwa dann, wenn ihre Grundstücke für Belange des Gemeinwohls vorgesehen werden. Alle diese Fragen rechnen zum **Planschadensrecht**.

35 Für die **gerichtliche Kontrolle der** Bebauungsplanung bietet § 47 Abs. 1 VwGO das Verfahren der abstrakten Normenkontrolle vor dem OVG, das nicht zuletzt unter dem Druck der kommunalen Spitzenverbände („Kampf dem massenhaften Plansterben") stärker beschnitten worden ist, als der Sache gut tun mag.

§ 12 Die Planungshoheit der Gemeinden

Literatur: *Dolderer*, Das Baugesetzbuch 1998 – Neuerungen im Baurechtsvollzug und die gemeindliche Planungshoheit, NVwZ 1998, S. 567; *ders.*, Das neue Raumordnungsgesetz (ROG 1998) – Seine Neuerungen und ihre Folgen für die gemeindliche Planungshoheit, NVwZ 1998, S. 345; *Hoppe*, Kommunale Selbstverwaltung und Planung, in: v.

Mutius (Hrsg.), Selbstverwaltung im Staat der Industriegesellschaft, 1983, S. 555; *Koch*, Zur Konkurrenz zwischen Fachplanung und Bauleitplanung, in: Berkemann u. a. (Hrsg.), Planung und Plankontrolle, 1995, FS für Schlichter, 1995, S. 461; *Lasotta*, Die Beteiligung der Gemeinden bei der Fachplanung, DVBl. 1998, S. 255; *Schink*, Raumordnungsgebiete und kommunale Planungshoheit, in: Jarass (Hrsg.), Raumordnungsgebiete (Vorbehalts-, Vorrang- und Eignungsgebiete) nach dem neuen Raumordnungsgesetz, 1998, S. 46; *Schmidt-Aßmann*, Kommunale Selbstverwaltung „nach Rastede", in: Franssen (Hrsg.), Bürger – Richter – Staat, 1991, FS für Sendler, 1991, S. 121; *Schoch*, Zur Situation der kommunalen Selbstverwaltung nach der Rastede-Entscheidung des Bundesverfassungsgerichts, VerwArch 1990, S. 18; *Spannowsky*, Gewichtsverlagerungen im Verhältnis zwischen der örtlichen Bauleitplanung und der überörtlichen Landes- und Regionalplanung, DÖV 1997, S. 757; *Stüer*, Bauleitplanung und Fachplanung, UPR 1998, S. 408; *Stühler*, Die Rechte der Gemeinde gegenüber staatlicher Fachplanung, JuS 1999, S. 234; *Wagner*, Das neue Bauplanungsrecht – zu seiner Verknüpfung mit dem Bauordnungs-, Fach- und Umweltplanungsrecht, UPR 1997, S. 387

I. Die verfassungsrechtliche Gewährleistung der gemeindlichen Planungshoheit

Fall 1: Die Stadt Wilhelmshaven wendet sich mit ihrer Kommunalverfassungsbeschwerde gegen die Regelungen des Landesraumordnungsprogramms Niedersachsen, durch die ein erheblicher Teil ihres Gebiets als Vorrangstandort für solche großindustriellen Anlagen ausgewiesen wird, die auf eine Lage am seeschifftiefen Fahrwasser angewiesen sind. Die Beschwerdeführerin sieht sich in ihrer kommunalen Planungshoheit dadurch verletzt, dass durch das Raumordnungsprogramm ein erheblicher Teil des Stadtgebietes – unstreitig rund 1/3 – verplant werde und ihr faktisch kein eigener Entscheidungsspielraum verbleibe.

Nach BVerfGE 76, S. 107 (*Wilhelmshaven*)

Fall 2: Die klagende Gemeinde wendet sich gegen einen Planfeststellungsbeschluss der Beklagten, durch den die „Erweiterung der Sonderabfalldeponie" in der zu ihrem Gemeindegebiet gehörenden Gemarkung H. gestattet wird. In sechs Gruben der 1971 wasserrechtlich genehmigten Deponie sollen rund 660 000 m^3 Sonderabfälle deponiert werden. Die Gemeinde ist Eigentümerin eines von der Planfeststellung erfassten, etwa 300 m langen Teilstücks eines Gemeindewegs, das an die Begünstigte des Planfeststellungsbeschlusses, die Beigeladene, bis zum 31. 7. 1991 für betriebliche Zwecke verpachtet war. Die Klägerin hat den Pachtvertrag zum 31. 7. 1991 gekündigt. Daraufhin betreibt die Beklagte für das Wegstück das Enteignungsverfahren. Ferner ist im Flächennutzungsplan der klagenden Gemeinde in 700 bis 800 m Entfernung nördlich der Deponie ein Wohnbereich dargestellt. Mit ihrer Klage wendet sich die Klägerin insbesondere gegen die Einbeziehung der Wegefläche in den Deponiebereich. Darüber hinaus sieht sie sich in ihrer Planungshoheit beeinträchtigt.

Nach BVerwGE 90, S. 96.

Art. 28 Abs. 2 GG gewährleistet den Gemeinden das Recht, „alle Angelegenheiten der örtlichen Gemeinschaft im Rahmen der Gesetze in eigener Verantwortung zu regeln". Als „Angelegenheiten der örtlichen Gemeinschaft" hat das Bundesverfassungsgericht über Jahrzehnte hin diejenigen Aufgaben angesehen,

1

„die in der örtlichen Gemeinschaft wurzeln oder auf die örtliche Gemeinschaft einen spezifischen Bezug haben und von dieser örtlichen Gemeinschaft eigenverantwortlich und selbstständig bewältigt werden können".[1] Mit der viel diskutierten *Rastede*-Entscheidung, in der es um den Entzug von kommunalen Kompetenzen im Bereich der Abfallbeseitigung ging, hat das Bundesverfassungsgericht seine Rechtsprechung insofern geändert, als nunmehr die Fähigkeit der örtlichen Gemeinschaft, die Angelegenheit eigenverantwortlich und selbstständig zu bewältigen, nicht mehr zum Definitionsmerkmal des Begriffs der örtlichen Angelegenheiten rechnet. Insoweit heißt es vielmehr ausdrücklich: „Auf die Verwaltungskraft der Gemeinde kommt es hierfür nicht an".[2]

2   Im vorliegenden Zusammenhang muss die Tragweite der neuen Judikatur nicht ausgelotet werden. Die Bauleitplanung, die die Aufgabe hat, „die bauliche und sonstige Nutzung der Grundstücke in der Gemeinde" vorzubereiten und zu leiten (§ 1 Abs. 1 BauGB), erfüllt die Merkmale der älteren, aber auch der neuen Interpretation gewiss. Denn die Entscheidungen über die zulässigen Grundstücksnutzungen „wurzeln" in der örtlichen Gemeinschaft, haben auf diese einen Bezug und können von ihr eigenverantwortlich getroffen werden. Dementsprechend wird die Bauleitplanung in ständiger Rechtsprechung des Bundesverfassungsgerichts und des Bundesverwaltungsgerichts[3] und von der nahezu einhelligen Lehre[4] als wesentlichstes Element der gemeindlichen **Planungshoheit** zu den Selbstverwaltungsangelegenheiten der Gemeinden gerechnet. Dies bringt auf unterverfassungsrechtlicher Ebene auch § 2 Abs. 1 Satz 1 BauGB zum Ausdruck: „Die Bauleitpläne sind von der Gemeinde in eigener Verantwortung aufzustellen."

3   Da Art. 28 Abs. 2 GG die eigenverantwortliche Aufgabenwahrnehmung nur „im Rahmen der Gesetze" gewährleistet, sind gesetzliche Beschränkungen der Planungshoheit zulässig und in vielfältiger Form anzutreffen. Insbesondere angesichts immer stärkerer Beschränkungen des kommunalen Planungsspielraums durch überörtliche **Fachplanungen** (z.B. Fernstraßen- und Flughafenplanung) und überörtliche **räumliche Gesamtplanungen** (Landesplanung, Regionalplanung) hat die Frage an Dringlichkeit gewonnen, wo die verfassungsrechtlichen Grenzen gesetzlicher Beschränkungen der gemeindlichen Planungshoheit liegen.

4   Der eingangs geschilderte *Wilhelmshaven*-**Fall (1)** macht die Beschränkungen sehr anschaulich, die den Gemeinden durch überörtliche Planungen auferlegt werden können. Immerhin hat die niedersächsische Landesplanung durch ihr Raumordnungsprogramm rund 1/3 des Gebiets der Gemeinde Wilhelmshaven

---

1   BVerfGE 8, S. 122 (134); bestätigt in E 50, S. 195 (201).
2   BVerfGE 79, S. 127 (152); s. dazu etwa *Schoch*, Zur Situation der kommunalen Selbstverwaltung nach der *Rastede*-Entscheidung des Bundesverfassungsgerichts, VerwArch 1990, S. 18.
3   Vgl. besonders BVerwG, DVBl. 1969, S. 362 (363); BVerwGE 51, S. 6 (13); das BVerfG problematisiert regelmäßig die Frage, ob die Planungshoheit zum Kernbereich der Selbstverwaltungsgarantie gehört, und setzt dabei stillschweigend voraus, dass sie jedenfalls örtliche Angelegenheit ist: BVerfGE 56, S. 298 (312 f); E 76, S. 107 (118 f).
4   Siehe nur *Hoppe/Grotefels*, Öffentliches Baurecht, 1995, § 2 Rn. 26 ff.

der eigenständigen kommunalen Bauleitplanung dieser Gemeinde entzogen. Für die Frage, ob eine derartige Beschränkung noch mit der verfassungsrechtlichen Selbstverwaltungsgarantie vereinbar ist, müssen Umfang und Intensität dieser Garantie etwas näher bestimmt werden.

Nach ständiger Rechtsprechung des Bundesverfassungsgerichts verbürgt **5** Art. 28 Abs. 2 Satz 1 GG als **institutionelle Garantie** den Gemeinden nicht die Selbstverwaltungsrechte in allen Einzelheiten: „Gesetzliche Beschränkungen der Selbstverwaltung sind vielmehr mit Art. 28 Abs. 2 Satz 1 GG vereinbar, wenn und soweit sie deren Kernbereich unangetastet lassen".[5] Diese Regelungsgrenze am **Kernbereich** der Selbstverwaltung wird in Literatur und Rechtsprechung ganz überwiegend nicht so verstanden, dass den Gemeinden hinsichtlich **jeder** Angelegenheit der örtlichen Gemeinschaft ein Kernbereich an eigenverantwortlicher Wahrnehmung verbleiben muss. Das Kernbereichskriterium sei vielmehr so gemeint, dass ein **Kernbereich an Aufgaben** bei den Gemeinden verbleiben müsse, sodass solche Angelegenheiten der örtlichen Gemeinschaft, die nicht zu diesem **Aufgabenkern** gehörten, den Gemeinden durchaus durch Gesetze entzogen werden dürften. In diesem Sinne formuliert das Bundesverwaltungsgericht: „Hierdurch wird den Gemeinden ein gegen jeden gesetzlichen Zugriff verschlossener Kernbestand an hinreichend zahlreichen und gewichtigen Aufgaben verbürgt."[6]

Zur Rechtfertigung dieser Sicht wird in der rechtswissenschaftlichen Literatur **6** überwiegend angeführt, dass die in Art. 28 Abs. 2 Satz 1 GG normierte Schranke – „im Rahmen der Gesetze" – nicht nur eine Beschränkung hinsichtlich der **Eigenverantwortlichkeit** gemeindlicher Aufgabenerfüllung zulasse, sondern auch die gänzliche **Entziehung** einzelner Sachaufgaben aus dem Kreis der Selbstverwaltungsangelegenheiten gestatte.[7] Dem hat sich das Bundesverfassungsgericht in der *Rastede*-Entscheidung ausdrücklich angeschlossen: „Der Gesetzesvorbehalt, den Art. 28 Abs. 2 Satz 1 GG ausspricht, umfasst dabei nicht nur die Art und Weise der Erledigung der örtlichen Angelegenheiten, sondern ebenso die gemeindliche Zuständigkeit für diese Angelegenheiten."[8] Damit hat sich die Gegenauffassung,[9] derzufolge die Selbstverwaltungsaufgaben in der Verfassung selbst abschließend festgeschrieben seien („alle Angelegenheiten der örtlichen Gemeinschaft"), praktisch erledigt.

Folgt man der h. M. von der gesetzlichen **Entziehbarkeit** von Angelegenheiten **7** der örtlichen Gemeinschaft, so stellt sich für die Planungshoheit die Frage, ob sie zum unentziehbaren Kernbereich kommunaler Selbstverwaltung gehört oder nicht. Bundesverfassungsgericht und Bundesverwaltungsgericht haben

---

5 BVerfGE 56, S. 298 (312); E 76, S. 107 (118f.); E 79, S. 127 (143).
6 BVerwGE 67, S. 321 (322).
7 Für viele *Blümel*, Wesensgehalt und Schranken des kommunalen Selbstverwaltungsrechts, in: v. Mutius (Hrsg.), Selbstverwaltung im Staat der Industriegesellschaft (FG für v. Unruh), 1983, S. 265 (270, 299f. m.w.N.).
8 BVerfGE 79, S. 127 (143).
9 *Knemeyer*, Die verfassungsrechtliche Gewährleistung des Selbstverwaltungsrechts der Gemeinden und Landkreise, in: v. Mutius (Fn. 7), S. 209 (224).

die Frage bislang offen gelassen.[10] Die h. M. in der Literatur rechnet jedenfalls die Bebauungsplanung (§§ 8 ff. BauGB) zum Aufgabenkern; hinsichtlich der Flächennutzungsplanung (§§ 5 ff. BauGB) sind die Ansichten eher geteilt.[11] Die Schwierigkeiten, einen Kernbestand an Aufgaben bestimmen zu wollen, liegen auf der Hand. Das Bundesverfassungsgericht bemüht dazu in ständiger Rechtsprechung die geschichtliche Entwicklung: „Bei der Bestimmung dessen, was zum Kernbereich an Selbstverwaltung gehört, ist der geschichtlichen Entwicklung und den verschiedenen historischen Erscheinungsformen der Selbstverwaltung Rechnung zu tragen (...)".[12] Gerade diese Betrachtung führt das Bundesverfassungsgericht zu Zweifeln hinsichtlich der Zuordnung der Bauleitplanung, da diese „nicht immer zum historischen Bild der Selbstverwaltung gehört hat, sondern überhaupt erst um die Jahrhundertwende entstanden ist und bis zum Ende des Zweiten Weltkrieges durchweg als polizeirechtliche Aufgabe des Staates angesehen wurde (...)".[13] Andererseits verkennen die Richter nicht, welche zentrale Bedeutung die Bauleitplanung inzwischen für die gesamte gemeindliche Entwicklung und damit für die gemeindliche Selbstverwaltung erlangt hat.[14] Insofern darf wohl angenommen werden, dass das Bundesverfassungsgericht – in Fortführung eigener, von der h. M. in der Literatur nachdrücklich befürworteter Ansätze zur Relativierung der historischen Bestimmung des Kernbereichs an Selbstverwaltungsaufgaben[15] – der Planungshoheit den verfassungsrechtlichen Status einer unentziehbaren Kernmaterie der kommunalen Selbstverwaltung verleihen wird.

8 Unbeschadet dessen, ob die Planungshoheit zum Kernbereich der Garantie der kommunalen Selbstverwaltung gehört, müssen Beschränkungen der kommunalen Planungshoheit auch außerhalb des Aufgabenkerns stets mit Blick auf die Selbstverwaltungsgarantie gerechtfertigt werden. Dem Gesetzgeber ist insoweit nicht etwa „freie Hand" durch den Gesetzesvorbehalt in Art. 28 Abs. 2 Satz 1 GG gegeben. Dieser Artikel enthält vielmehr – so das Bundesverfassungsgericht im bereits erwähnten *Rastede*-Beschluss – „auch außerhalb des Kernbereichs der Garantie ein verfassungsrechtliches Aufgabenverteilungsprinzip hinsichtlich der Angelegenheiten der örtlichen Gemeinschaft zu Gunsten der Gemeinden, das der zuständigkeitsverteilende Gesetzgeber zu berücksichtigen hat".[16] Ein handfester Prüfungsmaßstab ist damit allerdings nicht bezeichnet. Insofern war die frühere Rechtsprechung des Bundesverfassungsgerichts klarer. Danach waren Beeinträchtigungen der Planungshoheit am Grundsatz der **Verhältnismäßigkeit** zu messen.

---

10 BVerfGE 56, S. 298 (312); E 76, S. 107 (118 f.); BVerwG, DVBl. 1969, S. 362 (363 r.Sp.).
11 Nachweise bei *Blümel* (Fn. 7), S. 276 f. mit Fn. 78, 79, 81.
12 Vgl. diese Standardformulierung etwa in BVerfGE 50, S. 195 (201); im wesentlichen identisch E 59, S. 216 (226).
13 BVerfGE 56, S. 298 (312).
14 BVerfGE 56, S. 298 (313); zu der die kommunale Selbstverwaltung geradezu tragenden Bedeutung der Bauleitplanung auch *Stern/Burmeister*, Verfassungsmäßigkeit eines landesrechtlichen Planungsgebots für Gemeinden, 1975, S. 29 f. m.w.N.
15 BVerfGE 38, S. 258 (279); E 52, S. 95 (117).
16 BVerfGE 79, S. 127 (150).

Im *Wilhelmshaven*-**Fall** (1), der gut ein Jahr vor der *Rastede*-Entscheidung **9**
ergangen ist, wird die Beeinträchtigung der Planungshoheit der Gemeinde
Wilhelmshaven noch konsequent am Maßstab des Verhältnismäßigkeitsgrundsatzes geprüft. Die Richter führen u. a. aus, das Land Niedersachsen habe einleuchtend dargetan, dass die wenigen Standorte für großindustrielle Anlagen mit Bedarf an seeschifftiefem Fahrwasser dringend benötigt würden und daher landesplanerisch gesichert werden müssten. Die „Inanspruchnahme" eines Drittels des Gemeindegebietes erweise sich auch als geeignet, erforderlich und verhältnismäßig im engeren Sinne. Gemeinden mit derart seltenen oder gar einmaligen Standortvorteilen unterlägen schon von ihrer geografischen Lage her einer gewissen „Situationsgebundenheit". Auch liege die landesplanerische Ausweisung auf der Linie der geschichtlichen Entwicklung der Gemeinde Wilhelmshaven und entspreche überwiegend den eigenen planerischen Vorstellungen dieser Gemeinde.[17]

In der *Rastede*-Entscheidung heißt es demgegenüber recht unscharf, dass eine **10**
Aufgabe mit „relevantem örtlichen Charakter" den Gemeinden nur aus „Gründen des Gemeininteresses", vor allem also dann entzogen werden dürfe, „wenn anders die ordnungsgemäße Aufgabenerfüllung nicht sicherzustellen wäre".[18] Die letztgenannte Formulierung lässt sich möglicherweise doch i. S. der Fragen nach Eignung, Erforderlichkeit und Proportionalität verstehen. Im Übrigen wird der Maßstab „wenn anders die ordnungsgemäße Aufgabenerfüllung nicht sicherzustellen wäre" auch bei unmittelbarer Anwendung zu dem Ergebnis führen, dass die streitige Regelung der niedersächsischen Landesplanung zur ordnungsgemäßen Aufgabenerfüllung zulässig ist.

Beachtung verdient noch, dass das Bundesverfassungsgericht Art. 28 Abs. 2 **11**
Satz 1 GG entnimmt, dass dem Bund nicht gestattet sei, „einzelnen Gemeinden einschneidende Beschränkungen ihrer Planungshoheit aufzuerlegen, ohne sie vorher anzuhören".[19] Damit scheint jedenfalls ein **Anhörungsrecht** zum **Kernbereich** der durch Art. 28 Abs. 2 Satz 1 GG geschützten Planungshoheit zu gehören. Dies ist in der Rechtsprechung des Bundesverwaltungsgerichts, das seit langem aus Art. 28 Abs. 2 Satz 1 GG ein Anhörungsrecht folgert, bislang nicht ausgesprochen worden. Vielmehr haben die Richter in ihrer grundlegenden Entscheidung ausdrücklich offen gelassen, ob eine gesetzliche Ausschaltung der Gemeinde von jeglicher Mitwirkung an überörtlichen, aber ortsrelevanten Planungen den Wesensgehalt der Selbstverwaltungsgarantie aushöhlen würde.[20]

---

17 BVerfGE 76, S. 107 (119 ff.).
18 BVerfGE 79, S. 127 (153).
19 BVerfGE 56, S. 298 (320).
20 BVerwG, DVBl. 1969, S. 362 (363 r.Sp.); spätere Entscheidungen haben hierzu nichts Neues gebracht; vgl. nur BVerwGE 56, S. 110 (137).

II. Gesetzliche Sicherungen und Beschränkungen der Planungshoheit

1. Schutz der gemeindlichen Planungshoheit

12 Neben der grundlegenden gesetzlichen Normierung der gemeindlichen Planungshoheit in § 2 Abs. 1 Satz 1 BauGB gibt es eine ganze Reihe von Vorschriften, die die gemeindliche Planung gegenüber relevanten Entscheidungen anderer Planungsträger **schützen** sollen. Hier ist zunächst § 2 Abs. 2 BauGB zu nennen, der eine wechselseitige Rücksichtnahme der Bauleitplanung von **Nachbargemeinden** vorschreibt. § 2 Abs. 2 BauGB gebietet nicht nur formell eine Abstimmungsprozedur, sondern auch eine erfolgreiche Abstimmung in der Sache selbst. Das prozedurale und das materielle **Abstimmungsgebot** gelten nach der Rechtsprechung des Bundesverwaltungsgerichts unabhängig davon, „ob bei der Nachbargemeinde bereits Bauleitpläne oder doch bestimmte planerische Vorstellungen bestehen", immer schon dann, „wenn ‚unmittelbare Auswirkungen gewichtiger Art' (…) in Betracht kommen".[21]

13 Ferner sind diejenigen Schutzvorschriften zu nennen, die ein Beteiligungsrecht der Kommunen an **überörtlichen**, aber **ortsrelevanten** raumbedeutsamen Planungen vorsehen. Die §§ 7 Abs. 5, 9 Abs. 4 ROG ordnen für die Landes- bzw. Regionalplanung eine gemeindliche Beteiligung an. Die Beteiligungsform unterliegt der Ausgestaltung durch den Landesgesetzgeber.[22] Im Recht der **Planfeststellung** ist die Anhörung der Gemeinden vorgesehen (s. § 73 Abs. 2 VwVfG). Sofern eine gesetzliche Normierung fehlt, nimmt das Bundesverwaltungsgericht aus Art. 28 Abs. 2 Satz 1 GG ein Anhörungsrecht an, so z.B. für das Genehmigungsverfahren für Flugplätze nach § 6 LuftVG, das – anders als das Planfeststellungsverfahren gemäß § 8 LuftVG – eine gesetzliche Beteiligungsregelung nicht kennt.[23]

14 Eine gewisse Schwächung der kommunalen Planungshoheit liegt darin, dass insbesondere auf **Planfeststellungsverfahren** für Vorhaben mit überörtlicher Bedeutung die §§ 29–37 BauGB über die Zulässigkeit baulicher Vorhaben nicht anzuwenden sind, mithin ein Bebauungsplan einer Gemeinde nicht gemäß § 30 Abs. 1 BauGB seine verbindliche Steuerungskraft entfaltet, falls die Gemeinde am Verfahren beteiligt worden ist (§ 38 BauGB, näher unten § 13 Rn. 22 ff.).

15 Die Beteiligung der Gemeinden bei der Fachplanung erfolgt – wie gerade gesagt – nicht in Form einer **Mitentscheidung**, sondern der bloßen **Mitwir-**

---

21 BVerwGE 40, S. 323 (331); bestätigt in E 84, S. 209 (216); *Jahn*, Abwehransprüche von Gemeinden bei der Ansiedlung von Factory-Outlets, BayVBl. 2000, S. 267.
22 *Schmidt-Aßmann* hat für die der Bauleitplanung näherstehende Regionalplanung die gemeindliche Mitentscheidung als Regelbeteiligung vorgeschlagen: Verfassungsrechtliche und verwaltungspolitische Fragen einer kommunalen Beteiligung an der Landesplanung, AöR 101 (1976), S. 520. Diesem Vorschlag sind die Bundesländer jedoch nicht gefolgt; den Gemeinden stehen nach den Landesplanungsgesetzen der Länder lediglich Beteiligungsmöglichkeiten, etwa in Form von zu erörternden Stellungnahmen, jedoch keine Entscheidungsrechte zu.
23 BVerwG, DVBl. 1969, S. 362 (363 r.Sp.); BVerwGE 81, S. 95 (106).

kung durch Anhörung, Erörterungs- und Vorschlagsrecht. Diese Position wäre recht schwach, wenn nicht die durch planerische Festsetzungen oder hinreichend konkrete planerische Vorstellungen „substanzialisierte" Planungshoheit auch materiell in die Abwägung der Planfestellungsbehörde eingehen müsste und damit der Gemeinde Rechtsschutz nicht nur wegen Verletzung der Verfahrensposition (Beteiligung), sondern auch wegen materieller Beeinträchtigung der Planungshoheit eröffnet wäre.[24] Insofern heißt es in dem soeben genannten § 38 Satz 2 2. Halbs. BauGB auch konsequent, dass **städtebauliche Belange** in der fachplanerischen **Abwägung** zu berücksichtigen sind.

Die gemeindliche Planungshoheit kann aber nicht nur durch überörtliche Planungen von Straßen, Flughäfen usw., sondern auch dadurch tangiert werden, dass **genehmigungsbedürftige Bauvorhaben** anderer Art von der Bauaufsichtsbehörde genehmigt werden. Die Bauaufsicht ist nämlich eine **staatliche** Angelegenheit. Auch wenn eine Gemeinde selbst die Aufgabe der unteren Bauaufsichtsbehörde wahrnimmt – was von einer gewissen Größe ab die Regel ist –, so führt sie dabei eine **Auftragsangelegenheit** aus und unterliegt deshalb der **Fachaufsicht**, d. h. sie ist unter Rechtmäßigkeits- wie Zweckmäßigkeitsgesichtspunkten **weisungsabhängig** von der (höheren) staatlichen Verwaltungsbehörde. Die möglichen Konflikte zwischen staatlicher Baugenehmigung und gemeindlicher Planungshoheit sind durch das BauGB im Wesentlichen in § 36 BauGB folgendermaßen geregelt: **16**

Soweit ein gültiger Bebauungsplan existiert, ist dieser bei der Genehmigung allein (§ 30 BauGB) oder vorrangig (§§ 30 Abs. 3, 34, 35 BauGB) maßgeblich. Ausnahmen und Befreiungen von den Festsetzungen eines Bebauungsplanes (§ 31 Abs. 1, 2 BauGB) kann die Genehmigungsbehörde nur im **Einvernehmen** mit der Gemeinde gewähren. Während der Planaufstellung (§ 33 BauGB) oder sofern und soweit planerische Festsetzungen der Gemeinde (noch) nicht existieren, ist ebenfalls das Einvernehmen mit der Gemeinde Voraussetzung einer Genehmigung (§ 36 BauGB). Gerade der durch § 33 BauGB gewährte präventive Schutz der noch **nicht ausgeübten** Planungshoheit[25] ist eine bedeutsame Voraussetzung dafür, dass die Gemeinden von ihrer Planungshoheit wirklich Gebrauch machen können. Da nämlich die Überplanung eines Gemeindegebietes gerade bei größeren Gemeinden nicht in einem Akt geschieht, sondern nach Kapazität und Erforderlichkeit (vgl. § 1 Abs. 3 BauGB) eine Frage von Jahrzehnten ist,[26] könnten durch Baugenehmigungen „Eckdaten" gesetzt werden, die der Bauleitplanung einen ernsthaften Gestaltungsspielraum nicht mehr übrig ließen. **17**

---

24 Vgl. einstweilen nur BVerwGE 69, S. 256 (261); ausführlicher unten Rn. 28 ff.
25 BVerwGE 22, S. 342 (347); VGH Kassel, NVwZ 1984, S. 738.
26 Zum Überplanungsgrad vgl. die Angaben in: *Scharmer/Wollmann/Argast*, Rechtstatsachenuntersuchung zur Baugenehmigungspraxis, 1985, S. 21: Für rund 41 % der im Zusammenhang bebauten Ortsteile bestehen Bebauungspläne, die unter Geltung des BBauG (seit 1960) festgesetzt worden sind.

2. Schranken der gemeindlichen Planungshoheit

18 Das BauGB beschränkt die planende Tätigkeit u. a. hinsichtlich des einzuhaltenden Verfahrens (z. B. §§ 2, 3, 4 BauGB), der möglichen Handlungsformen (insbesondere § 1 Abs. 2, §§ 5, 8 BauGB), der zulässigen Festsetzungsmöglichkeiten (insbesondere § 9 und § 2 Abs. 5 BauGB i. V. m. der BauNVO), des Instrumentariums zur Planverwirklichung (z. B. §§ 24 ff., 39 ff., 45 ff. BauGB) sowie der Anforderungen an die inhaltliche Rechtfertigung der Pläne (insbesondere § 1 Abs. 5, 6 und § 1a BauGB). Alle diese Regelungen werden im vorliegenden Buch im Einzelnen behandelt. Hier ist jedoch vorab die Frage zu stellen, wie es angesichts der zahlreichen gesetzlichen Planungsvorgaben um die verfassungsrechtlich verbürgte **Eigenverantwortlichkeit** der planenden Gemeinde bestellt ist. Zwei Aspekte sind für die Beantwortung dieser Frage besonders wichtig:

19 Erstens ist zu bedenken, dass durch die Bauleitplanung über die **Nutzbarkeit von Grundeigentum** entschieden wird.[27] Nach Art. 14 Abs. 1 Satz 2 GG obliegt die Bestimmung von Inhalt und Schranken des Eigentums dem Gesetzgeber. Daher müssen die bauplanerischen Einwirkungsmöglichkeiten auf das Grundeigentum gesetzlich vorgezeichnet sein. Solche Regelungen bilden deshalb aus verfassungsrechtlichen Gründen den „Rahmen der Gesetze", innerhalb dessen sich gemäß Art. 28 Abs. 2 Satz 1 GG die kommunale Selbstverwaltung zu bewegen hat.[28]

20 Zweitens – und damit kommt die Wahrung der Eigenverantwortlichkeit zur Sprache – zieht das die Gemeinde bindende **Gebot gerechter Abwägung** der betroffenen Belange (§ 1 Abs. 6 BauGB) der planerischen Gestaltungsfreiheit zwar Grenzen, schließt diese jedoch nicht aus. Das Bundesverwaltungsgericht formuliert in ständiger Rechtsprechung die rechtlichen und damit gerichtlich nachprüfbaren Anforderungen an eine gerechte Abwägung mit einer Zurückhaltung, die der Gemeinde einen wesentlichen Entscheidungsspielraum lässt.[29] Allerdings kann der rechtliche Maßstab gerechter Abwägung auch nicht zu Gunsten der Planungshoheit beliebig „verdünnt" werden. Mit guten Gründen geht nämlich das Bundesverwaltungsgericht davon aus, dass nicht nur eine gewisse Gestaltungs- bzw. Abwägungsfreiheit als Element der Planungshoheit, sondern auch die Bindung dieser Abwägung an Gerechtigkeitsanforderungen, als Element des Rechtsstaatsgebots, verfassungsrechtlich fundiert ist.[30] Die Bindung der Abwägung an Gerechtigkeitsanforderungen ist auch deshalb verfassungsrechtlich geboten, weil sowohl eine durch Bebauungsplanung ermöglichte Enteignung wie auch eine sich unter dieser Schwelle im Bereich der Sozialbindung bewegende Eigentumsbeeinträchtigung nur gerechtfertigt sind, wenn sie das Wohl der Allgemeinheit in verhältnismäßiger Weise verfolgen.

---

27 Siehe hierzu ausführlich *Grotefels*, in Hoppe/Grotefels, Öffentliches Baurecht, 1995, § 2 Rn. 41 ff.
28 Siehe dazu BVerfGE 79, S. 174 (198 f.).
29 Grundlegend BVerwGE 34, S. 301 (309); E 45, S. 309 (313, 315). Näher dazu unten § 17.
30 Vgl. nur BVerwGE 56, S. 110 (122) m.w.N.

Dies ist von der planerischen Abwägung zu fordern und muss gerichtlicher Kontrolle unterliegen.[31]

Eine Beschränkung der Planungshoheit ganz anderer Art enthalten diejenigen Normen des BauGB, die eine **Übertragung der Planungsaufgabe** auch gegen den Willen der beteiligten Gemeinden **auf Gemeindezusammenschlüsse** vorsehen. Nach § 205 Abs. 2 BauGB kann unter bestimmten Voraussetzungen ein Planungsverband aus mehreren Gemeinden gebildet werden; gemäß § 203 Abs. 2 BauGB kann die Bauleitplanung generell durch Landesgesetz auf Verbandsgemeinden, Verwaltungsgemeinschaften oder ähnliche **gesetzliche** Zusammenschlüsse von Gemeinden übertragen werden. Der Sinn der Regelung des § 203 BauGB liegt darin, im Falle **fehlender Verwaltungskraft** kleiner Gemeinden die Erfüllung der Planungsaufgabe dennoch sicherzustellen. Der Zweck des § 205 BauGB liegt demgegenüber darin, eine **Koordination** der Planung mehrerer Gemeinden dann sicherzustellen, wenn dies aus Gründen des Gemeinwohls dringend geboten ist. 21

Zugunsten der Regelung des § 205 Abs. 2 BauGB ist zunächst festzustellen, dass die nur unter **engen** Voraussetzungen im **Einzelfall** durch die Exekutive mögliche Zwangsverbandsbildung nicht gegen Art. 28 Abs. 2 Satz 1 GG verstößt, weil damit nicht das **Institut** gemeindlicher Planungshoheit beeinträchtigt wird.[32] Hinzu kommt, dass die gesetzliche Regelung nur insofern einen **verhältnismäßigen** Aufgabenentzug gestattet, als dringende Gründe des Gemeinwohls diesen Eingriff dringend gebieten müssen.[33] 22

Gegen die Regelung des § 203 Abs. 2 BauGB sind gelegentlich Bedenken vorgetragen worden, weil die Norm gestatte, zahlreichen Gemeinden „ohne Ansehen konkreter städtebaulicher Situationen"[34] die Planungshoheit zu entziehen. Damit liege eine generelle, die institutionelle Garantie verletzende Regelung vor. Solche Bedenken hat das Bundesverfassungsgericht offensichtlich nicht. Denn in der Entscheidung zum *Stadtverband Saarbrücken* hat es die Kompetenz des Bundes zum Erlass des Vorläufers von § 203 BauGB, nämlich § 147 BBauG, bejaht und die Gültigkeit dieser Norm im Übrigen nicht erörtert, jedoch vorausgesetzt.[35] Es trifft auch nicht zu, dass die institutionelle Garantie der kommunalen Selbstverwaltung verletzt wird, wenn zur Sicherung der Erfüllung der kommunalen Aufgaben Kommunalverbände gebildet werden und diesen unter Sicherung der Mitwirkungsrechte der beteiligten Gemeinden (s. § 203 Abs. 2 Satz 2 BauGB) u. a. die Aufgabe der Bebauungsplanung übertragen wird. 23

---

31 Näher dazu unten § 17.
32 In diesem Sinne auch BVerfGE 56, S. 298 (313) und E 76, S. 107 (119).
33 Zu diesem zweiten Prüfungsschritt, der den Aufgabenbestand auch einzelner Gemeinden schützt, s. BVerfGE 76, S. 107 (119 ff.).
34 *Schmidt-Aßmann*, Die Stellung der Gemeinden in der Raumplanung, VerwArch 1980, S. 117 (131).
35 BVerfGE 77, S. 288 (298 ff.).

24 § 38 BauGB enthält eine auch praktisch sehr bedeutsame Beschränkung der gemeindlichen Planungshoheit. Die wichtigsten **Fachplanungen** des Bundes und der Länder (u. a. Fernstraßen- und Flughafenplanung) werden vom Dritten Teil des BauGB freigestellt. Das bedeutet u. a., dass eine Bindung solcher Vorhaben an Bebauungspläne (§ 30 BauGB) ebenso entfällt wie das für Baugenehmigungen nach den §§ 33–35 in § 36 BauGB normierte Erfordernis des Einvernehmens mit der Gemeinde.[36] Aber nicht nur das Einvernehmenserfordernis entfällt in diesen Fällen, sondern solche Vorhaben dürfen wie gegen § 30 BauGB so auch gegen die übrigen Genehmigungstatbestände (§§ 33–35 BauGB) verstoßen,[37] wodurch die noch nicht ausgeübte Planungshoheit der Gemeinde besonders nachhaltig beeinträchtigt werden kann.

25 Für die verfassungsrechtliche Beurteilung dieser Regelung ist zu bedenken, dass den Gemeinden nicht die Planungshoheit entzogen wird. Es ist vielmehr so, dass die Ausübung der Planungshoheit dadurch mehr oder minder stark beeinträchtigt wird, dass die Durchsetzung **raumrelevanter überörtlicher Vorhaben** einen Teil gemeindlicher Bauleitplanung hinfällig bzw. (zukünftig) unmöglich machen kann. Dies bedeutet keine Entziehung der Planungshoheit, sondern eine Einschränkung hinsichtlich der **Eigenverantwortlichkeit** gemeindlicher Aufgabenerfüllung. Diese Einschränkung erfolgt zu Gunsten grundsätzlich bedeutsamer überörtlicher, der gemeindlichen Selbstverwaltung nicht zurechenbarer Aufgaben. Dabei ist seitens der Planfeststellungsbehörde im Rahmen der jeweiligen fachplanerischen Abwägung der gemeindlichen Planungshoheit insofern Rechnung zu tragen, als „unmittelbare Auswirkungen gewichtiger Art" auf rechtsverbindliche gemeindliche Planungen oder hinreichend bestimmte planerische Vorstellungen zu berücksichtigen sind.[38] Damit wird man die Regelung des § 38 BauGB insgesamt als Beeinträchtigung gemeindlicher Planungshoheit anzusehen haben, die verfassungsrechtlich zulässige Ziele in verhältnismäßiger Weise verfolgt.[39] Im Übrigen ist zu beachten, dass das maßgebliche materielle Fachplanungsrecht seinerseits baurechtliche Zulässigkeitsvoraussetzungen bzw. Abwägungsgesichtspunkte für maßgeblich erklären kann.[40]

26 Mit der ständig wachsenden Bedeutung der **Raumordnung und Landesplanung** hat eine weitere Beschränkung der kommunalen Bauleitplanung besondere Aufmerksamkeit gefunden, nämlich das Anpassungsgebot des § 1 Abs. 4 BauGB. Insbesondere die landesplanerische Standortvorsorge für industrielle Großvorhaben hat verfassungsrechtliche Diskussionen um die Grenzen der

---

36 Einzelheiten zur Neufassung des § 36 und seiner Anwendbarkeit auf nicht privilegierte Fachplanungen bei *Lasotta*, Die Beteiligung der Gemeinden bei der Fachplanung, DVBl. 1998, S. 255.
37 BVerwGE 70, S. 242; E 81, S. 111; E 85, S. 251.
38 BVerwGE 69, S. 256 (261); st. Rspr.
39 Vertiefung bei *Schlarmann*, Das Verhältnis der privilegierten Fachplanungen zur kommunalen Bauleitplanung, 1980; *Koch*, Zur Konkurrenz zwischen Fachplanung und Bauleitplanung, in: FS für Schlichter, 1995, S. 461 (471).
40 BVerwGE 79, S. 318 (321); E 85, S. 251 (254 f.).

gemeindlichen Planungshoheit ausgelöst.[41] Das gewachsene Umweltbewusstsein der Bevölkerung hat die Bereitschaft mancher Gemeinden zur Ansiedlung solcher Vorhaben sinken lassen. Auch deshalb sind die Bundesländer dazu übergegangen, Standorte landesplanerisch auszuweisen.

Die Ansiedlung von Großvorhaben etwa auf dem Energiesektor ist besonders unter dem Blickwinkel der Umweltbelastung eine raumrelevante Entscheidung von stark, wenn auch nicht allein überörtlichem Charakter. Insofern gehört die **Standortvorsorgeplanung** zu den gesetzlichen Aufgaben der Landesplanung. Das Anpassungsgebot des § 1 Abs. 4 BauGB führt in ähnlicher Weise wie bei den durch § 38 BauGB privilegierten Fachplanungen zu einer mehr oder minder starken Einschränkung der selbstverantwortlichen gemeindlichen Bauleitplanung. Nach vorherrschender Auslegung des § 1 Abs. 4 BauGB sind Standortfestlegungen als Ziele der Landesplanung jeglicher Abwägung i. S. d. § 1 Abs. 6 BauGB entzogen,[42] sodass sie als „Eckwerte" in die im Übrigen eigenverantwortliche gemeindliche Bauleitplanung eingehen sollen. Ein instruktives Beispiel für den starken Einfluss der überörtlichen Gesamtplanung auf die gemeindliche Planungshoheit liefert der bereits ausführlich erörterte *Wilhelmshaven*-Beschluss des Bundesverfassungsgerichts.

27

III. Gemeindliche Planungshoheit als wehrfähiges Recht

Nach ständiger Rechtsprechung des Bundesverwaltungsgerichts ist „die Planungshoheit gegenüber allen sie berührenden fremden Planungen sozusagen wehrfähig". Keine Gemeinde brauche hinzunehmen, „dass ihre Planungshoheit durch fremde Planungen rechtswidrig verletzt wird".[43] Dabei seien nicht nur die „durch verbindliche Pläne ausgewiesenen kommunalen Planungen, sondern gerade auch planerische Vorstellungen" insoweit geschützt, als sie „schon hinreichend bestimmt" seien. Die so umschriebene, sozusagen substanzialisierte Planungshoheit genießt nach der Rechtsprechung Schutz gegen „unmittelbare Auswirkungen gewichtiger Art".[44] Solche Auswirkungen können rein **faktischer** Natur sein, wie etwa die einem planerisch festgesetzten Wohngebiet drohenden Immissionen durch eine nunmehr planfestgestellte Bundesautobahn[45] oder einen neu genehmigten Großschlachthof.[46] Die Auswirkungen können auch in Rechtspflichten bestehen, wie sie mit der Festlegung von Lärmschutzzonen für einen Flughafen für die Zulässigkeit bauli-

28

---

41 Vgl. nur *Brocke*, Rechtswirkungen eines Standortvorsorgeplanes, DVBl. 1979, S. 184; *Schlarmann*, Privilegierte Fachplanungen als Ziele der Raumordnung und Landesplanung und ihre Umsetzung in die Bauleitplanung, DVBl. 1980, S. 275; *Wahl*, Aktuelle Probleme im Verhältnis der Landesplanung zu den Gemeinden, DÖV 1981, S. 597.
42 S. nur BVerwGE 90, S. 329; BVerfGE 76, S. 107.
43 BVerwGE 40, S. 323 (330); jüngst E 90, S. 96.
44 BVerwGE 69, S. 256 (261).
45 S. dazu BVerwGE 51, S. 6.
46 S. dazu BVerwGE 84, S. 209.

cher Nutzungen in diesen Bereichen nach dem FlugLG verbunden sind.⁴⁷ Die Auswirkungen können schließlich darin liegen, dass eine Fläche des Gemeindegebietes durch einen anderen Planungsträger für eine bestimmte Nutzung ausgewiesen wird und die Gemeinde zur Anpassung verpflichtet ist.⁴⁸

29 Inzwischen hat das Bundesverwaltungsgericht seine Rechtsprechung zu einem **Standardsatz** verdichtet: „Die Gemeinden können in ihrer Planungshoheit beeinträchtigt werden, wenn das Vorhaben eine hinreichend bestimmte Planung nachhaltig stört, wesentliche Teile des Gemeindegebiets einer durchsetzbaren Planung entzieht, oder wenn kommunale Einrichtungen durch das Vorhaben erheblich beeinträchtigt werden."⁴⁹

30 Am Rande ist zu erwähnen, dass die Gemeinden auch als Eigentümerinnen betroffener Grundstücke Berücksichtigung in einer fachplanerischen Abwägung finden müssen, wobei nicht Art. 14 GG,⁵⁰ sondern die einfachrechtliche Eigentümerstellung die abwägungserhebliche Position vermittelt.⁵¹

31 Im Ausgangs**fall (2)** hat die Gemeinde beide Aspekte geltend gemacht, also sowohl die Verletzung ihrer Planungshoheit wie auch die Beeinträchtigung ihrer Eigentümerstellung. Eine Beeinträchtigung der im F-Plan dargestellten Wohnbereiche scheidet angesichts der 700 bis 800 m entfernten Lage nach Ansicht der Richter aus. Angesichts des während des Planfeststellungsverfahrens für die Deponie bestehenden Pachtverhältnisses hinsichtlich der Zuwegung habe für die Planfeststellungbehörde eine besondere Abwägungsbeachtlichkeit hinsichtlich der kommunalen Eigentümerstellung nicht bestanden.⁵²

§ 13 Planungspflichten

Literatur: *Dolde/Uechtritz*, Ersatzansprüche aus Bauplanungsabreden, DVBl. 1987, S. 446; *Ebsen*, Der Bauplanungsgarantievertrag – Ein neues Mittel vertraglicher Bindung der Gemeinde bei der Bauleitplanung?, JZ 1985, S. 57; *von und zu Frankenstein*, Gemeindliche Negativplanung – Bausperre unter dem Deckmantel gemeindlicher Planungshoheit?, BayVBl. 1997, S. 202; *Halama*, Durchsetzung und Abwehr von Zielen der Raumordnung und Landesplanung auf der Gemeindeebene, in: Berkemann u.a. (Hrsg.), Planung und Plankontrolle, 1995, FS für Schlichter, 1995, S. 201; *Koch*, Zur Konkurrenz zwischen Fachplanung und Bauleitplanung, in: Berkemann u.a. (Hrsg.), Planung und Plankontrolle, 1995, FS für Schlichter, 1995, S. 461; *Sandener*, Die Kollision von Fernstraßenplanung und gemeindlicher Siedlungstätigkeit im Lichte landesplaneri-

---

47 BVerfGE 56, S. 298.
48 Diese Unterscheidung der Beeinträchtigungsformen wird veranschaulicht und instruktiv erörtert bei *Steinberg*, Verwaltungsgerichtlicher Schutz der kommunalen Planungshoheit gegenüber höherstufigen Planungsentscheidungen, DVBl. 1982, S. 13 (14 ff.).
49 BVerwGE 81, S. 95 (106); ebenso E 90, S. 96 (100); Einzelheiten zu diesem Prüfprogramm bei *Stühler*, Die Rechte der Gemeinde gegenüber staatlicher Planung, JuS 1999, S. 234.
50 BVerfGE 61, S. 82 (101 ff.).
51 BVerwGE 90, S. 96 (101 f.).
52 Zu den Anforderungen an eine gerechte Abwägung ausführlich unten § 17.

scher Vorgaben, UPR 1997, S. 279; *Schmidt-Aßmann/Krebs*, Rechtsfragen städtebaulicher Verträge, 2. Aufl. 1994, S. 84 ff.; *Weyreuther*, Über die Erforderlichkeit von Bebauungsplänen, DVBl. 1981, S. 369

Fall 1: Der Antragsteller wendet sich in einem Normenkontrollverfahren gegen einen Bebauungsplan der Gemeinde, in dem das gesamte Plangebiet als „Fläche für die Landwirtschaft" festgesetzt ist. Das Plangebiet besteht ausschließlich aus Grundstücken, die dem Antragsteller gehören. Sie werden gegenwärtig landwirtschaftlich genutzt und sind Teil landwirtschaftlicher Flächen. An das Plangebiet schließen in nordwestlicher Richtung der Ampersee mit einem Campingplatz, eine Kläranlage und eine Müllverbrennungsanlage an. Dahinter befinden sich die unter Landschaftsschutz stehenden und im Regionalplan als regionaler Grünzug dargestellten Amperauen. Im Juli 1986 hatte ein Unternehmen die Einleitung eines Raumordnungsverfahrens zur Errichtung einer Recyclinganlage für aluminiumhaltige Salzschlacke auf der Teilfläche B des Plangebiets beantragt. Am 24. 8. 1987 wurde das Verfahren durch die Regierung im Wesentlichen positiv abgeschlossen. Auf der Teilfläche A möchte ein anderer Unternehmer Kies abbauen; hier ist ein Raumordnungsverfahren beantragt. Die Gemeinde lehnt beide Vorhaben ab.

Nach BVerwG, DVBl. 1991, S. 445.

Fall 2: Die Antragsteller in einem Normenkontrollverfahren gegen einen 1988 von der Gemeinde G beschlossenen Bebauungsplan sind Eigentümer von Grundstücken innerhalb des Plangebiets. Dieses liegt im Naturpark „Nördlicher Teutoburger Wald/Wiehengebirge" sowie am Rande eines im Regionalen Raumordnungsprogramm für den Landkreis Osnabrück ausgewiesenen Erholungsgebiets. Der Bebauungsplan setzt ein Gewerbegebiet fest. Die Antragsteller befürchten unzumutbaren Gewerbe- und Verkehrslärm für ihr Wohngebiet.

Nach BVerwGE 90, S. 329.

Fall 3: Der Kläger möchte im Einverständnis mit der Bundesbahndirektion St. auf einem nördlichen, dem Bahnbetrieb gewidmeten Teilstück des Bahnhofs R. der Deutschen Bundesbahn einen SB-Lebensmittelladen mit einer Verkaufsfläche von 470 m² und 29 Stellplätzen errichten. Er begehrt im vorliegenden Verfahren einen Bauvorbescheid über die planungsrechtliche Zulässigkeit dieses Vorhabens. Die Baugenehmigungsbehörde hat die Erteilung der so genannten Bebauungsgenehmigung abgelehnt, weil auf dem Gelände der planfestgestellten Eisenbahnanlage nur dem Bahnbetrieb dienende Einrichtungen zulässig seien. Das allgemeine Bauplanungsrecht, nach dem allein der Verbrauchermarkt u. U. gestattet werden könnte, sei durch die bestandskräftige Fachplanung verdrängt.

Nach BVerwGE 81, S. 111.

Fall 4: Die Klägerin erwarb von der beklagten Stadt ein Grundstück im Bereich des geplanten „Zentrums Nord" zur Errichtung ihres Verwaltungsgebäudes. Ferner vereinbarten die Parteien, dass eine Grundfläche westlich des geplanten Verwaltungsgebäudes in dem in Vorbereitung befindlichen Bebauungsplan als Grünfläche bauplanerisch festzusetzen sei. Als in einem geänderten Bebauungsplanentwurf statt der Grünfläche eine Hauptverkehrsstraße ausgewiesen wurde, begehrte die Klägerin vor dem Verwaltungsgericht die Feststellung, dass die Beklagte zu der vereinbarten Grünflächenausweisung verpflichtet ist.

Nach BVerwG, BauR 1982, S. 30.

I. Die Erforderlichkeit der Bauleitplanung (§ 1 Abs. 3 BauGB)

1 Nach § 1 Abs. 3 BauGB haben die Gemeinden Bauleitpläne aufzustellen, „sobald und soweit es für die städtebauliche Entwicklung und Ordnung erforderlich ist". Diese Norm wird allgemein als **Gebot** erforderlicher und **Verbot** nicht erforderlicher Bauleitpläne verstanden.[1] Die Einbindung der Gemeinde in Planungsverbote und Planungspflichten wird mit der Selbstverwaltungsgarantie des Art. 28 Abs. 2 Satz 1 GG dadurch in Einklang gebracht, dass über die Erforderlichkeit der Bauleitplanung grundsätzlich nach „der planerischen Konzeption der Gemeinde" befunden wird.[2] Insofern liegt es wesentlich in der planerischen Gestaltungsfreiheit der Gemeinde, ob eine Planung verboten oder geboten ist.[3] Es wird also unbeschadet dessen, dass auch die planerische Gestaltungsfreiheit ihre Grenzen hat (näher in § 17), nicht mehr als eine **Pflicht zu konsequenter Planung** statuiert.[4]

2 Das Gebot konsequenter konzeptioneller Planung ist durchaus nicht praktisch irrelevant. Das lässt sich zunächst an einer länger zurückliegenden Entscheidung des Bundesverwaltungsgerichts im so genannten *Braunkohlen*-Fall veranschaulichen: In einem Bebauungsplan hatte eine Gemeinde größere Teile einer geschlossenen Ortslage undifferenziert als Flächen für die Land- und Forstwirtschaft festgesetzt. Aus der Begründung des Bebauungsplans ergab sich jedoch, dass die planerische Konzeption der Gemeinde gar nicht auf die Förderung von Land- und Forstwirtschaft zielte. Vielmehr sollte lediglich unter dem „Deckmantel" dieser Ausweisung der zukünftige Braunkohlenabbau gesichert werden. Für dieses Konzept der Gemeinde ist jedoch die getroffene Festsetzung gänzlich unangemessen und insofern nicht erforderlich.[5]

3 Im Anschluss an diese Entscheidung hatte sich die Auffassung verbreitet, dass eine sog. **Negativ**-Planung, eine „Verhinderungs"-Planung, grundsätzlich unzulässig, weil nicht erforderlich i.S.v. § 1 Abs. 3 BauGB sei. Mit Recht hat das Bundesverwaltungsgericht in neueren Entscheidungen – namentlich in der hier vorangestellten Leitentscheidung **Fall 1** – klargestellt, dass Festsetzungen in einem Bebauungsplan nicht schon dann wegen Verstoßes gegen § 1 Abs. 3 BauGB nichtig seien, wenn ihr Hauptzweck in der Verhinderung bestimmter städtebaulich relevanter Nutzungen bestehe.[6] Zutreffend weisen die Richter darauf hin, dass jegliche Festsetzung einer bestimmten Nutzungsart immer

---

1 *Weyreuther*, Über die Erforderlichkeit von Bebauungsplänen, DVBl. 1981, S. 369 (371 r.Sp.); ausführlich Ernst/Zinkahn/Bielenberg, BauGB, Stand: 4/2000, – *Söfker*, § 1, Rn. 36 ff.
2 BVerwG, BRS 24 Nr. 15, S. 29; BVerwGE 40, S. 258 (263); BVerwG, BauR 1991, S. 165 (168).
3 Ernst/Zinkahn/Bielenberg-*Söfker* (Fn. 1), § 1, Rn. 36; *Stüer*, Handbuch des Bau- und Fachplanungsrechts, 2. Aufl. 1998, Rn. 184.
4 Es erscheint fraglich, ob dem so verstandenen Erforderlichkeitsmaßstab eine gegenüber dem Abwägungsgebot des § 1 Abs. 6 BauGB selbständige Bedeutung zukommt.
5 Dazu, was die Gemeinde konsequenterweise hätte tun können: BVerwGE 40, S. 258 (264 f.).
6 BVerwG, BauR 1991, S. 165; BVerwG, ZfBR 1990, S. 302; BVerwG, BauR 1999, S. 611; BVerwG, NuR 2000, S. 318.

auch andere Nutzungen definitiv ausschließe und in diesem Sinne Verhinderungscharakter habe. Die Gemeinde dürfe grundsätzlich städtebauliche Ziele verfolgen, die mehr auf **Bewahrung** als auf Veränderung der vorhandenen Situation zielten. In diesem Rahmen dürfe die Gemeinde auch konkrete Bauanträge zum Anlass einer auf Bewahrung gerichteten Verhinderungsplanung nehmen. „Erforderlich" i. S. v. § 1 Abs. 3 BauGB seien solche Festsetzungen schon dann, wenn sie dem wahren planerischen Willen der Gemeinde entsprächen und nicht lediglich auf Verhinderung anderer Nutzungen gerichtet seien. Aus dem Erforderlichkeitskriterium des § 1 Abs. 3 BauGB entnimmt das BVerwG auch das Gebot, „keinen Bebauungsplan aufzustellen, der nicht vollzugsfähig ist, weil eine Verwirklichung an den immissionsschutzrechtlichen Anforderungen" der SportanlagenlärmschutzVO scheitern würde.[7] Danach kommt also den Immissionsgrenzwerten der 18. BImSchV eine „mittelbare" Verbindlichkeit für die Bauleitplanung zu. Man könnte deshalb in diesen und anderen Grenzwertsystemen auch verbindliche, der Abwägung entzogene rechtliche Schranken der planerischen Gestaltungsfreiheit und damit im Sinne der Terminologie des BVerwG **Planungsleitsätze** sehen.[8] Dahin tendiert das BVerwG erkennbar für das Schutzprogramm der §§ 41 ff. BImSchG in Verbindung mit der 16. und der 18. BImSchV.[9]

Es erscheint allerdings weitaus leichter, einer Gemeinde, die über ein erkennbares städtebauliches Konzept verfügt, mangelnde Konsequenz in der planerischen Umsetzung vorzuhalten, als einer konzeptionslosen Gemeinde die Grenze aufzuzeigen, jenseits derer Bauleitplanung erforderlich ist. Gerade gegen ein Treibenlassen der Bautätigkeit ist aber das **Gebot** gerichtet, Bauleitpläne aufzustellen, soweit dies erforderlich ist. Dies ergibt sich, wenn man die in § 1 Abs. 1 BauGB ausgedrückte Aufgabe der Bauleitplanung bedenkt, „die bauliche und sonstige Nutzung der Grundstücke ... vorzubereiten und zu leiten". Auf diese Vorbereitungs- und insbesondere **Leitungsfunktion** der Bauleitplanung ist die Pflicht des § 1 Abs. 3 BauGB, erforderliche Pläne aufzustellen, bezogen. Die städtebauliche Entwicklung und Ordnung soll durch Pläne gesteuert werden (**Planmäßigkeitsprinzip**),[10] nicht jedoch auf der Grundlage einer Vielzahl einzelner Baugenehmigungen ohne planungsrechtliche Grundlage vor sich gehen. Andererseits sieht das BauGB die Möglichkeit der Baugenehmigung ohne planungsrechtliche Grundlage in zwei bedeutsamen Tatbeständen vor, nämlich den §§ 34 und 35 BauGB.[11] Insofern ist eine Steuerung der Bautätigkeit mit Hilfe dieser Tatbestände durchaus gesetzmäßig.

4

---

7 BVerwGE 109, S. 245 = NuR 2000, S. 94 = NVwZ 2000, S. 550.
8 Zu den Planungsleitsätzen s. § 17 Rn. 71 ff.
9 BVerwG, NJW 1995, S. 2572.
10 Näher Ernst/Zinkahn/Bielenberg-*Söfker* (Fn. 1), § 1, Rn. 19 ff.
11 30 % aller Baugenehmigungen für Wohngebäude und 40 % aller Genehmigungen für Nicht-Wohngebäude erfolgen auf der Grundlage von § 34 BauGB; ca. 3 % aller Wohngebäude und 23 % aller Nicht-Wohngebäude werden nach § 35 BauGB genehmigt (*Scharmer/Wollmann/Argast*, Rechtstatsachenuntersuchung zur Baugenehmigungspraxis, 1985, S. 96, Tab. 1.3.1. und 1.3.2.).

5 Insgesamt lässt sich sagen, dass angesichts der Durchbrechung des Planmäßigkeitsprinzips durch die §§ 34, 35 BauGB die Grenze, von der ab eine Planung i. S. d. § 1 Abs. 3 BauGB „erforderlich" ist, schwer zu ziehen ist. Immerhin sind in der Gerichtspraxis Fallkonstellationen bekannt, bei denen sogar von einer offensichtlichen Verletzung der Planungspflicht gesprochen werden muss. Einmal geht es um Fälle, bei denen Bauvorhaben durch rechtswidrige Abweichung von einem geltenden Bebauungsplan genehmigt werden.[12] Dies kann soweit führen, dass ein ganzes Gebiet planwidrig umgestaltet wird.[13] Zum anderen geht es um die Umgestaltung nicht überplanter, aber bebauter Gebiete durch die gegen § 34 BauGB verstoßende Genehmigung von Vorhaben, die dem gewachsenen Charakter des Gebietes widersprechen.[14]

6 Mit der Durchsetzung der Planungspflicht in diesen Fällen steht es offenbar nicht zum besten. Jedenfalls in den Fällen, in denen die (größeren) Gemeinden die staatliche Aufgabe der unteren Bauaufsicht wahrnehmen,[15] greift die **Kommunalaufsicht** anscheinend nicht recht. Auch eine **gerichtliche Kontrolle** kommt kaum in Betracht:

7 Erstens schließt § 2 Abs. 3, 4 BauGB Ansprüche auf Aufstellung, Änderung, Ergänzung oder Aufhebung von Bauleitplänen aus. Daraus hat das Bundesverwaltungsgericht gefolgert, dass Nachbarn eines unter Verstoß gegen einen Bebauungsplan genehmigten Vorhabens nicht mit der Begründung **gegen die unterlassene Planänderung** vorgehen können, dass ihre Rechte auf Beteiligung am Planverfahren (§ 3 BauGB) verletzt würden.[16] Für diese Ansicht spricht, dass die Beteiligungsrechte für den Fall gewährt sind, dass eine Planung **wirklich durchgeführt** wird. § 3 BauGB lautet nämlich nicht: „Falls eine Planung durchgeführt werden müsste, ist der Bürger am Baugenehmigungsverfahren zu beteiligen."[17]

8 Zweitens können die Nachbarn eines rechtswidrig genehmigten Vorhabens nur in engen Grenzen Rechtsschutz **gegen solche Vorhaben selbst** in Anspruch nehmen.[18] Droht aber keine Nachbarklage, so nimmt anscheinend die Bereitschaft ab, der Planungspflicht nachzukommen.[19]

---

12 Aufschlußreich zu Umfang und Voraussetzungen „großzügiger Befreiungspraxis" *Scharmer u. a.* (Fn. 11), S. 34 f. (Ziff. 2.2.3.).
13 BVerwG, DVBl. 1983, S. 348.
14 72 % der befragten höheren Verwaltungsbehörden erklärten, dass **häufig** Vorhaben gemäß § 34 BauGB genehmigt würden, obwohl die Voraussetzungen der Norm strenggenommen nicht vorlägen (*Scharmer u. a.* [Fn. 11], S. 41 Ziff. 2.4.3.4.).
15 Zu den Zuständigkeiten im Baugenehmigungsverfahren unten 3. Teil, § 24 Rn. 9 ff.
16 BVerwG, DVBl. 1983, S. 348.
17 Einen anderen Weg, die Umgehung der Bauleitplanungspflicht für die Bürger gerichtlich rügefähig zu machen, versucht *Peine*, Umgehung der Bauleitplanungspflicht bei Großvorhaben, DÖV 1983, S. 909, insbes. S. 915 ff.
18 Vgl. näher unten § 28.
19 Nach der Erhebung von *Scharmer u. a.* (Fn. 11), S. 35, haben 64 % der befragten höheren Verwaltungsbehörden bestätigt, dass der Weg problematischer Befreiungen anstatt einer Planung um so eher gewählt werde, je weniger mit einer Nachbarklage zu rechnen sei.

II. Die Anpassung an die überörtlichen Gesamtplanungen (§ 1 Abs. 4 BauGB)

Dass die Bauleitpläne gemäß § 1 Abs. 4 BauGB „den Zielen der Raumordnung und Landesplanung anzupassen" sind, wurde bereits als grundsätzlich zulässige Beschränkung der gemeindlichen Planungshoheit u. a. am *Wilhelmshaven-Fall* dargestellt (s. oben § 12 Rn 4 ff., 27). Im Folgenden geht es um einige Einzelheiten dieser Anpassungspflicht.

1. Keine Pflicht zur Erstplanung

Unstreitig hat die Gemeinde das Anpassungsgebot zu beachten, wenn sie einen Bebauungsplan aufstellt, und auch bestehende Pläne müssen einer nachfolgenden Landesplanung angepasst werden. Umstritten ist jedoch, ob die Anpassungspflicht auch ein **Gebot der Erstplanung** umfasst, d. h. zur Aufstellung eines Bebauungsplanes verpflichtet, wenn dies mit Blick auf ein neu festgesetztes Ziel der Landesplanung erforderlich ist.[20] Der Wortsinn spricht eher gegen die Statuierung einer Erstplanungspflicht. Bestätigt wird ein solchermaßen enges Verständnis der Anpassungspflicht durch die Entstehungsgeschichte der 1976er-Novelle zum BBauG: Die vom Bundesrat gewünschte Erstplanungspflicht wurde auf Empfehlung des zuständigen Ausschusses vom Bundestag nicht kodifiziert.[21] Der Ausschuss hat seine Empfehlung ausdrücklich mit dem Schutz der gemeindlichen Planungshoheit begründet. Unter diesen Umständen kommt eine Überwindung des klar erkennbaren gesetzgeberischen Wollens mit Hilfe der sog. objektiv-teleologischen Auslegung nicht in Betracht.[22] Auch der Versuch, aus dem soeben erörterten Gebot, die erforderlichen Bauleitpläne aufzustellen, eine Erstplanungspflicht zur Verwirklichung landesplanerischer Ziele herzuleiten, kann methodisch nicht überzeugen. Dem steht schon der Wortsinn des § 1 Abs. 3 BauGB entgegen. In dieser Norm wird die Erforderlichkeit nämlich auf die **städtebauliche** Entwicklung und Ordnung, nicht jedoch auf die Verwirklichung landesplanerischer Vorstellungen bezogen. Hinzu kommt, dass Abs. 4 die **spezielle Regelung** des Verhältnisses von Bauleitplanung und Landesplanung darstellt. Was diese Regelung nicht „hergibt", kann nicht über ein Ausweichen auf Abs. 3 gewonnen werden.

Lehnt man eine Erstplanungspflicht ab, so hat dies vor allem für eine aktive Industrieansiedlungspolitik im Wege der landesplanerischen **Standortvorsor-**

---

20 Ausführlich zum folgenden m.w.N. *Schlarmann*, Das Verhältnis der privilegierten Fachplanungen zur kommunalen Bauleitplanung, 1980, S. 275 (278 ff.); die Frage wurde offengelassen in VGH Bad.-Württ., DÖV 1981, S. 269 (270 r.Sp.).
21 Methodisch ganz streng gesehen ließe sich noch fragen und prüfen, ob die Nichtänderung des BauGB hinsichtlich der seinerzeit schon bestehenden Anpassungspflicht sozusagen als authentische Gesetzesauslegung auch für den Fall anzusehen ist, dass der frühere, die Anpassungspflicht zuallererst schaffende Gesetzgeber andere Vorstellungen von der Anpassungspflicht hatte. Die „ursprüngliche" Gesetzgebungsgeschichte ergibt jedoch nicht Abweichendes.
22 Zum Vorrang der subjektiv-teleologischen gegenüber der objektiv-teleologischen Auslegung *Koch/Rüßmann*, Juristische Begründungslehre, 1982, § 17, 2.c.

geplanung negative Konsequenzen.²³ Sind die Gemeinden nämlich nicht verpflichtet, landesplanerisch ausgewiesene Standorte durch erstmalige Aufstellung eines Bebauungsplans abzusichern, so kann die Standortausweisung im Verlauf einer zulässigen, nicht durch Bebauungsplanung gelenkten Entwicklung der Bebauung hinfällig werden.²⁴ Das industriegeprägte Nordrhein-Westfalen glaubte, eine solche Situation nicht hinnehmen zu können und hat deshalb **landesgesetzlich** das Instrument des **Planungsgebots** eingeführt, um die Gemeinden zu einer Erstplanung zwingen zu können.²⁵ Sehr fraglich erscheint, ob der Landesgesetzgeber dafür überhaupt die Gesetzgebungskompetenz hat.²⁶ Das Planungsgebot dürfte nämlich zum Bodenrecht i.S.v. Art. 74 Nr. 18 GG rechnen. Der Bund aber hat von dieser Gesetzgebungskompetenz hinsichtlich eines Planungsgebotes zulässigerweise **abschließend**, und zwar **ablehnend** Gebrauch gemacht, sodass eine landesrechtliche Regelung ausscheidet (vgl. Art. 72 GG).

2. Die rechtlichen Anforderungen an landesplanerische Festsetzungen

12 Ob die Anpassungspflicht im erläuterten Umfang von landesplanerischen Zielsetzungen „ausgelöst" wird, hängt von verschiedenen, teils umstrittenen Anforderungen an diese Ziele ab:²⁷

– Zunächst müssen die Ziele tatsächlich **landesplanerische Erheblichkeit** haben, d.h. für das ganze Land oder größere Teile desselben raumbedeutsam sein.
– Weiter muss der **Geltungsanspruch** landesplanerischer Festlegungen als verbindliche Ziele deutlich sein.
– Landesplanerische Zielsetzungen müssen als Beschränkungen der gemeindlichen Planungshoheit den Anforderungen des in Art. 28 Abs. 2 Satz 1 GG normierten **Gesetzesvorbehalts** genügen. Der Gesetzesvorbehalt des Art. 28 Abs. 2 Satz 1 verlangt nicht, dass die Ziele der Raumordnung selbst in einem **förmlichen** Gesetz fixiert werden. Es reicht auch die Entscheidung **auf Grund eines Gesetzes** im Rahmen einer Verordnung aus.²⁸

---

23 Zur landesplanerischen Standortvorsorge instruktiv *Blümel*, Die Standortvorsorgeplanung für Kernkraftwerke und andere umweltrelevante Großvorhaben in der Bundesrepublik Deutschland, DVBl. 1977, S. 301; *Wahl*, Aktuelle Probleme im Verhältnis der Landesplanung zu den Gemeinden, DÖV 1981, S. 597.
24 Eine solche Entwicklung ist allerdings nach der Neufassung von § 35 Abs. 3 Satz 3 BauGB schwerlich vorstellbar. Vgl. auch unten § 26 Rn. 17 ff.
25 Nach § 19 Abs. 2 LPlG NRW kann die Landesregierung verlangen, dass die Gemeinden Bauleitpläne entsprechend den Zielen der Landesplanung aufstellen, wenn dies zur Verwirklichung von Planungen mit hervorragender Bedeutung für die überörtliche Wirtschaftsstruktur oder die allgemeine Landesentwicklung erforderlich ist.
26 Bejahend *Stern/Burmeister*, Verfassungsmäßigkeit eines landesrechtlichen Planungsgebots für Gemeinden, 1975, S. 43 ff.; verneinend *Brocke*, Rechtswirkungen eines Standortvorsorgeplanes, DVBl. 1979, S. 184 (186).
27 Vgl. den instruktiven Überblick bei *Halama*, Durchsetzung und Abwehr von Zielen der Raumordnung und Landesplanung auf der Gemeindeebene, in: FS für Schlichter, 1995, S. 201 (216 ff.).
28 Siehe auch BVerfGE 76, S. 107 (117 f.).

– Der landesplanerischen Zielsetzung muss eine **gerechte Abwägung** unter Berücksichtigung der Belange der betroffenen Gemeinde zugrundeliegen. Das Gebot gerechter Abwägung ergibt sich – folgt man der ständigen Rechtsprechung des Bundesverwaltungsgerichts – verfassungsrechtlich aus dem Rechtsstaatsgebot[29] und gilt demgemäß auch im Landesplanungsrecht.[30]

– Ein besonderes Problem stellt schließlich die Frage nach der rechtsstaatlich notwendigen **Bestimmtheit** landesplanerischer Zielsetzungen dar. Einerseits ist jedenfalls so viel an Bestimmtheit erforderlich, dass die betroffenen Gemeinden erkennen können, was sie im Rahmen ihrer Bauleitplanung beachten sollen. Andererseits entspricht es dem Charakter der höherstufigen Landesplanung und schont die gemeindliche Planungshoheit, wenn konkretisierungsbedürftige und -fähige Ziele vorgegeben werden.[31]

13

3. Die Verbindlichkeit landesplanerischer Festsetzungen

Weiter ist zu fragen, ob das Anpassungsgebot des § 1 Abs. 4 BauGB eine **strikte Übernahme** landesplanerischer Zielsetzungen verlangt oder ob die Gemeinde berechtigt bleibt, das landesplanerische Ziel im Rahmen ihrer gemäß § 1 Abs. 6 BauGB gebotenen Abwägung mehr oder weniger zu berücksichtigen und damit möglicherweise hinter andere Ziele zurückzustellen. Mit Recht weist das Bundesverwaltungsgericht in der hier vorangestellten Leitentscheidung (**Fall 2**)[32] darauf hin, dass § 1 BauGB drei ersichtlich selbstständige Schranken der planerischen Gestaltungsfreiheit der Gemeinden nennt, nämlich das Gebot der erforderlichen Planung (§ 1 Abs. 3) das Gebot der Anpassung an die Ziele der Raumordnung und Landesplanung (§ 1 Abs. 4) sowie schließlich das Gebot gerechter Abwägung der betroffenen Belange (§ 1 Abs. 6). Danach sei schon von der Gesetzessystematik her das Anpassungsgebot des § 1 Abs. 4 BauGB nicht der gemeindlichen Abwägung unterworfen. Festgelegte Ziele der Raumordnung und Landesplanung sind danach nicht Abwägungsmaterial, sondern Schranke der gemeindlichen Abwägung. Dies entspricht auch der inneren Vernünftigkeit unseres mehrstufigen Systems der räumlichen Planung, in dem jeder Stufe in der Hierarchie von Bundesraumordnung, Landesplanung, Regionalplanung und Bauleitplanung die Aufgabe zukommt, die auf der jeweils übergeordneten Planungsstufe ebenenspezifisch aggregierten Belange zu **konkretisieren, nicht** jedoch abwägend **zu überwinden**.[33] Nach allem sind

14

---

29 Vgl. nur BVerwGE 56, S. 110 (122) m.w.N.
30 Siehe BVerwGE 90, S. 329; in BVerfGE 76, S. 107 (121 ff.) wird die Verhältnismäßigkeit des landesplanerischen Eingriffs verlangt.
31 Dazu *Weidemann*, Die Raumordnungsbindung der kommunalen Bauleitplanung und ihre Kontrolle bei der Bauleitplangenehmigung, DVBl. 1982, S. 977 (979 f.) m.w.N.; aus der Rechtsprechung s. insbes. BVerwGE 90, S. 329 (334 f.).
32 BVerwGE 90, S. 329 (331).
33 Sehr instruktiv BVerwGE 90, S. 329 (333 ff.): „'Anpassen' im Sinne des § 1 Abs. 4 BauGB bedeutet, dass die Ziele der Raumordnung und Landesplanung je nach dem Grad ihrer Aussageschärfe konkretisierungsfähig sind, nicht aber im Wege der Abwägung nach § 1 Abs. 6 BauGB überwunden werden können".

daher die Gemeinden an die landesplanerischen Ziele **strikt** gebunden, ohne dass dieses eine Verfeinerung und Ausdifferenzierung ausschließt. Insoweit kommt es auf den konkreten Charakter des jeweiligen Raumordnungszieles an.

4. Die Durchsetzung des Anpassungsgebots

15 Zur Durchsetzung des Anpassungsgebots kommen insbesondere zwei Instrumente in Betracht. Einerseits bieten die – vom Gesetzgeber inzwischen stark eingeschränkten – **Anzeige**- und **Genehmigungsvorbehalte** der §§ 6, 10 Abs. 2 BauGB der Aufsichtsbehörde die Möglichkeit zu prüfen, ob ein vorgelegter Plan den Zielen der Raumordnung und Landesplanung angepasst ist.[34] Andererseits besteht für den Fall, dass eine Gemeinde einfach passiv bleibt und einen bestimmten Plan nicht anpasst, die im Rahmen der Kommunalaufsicht liegende Möglichkeit, die Änderung des Bebauungsplanes mit einer Fristbestimmung anzuordnen und bei Nichterfüllung dieser Anordnung die Änderung im Wege der Ersatzvornahme durchzuführen.

III. Die Anpassung an die überörtlichen Fachplanungen

16 Die gemäß § 38 BauGB privilegierten Fachplanungen sind bereits als mögliche Einschränkungen der Planungshoheit der Gemeinden erwähnt worden. Dem Verhältnis zwischen Bauleitplanung und Fachplanung ist hier etwas weiter nachzugehen.[35]

17 Das BauGB enthält eine Reihe von „Hebeln", um die vielfach gegenläufigen Interessen der Fachplanungsbehörden einerseits und der Gemeinden andererseits zum Ausgleich zu bringen; von einem geschlossenen Konzept kann man jedoch gewiss nicht sprechen:

1. Die Beteiligung der Fachplanungsträger im Verfahren der Bauleitplanung

18 Dem bereits erwähnten (oben § 12 Rn. 13), zumeist in den Fachplanungsgesetzen normierten, ansonsten aus der Planungshoheit fließenden Beteiligungsrecht der betroffenen Gemeinden am (Fach-)Planfeststellungsverfahren stellt das BauGB das Recht der Fachplanungsträger zur Seite, im Verfahren der Aufstellung von Bauleitplänen frühzeitig beteiligt zu werden (§ 4 Abs. 1 Satz 1 BauGB). Dabei kann – materiell gesehen – die Nichtberücksichtigung der von

---

34 Ausführlich und instruktiv dazu *Weidemann* (Fn. 31).
35 Grundlegend *Schlarmann* (Fn. 20); eine jüngere Zusammenfassung bei *Koch*, Zur Konkurrenz zwischen Fachplanung und Bauleitplanung, in: FS für Schlichter, 1995, S. 461; interessante Einblicke in die realen Entscheidungsprozesse gibt *Bohnert*, Planung als Durchsetzungs- und Implementationsstrategie der Verwaltung. Konfliktverarbeitung und Interessenselektivität am Beispiel eines Fachplanungsprozesses, in: Wollmann (Hrsg.), Politik im Dickicht der Bürokratie, 1979, S. 198 ff.

den Fachplanungsträgern geltend gemachten Belange ebenso zur Ungültigkeit eines Bebauungsplanes wegen Verstoßes gegen das Abwägungsgebot (§ 1 Abs. 6 BauGB) führen wie die unzureichende Berücksichtigung der gemeindlichen Planungshoheit zur Rechtswidrigkeit des Planfeststellungsbeschlusses. Die gegenseitige Pflicht zur inhaltlichen Interessenberücksichtigung bedeutet, dass die städtebaulichen Belange einerseits und die fachplanerischen Belange andererseits als **abstrakt gleichrangig** anzusehen sind.

Eine bedeutsame Konsequenz knüpft § 7 BauGB an die Beteiligung der Fachplanungsträger: Diese haben ihre Planungen dem **Flächennutzungsplan** der Gemeinde **anzupassen**, wenn sie beteiligt waren und dem Plan **nicht widersprochen** haben. Diese Bindung, die bei veränderter Sachlage entfallen kann (§ 7 Sätze 3 bis 5 BauGB), ist zwar nicht zugleich für die verbindlichen Bauleitpläne, die **Bebauungspläne** (Legaldefinition in § 1 Abs. 2 BauGB) angeordnet. Soweit sich die Gemeinde jedoch mit einem Bebauungsplan im Rahmen des Flächennutzungsplanes bewegt (dazu unten § 15 Rn. 21 ff.), wirkt die Bindung der Fachplanungsträger an den Flächennutzungsplan fort, d.h. insoweit nehmen die Festsetzungen des Bebauungsplanes an der Bindungswirkung teil.[36]

19

2. Der Planungsverband

Eine ganz andere Möglichkeit der Abstimmung zwischen Bauleitplanung und Fachplanung eröffnet § 205 Abs. 1 BauGB. Danach können sich Gemeinden und sonstige öffentliche Planungsträger „zu einem Planungsverband zusammenschließen, um durch gemeinsame zusammengefasste Bauleitplanung den Ausgleich der verschiedenen Belange zu erreichen". Ein solcher Zusammenschluss kann, „wenn dies zum Wohle der Allgemeinheit dringend geboten ist", auch zwangsweise erfolgen (§ 205 Abs. 2 BauGB).

20

3. Die nachrichtliche Übernahme verbindlicher Fachplanungen

Nach § 5 Abs. 4 BauGB hat die Gemeinde u.a. rechtsgültige Fachplanungen **nachrichtlich** in den Flächennutzungsplan zu übernehmen; § 9 Abs. 6 BauGB regelt Entsprechendes für den Bebauungsplan. Beide Normen enthalten kein Anpassungsgebot für die Gemeinden. Diese Anpassungspflicht ergibt sich jedoch aus der nun zu erörternden, für das Verhältnis von überörtlicher Fachplanung zur Bauleitplanung zentralen Regelung des § 38 BauGB.

21

4. Die bebauungsrechtliche Privilegierung von Fachplanungen (§ 38 BauGB)

Nach § 38 BauGB sind auf Planfeststellungsverfahren, sonstige Verfahren mit gleichen Rechtswirkungen, die Vorhaben von **überörtlicher Bedeutung** be-

22

---

36 Ernst/Zinkahn/Bielenberg-*Bielenberg* (Fn. 1), § 7, Rn. 10; § 38, Rn. 11.

treffen, sowie auf öffentlich zugängliche, nach dem BImSchG zu genehmigende Abfallbeseitigungsanlagen die §§ 29 bis 37 nicht anzuwenden, wenn die Gemeinde in den genannten Verfahren beteiligt worden ist. Damit hängen diese Vorhaben nicht strikt von der Erfüllung der bauplanungsrechtlichen Zulässigkeitsvoraussetzungen für Bauvorhaben ab.[37] Vielmehr finden die bauplanungsrechtlichen Belange nur und insoweit Beachtung, als dies im jeweiligen Fachplanungsgesetz – also im FernStrG, im KrW-/AbfG, im AEG, im WHG usw. – vorgeschrieben ist. Dabei ist allerdings stets davon auszugehen, dass die **Planungshoheit** der Gemeinden im Rahmen der fachplanerischen Abwägung zu berücksichtigen ist.[38] Hinzu kommt, dass Fachplanungsgesetze auch ausdrücklich die Beachtung der bauplanungsrechtlichen Aspekte vorschreiben können. So darf nach §§ 31 Abs. 2, 32 Abs. 1 Nr. 1a, 10 Abs. 4 Nr. 5 KrW-/AbfG ein Planfeststellungsbeschluss für eine Deponie nur erteilt werden, wenn das Wohl der Allgemeinheit nicht dadurch beeinträchtigt wird, dass „die Belange... des Städtebaus nicht gewahrt" werden.[39]

23 Ordnet § 38 BauGB somit an, dass die Planfeststellungsbehörde in den Grenzen einer gerechten Abwägung verbindlich die städtebaulichen Belange zurückstellen kann, so schließt dies eine entsprechende Bindung der Gemeinde notwendig ein. Die Gemeinde hat deshalb, **wenn** sie einen Bauleitplan aufstellt, gültige Planfeststellungen nicht nur nachrichtlich auszuweisen, sondern ihre Pläne auch daran auszurichten. Das bedeutet, dass Festsetzungen eines Bebauungsplanes inhaltlich der Zweckbestimmung der fachplanungsrechtlich überplanten Fläche nicht zuwiderlaufen dürfen.

24 Danach darf – so hatte das Bundesverwaltungsgericht im eingangs geschilderten *Bahnhofs*-**Fall (3)** entschieden – eine Gemeinde beispielsweise in den Geltungsbereich eines Bebauungsplanes, mit dem sie u. a. die Zulässigkeit von Spielhallen oder Vergnügungsstätten ausschließt, auch ein Bahnhofsgebäude mit einbeziehen, das zu einer planfestgestellten Anlage der Deutschen Bahn AG gehört.[40] Dies ist deshalb zulässig, weil die Zweckbestimmung der planfestgestellten Bahnanlage durch eine solche Festsetzung in keiner Weise beeinträchtigt wird. Dagegen dürfen bezogen auf das von der Planfeststellung erfasste Gebiet keine bauplanerischen Festsetzungen getroffen werden, die sich mit der Zweckbestimmung der planfestgestellten (Bahn-)Anlage nicht vereinbaren lassen. Daher sei es – so das Bundesverwaltungsgericht im *Bahnhofs*-**Fall (3)** – nicht zulässig, ein Bahnhofsgelände mit dem Inhalt zu überplanen, dass Flächen für Einzelhandelsbetriebe festgesetzt werden. Insofern beschränke der Fachplanungsvorbehalt des § 38 BauGB auch den Gebrauch der gemeindlichen Planungshoheit. Diese lebt sozusagen erst wieder auf, wenn die der Planfeststellung unterworfene Fläche von dieser Zweckbestimmung förmlich freigegeben wird.[41]

---

37 BVerwGE 70, S. 242; ebenso schon vorher Ernst/Zinkahn/Bielenberg-*Bielenberg* (Fn. 1), § 38, Rn. 2.
38 Vgl. näher oben § 12 Rn. 25.
39 Ebenso zum früheren Abfallrecht BVerwGE 70, S. 242; s. ferner E 81, S. 111; E 85, S. 251.
40 BVerwGE 81, S. 111 (116).
41 Ausführlich BVerwGE 81, S. 111 und *Koch* (Fn. 35), S. 467 ff.

Schwieriger noch ist die Frage zu beantworten, ob eine Gemeinde verpflichtet **25**
ist, einen bestehenden Bebauungsplan einer zwischenzeitlich erfolgten Planfeststellung anzupassen oder gar allererst einen Bebauungsplan mit Rücksicht auf eine durchgeführte Planfeststellung aufzustellen.[42] Da es an einer dem § 1 Abs. 4 BauGB entsprechenden Regelung fehlt, wird man Antworten auf die beiden Fragen an § 1 Abs. 3 BauGB orientieren müssen. Danach kann sich daraus die Erforderlichkeit einer Umplanung etwa dann ergeben, wenn Baugenehmigungen auf Grund eines bestehenden Bebauungsplanes unverträglich mit einem planfestgestellten Vorhaben wären.

IV. Vertragliche Verpflichtung zur Bauleitplanung

Im Ausgangs**fall (4)** – „*Zentrum Nord*" – ging es der Klägerin darum, für die **26**
von ihr geplante Investition durch Vorab-Bindung der Gemeinde ein angemessenes Umfeld zu sichern (Grünflächenausweisung). Auch wenn überwiegend Verständnis für das Sicherheitsbedürfnis potenzieller Investoren geäußert wird, werden Verträge, in denen sich eine Gemeinde zu einer **bauplanerischen Festsetzung verpflichtet**, von der überwiegenden Meinung in der Literatur[43] sowie in ständiger Rechtsprechung[44] als **ungültig** angesehen. Dies ist nunmehr auch ausdrücklich gesetzlich geregelt. § 2 Abs. 3 2. Halbs. BauGB bestimmt nämlich, dass ein Anspruch auf Aufstellung von Bauleitplänen und städtebaulichen Satzungen auch **vertraglich** nicht begründet werden kann.

Der Bundesgerichtshof, der Bebauungsplanverträge ebenfalls seit längerem als **27**
unwirksam ansieht, hat allerdings eine erstaunliche Umgehungsmöglichkeit des Ungültigkeitsverdikts aufgezeigt und für rechtlich zulässig erklärt. Die Richter meinen, dass vertragliche Absprachen über zukünftige planerische Festsetzungen jedenfalls dann, wenn sie im Rahmen eines Grundstückskaufvertrages erfolgen, auch so verstanden werden könnten, dass die Verkäuferin – die Gemeinde – sich nicht zu dem Hoheitsakt „Bebauungsplan" verpflichte, sondern lediglich das Risiko dafür übernehme, dass der Kaufsache in einem bestimmten zukünftigen Zeitpunkt die Eigenschaft der Bebaubarkeit zukomme. Konsequenz der Risikorealisierung könne u. a. die Verpflichtung der Gemeinde zur Leistung von Schadensersatz sein.[45] „Die vertragliche Übernahme eines derartigen Risikos durch eine Gemeinde ist nicht deshalb unzulässig, weil dadurch – mittelbar – ein vom Gesetz nicht gestatteter Einfluss auf die Ausübung der Planungshoheit ausgeübt würde."[46] Der „indirekte Zwang"

---

42 Näher dazu *Koch* (Fn. 35), S. 474 f.
43 Vgl. nur *Krebs*, Zulässigkeit und Wirksamkeit vertraglicher Bindungen kommunaler Bauleitplanung, VerwArch 1981, S. 49 (53 ff. m.w.N.); *Ebsen*, Der Bauplanungsgarantievertrag – ein neues Mittel vertraglicher Bindung der Gemeinde bei der Bauleitplanung?, JZ 1985, S. 57.
44 BVerwG, NJW 1980, S. 2538 (2539 l.Sp.); BVerwG, BauR 1982, S. 30 (32); BGHZ 76, S. 16 (22); BGH, DVBl. 1989, S. 1094 f.
45 BGHZ 76, S. 16 (25); BGH, DVBl. 1989, S. 1094.
46 BGHZ 76, S. 16 (26).

durch die drohende Belastung mit Schadensersatz könne „den Wirkungen einer öffentlich-rechtlichen Zusage bestimmter Planungsakte nicht gleichgesetzt werden, weil er der Einhaltung der zu beachtenden Bindungen rechtlich nicht im Wege steht".[47]

28 Die Richter nehmen offenbar an, dass die Unterscheidung zwischen der **rechtlichen** Verpflichtung zu einer bestimmten Planung einerseits und dem **faktischen** Druck in Richtung auf eine bestimmte Planung durch eine drohende Schadensersatzverpflichtung andererseits das gefundene Ergebnis sozusagen von selbst trage. Dies trifft jedoch nicht zu. Hier ist vielmehr auf die Gründe für das rechtliche Verbot von vertraglichen „Bebauungsplanabreden" zu rekurrieren. Zweierlei ist insofern ausschlaggebend: Erstens soll die Bürgerbeteiligung im Planverfahren gemäß § 3 BauGB nicht dadurch leer laufen, dass das Ergebnis des Planverfahrens bereits vertraglich vereinbart ist. Auch die in § 1 Abs. 6 BauGB geforderte gerechte Abwägung aller von einer Bauleitplanung betroffenen Belange dürfte jedenfalls grundsätzlich scheitern, wenn die Ergebnisse des Planungsprozesses bereits vorab vertraglich fixiert sind. Beide Erwägungen treffen aber im Wesentlichen auch dann zu, wenn „nur" Schadensersatz wegen Nichterfüllung der vereinbarten Planungspflicht droht. Überhaupt ist wohl die drohende Schadensersatzpflicht auch bei unmittelbaren Planungsabsprachen der eigentliche Motivationsfaktor. Denn zutreffend hat das Bundesverwaltungsgericht festgestellt, dass „auch rechtliche Bindungen wahrhaft unüberwindlich nicht zu sein pflegen; insbesondere Bindungen, die auf Verträge zurückgehen, werden sich in aller Regel durch die Bereitschaft zur Leistung von Schadensersatz kompensieren lassen".[48]

29 Insgesamt kommt somit dem „indirekten Zwang" durch drohende Schadensersatzverpflichtung in gleicher Weise der Charakter eines Verstoßes gegen die Verfahrensregelungen und das Abwägungsgebot zu, wie dies für die ausdrückliche vertragliche Verpflichtung der Gemeinde zu einer bestimmten planerischen Festsetzung gilt. Bebauungsplangarantieverträge sind deshalb ebenfalls ungültig.

30 Das gesetzliche Verbot von Bebauungsplanabreden, das sinngemäß auch die vertragliche Übernahme entsprechender Schadensersatzverpflichtungen umfassen muss, schließt allerdings nicht aus, dass im Rahmen der Sicherung einer gerechten Abwägung vertragliche Absprachen zulässig und sogar sinnvoll sein können. Das Bundesverwaltungsgericht hat in seiner bekannten *Flachglas*-Entscheidung Vorabbindungen der Gemeinden unter bestimmten Umständen für zulässig erklärt.[49] Darauf wird zurückzukommen sein (§ 17 Rn. 20 ff.).

---

47 BGHZ 76, S. 16 (27); bestätigt in BGH, DVBl. 1989, S. 1094.
48 BVerwGE 45, S. 309 (318).
49 BVerwGE 45, S. 309; s. auch instruktiv *Birk*, Verträge als Möglichkeit der Problembewältigung in der Bebauungsplan-Abwägung; in: FS für Schlichter, 1995, S. 113 ff.

§ 14 Formen der Planung und Gestaltungsmöglichkeiten

Literatur: *Birk,* Der Vorhaben- und Erschließungsplan: Praxisbedeutsame Schwerpunkte, NVwZ 1995, S. 625; *Bunge,* Bauleitplanung, in: Lübbe-Wolff (Hrsg.), Umweltschutz durch kommunales Satzungsrecht, 2. Aufl. 1997; *Busse,* Kooperatives Recht im Bauplanungsrecht, BayVBl. 1994, S. 353; *Fickert/Fieseler,* Quo vadis BaunutzungsVO?, DVBl. 1996, S. 329; *Koch,* Immissionsschutz durch Baurecht, 1991; *ders.,* Der Schutz der Umwelt in der Rechtsprechung zum Bauplanungsrecht, Die Verwaltung 1998, S. 505; *ders.,* Immissionsschutz in der Bauleitplanung, in: Erbguth u. a. (Hrsg.), Planung, FS für Hoppe, 2000, S. 549; *ders./Mengel,* Gemeindliche Kompetenzen für Maßnahmen des Klimaschutzes am Beispiel der KWK, DVBl. 2000, S. 953; *Koch/Schütte,* Bodenschutz und Altlasten in der Bauleitplanung, DVBl. 1997, S. 1415; *Krautzberger,* Naturschutzrechtlicher Eingriff und Städtebaurecht, NuR 1998, S. 455; *Löhr,* Rechtstatsächliches und Rechtspolitisches zum Flächennutzungsplan, in: Berkemann u. a. (Hrsg.), Planung und Plankontrolle, FS für Schlichter, 1995, S. 229; *Losch,* Novellierte Baunutzungsverordnung 1990 – Ein wirksamer Beitrag zum Umwelt- und Bodenschutz?, ZAU 1992, S. 257; *Lüers,* Der Bedeutungszuwachs für die Flächennutzungsplanung durch das Bau- und Raumordnungsgesetz 1998, UPR 1997, S. 348; *Schink,* Bodenschutz in der Bauleitplanung, ZfBR 1995, S. 178 und 234; *Steinebach,* Regelungsdichte in Bebauungsplänen, ZfBR 1996, S. 190; *Steiner,* Bauleitplanung und Altlasten, in: Baurecht aktuell, FS für Weyreuther, 1993, S. 137; *Stich,* Die drei Baunutzungsverordnungen 1962, 1968 und 1977, DÖV 1978, S. 537; *ders.,* Vorhabenbezogene Bebauungspläne mit Vorhaben- und Erschließungsplan, WiVerw 1997, S. 22; *Stock,* Die Novelle 1990 zur Baunutzungsverordnung, NVwZ 1990, S. 518; *Tegeder,* Geräuschimmissionsschutz in der Bauleitplanung, UPR 1995, S. 210; *Zickow,* Immissionsschutzrechtliche Aspekte in der Bauleitplanung, BayVBl. 2000, S. 325

Fall 1: Die Stadt S hat in ihrem Bebauungsplan S 11 festgesetzt, dass in dessen Geltungsbereich in Verbrennungsanlagen, die neu errichtet, erweitert oder umgebaut werden, Kohle, Öl und Abfälle aller Art weder zu Heiz- und Feuerungszwecken noch zum Zwecke der Beseitigung verbrannt werden dürfen. In der Begründung des Bebauungsplanes wird diese Festsetzung mit starken lufthygienischen Vorbelastungen des Neckartals begründet.

Nach BVerwG, DVBl. 1989, S. 369.

Fall 2: Die Kläger wenden sich gegen eine Baugenehmigung, die die beklagte Stadt Bremen der beigeladenen Automobilfirma D.-B. für die Errichtung dreier Werkshallen erteilt hat. Die Kläger meinen, dass der den Genehmigungen zugrundeliegende Bebauungsplan ungültig sei, da er Festsetzungen enthalte, die gesetzlich gar nicht zulässig seien. Bei den streitigen Festsetzungen handelt es sich um Immissionsgrenzwerte, die folgendermaßen bestimmt sind: Auf der äußeren Grenze der als Industriegebiet bzw. Gewerbegebiet ausgewiesenen Flächen sind 14 Beurteilungspunkte (A-H) markiert. Dabei ist für die Linien zwischen diesen Punkten (A-B, B-C usw.) jeweils ein Richtpegel für tags und ein Richtpegel für nachts festgelegt, der – ohne Berücksichtigung einwirkender Fremdgeräusche – nicht überschritten werden darf. So dürfen auf der Linie A-B tags 55 dB(A), nachts 40 dB(A) nicht überschritten werden.

Nach OVG Bremen, DVBl. 1982, S. 964 (Abdruck hinsichtlich des Sachverhalts informativ) = UPR 1982, S. 269 (Abdruck hinsichtlich der Rechtsausführungen informativ).

Fall 3: Der Bebauungsplan O. der Gemeinde G. setzt u. a. Verkehrsflächen für eine innerstädtische Verbindungsstraße fest. Die Straße führt in dem hier maßgeblichen

179

Abschnitt durch bebautes Gebiet. Nach den auf Grund der Richtlinien für den Lärmschutz an Straßen (...) errechneten Verkehrslärmprognosen sind an den der Straße zugewandten Gebäudefassaden Außenlärmpegel bis zu 70 dB(A) zu erwarten. Im Textteil des Bebauungsplans ist folgende Festsetzung enthalten:

„§ 3 Schutz vor schädlichen Umwelteinwirkungen (Schallschutz): Zum Schutz vor schädlichen Umwelteinwirkungen durch den Straßenverkehr der Straße (...) wird zur Vermeidung oder Minderung solcher Einwirkungen Folgendes festgesetzt:
1. Die gesamte innerhalb des räumlichen Geltungsbereichs liegende Bebauung ist durch baulichen Schallschutz zu den raumumschließenden Teilen (Schallschutzfenster, Maßnahmen an der Fassade) zu sichern. Im Geltungsbereich des Bebauungsplans wird für Vorkehrungen an Gebäuden (baulicher Schallschutz) zur Vermeidung oder Minderung von schädlichen Umwelteinwirkungen im Sinne des Bundes-Immissionsschutzgesetzes auf Antrag Erstattung nach Maßgabe der Bekanntmachung des Innenministeriums zum Verkehrslärmschutz im Straßenbau (...) gewährt."

Das Oberverwaltungsgericht zweifelte an der Gültigkeit des Bebauungsplanes, weil es einerseits die vorgesehene Entschädigung für rechtlich geboten hielt, andererseits keine Ermächtigungsgrundlage für eine solche planerische Festsetzung im BauGB sah.

Nach BVerwGE 80, S. 184.

I. Flächennutzungsplan und Bebauungsplan als Handlungsformen der Bauleitplanung

1 Als Bauleitpläne bezeichnet § 1 Abs. 2 BauGB den **Flächennutzungsplan** (als **vorbereitenden** Bauleitplan) und den **Bebauungsplan** (als **verbindlichen Bauleitplan**). Diese grundsätzliche **Zweistufigkeit** der Bauleitplanung findet ihre spezifische Ausprägung vor allem in § 8 Abs. 2 BauGB, wonach „Bebauungspläne aus dem Flächennutzungsplan zu entwickeln" sind (**Entwicklungsgebot**).

1. Die Funktion des Flächennutzungsplanes

2 Gemäß § 5 Abs. 1 BauGB ist im Flächennutzungsplan (im Folgenden: FN-Plan) „für das ganze Gemeindegebiet die sich aus der beabsichtigten städtebaulichen Entwicklung ergebende Art der Bodennutzung nach den voraussehbaren Bedürfnissen der Gemeinde in den Grundzügen darzustellen". Zu diesen Anforderungen und der daraus zu erkennenden Aufgabe des FN-Planes ist kurz Folgendes zu sagen:

– Der FN-Plan soll aus den städtebaulichen Entwicklungsvorstellungen der Gemeinde die Konsequenzen für die Bodennutzung ziehen; er hat insofern eine **Programmausführungsfunktion**.[1]
– Die Bodennutzung soll für das **ganze** Gemeindegebiet dargestellt werden. Insbesondere darin kommt zum Ausdruck, dass der FN-Plan die Aufgabe

---
[1] Battis/Krautzberger/Löhr, BauGB, 7. Aufl. 1999, -*Löhr*, § 5 BauGB, Rn. 3.

der übergreifenden **Gesamtplanung** der Bodennutzung hat; er soll den regelmäßig für **Teile** des Gemeindegebiets aufzustellenden **Bebauungs**plänen einen orientierenden Rahmen geben. Die Gemeinde soll so von einer konzeptionslosen **Stückwerkplanung** abgehalten werden. Diese **Programmierungsfunktion**[2] des FN-Planes wird insbesondere durch das Entwicklungsgebot des § 8 Abs. 2 Satz 1 BauGB konkretisiert. Damit ist auch und gerade § 8 Abs. 2 Satz 2 BauGB vereinbar, demzufolge ein FN-Plan nicht erforderlich ist, „wenn der Bebauungsplan ausreicht, um die städtebauliche Entwicklung zu ordnen", was namentlich bei sehr kleinen Gemeinden angenommen werden kann.

– Im FN-Plan ist die Art der Bodennutzung in den **Grundzügen** darzustellen. Die Beschränkung der Ausweisungen auf „Grundzüge" entspricht dem globalen Steuerungscharakter des FN-Planes, der Spielraum lassen soll für Konkretisierungen in den Bebauungsplänen. Beispielsweise kann ein FN-Plan Wohnbauflächen (§ 1 Abs. 1 Nr. 1 BauNVO) darstellen, der Bebauungsplan diese Flächen konkretisierend als reine Wohngebiete (§ 1 Abs. 2 Nr. 2 BauNVO) mit der Maßgabe festsetzen, dass nur eine eingeschossige Bauweise (vgl. § 16 Abs. 2 Nr. 3 BauNVO) zulässig ist. Weiter kann der Bebauungsplan die überbaubaren Grundstücksflächen durch Baulinien, Baugrenzen oder Bebauungstiefen bestimmen (vgl. § 23 BauNVO).[3]

Nach § 5 Abs. 2 BauGB kann der FN-Plan insbesondere Flächen für die Bebauung (Nr. 1), für Infrastruktureinrichtungen (Nr. 2), für den Verkehr (Nr. 3), für Ver- und Entsorgungsanlagen (Nr. 4), für Vorkehrungen zum Immissionsschutz (Nr. 6) sowie Grün- (Nr. 5) und Wasserflächen (Nr. 7) darstellen. **3**

Der FN-Plan ergeht in keiner der aus dem allgemeinen Verwaltungsrecht bekannten Handlungsformen,[4] also insbesondere weder als Verwaltungsakt noch als Rechtsnorm (Verordnung oder Satzung). Dem FN-Plan kommt nämlich grundsätzlich **keine verwaltungsexterne Rechtsverbindlichkeit** zu. Auch soweit Darstellungen eines FN-Planes als öffentliche Belange i. S. v. § 35 Abs. 3 BauGB einem Bauvorhaben entgegenstehen können,[5] handelt es sich um keine Rechtswirkung des FN-Planes, sondern um eine durch § 35 Abs. 3 BauGB angeordnete Erheblichkeit hinreichend konkreter Planungen. Die wichtigsten verwaltungsinternen Rechtswirkungen des FN-Planes ergeben sich aus § 7 BauGB, der die schon erörterte Bindung der Fachplanungsträger **4**

---

2 Battis/Krautzberger/Löhr-*Löhr* (Fn. 1), § 5 BauGB, Rn. 1.
3 Zum Verhältnis von FN-Plan und Bebauungsplan vgl. das grundlegende Urteil BVerwGE 48, S. 70; näher dazu unten § 15 Rn. 21 ff.
4 Vgl. den Überblick über die Handlungsformen bei *Koch/Rubel*, Allgemeines Verwaltungsrecht, 1992, III.; zum Streit um die Rechtsnatur des FN-Planes *Löhr*, Die kommunale Flächennutzungsplanung, 1977, S. 133 ff.; FN-Plan als hoheitliches Entscheidungsprodukt eigener Art: BVerwG, DVBl. 1990, S. 1352.
5 Grundlegend für sonstige Vorhaben im Sinne von § 35 Abs. 2 BauGB: BVerwGE 28, S. 148; erweitert auf privilegierte Vorhaben im Sinne von § 35 Abs. 1 BauGB in BVerwGE 68, S. 311; s. ferner E 77, S. 302 und E 79, S. 318; s. auch § 26 Rn. 94.

anordnet, sowie aus § 8 Abs. 2 BauGB, der die Gemeinde an ihren eigenen Plan insofern bindet, als der Bebauungsplan aus dem FN-Plan zu entwickeln ist.[6]

2. Die Funktion des Bebauungsplanes

5   Gemäß § 8 Abs. 1 BauGB enthält der Bebauungsplan „die rechtsverbindlichen Festsetzungen für die städtebauliche Ordnung". Damit ist die dem FN-Plan nicht zukommende, Rechte und Pflichten der Bürger festlegende **Außenverbindlichkeit** des Bebauungsplanes ausgesprochen. Insbesondere richtet sich die Zulässigkeit baulicher Vorhaben nach den Festsetzungen eines gültigen Bebauungsplanes.[7] Ob der Bebauungsplan, weil seine Rechtsfolgen **konkrete** Grundstücke betreffen, eigentlich als Bündelung von Verwaltungsakten anzusehen ist oder aber – weil der Adressatenkreis zukunftsoffen und damit **unbestimmt** ist – als Rechtsnorm, kann als praktisch wenig relevant dahinstehen.[8] Denn § 10 BauGB legt – zulässigerweise – die **Rechtsform gesetzlich** fest: „Die Gemeinde beschließt den Bebauungsplan als Satzung." Außerdem eröffnet § 47 Abs. 1 VwGO bundesweit den Rechtsschutz gegen Bebauungspläne im Wege der Normenkontrollklage, sodass auch unter Rechtsschutzgesichtspunkten nicht mehr gefragt werden muss, ob nicht doch eine Bündelung von Verwaltungsakten vorliegt, mit der Folge, dass eine Anfechtungsklage gemäß § 42 Abs. 1 VwGO möglich wäre.

6   Zu Rechtsform und Rechtsschutz ist jedoch auf die besondere **Problematik der Stadtstaaten** hinzuweisen. Berlin und Hamburg müssen, Bremen kann bestimmen, „welche Form der Rechtsetzung an die Stelle der in diesem Gesetz vorgesehenen Satzungen tritt" (§ 246 Abs. 2 BauGB). Hamburg etwa, das gemäß § 246 Abs. 5 BauGB für die Anwendung dieses Gesetzes auch als Gemeinde gilt, kennt keine Kommunalverwaltung und demgemäß keine kommunale Satzungshoheit. Die Feststellung von Bebauungsplänen erfolgt stattdessen durch Rechtsverordnung oder in Gesetzesform durch die Bürgerschaft.[9]

7   Die Wahl der Gesetzesform könnte negative Folgen für den Rechtsschutz haben, da die Normenkontrolle gemäß § 47 Abs. 1 VwGO jedenfalls vom eindeutigen Wortsinne her nur gegen **unter dem Range des Landesgesetzes** stehende Rechtsvorschriften gegeben ist. Das Bundesverfassungsgericht hat jedoch diese Rechtsschutzlücke dadurch geschlossen, dass es auch gegen Bebauungspläne in Gesetzesform wegen **Funktionsgleichheit** mit Plänen in

---

6 Zu diesen Wirkungen des Flächennutzungsplans siehe ausführlich *Stüer*, Handbuch des Bau- und Fachplanungsrechts, 2. Aufl. 1998, Rn. 197 ff.
7 Näher unten § 26 Rn. 20 ff.
8 Zum Streit vgl. *Hoppe*, in: Hoppe/Grotefels, Öffentliches Baurecht, 1995, § 5 Rn. 52.
9 Vgl. § 3 des Gesetzes über die Feststellung von Bauleitplänen und ihre Sicherung (GVBl. 1978, S. 89, zuletzt geändert durch Art. 2 des Gesetzes zur Reform der Bezirksverwaltung (GVBl. 1997, S. 489) und ergänzt durch die SubdelegationsVO vom 23. 6. 1998, (GVBl. 1998, S. 97).

Satzungs- bzw. Verordnungsform die Normenkontrolle gemäß § 47 VwGO als statthaft erachtet.[10]

Bebauungspläne dürfen für **Teile** des Gemeindegebietes Festsetzungen treffen, was auch regelmäßig geschieht. Die Konkretisierung der mit dem FN-Plan vorliegenden Gesamtplanung erfolgt sozusagen in kleinen Stücken. Die Zulässigkeit dieses Vorgehens ergibt sich einmal daraus, dass abweichend von der Regelung der FN-Planung ein gesetzliches Gebot der Überplanung des gesamten Gemeindegebietes fehlt. Außerdem sagt § 8 Abs. 2 Satz 1 BauGB ausdrücklich, dass „Bebauungspläne" aus dem FN-Plan zu entwickeln sind.

8

Der in § 9 BauGB enthaltene **abschließende Katalog**[11] zulässiger planerischer Festsetzungen in Bebauungsplänen ist wesentlich umfangreicher und spezifischer als die Liste der Darstellungsmöglichkeiten für den FN-Plan.[12] Im Folgenden können nur zwei, allerdings bedeutsame Problembereiche herausgegriffen werden, nämlich einerseits die Ausweisung baulicher Nutzungen, für die die BauNVO maßgeblich ist (unten II., Rn. 16 ff.), andererseits die Ausweisungen, die dem Umweltschutz dienen sollen (unten III., Rn. 25 ff.).

9

3. Der vorhabenbezogene Bebauungsplan

Das zunächst für die neuen Bundesländer entwickelte (§ 55 BauZVO 1990)[13] und 1993 in das auch für die alten Bundesländer geltende BauGB-MaßnG aufgenommene Instrument des **Vorhaben- und Erschließungsplanes** hat nunmehr als **vorhabenbezogener Bebauungsplan** Aufnahme in das „wiedervereinigte" Bauplanungsrecht gefunden (§ 12 BauGB).[14]

10

Für den vorhabenbezogenen Bebauungsplan ist zunächst charakteristisch, dass die Gemeinde auf die **Planungskapazität eines privaten Investors** zurückgreift: Der potenzielle Investor hat der Gemeinde einen Plan über die Durchführung des Vorhabens einschließlich der Erschließungsmaßnahmen (Vorhaben- und Erschließungsplan) vorzulegen und mit der Gemeinde abzustimmen (§ 12 Abs. 1 BauGB). Über diesen Plan entscheidet die Gemeinde durch **Satzungsbeschluss**. Dabei wird der Plan Bestandteil der Satzung (§ 12 Abs. 3 Satz 1 BauGB). Voraussetzung für den Satzungsbeschluss ist der Abschluss eines **Durchführungsvertrages** zwischen Gemeinde und Investor, in dem sich

11

---

10 BVerfGE 70, S. 35; die Entscheidung ist jedoch nicht überzeugend begründet (vgl. das abweichende Votum des Richters *Steinberger*); zur Problematik ferner *Drettmann*, Die Vereinbarkeit des Erlasses von Bebauungsplänen in Gesetzesform mit der Rechtsweggarantie des Art. 19 Abs. 4 GG, BauR 1985, S. 21.
11 BVerwGE 80, S. 184 (187).
12 Zu den zulässigen Festsetzungsmitteln siehe die aufgrund von § 2 Abs. 4 BauGB erlassene Planzeichenverordnung und *Stüer*, Handbuch des Bau- und Fachplanungsrechts, 2. Aufl. 1998, Rn. 215.
13 BauZVO vom 20. 6. 1990, Gbl. der DDR I, S. 739; *Pietzcker*, Der Vorhaben- und Erschließungsplan nach § 55 BauZVO, DVBl. 1992, S. 658.
14 Umfassend das Gutachten für den BMBau: *Pietzcker*, Der Vorhaben- und Erschließungsplan, 1993.

der Investor zur Verwirklichung des Vorhabens innerhalb einer bestimmten Frist und außerdem dazu verpflichtet, die Planungs- und Erschließungskosten ganz oder teilweise zu tragen.

12 Gerade durch diesen **Durchführungsvertrag** unterscheidet sich das Instrument des Vorhaben- und Erschließungsplanes deutlich von der „normalen" Bebauungsplanung, die privater Initiative Chancen eröffnet, jedoch grundsätzlich ohne Einfluss darauf bleibt, ob und wann die Chancen auch ergriffen werden. Die Instrumente der Verwirklichung eines normalen Bebauungsplanes sind nur unter besonderen Umständen einsetzbar (Vorkaufsrecht, Baugebot, Enteignung). Hier bringt der Vorhaben- und Erschließungsplan seiner Idee nach einen grundlegenden Wandel, weil dieser Plan bereits von vornherein mit seiner Verwirklichung verknüpft ist.

13 Die Vorteile des neuen Instruments können in der „Integration" privater Planungskapazität in die staatliche Entscheidungsvorbereitung, in seiner auf alsbaldige Verwirklichung der Planung angelegten Struktur sowie in den Kostentragungsregelungen gesehen werden. Aber auch die städtebaulichen Risiken sind offenkundig: Ob die in diesen Fällen bloß **nachvollziehende Abwägung** der Gemeinde überhaupt den Namen einer ergebnisoffenen Abwägung verdient, erscheint durchaus fraglich. In diesem Zusammenhang wird gern auf die Entscheidung des Bundesverwaltungsgerichts zum sog. *Hamburger Bürogebäude*-Fall verwiesen, in dem im Rahmen eines „normalen" Bebauungsplanverfahrens von der Stadt der (einzige) Entwurf des Investors übernommen worden ist. Das Bundesverwaltungsgericht hat es als gänzlich unbedenklich hingestellt, wenn die Plangeberin über den einzigen Projektentwurf des Vorhabenträgers für ein Großprojekt – ein Verwaltungsgebäude für ca. 5000 Mitarbeiter – ohne jeden alternativen Projektentwurf „abwägend" befindet. Eine solche Vorgehensweise sei für sich gemessen nicht abwägungsfehlerhaft, ja, sie sei noch nicht einmal ein regelmäßiges Indiz für einen Abwägungsfehler.[15]

14 Die vom Bundesverwaltungsgericht entschiedene Konstellation ist tatsächlich der seinerzeit vorweggenommene Fall eines vorhabenbezogenen Bebauungsplans, der die private Planung des Projektträgers in „nachvollziehender" Abwägung vorbehaltlos übernimmt. In dem der Entscheidung des Bundesverwaltungsgerichts zu Grunde liegende Vorlagebeschluss des OVG Hamburg wird u.a. auf die hohe Interdependenz der Entscheidungskomponenten bei komplexen Planungsentscheidungen hingewiesen, die es vielfach ausschließe, einzelne Elemente des planerischen Konzepts zu modifizieren, ohne das gesamte Konzept zu gefährden. Dementsprechend werde sich bei einer alternativenlosen Planung die Bereitschaft einstellen, auch planerisch unbefriedigende

---

15 BVerwG, DVBl. 1987, S. 1273 (1274); zustimmend *Hoppe/Beckmann*, Zur rechtlichen Unbedenklichkeit der alternativlosen Übernahme des Projektentwurfs eines privaten Vorhabenträgers durch die planende Gemeinde, DVBl. 1987, S. 1249; einen Modellfall für die Satzungen über den Vorhaben- und Erschließungsplan erkennen auch *Pietzcker* (Fn. 14), S. 39 Fn. 28 und *Gaentzsch*, Baugesetzbuch, 1991, Abschnitt D Rn. 24.

Teilregelungen hinzunehmen und – um den Projektträger nicht zu verlieren – damit eine suboptimale Planung zu akzeptieren. Damit gerate die „planende" Gemeinde in eine Rolle, die eigentlich nur die der Gerichtsbarkeit sein sollte: nämlich auf die Einhaltung der äußersten Grenzen der planerischen Gestaltungsfreiheit (hier: des Projektträgers) zu achten. Dies entspricht jedenfalls nicht dem gesetzlichen Planungsauftrag an die Träger der Planungshoheit.

Man wird jedenfalls der jüngeren Skepsis von Bundesrichter *Gaentzsch* zuzustimmen haben, demzufolge bei „so zustande gekommenen Bebauungsplänen (…) besonderer Anlass für die Frage (besteht), ob sie abwägungsfehlerfrei sind und nicht Ergebnis unzulässiger Vorwegbindungen der Gemeinde oder ungeprüfter Nachvollziehung von Vorentscheidungen Dritter".[16] Mit dieser besonderen Sorgfalt wird die Praxis des vorhabenbezogenen Bebauungsplans zu beobachten sein.[17]

15

II. Die Festsetzung baulicher Nutzungen nach der BauNVO

Der Festsetzungskatalog des § 9 BauGB enthält im umfangreichen Katalog der Nummern 1–9 nähere Bestimmungen darüber, wie die **bauliche Nutzung** von Grundstücken festgesetzt werden kann. Dennoch ist dies nur ein kleiner Teil der einschlägigen Vorschriften. Entscheidende Regelungen über die planerischen Gestaltungsmöglichkeiten finden sich nämlich in der BauNVO, die auf der Ermächtigungsgrundlage des § 2 Abs. 5 BauGB ergangen ist.[18] Die BauNVO regelt den **für die Gemeinde verbindlichen Rahmen** für Festsetzungen über

16

– die Art der baulichen Nutzungen sowie die in den Baugebieten zulässigen baulichen und sonstigen Anlagen (§§ 1–15 BauNVO; Ermächtigungsgrundlage: § 2 Abs. 5 Nr. 1a, 2 BauGB),
– das Maß der baulichen Nutzung und seine Berechnung (§§ 16–21a BauNVO; Ermächtigung in § 2 Abs. 5 Nr. 1b BauGB) und
– die Bauweise sowie die überbaubaren und die nicht überbaubaren Grundstücksflächen (§§ 22, 23 BauNVO; Ermächtigung in § 2 Abs. 5 Nr. 1c BauGB).

---

16 *Gaentzsch*, BauGB, 1991, Teil D, Rn. 24.
17 S. im Übrigen die Einschätzungen bei *Birk*, Der Vorhaben- und Erschließungsplan: Praxisbedeutsame Schwerpunkte, NVwZ 1995, S. 625; *Müller*, Der Vorhaben- und Erschließungsplan – Rechtliche und praktische Aspekte, Baurecht 1996, S. 491; *Reidt*, Chancen und Risiken des Vorhaben- und Erschließungsplans, NVwZ 1996, S. 1.
18 Zu beachten ist, dass auch die früheren Fassungen der BauNVO (1962, 1968, 1977) zusammen mit entsprechenden Bebauungsplänen noch gelten: s. *Fickert/Fieseler*, Baunutzungsverordnung, 9. Aufl. 1998, § 1 BauNVO, Rn. 7.

1. Die Art der baulichen Nutzung

17 Für Festsetzungen über die **Art** der baulichen Nutzung enthält § 1 Abs. 2 BauNVO einen Katalog von **10 Baugebieten** – vom Kleinsiedlungsgebiet bis zum Sondergebiet –, die gemäß § 1 Abs. 3 Satz 1 BauNVO im Bebauungsplan festzusetzen sind, soweit dies erforderlich ist. Durch eine entsprechende Festsetzung werden die **Gebietsbeschreibungen** der §§ 2–11 BauNVO Bestandteil des Bebauungsplans (§ 1 Abs. 3 Satz 2 BauNVO). Die Baugebietsbeschreibungen sind nach einem gemeinsamen Muster aufgebaut: Sie erläutern jeweils in Abs. 1 die spezifische Eigenart des jeweiligen Gebietstyps, normieren in Abs. 2 die regelmäßig zulässigen Nutzungsarten und regeln schließlich in Abs. 3 die ausnahmsweise zulässigen Nutzungen. So heißt es etwa über die **reinen Wohngebiete** (§ 3 BauNVO), dass sie ausschließlich dem Wohnen dienen (Abs. 1) und Wohngebäuden zulässig sind (Abs. 2) und dass ausnahmsweise „Läden und nicht störende Handwerksbetriebe, die zur Deckung des täglichen Bedarfs für die Bewohner des Gebiets dienen, sowie kleine Betriebe des Beherbergungsgewerbes" zugelassen werden können (Abs. 3). **Weitergehend** sind in **allgemeinen Wohngebieten** (§ 4 BauNVO) grundsätzlich „Anlagen für kirchliche, kulturelle, soziale, gesundheitliche und sportliche Zwecke" (Abs. 2 Nr. 3) und ausnahmsweise u.a. „sonstige nicht störende Gewerbebetriebe" (Abs. 3 Nr. 2) sowie „Tankstellen" (Abs. 3 Nr. 5) zulässig.

18 Damit dürfte deutlich sein, dass es den Gemeinden grundsätzlich versagt ist, in einem Bebauungsplan eine beliebige Mischung baulicher Nutzungen vorzusehen. Vielmehr schreibt die BauNVO mit den Baugebieten der §§ 2–11 BauNVO sozusagen **Leitbilder vernünftiger Bebauungsplanung** vor. Allerdings ist die Typologie der Baugebiete nicht strikt verbindlich. Vielmehr gestatten die Absätze 5–9 des § 1 BauNVO der Gemeinde bedeutsame Abweichungen u.a. dahingehend, dass die nach einer Baugebietsregelung zulässigen bzw. ausnahmsweise zulässigen Anlagen im Bebauungsplan als nur ausnahmsweise oder gar nicht zulässig bestimmt werden dürfen. So darf eine Gemeinde beispielsweise ein Kerngebiet i.S.v. § 7 BauNVO festsetzen und zugleich gemäß § 1 Abs. 5 BauNVO die nach § 7 Abs. 2 Nr. 2 BauNVO zulässigen Vergnügungsstätten ausschließen.[19] Noch weiter gehende Differenzierungen gestattet § 1 Abs. 9 BauNVO. Danach ist es beispielsweise zulässig, von den gemäß § 7 Abs. 2 Nr. 2 BauNVO zulässigen Vergnügungsstätten gerade und nur die Spielhallen als eine spezifische Art von Vergnügungsstätten zu untersagen.[20]

19 Im Übrigen können Nutzungskonflikte, die durch die Baugebietstypologie vermieden werden sollen, gleichwohl dadurch entstehen, dass innerhalb eines Bebauungsplanes oder durch mehrere Bebauungspläne für benachbarte Gebiete bauliche Nutzungen zugelassen werden, die innerhalb eines Baugebiets der §§ 2–11 BauNVO nicht gemeinsam zulässig sind. So könnte etwa neben

---

19 BVerwGE 77, S. 308 (314f.).
20 BVerwGE 77, S. 308 (315); zur Anwendung des § 1 Abs. 9 BauNVO s. auch E 77, S. 317.

der Ausweisung eines allgemeinen Wohngebiets ein Industriegebiet festgesetzt werden. Damit wären neben Wohnhäusern „Gewerbebetriebe aller Art" (§ 9 Abs. 2 Nr. 1 BauNVO) zulässig, obwohl nach der Gebietsregelung für allgemeine Wohngebiete nur „nicht störende Gewerbebetriebe", und zwar „ausnahmsweise", zulässig sind. Zur Vermeidung unzumutbarer Konflikte bedarf es besonderer planerischer Vorkehrungen.[21]

Festsetzungen hinsichtlich der Art der baulichen Nutzung werden im Übrigen durch die Regelungen über Stellplätze und Garagen (§ 12 BauNVO), Gebäude und Räume für freie Berufe (§ 13 BauNVO) und Nebenanlagen (§ 14 BauNVO) ergänzt. 20

2. Das Maß der baulichen Nutzung

§ 16 BauNVO legt als **Maßeinheiten** für die Festsetzung des zulässigen **Maßes** der baulichen Nutzung die **Geschossflächenzahl**, die **Baumassenzahl**, die **Grundflächenzahl** und die **Zahl der Vollgeschosse** fest. § 17 BauNVO bestimmt sodann in diesen Maßeinheiten, wie hoch das Maß baulicher Nutzung in den verschiedenen Baugebieten sein darf. In den §§ 18–20 BauNVO werden die Maßeinheiten wie folgt definiert: 21

- Die Grundflächenzahl (GRZ) gibt an, wie viel m² Grundfläche eine bauliche Anlage je m² Grundstücksfläche des Baugrundstücks haben darf (§ 19 Abs. 1 BauNVO). Demgemäß bedeutet etwa eine GRZ von 0,4, dass von einem 1000 m² großen Grundstück 400 m² überbaut werden dürfen.
- Die Geschossflächenzahl (GFZ) gibt an, wie viel m² Geschossfläche eine bauliche Anlage je m² Grundstücksfläche des Baugrundstücks haben darf (§ 20 Abs. 2 BauNVO). Daher bedeutet etwa eine GFZ von 1,0, dass auf einem 1000 m² großen Grundstück insgesamt 1000 m² Geschossfläche zulässig sind. Auf wie viele Geschosse die zulässige Geschossfläche verteilt werden darf oder muss, ist damit noch nicht gesagt.
- Als Vollgeschosse gelten die Geschosse, die nach landesrechtlichen Vorschriften, nämlich den Landesbauordnungen, Vollgeschosse sind oder als solche gelten (§ 20 Abs. 1 BauNVO). So bestimmt beispielsweise § 2 Abs. 4 HBauO u.a.: „Vollgeschosse sind (…) Geschosse, die vollständig über der festgelegten Geländeoberfläche liegen und eine lichte Höhe von mindestens 2,30 m haben."
- Die Baumassenzahl (BMZ) gibt an, wie viel m³ Baumasse je m² Grundstücksfläche des Baugrundstücks zulässig sind (§ 21 Abs. 1 BauNVO). Die BMZ ist in § 17 Abs. 1 BauNVO nur als Maßzahl für Industrie- und Gewerbegebiete sowie sonstige Sondergebiete vorgesehen. Allerdings regelt § 20 Abs. 4 BauNVO das Verhältnis von GFZ und zulässiger BMZ für alle Fälle, in denen ein Geschoss mehr als 3,50 m Höhe hat.

---

21 Näher unten § 17 Rn. 46 ff.

22 Abschließend sei das Zusammenspiel der verschiedenen Maßzahlen kurz an einem Beispiel erläutert: In § 17 Abs. 1 BauNVO ist u. a. für allgemeine Wohngebiete die generell geltende GRZ von 0,4 festgelegt; außerdem ist eine GFZ von maximal 1,2 bestimmt. Eine absolute Zahl der Vollgeschosse ist nicht normiert. Gleichwohl ist dem (Gesamt-)Maß der baulichen Nutzung durch die GFZ eine entscheidende Grenze gezogen. Denn die GRZ von 0,4 kann nur bei bis zu drei Vollgeschossen voll ausgenutzt werden. Steigt die Zahl der Vollgeschosse weiter an, nimmt die zulässigerweise überbaubare Grundfläche ab. Für ein 1000 m² großes Grundstück bedeutet dies etwa, dass bis zu drei Stockwerke auf einer Grundfläche von 400 m² errichtet werden dürfen, bei einer sechsstöckigen Bebauung dagegen lediglich eine Grundfläche von 200 m² möglich ist.

3. Die Bauweise

23 Was die **Bauweise** angeht, so kann nach § 22 BauNVO eine offene oder geschlossene festgesetzt werden (vgl. aber Abs. 4). Bei offener Bauweise werden die Häuser mit seitlichem Grenzabstand (Bauwich) errichtet. Der einzuhaltende Grenzabstand ergibt sich aus den Landesbauordnungen.

24 „Die überbaubaren Grundstücksflächen können durch die Festsetzung von Baulinien, Baugrenzen oder Bebauungstiefen bestimmt werden" (§ 23 Abs. 1 Satz 1 BauNVO). Eine Bau**linie** verpflichtet dazu, auf dieser Linie zu bauen; eine Bau**grenze** verbietet ein Überschreiten der Grenze, ohne dass aber auf der Grenze gebaut werden muss. Eine festgesetzte **Bebauungstiefe**, die im Regelfall von der tatsächlichen Straßengrenze aus bemessen ist, darf nicht überschritten werden. Mit Hilfe einer geschlossenen Figur aus Baulinien wird eine sog. **Baukörperausweisung** erreicht.

III. Umweltschutz durch Festsetzungen im Bebauungsplan[22]

25 Mit der Novelle 1976 hielt der Umweltschutz Einzug in das BBauG. Dies kam nicht nur in dem Planungsleitsatz, „eine menschenwürdige Umwelt zu sichern" (§ 1 Abs. 5 Satz 1 BBauG) und in der Erwähnung des Umweltschutzes in der Liste der zu beachtenden Belange (§ 1 Abs. 5 Satz 2 BBauG), sondern auch darin zum Ausdruck, dass der Katalog des § 9 BBauG um wesentliche umweltschutzrelevante Festsetzungsmöglichkeiten erweitert wurde. Insbesondere sind die Nummern 20 (Landschaftsschutz), 23 (Schutz vor Luftverunreinigungen) und 24 (Schutz vor schädlichen Umwelteinwirkungen) zu nennen. Diese Festsetzungsmöglichkeiten sind mit gewissen Modifikationen auch in

---

22 Einen umfassenden Überblick gibt *Bunge*, Bauleitplanung, in: Lübbe-Wolff (Hrsg.), Umweltschutz durch kommunales Satzungsrecht, 2. Aufl. 1997, S. 30 ff.; s. auch *Koch*, Immissionsschutz durch Baurecht, 1991, S. 94 ff., sowie *dens.*, Der Schutz der Umwelt in der Rechtsprechung zum Bauplanungsrecht, Die Verwaltung 1998, S. 505 ff.

das BauGB von 1986 übernommen worden. Hinzu kam mit § 9 Abs. 5 Nr. 3 BauGB ein spezifisches planerisches Gestaltungsmittel zur „Bewältigung" der so genannten Altlastenproblematik. Einen wichtigen Schritt zur „Ökologisierung" des Bauplanungsrechts brachte ausgerechnet das Investitionserleichterungs- und Wohnbaulandgesetz vom 22. 4. 1993, das in den §§ 8a-c BNatSchG die Anwendbarkeit der naturschutzrechtlichen Eingriffsregelung (§ 8 BNatSchG) auf die Bauleitplanung explizit normierte. Mit der Novellierung zum 1. 1. 1998 durch das BauROG hat der Umweltschutz im Bauplanungsrecht seine Position festigen können. Die Rolle des Umweltschutzes in der planerischen Abwägung ist nunmehr unter Einbeziehung der naturschutzrechtlichen Eingriffsregelung sowie der Vogelschutz- und der FFH-RL der EG im neuen § 1a BauGB weiter geklärt und verbessert worden. Auch – und das ist hier entscheidend – sind die entsprechenden planerischen Festsetzungsmöglichkeiten ausgebaut worden (insbesondere durch §§ 1a Abs. 3, 5 Abs. 2a, 9 Abs. 1a, 135a ff., 200a BauGB). Auf einige Aspekte der dem Umweltschutz dienenden Gestaltungsmöglichkeiten ist nachfolgend näher einzugehen:

1. Immissionsschutz

Der Schutz vor schädlichen Immissionen, insbesondere also vor Luftverunreinigungen und Lärm, sollte gewiss vorrangig als **technischer** Umweltschutz an der Quelle ansetzen. Zugleich ist aber auch die Planung der Bodennutzung gehalten, gegenseitige Beeinträchtigungen von unverträglichen Nutzungen vorausschauend zu vermeiden. Dies betont die zentrale „Planungsnorm" des BImSchG, nämlich § 50, demzufolge bei raumbedeutsamen Planungen „Flächen einander so zuzuordnen" sind, „dass schädliche Umwelteinwirkungen (...) auf die ausschließlich oder überwiegend dem Wohnen dienenden Gebiete sowie auf sonstige schutzbedürftige Gebiete soweit wie möglich vermieden werden". Doch auch mit einer klugen Flächenzuordnung sind die drohenden Konflikte nur begrenzt zu bewältigen. Deshalb ist es wichtig, dass der Bebauungsplanung darüber hinaus ganz spezifische Instrumente zur Verfügung stehen, um Schutz vor Luftverunreinigungen und Schutz vor Lärm zu betreiben.

26

Speziell dem Schutz vor Luftverunreinigungen dient § 9 Abs. 1 Nr. 23 BauGB, der **Verwendungsbeschränkungen und -verbote** für luftverunreinigende Stoffe ermöglicht. Praktisch gesehen geht es einmal und wohl vornehmlich darum, Einfluss auf die verwendeten **Heizstoffe** zu nehmen und an Stelle von Öl- oder gar Kohleheizungen Gas- oder Fernheizungen durchzusetzen, wie dies im **Fall (1)** versucht wird. Zum Zweiten geht es darum, die Verwendung bestimmter luftverunreinigender Stoffe in Gewerbe- und Industriebetrieben auszuschließen und damit die Ansiedlung entsprechender Betriebe zu verhindern.

27

28 Der Handlungsspielraum, den § 9 Abs. 1 Nr. 23 BauGB den Gemeinden eröffnet, ist in Literatur und Rechtsprechung bislang nicht ganz geklärt.[23] Für die Rechtspraxis ist jedenfalls maßgeblich, dass nach der eindeutigen, mehrfach bestätigten Rechtsprechung des Bundesverwaltungsgerichts die Gemeinden nicht darauf beschränkt sind, sich an der Einhaltung der im Immissionsschutzrecht (TA Luft, TA Lärm) vorgegebenen Grenz- oder Orientierungswerte zum **Schutz** vor schädlichen Umwelteinwirkungen auszurichten. Vielmehr seien die Gemeinden ermächtigt, entsprechend dem **Vorsorgegebot** des § 5 Abs. 1 Nr. 2 BImSchG Vorsorge gegen schädliche Luftverunreinigungen zu betreiben.[24]

29 Wenn es in der Literatur heißt, dass die Stoffverwendungsverbote „kein zulässiges Mittel für eine generelle Steigerung der Luftreinheit innerhalb des Gemeindegebietes" seien, sondern durch einen konkreten städtebaulichen Anknüpfungspunkt gerechtfertigt werden müssten,[25] so ist nicht recht ersichtlich, welche restriktive Voraussetzung eines Stoffverwendungsverbots damit bezeichnet werden soll. Zwar heißt es eingangs von § 9 BauGB, dass die nachfolgenden Festsetzungen „aus städtebaulichen Gründen" getroffen werden dürften. Die städtebaulichen Gründe ergeben sich aus § 1 Abs. 5 BauGB, der u.a. gebietet, „eine menschenwürdige Umwelt zu sichern" (Satz 1). Dieses Ziel wird durch bestimmte abwägungserhebliche Belange in § 1 Abs. 5 Satz 2 BauGB konkretisiert. Angesichts des äußerst breit gefächerten Katalogs der abwägungsbeachtlichen Belange, zu denen auch der Schutz der Luft und des Klimas gehören, dürfte eine Vorsorge vor schädlichen Luftverunreinigungen generell ein zulässiges Planungsziel sein.[26]

30 Weitere Gestaltungsmittel, Immissionskonflikte zu vermeiden oder zu vermindern, bietet § 9 Abs. 1 Nr. 24 BauGB. Es dürften fünf Alternativen zu unterscheiden sein, nämlich

(1) die Festsetzung von **Schutzflächen** und deren Nutzung (Beispiel: Sicherung einer von Bebauung freizuhaltenden Fläche zwischen einem Gewerbegebiet und benachbarter Wohnbebauung),

(2) die Festsetzung von **Flächen** für besondere **Anlagen** zum Immissionsschutz (Beispiel: Flächen für eine Lärmschutzwand),

(3) die Festsetzung von **Flächen für Vorkehrungen** zum Schutz vor Immissionen (Beispiel: Flächen für lärmmindernde Anpflanzungen),

---

23 Siehe *Fehlau*, Das Verwendungsverbot im Bauplanungsrecht – § 9 Abs. 1 Nr. 23 BauGB, BauR 1992, S. 712; *Koch/Mengel*, Gemeindliche Kompetenzen für Maßnahmen des Klimaschutzes am Beispiel der KWK, DVBl. 2000, S. 953; BVerwG, DVBl. 1989, S. 369 (**Fall 1**).
24 BVerwGE 84, S. 236 (240); vorher schon E 80, S. 184 (**Fall 3**) sowie in UPR 1989, S. 352 (353); kritisch *Koch* (Fn. 22), S. 109 ff.
25 *Fehlau* (Fn. 23), S. 719.
26 Ebenso *Stühler*, Zur Auslegung des Verwendungsverbots gemäß § 9 Abs. 1 Nr. 23 BauGB, VBl.BW 1996, S. 328, und Schlichter/Stich (Hrsg.), Berliner Kommentar zum Baugesetzbuch – *Gaentzsch*, § 9 BauGB Rn. 55, der allerdings betont, dass „auch ein örtlicher Bezug" vorliegen müsse; *Koch/Mengel* (Fn. 23), S. 957 ff.

(4) die Festsetzung von baulichen oder sonstigen technischen Vorkehrungen zum Schutz vor Immissionen (**passiver Schutz** etwa durch Lärmschutzfenster) und

(5) die Festsetzung von baulichen oder sonstigen technischen Vorkehrungen zur Vermeidung oder Minderung von schädlichen Umwelteinwirkungen (**aktiver Schutz** durch Maßnahmen an der emittierenden Anlage).[27]

Um die Auslegung dieser Vorschrift hat es längere Zeit erhebliche Kontroversen gegeben.[28] Allerdings ging es um die frühere Fassung dieser Vorschrift im BBauG, die noch der Spezifikation der Vorkehrungen als „bauliche oder sonstige technische" entbehrte. Kontrovers war insbesondere die Frage, ob Immissionsgrenzwerte im Sinne sog. „Zaunwerte" (s. **Fall 2**) festgesetzt werden dürften. Der Gesetzgeber hat die Streitfrage inzwischen bewusst und eindeutig entschieden: Gerade durch die neue Qualifizierung der Vorkehrungen als „bauliche oder sonstige technische" sollen u. a. Grenzwertfestsetzungen ausgeschlossen sein.[29]

31

Inzwischen sind andere Instrumente für den Lärmschutz in der Bebauungsplanung entwickelt worden. Seit längerem ist anerkannt, dass **Emissions**grenzwerte festgesetzt werden dürfen, und zwar auf der Grundlage von § 1 Abs. 4 Nr. 2 BauNVO zur Gliederung von Baugebieten.[30] Das **Emissions**verhalten zählt nämlich zu den Eigenschaften von Betrieben und sonstigen Anlagen. So kann durch **flächenbezogene Schallleistungspegel** den einzelnen Betriebsgrundstücken ein Lärmkontingent mit der Folge zugewiesen werden, dass auch durch die Summierung der Kontingente in einem schutzbedürftigen benachbarten Gebiet ein bestimmter **Immissions**grenzwert nicht überschritten wird. Solche flächenbezogenen **Emissions**grenzwerte sind also den im **Fall (2)** verwendeten „Zaunwerten" funktional äquivalent, aber wesentlich praktikabler, weil durch die grundstücksbezogene Kontingentierung des zulässigen Lärms Rechtssicherheit für die einzelnen (potenziellen) Anlagenbetreiber geschaffen wird.

32

Die planerische Methode der Zuteilung von Emissionskontingenten ist allerdings insofern etwas unflexibel, als jedes Betriebsgrundstück unabhängig von der **Immissions**situation im Zeitpunkt der Anlagengenehmigung einen bestimmten Emissionswert nicht überschreiten darf. Das hat in der Praxis zur Einführung eines so genannten „immissionswirksamen Schallleistungspegels" geführt, den

33

---

27 Ähnlich auch Battis/Krautzberger/Löhr-*Löhr* (Fn. 1), § 9 BauGB, Rn. 87–89, der vier Alternativen unterscheidet, weil er die aktiven und passiven Schutzvorkehrungen zusammen als vierte Alternative ansieht.
28 Zu einem insgesamt weiten Verständnis von § 9 Abs. 1 Nr. 24 BauGB s. die seinerzeit stark umstrittene Entscheidung OVG Berlin, DVBl. 1984, S. 147; kritisch in einem obiter dictum BVerwGE 69, S. 30.
29 Siehe BT-Drs. 10/6166, S. 140; BVerwG, DVBl. 1991, S. 442; BVerwG, DVBl. 1994, S. 26 und S. 233; BVerwG, UPR 1998, S. 331; erneut bestätigt in BVerwGE 110, S. 193 (200f.).
30 BVerwG, NVwZ 1991, S. 881; BVerwG, UPR 1997, S. 331; zustimmend *Mayen*, Die Festsetzung von Lärmgrenzwerten in Bebauungsplänen, NVwZ 1991, S. 842; sehr kritisch *Ziegler*, Zu den Nutzungsbegriffen des § 1 Abs. 4–9 BauNVO insbesondere im Hinblick auf die Festsetzung von Emissionswerten, ZfBR 1991, S. 196.

das Bundesverwaltungsgericht inzwischen als zulässig bestätigt hat.[31] Bei dieser Methode wird den einzelnen Betriebsgrundstücken ein **Immissions**kontingent mit der Konsequenz zugewiesen, dass hinsichtlich der zulässigen **Emissionen** die jeweils bestehende tatsächliche Situation in der Umgebung des Vorhabens maßgeblich wird, mithin vorhandene, schalldämmende andere Anlagen Berücksichtigung finden. Sollte sich das Umfeld der Anlage ändern, so müssen gegebenenfalls nachträglich Schallschutzauflagen an die Anlage gestellt werden, die nach der Auffassung des Bundesverwaltungsgerichts jedenfalls durch eine Nebenbestimmung zur Baugenehmigung rechtlich fundiert werden können.

34 Zweifelsfrei unterfällt die Festsetzung von Maßnahmen **passiven Schallschutzes** wie der Einbau von Doppelfenstern den „baulichen oder sonstigen technischen Vorkehrungen" i. S. v. § 9 Abs. 1 Nr. 24 BauGB. Das gilt jedoch nicht für die Regelung der Frage, wer die Kosten für diese Vorkehrungen zu tragen hat (s. **Fall 3**).[32] Allerdings ist nach Ansicht des Bundesverwaltungsgerichts die Begründung eines entsprechenden nachbarlichen Kostenerstattungsanspruchs durch Festsetzung im Bebauungsplan auch nicht erforderlich, weil sich ein solcher Anspruch bereits aus einem allgemeinen Rechtssatz über den notwendigen Ausgleich zwischen störender und gestörter Nutzung im öffentlich-rechtlichen Nachbarschaftsverhältnis ergebe.[33] Zusammengenommen hat der gestörte Nachbar einen Anspruch auf Verwirklichung der (drittschützenden) Festsetzung einer Schutzvorkehrung nebst Erstattungsanspruch bezüglich der Kosten aus einem allgemeinen Rechtsgrundsatz.

2. Naturschutz

35 Naturschutz und Bebauungsplanung stehen seit jeher in einem Spannungsverhältnis. Dies ist keineswegs sachlich notwendig. Denn eine städtebauliche Planung, die wirklich ihre Aufgabe als örtliche **Gesamtplanung** wahrnimmt, muss gerade auch dem Schutz von Natur und Landschaft angemessen und integrierend Rechnung tragen. Rechtstatsächlich versteht sich Städteplanung traditionell jedoch eher als Durchsetzung raumbeanspruchender Nutzungen gegen die – als hinderlich empfundenen – Belange von Natur- und Landschaftsschutz. Der enorme Flächenverbrauch in der Bundesrepublik (und natürlich auch in anderen modernen Industrieländern) legt ein beredtes Zeugnis von der Richtung ab, in der die „Abwägung" im Rahmen der örtlichen „Gesamt"-Planung traditionell verläuft.[34]

36 Mit dem BNatSchG von 1976 hat der Bundesgesetzgeber erklärtermaßen ein Zeichen gegen den drastischen Landschaftsverbrauch setzen wollen und des-

---
31 BVerwG, DVBl. 1998, S. 598.
32 BVerwGE 80, S. 184 (187); BVerwG, NJW 1995, S. 2572.
33 BVerwGE 80, S. 184 (190 ff.) unter Bezugnahme auf E 79, S. 254 (*Feueralarmsirene*).
34 Zum Flächenverbrauch s. nur die Bodenschutzkonzeption der Bundesregierung: BT-Drs. 10/2977, S. 31 f. (1985) und den Abschlussbericht der Enquête-Kommission „Schutz des Menschen und der Umwelt – Ziele und Rahmenbedingungen einer nachhaltig zukunftsverträglichen Entwicklung": Konzept Nachhaltigkeit, BT-Drs. 13/11200 vom 26.8.1998, S.129 ff.; ferner BfLR, Nachhaltige Stadtentwicklung, 1996, S. 68 ff.

halb u. a. als „flächendeckenden Mindestschutz" von Natur und Landschaft die so genannte Eingriffsregelung des § 8 BNatSchG geschaffen.[35] Natur- und Landschaftsschutz sollten nicht länger in Reservate verwiesen werden.

Für jeden Eingriff in Natur und Landschaft verlangt § 8 BNatSchG, dass (1.) das Vorhaben Natur und Landschaft so wenig wie möglich beeinträchtigt, (2.) unvermeidliche Eingriffe faktisch auszugleichen sind, (3.) bei unvermeidlichen und nicht ausgleichbaren Beeinträchtigungen über die Zulässigkeit des Vorhabens abwägend zu befinden ist und schließlich (4.) im Falle einer Zulassung dem Vorhabenträger nach Maßgabe des Landesrechts Ersatzmaßnahmen aufzuerlegen sind.[36]   **37**

Dieses strikte Modell fand lange Zeit keine Anwendung in der Bauleitplanung, weil die planerische Festsetzung beispielsweise eines Industriegebiets für sich genommen noch keinen Eingriff in Natur und Landschaft darstellt oder unmittelbar rechtsverbindlich gestaltend wirkt. Allerdings schaffen planerische Festsetzungen die notwendigen Voraussetzungen für eine nachfolgende Vorhabengestattung und damit einen zu erwartenden Eingriff in Natur und Landschaft. Bei einer dem Zweck der naturschutzrechtlichen Eingriffsregelung entsprechenden Auslegung mussten ihre Anforderungen deshalb schon seinerzeit in der Bauleitplanung beachtet werden.[37]   **38**

Dies hat inzwischen der Gesetzgeber klargestellt. Im Rahmen des Investitionserleichterungs- und Baulandgesetzes von 1993 wurde in den §§ 8a-c BNatSchG (a. F.) der so genannte **Baurechtskompromiss** verankert, demzufolge die Eingriffsregelung des § 8 BNatSchG nach näheren Maßgaben im Rahmen der Bauleitplanung anzuwenden war.[38] Seit der Novellierung des BauGB mit Wirkung zum 1. 1. 1998 ist die naturschutzrechtliche Eingriffsregelung im BauGB selbst verankert, und zwar einerseits als wichtiges Element des Gebots gerechter Abwägung aller betroffenen Belange in § 1a BauGB[39] und andererseits in einer Reihe spezifischer **Festsetzungsmöglichkeiten**, um den Anforderungen der Eingriffsregelung gestalterisch gerecht werden zu können.[40]   **39**

---

35 BT-Drs. 7/5251, S. 8.
36 Ersatzmaßnahmen können auch Ausgleichszahlungen sein: s. dazu BVerwGE 74, S. 308.
37 Grundlegend und umfassend *Kuchler*, Naturschutzrechtliche Eingriffsregelung und Bauplanungsrecht, 1989; ferner *Koch*, Die naturschutzrechtliche Eingriffsregelung in der Bauleitplanung und im Baugenehmigungsverfahren, Rechtsgutachten im Auftrag der Umweltbehörde der Freien und Hansestadt Hamburg, 1992.
38 Siehe zum seinerzeitigen Kompromiss knapp *Runkel*, Das Verhältnis der naturschutzrechtlichen Eingriffsregelung zum Baurecht nach dem Investitionserleichterungs- und Wohnbaulandgesetz, UPR 1993, S. 203; *Gassner*, Naturschutz im neuen Baugesetzbuch, UPR 1987, S. 249; für Einzelheiten s. *Ramsauer* (Hrsg.), Die naturschutzrechtliche Eingriffsregelung, 1995.
39 S. näher § 17 Rn. 42 ff.
40 Zur Neuregelung s. insbesondere *Krautzberger*, Naturschutzrechtliche Eingriffsregelung und Städtebaurecht, NuR 1998, S. 455; *Mitschang*, Die neuen Eingriffs- und Ausgleichsregelungen und ihre Bedeutung für die städtebaulichen Planungen, WiVerw 1998, S. 20; *Schink*, Neuerungen zum Baurechtskompromiss, DVBl. 1998, S. 609. Vgl. auch den Erfahrungsbericht der Bundesregierung über die Anwendung der naturschutzrechtlichen Eingriffsregelung in der Bauleitplanung: BT-Drs. 14/3652.

40 Die Festsetzungsmöglichkeiten zum Ausgleich von solchen Eingriffen in Natur und Landschaft, die bei der Verwirklichung des Bebauungsplans zu erwarten sind, finden sich in den §§ 1a Abs. 3, 5 Abs. 2a, 9 Abs. 1 Nr. 20 und Abs. 1a, 135a-c und 200a BauGB. Sind bei Ausnutzung der planerischen Festsetzungen Eingriffe in Natur und Landschaft zu erwarten, so können Flächen zum Ausgleich und entsprechende Maßnahmen gemäß § 5 bzw. § 9 BauGB dargestellt bzw. festgesetzt werden (s. § 1a Abs. 3 Satz 1 BauGB). Zentrale Bedeutung kommt dabei § 9 Abs. 1 Nr. 20 BauGB zu, der die Festsetzung von Flächen oder Maßnahmen zum Schutz oder zur Pflege und zur Entwicklung von Boden, Natur und Landschaft gestattet. Eine wesentliche Klarstellung durch das neue Recht liegt darin, dass der Ausgleich von Eingriffen auch an anderer Stelle als am Ort des Eingriffs erfolgen darf (§ 1a Abs. 3 Satz 2 BauGB), und zwar sowohl durch Festsetzungen an anderer Stelle im Geltungsbereich des „Eingriffs"- Bebauungsplans wie auch in einem anderen Bebauungsplan (§ 9 Abs. 1a BauGB).[41]

41 Die räumliche Entkoppelung von Eingriff und Ausgleich erfordert, dass im Bauplanungsrecht auch die **Ersatzmaßnahmen** im Sinne des Landesnaturschutzrechts zum Ausgleich zugelassen werden (so neu § 200a BauGB), obwohl räumlich entfernte Aufwertungen von Natur und Landschaft in der Regel nicht im Verhältnis (partieller) funktionaler Äquivalenz zu dem vom Eingriff betroffenen Gebiet stehen. Angesichts der räumlichen Entkoppelung von Eingriff und Ausgleich ist zur Durchsetzung des **Verursacherprinzips** eine **planerische Zuordnung** der Ausgleichsflächen zu den Flächen erforderlich, auf denen Eingriffe zu erwarten sind (§ 9 Abs. 1a Satz 2 BauGB). In solchen Fällen soll die Gemeinde an Stelle und **auf Kosten des Vorhabenträgers** die erforderlichen Ausgleichsflächen bereitstellen und die Maßnahmen durchführen (§ 135a Abs. 2 bis 4 i.V.m. §§ 135b und 135c BauGB).

42 Anstelle von Darstellungen und Festsetzungen zum Ausgleich können auch **vertragliche Vereinbarungen** gemäß § 11 BauGB getroffen oder sonstige geeignete Maßnahmen zum Ausgleich auf von der Gemeinde bereitgestellten Flächen vorgenommen werden (§ 1a Abs. 3 Satz 3 BauGB).[42] Ob dies mehr als ein Element der modischen Diskussion um flexible Instrumente des Verwaltungshandelns im Allgemeinen und den so genannten Vertragsnaturschutz im Besonderen darstellt, bleibt abzuwarten. Im Übrigen ist die Neuregelung mit der räumlichen Entkoppelung von Eingriff und Ausgleich gerade für Großstädte eine große Chance für eine konzeptionelle Stadtentwicklungspolitik mit anspruchsvollen naturschutzrechtlichen Zielsetzungen.[43]

---

41 In diesem Sinne hat das BVerwG allerdings schon zur alten Rechtslage entschieden: BVerwGE 104, S. 353 = NuR 1997, S. 446 = DVBl. 1997, S. 1121.
42 In diesem Sinne schon zur alten Rechtslage BVerwGE 104, S. 353.
43 Zum Nutzen einer weiträumigen Betrachtung sehr instruktiv *Bunzel/Reitzig*, Bereitstellung von Flächen zum Ausgleich im übergemeindlichen Maßstab, DÖV 1998, S. 995.

3. Altlasten

Die Altlasten, d. h. Bodenverunreinigungen im Wesentlichen durch 43
- frühere Ablagerungen von Reststoffen (Altablagerungen),
- den Betrieb von Anlagen (Altstandorte) sowie
- den Betrieb militärischer Einrichtungen,

haben sich hinsichtlich der drohenden Risiken, der technischen Problemlösungen sowie des Finanzierungsaufwandes zu einer umweltpolitischen Herausforderung ersten Ranges entwickelt.[44] Die Bauleitplanung ist in diesem Zusammenhang durch einige spektakuläre **Amtshaftungsprozesse** ins Gerede gekommen: Der Traum vom Eigenheim wurde zum Alptraum, weil sich das neue Heim auf Altablagerungen befand. Der Bundesgerichtshof erkannte und präzisierte in einer Entscheidungssequenz eine **drittgerichtete Amtspflicht der Gemeinden**, bei der Festsetzung von Wohnbauflächen im Interesse gesunder Wohnverhältnisse (s. § 1 Abs. 5 Nr. 1 BauGB) solche altlastenbedingten Gefahrenpotentiale aufzuklären, die der Gemeinde im Zeitpunkt der Beschlussfassung über den Bebauungsplan bekannt waren oder hätten bekannt sein müssen.[45]

Auch der Gesetzgeber des BauGB hat reagiert und **Kennzeichnungspflichten** 44
für kontaminierte Flächen geschaffen: Im FN-Plan sollen gemäß § 5 Abs. 3 Nr. 3 BauGB solche Flächen gekennzeichnet werden, die **für bauliche Nutzungen** vorgesehen sind und „deren Böden erheblich mit umweltgefährdenden Stoffen belastet sind". Etwas allgemeiner – nämlich ohne Einschränkungen auf Flächen für bauliche Nutzungen – gebietet § 9 Abs. 5 Nr. 3 BauGB eine entsprechende Kennzeichnungspflicht.

Die Kennzeichnungspflicht ist allerdings ein Instrument mit eher geringem 45
Konfliktlösungspotential.[46] Insbesondere dann, wenn kontaminierte Böden im Interesse eines sparsamen Umgangs mit der Ressource Boden (s. § 1 Abs. 5 Satz 3 BauGB) gleichwohl neuen Nutzungen zugeführt werden sollen, ist die Kennzeichnung der Kontamination kein zureichendes Mittel. Sofern für eine belastete Fläche eine Nutzung festgesetzt werden soll, muss in jedem Fall die Belastung angemessen aufgeklärt werden. Sofern sich dabei herausstellt, dass Sanierungsmaßnahmen erforderlich, aber auch möglich erscheinen, kann die beabsichtigte Nutzung festgesetzt werden. Insbesondere ist es als hinreichende

---

44 Die Debatte hat 1984/85 begonnen; herausragendes Exempel war Hamburgs Müllberg Georgswerder. Siehe dazu *Koch*, Bodensanierung nach dem Verursacherprinzip, 1985; umfassend *Brandt*, Altlastenrecht, 1993; s. auch die Bestandsaufnahme des Rates der Sachverständigen für Umweltfragen, Sondergutachten „Altlasten", BT-Drs. 11/6191 (vom 3. 1. 1990) und Sondergutachten „Altlasten II", 1995; ferner *MURL* (Hrsg.), Grundfragen des Bodenschutzrechts, 1992.
45 BGHZ 106, S. 323; 108, S. 224; 109, S. 380; 113, S. 367; 117, S. 363; 121, S. 65; s. dazu *Schink*, Konfliktbewältigung und Amtshaftung bei der Bauleitplanung auf Altlasten, NJW 1990, S. 351; *Ibler*, Baugrundrisiko und Amtshaftung bei der Überbauung von Altlasten, BauR 1995, S. 595; *Kügel*, Die Entwicklung des Altlastenrechts, NJW 1996, S. 2477.
46 Hierzu und zu den nachfolgenden Erwägungen instruktiv *Steiner*, Bauleitplanung und Altlasten, in: Baurecht aktuell, FS für Weyreuther, 1993, S. 145 ff.; ferner *Koch/Schütte*, Bodenschutz und Altlasten in der Bauleitplanung, DVBl. 1997, S. 1415.

Konfliktbewältigung anzusehen, wenn ein nutzungsadäquates Sanierungsprogramm erreicht werden kann.[47] Die Festsetzung der zulässigen „Nach"-Nutzung vermag in solchen Fällen entsprechende Investitionen zu stimulieren. Hinreichende Klarheit über den Sanierungsaufwand kann in der Planbegründung (s. § 9 Abs. 8 BauGB) geschaffen werden.[48]

46 Das Instrument einer Nutzungsfestsetzung unter der Bedingung spezifischer Sanierungsmaßnahmen steht leider nicht zur Verfügung. Allerdings kann gemäß § 11 Abs. 1 Nr. 1 BauGB vor dem Satzungsbeschluss ein städtebaulicher Vertrag über Maßnahmen der Bodensanierung geschlossen werden. In Betracht kommt auch eine entsprechende Vereinbarung im Rahmen des Durchführungsvertrages als Element eines Vorhaben- und Erschließungsplans gemäß § 12 BauGB. Schließlich ist auch die Vereinbarung und Eintragung einer entsprechenden „Sanierungsbaulast" zu erwägen.[49] Im Übrigen wird zukünftig auf der Grundlage von § 8 BBodSchG durch Rechtsverordnung festgelegt werden (können), welche Sanierungsziele für welche Nutzungen erreicht werden müssen. Das kann Klarheit in entsprechende Baugenehmigungsverfahren bringen.

§ 15 Das Verfahren der Bauleitplanung

Literatur: *Battis*, Umweltverträglichkeitsprüfung in der Bauleitplanung, NuR 1995, S. 284; *ders./Krautzberger/Löhr*, Die Neuregelungen des BauGB zum 1.1.1998, NVwZ 1997, S. 1145; *Birk*, Der Vorhaben- und Erschließungsplan: Praxisbedeutsame Schwerpunkte, NVwZ 1995, S. 625; *Brohm*, Städtebauliche Verträge zwischen Privat- und öffentlichem Recht, JZ 2000, S. 321; *Busse*, Kooperatives Recht im Bauplanungsrecht, BayVBl. 1994, S. 353; *Döring*, Verträge zur Erschließung von Bauland, NVwZ 1996, S. 209; *Erbguth*, Bauleitplanung und private Investitionen – Städtebauliche Verträge, Vorhaben- und Erschließungsplan, BauROG 1998, VerwArch 1998, S. 189; *Fackler*, Die Bürgerbeteiligung gemäß § 3 BauGB als subjektives öffentliches Recht, BayVBl. 1993, S. 353; *Hendler*, Die bürgerschaftliche Mitwirkung bei der städtebaulichen Planung, 1977; *Koch*, (Verfahrens-)Privatisierung im öffentlichen Baurecht, in: Hoffmann-Riem/Schneider (Hrsg.), Verfahrensprivatisierung im Umweltrecht, 1996, S. 170; *ders.*, Der Schutz der Umwelt in der Rechtsprechung zum Bauplanungsrecht, Die Verwaltung 1998, S. 505; *Krautzberger/Runkel*, Die städtebaurechtlichen Vorschriften des Investitionserleichterungs- und Wohnbaulandgesetzes vom 22.4.1993 (BGBl. I, S. 466), DVBl. 1993, S. 453; *Schmidt-Eichstaedt*, Verträge im Zusammenhang mit der Aufstellung von Bebauungsplänen, BauR 1996, S. 1; *Stich*, Die Rechtsentwicklung von der imperativen zur kooperativen Städtebaupolitik, in: Planung als Prozeß, FS für Borchard, 1998, S. 285; *Stüer*, Der städtebauliche Vertrag – Ein Balanceakt zwischen Vertragsfreiheit, strikter

---

47 So *Koch/Schütte* (Fn. 46), S. 1416 f.; a.A. *Steiner* (Fn. 46), S. 150.
48 So auch OVG NW, BauR 1997, S. 607 (610 f.).
49 S. zu den verschiedenen Lösungsansätzen auch den Mustererlass der ARGEBAU über die „Berücksichtigung von Flächen mit Altlasten bei der Bauleitplanung und im Baugenehmigungsverfahren".

Gesetzesbindung und „subjektiver Abwägungssperre", DVBl. 1995, S. 649; *Wagner*, Bauleitplanverfahren – Änderungen durch die BauGB-Novelle 1998, BauR 1997, S. 709

Fall 1: Die Antragsteller sind Eigentümer des mit einem Wohnhaus bebauten Grundstücks in M. Sie wenden sich mit ihrem Normenkontrollantrag gegen den Bebauungsplan U. der Stadt M., der in ihrer unmittelbaren Nachbarschaft ein Gewerbegebiet festsetzt. Der Verwaltungsgerichtshof hat dem Bundesverwaltungsgericht die Sache gemäß § 47 Abs. 5 VwGO zur Entscheidung der Frage vorgelegt, ob die Mitwirkung befangener Gemeinderäte bei dem Beschluss über die Aufstellung eines Bebauungsplanes nach § 2 Abs. 1 BBauG (BauGB) zur Nichtigkeit des Bebauungsplanes führt.

Nach BVerwGE 79, S. 200.

Fall 2: Die Kläger wenden sich gegen die im Widerspruchsverfahren erfolgte Aufhebung der Genehmigung zum Betrieb ihrer Diskothek. Die Diskothek liegt im Bereich eines Bebauungsplanes, der im Westen der Stadt L. ein umfangreiches Gelände weitgehend als allgemeines Wohngebiet mit zweigeschossiger offener Bauweise, teilweise als Gewerbegebiet festsetzt. Der Flächennutzungsplan weist das Plangebiet als Flächen für die Landwirtschaft aus. Den Widerspruch zwischen Bebauungsplan und Flächennutzungsplan hat das Berufungsgericht insbesondere deshalb als unerheblich angesehen, weil solche Flächen für die Landwirtschaft, die – wie im Streitfall – an die vorhandene Bebauung angrenzten, regelmäßig für eine erforderliche Ausweisung von Bauflächen vorgesehen seien. Liegt ein Verstoß gegen das Entwicklungsgebot des § 8 Abs. 2 BauGB vor?

Nach BVerwGE 48, S. 70.

Fall 3: Die Klägerin ist eine Gemeinde in Bayern. Der Beklagte und andere, die Eigentümer unbebauter Flächen im Gemeindegebiet waren, unterbreiteten ihr am 6. Mai 1981 ein befristetes und notariell beurkundetes Kaufangebot. Die Klägerin erklärte in derselben Urkunde, sie werde von dem Angebot keinen Gebrauch machen, wenn der Beklagte das Grundstück „gemäß den für die Gemeinde aufgestellten landesplanerischen Zielen verwende, insbesondere es an jemanden veräußere, dessen Wohnbedarf in der Gemeinde gedeckt werden dürfe". Mit diesem zwischen den Beteiligten abgesprochenen Vorgehen wollte die Klägerin im Wesentlichen eine Überfremdung des Gemeindegebiets durch Ortsfremde durch das im Landkreis Weilheim-Schongau praktizierte so genannte Weilheimer Modell (Einheimischen-Modell) verhindern. Im Februar 1984 verkaufte der Beklagte das inzwischen parzellierte Grundstück an die Beigeladenen. Die Klägerin, welche die Beigeladenen als Ortsfremde ansah, nahm daraufhin das Kaufangebot an. Der Beklagte weigerte sich, zur Erfüllung des Kaufvertrages die Auflassung zu erklären. Das LG München verwies die auf Auflassung gerichtete Klage durch Beschluss an das VG München, da es sich nach seiner Ansicht um eine öffentlich-rechtliche Streitigkeit handele. Das VG wies die Klage ab, weil die Vertragsbestimmungen zu unbestimmt und daher nach §§ 313, 125 BGB nichtig seien. Auf die Berufung der Kläger verpflichtete der BayVGH den Beklagten, das Grundstück Zug um Zug gegen Zahlung des noch festzusetzenden Kaufpreises aufzulassen. Die hiergegen gerichtete Revision des Beklagten blieb ohne Erfolg.

Nach BVerwGE 92, S. 56 (*Einheimischen-Modell*).

I. Der Gang des Planverfahrens im Überblick

1 Da die Bebauungspläne zur Vermeidung einer konzeptionslosen Stückwerksplanung aus dem Flächennutzungsplan zu entwickeln sind (§ 8 Abs. 2 Satz 1 BauGB; vgl. oben § 14 Rn. 2), dürfen Aufstellung, Änderung und Ergänzung von Flächennutzungsplan und Bebauungsplan allenfalls gleichzeitig – im so genannten **Parallelverfahren** – erfolgen (§ 8 Abs. 3 BauGB), es sei denn, die Ordnung der städtebaulichen Entwicklung ist auch ohne Flächennutzungsplan möglich (§ 8 Abs. 2 Satz 2 BauGB – selbstständiger Bebauungsplan) oder die Voraussetzungen für einen so genannten **vorzeitigen Bebauungsplan** (§ 8 Abs. 4 BauGB) liegen vor.

2 Das Bauleitplanverfahren, dem informelle „Denkanstöße" aus der Gemeindeverwaltung oder von Interessenten vorausgehen, wird durch den **Aufstellungsbeschluss** (§ 2 Abs. 1 Satz 2 BauGB) förmlich eröffnet.[1] Weder aus dem BauGB noch aus sonstigem Bundesrecht ergibt sich, welches Gemeindeorgan für den Aufstellungsbeschluss zuständig ist. Insbesondere ist nicht bundesrechtlich eine Beschlussfassung durch den Gemeinderat geboten. Der Gesetzgeber hat die hinsichtlich des handelnden Subjekts offene gesetzliche Formulierung bewusst gewählt, um eine Delegation der Beschlussfassung auf andere Gremien als den Gemeinderat zu ermöglichen.[2]

3 Dem Aufstellungsbeschluss kommt erhebliche rechtliche Bedeutung zu. An diesen Beschluss ist die Berechtigung der Gemeinde geknüpft, eine **Veränderungssperre** zu beschließen (§ 14 BauGB) und **Baugesuche** durch die Baugenehmigungsbehörde **zurückstellen** zu lassen (§ 15 BauGB). Auch hat die Gemeinde die Möglichkeit, durch den Aufstellungsbeschluss und eine bestimmte weitere Förderung des Bebauungsplanverfahrens ein Vorhaben gemäß § 33 BauGB im Vorgriff auf die laufende Planung genehmigungsfähig zu machen. Für den am Ende des gemeindlichen Planverfahrens stehenden **Satzungsbeschluss** gemäß § 10 BauGB hat allerdings der Aufstellungsbeschluss jedenfalls bundesrechtlich keine Bedeutung. Deshalb ist es insoweit, d. h. für die Frage der Gültigkeit eines Bebauungsplanes, bundesrechtlich unerheblich, ob – wie in **Fall 1** thematisiert – **befangene Gemeinderatsmitglieder** mit der landesrechtlich vorgesehenen Folge einer Nichtigkeit des Aufstellungsbeschlusses mitgewirkt haben.[3] Allerdings wäre der **Landesgesetzgeber** wohl kaum berechtigt, die Gültigkeit des abschließenden Satzungsbeschlusses generell von der Gültigkeit des Aufstellungsbeschlusses abhängig zu machen.[4]

---

1 Siehe hierzu ausführlich *Stüer*, Handbuch des Bau- und Fachplanungsrechts, 2. Aufl. 1998, Rn. 492 ff.
2 BT-Drs. 10/4630, S. 63 l.Sp.; „bestätigt" in BVerwGE 79, S. 200 (204) (s. oben **Fall 1**).
3 BVerwGE 79, S. 200; eine andere Frage ist es aber, ob die seinerzeitige Mitwirkung befangener Ratsmitglieder das weitere Verfahren, namentlich die **Abwägung** der Gemeinde, unzulässig „infiziert" hat: BVerwG, aaO., S. 207 f.; zur Abwägung unten § 17.
4 Siehe die abschließenden Erwägungen in BVerwGE 79, S. 200 (208).

Eine **Mitwirkung der Bürger** am Planungsverfahren ist im Rahmen der frühzeitigen Bürgerbeteiligung (§ 3 Abs. 1 BauGB) sowie des Auslegungsverfahrens (§ 3 Abs. 2 BauGB) vorgesehen. Möglichst frühzeitig, gegebenenfalls aber auch erst mit dem Auslegungsverfahren, holt die Gemeinde „die Stellungnahmen der Behörden und sonstigen Träger öffentlicher Belange, deren Aufgabenbereich durch die Planung berührt wird", ein (§ 4 Abs. 1 BauGB). Zu den **Trägern öffentlicher Belange** gehören u. a. die Fachplanungsträger (vgl. oben § 13 Rn. 18 ff.), die im Falle der Beteiligung ihre Planungen an den Flächennutzungsplan anzupassen haben, soweit sie diesem nicht widersprochen haben (§ 7 BauGB). Zu beteiligen sind als Träger öffentlicher Belange auch die **benachbarten Gemeinden**, deren Gebiet von den Auswirkungen einer Bauleitplanung betroffen werden könnte. Nach der Rechtsprechung des Bundesverwaltungsgerichts verlangt das Gebot, „die Bauleitpläne benachbarter Gemeinden aufeinander abzustimmen" (§ 2 Abs. 2 BauGB), „nur" ein inhaltliches Abgestimmtsein der Pläne, während die verfahrensmäßige Beteiligung der Nachbargemeinden sich allein nach der Regelung über die Beteiligung der Träger öffentlicher Belange richtet.[5] Auch die Gemeinden und sonstigen Träger öffentlicher Belange in den Nachbarstaaten sind zu unterrichten, wenn wesentliche Auswirkungen zu erwarten sind (§ 4a BauGB).

4

Die der Gemeinde aufgegebene gerechte Abwägung aller betroffenen Belange (§ 1 Abs. 6 BauGB; vgl. unten § 17) findet schließlich im Flächennutzungsplan als hoheitlicher Maßnahme eigener Art bzw. in dem als Satzung (§ 10 BauGB) zu erlassenen Bebauungsplan ihren Abschluss. Dem Flächennutzungsplan ist ein Erläuterungsbericht (§ 5 Abs. 5 BauGB), dem Bebauungsplan eine Begründung (§ 9 Abs. 8 BauGB) beizufügen. Der **Flächennutzungsplan** bedarf sodann der **Genehmigung** der höheren Verwaltungsbehörde (§ 6 BauGB).[6] **Bebauungspläne,** die aus dem Flächennutzungsplan entwickelt werden, sind dagegen genehmigungsfrei.[7] Eine Genehmigungspflicht besteht nur für selbstständige oder vorzeitige Bebauungspläne sowie für solche, die im Parallelverfahren vor dem Flächennutzungsplan bekannt gemacht werden (§ 10 Abs. 2 BauGB). Im Ergebnis wird durch die Genehmigungsfreistellung für aus einem Flächennutzungsplan entwickelte Bebauungspläne der problematische Trend zur Schwächung der nötigen Rechtsaufsicht, wie er bereits durch die bislang

5

---

5 BVerwGE 40, S. 323 (zu § 2 Abs. 4, 5 BBauG ergangen); bestätigt in E 84, S. 209 (216) für das geltende Recht; vgl. auch Wagner, Das interkommunale Abwägungsgebot im Lichte der neueren Rechtsprechung, ZfBR 2000, S. 21.
6 Vgl. zu den Genehmigungsvoraussetzungen BVerwGE 109, S. 371.
7 Die im BauGB bis zum 31.12.1997 bestehende Anzeigepflicht ist infolge der Novellierung durch das BauROG 1998 entfallen. Dadurch ist nunmehr die bislang nur für Wohnraum geltende Sonderregelung nach § 2 Abs. 6 BauGB-MaßnG als neugestaltete BauGB als Dauerrecht übernommen worden. Kritisch hierzu: *Stollmann,* „Steter Tropfen höhlt den Stein" – Zum beabsichtigten Wegfall des Anzeigeverfahrens für Bebauungspläne, UPR 1997, S. 9 (10 ff.).

6 Die Gemeinde hat schließlich den Beschluss des Bebauungsplanes bzw. die Genehmigung des Flächennutzungs- oder Bebauungsplanes **ortsüblich bekannt zu machen**; mit der Bekanntmachung werden die Pläne wirksam (§§ 6 Abs. 5, 10 Abs. 3 BauGB). Für den Bebauungsplan ist darauf hinzuweisen, wo er eingesehen werden kann (§ 10 Abs. 3 Satz 3 BauGB). Dabei soll die Art der Bekanntmachung den Betroffenen durch genaue und allgemein verständliche Darstellung einen Anreiz dazu geben, Einsicht in die ausgelegten Pläne zu nehmen.[9] Diese „Ersatzverkündung" tritt an die Stelle der sonst für Satzungen vorgesehenen Veröffentlichung, die hinsichtlich der **Plankarten** nicht sachgerecht möglich ist. Diese Art der Verkündung ist rechtsstaatlich unbedenklich.[10]

Die vorstehenden Ausführungen beziehen sich auf das Normalverfahren zur Aufstellung eines Bebauungsplanes.

7 Wird ein Bebauungsplan geändert oder ergänzt, ohne dass die Grundzüge der Planung berührt werden, so ist ebenso ein vereinfachtes Verfahren vorgesehen wie für geringfügige Änderungen oder Ergänzungen eines Flächennutzungsplanes (§ 13 BauGB).

II. Elemente der Privatisierung im Bebauungsplanverfahren

1. Kooperatives Städtebaurecht – Ursachen und Entwicklungen

8 Die Verwirklichung der städtebaulichen Ziele des § 1 BauGB ist seit jeher in besonderer Weise auf eine **kooperative Aufgabenerfüllung** durch die planende Gemeinde und die privaten Investoren angewiesen. Das ergibt sich zunächst schon aus dem Umstand, dass die städtebauliche Entwicklung durch die kommunale **Angebotsplanung** allein nicht verwirklicht werden kann, sondern des interessierten Investors bedarf. Eine auf Realisierung gerichtete städtebauliche Planung benötigt daher der Abstimmung, möglichst der verbindlichen Absprache mit Investoren. Hinzu kommt, dass die Realisierung einer planerischen Konzeption **Erschließungs- und Infrastruktur**maßnahmen mit erheblichen Kosten erfordert, die angesichts der drastisch gewachsenen Finanznöte der Gemeinden möglichst vertraglich von den interessierten Investoren übernommen werden müssen. Insbesondere beim Aufbau in den neuen Bundesländern zeigte sich, dass die Kommunen nicht nur auf privates Kapital zur Finanzierung städtebaulicher Planung und Entwicklung angewiesen waren (und sind),

---
8 Die Bedenken, die schon bei der früheren Ersetzung der Genehmigungspflicht durch die Anzeigepflicht gegen eine Schwächung der Rechtsaufsicht erhoben worden sind (vgl. BMBau, Materialien zum BauGB, 1984, S. 22 ff.) hat die Sachverständigenkommission zur Novellierung des BauGB erneuert: Bericht 1995, S. 141 ff.; dagegen die Bundesregierung: BT-Drs. 13/6392, S. 49.
9 BVerwGE 55, S. 369; E 69, S. 344.
10 BVerwGE 65, S. 283.

sondern auch auf die **Integration externen Sachverstandes** zur Bewältigung der Planungsaufgabe selbst.

Gerade die städtebaulichen Herausforderungen in den neuen Bundesländern haben die Entwicklung kooperativer Instrumente des Städtebaurechts entscheidend vorangebracht. Das bedeutendste Instrument ist der zunächst in § 55 BauZVO der DDR verankerte,[11] durch § 7 BauGB-MaßnG für das gesamte Bundesgebiet übernommene Vorhaben- und Erschließungsplan (VEPl),[12] der nunmehr als sogenannter **vorhabenbezogener Bebauungsplan** in § 12 des novellierten BauGB normiert ist. Die beiden Grundelemente dieses Instruments erfüllen wesentliche Kooperationsbedarfe der Gemeinde: Der Investor liefert in Abstimmung mit der Gemeinde die städtebauliche Planung in Form eines VEPl und verpflichtet sich zur Durchführung des Konzepts in einer bestimmten Frist unter Übernahme (eines Teils) der Planungs- und Erschließungskosten (**Durchführungsvertrag**). Der VEPl wird sodann Bestandteil des von der Gemeinde zu beschließenden vorhabenbezogenen Bebauungsplans.

Im Interesse der Flexibilisierung und Zielgenauigkeit kommunaler Bebauungsplanung sowie auch zur flankierenden Finanzierung ist – zunächst in § 6 BauGB-MaßnG und nun im novellierten BauGB – das Instrument des **städtebaulichen Vertrages** fortentwickelt worden.[13] Das **Weilheimer Modell** im Ausgangs**fall (3)** ist eines von zahlreichen Beispielen dafür, dass städtebaulichen Differenzierungserfordernissen durch vertragliche Gestaltungen Rechnung getragen werden kann.[14] Das Weilheimer Modell könnte jetzt explizit auf § 11 Abs. 1 Nr. 2 BauGB gestützt werden.

§ 4b BauGB sieht nunmehr ausdrücklich die Möglichkeit vor, die Vorbereitung und Durchführung der Verfahrensschritte der Bürgerbeteiligung sowie der Beteiligung der Träger öffentlicher Belange einem Dritten zu übertragen. Der Gesetzgeber verspricht sich – wie § 4b BauGB auch ausdrücklich besagt – von der Einschaltung eines **Projektmittlers** insbesondere verfahrensbeschleunigende Wirkungen.[15] Dieses insbesondere aus dem amerikanischen Recht stammende Instrument einer Verfahrensprivatisierung kann auch der Förderung der **Akzeptanz** der staatlichen Planung dienen. Insofern wird auch von einem **Konfliktmittler** („Mediator") gesprochen.[16]

Die zuvor angesprochenen teils gänzlich neuen, teils jedenfalls stark fortentwickelten Instrumente führen alle zu einer starken Rolle Privater im Bebau-

---

11 S. zu diesen Entwicklungen schon oben § 11 Rn. 17 ff.
12 Grundlegend zum VEPl *Pietzcker*, Der Vorhaben- und Erschließungsplan, 1993.
13 Grundlegend für die Fortentwicklung der städtebaulichen Verträge *Krebs/Schmidt-Aßmann*, Städtebauliche Verträge, 1988.
14 Natürlich könnte der Gesetzgeber auch entsprechende planerische Festsetzungsmöglichkeiten in § 9 BauGB oder in der BauNVO zur Verfügung stellen. Zu einschlägigen Defiziten s. BVerwGE 91, S. 318.
15 S. näher BT-Drs. 13/6392, S. 47.
16 S. die grundlegende Rezeption des amerikanischen Ansatzes bei *Hoffmann-Riem*, Konfliktmittler in Verwaltungsverhandlungen, 1989.

ungsplanverfahren. In jedem Falle bleibt aber die entscheidende planerische Verantwortung bei der Gemeinde. Die planende Gemeinde trägt insbesondere rechtlich die ausschließliche Verantwortung dafür, dass alles Erforderliche sorgfältig ermittelt wird und die planerischen Festsetzungen auf der Grundlage einer gerechten Abwägung aller Belange erfolgen (s. § 1 Abs. 6 BauGB).[17] Die Gemeinde bleibt auch für eine korrekte Durchführung des Planverfahrens in der Letztverantwortung. Insofern werden zwar durch die neuen Instrumente privater Sachverstand, private Handlungskompetenz und private Finanzmittel in den Planungsprozess einbezogen, ohne dass jedoch die planerischen Aufgaben in der Sache privatisiert werden. Es handelt sich daher im Wesentlichen um eine **Verfahrensprivatisierung**,[18] und zwar im lediglich funktionellen Sinne: Die Aufgaben bleiben kommunale, zur Erfüllung wirken Private mit.

2. Der vorhabenbezogene Bebauungsplan (§ 12 BauGB)

13 Das Planverfahren für einen vorhabenbezogenen Bebauungsplan unterscheidet sich in einigen Punkten vom „Standard"-Bebauungsplanverfahren. Allerdings betrifft dies eher die informalen als die förmlichen Verfahrenselemente. Die Besonderheiten im Verfahrensablauf liegen in den **Elementen der Kooperation** zwischen Gemeinden und Vorhabenträgern: Nach § 12 Abs. 2 BauGB hat der interessierte Investor das Recht, einen Antrag auf Einleitung des Bebauungsplanverfahrens zu stellen, worüber die Gemeinde nach pflichtgemäßem Ermessen zu entscheiden hat. Der Vorhabenträger erarbeitet sodann den substanziellen Kern des Bebauungsplanes, nämlich den VEPl, und zwar in Abstimmung mit der Gemeinde (§ 12 Abs. 1 BauGB). Ferner ist ein **Durchführungsvertrag** zwischen der Gemeinde und dem Vorhabenträger abzuschließen, in dem sich der beteiligte Investor zur Verwirklichung der Planung innerhalb einer bestimmten Frist und zur (partiellen) Kostentragung für Planung und Erschließung verpflichtet. Auf dieser Grundlage erlässt die Gemeinde den vorhabenbezogenen Bebauungsplan, dessen Bestandteil der VEPl wird.

14 Neben diesen das Planverfahren prägenden Kooperationsbeziehungen bleiben aber die wichtigen förmlichen Beteiligungsrechte der Bürger nach § 3 BauGB sowie der Träger öffentlicher Belange nach §§ 4 ff. BauGB uneingeschränkt maßgeblich. Dies ist angesichts der in diesem Verfahren besonders starken Position des Vorhabenträgers im Interesse einer ausgewogenen Planung besonders wichtig. Die frühzeitige Bürgerbeteiligung gemäß § 3 Abs. 1 BauGB wird schon nach Vorliegen eines ersten Entwurfs eines VEPl seitens des Investors sinnvoll sein, wenn nicht gar erforderlich. Das Auslegungs- und Anregungsverfahren hat sich auf den Entwurf des vorhabenbezogenen Bebauungsplanes der Gemeinde zu beziehen.

---

17 Zum Gebot gerechter Abwägung ausführlich unten § 17.
18 S. insbesondere *Hoffmann-Riem*, Verfahrensprivatisierung als Modernisierung, DVBl. 1996, S. 225; *Koch* (Verfahrens-)Privatisierung im öffentlichen Baurecht, in: Hoffmann-Riem/Schneider (Hrsg.), Verfahrensprivatisierung im Umweltrecht, 1996, S. 170.

3. Die städtebaulichen Verträge (§ 11 BauGB)

Die nicht abschließende Aufzählung städtebaulicher Verträge in § 11 BauGB bezieht sich teilweise unmittelbar auf die Durchführung des Bebauungsplanverfahrens, teilweise auf eine große Fülle von Maßnahmen, die zur Verwirklichung planerischer Intentionen erforderlich sein können. Ein wenig vereinfacht kann man Maßnahmen-Verträge (§ 11 Abs. 1 Nr. 1 BauGB), Begleitverträge (§ 11 Abs. 1 Nr. 2 BauGB) und Folgekostenverträge (§ 11 Abs. 1 Nr. 3 BauGB) unterscheiden.

15

Während der vorhabenbezogene Bebauungsplan gemäß § 12 BauGB gleichsam ein „geschlossenes Konzept" der Privatisierung der Bauleitplanung in Form des VEPl und des Durchführungsvertrages beinhaltet, bietet § 11 Abs. 1 Nr. 1 BauGB die Möglichkeit, gezielt und spezifiziert bestimmte Ausarbeitungen der städtebaulichen Planung auf Private zu übertragen, wobei auch hier – wie es ausdrücklich heißt – die Verantwortung der Gemeinde für das gesetzlich vorgesehene Planaufstellungsverfahren unberührt bleibt. Neben Elementen der Planungsaufgaben können vielfältige städtebauliche Maßnahmen einem Vertragspartner auf dessen Kosten auferlegt werden. Dazu gehört beispielsweise die – oben in § 14 Rn. 45 angesprochene – Sanierung von Altlasten zur Gewährleistung eines mit Blick auf die intendierte Nachnutzung adäquaten Belastungsniveaus.

16

§ 11 Abs. 1 Nr. 2 BauGB ermöglicht u. a. eine „Feinsteuerung" zur Verwirklichung städtebaulicher Zielsetzungen, die mit den vorhandenen Festsetzungskatalogen nicht erreicht werden kann (Stichwort: **Weilheimer Modell**).[19]

17

Die in § 11 Abs. 1 Nr. 3 BauGB normierten **Folgekostenverträge** sind für die in erheblichen Finanznöten steckenden Gemeinden von zentraler Bedeutung. Es kann sich u. a. um bedeutende „Folgen" städtebaulicher Vorhaben handeln, beispielsweise um Kindergärten und Schulen, weil und wenn diese auf Grund der Planung und Verwirklichung eines neuen Wohngebiets erforderlich werden. Insoweit ist die gesetzliche Bedingung zu beachten, dass die zu finanzierenden städtebaulichen Maßnahmen „Voraussetzung oder Folge des geplanten Vorhabens" sein müssen. Auch wenn hiermit – zu Recht – ein ursächlicher Zusammenhang zwischen privaten Bauvorhaben und zu finanzierenden Infrastrukturmaßnahmen normiert ist, wird die frühere, betont restriktive Rechtsprechung des Bundesverwaltungsgerichts zu dieser „Ursächlichkeit" nur noch eingeschränkt maßgeblich sein können.[20]

18

4. Der Projektmittler

Die neue Möglichkeit, zur Vorbereitung und Durchführung der (zweistufigen) Bürgerbeteiligung sowie der Beteiligung der Träger öffentlicher Belange Dritte

19

---

19 Sehr instruktiv auch zum Verhältnis zwischen öffentlichem Recht und Privatrecht *Brohm*, Städtebauliche Verträge zwischen Privat- und öffentlichem Recht, JZ 2000, S. 321.
20 S. BVerwGE 90, S. 310 sowie die gesetzgeberischen Hinweise auf die erweiternde Neuregelung: BT-Drs. 13/6392, S. 50; zu den Grenzen vertraglicher Gestaltung instruktiv BVerwG, DVBl. 2000, S. 1853.

einzuschalten, wirft eine Reihe von Zweifelsfragen auf. Außer Frage allerdings steht, dass es sich nur um eine funktionelle Privatisierung handelt und somit die Gewährleistung einer zuverlässigen Aufgabenerfüllung in der Alleinverantwortung der Gemeinde bleibt.[21] Das führt insbesondere zu zwei Fragen, nämlich einmal zu der Frage nach den Auswahlkriterien für einen solchen Projektmanager und zum Zweiten zur Frage nach einer angemessenen Begleitkontrolle:

20 Bürgerbeteiligung und die Beteiligung der Träger öffentlicher Belange müssen in neutraler Distanz zu dem auf dem Prüfstand stehenden städtebaulichen Konzept erfolgen. Eine solche Neutralität ist von dem künftigen Investor nicht zu erwarten. Deshalb kommt er nicht als Projektmittler in Betracht, insbesondere nicht im Rahmen eines ohnehin stark vom Investor geprägten Planverfahrens für einen vorhabenbezogenen Bebauungsplan gemäß § 12 BauGB.[22]

21 Die Ergebnisse der Beteiligung von Bürgern und Trägern öffentlicher Belange müssen in die Planung substanziell Eingang finden und insbesondere im Rahmen der gerechten Abwägung aller Belange (§ 1 Abs. 6 BauGB) sachgerecht beachtet werden. Das setzt eine verlässliche Durchführung der Beteiligungsschritte einschließlich einer sachgerechten Bilanzierung der Ergebnisse voraus. Insofern wird die letztverantwortliche Gemeinde auch Instrumente einer angemessenen Begleitkontrolle entwickeln müssen. Das wird in jedem Falle detaillierte Berichtspflichten, unter Umständen aber auch Präsenz im Erörterungstermin erfordern. Angesichts des äußerst engen Zusammenhanges zwischen den Beteiligungserfordernissen und der planerischen Abwägung wird die Gemeinde durch den Projektmittler wenig Arbeit sparen können.

III. Das Verhältnis von Flächennutzungsplan und Bebauungsplänen

22 Die **Programmierungsfunktion** (vgl. oben § 14 Rn. 2) des Flächennutzungsplanes ist gesetzlich durch das Gebot ausgedrückt, die Bebauungspläne aus dem Flächennutzungsplan zu entwickeln (§ 8 Abs. 2 Satz 1 BauGB). Dieses Entwicklungsgebot „richtet sich nicht an das Planen als Tätigkeit, sondern lediglich an den Plan als solchen; wesentlich ist allein, dass der Inhalt eines Bebauungsplanes im Zeitpunkt seiner Inkraftsetzung dem zu diesem Zeitpunkt wirksamen Flächennutzungsplan in einer Weise entspricht, die sich als ein Entwickeln – genauer: als ein Entwickeltsein – begreifen lässt."[23] Diese vom Bundesverwaltungsgericht zum BBauG 1976 vertretene Auffassung hat der Gesetzgeber durch die sog. Beschleunigungsnovelle 1979 als **Parallelverfahren** zum Gesetz gemacht (§ 8 Abs. 3 BBauG) und in § 8 Abs. 3 Satz 2 BauGB insofern „auf die Spitze getrieben", als der Bebauungsplan sogar **vor** dem

---

21 S. nur *Battis/Krautzberger/Löhr*, Die Neuregelungen des BauGB zum 1.1.1998, NVwZ 1997, S. 1145 (1151).
22 In diese Richtung auch *Battis/Krautzberger/Löhr* (Fn. 21), S. 1151.
23 BVerwGE 56, S. 283 (286); bestätigt in E 70, S. 171 (178).

Flächennutzungsplan bekannt gemacht werden darf, wenn anzunehmen ist, dass der Bebauungsplan den **künftigen** Darstellungen des Flächennutzungsplanes entsprechen wird. Nimmt man hinzu, dass **Gleichzeitigkeit** der Planaufstellung, -änderung usw. als charakteristisches Merkmal des Parallelverfahrens im Sinne eines „dem Zweck angemessenen zeitlichen Bezuges" interpretiert und damit auch ein Nachhinken der Flächennutzungsplanung akzeptiert worden ist,[24] so kann der auch vom Bundesverwaltungsgericht anerkannte Zweck der grundsätzlich zweistufigen Planung, „die Gemeinde anzuhalten, ihre städtebauliche Entwicklung auf der Grundlage einer in sich stimmigen Grundkonzeption für das ganze Gemeindegebiet (...) zu steuern", wohl nur in bescheidenem Umfange verwirklicht werden. Es drohen sachwidrige Stückwerkkorrekturen des Flächennutzungsplanes, um ihn einer durch aktuelle und punktuelle Zielsetzung bedingten Bebauungsplanung kurzfristig anpassen zu können.[25]

Erwägt man erstens die Zulässigkeit des selbstständigen (§ 8 Abs. 2 Satz 2 BauGB), des vorzeitigen (§ 8 Abs. 4 BauGB)[26] und des parallel entwickelten Bebauungsplanes, zweitens die Schwächung der Rechtsaufsicht (oben Rn. 5) und drittens den Umstand, dass selbst Verstöße gegen das abgeschwächte Entwicklungsgebot die Wirksamkeit des Planes teils überhaupt nicht, teils nur dann hindern, wenn die „geordnete städtebauliche Entwicklung beeinträchtigt" wird (§ 214 Abs. 2 Nr. 2 BauGB; dazu unten § 18 Rn. 14), so ist nicht auszuschließen, dass das Streben nach einer Beschleunigung der Bautätigkeit mit städtebaulicher Konzeptionslosigkeit erkauft werden wird. Wichtig erscheint deshalb, dass die Rechtsaufsicht entsprechend § 216 BauGB auf die strikte Einhaltung von § 8 BauGB drängt. 23

Kommt dem Flächennutzungsplan nach allem **nur geringe verfahrensmäßige** Steuerungsfunktion im Sinne eines notwendigen zeitlichen Vorangehens zu, so hängt die verbleibende Pogrammierungsfunktion davon ab, wann dem **Inhalt** eines Bebauungsplanes die Eigenschaft des aus dem Flächennutzungsplan **Entwickeltseins** zugesprochen werden kann. Diese Frage wird besonders in Fällen wie dem *Diskotheken*-**Fall (2)** relevant, in denen ein geltender Flächennutzungsplan nicht geändert wird und ein nunmehr festgestellter Bebauungsplan mehr oder minder große Abweichungen vom Flächennutzungsplan aufweist. 24

Eine Antwort auf die Frage muss die der Bebauungsplanung gestellte Aufgabe berücksichtigen, die im Flächennutzungsplan dargestellten **Grundzüge** der 25

---

24 BVerwGE 70, S. 171 (177).
25 *Seewald* spricht von einem Funktionsverlust des Flächennutzungsplanes: Gleichzeitigkeit von Bebauungsplan und Flächennutzungsplan, DÖV 1981, S. 849 (853). Zum Bedeutungsverlust des Flächennutzungsplanes instruktiv auch *Löhr*, Rechtstatsächliches und rechtspolitisches zum Flächennutzungsplan, FS für Schlichter, 1995, S. 229. Einen Bedeutungszuwachs insbesondere mit Blick auf die Neuregelungen zum Naturschutz (s. o. § 11 Rn. 5) konstatiert *Lüers*, Der Bedeutungszuwachs für die Flächennutzungsplanung durch das BauROG 1998, UPR 1997. S. 348.
26 Zum Begriff der „dringenden Gründe": BVerwG, DVBl. 1985, S. 795.

beabsichtigten Bodennutzung räumlich wie gegenständlich zu **spezifizieren**. Dieses wird nicht immer ohne jegliche Abweichung möglich sein, da erst die räumliche und sachliche Konkretisierung der zulässigen Bodennutzung bestimmte Nutzungskonflikte deutlich macht, die unter Umständen durch einen strikten „Vollzug" des Flächennutzungsplanes nicht bewältigt werden können. Mit dem Bundesverwaltungsgericht ist deshalb anzunehmen, dass Abweichungen des Bebauungsplanes vom Flächennutzungsplan insoweit mit dem Entwicklungsgebot vereinbar sind, „als sie sich aus dem – im Verhältnis zwischen Flächennutzungs- und Bebauungsplan vorliegenden – Übergang in eine stärker verdeutlichende Planstufe rechtfertigen und der Bebauungsplan trotz der Abweichung der Grundkonzeption des Flächennutzungsplanes nicht widerspricht". Zu der einzuhaltenden Grundkonzeption rechnet das Gericht „regelmäßig" die Zuordnung der Bauflächen zueinander und zu den von Bebauung freizuhaltenden Gebieten. Das Gewicht, das den Flächenausweisungen nach dem Flächennutzungsplan zukomme, dürfe nicht mehr als geringfügig verschoben werden.[27]

26 Mag auch dieses vage Kriterium für zulässige Abweichungen gelegentlich zu Schwierigkeiten bei der Rechtsanwendung führen, so liefert es doch im *Diskotheken*-**Fall (2)** eine eindeutige Entscheidung: Wenn in einem nach dem Flächennutzungsplan der Landwirtschaft vorbehaltenen Gebiet ein „umfangreiches Gelände" als allgemeines Wohngebiet festgesetzt wird, so wird damit die vom Flächennutzungsplan vorgenommene Flächenzuweisung mehr als geringfügig verschoben. Darauf, ob sich eine solche Ausdehnung der Wohnbebauung sozusagen anbietet, kommt es entgegen dem Berufungsgericht nicht an. Es ist vielmehr Sache der Flächennutzungsplanung, verbindlich darüber zu entscheiden, wo gegebenenfalls eine umfangreiche Fläche für den Wohnungsbau neu vorzusehen ist.[28]

IV. Die Beteiligung der Bürger

27 Seit den späten 60er-Jahren ist in der Bundesrepublik ein erheblicher Wandel der Einstellung vieler Bürger zu staatlichen Entscheidungen zu beobachten. Das Interesse am Mitreden und Mitwirken hat in einem bemerkenswerten Maße zugenommen. Dabei war und ist das Interesse zahlreicher **Bürgerinitiativen** vorrangig weder auf die parlamentarische Ebene noch auf die Inanspruchnahme gerichtlichen Rechtsschutzes, sondern auf die Beteiligung an den Entscheidungsprozessen der staatlichen und kommunalen **Verwaltungen** gerichtet. Dies ist insofern einleuchtend, als die spürbaren Entscheidungen über Straßenbau, Hochbau und Industrieansiedlung von der Verwaltung getroffen werden und deshalb eine Beeinflussung gerade dieser Entscheidungsträger

---

27 BVerwGE 48, S. 70 (75).
28 BVerwGE 48, S. 70 (75 ff.); für zulässige Abweichungen vgl.: BVerwG, BRS 35, Nr. 20; BayVGH, BauR 1982, S. 37.

zumindest rascher zum Ziel führt als ein viele Jahre dauerndes Gerichtsverfahren, das auch nicht immer geeignet ist, vollendete Tatsachen zu verhindern.

Dem auf die Verwaltung gerichteten Beteiligungsinteresse der Bürger entspricht die wissenschaftliche und richterliche „Entdeckung" des **Verwaltungsverfahrens** in seiner Bedeutung für die Stellung des Bürgers im Staate. Das Bundesverfassungsgericht hat dabei eine bedeutende Rolle gespielt und vertritt in gefestigter Rechtsprechung die Auffassung, „dass Grundrechtsschutz weitgehend auch durch die Gestaltung von Verfahren zu bewirken ist und dass die Grundrechte demgemäß nicht nur das gesamte materielle, sondern auch das Verfahrensrecht beeinflussen, soweit dieses für einen effektiven Grundrechtsschutz von Bedeutung ist".[29] Dabei umfasst – wie in dem zitierten *Mülheim-Kärlich*-Beschluss ausdrücklich entschieden worden ist – das **grundrechtsrelevante** Verfahrensrecht sowohl das Recht des Gerichtsverfahrens wie desjenige des Verwaltungsverfahrens.[30] Welche Normen des Verwaltungsverfahrensrechts grundrechtlich geboten sind, ist bei weitem nicht abschließend geklärt. Jedenfalls rechnen dazu nach der Rechtsprechung des Bundesverfassungsgerichts zum Atomrecht „die Vorschriften über die Beteiligung klagebefugter Dritter am Genehmigungsverfahren".[31] Dies ist bei einer Prüfung und Auslegung gesetzlicher Normen über die Beteiligung betroffener Bürger am Verwaltungsverfahren stets zu bedenken.

28

Der Gesetzgeber des BBauG/BauGB hat eine besonders weit gehende, das verfassungsrechtlich Gebotene zweifellos überschreitende Bürgerbeteiligung normiert. Seit der Novelle von 1976 kennt die Bauleitplanung die **zweiphasige Bürgerbeteiligung:**

29

- In einer **frühzeitigen** Planungsphase sind die Bürger „über die allgemeinen Ziele und Zwecke der Planung, sich wesentlich unterscheidende Lösungen (...) und die voraussichtlichen Auswirkungen der Planung öffentlich zu unterrichten; ihnen ist Gelegenheit zur Äußerung und Erörterung zu geben" (§ 3 Abs. 1 Satz 1 BauGB).
- Später sind die Entwürfe der Pläne für die Dauer eines Monats auszulegen, Anregungen der Bürger entgegenzunehmen und zu prüfen; die Bürger sind über das Ergebnis zu informieren (§ 3 Abs. 2 BauGB).

An dieser Ausgestaltung der Bürgerbeteiligung ist vornehmlich zweierlei bemerkenswert, nämlich der Kreis der Beteiligungsberechtigten und der Zeitpunkt der Beteiligung. Zur Beteiligung berechtigt ist jedermann (**Popularbeteiligung**), nicht nur ein planbetroffener oder gar klagebefugter (§ 47 Abs. 2

30

---
29 BVerfGE 53, S. 30 (65) m.w.N. der Rspr.
30 Grundrechtsdogmatisch gesehen rechnet das BVerfG die Pflicht zur Schaffung fairer Verfahrensnormen zu den aus den Grundrechten folgenden **Schutzpflichten** des Gesetzgebers. Insofern fungieren die Grundrechte hier nicht als Abwehr-, sondern als Leistungsrechte. Eine stark theoretische Stütze findet diese Sicht bei *Alexy*, Theorie der Grundrechte, 1985, S. 410 ff. (444 ff.).
31 BVerfGE 53, S. 30 (66); vgl. auch die instruktive Studie von *Hoffmann-Riem/Rubbert*, Atomrechtlicher Erörterungstermin und Öffentlichkeit, 1984.

Satz 1 VwGO) Bürger.[32] Die gebotene **frühzeitige** Beteiligung ist geeignet, Verwaltung und Bürger in ein Gespräch zu bringen, bevor fertige Plankonzepte die Offenheit der Verwaltung für Kritik der Bürger allzu sehr einschränken.[33] Auch wenn Bebauungsplanverfahren nicht selten durch Interessenten mit sehr konkreten Bauvorstellungen angestoßen werden und die Verwaltung zunächst das Vorhaben „vorprüft", ohne das Planungsverfahren durch den Aufstellungsbeschluss förmlich in Gang zu setzen, so bietet die gesetzliche Regelung des § 3 Abs. 1 BauGB jedenfalls die Möglichkeit, die Bürger schon in der nichtförmlichen „Vorprüfung" zu beteiligen. Die frühzeitige Beteiligung ist nämlich gesetzlich nicht an den förmlichen Verfahrensbeginn durch Aufstellungsbeschluss gebunden.

31 Auf die **Anhörung** darf **verzichtet** werden, wenn sich eine Bebauungsplanung nur unwesentlich auf das Plangebiet und die Nachbargebiete auswirkt (§ 3 Abs. 1 Satz 2 Nr. 1 BauGB) oder wenn eine „Unterrichtung und Erörterung bereits zuvor auf anderer planerischer Grundlage erfolgt ist" (§ 3 Abs. 1 Satz 2 Nr. 2 BauGB). Dabei erscheint die zweite Alternative problematisch: Jedenfalls eine Erörterung der beabsichtigten verbindlichen **Bebauungs**planung sollte nicht unterbleiben, weil im Zusammenhang irgendwelcher, nicht schon auf Verbindlichkeit zielender Planungen die Probleme eines nunmehr vorliegenden Bebauungsplanentwurfs bereits zur Sprache gekommen sind.[34]

32 Keine **erneute Erörterung**, sondern das Auslegungsverfahren nach Abs. 2 wird durchgeführt, wenn eine Erörterung zu Planänderungen geführt hat (§ 3 Abs. 1 Satz 3 BauGB). Führen Anregungen im Auslegungsverfahren zu einer Änderung des Planentwurfes, so ist das Auslegungsverfahren erneut durchzuführen, wobei dieses Verfahren auf die **Änderungen** beschränkt sein darf (§ 3 Abs. 3 Satz 1 BauGB). Werden durch Änderungen, die auf Anregungen der Bürger beruhen, die Grundzüge des Planentwurfs nicht berührt, so kann statt einer erneuten Auslegung den betroffenen Bürgern Gelegenheit zur Stellungnahme gegeben werden (§ 3 Abs. 3 Satz 3 BauGB).

33 Im Übrigen kann immer dann, wenn durch Änderung oder Ergänzung eines schon existierenden Bebauungsplanes die Grundzüge der Planung nicht berührt werden, das **vereinfachte Verfahren** gemäß § 13 BauGB Anwendung finden. Danach darf auf die frühzeitige Bürgerbeteiligung im Sinne von § 3 Abs. 1 BauGB ganz verzichtet sowie das förmliche Auslegungsverfahren im Sinne von § 3 Abs. 2 BauGB dadurch ersetzt werden, dass den betroffenen Bürgern Gelegenheit zur Stellungnahme gegeben wird. Auch die Beteiligung der Träger öffentlicher Belange darf auf eine Gelegenheit zur Stellungnahme für die durch die Planung berührten Träger reduziert werden.

---

32 Zum Vergleich mit anderen gesetzlichen Regelungen s. *Koch/Rubel*, Allgemeines Verwaltungsrecht, 2. Aufl. 1992, IV. Rn. 23 ff.
33 Vgl. nur Battis/Krautzberger/Löhr-*Battis* (Fn. 6), § 3, Rn. 8.
34 Vgl. auch die kritischen Bemerkungen bei *Feldmann/Groth*, Das neue Baugesetzbuch, 1986, S. 40 f.

Mit den Mitwirkungs**rechten** korrespondieren nach ganz h. M. und höchstrichterlicher Rechtsprechung Mitwirkungs**pflichten** der Bürger. Gesetzliche Anhaltspunkte, die so interpretiert werden können, finden sich etwa im Atomrecht und im BImSchG. So wird die Bestimmung des § 7 Abs. 1 Satz 2 AtVfV, dass mit „Ablauf der Auslegungsfrist (…) alle Einwendungen ausgeschlossen" werden, die nicht auf besonderen privatrechtlichen Titeln beruhen, dahin verstanden, dass diese im Verwaltungsverfahren verspäteten Einwendungen auch nicht mehr in einem Gerichtsverfahren geltend gemacht werden können.[35] Ohne gesetzliche Anhaltspunkte ist das Bundesverwaltungsgericht in Konkretisierung des Abwägungsgebots (§ 1 Abs. 6 BauGB; unten § 17) zu der Auffassung gelangt, dass die Bürgerbeteiligung nicht zuletzt die Aufgabe habe, „der planenden Stelle Interessen(-betroffenheiten) sichtbar zu machen". Daraus folge: „Hat es ein Betroffener unterlassen, seine Betroffenheit im Zuge der Bürgerbeteiligung vorzutragen, dann ist die Betroffenheit abwägungsbeachtlich nur dann, wenn sich der planenden Stelle die Tatsache dieser Betroffenheit aufdrängen musste."[36] Eine nachteilige Betroffenheit, die weder im Verfahren nach § 3 BauGB geltend gemacht wurde noch sich dem Plangeber aufdrängen musste, ist nach dieser Entscheidung nicht geeignet, die Antragsbefugnis für ein Normenkontrollverfahren gemäß § 47 Abs. 2 Satz 1 VwGO zu begründen. Konsequenterweise müsste dies auch eine entsprechende Beschränkung einer gerichtlichen Inzidentkontrolle[37] zur Folge haben. Ob dieser Rechtsprechung praktische Bedeutung zukommt, erscheint fraglich: Welche mehr als geringfügige Betroffenheit sollte sich einer sorgfältigen Verwaltung nicht aufdrängen müssen?

34

Schon hier (vgl. auch unten § 18) ist zu betonen, dass eine Verletzung der Vorschriften über die **frühzeitige** Bürgerbeteiligung (§ 3 Abs. 1 BauGB) die Rechtswirksamkeit des Bebauungsplanes nicht berührt (§ 214 Abs. 1 BauGB). Eine Verletzung der Vorschriften über das Auslegungsverfahren ist unbeachtlich, wenn sie nicht innerhalb eines Jahres nach Bekanntmachung der Pläne schriftlich geltend gemacht worden ist (§ 215 Abs. 1 BauGB); trotz rechtzeitiger „Reklamation" ist nicht jeder Verstoß rechtlich erheblich (§ 214 Abs. 1 Nr. 1, 2. Halbsatz). Diese Beschränkungen der Erheblichkeit von Fehlern gelten allerdings nicht für die verwaltungsinterne Rechtsaufsicht (vgl. § 216 BauGB).

35

---

35 So BVerwGE 60, S. 297 zu dem gleichlautenden § 3 Abs. 1 der durch die AtVfV aufgehobenen AtAnlV. Bestätigend BVerfGE 61, S. 82; kritisch zu dieser Rspr. *Koch/Rubel* (Fn. 32), IV. Rn. 15 f.
36 BVerwGE 59, S. 87 (104); daran hält das BVerwG anscheinend fest: DVBl. 1999, S. 100 (101 r.Sp.).
37 Vgl. unten § 21 Rn. 56 f.

V. Die Umweltverträglichkeitsprüfung (UVP)

36 Aus § 17 UVPG[38] ergibt sich, dass in näher bestimmten Bebauungsplanverfahren eine **Umweltverträglichkeitsprüfung** durchzuführen ist. Grundlage dieser Regelung ist die UVP-RL der EG vom 27. 6. 1985,[39] die Deutschland 1990 – verspätet und teilweise unzureichend[40] – durch das UVPG umgesetzt hat. Die UVP umfasst im Wesentlichen – wenngleich nicht ausschließlich (s. unten Rn. 38) – solche Anforderungen an das Verwaltungsverfahren, die eine sachgerechte Beachtung der Umweltauswirkungen eines Vorhabens sicherstellen sollen.[41] Mit dem UVPG hat Deutschland die UVP als **unselbstständigen Bestandteil** solcher Verwaltungsverfahren normiert, in denen über UVP-pflichtige Vorhaben entschieden wird (s. § 2 Abs. 1 UVPG). Dementsprechend ist die UVP in den näher bestimmten Bebauungsplanverfahren durchzuführen, und zwar – wie § 17 UVPG besagt – nach den für die Aufstellung, Änderung oder Ergänzung des Bebauungsplanes maßgeblichen Vorschriften (des BauGB) unter Beachtung des § 2 Abs. 1 Satz 1–3 UVPG und des § 8 UVPG.

37 Diese Regelungstechnik zeigt, dass der Gesetzgeber davon ausgegangen ist, dass die Anforderungen an eine UVP weitgehend ohnehin Bestandteil der Regelungen des BauGB sind, sodass die entsprechenden UVP-spezifischen Vorschriften des UVPG insofern als weitgehend überflüssig erscheinen. Diese Sichtweise ist angesichts des wesentlichen Anforderungsprofils der UVP durchaus nicht völlig verfehlt: Die UVP verlangt im Wesentlichen, dass

– unter **Öffentlichkeitsbeteiligung** und (grenzüberschreitender) **Bürgerbeteiligung** (§§ 7–9 UVPG)
– eine **zusammenfassende Darstellung** der Umweltauswirkungen eines Vorhabens (§ 11 UVPG),
– eine **Bewertung** dieser Auswirkungen sowie
– eine **Berücksichtigung** dieser Bewertung der Umweltauswirkungen bei der Vorhabenzulassung erfolgt (§ 12 UVPG).

Eigene Bewertungsmaßstäbe bietet die UVP nicht. Sie ist insoweit grundsätzlich auf die für die maßgeblichen Verwaltungsverfahren normierten Maßstäbe angewiesen.

---

38 Gesetz vom 2.12.1990, BGBl. I S. 305; geändert durch das Investitionserleichterungs- und Wohnbaulandgesetz vom 22.4.1993 (BGBl. I, S. 466) und durch Art. 7 des Gesetzes zur Änderung des BauGB und zur Neuregelung des Rechts der Raumordnung vom 18.8.1997, BGBl. I, S. 2081. Nun steht eine weitere Sicherung durch das sog. Artikelgesetz an (BT-Drs. 14/4599 v. 14.11.2000), mit dem u. a. die UVP-Änderungsrichtlinie (verspätet) umgesetzt werden soll. Dazu *Schmidt-Eickstaedt*, Die Umweltverträglichkeitsprüfung vor der Reform, UPR 2000, S. 401.
39 85/337/EWG mit Änderungs-RL 97/11/EG vom 3.3.1997, ABl.EG L 73 vom 14.3.1997, S. 5; dazu *Schink*, Auswirkungen des EG-Rechts auf die UVP nach deutschem Recht, NVwZ 1998, S. 11, sowie Schmidt-Eickstaedt (Fn 38).
40 S. die Entscheidung des EuGH vom 22.10.1998, ZUR 1998, S. 44; vom 11.8.1995, NVwZ 1996, S. 369; vom 9.8.1994, NVwZ 1994, S. 1093.
41 S. aus der großen Fülle von Beiträgen *Schink*, Die UVP – Eine Bilanz, NuR 1998, S. 173; *Hien*, Die UVP in der gerichtlichen Praxis, NVwZ 1997, S. 422; *Berkemann*, Die UVP als Rhetorik?, in: Koch (Hrsg.), Aktuelle Probleme des Immissionsschutzrechts, 1998, S. 267.

Diesem doch eher ernüchternden Anspruch wird jedenfalls das zum 1.1.1998 novellierte Bauplanungsrecht unter Beachtung der wenigen ergänzend zu beachtenden Vorschriften des UVPG durchaus gerecht: Das gilt offensichtlich für die Behörden- und Bürgerbeteiligung. Hinsichtlich der umfassenden Ermittlung und Bewertung der Umweltauswirkungen schreibt der gemäß § 17 UVPG ergänzend maßgebliche § 2 Abs. 1 Satz 2 UVPG vor:

„Die Umweltverträglichkeitsprüfung umfasst die Ermittlung, Beschreibung und Bewertung der Art der Auswirkungen eines Vorhabens auf

- Menschen, Tiere und Pflanzen, Boden, Wasser, Luft, Klima und Landschaft, einschließlich der jeweiligen Wechselwirkungen,
- Kultur und sonstige Sachgüter."

Das Gebot der Berücksichtigung der bewerteten Umweltauswirkungen findet sich nunmehr klärend in § 1a Abs. 2 Nr. 3 BauGB, demzufolge in der Abwägung aller Belange gemäß § 1 Abs. 6 BauGB „die Bewertung der ermittelten und beschriebenen Auswirkungen eines Vorhabens auf die Umwelt entsprechend dem Planungsstand" zu berücksichtigen ist.[42]

38

Die UVP hat – wie schon hier klarzustellen ist – entgegen einer verbreiteten Ansicht in Literatur[43] und Rechtsprechung[44] nicht nur verfahrensrechtlichen Gehalt, sondern sie stellt auch materiell Anforderungen an die Rechtfertigung der (planerischen) Entscheidung.[45] In der Terminologie der Bauleitplanung geht es um Anforderungen an den sogenannten Abwägungsvorgang.[46] Das kommt eindeutig auch in der Neuregelung in § 1a Abs. 2 Nr. 3 BauGB zum Ausdruck. Dabei bringt die UVP spezifische eigene materiell-rechtliche Anforderungen zumindest insofern ins Spiel, als gemäß § 2 Abs. 1 Satz 2 Nr. 1 UVPG auch die „Wechselwirkungen" der vielfältigen Auswirkungen auf die Umwelt zu berücksichtigen sind. Die UVP zielt auf eine **integrative Betrachtungsweise**, deren Gehalt sicher noch Konturen gewinnen muss,[47] aber nicht einfach ignoriert werden darf.

39

Wie schon erwähnt, unterliegt nur ein näher bestimmter Teil der Bebauungsplanverfahren den Anforderungen einer UVP. UVP-pflichtige **Entscheidungen** sind nach § 2 Abs. 3 Nr. 3 UVPG auch

40

---

42 Zur UVP im Bebauungsplanverfahren s. *Schink*, UVP in der Bauleitplanung, ZfBR 1996, S. 284; *Battis*, UVP in der Bauleitplanung, NuR 1995, S. 448.
43 Prononciert *Schmidt-Preuß*, Der verfahrensrechtliche Charakter der UVP, DVBl. 1995, S. 485 ff.
44 Leading case: BVerwGE 100, S. 238; Übersicht über die Rechtsprechung bei RiBVerwG *Hien* (Fn. 41); Kritik der Rechtsprechung bei *Koch*, Der Schutz der Umwelt in der Rechtsprechung zum Bauplanungsrecht, Die Verwaltung 1998, S. 505 (509 ff.)
45 *Erbguth*, Die materielle UVP in der Bauleitplanung nach Erlass des Investitionserleichterungs- und Wohnbaulandgesetzes, NVwZ 1993, S. 956; *ders.*, Das BVerwG und die UVP, NuR 1997, S. 261; *Stüer* (Fn. 1), Rn. 769 erkennt zumindest „inhaltliche Maßstäbe" an, die hinter den verfahrensrechtlichen Regelungen stünden.
46 Einzelheiten in § 17 Rn. 62 ff.
47 S. nur die kritischen Anfragen an das integrative Konzept bei *Koch*, Umsturz im deutschen Anlagengenehmigungsrecht?, UTR-Jahrbuch 1997, S. 31 (45 ff.).

„Beschlüsse nach § 10 des Baugesetzbuchs über die Aufstellung, Änderung oder Ergänzung von Bebauungsplänen, durch die die Zulässigkeit von bestimmten Vorhaben im Sinne der Anlage zu § 3 begründet werden soll, sowie Beschlüsse nach § 10 des Baugesetzbuchs über Bebauungspläne, die Planfeststellungsbeschlüsse für Vorhaben im Sinne der Anlage zu § 3 ersetzen".

Mithin ist eine UVP in solchen Bebauungsplanverfahren durchzuführen,
- die Vorhaben ermöglichen sollen, deren Genehmigung bzw. Planfeststellung nach der Anlage zu § 3 UVPG UVP-pflichtig ist (projektbezogene Bebauungspläne) oder
- die selbst schon gestattende, nicht nur ermöglichende Funktion insofern haben, als sie Planfeststellungsbeschlüsse für Vorhaben im Sinne der Anlage zu § 3 UVPG ersetzen (§ 17 Abs. 3 FStrG, § 28 PBefG).

41 Die Regelung für die planfeststellungsersetzenden Bebauungspläne leuchtet ohne weiteres ein, da solche Bebauungspläne ausnahmsweise unmittelbar gestattende Funktion haben und somit die UVP-pflichtigen Projekte auch schon im gestattenden Bebauungsplanverfahren der UVP unterzogen werden müssen. Hinsichtlich der Bebauungspläne, die zwar nicht bereits gestattenden Charakter haben, jedoch die planerische Zulässigkeit **konkreter Projekte** sichern sollen (projektbezogene Bebauungspläne), gilt, dass bei der Ermöglichung UVP-pflichtiger Projekte der maßgebliche Bebauungsplan **Vorentscheidungen** trifft, die nicht sinnvoll ohne Durchführung der UVP getroffen werden sollen. Teilweise bereitet allerdings die Frage erhebliche Schwierigkeit, wann ein Bebauungsplan die „Zulässigkeit" eines bestimmten Vorhabens „begründet", wie es § 2 Abs. 3 Nr. 3 UVPG ausdrückt. Zweifelsfrei ist dies in den Fällen des sogenannten vorhabenbezogenen Bebauungsplans gemäß § 12 BauGB.

42 Die praktische Tragweite der gewiss komplizierten Regelungsstruktur wird erst deutlich, wenn man klärt, welche nach Anlage zu § 3 UVPG UVP-pflichtigen Projekte durch Bebauungspläne ermöglicht werden und damit die UVP im Bebauungsplanverfahren „auslösen". Hier geht es einmal um die **immissionsschutzrechtlich** genehmigungsbedürftigen Anlagen (Nr. 1 der Anlage zu § 3 UVPG), die in Anhang 1 zur Anlage zu § 3 UVPG aufgeführt sind. Weiter geht es um die „Errichtung von Feriendörfern, Hotelkomplexen und sonstigen großen Einrichtungen für die Ferien- und Fremdenbeherbergungen, für die Bebauungspläne aufgestellt werden" (Nr. 15 der Anlage zu § 3 UVPG). Neu hinzugekommen sind zum 1.1.1998 mit dem BauROG die in Nr. 18 der Anlage zu § 3 UVPG aufgeführten Vorhaben, also die „Errichtung von Einkaufszentren, großflächigen Einzelhandelsbetrieben und sonstigen großflächigen Handelsbetrieben im Sinne des § 11 Abs. 3 Satz 1 der Baunutzungsverordnung ab einer Geschossfläche von 5000 m^2, für die Bebauungspläne aufgestellt werden", sowie schließlich die Vorhaben nach Nr. 19 der Anlage.

43 Die Liste der in der Anlage zu § 3 UVPG aufgeführten Projekte entspricht (noch) nicht ganz den EG-rechtlichen Vorgaben. Deutschland hat noch keine angemessene Umsetzung hinsichtlich der so genannten Anhang-II-Projekte der UVP-RL vorgenommen. Zwar ist den Mitgliedstaaten in der UVP-RL ein **begrenzter** Beurteilungsspielraum bezüglich der Frage eingeräumt, welche Anhang-II-Projekte UVP-pflichtig sein sollen.[48] Jedoch hat Deutschland hinsichtlich der in Nr. 10b des Anhangs II zur UVP-RL aufgeführten „Städtebauprojekte" bislang eine zu restriktive Umsetzung vorgenommen. Erst recht fehlt es an der **Erweiterung des Katalogs** der UVP-pflichtigen Vorhaben entsprechend den Anforderungen der **UVP-Änderungsrichtlinie**.[49]

Auch wenn nach allem nur ein Teil der Bebauungspläne UVP-pflichtig ist, dürfte dies nach dem erreichten Entwicklungsstand des Bauplanungsrechts keinen erheblichen Qualitätsverlust der UVP-freien Vorhaben hinsichtlich des Umweltschutzes bedeuten. Das in Rechtsprechung und Lehre differenziert entwickelte Gebot gerechter Abwägung (§ 1 Abs. 6 BauGB) stellt in seiner vom Gesetzgeber nunmehr vorgenommenen (klarstellenden) Anreicherung gerade hinsichtlich wichtiger Belange des Umweltschutzes (s. bes. § 1a Abs. 2 Nr. 1, 2 und 4 BauGB) selbst derart strenge Anforderungen, dass ihm ohne umfassende Ermittlung und Bewertung der voraussichtlichen Umweltauswirkungen eigentlich nicht Genüge geschehen kann.[50]

44

§ 16 Die Sicherung der Bauleitplanung (§§ 14 ff. BauGB)

Literatur: *Berkemann*, Ist die Rechtsprechung zur Entschädigung bei faktischen Veränderungssperren überholt? in: Baurecht aktuell, FS für Weyreuther, 1993, S. 389; *Finkelnburg*, Bauleitplanung, Teilungsgenehmigung, Vorkaufsrechte und Zulässigkeit von Vorhaben, NJW 1998, S. 1; *Gailus*, Die Zulässigkeit des Widerrufs der Bebauungsgenehmigung auf Grund einer Veränderungssperre, NVwZ 1990, S. 536; *Hauth*, Die Konkretisierung der Planung und deren Nachweis als Voraussetzung für den Erlass einer Veränderungssperre, BauR 1989, S. 271; *Kuhla*, Die Veränderungssperre in der Normenkontrolle, NVwZ 1988, S. 1084; *Molitor*, Die Änderung der städtebaulichen Plansicherungsinstrumente durch das Bau- und Raumordnungsgesetz (BauROG), ZfBR 1998, S. 72; *Schenke*, Veränderungssperre und Zurückstellung von Baugesuchen als Mittel zur Sicherung der Bauleitplanung, WiVerw 1994, S. 253; *Stock*, Die gesetzlichen Vorkaufsrechte nach dem BauGB, ZfBR 1987, S. 10; *Weidemann*, Widerruf einer Bebauungsgenehmigung nach Erlass einer Veränderungssperre?, BauR 1987, S. 9

I. Die Veränderungssperre und die Zurückstellung von Baugesuchen

Eine sachgerechte Bebauungsplanung benötigt Zeit. Daher ist es erforderlich, während des Planungsverfahrens solche Entwicklungen im zukünftigen Gel-

1

---

48 EuGH, DVBl. 1997, S. 40; BVerwG, DVBl. 1994, S. 1126 f.
49 Zur unmittelbaren Geltung der noch nicht umgesetzten Richtlinie s. *Staupe*, Anwendung der UVP-Änderungsrichtlinie nach Ablauf der Umsetzungsfrist, NVwZ 2000, S. 50 f.
50 Für Einzelheiten s. § 17 Rn. 40 ff.

tungsbereich eines Bebauungsplanes zu unterbinden, die der beabsichtigten städtebaulichen Ordnung und Entwicklung entgegenstehen könnten. Besonders anschaulich wird dieses Bedürfnis nach einer **Sicherung der Bauleitplanung** in solchen Fällen, in denen die Gemeinde bestimmte tatsächliche Entwicklungen in einem Gebiet planerisch unterbinden möchte: Soll etwa eine Konzentration von Spielhallen in einem Kerngebiet durch planerische Festsetzung verhindert werden, so käme die Bebauungsplanung zu spät, wenn bis zum In-Kraft-Treten einer entsprechenden planerischen Festsetzung Genehmigungen für Spielhallen erteilt werden müssten.

2   Das BauGB kennt zwei Instrumente zur Sicherung einer Bebauungsplanung gegenüber planungshinderlichen Entwicklungen, nämlich den Erlass einer **Veränderungssperre** sowie die **Zurückstellung von Baugesuchen**. Mit Hilfe der als Satzung beschlossenen Veränderungssperre können **abstrakt-generell** im zukünftigen Plangebiet bauliche Maßnahmen für unzulässig erklärt werden, auch wenn sie nach dem geltenden Planungsrecht zulässig sind (s. §§ 14, 16 BauGB). Wenn eine Veränderungssperre nicht beschlossen wird oder noch nicht in Kraft getreten ist, kann **im Einzelfall** die Entscheidung über einen Bauantrag ausgesetzt bzw. eine vorläufige Untersagung ausgesprochen werden (§ 15 BauGB).

3   Veränderungssperre und Zurückstellung von Baugesuchen setzen einen **Beschluss** der Gemeinde, **einen Bebauungsplan aufzustellen** (s. § 2 Abs. 1 Satz 2 BauGB), voraus. § 14 Abs. 1 Satz 1 BauGB verlangt dies ausdrücklich, § 15 Abs. 1 Satz 1 BauGB implizit, da er das Vorliegen der Voraussetzungen für den Erlass einer Veränderungssperre verlangt. Der Aufstellungsbeschluss muss nicht schon den wesentlichen Inhalt der mit ihm eingeleiteten und angestrebten Planung erkennen lassen.[1] Da die Veränderungssperre gemäß § 14 Abs. 1 Satz 1 BauGB „zur Sicherung der Planung" erlassen werden kann, wird man jedoch ein Mindestmaß an planerisch-konzeptionellen Vorstellungen jedenfalls im Zeitpunkt des Beschlusses über die Veränderungssperre verlangen müssen. Die Nachteile einer Veränderungssperre sind dem Bauwilligen eigentumsverfassungsrechtlich nicht zumutbar, wenn die Sperre einer Planung dienen soll, „die sich in ihrem Inhalt noch in keiner Weise absehen lässt".[2] Die Veränderungssperre darf nicht als Instrument einer „Bebauungsblockade" missbraucht werden, sondern muss von einem erkennbaren Mindestmaß an konkreten, ernsthaften planerischen Vorstellungen getragen sein.

4   Die Veränderungssperre beschließt die Gemeinde als **Satzung** (§ 16 Abs. 1 BauGB). Die Entscheidung über die Veränderungssperre liegt im planerischen Ermessen der Gemeinde, wobei das Interesse an der Sicherung der konkreten Bebauungsplanung und das Interesse an der baulichen Ausnutzung der Grundstücke im künftigen Geltungsbereich des Bebauungsplans abzuwägen sind.

---

1   BVerwGE 51, S. 121 (127f.).
2   BVerwGE 51, S. 121 (128); BVerwG, NVwZ 1990, S. 558.

Die Veränderungssperre tritt nach Ablauf von zwei Jahren außer Kraft (§ 17 Abs. 1 Satz 1 BauGB), sofern der Geltungszeitraum nicht kürzer bemessen worden ist. Die Gemeinde kann die Frist um ein Jahr verlängern (§ 17 Abs. 1 Satz 3 BauGB). Wenn „besondere Umstände" es erfordern, ist – mit Zustimmung der höheren Verwaltungsbehörde – eine weitere Verlängerung um bis zu einem Jahr möglich (§ 17 Abs. 2 BauGB), sodass eine Veränderungssperre in Verbindung mit zwei Verlängerungen insgesamt einen Zeitraum von **vier Jahren** umfassen kann. Auch dieser Zeitraum kann jedoch überschritten werden: Nach § 17 Abs. 3 BauGB „kann mit Zustimmung der höheren Verwaltungsbehörde eine außer Kraft getretene Veränderungssperre ganz oder teilweise erneut" beschlossen werden, „wenn die Voraussetzungen für ihren Erlass fortbestehen". In einem solchen Fall müssen allerdings – wie das Bundesverwaltungsgericht zutreffend befunden hat – erst recht **besondere Umstände** vorliegen, um eine derart lange Verhinderung baulicher Maßnahmen rechtfertigen zu können.[3]

5

Bei der Anwendung einer Veränderungssperre auf das einzelne Vorhaben sind hinsichtlich der **Fristenberechnung** Besonderheiten zu beachten: Bereits aus dem Gesetz ergibt sich ausdrücklich, dass auf die Zweijahresfrist einer „normalen" Veränderungssperre derjenige Zeitraum anzurechnen ist, der seit der Zustellung der ersten **Zurückstellung** eines Baugesuchs i. S. d. § 15 Abs. 1 Satz 1 BauGB abgelaufen ist (§ 17 Abs. 1 Satz 2 BauGB). Diese Regelung begrenzt nicht etwa die Geltungsdauer einer Veränderungssperre als solche, sondern bezieht sich nur auf den jeweiligen Einzelfall eines zunächst zurückgestellten Baugesuchs.[4]

6

Die vorstehend genannte Regelung soll nach h. M. entsprechende Anwendung finden, soweit ein Baugesuch **rechtswidrig zurückgestellt** bzw. nicht bearbeitet worden ist (**faktische Zurückstellung**).[5] Eine rechtswidrige Zurückstellung sei **erst recht** auf die individuell zu berechnende Geltungszeit einer Veränderungssperre anzurechnen.[6] Davon unabhängig ist die – im Gegensatz zur Rechtsprechung des Bundesgerichtshofs in der Regel zu verneinende – Frage, ob in Fällen faktischer Bausperren eine Entschädigung aus dem Gesichtspunkt des enteignungsgleichen Eingriffs zu erlangen ist.[7]

7

An die beschriebene Fristenregelung hinsichtlich der Geltungsdauer von Veränderungssperren knüpft sich eine **gesetzliche Entschädigungsregelung**. Eine rechtmäßige Veränderungssperre ist für die Dauer von vier Jahren entschädigungslos hinzunehmen. Dauert die Veränderungssperre länger, so ist zur

8

---

3 BVerwGE 51, S. 121 (133 ff.).
4 BVerwG, NJW 1977, S. 400 (404); BVerwG, ZfBR 1992, S. 185.
5 Battis/Krautzberger/Löhr, BauGB, 7. Aufl. 1999, -*Krautzberger*, § 17 BauGB, Rn. 2; Schrödter-*Schmaltz*, Baugesetzbuch, 6. Aufl. 1998, § 17, Rn. 4.
6 Kritisch dazu m. w. N. Schrödter-*Breuer* (Fn. 5), § 18 BauGB, Rn. 65 ff.
7 Näher dazu *Berkemann*, Ist die Rechtsprechung zur Entschädigung bei faktischen Veränderungssperren überholt?, in: Baurecht-aktuell, FS für Weyreuther, 1993, S. 389 m. w. N.; Schrödter-*Breuer* (Fn. 5), § 18 BauGB, Rn. 59 ff. m. w. N. auch zur Rspr. des BGH.

Sicherung der Verhältnismäßigkeit dieser Eigentumsinhaltsbestimmung nach näherer Bestimmung des Gesetzes Entschädigung zu leisten (§ 18 BauGB).[8]

9 Der zulässige **Inhalt einer Veränderungssperre** wird in § 14 Abs. 1 Satz 2 Nrn. 1 und 2 BauGB näher beschrieben: Nach Nummer 1 dürfen Vorhaben i. S. d. § 29 BauGB[9] sowie die Beseitigung baulicher Anlagen untersagt werden. Nummer 2 erfasst als Auffangtatbestand solche Maßnahmen, die mangels Genehmigungs-, Zustimmungs- oder Anzeigepflichtigkeit durch die „Maschen" des Vorhabensbegriffs i. S. d. § 29 BauGB fallen, jedoch als erhebliche Veränderungen oder wesentlich wertsteigernde Veränderungen von Grundstücken oder baulichen Anlagen für die beabsichtigte städtebauliche Entwicklung hinderlich sein könnten. Konsequenterweise sind bei der Festsetzung einer Enteignungsentschädigung wertsteigernde Veränderungen nicht zu berücksichtigen, „die während einer Veränderungssperre ohne Genehmigung der Baugenehmigungsbehörde vorgenommen worden sind" (§ 18 Abs. 1 Satz 2 i. V. m. § 95 Abs. 2 Nr. 4 BauGB). Das gilt auch für den Bereich des Planschadensrechts[10] (§§ 39 ff. BauGB), wie sich aus der Verweisung in § 43 Abs. 2 Satz 2 BauGB ergibt.

10 Das Gesetz normiert in § 14 Abs. 3 BauGB einen **Bestandsschutz** für solche Vorhaben, die vor dem In-Kraft-Treten der Veränderungssperre baurechtlich genehmigt wurden oder auf Grund eines anderen Verfahrens, z. B. eines Anzeigeverfahrens, zulässig sind, darüber hinaus für Unterhaltungsarbeiten sowie für bisher ausgeübte Nutzungen. Insoweit findet eine Veränderungssperre keine Anwendung. Eine baurechtliche Genehmigung eines Vorhabens ist nach der Rechtsprechung des Bundesverwaltungsgerichts grundsätzlich auch in einem **Vorbescheid** zu sehen, nämlich dann, wenn dieser die bebauungsrechtliche Zulässigkeit eines Vorhabens feststellt und nach Landesrecht ein vorweggenommener Teil der Baugenehmigung (sogenannte Bebauungsgenehmigung)[11] ist.[12] Allerdings steht es dem Landesgesetzgeber frei, den Vorbescheid als bloße Zusicherung i. S. d. § 38 VwVfG auszugestalten und damit unter den Vorbehalt der **Änderung der Sach- und Rechtslage** zu stellen. In solchen Ländern genießt der Vorbescheid keinen Bestandsschutz gegenüber einer nachfolgenden Veränderungssperre (s. z. B. § 71 Abs. 1 Satz 3 HBauO).

11 Von einer Veränderungssperre kann durch die Bauaufsichtsbehörde im Einvernehmen mit der Gemeinde auch eine **Ausnahme** zugelassen werden, wenn überwiegende öffentliche Belange nicht entgegenstehen (§ 14 Abs. 2 BauGB). Diese Entscheidung stellt das Gesetz ersichtlich in das **Ermessen** der Entscheidungsträger. Die Ermessensausübung muss maßgeblich den Stand der Bebauungsplanung beachten. Dabei ist die Regelung des § 33 BauGB[13] mit

---

8 So ordnet auch *Berkemann* (Fn. 7) die Entschädigungspflicht eigentumsverfassungsrechtlich ein.
9 S. unten § 26 Rn. 10 ff.
10 S. unten § 19.
11 S. unten § 24 Rn. 27 ff.
12 BVerwGE 69, S. 1.
13 Siehe § 26 Rn. 102 ff.

der Folge zu beachten, dass in den Fällen des § 33 Abs. 1 BauGB zugleich ein **Anspruch** auf Ausnahme von der Veränderungssperre besteht.[14]

Wenn eine Veränderungssperre nicht beschlossen wird, obwohl die Voraussetzungen dafür gegeben sind, oder wenn eine bereits beschlossene Veränderungssperre noch nicht in Kraft ist, dann **hat** die Baugenehmigungsbehörde auf Antrag der Gemeinde **die Entscheidung** über ein Baugesuch bis zu zwölf Monaten **auszusetzen**, wenn zu befürchten ist, dass die Durchführung der Planung durch das Vorhaben unmöglich gemacht oder wesentlich erschwert würde (§ 15 Abs. 1 BauGB). Sofern für ein Vorhaben kein Baugenehmigungsverfahren durchzuführen ist, hat die Baugenehmigungsbehörde auf Antrag der Gemeinde eine vorläufige Untersagung auszusprechen. Die Länder müssen sicherstellen, dass die Gemeinden rechtzeitig über Vorhaben im Sinne des § 30 Abs. 1 BauGB informiert werden (§ 36 Abs. 1 Satz 3 BauGB).

12

An dieser Vorschrift fällt auf, dass es für die Zurückstellung eines Bauantrages nicht genügt, dass die Voraussetzungen für eine Veränderungssperre vorliegen. Vielmehr muss materiell die Befürchtung einer **Gefährdung der Planung** hinzukommen. Dies ist **nach** In-Kraft-Treten einer Veränderungssperre nicht erforderlich. Allerdings ist dann wiederum die Gewährung einer **Ausnahme** von der Bausperre möglich, wenn „überwiegende öffentliche Belange nicht entgegenstehen". Wie groß die praktische Bedeutung der rechtstechnisch unterschiedlichen Konstruktion von Regel/Ausnahme wirklich ist, lässt sich schwer beurteilen. Jedenfalls dürften an die Prognose einer Gefährdung der Planung keine zu strengen Anforderungen zu stellen sein, soll das Ziel einer Sicherung der Bauleitplanung nicht verfehlt werden. Dabei ist insbesondere auch zu bedenken, dass die Zurückstellung gemäß § 15 BauGB sozusagen das „Instrument der ersten Stunde" ist. Länger als ein Jahr können Bauvorhaben nur über den Weg der Veränderungssperre verhindert werden.

13

II. Die Teilungsgenehmigung

Die Gemeinde kann im Geltungsbereich eines nicht vorhabenbezogenen Bebauungsplanes durch Satzung bestimmen, dass die Teilung von Grundstücken der Genehmigung bedarf (§ 19 Abs. 1 BauGB). Durch diese Satzungsermächtigung wurde mit der Neufassung der §§ 19 ff. BauGB durch das BauROG die bis dahin bestehende **gesetzliche** Genehmigungspflicht der Grundstücksteilung abgeschafft. Das Instrument der Teilungsgenehmigung hatte sich aus Sicht des Gesetzgebers als ineffizient erwiesen.[15] Nunmehr ist daher die Grundstücksteilung nur noch im Ausnahmefall dort genehmigungsbedürftig, wo die Gemeinde von der Satzungsermächtigung Gebrauch gemacht hat.

14

---

14 Vgl. Battis/Krautzberger/Löhr-*Krautzberger* (Fn. 5), § 14, Rn. 19.
15 Vgl. die amtliche Begründung des Regierungsentwurfs, BT-Drs. 13/6392, S. 53 f., und die Ergebnisse der Expertengespräche, BT-Drs. 13/5489, S. 30 f.

15 Ist die Genehmigungspflicht der Grundstücksteilung durch Satzung bestimmt, so darf das Grundbuchamt eine Eintragung in das Grundbuch erst vornehmen, wenn der Genehmigungsbescheid oder das Zeugnis vorgelegt wird (§ 20 Abs. 2 Satz 2 BauGB). Die Genehmigungspflicht gilt nicht für einige in § 19 Abs. 4 BauGB näher bestimmte Vorhaben, deren Träger die öffentliche Verwaltung ist (Nr. 3, 4) oder die im besonderen öffentlichen Interesse stehen (Nr. 1, 4, 5). Für Sanierungsgebiete und städtebauliche Entwicklungsbereiche gilt speziell § 144 Abs. 2 BauGB. Eine ohne die erforderliche Teilungsgenehmigung im Grundbuch vollzogene Teilung ist unwirksam.[16] Das Grundbuch wird dadurch unrichtig.[17] Die Gemeinde kann in diesem Fall das Grundbuchamt um die Eintragung eines Widerspruchs ersuchen (§ 20 Abs. 3 BauGB), der allerdings zu löschen ist, wenn die Gemeinde darum ersucht oder die Teilungsgenehmigung nachträglich erteilt worden ist (§ 20 Abs. 4 BauGB).

16 Durch den satzungsrechtlichen Genehmigungsvorbehalt kann verhindert werden, dass durch unkontrollierten Bodenverkehr tatsächliche Verhältnisse entstehen, unter denen sich eine planungsrechtlich zulässige und städtebaulich erwünschte Bebauung nicht mehr verwirklichen ließe.[18] Die **Sicherungsfunktion** der Genehmigungsbedürftigkeit besteht also in der Vermeidung faktischer Entwicklungen, die die Bauaufsichtsbehörden veranlassen könnten, städtebaulich unerwünschte Vorhaben im Wege zweifelhafter Befreiungen oder gar rechtswidrig zu genehmigen.[19]

17 Vor der Neufassung der §§ 19 ff. BauGB durch das BauROG kam der Teilungsgenehmigung neben der Sicherungsfunktion auch eine **Bindungswirkung** für die Baugenehmigungsbehörde zu. Nach § 21 Abs. 1 BauGB a. F. durfte eine Baugenehmigung nicht aus Gründen versagt werden, die bei der Erteilung der Teilungsgenehmigung zu berücksichtigen waren. Aus dieser Regelung ergab sich eine **Schutzfunktion** der Teilungsgenehmigung für den privaten Grundstücksverkehr. Der Erwerber eines durch Teilung entstehenden Grundstücksteils wurde durch die Bindung der Genehmigungsbehörde in seinem Interesse geschützt, dass das Grundstück nutzbar bleibt. Nachdem § 21 Abs. 1 BauGB a. F. durch das BauROG ersatzlos gestrichen wurde und zudem nicht mehr die Baugenehmigungsbehörde, sondern die Gemeinde für die Erteilung der Teilungsgenehmigung zuständig ist (§ 19 Abs. 3 Satz 1 BauGB), erscheint fraglich, ob der Teilungsgenehmigung weiterhin eine Schutzfunktion erhalten bleibt, d. h., ob die Teilungsgenehmigung noch irgendein schutzwürdiges Vertrauen in die spätere Nutzbarkeit des Grundstücks begründet.[20] Ein schutzwürdiges Vertrauen kann die Teilungsgenehmigung nach der neuen Rechtslage wohl

---

16 Battis/Krautzberger/Löhr-*Krautzberger* (Fn. 5), § 20, Rn. 15.
17 Vgl. z. B. BayObLG, DNotZ 1996, S. 32.
18 S. BVerwG, DVBl. 1988, S. 490 (491 f.).
19 In diesem Zusammenhang restriktiv hinsichtlich der Möglichkeit, einen Befreiungstatbestand über Baulasten herbeizuführen: BVerwGE 88, S. 24.
20 Nach *Finkelnburg*, Bauleitplanung, Teilungsgenehmigung, Vorkaufsrechte und Zulässigkeit von Vorhaben, NJW 1998, S. 1 (4), dient die Teilungsgenehmigung nur noch der Sicherung der Bauleitplanung, da sie keinerlei Vertrauen für eine spätere Nutzung mehr erzeugt.

allenfalls hinsichtlich der Genehmigungsvoraussetzung des gemeindlichen Einvernehmens nach § 36 Abs. 1 BauGB begründen.

Die Genehmigung ist entsprechend dem Sicherungszweck zwingend **zu versagen**, wenn die Teilung oder die mit ihr bezweckte Nutzung mit den Festsetzungen des Bebauungsplans nicht vereinbar wäre (§ 20 Abs. 1 BauGB). Der Grundstücksteilung können danach nur Festsetzungen des Bebauungsplans, nicht aber bauordnungsrechtliche Anforderungen oder eine fehlende Erschließung entgegengehalten werden. 18

Eine spezielle und komplizierte Regelung für Gebiete mit **Fremdenverkehrsfunktionen** enthält § 22 BauGB.[21] Diese Regelung richtet sich gegen die Beeinträchtigung der städtebaulichen Entwicklung durch die extensive Begründung von **Zweitwohnungen**. Daher sieht § 22 BauGB vor, dass Gemeinden, die durch Fremdenverkehr geprägt sind, durch Bebauungsplan oder sonstige Satzung bestimmen können, dass die Begründung oder Teilung von Wohnungseigentum oder Teileigentum der Genehmigung unterliegen. Die Gemeinde darf eine solche Regelung nur für Teile des Gemeindegebiets[22] mit einer vorhandenen oder vorgesehenen Zweckbestimmung für Fremdenverkehr treffen. Wann eine solche Zweckbestimmung vorliegt, regelt § 22 Abs. 1 Satz 4 BauGB. Danach ist eine entsprechende Zweckbestimmung insbesondere anzunehmen 19

- bei Kurgebieten, Gebieten für die Fremdenbeherbergung, Wochenend- und Ferienhausgebieten, die im Bebauungsplan festgesetzt sind,
- bei im Zusammenhang bebauten Ortsteilen, deren Eigenart solchen Gebieten entspricht, sowie
- bei sonstigen Gebieten mit Fremdenverkehrsfunktion, die durch Beherbergungsbetriebe und Wohngebäude mit Fremdenbeherbergung geprägt sind.

Diese Gebietsaufzählung ist nicht abschließend, sondern ausdrücklich ergänzungsfähig („insbesondere"). Darin liegt der – vom Bundesrat gewollte[23] – maßgebliche Unterschied zu § 22 Abs. 2 Satz 3 BauGB a. F., der ebenfalls diese Gebietsaufzählung enthielt, die von der Rechtsprechung des Bundesverwaltungsgerichts jedoch seinerzeit als abschließend interpretiert wurde.[24] 20

Mit der Abschaffung der **gesetzlichen** Genehmigungsbedürftigkeit der Grundstücksteilung, die nach § 19 BauGB a. F. mit wenigen Ausnahmen auch außerhalb von Bebauungsplänen galt, dürfte die Teilungsgenehmigung einiges an Bedeutung verloren haben. Ob mit der als Kompromiss eingeführten Satzungsermächtigung das BauGB eher um ein wirkungsloses Instrument erleichtert 21

---

21 Siehe dazu *Hilt/Gerold*, Probleme des § 22 BauGB, insbes. der sog. „Fremdenverkehrs-Dienstbarkeit", BayVBl. 1993, S. 385; VGH München, BayVBl. 1994, S. 17 mit Anmerkung *Jäde*; die VGH-Entscheidung wurde bestätigt in BVerwGE 96, S. 217.
22 Für Einzelheiten der Gebietseingrenzung s. BVerwGE 99, S. 242.
23 BT-Drs. 13/6392, S. 107.
24 BVerwGE 96, S. 217.

wird, wie die Expertenkommission zur Novellierung des BauGB es gesehen und gefordert hat, oder eher – wie es die Gemeinden im Gesetzgebungsverfahren zum BauROG sahen – ein wichtiges Mittel zur Gewährleistung der geordneten städtebaulichen Entwicklung den Deregulierungsbemühungen zum Opfer gefallen ist, muss die Praxis der nächsten Jahre erweisen. Derzeit prüfen die Länder, ob von der Ermächtigung des § 19 Abs. 5 BauGB Gebrauch gemacht und die Teilungsgenehmigung letztlich insgesamt abgeschafft werden sollte.[25]

III. Die Vorkaufsrechte der Gemeinde

22 Die §§ 24 ff. BauGB räumen der Gemeinde teils gesetzliche (§ 24), teils durch städtebauliche Satzung begründbare (§ 25) **Vorkaufsrechte** ein. Ihr Vorkaufsrecht hat die Gemeinde gemäß § 28 Abs. 2 BauGB binnen zwei Monaten nach Mitteilung des Kaufvertrages durch **Verwaltungsakt** gegenüber dem Grundstücksverkäufer auszuüben. Die Gemeinde tritt damit in den Kaufvertrag ein und hat grundsätzlich den zwischen den Parteien vereinbarten Kaufpreis zu zahlen.[26] Wenn allerdings der vereinbarte Kaufpreis deutlich über dem Verkehrswert des Grundstücks liegt, kann die Gemeinde den zu zahlenden Betrag nach dem Verkehrswert bestimmen (§ 28 Abs. 3 BauGB). In diesem Fall ist der Verkäufer jedoch gemäß § 28 Abs. 3 Satz 2 BauGB berechtigt, sich vom Kaufvertrag zu lösen. Der Grundstückseigentümer kann somit nicht zu einem Verkauf zum Verkehrswert gezwungen werden. Eine gesetzliche Limitierung des Kaufpreises gilt generell für Flächen gemäß § 24 Abs. 1 Nr. 1 BauGB, die nach dem Bebauungsplan für öffentliche Zwecke oder für Ausgleichsmaßnahmen i. S. v. § 1a Abs. 3 BauGB vorgesehen sind (§ 28 Abs. 4 BauGB).

23 Die Ausübung des Vorkaufsrechts ist ein gegenüber der **Enteignung** milderes Mittel, soweit die vom Eigentümer ohnehin in die Wege geleitete Veräußerung seines Grundstücks zum Auslöser des kommunalen „Zugriffs" gemacht wird. Die Regelungen über das Vorkaufsrecht sind **Eigentumsinhaltsbestimmungen** i. S. v. § 14 Abs. 1 Satz 2 GG.[27]

24 Das allgemeine **gesetzliche** Vorkaufsrecht ist im Anschluss an die Erfahrungen mit § 3 BauGB-MaßnG ausgedehnt worden. Es kann gemäß § 24 Abs. 1 BauGB

---

25 Einem Beschluss nach § 19 Abs. 5 BauGB kann eine Gemeinde nicht etwa dadurch zuvorkommen, dass sie vorsorglich per Satzung für alle künftigen Bebauungspläne eine Teilungsgenehmigung einführt. Vielmehr ist das Satzungsrecht nach § 19 Abs. 1 BauGB auf aktuelle Bebauungspläne beschränkt, vgl. *Finkelnburg* (Fn. 20), S.3.
26 Mit der Ausübung des gemeindlichen Vorkaufsrechts kommt ein rechtlich selbständiger Kaufvertrag zwischen dem Verkäufer und der Gemeinde zustande, dessen Inhalt sich grundsätzlich nach dem bereits geschlossenen Vertrag zwischen Verkäufer und Erstkäufer bestimmt, s. hierzu *Hellmann-Sieg/Smeddinck*, Das gemeindliche Vorkaufsrecht und seine Wirkung auf den bereits bestehenden Kaufvertrag über ein Grundstück, BauR 1999, S. 122 (124 ff.).
27 BVerwG, ZfBR 1990, S. 207.

- im Geltungsbereich eines Bebauungsplanes zur Sicherung des Flächenbedarfs für öffentliche Zwecke sowie naturschutzrechtliche Ausgleichs- und Ersatzmaßnahmen (Nr. 1),
- in einem Umlegungsgebiet gemäß § 45 BauGB (Nr. 2),
- in einem förmlich festgelegten Sanierungsgebiet gemäß § 142 BauGB und einem städtebaulichen Entwicklungsbereich gemäß § 165 Abs. 3 BauGB (Nr. 3) sowie
- im Geltungsbereich einer Erhaltungssatzung gemäß § 172 BauGB (Nr. 4)

ausgeübt werden. Um den Wohnungsbau zu fördern, ist den Gemeinden nunmehr auch ein gesetzliches Vorkaufsrecht

- für unbebaute Flächen im Außenbereich, die in einem Flächennutzungsplan als Wohnflächen dargestellt sind, sowie
- für solche unbebauten Grundstücke in Gebieten nach §§ 30, 33, 34 Abs. 2 BauGB, die vorwiegend mit Wohngebäuden bebaut werden können,

eingeräumt (§ 24 Abs. 1 Nrn. 5 und 6 BauGB). Voraussetzung für die Ausübung des Vorkaufsrechts ist in allen Fällen, dass das **Wohl der Allgemeinheit** die Ausübung des Vorkaufsrechts rechtfertigt (§ 24 Abs. 3 Satz 1 BauGB). Das ist regelmäßig dann der Fall, wenn der vom Gesetz gebilligte öffentliche Zweck gefördert wird. Bei der Ausübung des Vorkaufsrechts muss die Gemeinde den Verwendungszweck des Grundstücks angeben (§ 24 Abs. 3 Satz 2 BauGB).

Gemäß § 25 BauGB kann die Gemeinde durch **Satzung** an bestimmten Grundstücken ein Vorkaufsrecht begründen, und zwar einerseits für **unbebaute** Grundstücke im Geltungsbereich eines Bebauungsplanes (Nr. 1) und andererseits für bestimmte Flächen in solchen Gebieten, in denen die Gemeinde städtebauliche Maßnahmen in Betracht zieht (Nr. 2). Für die Ausübung dieses Vorkaufsrechts gilt im Wesentlichen das zum gesetzlichen Vorkaufsrecht Dargelegte. Der Verwendungszweck für das Grundstück ist allerdings nur nach Maßgabe des Konkretisierungsstandes der von der Gemeinde beabsichtigten städtebaulichen Maßnahmen anzugeben (§ 25 Abs. 2 BauGB). 25

Das Vorkaufsrecht ist für eine Reihe von Fällen gesetzlich **ausgeschlossen** (§ 26 BauGB) und kann vom Käufer **abgewendet** werden, wenn der Käufer in der Lage ist, binnen angemessener Frist die städtebaulich durch Ausübung des Vorkaufsrechts erstrebte Nutzung zu verwirklichen (§ 27 BauGB). Mit dieser Regelung korrespondiert die Normierung in § 89 Abs. 1 Nr. 1, Abs. 2 BauGB, derzufolge die Gemeinde die durch Ausübung des Vorkaufsrechts erlangten Grundstücke **veräußern** soll, sobald der mit dem Erwerb verfolgte Zweck verwirklicht werden kann oder entfallen ist. 26

Überblickt man die gemeindlichen Vorkaufsrechte insgesamt, so dienen sie sowohl der **Vorbereitung** als auch der **Verwirklichung** einer sachgerechten Bebauungsplanung und anderen städtebaulichen Maßnahmen, insbesondere solchen des besonderen Städtebaurechts. 27

§ 17 Die Rechtfertigung der Planung zwischen planerischer Gestaltungsfreiheit und rechtsstaatlichem Abwägungsgebot

Literatur: *Alexy*, Ermessensfehler, JZ 1986, S. 701; *Bartlsperger*, Planungsrechtliche Optimierungsgebote, DVBl. 1996, S. 1; *Dreier*, Die normative Steuerung der planerischen Abwägung, 1995; *Erbguth*, Neue Aspekte der Abwägungsfehlerlehre?, DVBl. 1986, S. 1230; *Hoppe*, Die Schranken der planerischen Gestaltungsfreiheit, BauR 1970, S. 15; *ders.*, Zur Struktur von Normen des Planungsrechts, DVBl. 1974, S. 641; *ders.*, Die „Zusammenstellung des Abwägungsmaterials" und die „Einstellung der Belange" in die Abwägung „nach Lage der Dinge" bei der Planung, DVBl. 1977, S. 136; *ders.*, Die Bedeutung von Optimierungsgeboten im Planungsrecht, DVBl. 1992, S. 853; *ders.*, „Verwirrung" und „Entwirrung" beim Abwägungsgebot (§ 1 Abs. 6 BauGB), UPR 1995, S. 201; *ders./Beckmann*, Zum Inhalt und Geltungsanspruch des Gebots der Konfliktbewältigung im Recht der Bauleitplanung, NuR 1988, S. 6; *Ibler*, Die Differenzierung zwischen Vorgangs- und Ergebniskontrolle bei planerischen Abwägungsentscheidungen, DVBl. 1988, S. 469; *Koch*, Das Abwägungsgebot im Planungsrecht, DVBl. 1983, S. 1125; *ders.*, Abwägungsvorgang und Abwägungsergebnis als Gegenstände gerichtlicher Plankontrolle, DVBl. 1989, S. 399; *ders.*, Die normtheoretische Basis der Abwägung, in: Erbguth u. a. (Hrsg.), Abwägung im Recht, 1996, S. 9; *ders.*, Der Schutz der Umwelt in der Rechtsprechung zum Bauplanungsrecht, Die Verwaltung 1998, S. 505; *Kuschnerus*, Die „Nachhaltigkeit" im Abwägungsprozess und in der gerichtlichen Überprüfung, ZfBR 2000, S. 15; *Rubel*, Planungsermessen, 1982; *ders.*, Rechtsprinzipien im Bauplanungsrecht – zur normtheoretischen Basis der Abwägung, in: Schilcher u. a. (Hrsg.), Regeln, Prinzipien und Elemente im System des Rechts, 2000, S. 245; *Sarnighausen*, Abwägungsmängel bei Bebauungsplänen in der Praxis, NJW 1993, S. 3229; *Sendler*, Zum Schlagwort von der Konfliktbewältigung im Planungsrecht, WiVerw 1985, S. 211; *ders.*, Die Bedeutung des Abwägungsgebots in § 1 Abs. 6 BauGB für die Berücksichtigung der Belange des Umweltschutzes in der Bauleitplanung, UPR 1995, S. 41; *Stüer/Schröder*, Konfliktbewältigung in der Bauleitplanung, BayVBl. 2000, S. 257; *Uechtritz*, Bewertung von Lärm in der Bauleitplanung, in: Erbguth u.a. (Hrsg.), Planung, FS für Hoppe, 2000, S. 567.

Fall 1: Der Kläger wendet sich gegen die Genehmigung einer Glasfabrik. Er bewohnt als Erbbauberechtigter ein Eigenheim, das in einem bereits von drei Seiten mit Industrieanlagen umgebenen Wohngebiet liegt. Das an der vierten Seite gelegene, für die Errichtung der Glasfabrik vorgesehene Gelände wurde zur Ermöglichung dieses Vorhabens durch Bebauungsplanung als Industriegebiet ausgewiesen. Nach den Feststellungen des Berufungsgerichts war die Entscheidung über den Standort der Fabrik bereits vor Beginn des Planungsverfahrens getroffen worden, was sich nicht zuletzt in einem schriftlichen Angebot der Gemeinde an die Firma niedergeschlagen habe. Bei der vorgezogenen Entscheidung hätten andere Belange als der Ansiedlungswunsch keine Rolle gespielt. Der Plan sei wegen dieses Defizits im Abwägungsvorgang, aber auch deshalb nichtig, weil die Ausweisung eines Industriegebiets unmittelbar neben einem ausgedehnten Wohngebiet auch im Ergebnis fehlerhaft sei. Das Bundesverwaltungsgericht hat die Entscheidung bestätigt.

Nach BVerwGE 45, S. 309 = DÖV 1975, S. 92 = DVBl. 1974, S. 767 (*Flachglas*).

Fall 2: Der Kläger ist Eigentümer eines mit einem Einfamilienhaus bebauten Grundstücks in der Nähe des Tierparks Hagenbeck. Das an die 55 m lange Ostseite des

Grundstücks angrenzende Flurstück steht im Eigentum der beklagten Stadt Hamburg. Für dieses Grundstück, das nach dem Baustufenplan ebenso wie das klägerische als Wohngebiet ausgewiesen war, wurde durch Bebauungsplan eine Verkehrsfläche festgesetzt. Die Beklagte widmete dieses Grundstück sodann als Parkfläche, die vornehmlich dem nahe gelegenen Tierpark dienen sollte. Das Bundesverwaltungsgericht hob die klagabweisende Entscheidung des Oberverwaltungsgerichts auf, da u. a. die Frage einer möglichen enteignenden Wirkung durch erhebliche Verkehrsimmissionen klärungsbedürftig sei. Falls eine solche enteignende Eigentumsbeeinträchtigung vorliege, sei der Bebauungsplan ungültig.

Nach BVerwGE 47, S. 144 (*Hagenbeck*).

Fall 3: Der Normenkontrollantrag des Antragstellers richtet sich gegen einen Bebauungsplan, der die Grundlage für die Errichtung eines kohlegefeuerten Grundlastkraftwerkes sein soll. In der Nähe des geplanten Standorts liegen u. a. ein Heizkraftwerk, eine Müllverbrennungsanlage und ein Klärwerk; in der weiteren Umgebung schließen sich Wohngebiete an. Das Oberverwaltungsgericht hat den Plan wegen Verstoßes gegen den Grundsatz der Konfliktbewältigung für nichtig erklärt. Zur Bewältigung der drohenden Immissionsbelastung der Wohngebiete hätte der Plangeber eine Reduzierungs- oder Stilllegungsanordnung für das benachbarte Kraftwerk, Emissionsgrenzwerte für die geplante Anlage, Lärmschutzmaßnahmen hinsichtlich des Kühlturmes sowie Festsetzungen der Stellung bestimmter baulicher Anlagen wie insbesondere des Freilagers für 250 000 t Kohle treffen müssen.

Nach OVG Berlin, DVBl. 1984, S. 147 (mit Anm. *Gierke*) = NVwZ 1984, S. 188; dazu BVerwGE 69, S. 30 (*Kraftwerk Reuter*).

Fall 4: Ein Versicherungsunternehmen möchte auf einem 1972 von den Hamburger Gaswerken gekauften Grundstück ein zentrales Verwaltungsgebäude für 5500 Mitarbeiter bauen. Bei den Ankaufsverhandlungen waren mehrere Stellen der Stadt Hamburg beteiligt. Der 1976 festgestellte Bebauungsplan wurde auf der Grundlage eines Projektentwurfs des Unternehmens gefertigt. Von beteiligten Behörden wurde ein Architektenwettbewerb oder zumindest eine Alternativplanung der Projektträgerin gewünscht. Beides wurde von dem Unternehmen abgelehnt. Bezüglich der zu erwartenden Probleme durch den Quellverkehr, der durch ein benachbartes Wohngebiet geführt werden soll, ermöglicht der Bebauungsplan durch entsprechende Festsetzungen den Ausbau von Straßenkehren und damit die „Abriegelung" einzelner Wohnstraßen. Antragsteller aus dem benachbarten Wohngebiet meinen, dass bereits bei dem Grundstücksgeschäft „alles klargewesen" sei und eine ernsthafte Abwägung deshalb nicht mehr stattgefunden habe, auf der Grundlage des einen Projektentwurfs des Unternehmens aber auch gar nicht habe durchgeführt werden können. Im Übrigen lasse der Plan die Verkehrsprobleme unbewältigt.

Nach BVerwG, DVBl. 1987, S. 1273 (*Volksfürsorge*).

I. Das Gebot gerechter Abwägung: Einführende Bemerkungen

„Planung ohne Gestaltungsfreiheit ist ein Widerspruch in sich" – so hat das Bundesverwaltungsgericht immer wieder judiziert. Den Gemeinden steht daher ein Spielraum planerischen Ermessens bzw. – wie das Bundesverwaltungsgericht zu sagen vorzieht – **planerischer Gestaltungsfreiheit** zu. Angesichts

1

der bedeutenden Auswirkungen, die die Bauleitplanung auf die Positionen der Bürger hat, insbesondere auf grundrechtlich geschützte Positionen wie die Eigentumsgarantie des Art. 14 GG, darf diese planerische Gestaltungsfreiheit andererseits schon von Verfassungs wegen **nicht ohne rechtliche Bindungen** eingeräumt werden. Das BauGB sieht eine solche Bindung positiv-rechtlich in § 1 Abs. 6 BauGB vor: *„Bei der Aufstellung der Bauleitpläne sind die öffentlichen und privaten Belange gegeneinander und untereinander gerecht abzuwägen."* Dieses **Gebot gerechter Abwägung**, das unter Führung des Bundesverwaltungsgerichts Konturen gewonnen hat, ist nach dieser Rechtsprechung Element des verfassungsrechtlichen Rechtsstaatsgebots und steht insofern grundsätzlich nicht zur Disposition des Gesetzgebers.[1] Das Abwägungsgebot stellt nach der Rechtsprechung des Bundesverfassungsgerichts eine verfassungskonforme Eigentumsinhaltsbestimmung des Grundeigentums dar, insofern es einen am Grundsatz der Verhältnismäßigkeit orientierten Interessenausgleich im Einzelfall ermögliche.[2]

2 Das Bundesverwaltungsgericht hat im Namen des Gebots gerechter Abwägung **vier Anforderungen** entwickelt. Danach ist dieses Gebot verletzt,

(1) „wenn eine (sachgerechte) Abwägung überhaupt nicht stattfindet" (sogenannter **Abwägungsausfall**),

(2) „wenn in die Abwägung an Belangen nicht eingestellt wird, was nach Lage der Dinge in sie eingestellt werden muss" (**Abwägungsdefizit**),

(3) „wenn die Bedeutung der betroffenen privaten Belange verkannt wird" (**Abwägungsfehleinschätzung**), oder

(4) „wenn der Ausgleich zwischen den von der Planung berührten öffentlichen Belangen in einer Weise vorgenommen wird, der zur objektiven Gewichtigkeit einzelner Belange außer Verhältnis steht" (**Abwägungsdisproportionalität**).[3]

3 Zu beachten ist, dass das Bundesverwaltungsgericht die rechtlichen Schranken der Abwägung ersichtlich nicht in Anlehnung an die traditionelle Ermessensfehlerlehre und Rechtsprechung zur Ermessenskontrolle, sondern – im Gegenteil – in betonter Eigenständigkeit entwickelt hat. In der grundlegenden Entscheidung wird zwar – mit Zweifeln hinsichtlich der Angemessenheit – noch von Planungsermessen gesprochen und § 114 VwGO für die rechtlichen Grenzen des Ermessens genannt (BVerwGE 34, S. 301 (304)). Das Gebot gerechter

---

1 BVerwGE 34, S. 301; E 45, S. 309 (*Flachglas*); E 41, S. 67; E 64, S. 33 (*Sylt*).
2 BVerfGE 79, S. 174 (198).
3 Grundlegend: BVerwGE 34, S. 301 (309) und E 45, 309 (314 f.). Die Terminologie geht zurück auf *Hoppe*, Die Schranken der planerischen Gestaltungsfreiheit, BauR 1970, S. 15. *Stüer*, Handbuch des Bau- und Fachplanungsrechts, 2. Aufl. 1998, Rn. 794, 812 ff. erkennt als weitere Abwägungsfehler die „subjektive Abwägungssperre" (bei unzulässigen Bindungen und einseitigen Festlegungen, die ein ordnungsgemäßes Abwägungsverfahren nicht mehr gestatten), und die „Abwägungsdivergenz – Abwägungsinkongruenz" (bei einem rechtserheblichen Abweichen von Planregelung und Abwägung). Diesen kommt gegenüber den hier genannten Fehlerkategorien jedoch keine eigenständige Bedeutung zu.

Abwägung wird aber sodann ohne Bezug zur traditionellen Ermessensfehlerlehre ausdifferenziert. Die Gründe liegen darin, dass die Richter Planung als eine Verwaltungsaufgabe mit **spezifischer Sachstruktur** ansehen, der auch durch besondere Kontrollmaßstäbe Rechnung getragen werden müsse. Dieser Ausgangspunkt ist allerdings methodisch durchaus zweifelhaft. Rechtlich gesehen ist die Bauleitplanung in einer Weise an Zwecke gebunden, wie dies auch sonst für verwaltungsrechtliche Ermessensermächtigungen charakteristisch ist. Jeder rechtsdogmatische Sonderweg schafft unnötige Komplikationen. Deshalb werden nachstehend zunächst die normtheoretischen Basisannahmen der Judikatur und der herrschenden Lehre kritisiert (II.). Aber unbeschadet dieser normtheoretischen Kontroverse lässt sich der sachliche Kern der Abwägungsrechtsprechung in wesentlichen Punkten auch dann bewahren, wenn man an sich eine vereinfachende Annäherung an die traditionelle Ermessenskontrolle für vorzugswürdig ansieht (III.).

II. Die normtheoretische Grundlegung: Normstrukturen im Planungsrecht und planerische Gestaltungsfreiheit

1. Die Unterscheidung zwischen konditionaler und finaler Programmierung der Verwaltung

Aus der soziologischen Debatte über die Steuerbarkeit des Handelns von Mitgliedern einer Organisation – z.B. eines Wirtschaftsunternehmens oder eines Trägers öffentlicher Verwaltung – hat vornehmlich *Luhmann* der Verwaltungsrechtslehre die Unterscheidung zwischen **Konditionalprogramm** und **Zweckprogramm** zur Beschreibung verwaltungsrechtlicher Normen vorgeschlagen.[4] Konditionalprogramme orientierten danach das Verwaltungshandeln derart am **input**, dass bei Vorliegen bestimmter Voraussetzungen (gesetzlicher Tatbestand) bestimmte Maßnahmen (Rechtsfolgen) zu wählen seien. Zweckprogramme steuerten die Verwaltung demgegenüber vom **output** her: Der Verwaltung werde durch Normen aufgegeben, bestimmte **Ziele** zu erreichen und dafür geeignete Mittel zu wählen. Diese Unterscheidung verdeutliche auch den Unterschied zwischen „Ermessens-Normen" und „unbestimmten Rechtsbegriffen", den die Verwaltungsrechtslehre zwar herausgearbeitet habe, sich aber nicht erklären könne: Ermessensnormen seien Finalprogramme, unbestimmte Rechtsbegriffe Bestandteile von Konditionalprogrammen.[5]

4

Bedenkt man nun, dass die Sachaufgabe der Bauleitplanung in §§ 1 Abs. 5, 1a BauGB den Gemeinden derart übertragen wird, dass sie die Ziele einer geordneten städtebaulichen Entwicklung, sozial gerechter Bodennutzung sowie des Schutzes der Umwelt und der natürlichen Lebensgrundlagen durch ihre Planung fördern sollen, so liegt die Einordnung dieser Norm als Finalprogramm

5

---
4 Vgl. insbes. *Luhmann*, Recht und Automation in der öffentlichen Verwaltung, 1966, S. 36 ff.
5 *Luhmann* (Fn. 4), S. 39 f.

nahe. Abgesehen davon, dass damit einige wesentliche Aspekte des Normenmaterials unbeachtet bleiben (näher unten, Rn. 31 ff.), liefert diese Einordnung aber gerade nicht die Grundlage für eine Abgrenzung zwischen „normalem" Ermessen und sogenannter planerischer Gestaltungsfreiheit. Die Unterscheidung zwischen Final- und Konditionalprogramm ist dafür nämlich ungeeignet.

6 Die breite Rezeption dieser Terminologie erfolgte unkritisch und fehlerhaft. Unkritisch war und ist die Übernahme insofern, als nicht nachgefragt wurde, ob es sich überhaupt um eine **rechtserhebliche** Unterscheidung handelt, ob insbesondere das Ausmaß der Rechtsbindung der Verwaltung und die Intensität verwaltungsgerichtlicher Kontrolle von der Einordnung einer Norm als Konditional- oder Zweckprogramme abhängen (sollen). Fehlerhaft erfolgte die Rezeption insofern, als von Beginn an nur das sogenannte **Planungs**ermessen mit einer finalen Programmstruktur in Zusammenhang gebracht wurde, nicht jedoch das „normale" **Rechtsfolge**ermessen.[6] Dies ist angesichts dessen, dass Ermessen in Bindung an den Ermächtigungs**zweck** (§ 40 VwVfG, § 114 VwGO) auszuüben ist, schwerlich haltbar und findet bei *Luhmann* keine Stütze.

7 Bei näherer Betrachtung erweist sich die Unterscheidung zwischen Konditional- und Zweckprogramm deshalb als juristisch zumindest irrelevant, wenn nicht gar gefährlich, weil erhebliche Gemeinsamkeiten „auseinanderdividiert" werden. Den entscheidenden Ansatzpunkt für Kritik hat *Luhmann* selbst in seiner frühen Schrift geliefert. Rechtsnormen – so betont er – seien „nicht ohne weiteres fertige Konditionalprogramme". Die Aufgabe der Juristen liege in der Reduktion von „Unbestimmtheit und Mehrdeutigkeit der Rechtsnormen". Dabei verfüge der Jurist über eine „mehr rhetorische Argumentationskunst eigener Art", „sodass man jede Entscheidung begründen kann".[7] Auch wenn *Luhmann* damit die Möglichkeit der Gesetzesbindung in weit überspitzter Form negiert, so ist ihm jedenfalls darin zuzustimmen, dass viele vermeintlich zwingende, einen Tatbestand strikt mit einer Rechtsfolge verbindende Rechtsnormen das Handeln der Verwaltung nicht eindeutig festlegen, sondern ihre Tatbestände vom Wortsinn her mehr oder minder große Entscheidungsspielräume eröffnen.[8] So enthält beispielsweise die kein Ermessen gewährende Norm des § 35 BauGB die vage tatbestandliche Voraussetzung, dass „öffentliche Belange nicht entgegenstehen" dürfen. Solche Entscheidungsspielräume können sinnvoll nur durch Orientierung an Zwecken (teleologische Auslegung) ausgefüllt werden.[9] Damit erweist sich aber die **Zweckorientierung** der Rechts-„findung" als **durchgängiges Moment**, das eine Aufteilung der Normen in Konditional- und Zweckprogramme zumindest für juristische

---

6 So etwa *Hoppe*, Zur Struktur von Normen des Planungsrechts, DVBl. 1974, S. 641; Ernst/Zinkahn/Bielenberg-*Schmidt-Aßmann*, BauGB, Stand: 4/2000, § 1 BBauG a. F., Rn. 305. Kritisch dazu *Rubel*, Planungsermessen, 1982, S. 30 ff.
7 *Luhmann* (Fn. 4), S. 52 (54 f.).
8 Vgl. nur *Koch/Rüßmann*, Juristische Begründungslehre, 1982, S. 18.
9 *Koch/Rüßmann* (Fn. 8), § 18, 3.; speziell zum Verwaltungsrecht: *Koch/Rubel*, Allgemeines Verwaltungsrecht, 2. Aufl. 1992, V.3.

Diskussionszusammenhänge als ungeeignet erscheinen lässt.[10] Vielleicht ließe sich die These halten, dass Relevanz und Komplexität von Zweckorientierungen rechtsgebietsspezifisch sind und gerade das Bauplanungsrecht auf einer Skala von Zweckrelevanz und Zweckkomplexität den einen Pol bildet. Solchen Vermutungen nachzugehen, erscheint jedoch wenig fruchtbar. Sinnvoll ist es demgegenüber, sich den Problemen zuzuwenden, die mit einer **Zweckbindung des Verwaltungshandelns** grundsätzlich verbunden sind. Dabei ist im vorliegenden Zusammenhang dem Bauplanungsrecht natürlich besondere Aufmerksamkeit zu schenken.

2. Planerische Gestaltung als abwägende Entscheidung zwischen kollidierenden Zielen

Die Bindung des Verwaltungshandelns an Zwecke (Ziele) stößt an Grenzen,   8
- wenn die Zwecke des Handelns im Gesetz nicht genannt sind,
- wenn nicht gesetzlich bestimmt ist, in welchem Maße ein Zweck zu verwirklichen ist,
- wenn kollidierende Zwecke verfolgt werden sollen, ohne dass gesetzlich eine Rangfolge festgelegt ist.

Für strikte Normen, aber auch für den größten Teil „normaler" Ermessensermächtigungen ist typisch, dass der Normzweck bzw. der **Ermächtigungszweck nicht ausdrücklich** gesetzlich **festgelegt** ist. Dies führt bei der Auslegung der strikten Normen zu den bekannten Schwierigkeiten bei der „Ermittlung" der sogenannten ratio legis, des Gesetzeszweckes.[11] Entsprechend problematisch ist zumeist die Suche nach dem Ermächtigungszweck einer Ermessensnorm.[12] Davon unterscheidet sich das BauGB angenehm dadurch, dass § 1 Abs. 5 BauGB die Ziele (Zwecke) des Verwaltungshandelns ausdrücklich – wenn auch nicht abschließend – nennt, wobei die generellen Zielsetzungen des Satzes 1 noch durch die Nummern 1–10 von Satz 2 konkretisiert werden.   9

Allerdings veranschaulicht gerade die Aufzählung von Handlungszwecken in   10
§ 1 Abs. 5 BauGB die nächsten beiden Aspekte aus unserer Problemliste: Weder ist das **Ausmaß** festgelegt, in dem die Ziele verwirklicht werden sollen, noch ist Wesentliches über die **Rangfolge** der Ziele für den Fall gesagt, dass sie widersprüchliche Anforderungen an die planende Gemeinde stellen. Ob und in welchem Maß eine Gemeinde weitere Wohnbauflächen, Gewerbeflächen usw. ausweisen soll, ob und in welchem Umfang die Wohnbauflächen für Geschosswohnungsbau oder Einfamilienhausbau bestimmt werden sollen, ob eine Gemeinde sich eher in Richtung auf einen Erholungsort oder einen Industriestandort bauplanerisch entwickeln soll: Dies alles ist nicht festgelegt. Auch die

---
10 S. näher *Koch*, Die normtheoretische Basis der Abwägung, in: Erbguth u. a. (Hrsg.), Abwägung im Recht, 1996, S. 9.
11 Vgl. nur *Koch/Rüßmann* (Fn. 8), § 18, 3.
12 *Koch/Rüßmann* (Fn. 8), § 19.

nahezu unvermeidlichen Konflikte zwischen konkurrierenden, von den gesetzlichen Zielen her gleichermaßen gerechtfertigten Nutzungsbedürfnissen sind nicht gesetzlich entschieden: In welchem Maße die Wohnruhe Sport- und Freizeitbedürfnissen „geopfert", die Belange der Wirtschaft den Belangen des Umweltschutzes untergeordnet werden sollen, bedarf der planerischen Entscheidung. Beide Aufgaben – das „richtige" Maß an Zweckverwirklichung und die zulässige Beeinträchtigung konkurrierender Zwecke zu bestimmen – werden vom „normalen" Rechtsfolgeermessen ebenso gestellt, so beispielsweise bei der Frage, ob und inwieweit das Ziel der Verkehrssicherheit zu Lasten des sogenannten kommunikativen Verkehrs durchgesetzt werden soll.[13]

11 Wesentlich an einer **Zweckbindung** des Verwaltungshandelns in dem beschriebenen Sinne ist somit zweierlei:

(1) Die Zustände, die der Verwaltung zur Verwirklichung aufgegeben sind, können in unterschiedlichem Maße verwirklicht werden.

(2) Keinem der Zwecke kommt ein abstrakter Vorrang zu.

Die Verwaltung ist – natürlich – nicht berechtigt, entgegen dem Gesetz einen abstrakten Vorrang anzunehmen. Ihre Aufgabe besteht vielmehr darin, durch **Abwägung** im Einzelfall den verschiedenen Zielen zu einer durch gegenseitige Beschränkung relativen Verwirklichung zu verhelfen. Dies kann – soweit die Zustände quantifizierbar sind – dadurch geschehen, dass beispielsweise zu Gunsten einer Sportstättenausweisung der Umgebung ein bestimmtes **Maß an Lärmbelästigung** zugemutet wird. Wie „fein" der Interessenausgleich erfolgen kann, hängt dabei von den zulässigen planerischen Ausweisungen ab (vgl. oben § 14 Rn. 16 ff.).

12 Soweit die erstrebenswerten Zustände nicht quantifizierbar sind, hat die Abwägung die Umstände zu bestimmen, unter denen die Verwirklichung des einen Zieles dem anderen vorgeht und umgekehrt. So hat das Bundesverwaltungsgericht im *Flachglas*-**Fall (1)** entschieden, dass die Belange des Wohnens denen der Wirtschaft jedenfalls dann vorgehen müssen, wenn die beabsichtigte Ausweisung eines Grundstücks als Industriegebiet in unmittelbarer Nachbarschaft zu einem bereits an drei Seiten von Industrie umgebenen Wohngebiet in Frage steht.[14] Unter anderen Umständen kann den Belangen der Wirtschaft Vorrang vor denen des Wohnens einzuräumen sein.

13 Aufgabe der Abwägung im Bauplanungsrecht ist es somit, allen zu verfolgenden Zielen ein Stück weit Rechnung zu tragen, sie zu einem Ausgleich zu bringen.[15] Darin liegt der Gestaltungsauftrag an die planende Gemeinde. Diese Aufgabe ist jedoch nicht strukturell anders als eine am Ermächtigungszweck und kollidierenden Zwecken orientierte „normale" Ermessensbetätigung und auch nicht

---

13 Einige Bemerkungen m.w.N. bei *Koch/Rubel* (Fn. 9), V. Rn. 76 ff.
14 Ausführliche Erläuterung dieses Beispiels bei *Rubel* (Fn. 6), S. 123 ff.
15 Methodisch gesehen geht es um eine **Prinzipienkollision**, die durch Abwägung zu lösen ist. Grundlegend zu den Begriffen des Rechtsprinzips, der Prinzipienkollision sowie der Abwägung *Alexy*, Theorie der Grundrechte, 1985, 3. Kapitel; knapp *Koch/Rüßmann* (Fn. 8), §§ 10, 3., 20; zur Übertragung der Prinzipienlehre auf das Bauplanungsrecht *Rubel* (Fn. 6), S. 123 ff.

strukturverschieden von der teleologischen Gesetzesauslegung, die ebenfalls regelmäßig im Zielkonflikt verschiedener Zwecke einer gesetzlichen Norm steht. In allen diesen Fällen stellt sich die strukturidentische Aufgabe gerechter Abwägung kollidierender Ziele.[16] Daher leuchtet nicht ein, dass die rechtlichen Maßstäbe einer gerechten Abwägung für die genannten Konstellationen verschieden sein sollen.[17] Deshalb überrascht es auch nicht, dass sich der wesentliche Gehalt des Abwägungsgebots trotz der Sonderbegrifflichkeit durchaus als mit demjenigen der „normalen" Ermessensfehlerlehre identisch erweist.

III. Die Elemente des rechtsstaatlichen Abwägungsgebots im Einzelnen

1. Zur Konkretisierung der Abwägungsregeln

a) Der rechtliche Kern des Abwägungsgebots

Zur näheren Erörterung von Einzelfragen ist kurz an den Kerngehalt des Abwägungsgebots zu erinnern (s. Rn. 2): **14**

Ein Bebauungsplan verstößt gegen das Gebot gerechter Abwägung im Sinne von § 1 Abs. 6 BauGB, wenn

(1) ein Abwägungsausfall,
(2) ein Abwägungsdefizit,
(3) eine Abwägungsfehleinschätzung oder
(4) eine Abwägungsdisproportionalität vorliegen.

Diesem Fehlerkatalog entsprechen die **Gebote**,

(1)* eine sachgerechte Abwägung überhaupt durchzuführen,
(2)* alle betroffenen Belange sorgfältig zu ermitteln und in die Abwägung einzustellen,
(3)* die abwägungsrelevanten Belange zutreffend zu gewichten und
(4)* einen vertretbaren Ausgleich der berührten Belange herzustellen.

Die beiden zuletzt genannten Gebote lassen sich wohl nur schwer voneinander **15** trennen. Jedenfalls liegt nur dann ein vertretbarer Ausgleich konfligierender Belange vor, wenn darin dem relativen (!) Gewicht dieser Belange angemessen Rechnung getragen ist. Zutreffend hat das Bundesverwaltungsgericht die Gebote (3)* und (4)* zu dem Gebot zusammengefasst,

„dass – drittens – weder die Bedeutung der betroffenen öffentlichen und privaten Belange verkannt noch der Ausgleich zwischen ihnen in einer Weise vorgenommen wird, die zur objektiven Gewichtigkeit einzelner Belange außer Verhältnis steht".[18]

---

16 Ausführlich *Koch* (Fn. 10).
17 S. auch *Alexy*, Ermessensfehler, JZ 1986, S. 701.
18 BVerwGE 48, S. 56 (64).

16 In dieser Formulierung klingt deutlich der Verhältnismäßigkeitsgrundsatz an, der bekanntlich auch eine maßgebliche Grenze für die Ausübung des sogenannten Rechtsfolgeermessens bildet. Die Nähe der Abwägungsfehlerlehre zur Ermessensfehlerlehre zeigt sich weiter darin, dass der Abwägungsausfall als „Ermessensnichtgebrauch" bekannt ist und die Vermeidung eines „Abwägungsdefizits" notwendige Bedingung einer dem Verhältnismäßigkeitsgrundsatz entsprechenden Ermessensentscheidung darstellt. So dürfte – ohne große Vertiefung des in diesem Felde erheblichen Begriffswirrwarrs[19] – die sachliche Identität von Ermessens- und Abwägungsfehlerlehre jedenfalls plausibel sein. Ein Beispiel aus dem Bereich des „normalen" Rechtsfolgeermessens mag dies noch verdeutlichen:

17 Wenn eine Verkehrsbeschränkung gemäß § 45 Abs. 1 Satz 2 Nr. 3 StVO aus Gründen des Schutzes der Wohnbevölkerung vor Lärm erwogen wird, so muss die zuständige Behörde

(1) überhaupt ihr Ermessen ausüben,
(2) die von der beabsichtigten Entscheidung berührten Belange sorgfältig ermitteln, also das Ausmaß der zu bekämpfenden Lärmbelastung der Wohnbevölkerung, die drohenden Beeinträchtigungen der Verkehrsbedürfnisse einschließlich der Verkehrssicherheit und mögliche Lärmbelastungen durch zu erwartende „Schleichverkehre",
(3) und schließlich einen vertretbaren Ausgleich der berührten Belange unter Berücksichtigung des Maßes und damit des Gewichts der Lärmbelastungen einerseits und der Beeinträchtigung von Verkehrsinteressen andererseits herbeiführen.

18 Die Schritte (2) und (3) sind dem Verfassungsrang genießenden Grundsatz der Verhältnismäßigkeit geschuldet. Das Spektrum der zu beachtenden Belange ergibt sich aus den konfligierenden Zielsetzungen der Ermessensermächtigung des § 45 Abs. 1 Satz 2 Nr. 3 StVO, die sich aus dem Normmaterial unschwer erschließen lassen.

19 So erweist sich – von später noch vorzunehmenden Ergänzungen abgesehen – als **Kerngehalt der Abwägungsfehlerlehre** und der **Ermessensfehlerlehre** der Grundsatz der Verhältnismäßigkeit. Treffend hat das Bundesverfassungsgericht formuliert:

„Das in (…) § 1 Abs. 6 BauGB festgelegte Abwägungsgebot erlaubt einen besonders flexiblen und dem Einzelfall gerecht werdenden Interessenausgleich unter maßgeblicher Berücksichtigung des Grundsatzes der Verhältnismäßigkeit."[20]

Darauf sollte man sich den Blick durch komplexe und obendrein divergente Terminologien zur Abwägungs- und Ermessensfehlerlehre nicht verstellen lassen. Die drei Elemente des Abwägungsgebots stellen gewiss eine gut brauch-

---
19 S. die vorzügliche Rekonstruktion von *Alexy* (Fn. 17).
20 BVerfGE 79, S. 174 (179).

bare Operationalisierung der vom Verhältnismäßigkeitsgrundsatz geprägten Abwägungsaufgabe dar. Allerdings sind die drei Teilanforderungen konkretisierungsbedürftig und -fähig.

b) Der Abwägungsausfall

Dass in einem Bebauungsplanverfahren eine Abwägung überhaupt nicht stattfindet, erscheint höchst unwahrscheinlich. Deshalb ist die Prüffrage dahin zuzuspitzen, ob jeweils eine **sachgerechte** Abwägung, eine Abwägung, die diesen Namen verdient, stattfindet bzw. stattgefunden hat. Mit dieser Problematik hat sich das Bundesverwaltungsgericht zunächst im sogenannten *Flachglas*-Fall (1) detailliert auseinandergesetzt. Das Gericht hat die Frage gestellt, ob und gegebenenfalls unter welchen Umständen **Vorabbindungen**, die im Vorfeld des Bebauungsplanverfahrens von der Gemeinde eingegangen werden, eine wahrhaft objektive Abwägung noch zulassen.

20

Nach den Feststellungen des Berufungsgerichts war die Entscheidung über den Standort der Fabrik auf Grund von Vorverhandlungen zwischen Gemeinde und Projektträger bereits vor Beginn des Bebauungsplanverfahrens gefallen. Hierzu bemerkt das Bundesverwaltungsgericht zunächst lebensnah: „Einer realistischen Einschätzung der Gegebenheiten drängt sich (...) die Erkenntnis auf, dass der für den Abwägungsvorgang entscheidende Zeitpunkt sehr häufig mehr von Bindung als von Freiheit beherrscht wird." Und: „Dem Planerfahren vorgeschaltete Besprechungen, Abstimmungen, Zusagen, Verträge u. a. m. können geradezu unerlässlich sein, um überhaupt sachgerecht planen und eine angemessene effektive Realisierung der Planung gewährleisten zu können. Das alles pauschal als gesetzwidrig abtun zu wollen, ginge an der Realität der Planungsvorgänge vorbei".[21]

21

Damit unvermeidliche Vorabentscheidungen **nicht** zu einem Abwägungs**ausfall** oder zu einem Abwägungs**defizit** führen, stellen die Richter Anforderungen an die Qualität der Vorausbindungen, die im Leitsatz folgendermaßen lauten:

22

„Eine Abwägung, die deshalb unzulässig ist, weil ihr planerische, sich aus rechtlichen oder tatsächlichen Gründen bindend auswirkende Festlegungen vorausgegangen sind, entspricht grundsätzlich nicht dem (Abwägungsgebot). Ein auf diese Weise entstehendes Abwägungsdefizit kann allerdings u. U. dadurch ausgeglichen werden, dass die Vorwegnahme der Entscheidung sachlich gerechtfertigt war, bei der Vorwegnahme die planungsrechtliche Zuständigkeitsordnung gewahrt wurde und die vorweggenommene Entscheidung auch inhaltlich nicht zu beanstanden ist. Das erfordert u.a., dass die vorweggenommene Entscheidung ihrerseits dem Abwägungsgebot (...) genügt."[22]

---

21 BVerwGE 45, S. 309 (317).
22 BVerwGE 45, S. 309.

Somit begründen nach der Rechtsprechung des Bundesverwaltungsgerichts Vorabbindungen der Gemeinde unter den genannten drei Bedingungen keinen Abwägungsausfall im nachfolgenden Bebauungsplanverfahren.[23]

23 Über die Frage eines möglichen Abwägungsausfalls hatte das Bundesverwaltungsgericht auch im *Volksfürsorge*-**Fall (4)** zu entscheiden, in dem es um die Planung für ein neues Bürogebäude für 5500 Mitarbeiter ging. Die planende Stadt Hamburg hatte den einzigen Projektentwurf des Vorhabenträgers ohne irgendeine Alternativplanung „abwägend nachvollzogen" und „bruchlos" in einen Bebauungsplan transformiert.

24 In dem der Entscheidung des Bundesverwaltungsgerichts zu Grunde liegenden Vorlagebeschluss des OVG Hamburg wird u. a. auf die hohe Interdependenz der Entscheidungskomponenten bei komplexen Planungsentscheidungen hingewiesen, die es vielfach ausschließe, einzelne Elemente des planerischen Konzepts zu modifizieren, ohne das gesamte Konzept zu gefährden. Dementsprechend werde sich bei einer alternativenlosen Planung die Bereitschaft einstellen, auch planerisch unbefriedigende Teilregelungen hinzunehmen und – um den Projektträger nicht zu verlieren – damit eine suboptimale Planung zu akzeptieren. Damit gerate die „planende" Gemeinde in eine Rolle, die eigentlich nur die der Gerichtsbarkeit sein sollte: nämlich auf die Einhaltung der äußersten Grenzen der planerischen Gestaltungsfreiheit (hier: des Projektträgers) zu achten. Das entspreche jedenfalls nicht dem gesetzlichen Planungsauftrag an die Träger der Planungshoheit. Insofern habe eine sachgerechte Abwägung, eine Abwägung, die diese Bezeichnung wahrhaft verdiene, gar nicht stattgefunden.

25 Das Bundesverwaltungsgericht ist dieser Ansicht nicht gefolgt, sondern hat mit großer Intensität betont, dass ein solches Vorgehen nicht ermessensfehlerhaft sei, ja, noch nicht einmal ein regelmäßiges Indiz für einen Abwägungsfehler darstelle.[24] Immerhin meint Bundesrichter *Gaentzsch* inzwischen, dass bei „so zustande gekommenen Bebauungsplänen (…) besonderer Anlass für die Frage (besteht), ob sie abwägungsfehlerfrei sind und nicht Ergebnis unzulässiger Vorwegbindungen der Gemeinde oder ungeprüfter Vorentscheidungen Dritter".[25] Diese berechtigte kritische Frage hat an praktischer Relevanz dadurch gewonnen, dass mit der Einführung des vorhabenbezogenen Bebauungsplans gemäß § 12 BauGB der *Volksfürsorge*-**Fall (4)** als Planungsmodell nunmehr gesetzlich etabliert worden ist.[26]

---

23 S. zum Ganzen auch *Schulze-Fielitz*, Das Flachglas-Urteil des Bundesverwaltungsgerichts, Jura 1992, S. 201.
24 BVerwG, DVBl. 1987, S. 1273; zustimmend in ihrem veröffentlichten Rechtsgutachten für die Freie und Hansestadt Hamburg *Hoppe/Beckmann*, Zur rechtlichen Unbedenklichkeit der alternativlosen Übernahme des Projektentwurfs eines privaten Vorhabenträgers durch die planende Gemeinde, DVBl. 1987, S. 1249.
25 *Gaentzsch*, BauGB, 1991, Teil D, Nr. 24.
26 Den *Volksfürsorge*-Fall sieht auch *Pietzcker*, Der Vorhaben- und Erschließungsplan, 1993, S. 39 Fn. 28, als Modell der neuen gesetzlichen Regelung an. Kritisch zu diesen Entwicklungen *Koch*, (Verfahrens-) Privatisierung im öffentlichen Baurecht, in: Hoffmann-Riem/Schneider (Hrsg.), Verfahrensprivatisierung im Umweltrecht, 1996, S. 170.

c) Das Abwägungsdefizit

Hinsichtlich des Gebots, in die Abwägung einzustellen, was nach Lage der Dinge zu berücksichtigen ist, hat das Bundesverwaltungsgericht in einer Entscheidung zur Antragsbefugnis im Normenkontrollverfahren (§ 47 Abs. 2 Satz 1 VwGO) interessante Präzisierungen entwickelt. Das Abwägungsmaterial sei „**tendenziell eher weit als eng**" abzugrenzen. Die beachtlichen privaten Interessen seien insbesondere nicht begrenzt „auf subjektive öffentliche Rechte oder auf das, was nach Art. 14 oder Art. 2 Abs. 2 GG verfassungsrechtlich gegen (entschädigungslose) Eingriffe geschützt ist"; so seien auch die Belange von **Mietern** und **Pächtern** in die Abwägung einzustellen, und auch die eigentumsrechtlich nicht geschützten Erweiterungsinteressen eines Gewerbebetriebes könnten abwägungserheblich sein.[27] Andererseits dürften Belange unberücksichtigt bleiben, die entweder „ – objektiv – geringwertig" oder deshalb nicht **schutzwürdig** seien, weil deren Träger sich „vernünftigerweise darauf einstellen müssen, dass ‚so etwas geschieht' und deshalb ihrem etwaigen Vertrauen in den Bestand oder Fortbestand etwa einer bestimmten Markt- oder Verkehrslage die Schutzwürdigkeit fehlt".[28] Abwägungsbeachtlich seien im Übrigen nur „solche Betroffenheiten, die erstens mehr als geringfügig, zweitens in ihrem Eintritt zumindest wahrscheinlich und drittens – dies vor allem – für die planende Stelle bei der Entscheidung über den Plan als abwägungsbeachtlich erkennbar sind".[29]

26

Ein deutlicheres und strengeres Anforderungsprofil hat das „Einstellungsgebot" erst mit den Entscheidungen zum Umweltschutz erhalten, und zwar vor allem im Zusammenhang mit der **Altlastenrechtsprechung** des BGH. In dieser Rechtsprechung geht es um Amtshaftungsansprüche gegen Gemeinden, die Altlasten unterschiedlicher Art und Entstehung mit Wohngebietsfestsetzungen überplant haben.[30] Die Frage nach möglichen Amtspflichtverletzungen führt natürlich zunächst zur Frage nach überhaupt bestehenden Amtspflichten und damit – planungsrechtlich gesprochen – zur „Einstellungspflicht".

27

Nach der Rechtsprechung des BGH ist einem Altlasten-„Verdacht" nachzugehen und eine erkannte Altlastenproblematik aufzuklären.[31] Dabei stellt sich zunächst – erstens – die schwierige Frage, welche „Qualität" Verdachtsmomente haben müssen, um eine **Erkundungspflicht** auszulösen. Insoweit hat der BGH klargestellt, dass die Gemeinde jedenfalls nicht „ins Blaue hinein"[32] ermitteln müsse. Weiteres lässt sich schwer abstrakt fixieren. Problematisch bleibt auch – zweitens – die Frage, in welcher **Intensität** die Gemeinde Verdachtsmomenten nachgehen und eine Altlastproblematik aufklären muss.

28

---

27 BVerwGE 59, S. 87 (101 f.).
28 BVerwGE 59, S. 87 (103).
29 Bestätigung der früheren Judikatur in BVerwG, DVBl. 1999, S. 100.
30 S. für Einzelheiten *Koch/Schütte*, Bodenschutz und Altlasten in der Bauleitplanung, DVBl. 1997, S. 1415 mit Nachweisen der BGH-Judikatur in Fn. 5.
31 BGHZ 106, S. 323 (329).
32 BGHZ 113, S. 367 (371).

Grundsätzlich wird man eine Aufklärung insoweit fordern müssen, dass eine mit Blick auf die beabsichtigte Festsetzung nutzungsadäquate Sanierung gewährleistet erscheint. Mit Blick auf die u. U. immensen Kosten von Gefahrerforschungsmaßnahmen bleibt allerdings festzuhalten, dass die Gemeinde als Planungsträgerin nur dann und in dem Maße Gefahrerforschung betreiben muss, wie sie entsprechende Nutzungen als zulässig festsetzen möchte. Sie kann auch von einer substanziellen Überplanung absehen und die Flächen als Altlastenflächen gemäß § 9 Abs. 5 Nr. 3 BauGB kennzeichnen.

29 Verschärfte Anforderungen an das „Einstellungsgebot", also an die Ermittlungspflichten, werden in der Rechtsprechung auch bezüglich möglicher Eingriffe in Natur und Landschaft betont.[33] Mit Blick auf die einzelnen Elemente des in der Bauleitplanung integrierten „Konfliktlösungsmodells" der Eingriffsregelung heben die Bundesrichter die spezifischen Ermittlungspflichten hervor. Die Gemeinde habe dem „vorfindlichen Zustand von Natur und Landschaft und damit dem berührten Integritätsinteresse nachzugehen". Sie habe Möglichkeiten der sachgerechten Bewältigung der voraussichtlichen Eingriffsfolgen durch Ausgleichs- und Ersatzmaßnahmen zu erwägen.[34]

30 Teilweise bestehen auch sehr strenge Anforderungen an die Ermittlungs- bzw. Einstellungspflichten hinsichtlich schädlicher Umwelteinwirkungen. Je stärker ein Bebauungsplan vorhabenbezogen ist, umso stärker werden auch die möglichen schädlichen Umwelteinwirkungen ermittelt werden können und müssen. Das gilt im besonderen Maße für Lärm, für dessen unterschiedliche Quellen – Verkehr, Gewerbe, Freizeit – nicht nur unterschiedliche Orientierungs- bzw. Grenzwerte zur rechtlichen Bewertung (auch schon im Bebauungsplanverfahren), sondern auch präzise Prognosemodelle zur – vorrangigen – Ermittlung der möglichen Lärmauswirkungen verfügbar sind. Besonders deutlich wird die sehr spezifische Ermittlungspflicht bei der Bebauungsplanung für eine Straße.[35] Aber auch bei anderen vorhabenbezogenen Planungen werden an die Immissionsprognosen strenge Anforderungen gestellt.[36]

d) Die Abwägungsdisproportionalität und die Optimierungsgebote

31 aa) Grundsätzlich kommt den Belangen, die gemäß der nicht abschließenden Aufzählung in § 1 Abs. 5 BauGB von der Gemeinde abwägend zu bedenken sind, ein **abstrakt gleicher Rang** zu. Der Ausgleich zwischen konfligierenden Interessen hat daher grundsätzlich nur einzelfallbezogen in Ansehung der konkreten Umstände unter Beachtung des Verhältnismäßigkeitsgrundsatzes zu erfolgen. Von diesem Grundsatz ist das Bundesverwaltungsgericht vor einiger Zeit abgerückt und hat unter dem Stichwort des **Optimierungsgebots**

---

33 BVerwGE 104, S. 68; zu Umfang und Einzelheiten der Ermittlung von Auswirkungen auf Natur und Landschaft: BVerwG, ZfBR 1997, S. 261 f.
34 BVerwG, DVBl. 1997, S. 1112 (1114 f.).
35 Die 16. und 24. BImSchV zwingen zu detaillierten Prognosen.
36 Vgl. VGH BW, RspDienst 1998, Beilage 5, B 1–2; OVG NW, VBl. 1996, S. 135.

Belange entdeckt, denen nach der Rechtsordnung zwar kein abstrakter Vorrang, aber ein besonderes Gewicht zukomme. Man wird von Belangen mit einem **relativen abstrakten Vorrang** sprechen können, zu deren Lasten Nutzungskonflikte nur mit besonderen Argumenten entschieden werden dürfen.[37] Optimierungsgebote in diesem Sinne engen daher den Abwägungsspielraum im Widerstreit konfligierender Nutzungsziele deutlich ein. Sie erleichtern der planenden Gemeinde die Begründung einer gerechten Abwägung und bieten einen klaren Maßstab für die gerichtliche Kontrolle.

Als Optimierungsgebote hat das Bundesverwaltungsgericht zunächst den Schutz empfindlicher Nutzungen vor schädlichen Umwelteinwirkungen (§ 50 BImSchG)[38] sowie den Schutz von Natur und Landschaft vor Eingriffen (§ 8 BNatSchG)[39] anerkannt. Demgegenüber ist der durch § 1a Abs. 2 Nr. 2 BauGB in das Bauplanungsrecht integrierten naturschutzrechtlichen Eingriffsregelung die Aufwertung zum Optimierungsgebot verweigert worden.[40] Eher beiläufig sind der dringende Wohnbedarf i. S. von § 1 Abs. 1 Satz 1 des aufgehobenen BauGB-MaßnG[41] sowie das Bodenschutzgebot des § 1 Abs. 5 Satz 3, 4 BauGB a. F.[42] genannt. Einigermaßen aus dem Rahmen fällt eine Entscheidung aus dem Jahre 1993, die die Bemühungen der Rechtsprechung um eine „gewichtungsmäßige" Differenzierung zwischen den Belangen sozusagen ohne Vorwarnung für völlig verfehlt erklärt. Das Gericht formuliert sogar leitsätzlich wie folgt:

„Ein auch nur relativer Vorrang eines in § 1 Abs. 6 Satz 2 BBauG (§ 1 Abs. 5 Satz 2 BauGB) benannten Belanges gegenüber einem anderen lässt sich nicht abstrakt festlegen."[43]

In den Gründen heißt es dazu lapidar, dass das Normenkontrollgericht einen Belang zu Unrecht „in den Rang dessen erhebt, was in Anlehnung an das allgemeine Fachplanungsrecht als Optimierungsgrundsatz anzusehen wäre (… BVerwGE 71, 163 [165])". In der Rechtsprechung sei demgegenüber geklärt, dass es solche Vorrange nicht gebe, meinen jedenfalls die Bundesrichter unter Hinweis auf die frühe *Hagenbeck*-Entscheidung.[44]

In dieser Lage ist es angezeigt, die Literatur zu Rate zu ziehen, die sich seit einiger Zeit um eine methodische Anlayse der neu entdeckten Optimierungs-

32

---

37 *Koch*, Immissionsschutz durch Baurecht, S. 63 ff.; jeglichen abstrakten Vorrang verneint *Stüer* (Fn. 3), Rn. 710.
38 BVerwGE 71, S. 163 (164 f.).
39 BVerwG, NVwZ 1991, S. 69; BVerwGE 85, S. 348 (362 f.).
40 BVerwGE 104, S. 68 (74 f.).
41 BVerwG, BauR 1993, S. 572.
42 *Söfker*, Baugesetzbuch und Umweltschutz, UPR 1987, S. 201 (202); *Gassner*, Naturschutz im neuen Baugesetzbuch, UPR 1987, S. 249.
43 BVerwGE 92, S. 231 (232).
44 BVerwGE 92, S. 231 (239) mit Hinweis auf E 47, S. 144 (148).

gebote bemüht.⁴⁵ Darauf ist zunächst näher einzugehen; sodann sind die einzelnen Belange, denen ein besonderes Gewicht zugemessen wird, näher zu betrachten.

33 bb) Der **Begriff des Optimierungsgebots** ist von *Alexy* mit sehr detaillierter Begründung in die Diskussion um die Struktur einer Abwägung **im Verfassungsrecht** eingeführt worden, und zwar im Rahmen der „Theorie der Grundrechte".⁴⁶ Bekanntlich besteht innerhalb der Grundrechte keine Rangordnung, sie sind abstrakt gleichrangig – wie grundsätzlich auch die im Rahmen der Bebauungsplanung abzuwägenden Belange. Im Falle konfligierender grundrechtsgeschützter Verhaltensweisen ist ein Ausgleich im konkreten Fall durch Abwägung zu finden (sogenannte praktische Konkordanz). Dabei fungieren die Grundrechte nach *Alexys* Ansicht als **Optimierungsgebote**, die gebieten, dass die grundrechtlichen Schutzgüter relativ auf die rechtlichen und tatsächlichen Möglichkeiten in möglichst hohem Maße realisiert werden. Damit ist allerdings nicht gemeint, dass die staatliche Gewalt zu einer aktiven „Grundrechtspolitik" verpflichtet sei,⁴⁷ sondern dass im Widerstreit grundrechtlicher Betätigungen Gesetzgebung, Verwaltung und Rechtsprechung gehalten sind, möglichst viel von den konfligierenden grundrechtlichen Schutzgütern zu gewährleisten. Die zahlreichen Konflikte beispielsweise zwischen Meinungsäußerungsfreiheit und allgemeinem Persönlichkeitsrecht sind so zu lösen, dass ein möglichst hohes Maß an Persönlichkeitsschutz **und** an Meinungsäußerungsfreiheiten bewahrt wird. Das kann letztlich nur in der Weise geschehen, dass für bestimmte Fallgruppen die Meinungsäußerungsfreiheit, für andere Fallgruppen der Schutz des Persönlichkeitsrechts Vorrang erhalten.⁴⁸

34 Überträgt man diese Überlegungen auf die Abwägung im Bauplanungsrecht, so lässt sich die der Gemeinde durch § 1 Abs. 5 und 6, § 1a BauGB aufgegebene Abwägung der betroffenen Belange ebenso rekonstruieren wie die Abwägung im Falle von Grundrechtskollisionen. Daher lässt sich – in der Terminologie *Alexys* – sagen, dass der ganze Katalog der §§ 1 Abs. 5, 6 sowie 1a BauGB **Optimierungsgebote** enthält.⁴⁹ Dies ist aber gerade nicht die Terminologie des

---

45 *Funke*, Die Lenkbarkeit von Abwägungsvorgang und Abwägungsergebnis zugunsten des Umweltschutzes, DVBl. 1987, S. 511; *Blumenberg*, Neuere Entwicklungen zu Struktur und Inhalt des Abwägungsgebotes im Bauplanungsrecht, DVBl. 1989, S. 86; *Pfeifer*, Regeln und Prinzipien im Bauplanungsrecht, DVBl. 1989, S. 337; *Ibler*, Die behördlichen Abwägungsspielräume bei der Bauleitplanung und Planfeststellung, JuS 1990, S. 7; *Hoppe*, Die Bedeutung von Optimierungsgeboten im Planungsrecht, DVBl. 1992, S. 853; *Sendler*, Die Bedeutung des Abwägungsgebotes in § 1 Abs. 6 BauGB für die Berücksichtigung der Belange des Umweltschutzes in der Bauleitplanung, UPR 1995, S. 41; *Hoppe*, „Verwirrung" und „Entwirrung" beim Abwägungsgebot (§ 1 Abs. 6 BauGB), UPR 1995, S. 201; *Bartlsperger*, Planungsrechtliche Optimierungsgebote, DVBl. 1996, S. 1.
46 Nach verschiedenen Vorarbeiten zusammenfassend und vertiefend: *Alexy* (Fn. 15), S. 75 ff.; s. auch *Koch/Rüßmann* (Fn. 8), S. 97 ff., 244 ff.
47 Die Frage nach der staatlichen Verpflichtung zu einer aktiven „Grundrechtspolitik" betrifft die sogenannten grundrechtlichen Schutzpflichten, deren Existenz *Alexy* (Fn. 15) mit Recht bejaht, S. 395 ff.
48 Für eine präzisere Rekonstruktion s. *Koch/Rüßmann* (Fn. 8), S. 97 ff.
49 S. auch *Hoppe* (Fn. 45), DVBl. 1992, S. 854 Fn. 14.

Bundesverwaltungsgerichts, das ohne Bezugnahme auf die bekannte grundrechtliche Diskussion einen offenkundig anderen Begriff von Optimierungsgebot eingeführt hat: Mit dem Ausdruck „Optimierungsgebot" möchten die Richter nur wenige der abwägungsbeachtlichen Belange herausheben, nämlich solche, denen ein **besonderes Gewicht in der Abwägung** zukommt:

„Die Bedeutung solcher Vorschriften besteht darin, den in ihnen enthaltenen Zielvorgaben ein besonderes Gewicht zuzumessen und insoweit die planerische Gestaltungsfreiheit einzuschränken. Bei der Prüfung, ob derartige Belange in einer Weise fehlgewichtet sind, die mit ihrem objektiven Gewicht schlechterdings nicht zu vereinbaren ist, muss diese gesetzliche Vorgabe beachtet werden."[50] 35

Solche Belange, die das Bundesverwaltungsgericht „Optimierungsgebote" nennt, sollen zwar zweifelsfrei **keinen absoluten Vorrang** genießen, sie sollen jedoch aus den sonstigen, abstrakt gleichrangigen Belangen durch ein besonderes Gewicht herausragen. Danach bietet es sich an, diesen Belangen einen **relativen abstrakten Vorrang** mit der Konsequenz zuzuweisen, dass ihre planerische „Überwindung" bzw. „Zurücksetzung" **besonderer Gründe** bedarf. Sie haben gleichsam die **Vermutung der Vorrangigkeit** für sich, ihre Überwindung ist mit einer **spezifischen Argumentationslast** verbunden.[51] In der Terminologie von *Alexy* handelt es sich dabei um **Optimierungsgebote mit einem prima-facie-Vorrang**.[52] 36

Hoppe hat unter berechtigter Bezugnahme auf manche Formulierung in der Rechtsprechung eine weitere Differenzierung vorgeschlagen. Er möchte zwischen den „normalen", abstrakt gleichrangigen Belangen auf der einen Seite und den zwingenden, jeder Abwägung entzogenen sogenannten **Planungsleitsätzen** auf der anderen Seite **zwei Vorrangstufen** unterscheiden.[53] Auf der ersten (hervorgehobenen) Rangstufe sollen die eben erörterten Optimierungsgebote mit prima-facie-Vorrang stehen, auf der zweiten Rangstufe diejenigen Belange, die möglichst weitgehend, möglichst vollständig im Sinne einer **Maximierung** verwirklicht werden sollen. Gleichwohl soll die Normierung dieser Belange nicht im Sinne strikter, jeder Abwägung entzogener Rechtssätze zu verstehen sein. 37

In der Rechtsprechung finden sich tatsächlich ähnliche Ansatzpunkte. So heißt es in der grundlegenden Entscheidung zur Bindung der Gemeinden an die Ziele der Raumordnung (§ 1 Abs. 4 BauGB), mit dem Anpassungsgebot werde nicht bloß ein Optimierungsgebot vergleichbar mit der Bodenschutzklausel ausgedrückt. Erst recht wäre es verfehlt, „den Sinngehalt des § 1 Abs. 4 BauGB darauf zu reduzieren, dass den Zielen der Raumordnung und Landesplanung 38

---

50 BVerwGE 71, S. 163 (165).
51 *Koch* (Fn. 37), S. 64; *Pfeifer* (Fn. 45), S. 343; *Blumenberg* (Fn. 45), S. 93; *Sendler* (Fn. 45); a.A. dezidiert: *Hoppe* (Fn. 45), DVBl. 1992, S. 856 (859) und wohl auch *Funke* (Fn. 45), S. 515 f.
52 *Alexy* (Fn. 15), S. 89 f.
53 Besonders klar *Hoppe* (Fn. 45), UPR 1995, S. 203; kritisch *Sendler* (Fn. 45).

im Verhältnis zu anderen Belangen ein Gewichtungsvorrang attestiert wird".[54] Danach scheint ein Optimierungsgebot weniger zu gebieten als striktes Recht, jedoch mehr als ein Gewichtungsvorrang. Es empfiehlt sich nicht, diesen Ansätzen zu folgen, weil diese feinsinnigen Unterscheidungen keinesfalls praktikabel, vermutlich auch nicht theoretisch rekonstruierbar sind.

39 Trotz gewisser terminologischer Differenzen ist damit – auf der Hauptlinie der Judikatur des Bundesverwaltungsgerichts – in der Sache hinreichend Klarheit erzielt: **Zur Vermeidung einer Abwägungsfehleinschätzung und einer Abwägungsdisproportionalität ist die spezifische Argumentationslast zu beachten, die Optimierungsgebote mit prima-facie-Vorrang statuieren.** Die Frage bleibt, welchen Belangen ein solcher relativer abstrakter Vorrang zukommt.

40 cc) Wie bereits mehrfach erwähnt, hat das Bundesverwaltungsgericht seine Judikatur zu den sogenannten Optimierungsgeboten mit einer Entscheidung zu § 50 BImSchG begonnen.[55] Ob diese Norm wirklich dem Schutz von Wohn- und sonstigen schutzbedürftigen Gebieten vor schädlichen Umwelteinwirkungen einen besonderen Rang zuweist, ist durchaus umstritten.[56] Gerade die gesetzliche Formulierung, dass schädliche Umwelteinwirkungen „soweit wie möglich" vermieden werden sollen, lässt sich zwanglos im Sinne eines „einfachen" Optimierungsgebots ohne prima-facie-Vorrang deuten, denn es ist für jegliches einfache Optimierungsgebot typisch, dass es irgendwo an gegenläufigen Belangen seine Grenze finden muss. Berücksichtigt man allerdings den gesetzlichen Sprachgebrauch, demzufolge nur wenige Belange mit Formulierungen wie „soweit wie möglich" ersichtlich herausgehoben werden, dürfte von einem prima-facie-Vorrang (Optimierungsgebot) auszugehen sein.

41 § 1a Abs. 1 BauGB gebietet einen sparsamen und schonenden Umgang mit Grund und Boden. Diese Bodenschutzklausel, die in ähnlicher Form vor der Änderung des BauGB durch das BauROG in § 1 Abs. 5 Satz 3 BauGB a.F. enthalten war, wurde ganz überwiegend als ein Optimierungsgebot mit prima-facie-Vorrang angesehen, weil sie aus den im Belangekatalog ohnehin aufgeführten Belangen des Naturschutzes und der Landschaftspflege noch einmal herausgegriffen, gesondert aufgeführt und dadurch besonders hervorgehoben wurde.[57] Auch das geltende Recht führt den Bodenschutz in § 1a Abs. 1 BauGB gesondert auf. Ergänzend gilt nunmehr ausdrücklich, dass die Bodenversiegelung auf das notwendige Maß zu beschränken ist. Es bleibt daher dabei, dass dem Bodenschutz eine besondere Stellung innerhalb der Abwägungsbelange eingeräumt ist, welche sachgerecht am besten als Kodifizierung eines Optimierungsgebotes mit prima-facie-Vorrang verstanden werden kann. Eine Aus-

---

54 BVerwGE 90, S. 329 (332).
55 BVerwGE 71, S. 163 (165), zustimmend m.w.N. *Jarass*, BImSchG, 4. Aufl. 1999, § 50, Rn. 1.
56 Kritisch: *Trute*, Vorsorgestrukturen und Luftreinhalteplanung im Bundesimmissionsschutzgesetz, 1989, S. 191 f.; *Koch* (Fn. 37), S. 65 f.; umfassend und differenziert GK-BImSchG-*Schulze-Fielitz*, § 50, Rn. 145 ff.
57 BVerwGE 90, S. 329, 332.

dehnung des überbauten Innenbereichs bedarf daher einer besonderen Rechtfertigung, die insbesondere darlegt, warum innerörtliche Entwicklungsmöglichkeiten nicht zur Verfügung stehen bzw. nicht genutzt werden sollen.[58]

Das Bundesverwaltungsgericht hat inzwischen der **naturschutzrechtlichen Eingriffsregelung** des § 8 BNatSchG ein Gebot der Eingriffsminimierung entnommen, dem die abwägungsspezifische Rolle eines Optimierungsgebots mit prima-facie-Vorrang zukommen soll. Die teilweise schwer rekonstruierbare Judikatur des Bundesverwaltungsgerichts enthält jedenfalls die eindeutige Aussage, dass „den Zielvorgaben des Bundesnaturschutzgesetzes (...) im Sinne eines Optimierungsgebots ein besonderes Gewicht beizumessen" sei.[59] Diese Regelung wurde bekanntlich mit § 8a BNatSchG a. F. – eingeführt durch das Investitionserleichterungs- und Wohnbaulandgesetz vom April 1993 – in das Recht der Bauleitplanung mit der Maßgabe integriert, dass über die Anforderungen der Eingriffsregelung „in der Abwägung nach § 1 Abs. 6 BauGB" zu entscheiden sei. Daraus und aus der Entstehungsgeschichte wurde in der überaus kontroversen Diskussion teilweise gefolgert, dass der Eingriffsregelung in der Bauleitplanung lediglich der Charakter eines einfachen Belangs, nicht jedoch der eines Optimierungsgebots zukomme.[60]

42

Das Bundesverwaltungsgericht hat nunmehr befunden, dass die Belange von Naturschutz und Landschaftspflege keinen abstrakten Vorrang genießen. Das gelte sowohl für das Vermeidungs- wie für das Ausgleichsgebot.[61] Im Übrigen sei es auch „falsch oder zumindest missverständlich, § 8a Abs. 1 Satz 1 BNatSchG als ein Optimierungsgebot zu bezeichnen".[62] Dies sei in der Beschlussempfehlung des federführenden Ausschusses explizit zum Ausdruck gebracht worden. Auf der anderen Seite bedeute die neue „Einbindung" der Eingriffsregelung in § 1a BauGB nicht, dass es „planerischer Beliebigkeit" überlassen sei, ob die Elemente der Eingriffsregelung im Rahmen der Abwägung zum Tragen kommen. Aus Art. 20a GG, weiterhin aus dem komplexen Konfliktbewältigungsmodell der naturschutzrechtlichen Eingriffsregelung sowie schließlich aus der Tatsache, dass diese Regelung „eines der programmatischen Hauptziele" jeder Bauleitplanung, nämlich den Schutz der natürlichen Lebensgrundlagen im Sinne von § 1 Abs. 5 Satz 1 BauGB, konkretisiert, folgert das Gericht, dass die Belange von Naturschutz und Landschaftspflege „in der Abwägung mit erheblichem Gewicht zu Buche schlagen".[63] Man wird den Unterschied dieser Qualifizierung zu einer Einordnung als Optimierungsgebot auch mit der juristischen Lupe kaum finden. Das Gericht ist vielmehr stark in

43

---

58 Battis/Krautzberger/Löhr, BauGB, 7. Aufl. 1999, -*Krautzberger*, § 1a, Rn. 8.
59 BVerwG, NVwZ 1991, S. 69 (70 r.Sp.); BVerwGE 85, S. 348 (362); zu den begrifflichen Ungereimtheiten in der Judikatur *Koch* (Fn. 37), S. 19 ff.
60 In diesem Sinne *Runkel*, Das Verhältnis der naturschutzrechtlichen Eingriffsregelung zum Baurecht nach dem Investitionserleichterungs- und Wohnbaulandgesetz, UPR 1993, S. 203 (204); s. im Übrigen die Beiträge in: Bauer/Schink (Hrsg.), Die naturschutzrechtliche Eingriffsregelung in der Bauleitplanung, 1996.
61 BVerwGE 104, S. 68 = DVBl. 1997, S. 1112.
62 BVerwG, DVBl. 1997, S. 1112 (1113).
63 BVerwG, DVBl. 1997, S. 1112 (1113).

die Nähe seiner früheren Judikatur zum „Original" der Eingriffsregelung in § 8 BNatSchG gerückt, wo die Richter ein „Minimierungsgebot im Sinne eines Optimierungsgebots" erkannt haben.[64]

44 Nachdem die Rolle der Eingriffsregelung in der Bauleitplanung nunmehr im BauGB selbst normiert ist, nämlich in § 1a Abs. 2 Nr. 2 BauGB, und zugleich dem Umweltschutz entsprechend Art. 20a GG durch die Verankerung des Nachhaltigkeitsprinzips in § 1 Abs. 5 Satz 1 BauGB ein zusätzliches Gewicht verliehen worden ist, wird es dabei zu bleiben haben, dass die Eingriffsregelung „mit erheblichem Gewicht" in die Abwägung nach § 1 Abs. 6 BauGB einzustellen ist.

2. Sonstige Regeln gerechten Abwägens

45 Die Bemühungen, das Gebot gerechter Abwägung weiter zu präzisieren, haben insbesondere zu zwei Regeln geführt, die fast als „etabliert" gelten dürfen, zugleich aber in ihrem Gehalt und ihrer Eigenständigkeit nicht hinreichend bestimmt erscheinen, nämlich dem **Gebot der Rücksichtnahme** (a) und dem **Gebot der Konfliktbewältigung** (b).

a) Das Gebot der Rücksichtnahme

46 Das Gebot der Rücksichtnahme, das auch – wenn nicht gar vornehmlich – im Rahmen der bauplanungsrechtlichen Zulässigkeitstatbestände der §§ 30 ff. BauGB eine Rolle spielt,[65] besagt wohl kaum anderes als der Verhältnismäßigkeitsgrundsatz. Das lässt sich am *Hagenbeck*-**Fall (2)** erläutern.

47 Nachdem die Richter festgestellt haben, dass für das Verhältnis von Wohnbebauung und öffentlichen Verkehrsflächen ein räumlicher Trennungsgrundsatz, wie er für das Verhältnis von Wohngebieten und Industriegebieten gelte, nicht anzuerkennen sei, wird der erkennbar schwächere Grundsatz bemüht, „dass das Nebeneinander verschiedener Gebietsarten und (...) verschiedener Nutzungsarten innerhalb eines Plangebiets allgemein dem sie verflechtenden Gebot der Rücksichtnahme" unterliegt.[66] Sodann wird anhand von Bestimmungen der BauNVO dargetan, dass den allgemeinen Wohngebieten ein hohes Maß an Rücksichtnahme zustehe. Dies habe das Berufungsgericht verkannt, weshalb es bei der Abwägung mit den öffentlichen Verkehrsinteressen habe fehlgehen müssen.

48 Damit wird dem Berufungsgericht vorgehalten, den Belang der Wohnruhe nicht mit dem ihm zukommenden Gewicht in die Abwägung eingestellt zu haben. Unter Berücksichtigung der späteren Rechtsprechung zu § 50 BImSchG könnte man sagen, das Berufungsgericht habe verkannt, dass die Wohnruhe im Range eines Optimierungsgebots in die Abwägung einzustellen war.

---

64 BVerwG, NVwZ 1991, S. 69 (70); BVerwGE 85, S. 348 (362); bestätigt in E 104, S. 144.
65 Vgl. unten §§ 26, 28.
66 BVerwGE 47, S. 144 (150).

Das alles sind keine gegenüber dem Abwägungsgebot selbstständigen Gesichtspunkte. Es ist deshalb sehr zu begrüßen, dass das Bundesverwaltungsgericht kürzlich klargestellt hat, dass für das Gebot der Rücksichtnahme kein Raum neben dem Abwägungsgebot sei.[67] Dies ist ein erfreulicher Schritt zur Vereinfachung der Abwägungsjudikatur.

b) Das Gebot der Konfliktbewältigung

Im *Kraftwerks*-**Fall (3)** erklärt das OVG Berlin den Bebauungsplan wegen Verletzung „des im Zusammenhang mit dem Abwägungsgebot stehenden Grundsatzes der Konfliktbewältigung" für nichtig. Eine Bemerkung *Weyreuthers*[68] aufgreifend, verlangen die Richter von jedem Bebauungsplan, „dass er die ihm anzurechnenden Konflikte bewältigt".[69] Insofern sei es unzulässig, dass „der Plangeber die Frage der Umweltbelastung in vollem Umfange in das immissionsschutzrechtliche Genehmigungsverfahren verlagert hat".[70] Vielmehr habe der Plangeber „die zur Konfliktbewältigung geeigneten immissionsschutzrechtlichen Regelungen in den Bebauungsplan" aufnehmen müssen. Als zulässige, konfliktbewältigende planerische Festsetzungen nennt das Gericht u. a.:

- verbindliche Reduktions- und Stilllegungsanordnungen in Bezug auf vorhandene Anlagen,
- Emissionsgrenzwerte für die wichtigsten Schadstoffe,
- Verbote der Verwendung bestimmter Heizstoffe und
- die Festsetzung der Stellung baulicher Anlagen.

In einem obiter dictum zu einer unstatthaften Nichtvorlagebeschwerde gegen die Entscheidung des Oberverwaltungsgerichts lässt das Bundesverwaltungsgericht deutlich erkennen, dass es eine Verlagerung der Bewältigung der immissionsschutzrechtlichen Probleme in das immissionsschutzrechtliche Genehmigungsverfahren, „das gerade der Bewältigung der Immissionskonflikte dient", als grundsätzlich rechtmäßig ansieht.[71]

Eines der ersten einschlägigen Urteile ist im *Hagenbeck*-**Fall (2)** ergangen.[72] Zur Belastung des der Verkehrsflächenausweisung benachbarten Wohngrundstücks heißt es: „Macht der Bebauungsplan zur Verwirklichung der von ihm verfolgten planerischen Ziele Festsetzungen erforderlich, die sich in ihrer Auswirkung auf Nachbargrundstücke nach ihrer Schwere wie eine Enteignung darstellen, so darf der darin zum Ausdruck kommende Interessenkonflikt nicht einfach unbewältigt bleiben oder auf dem Weg des geringsten Widerstandes zu

---
67 BVerwG, DVBl. 1999, S. 100.
68 *Weyreuther*, Das bebauungsrechtliche Gebot der Rücksichtnahme und seine Bedeutung für den Nachbarschutz, BauR 1975, S. 1 (5).
69 OVG Berlin, DVBl. 1984, S. 147 (148).
70 OVG Berlin, DVBl. 1984, S. 147.
71 BVerwGE 69, S. 30 (34).
72 Zur Geschichte des Gebots der Konfliktbewältigung informativ und treffend *Sendler*, Zum Schlagwort von der Konfliktbewältigung im Planungsrecht, WiVerw 1985, S. 211.

Lasten des derart schwer betroffenen Nachbarn gelöst werden."[73] Entweder müsse schonender geplant oder die zulässige Nutzung des Wohngrundstücks mit der gesetzlichen Entschädigungsfolge aufgehoben oder geändert werden.[74] An dieser Entscheidung ist zunächst wesentlich, dass es sich um einen Fall handelt, in welchem dem Bebauungsplanverfahren **kein Verfahren** gesetzlich **nachgeschaltet** ist, das eine weitere Konfliktbewältigung zwischen der vorhandenen Wohnbebauung und der Verkehrsflächenausweisung ermöglicht. Darin liegt der entscheidende Unterschied zum *Kraftwerks*-Fall (3), in dem zur Umsetzung des Planes ein weiteres, der Lösung der Immissionsproblematik bestimmtes Verfahren zwingend nachfolgt, nämlich das immissionsschutzrechtliche Genehmigungsverfahren.

53 Gerade weil im *Hagenbeck*-Fall (2) eine weitere Konfliktbewältigung gar nicht möglich ist, erscheint die Einführung des Grundsatzes der Konfliktbewältigung gänzlich überflüssig. Das Bundesverwaltungsgericht hätte sich mit dem Hinweis begnügen können, dass bei einer gewissen Stärke der Belastungen des Wohngrundstücks das Interesse an gesunden Wohnverhältnissen zu Unrecht den Bedürfnissen des (ruhenden) Verkehrs untergeordnet werde, mithin eine **Abwägungsdisproportionalität** vorliege.

54 Nur dann – so zeigt der *Hagenbeck*-Fall (2) –, wenn dem Bebauungsplanverfahren ein Verwaltungsverfahren nachfolgt, das geeignet ist, planerisch nicht abschließend gelöste Interessenkonflikte zu bewältigen, lässt sich die Frage stellen, ob gerade mit Rücksicht auf das nachfolgende Verfahren **trotz unvollständigen Interessenausgleichs** kein Verstoß gegen das Gebot gerechter Abwägung vorliegt. Unter dem Stichwort „Gebot der Konfliktbewältigung" wird mithin darüber verhandelt, ob das Abwägungsgebot strikt anzuwenden oder eine partielle Problemverschiebung „auf noch nachfolgende Verfahren zulässig ist". Wer für das Gebot der (planerischen) Konfliktbewältigung eintritt, beruft sich also nicht auf eine zusätzliche Abwägungsregelung, sondern auf eine extensive Anwendung des Abwägungsgebots. Wer dem Gebot der Konfliktbewältigung kritisch gegenübersteht, befürwortet eine im beschriebenen Sinne restriktive Anwendung des Abwägungsgebots. Die letztgenannte Position ist grundsätzlich zutreffend; allerdings liegen ungelöste Probleme im Detail:

55 Der Bebauungsplan steht „an einer bestimmten Stelle eines mehrstufigen Planungs- und Entscheidungssystems, an der ihm Entscheidungen durch höherstufige Pläne vorgegeben sind, während andere Entscheidungen begleitenden Plänen sowie nachgeordneten Genehmigungsverfahren nach dem Immissionsrecht oder dem Bauordnungsrecht vorbehalten bleiben".[75] In diesem System von Entscheidungsverfahren hat jede Stufe ihren **spezifischen Beitrag zur Konfliktbewältigung** zu leisten. Eine – ohnehin nicht mögliche – umfassende Problembewältigung durch den Bebauungsplan entspricht nicht der rechtlich vorgesehenen Entscheidungsstufung. Das planerische Gebot gerech-

---
73 BVerwGE 47, S. 144 (155).
74 BVerwGE 47, S. 144 (156).
75 *Gierke*, Urteilsanmerkung, DVBl. 1984, S. 149 (150 r.Sp).

ter Abwägung kann mithin nur auf das dem Bebauungsplan aufgegebene Maß an Problembewältigung bezogen werden. Wie aber ist dieses Maß zu bestimmen?

Der einschlägigen Rechtsprechung zum **Verhältnis Bebauungsplan/Baugenehmigungsverfahren** ist bislang nur zu entnehmen, dass der Plangeber mit der Folge „planerische Zurückhaltung" üben dürfe, dass wegen noch offener Konflikte im Baugenehmigungsverfahren auf jeweils benachbarte Bebauung Rücksicht zu nehmen sei. Dieses **genehmigungsrechtliche Rücksichtnahmegebot** habe in § 15 BauNVO seine Ausprägung gefunden.[76] Die Rechtsprechung hatte offenbar noch nicht Gelegenheit, die frühere Formulierung *Weyreuthers* zu konkretisieren, der Plan dürfe „der Plandurchführung nur überlassen, was diese an zusätzlicher Harmonisierung – etwa mit Hilfe des § 15 BauNVO – tatsächlich zu leisten" vermöge.[77]

Besondere Schwierigkeiten bereitet die Frage nach der hinreichenden Problembewältigung bzw. dem zulässigen Konflikttransfer (in ein anderes Verwaltungsverfahren) dann, wenn eine Bebauungsplanung (genauer: deren Realisierung) mit einem **erheblichen Verkehrsaufkommen** verbunden sein wird. So lagen die Dinge im *Volksfürsorge*- **Fall (4)**, in dem mit einem erheblichen Quellverkehr durch die 5500 Beschäftigten zu rechnen war. Das Bundesverwaltungsgericht hat als hinreichende planerische Konfliktbewältigung gelten lassen, dass ein ausreichender Schutz des angrenzenden Wohngebiets durch straßenbauliche und verkehrslenkende Maßnahmen auf der Grundlage des Bebauungsplanes **möglich** sei. Ob die Drittbetroffenen „aus" dem Bebauungsplan einen Anspruch gegen den späteren Vorhabenträger auf Verwirklichung der den Lärmschutz ermöglichenden Festsetzungen haben, hat das Bundesverwaltungsgericht offen gelassen und die Anwohner letztlich auf einen Anspruch auf verkehrslenkende Maßnahmen gemäß § 45 Abs. 1 Satz 2 Nr. 3 StVO verwiesen.[78]

Den Kenner der verkehrsrechtlichen Judikatur mochte das nicht beruhigen. Daher verwundert es auch nicht, dass das Bundesverwaltungsgericht wenig später seine Zurückhaltung aufgegeben und – unter Hinweis auf seinen *Volksfürsorge*-Beschluss – Festsetzungen eines Bebauungsplanes, die dem Lärmschutz Drittbetroffener dienen, als **drittschützende Festsetzungen** angesehen hat, die von den Betroffenen **eingefordert** werden können,[79] wobei ihnen zur Finanzierung ein **allgemeiner nachbarlicher Ausgleichsanspruch** in Analogie u. a. zu § 906 Abs. 2 Satz 2 BGB zustehe. Zutreffend erkennen die Richter nun, dass mit der „bloßen Anordnung baulicher und technischer Vorkehrungen als solchen im Bebauungsplan" der Konflikt noch nicht bewältigt sei. Um einen Zustand gerechter Abwägung zu gewährleisten, sei es daher geboten, „dass die

---

76 BVerwGE 67, S. 334 (338); ebenfalls auf § 15 BauNVO als Konfliktlösungsinstrument wird verwiesen in E 67, S. 23 (29).
77 *Weyreuther* (Fn. 68), S. 5.
78 BVerwG, DVBl. 1987, S. 1273 (1275 r.Sp. f.).
79 BVerwGE 80, S. 184 (188 f., 190 ff.).

festgesetzten Vorkehrungen auch verwirklicht werden". Solche Festsetzungen könnten ihren Schutzzweck somit nur erfüllen, wenn ihnen „Drittschutz im Sinne des öffentlichen Nachbarschutzes" beigemessen werde. Mit dieser richterlichen Rechtsfortbildung wird jedenfalls ein **unzulässiger Problemtransfer** aus dem Bebauungsplanverfahren in eine rechtlich ungesicherte Planverwirklichungsphase **vermieden.**

59 In einer jüngeren Entscheidung, in der es wieder um Straßenbau auf der Grundlage eines Bebauungsplans ging, wird zunächst der Stand der Judikatur zum Gebot der Konfliktbewältigung festgehalten: Die Planung dürfe nicht dazu führen, „dass Konflikte, die durch sie hervorgerufen werden, zu Lasten Betroffener letztlich ungelöst bleiben". Das schließe Problemverlagerungen in nachfolgende Verwaltungsverfahren nicht zwingend aus: „Von einer abschließenden Konfliktbewältigung im Bebauungsplan darf die Gemeinde Abstand nehmen, wenn die Durchführung der als notwendig erkannten Konfliktlösungsmaßnahmen außerhalb des Planverfahrens auf der Stufe der Verwirklichung der Planung sichergestellt ist."[80] Auf dieser Grundlage gelangen die Richter zu dem Ergebnis, dass bei der Bebauungsplanung für eine Straße Maßnahmen des passiven Schallschutzes nicht notwendig auf der Basis von § 9 Abs. 1 Nr. 24 BauGB festgesetzt werden müssten. Eine solche Festsetzung sei deshalb nicht erforderlich, weil die Betroffenen unmittelbar auf der Grundlage von § 42 Abs. 1 BImSchG gegen den Träger der Baulast einen Anspruch auf angemessene Entschädigung geltend machen könnten. Das Maß des Angemessenen ergebe sich aus zwei Gesichtspunkten: Die 16. BImSchV lege mit ihren Grenzwerten die Voraussetzungen fest, unter denen eine Entschädigung in Betracht kommt. Für Art und Umfang fehle es zwar noch an normativen Vorgaben. Insoweit sei jedoch eine Präzisierung vom Zweck des BImSchG möglich: Zum Schutz vor Kommunikations- und Schlafstörungen sei nach den Erkenntnissen der Lärmwirkungsforschung ein Innenraumpegel in Wohnräumen von 40 dB(A) und in Schlafzimmern von 30 dB(A) zu gewährleisten. An diesem Schutzniveau orientiere sich auch die im Entwurfsstadium befindliche Verkehrswegeschallschutzverordnung.[81]

60 Wenn das Bundesverwaltungsgericht im Verhältnis Bebauungsplanung/Baugenehmigung – mit Recht – „planerische Zurückhaltung" für den Bebauungsplan zulässt, so steht dies auch nicht im Widerspruch zur **fachplanungsrechtlichen** Rechtsprechung. Zwar heißt es dort prononciert: „Für die fernstraßenrechtliche Planung gilt – wie für andere hoheitliche Planungen auch – der Grundsatz der Problembewältigung." Dies fordere, „in umfassender Weise schlechthin alle planerischen Gesichtspunkte einzubeziehen, die zur möglichst optimalen Verwirklichung der gesetzlich vorgegebenen Planungsaufgabe von Bedeutung sind".[82] Zur Relativierung dieser Erwägungen ist zu bedenken, dass

---

80 BVerwG, NJW 1995, S. 2572 (2573).
81 BVerwG, NJW 1995, S. 2572 (2573). Inzwischen ist die maßgebliche 24. BImSchV in Kraft getreten.
82 BVerwGE 61, S. 307 (311).

der mit **Konzentrationswirkung** ausgestattete straßenrechtliche Planfeststellungsbeschluss die Zulässigkeit der geplanten baulichen Maßnahme unter jedem rechtlichen Gesichtspunkt **abschließend** feststellt. Ein weiteres Verfahren, in dem noch offene Konflikte bewältigt werden können, schließt sich nicht an. Demgemäß besteht hier kein Raum für eine „Problemverschiebung". Das Abwägungsgebot gilt somit strikt. Eines „Grundsatzes der Problembewältigung" bedarf es dazu wiederum nicht.

Insgesamt bleibt festzuhalten, dass der sogenannte Grundsatz der Problembewältigung weder eine eigenständige Abwägungsregel ist noch eine Korrektur des Gebots gerechter Abwägung darstellt. Die Diskussion um diesen Grundsatz bietet lediglich Anlass klarzustellen, dass der im Bebauungsplanverfahren herzustellende Interessenausgleich der Konfliktlösungsaufgabe gerade dieser Entscheidungsstufe angemessen sein muss. Inwieweit danach Konfliktlösungen auf nachfolgende Entscheidungsebenen „verschoben" werden dürfen, ist weitgehend geklärt. Nach diesem Befund muss es überraschen, dass der Verstoß gegen das sogenannte Gebot der Konfliktbewältigung eine in der Rechtsprechung erhebliche eigenständige Fehlerkategorie bildet.[83]

61

3. Die Anwendung des Abwägungsgebots auf Abwägungsvorgang und Abwägungsergebnis

Das Bundesverwaltungsgericht unterscheidet in ständiger Rechtsprechung zwischen **Abwägungsvorgang** – dem Planen als Vorgang – und **Abwägungsergebnis** – dem Plan als Produkt – und erstreckt die Anforderungen (2) bis (4) des Gebots gerechter Abwägung (s. Rn. 2) auf beides.[84] Zur Begründung ist ausgeführt: „Dass sich beides nicht deckt, liegt auf der Hand. Ein bestimmtes Interesse kann im Abwägungsergebnis gewahrt sein, auch wenn es beim Abwägungsvorgang übersehen wurde. Ebenso ist klar, dass allein die Berücksichtigung eines bestimmten Interesses nicht schon ergibt, dass das Abwägungsergebnis diesem Interesse gerecht wird."[85] Es wäre „offensichtlich sachwidrig, wenn es bei allen Belangen einzig darauf ankommen sollte, dass sie von der planenden Gemeinde bedacht wurden, dagegen keinerlei Rolle spielt, was dabei im Ergebnis herausgekommen ist".[86]

62

So einleuchtend dies alles auf den ersten Blick klingen mag, so wenig hält diese Position einer näheren Prüfung stand.[87] Es mag sich zunächst aufdrängen, zwischen Vorgang und Ergebnis der Planung zu unterscheiden. Schwierig

63

---

83 Eine umfassende kritische Sichtung auch der obergerichtlichen Rspr. bietet *Groh*, Konfliktbewältigung im Bauplanungsrecht, 1988.
84 Erstmals BVerwGE 41, S. 67 (71); dann E 45, S. 309 (312 ff.); E 47, S. 144 (146 f.); E 64, S. 33 (35); ausführlich hierzu *Hoppe*, in: Hoppe/Grotefels, Öffentliches Baurecht, 1995, § 7 Rn. 133 ff.
85 BverwGE 41, S. 67 (71).
86 BVerwGE 45, S. 309 (315).
87 Zum folgenden ausführlich *Koch*, Das Abwägungsgebot im Planungsrecht, DVBl. 1983, S. 1125; *ders.*, Abwägungsvorgang und Abwägungsergebnis als Gegenstände gerichtlicher Plankontrolle, DVBl. 1989, S. 399.

wird es jedoch, wenn man berücksichtigt, dass mit „Abwägungsvorgang" **keineswegs das Verfahren** der Planung, sondern die **inhaltliche** Seite der Planung im Sinne dessen gemeint ist, was der Plangeber zu Gunsten des Planes erwogen und abgewogen hat.[88] Mit Abwägungsvorgang wird die **sachliche Begründung** des Planes bezeichnet, wobei nicht nur die Begründung im formellen Sinne des § 9 Abs. 8 BauGB, sondern alles relevant ist, was den Akten als tragende Erwägung entnommen werden kann. Was auf der anderen Seite die Ergebniskontrolle angeht, so lässt sich diese nur in zweierlei Weise durchführen: Entweder betrachtet man ein Ergebnis schon dann als rechtswidrig, wenn es fehlerhaft **begründet** ist, oder erst dann, wenn es gar nicht rechtsfehlerfrei **begründbar** ist. **Ergebniskontrolle ist also nur als Begründungs- oder Begründbarkeitskontrolle möglich.** Sowohl der Umstand, dass bereits mit der Kontrolle des Abwägungsvorganges eine Begründungskontrolle geübt werden soll, wie auch eine Durchsicht einschlägiger Rechtsprechung[89] legen nahe, die **Ergebniskontrolle als Begründbarkeitskontrolle** zu verstehen.[90] Zusammenfassend ergibt sich somit, dass die Anforderungen des Gebots gerechter Abwägung sowohl an die sachliche Begründung eines Bauleitplanes wie auch an dessen Begründbarkeit gerichtet werden sollen.

64 Dieses Ergebnis erscheint jedoch merkwürdig: Soweit das Gebot gerechter Abwägung **an die Gemeinde gerichtet** ist, kann sinnvollerweise nicht mehr verlangt werden, als dass sie ihr Ergebnis, den Plan, gerecht abwägend begründet. Gelingt dies, so ist der Plan **notwendigerweise** auch gerecht begründbar, weil es mindestens eine akzeptable Begründung gibt, nämlich die der Gemeinde.

65 Soweit das Gebot gerechter Abwägung als **Maßstab gerichtlicher Kontrolle** fungiert (näher unten § 21, Rn. 26 ff.), ist eine Begründbarkeitskontrolle ebenfalls grundsätzlich überflüssig, **wenn** sich die Begründung als tragfähig erwiesen hat. Eine Begründbarkeitskontrolle erhält allerdings dann eigenständigen Wert, wenn sich die **Begründung als fehlerhaft** erweist, der Plan jedoch wegen Begründbarkeit gerichtlich „gerettet" werden könnte. Dieses hat das Bundesverwaltungsgericht seinerzeit nicht als Konsequenz der Unterscheidung von Abwägungsvorgang und Abwägungsergebnis in Betracht gezogen. Der Gesetzgeber hat jedoch inzwischen eine solche **plankonservierende Begründbarkeitskontrolle** für Fälle vorgesehen, in denen Fehler im Abwägungsvorgang (= Begründung) weder offensichtlich noch auf das Abwägungsergebnis von Einfluss gewesen sind (§ 214 Abs. 3 Satz 2 BauGB).

66 Außerdem kommt – worauf *Erbguth* hingewiesen hat[91] – der Ergebnis-(= Begründbarkeits-) Kontrolle dann selbstständige Bedeutung zu, wenn die Vor-

---

88 Belege für diese These bei *Koch* (Fn. 87), DVBl. 1983, S. 1125 (1126); zustimmend Maunz/Dürig-*Schmidt-Aßmann*, Grundgesetz, Stand Januar 1985, Art. 19 Abs. 4, Rn. 214; *Alexy*, Ermessensfehler, JZ 1986, S. 701 (707 f.). Anders *Hoppe*, in: Hoppe/Grotefels (Fn. 84), § 7 Rn. 135.
89 Nachweise bei *Koch* (Fn. 87), DVBl. 1983, S. 1125 (1126 f.).
90 Vgl. *Koch* (Fn. 87), DVBl. 1983, S. 1125 (1126 f.); zustimmend *Schmidt-Aßmann* (Fn. 88), Art. 19 Abs. 4, Rn. 209; *Alexy* (Fn. 88), S. 709; *Funke* (Fn. 45), DVBl. 1987, S. 511 (513 r.Sp.).
91 *Erbguth*, Neue Aspekte der Abwägungsfehlerlehre?, DVBl. 1986, S. 1230 (1234 l.Sp.).

gangskontrolle einerseits und die Ergebniskontrolle andererseits verschiedene **Sachlagen** zu Grunde legen müssen. Dies ist nach der Rechtsprechung in solchen – atypischen – Fällen geboten, in denen zwischen Beschlussfassung der Gemeinde und In-Kraft-Treten des Bebauungsplanes ein so erheblicher Wandel der Verhältnisse eingetreten ist, dass ein seinerzeit zutreffend begründeter Plan nun nicht mehr begründbar erscheint. Solche Fallgestaltungen sind aus der Rechtsprechung allerdings nicht bekannt geworden.

Von praktischer Bedeutung scheint eine Divergenz von Abwägungsvorgang und Abwägungsergebnis durch Zeitablauf in den Fällen überplanter Altlasten. Wenn nämlich eine Gemeinde ihren einschlägigen Aufklärungspflichten bezüglich eines Altlastenverdachts angemessen nachgekommen ist, also ein Abwägungsdefizit vermieden hat, jedoch Jahre später in der gerichtlichen Kontrolle mit Hilfe neuer Analysemethoden sich herausstellen sollte, dass das überplante Grundstück doch in einer die vorgesehene Nutzung ausschließenden Weise kontaminiert ist, so könnte man eventuell geneigt sein zu sagen, der Plan sei jetzt **nicht mehr** Ergebnis einer gerechten Abwägung, das **Abwägungsergebnis** verstoße **nunmehr** gegen das Gebot gerechter Abwägung. Man könnte möglicherweise auch sagen, der Plan sei im Zeitpunkt der Bekanntmachung – und darauf kommt es gemäß § 214 Abs. 3 Satz 1 BauGB an – bereits mit einem Fehler des Abwägungsergebnisses behaftet gewesen – wenngleich unerkannt.

67

Dies erscheint nicht als sachgerechte Lösung, auch und gerade in den Altlastenfällen. Richtig ist es demgegenüber, eine planerische Festsetzung, die sich trotz sorgfältiger Abwägung im Nachhinein als fehlerhaft erweist, gegebenenfalls wegen **Funktionslosigkeit** als nichtig anzusehen.[92] Wenn allerdings die planerischen Festsetzungen durchaus – nämlich nach einer Altlastensanierung – realisierbar sind, erscheint es nicht vernünftig, den Plan wegen eines vermeintlichen Fehlers im Abwägungsergebnis für nichtig zu halten. Funktionslosigkeit ist in diesen Fällen ohnehin nicht anzunehmen.[93]

68

Es bleibt festzuhalten, dass die Gemeinde nicht sowohl den Planungsvorgang als auch das Ergebnis entsprechend dem Gebot gerechter Abwägung zu gestalten hat. Von der Gemeinde kann nicht mehr und nicht weniger gefordert werden, als dass ein Plan festgestellt wird, der von einem gerechten Abwägungsvorgang getragen ist. Wenn ausweislich der Planungsakten im Blick auf bestimmte planerische Festsetzungen alles von der Gemeinde richtig ermittelt, die betroffenen Belange zutreffend gewichtet und einander widerstreitende Belange in einen verhältnismäßigen Ausgleich gebracht worden sind, mithin der Planungsvorgang den Anforderungen des Gebots gerechter Abwägung standhält, wie soll gleichwohl das Ergebnis, nämlich die planerische Festsetzung, an einem der drei Fehler leiden? Vereinfacht gesagt ist das Abwägungsergebnis in seiner juristischen Qualität grundsätzlich durch einen fehlerfreien Abwägungsvorgang voll gerechtfertigt. Sollte sich später ein zum Zeitpunkt

69

---

92 Zur Funktionslosigkeit s. BVerwGE 54, S. 5; E 85, S. 273; unten § 18, Rn. 39 ff.
93 S. dazu *Koch/Schütte* (Fn. 30), S. 1417.

der Abwägung nicht erkennbarer Mangel herausstellen, so ist dies kein Problem des Gebots gerechter Abwägung, sondern führt unter Umständen zur Nichtigkeit wegen Funktionslosigkeit.

70 Erweist sich der Abwägungs**vorgang** als fehlerhaft, so ist – in Abweichung von der traditionellen Rechtsprechung und Lehre zum Rechtsfolgeermessen – gemäß § 214 Abs. 3 Satz 2 BauGB die **Begründbarkeit** des Planes, also das fehlerfreie Abwägungs**ergebnis**, plankonservierend.

IV. Planungsleitsätze als Abwägungsschranken

71 Im Bereich des Fachplanungsrechts hat das Bundesverwaltungsgericht den Begriff des **Planungsleitsatzes** zur Bezeichnung solcher Rechtsnormen eingeführt, „die bei öffentlichen Planungen strikte Beachtung verlangen und deswegen nicht im Rahmen der planerischen Abwägung überwunden werden können".[94] In diesem und in nachfolgenden Judikaten ist vornehmlich geklärt worden, welche Normen **keinen** Planungsleitsatz darstellen. So wird in § 50 BImSchG – s. Rn. 40 – nur ein Optimierungsgebot gesehen, das in der Abwägung überwunden werden könne. Auch die naturschutzrechtliche Eingriffsregelung gemäß § 8 Abs. 2 und 3 BNatSchG ist als Optimierungsgebot qualifiziert worden,[95] wobei der spezifische Status des Teilgebots der Unterlassung vermeidbarer Beeinträchtigungen (§ 8 Abs. 2 Satz 1, 1. Alt. BNatSchG) unklar geblieben ist. Die Richter meinen einerseits, dieses Gebot gelte „unbeschränkt" und unterliege nicht dem Abwägungsvorbehalt des § 8 Abs. 3 BNatSchG, lassen aber die danach eigentlich zwingende Einordnung als Planungsleitsatz ausdrücklich offen.[96]

72 Auch für § 41 BImSchG, der den Schutz vor Lärm beim Bau von Straßen- und Schienenwegen normiert, ist ausdrücklich dahingestellt worden, ob ein Planungsleitsatz anzunehmen sei.[97] Als das Bundesverwaltungsgericht kürzlich erstmals Gelegenheit hatte, das **Gebot der Anpassung** der Bauleitplanung an die Ziele der Raumordnung und Landesplanung (§ 1 Abs. 4 BauGB) näher zu qualifizieren, ist klargestellt worden, dass diese Ziele „gleichsam vor die Klammer des Abwägungsprozesses gezogen" seien, der gemeindlichen Abwägung mithin nicht unterlägen.[98] Die damit eigentlich „fällige" Einordnung als **Planungsleitsatz** wird nicht angesprochen.

---

94 BVerwGE 71, S. 163 (165).
95 BVerwGE 71, S. 163 (165).
96 BVerwG, NVwZ 1991, S. 69 (70 l.Sp.); für die Einordnung als Planungsleitsatz *Paetow*, Die gerichtliche Überprüfbarkeit der Entscheidung über die Zulassung von Eingriffen in Natur und Landschaft, NuR 1986, S. 144 (147 l.Sp.); dagegen *Gaentzsch*, Die naturschutzrechtliche Eingriffsregelung, NuR 1986, S. 89 (92 r.Sp.) und *Kuchler*, Die Rechtsfolgen der naturschutzrechtlichen Eingriffsregelung, NuR 1991, S. 465 (466 m. Fn.16); BVerwG, NVwZ 1991, S. 69; bestätigt in BVerwGE 85, S. 348 (362).
97 BVerwGE 71, S. 150 (154).
98 BVerwGE 90, 329 (332 ff.); s. dazu auch oben § 12 Rn. 26 f., § 13 Rn. 9 ff.

Offenbar sind die Richter von der Zweckmäßigkeit der selbst geschaffenen Terminologie nicht gänzlich überzeugt. Im Grunde geht es unter dem Begriff des **Planungsleitsatzes** einfach um **zwingendes Recht**, in dessen Rahmen sich die gemeindliche Bebauungsplanung zu vollziehen hat.[99] Es erscheint wenig sinnvoll, innerhalb dieser einer Abwägung nicht unterliegenden Rechtsbindungen noch zwischen spezifisch planungsrechtlichen (= Planungsleitsätzen) und sonstigen unterscheiden zu wollen. Für die Orientierung in der zeitgenössischen planungsrechtlichen Debatte ist es gleichwohl erforderlich, die abgestufte Bindungstrias von Optimierungsgeboten, Optimierungsgeboten mit prima-facie-Vorrang und Planungsleitsätzen zu kennen.[100]

73

Unbeschadet der terminologischen Fragen ist von den strikten Bindungen, denen die Bauleitplanung unterliegt, noch der **förmliche Landschaftsschutz** zu nennen. Nach der Rechtsprechung des Bundesverwaltungsgerichts verstößt ein Bebauungsplan, dessen Festsetzungen den Regelungen einer Landschaftsschutzverordnung widersprechen, gegen bindendes Recht und ist deswegen nichtig.[101] Auch FFH- und europäische Vogelschutzgebiete entfalten für die Bauleitplanung gemäß § 1a Abs. 2 Nr. 4 BauGB i.V. mit §§ 19d Satz 2, 19c BNatSchG unter Umständen strikte Verbindlichkeit.

74

§ 18 Die Rechtswirksamkeit von Bauleitplänen

Literatur: *Baumeister*, Rechtswidrigkeit statt Funktionslosigkeit von Bebauungsplänen, GewArch 1996, S. 318; *Degenhart*, Geltungsverlust „funktionsloser Bebauungspläne", BayVBl. 1990, S. 71; *Dolde*, Die „Heilungsvorschriften" des BauGB für Bauleitpläne, BauR 1990, S. 1; *Gaentzsch*, Wie kann das Planungsrecht weniger rechtsmittelanfällig gemacht werden?, DVBl. 1985, S. 29; *ders.*, Rechtsfolgen von Fehlern bei der Aufstellung von Bauleitplänen, in: Baurecht aktuell, FS für Weyreuther, 1993, S. 249; *Henke*, Planerhaltung durch Planergänzung und ergänzendes Verfahren, 1997; *Hoppe*, Der Rechtsgrundsatz der Planerhaltung als Struktur- und Abwägungsprinzip, DVBl. 1996, S. 12; *Hoppe/Henke*, Der Grundsatz der Planerhaltung im neuen Städtebaurecht, DVBl. 1997, S. 1407; *Maurer*, Bestandskraft für Satzungen?, in: Püttner (Hrsg.), FS für Bachof, 1984, S. 215; *Scharmer*, Bebauungspläne in der Normenkontrolle, Ursachen und Folgen des Scheiterns von Plänen, 1988; *Schmaltz*, Rechtsfolgen der Verletzung von Verfahrens- und Formvorschriften von Bauleitplänen nach § 214 BauGB, DVBl. 1990, S. 77; *Steiner*, Der funktionslose Bebauungsplan, in: Berkemann u.a. (Hrsg.), Planung und Plankontrolle, FS für Schlichter, 1995, S. 313; *Stüer/Ruck*, Planreparatur im Städtebaurecht – Fehlerheilung nach § 215a BauGB, ZfBR 2000, S. 85.

Fall 1: Der Kläger möchte auf seinem Dünengrundstück in Rantum/Sylt zwei Einfamilienhäuser bauen. Die 1972 beantragte Genehmigung wurde mit Rücksicht auf eine Veränderungssperre abgelehnt. Während der gerichtlichen Auseinandersetzung trat 1978

---
99 So auch *Dreier*, Die normative Steuerung der planerischen Abwägung, 1995, S. 115.
100 Siehe auch *Hoppe*, in: Hoppe/Grotefels (Fn. 84), § 7 Rn. 23; Schrödter-*Schrödter*, Baugesetzbuch, 6. Aufl. 1998, § 1 BauGB, Rn. 76f.
101 BVerwG, NVwZ 1989, S. 662; s. auch die komplizierte Rechtsquellenlage in BVerwG, NVwZ 1990, S. 57.

ein Bebauungsplan in Kraft, nach dessen Festsetzungen das Grundstück des Klägers teilweise im reinen Wohngebiet liegt. Allerdings steht dem Vorhaben des Klägers die auf seinem Grundstück verlaufende westliche Baugrenze entgegen, gegen die sich der Kläger bereits im Rahmen des Bebauungsplanverfahrens gewandt hatte: Seine Einwendung war jedoch mit der Begründung zurückgewiesen worden, die beabsichtigte Baugrenze sei mit der Grenze des sich westlich anschließenden Landschaftsschutzgebietes identisch und dürfe daher nicht überschritten werden. Die Annahme des Plangebers über den Grenzverlauf des Landschaftsschutzgebietes hat sich jedoch als irrig erwiesen: Das Landschaftsschutzgebiet endet an der westlichen Grenze des klägerischen Grundstücks. Diesen Irrtum hat das Bundesverwaltungsgericht als einen offensichtlichen und für das Abwägungsergebnis erheblichen Fehler im Abwägungsvorgang angesehen, was zur Ungültigkeit dieser Festsetzung und letztlich zur Zulässigkeit des beabsichtigten Vorhabens geführt hat.

Nach BVerwGE 64, S. 33 *(Sylt)*.

Fall 2: Das Grundstück des Klägers liegt in einem durch einen Baustufenplan von 1961 als „Geschäftsgebiet" ausgewiesenen Bereich westlich der D.-Straße. Nach der mit dem Plan fortgeltenden Baupolizeiverordnung von 1939 ist in Geschäftsgebieten eine Bebauungstiefe von 16 m ab Straßengrenze zugelassen. Der Kläger möchte auf dem noch unbebauten westlichen Teil seines Grundstücks ein zweigeschossiges Wohngebäude mit Ausgang zu einer im Westen des klägerischen Grundstücks verlaufenden Privatstraße errichten. Die Bauvoranfrage wurde im Wesentlichen mit der Begründung abgelehnt, dass die von der D.-Straße zulässige Bebauungstiefe überschritten werde. Das Oberverwaltungsgericht hat der Klage stattgegeben, da nach seiner Auffassung die Festsetzung der Bebauungstiefe angesichts der Bebauung im „Umfeld" des klägerischen Grundstücks ihre Geltung verloren habe. Im Wege der Befreiung sind nämlich nördlich des klägerischen Grundstücks drei Geschäftsblöcke mit einer Bebauungstiefe von über 27 m und jenseits der schon genannten, sich westlich anschließenden Privatstraße ein sechsgeschossiger Wohnblock errichtet worden. Auch das Bundesverwaltungsgericht hat die Festsetzung der Bebauungstiefe wegen Funktionslosigkeit als ungültig angesehen.

Nach BVerwGE 54, S. 5.

I. Fehlerhafte Bauleitpläne und der Grundsatz der Planerhaltung (§§ 214 ff. BauGB)

1. Vom Nichtigkeitsdogma zum Grundsatz der Planerhaltung

1 Nachfolgend geht es um die Frage, unter welchen Bedingungen Bauleitpläne rechtlich gültig sind und damit ihre vielfältigen rechtlichen Wirkungen entfalten. Diese Frage lässt sich nicht einfach unter Hinweis auf die in den vorangehenden Kapiteln dargestellten rechtlichen Anforderungen an die Bauleitplanung und die Bauleitpläne beantworten. Denn Verstöße gegen diese rechtlichen Maßstäbe führen nur unter sehr einschränkenden Bedingungen zur Nichtigkeit eines Bauleitplanes.

2 Zwar galt auch im Bauplanungsrecht bis ca. 1980 noch das sogenannte **Nichtigkeitsdogma**, demzufolge rechtswidrige Normen im Unterschied zu rechts-

widrigen Verwaltungsakten grundsätzlich einer **Bestandskraft nicht fähig**, sondern regelmäßig nichtig sind. Inzwischen hat sich jedoch eine rechtspolitische Entwicklung durchgesetzt, derzufolge in der Bauleitplanung ein Teil der Fehler gänzlich unbeachtlich ist, ein weiterer Teil nur innerhalb bestimmter Fristen gerügt werden kann und schließlich alle verbleibenden, nicht schwer wiegenden Fehler in einem ergänzenden Verfahren behoben werden dürfen. Die Nichtigkeit eines Bauleitplans wegen Verletzung rechtlicher Anforderungen dürfte danach nunmehr die Ausnahme sein.

Diese Entwicklung ist inzwischen nach Anregungen in der Literatur[1] von der Unabhängigen Expertenkommission rechtssystematisch als Ausdruck eines **Grundsatzes der Planerhaltung** begriffen worden.[2] Der Gesetzgeber des BauROG 1998 hat die Anregungen auch sprachlich aufgegriffen und die maßgeblichen Vorschriften über die Rechtswirksamkeit der Bauleitpläne unter die Überschrift „**Planerhaltung**" gestellt. Zur Rechtfertigung für die Fortentwicklung der Idee der Planerhaltung heißt es in der Gesetzesbegründung zum ergänzenden Verfahren gemäß § 215a BauGB u. a.: „Insbesondere die in der Erarbeitung sehr zeit- und personalaufwändigen Bebauungspläne sollen, soweit sie nicht an einem grundlegenden Mangel leiden und damit unter Ausnutzung der geleisteten Vorarbeiten nachgebessert werden können, auf diese Weise in ihrem Bestand erhalten werden."[3]

3

Gerade einer der Promotoren des Grundsatzes der Planerhaltung, *Werner Hoppe*, hat mit Recht zu einem verantwortungsvollen Umgang mit dem neuen „Fehlerfreiraum" der Kommunen aufgerufen.[4] Denn dem durchaus berechtigten Interesse an der Vereinfachung und Beschleunigung von Verwaltungsverfahren durch Irrelevanzregelungen, Rügefristen und Heilungsmöglichkeiten für verfahrens- und materiell-rechtliche Fehler steht u. a. der auch in der Rechtsprechung des Bundesverfassungsgerichts anerkannte „Grundrechtsschutz durch Verfahren" gegenüber.[5]

4

Nachfolgend wird zunächst über die Rechtstatsachenforschung zur „Fehleranfälligkeit" der Bauleitpläne berichtet (2.). Sodann sind die Irrelevanzregelungen (3.), die Rügefristen (4.) und das ergänzende Verfahren (5.) darzustellen. Eine kritische Würdigung der Entwicklung vom „Nichtigkeitsdogma" zum „Grundsatz der Planerhaltung" beschließt diesen Abschnitt (6.).

5

---

1 *Hoppe*, Erste Überlegungen zu einem „Grundsatz der Planerhaltung", in: Berkemann u. a. (Hrsg.), Planung und Plankontrolle, 1995, S. 87 ff.; *ders.*, Der Rechtsgrundsatz der Planerhaltung als Struktur- und Abwägungsprinzip, in: Erbguth u. a. (Hrsg.), Abwägung im Recht, 1996, S. 133 ff.
2 Bundesminister für Raumordnung, Bauwesen und Städtebau (Hrsg.), Bericht der Unabhängigen Expertenkommission zur Novellierung des BauGB vom 28. 10. 1995, Rn. 98 ff.
3 BT-Drs. 13/6392, S. 38.
4 *Hoppe/Henke*, Der Grundsatz der Planerhaltung im neuen Städtebaurecht, DVBl. 1997, S. 1407 (1414).
5 S. zur Bedeutung des Planverfahrens schon § 15 Rn. 26 ff.

2. Zur Fehleranfälligkeit von Bauleitplänen

6 Insbesondere die kommunalen Spitzenverbände drängen den Gesetzgeber seit langem und immer wieder mit Erfolg dazu, der Intensität der verwaltungsgerichtlichen Kontrolle der Bebauungspläne Schranken zu ziehen.[6] Der Gesetzgeber hat dem Druck 1976 ein wenig, 1979 wesentlich nachgegeben. Die BBauG-Novelle 1979 enthielt immerhin eine Befristung der Rügefähigkeit für Verfahrens- und Formfehler (§ 155a BBauG), eine Regelung über die Irrelevanz bestimmter Verfahrens- und Formfehler für den Fall, dass gleichwohl eine gerechte Abwägung stattgefunden hat (§ 155b Abs. 1 BBauG), sowie eine teilweise Beschränkung der gerichtlichen Kontrolle des planerischen Abwägens auf das Abwägungsergebnis (§ 155b Abs. 2 BBauG). Gleichwohl spielte der Wunsch nach größerer **Rechtsmittelfestigkeit** der Bebauungspläne auch im Gesetzgebungsverfahren zum BauGB 1987[7] und schließlich noch in den jüngsten Novellierungen durch das BauROG 1998[8] eine wesentliche Rolle. Mit der neuen Überschrift zu den maßgeblichen Vorschriften („Planerhaltung") wird der eingeschlagene Weg deutlich signalisiert.

7 Hintergrund dieser Entwicklungen ist eine nun zwei Jahrzehnte währende Diskussion um ein angebliches „Massensterben" von Bebauungsplänen in der verwaltungsgerichtlichen Kontrolle.[9] Die empirische Begleitforschung zu den Gesetzgebungsverfahren hat die Klagen über richterliche Anmaßungen nicht bestätigt:

8 Nach einer Untersuchung des **Deutschen Instituts für Urbanistik** (Difu) werden durchschnittlich 3 % aller festgesetzten Bebauungspläne gerichtlich angegriffen (ermittelt nur für Nordrhein-Westfalen). 55 % der im Erhebungszeitraum an allen Oberverwaltungsgerichten durchgeführten Normenkontrollverfahren endeten durch eine streitige Entscheidung, die in 47 % dieser Fälle zu Lasten der Gemeinde ausging.[10] Danach scheitern also 0,8 % aller festgesetzten Bebauungspläne in der gerichtlichen Kontrolle. *Schäfer/Schmidt-Eichstaedt* haben für eine Stichprobe von 20 Städten und Gemeinden folgende Zahlen ermittelt: Während im Untersuchungszeitraum (1977–1982) 570 Bebauungspläne festgesetzt wurden, scheiterten nur insgesamt 19 Pläne in der gerichtlichen Kontrolle.[11] Bedenkt man, dass auch Pläne angefochten werden konnten, die vor dem Untersuchungszeitraum entstanden sind, sind jedenfalls weniger als 3,3 % der festgesetzten Pläne gerichtlich für ungültig erklärt worden.

---

6 Vgl. den Hinweis in BT-Drs. 8/2885, S. 36 l.Sp.
7 Vgl. insbes.: Bericht des Arbeitskreises „Baurechtliche und verwaltungsprozessuale Fragen", BBauBl. 1985, S. 359 (1. Teil).
8 S. nur *Battis/Krautzberger/Löhr*, Die Neuregelungen des BauGB zum 1.1.1998, NVwZ 1997, S. 1145 (1166).
9 *Gaentzsch*, Wie kann das Planungsrecht weniger rechtsmittelanfällig gemacht werden?, DVBl. 1985, S. 29.
10 *Scharmer*, Bebauungspläne in der Normenkontrolle, 1988, S. 25 (38).
11 *Schäfer/Schmid-Eichstaedt*, Praktische Erfahrungen mit dem Bundesbaugesetz, 1984, S. 317.

Im Difu-Bericht sind die zur Aufhebung der Pläne führenden Fehler wie folgt aufgeschlüsselt: 33,3 % der Fehler waren Verfahrensfehler, 34,4 % Abwägungsfehler und 32,3 % Fehler des Planinhalts.[12] Der Gesetzgeber des BauGB hat an allen drei Fehlerarten „gearbeitet", indem er die Anforderungen in verfahrensrechtlicher Hinsicht herabgesetzt[13] und die Kategorien der irrelevanten und der nur befristet rügefähigen Fehler erweitert hat. Zu beachten ist insbesondere, dass seit 1987 auch **Abwägungsfehler** zu den nur **befristet** rügefähigen Fehlern gehören; auf Einzelheiten wird alsbald einzugehen sein.

9

Ob die ermittelten Rechtstatsachen über die gerichtliche Bebauungsplankontrolle ein gesetzgeberisches Handeln in die eingeschlagene Richtung erforderten, lässt sich natürlich nicht wissenschaftlich „ableiten". Der Gesetzgeber des BauGB hatte eine **rechtspolitische** Entscheidung zwischen den Zielen der Rechtssicherheit einerseits und der materiellen Gerechtigkeit andererseits zu treffen. Wissenschaftlich kritikwürdig an dieser Entscheidung ist allerdings, dass sie ersichtlich auf unzureichender Auswertung der Daten über die **Ursachen** des gerichtlichen Scheiterns von Bebauungsplänen beruht.

10

Selbst wenn man das Ausmaß an vor Gericht gescheiterten Bebauungsplänen als Besorgnis erregend ansehen sollte, folgte daraus keineswegs zwingend, dass die maßgeblichen Fehlerarten der gerichtlichen Kontrolle mehr oder minder zu entziehen sind. Mit größerem Recht könnten die Bemühungen darauf gerichtet sein, die Fehlerhäufigkeit zu senken. Die pauschale „Schuldzuweisung" von kommunaler Seite, dass die Rechtsprechung unkalkulierbar und daher Fehler der Plangeber unvermeidbar seien, ist bislang nicht durch eine detaillierte Rechtsprechungsanalyse belegt.[14] Zwar wird man der Rechtsprechung anlasten müssen, dass sie in der Entwicklung spezifisch planungsrechtlicher Kontrollmaßstäbe eher einfallsreich als präzise gewesen ist. Daher ist auch im vorangehenden Kapitel dargelegt worden, dass auf eine Reihe neuerer „Kreationen" durchaus verzichtet werden kann, so insbesondere auf das – inzwischen aufgegebene[15] – Gebot der planerischen Rücksichtnahme und auf den Grundsatz der planerischen Konfliktbewältigung.[16] Im Interesse einer Vereinfachung der Dogmatik sollte überhaupt die Behandlung der planerischen Gestaltungsfreiheit soweit wie möglich an die **allgemeine Ermessenslehre** angelehnt bleiben.[17]

11

Ob eine solchermaßen auf Einfachheit und Klarheit verpflichtete Rechtsprechung allerdings für den Bestand der Bebauungspläne wesentlich günstiger wäre, ist zu bezweifeln. Auch wenn umfangreiche Rechtsprechungsanalysen noch fehlen, bieten die veröffentlichten Entscheidungen nämlich reichlich

12

---

12 *Scharmer* (Fn. 10), S. 186.
13 Hinweise oben § 15 Rn. 26 ff.
14 Die Einzelbeispiele von *Scharmer* (Fn. 10), S. 102 ff., reichen als Beleg der pauschalen Kritik nicht aus.
15 BVerwG, DVBl. 1999, S. 100; s. dazu § 17 Rn. 46 ff.
16 In diese Richtung auch *Gaentzsch* (Fn. 9) sowie *Sendler*, Zum Schlagwort von der Konfliktbewältigung im Planungsrecht, WiVerw 1985, S. 211.
17 In diese Richtung gehen auch die Ratschläge von *Scharmer/Wollmann/Argast*, Rechtstatsachenuntersuchung zur Baugenehmigungspraxis, 1985, S. 60.

Belege dafür, dass in den zur Kontrolle stehenden Planungsprozessen in sachwidriger Weise Belange nicht berücksichtigt oder „überwunden" wurden. Dies liegt nach dem auch in richterlicher Praxis gewonnenen Eindruck des Verfassers nicht allein an der mangelnden Qualität der Planungsbürokratie,[18] sondern auch an der **politischen Einflussnahme** des eigentlichen Plangebers, der bestimmte Projekte aus vielerlei problematischer Interessenverflochtenheit heraus „koste es, was es wolle" durchsetzen will.

3. Die (relative) Unbeachtlichkeit von Fehlern (§ 214 BauGB)

13 § 214 BauGB bestimmt, dass eine Reihe von Gesetzesverstößen für die „Rechtswirksamkeit" der Bauleitpläne und sonstigen Satzungen nach dem BauGB **unbeachtlich** ist. Nimmt man die Regelung des § 216 BauGB hinzu, derzufolge solche unbeachtlichen Rechtsverstöße im Genehmigungs- und Anzeigeverfahren durchaus erheblich sind, so ergibt sich als Stoßrichtung der Unbeachtlichkeitsregelung das durch Bürger in Gang gesetzte **gerichtliche** Verfahren.[19]

14 Die Regelungstechnik des § 214 BauGB ist ein wenig verwirrend. Zunächst werden in Absatz 1 die (im Gerichtsverfahren) **beachtlichen** Verfahrens- und Formvorschriften angeführt und zugleich wiederum Ausnahmen davon gemacht. In Absatz 2 werden demgegenüber gerade **unbeachtliche** Fehler aufgezählt, obgleich sich doch die unbeachtlichen Fehler daraus erschließen lassen sollten, dass sie nicht in der Liste der beachtlichen auftauchen. Der Grund für die ausdrückliche Unbeachtlichkeitsregelung liegt darin, dass der Gesetzgeber die in § 214 Abs. 2 BauGB genannten Vorschriften über das Verhältnis von Flächennutzungsplan und Bebauungsplan offenbar nicht als Verfahrensvorschriften im engeren Sinne einordnet. Das ist in Grenzen auch berechtigt, obgleich etwa die Normierung des sogenannten Parallel**verfahrens** in § 8 Abs. 3 BauGB gewiss eine Verfahrensregelung darstellt.[20] In Absatz 3 schließlich werden weitere Fehler für **unbeachtlich** erklärt, nämlich solche Fehler des Abwägungs**vorgangs**, die nicht offensichtlich oder nicht auf das Abwägungsergebnis von Einfluss gewesen sind. Dass es sich bei diesen Vorgangsfehlern nicht etwa um Verfahrensfehler handelt, sondern um Fehler in dem, was der Plangeber **inhaltlich** zu Gunsten des Planes erwogen und abgewogen hat, ist oben ausführlich dargelegt.[21]

15 Vom sachlichen Gehalt her sind wesentliche Änderungen gegenüber § 214 BauGB 1987, aber auch schon im Vergleich mit den seinerzeitigen §§ 155a

---

18 Dazu aber die aufschlussreichen Daten bei *Scharmer u. a.* (Fn. 17), S. 50 ff., die belegen, dass Organisation, Personal und Qualifikation der maßgeblichen Dienststellen gerade bei kleinen Gemeinden den Erfordernissen nicht gerecht werden. Besonders interessant ist die Aussage von Experten der staatlichen Mittelinstanz: 76 % von ihnen bejahen die These, die Gemeinden würden bei der Planaufstellung nicht sorgfältig genug verfahren (a. a. O., S. 51 l.Sp.).
19 Vgl. § 21 Rn. 3 ff.
20 Vgl. § 15 Rn. 21.
21 § 17 Rn. 63.

Abs. 2, 155b Abs. 1, 2 BBauG, nicht ersichtlich. Unverändert sind etwa Fehler in dem an sich wichtigen Verfahren der **frühzeitigen Bürgerbeteiligung** unbeachtlich (§ 214 Abs. 1 S. 1 Nr. 1 BauGB).[22] Unbeachtlich sind ferner eine Reihe von Regelungen über das Verhältnis von Flächennutzungsplan und Bebauungsplan (§ 214 Abs. 2 BauGB).

Die besonders bedeutsame Vorschrift über die **begrenzte Erheblichkeit** von Fehlern im **Abwägungsvorgang** (§ 214 Abs. 3 Satz 2 BauGB) entspricht wörtlich dem alten § 155 Abs. 2 Satz 2 BBauG. Daher bleibt die zu dieser Vorschrift ergangene grundlegende Entscheidung des Bundesverwaltungsgerichts im *Sylt*-**Fall (1)** maßgeblich, die eine **restriktive,** nach Auffassung der Richter **verfassungskonforme** Auslegung der gesetzlichen Unbeachtlichkeitsregelung enthält: In dem zur gerichtlichen Kontrolle stehenden Planverfahren hat der Plangeber auf dem klägerischen Grundstück eine Baugrenze in der irrigen Annahme festgesetzt, diese Grenzziehung verlaufe genau auf der Grenze eines bestehenden Landschaftsschutzgebietes. Die (vermeintliche) Wahrung des Landschaftsschutzgebietes ist daher erkennbar planerischer Grund für den Verlauf einer Baugrenze. Insofern liegt unzweifelhaft ein Fehler im Abwägungsvorgang, nämlich ein Abwägungsdefizit vor. Beachtlich ist dieser Fehler gemäß § 214 Abs. 3 Satz 2 BauGB nur, wenn er „offensichtlich und auf das Abwägungsergebnis von Einfluss gewesen" ist.

16

Was zunächst das Merkmal der **Offensichtlichkeit** angeht, so lehnt das Bundesverwaltungsgericht eine Auslegung im Sinne von „leicht erkennbar" ab.[23] Offensichtlich sei vielmehr alles das, „was zur ‚äußeren' Seite des Abwägungsvorganges derart gehört, dass es auf objektiv erfassbaren Sachumständen beruht. Dazu rechne alles, was sich „aus Akten, Protokollen, aus der Entwurfs- oder Planbegründung oder aus sonstigen Unterlagen" ergebe. „Was dagegen zur ‚inneren' Seite des Abwägungsvorganges gehört, was also die Motive, die etwa fehlenden oder irrigen Vorstellungen der an der Abstimmung beteiligten Mitglieder des Planungsträgers betrifft", sei nicht offensichtlich im Sinne der gesetzlichen Regelung.[24] Dass der Verlauf der Grenze eines Landschaftsschutzgebietes „offensichtlich" in dem präzisierten Sinne ist, bedarf kaum der näheren Erläuterung: Die Grenze ergibt sich aus der Verordnung, also aus „sonstigen Unterlagen".

17

Was nun – zweitens – das Merkmal des **Einflusses** auf das **Abwägungsergebnis** anbetrifft, so lehnt das Bundesverwaltungsgericht eine Auslegung im Sinne eines positiven Kausalitätsnachweises ab. Der Nachweis, dass ohne eine bestimmte fehlerhafte Annahme mit Sicherheit anders geplant worden wäre, sei nämlich in der Praxis so gut wie ausgeschlossen. Damit aber wären – so meinen die Richter – Mängel im Abwägungsvorgang kaum je erheblich. Dies verstieße jedoch gegen das im Rechtsstaatsgebot des Art. 20 Abs. 3 GG verankerte Gebot gerechter Abwägung. Daher komme einem Fehler im Abwägungsvor-

18

---
22 Vgl. dazu oben § 15 Rn. 28 ff.
23 BVerwGE 64, S. 33 (36).
24 BVerwGE 64, S. 33 (38).

gang bereits dann relevanter Einfluss auf das Abwägungsergebnis zu, „wenn die Möglichkeit besteht, dass ohne den Mangel anders geplant worden wäre".[25] Freilich genüge nicht eine nie auszuschließende **abstrakte** Möglichkeit, dass ohne einen bestimmten Fehler anders geplant worden wäre; erforderlich sei vielmehr eine nach den Umständen des jeweiligen Falles **konkrete** Möglichkeit eines anderen Planergebnisses. Nach diesen Kriterien nehmen die Richter im *Sylt*-Fall (1), zutreffend die Ergebniserheblichkeit des Irrtums über den Verlauf der Grenze des Landschaftsschutzgebietes an. Die konkrete Möglichkeit, dass ohne den Irrtum anders geplant worden wäre, schließt das Gericht daraus, dass nach den Planakten die vom Kläger angeregte Verschiebung der Baugrenze gerade unter Hinweis auf die Grenze des Landschaftsschutzgebietes abgelehnt worden ist.

19 In zwei nachfolgenden Beschlüssen sind die Tatbestandsmerkmale der Offensichtlichkeit und der Kausalität ein wenig weiter verdeutlicht worden. Mit Recht heißt es nun, dass ein offensichtlicher Fehler nicht schon dann vorliege, „wenn Planbegründung und Aufstellungsvorgänge keinen ausdrücklichen Hinweis darauf enthalten, dass der Plangeber sich mit bestimmten Umständen abwägend befasst hat".[26] Vielmehr müssten „konkrete Umstände positiv und klar auf einen solchen Mangel hindeuten".[27] In einem zweiten Beschluss heißt es bezüglich der Ergebniskausalität eines Fehlers, dass die „bloße Vermutung, einzelne Ratsmitglieder wären bei der Vermeidung des Mangels für eine andere Lösung aufgeschlossen gewesen", nicht für die Annahme ausreiche, es habe die **konkrete** Möglichkeit einer anderen Planung bestanden.[28]

4. Die Rügefristen für beachtliche Verfahrens-, Form- und Abwägungsfehler

20 Auch Fehler, die grundsätzlich im Gerichtsverfahren beachtlich sind, verlieren nach § 215 Abs. 1 BauGB durch Zeitablauf ihre Beachtlichkeit. So werden die nach § 214 Abs. 1 Satz 1 Nrn. 1 und 2 BauGB beachtlichen Verfahrens- und Formfehler unbeachtlich, wenn sie nicht innerhalb **eines Jahres** seit Bekanntmachung des Planes schriftlich gegenüber der Gemeinde geltend gemacht worden sind. Für Mängel der Abwägung gilt das Gleiche nach Ablauf von **sieben Jahren.** Zeitlich unbeschränkt rügefähig sind danach allein die in § 214 Abs. 1 Satz 1 Nr. 3 BauGB aufgeführten Fehler, also der fehlende Beschluss der Gemeinde über den Plan, die fehlende Plangenehmigung, die Nichtdurchführung des Anzeigeverfahrens und bestimmte Mängel der Bekanntmachung. Ebenfalls unbeschränkt rügefähig sind – wie der Klarheit halber hinzugefügt sei – Verstöße gegen Planungsleitsätze.[29]

---

25 BVerwGE 64, S. 33 (39).
26 BVerwG, ZfBR 1995, S. 145 (147).
27 BVerwG, NVwZ 1992, S. 662 (663); bestätigt in BVerwG, ZfBR 1994, S. 28 (30) sowie BVerwG, ZfBR 1995, S. 145 (147).
28 BVerwG, NVwZ 1992, S. 663.
29 Vgl. zu den Planungsleitsätzen § 17 Rn. 71 ff.

Die Befristung der Rügefähigkeit von Abwägungsfehlern hat erst „in letzter Minute" Eingang in das BauGB 1987 gefunden. Der Regierungsentwurf enthielt eine solche Regelung nicht.[30] Gestützt auf Überlegungen aus dem Arbeitskreis „Baurechtliche und verwaltungsprozessuale Fragen"[31] erklärte der Bundesrat „eine Befristung der Geltendmachung von Fehlern der Abwägung" für erforderlich.[32] Die Bundesregierung hielt dagegen, dass eine „solche Regelung nicht nur aus verfassungsrechtlichen Gründen mindestens bedenklich und rechtpolitisch nicht erwünscht" sei und „auch zu einer unangemessenen Beschränkung der gerichtlichen Überprüfungsrechte der von der Planung Betroffenen" führe.[33] Der Ausschuss für Raumordnung, Bauwesen und Städtebau fand jedoch dann einvernehmlich zu der Meinung, dass die Befristung der Geltendmachung von Mängeln der Abwägung notwendig sei, „um unvertretbare Folgen zu vermeiden, die sich daraus ergeben, dass in gerichtlichen Verfahren zunehmend Abwägungsfehler und damit die Ungültigkeit von Bebauungsplänen angenommen werden".[34]

21

Die – auch verfassungsrechtlichen – Skrupel der seinerzeitigen Bundesregierung sollten in Erinnerung gerufen werden, wenn man die jüngsten Entwicklungen auf diesem Gebiet richtig einschätzen möchte: Eine über die Rügefristen noch weit hinausreichende Vorverlagerung der „Bestandskraft" von Bebauungsplänen ist jüngst gewissermaßen durch die Hintertür erfolgt, indem mit dem 6. VwGO-Änderungsgesetz die Antragsbefugnis für einen Normenkontrollantrag auf zwei Jahre nach Bekanntmachung der Rechtsvorschrift – also des Bebauungsplans – beschränkt wurde (§ 47 Abs. 2 Satz 1 VwGO). Das bedeutet, dass eine gerichtliche Verwerfung *inter omnes* nur innerhalb dieser zwei Jahre erwirkt werden kann. Danach kommt nur noch die inzidente Verwerfung *inter partes* im Rahmen eines mittelbar den Bebauungsplan betreffenden verwaltungsgerichtlichen Rechtsstreits etwa um eine Baugenehmigung in Betracht. Die Beseitigung des fehlerhaften Satzungsrechts kann dann nur noch durch die Gemeinde erfolgen.[35]

22

Die praktische Bedeutung der siebenjährigen Rügefrist für Abwägungsmängel und der neuen zweijährigen Antragsfrist für Normenkontrollverfahren muss sich noch erweisen. Dass diese Regelungen wesentlich zur angestrebten Rettung fehlerhafter Bebauungspläne beitragen werden, erscheint indessen wenig

23

---

30 BT-Drs. 10/4630, S. 41 (151).
31 BBauBl. 1985, S. 359; beachte auch S. 362 r.Sp.: „Ein großer Teil der Arbeitskreismitglieder hält es aber für notwendig, dass auch nach Fristablauf schwerwiegende Mängel der Abwägung weiterhin gerichtlich überprüfbar sein müßten."
32 BT-Drs. 10/5027, S. 22 l.Sp.; beachte auch daselbst: „Lediglich bei besonders schwierigen und offenkundigen Fehlern soll nach Meinung einiger Arbeitskreismitglieder eine Befristung nicht in Betracht kommen."
33 BT-Drs. 10/5111, S. 16 l.Sp.
34 BT-Drs. 10/6166, S. 134 r.Sp.; kritisch zur seinerzeitigen Neuregelung *Dolde*, Die „Heilungsvorschriften" des BauGB für Bauleitpläne, BauR 1990, S. 1 (6 ff.); *Peine*, Zur verfassungskonformen Interpretation des § 215 Abs. 1 Nr. 2 BauGB, NVwZ 1989, S. 637; Schrödter-*Schmaltz*, § 215 BauGB, Rn. 7.
35 Weitere Einzelheiten zum verwaltungsgerichtlichen Rechtsschutz s. § 21.

wahrscheinlich. Denn nach sieben Jahren dürfte ein großer Teil von Bebauungsplänen soweit in das Vollzugsstadium gekommen sein, dass gegebenenfalls gerichtliche Verfahren angestrengt worden sind. Auch dürfte die Befristung der Normenkontrolle in der Rechtsberatung von Bürgern dazu führen, dass auch ohne unmittelbar bevorstehende Vollzugsschritte **vorsorglich** Normenkontrollverfahren begonnen werden.

24 Trotz dieser praktischen Relativierungen der Rüge- und der Antragsfrist bleibt die Regelung doch grundsätzlich problematisch. Einem Bebauungsplan als **Rechtssatz**, der nicht selten erst zu einem nicht bestimmbaren späteren Zeitpunkt verwirklicht und damit erst zukünftig reale, für die betroffenen Bürger erkennbare Auswirkungen haben wird, kann schon von der so beschriebenen Interessenlage her nicht die Bestandskraftregelung für Verwaltungsakte einfach „übergestülpt" werden. Bei einem Verwaltungsakt als individuell-konkreter Regelung steht dem Bürger die Belastung regelmäßig deutlich vor Augen.[36] Darin liegt die innere Rechtfertigung für die aus den Widerspruchs- und Anfechtungsfristen resultierende Bestandskraft rechtswidriger Verwaltungsakte. Zwar ist es nicht abwegig, einen Bebauungsplan als einem Bündel individuell-konkreter Regelungen ähnlich (!) anzusehen.[37] Jedoch handelt es sich bei diesen „Regelungen" um Erlaubnisse und Verbote, die vielfach für die Betroffenen keine aktuelle Bedeutung haben. Hinzu kommt, dass die Festsetzungen des Bebauungsplanes erst noch der „Umsetzung" durch Verwaltungsakte – überwiegend durch Baugenehmigungen – bedürfen.

5. Das ergänzende Verfahren nach § 215a BauGB

25 Mängel eines Bauleitplans, die nicht gemäß § 214 BauGB irrelevant sind und deren Rüge nicht gemäß § 215 BauGB verfristet ist, führen gleichwohl dann nicht zur Nichtigkeit des Planes, wenn sie in einem ergänzenden Verfahren geheilt werden können.[38] Diese im Verhältnis zum bisherigen Recht (§ 214 Abs. 3 BauGB a. F.) umfassendere, weil nicht nur Verfahrens- und Formfehler, sondern auch Abwägungsfehler betreffende Heilungsvorschrift des § 215a Abs. 1 BauGB wird durch eine wesentliche Neuregelung in § 47 Abs. 5 Satz 4 VwGO sachgerecht flankiert. Gelangt das OVG im Rahmen der abstrakten Normenkontrolle zu der Überzeugung, dass festgestellte Mängel des Planes in einem ergänzenden Verfahren gemäß § 215a BauGB behoben werden können, so erklärt es den Plan nicht für nichtig, sondern für „bis zur Behebung der Mängel... nicht wirksam".

26 Die Idee, ein ergänzendes Verfahren zur Fehlerheilung im Interesse der Planerhaltung einzuführen, geht erklärtermaßen auf Entwicklungen im Fachpla-

---

36 Das hebt auch Maunz/Dürig-*Schmidt-Aßmann*, Grundgesetz, Stand Januar 1985, Art. 19 Abs. 4, Rn. 240 f., hervor.
37 So offenbar auch Mitglieder des Arbeitskreises „Baurechtliche und verwaltungsprozessuale Fragen", BBauBl. 1985, S. 359 (362 r.Sp.).
38 Grundlegend *Hoppe/Henke* (Fn. 4); zur Einordnung auch in die Entwicklungen im Fachplanungsrecht *Henke*, Planerhaltung durch Planergänzung und ergänzendes Verfahren, 1997.

nungsrecht zurück.³⁹ Im Fachplanungsrecht ist in der Rechtsprechung des Bundesverwaltungsgerichts – beginnend mit der *Startbahn West*-Entscheidung⁴⁰ – der Gedanke entwickelt worden, dass eine fehlerhafte planerische Abwägung nicht notwendig zur Aufhebung des Planfeststellungsbeschlusses wegen Ermessensfehlers führen müsse, sondern den wegen des Abwägungsfehlers unzureichend geschützten Belangen auch durch eine Plan**ergänzung** in Form einer nachträglichen Schutzauflage angemessen Rechnung getragen werden könne.⁴¹ Diese Judikatur hat aus der Perspektive der Verfahrensbeschleunigung und der Verfahrensvereinfachung viel Zustimmung erfahren und hat deshalb im Zuge einer überhitzten Standort-Deutschland-Debatte auch Eingang in verschiedene gesetzliche ad-hoc-Regelungen, inzwischen aber auch in das Planfeststellungsrecht des VwVfG (§ 75 Abs. 1a VwVfG) gefunden.

Die rechtsmethodische Kritik hat gegen die „pragmatischen" Gesichtspunkte der Verfahrensbeschleunigung und -vereinfachung die rechtsstaatlich unverzichtbaren Rationalitätsanforderungen an eine gerechte Abwägungsentscheidung geltend gemacht.⁴² Die planerische Abwägung trifft regelmäßig auf ein komplexes Interessengeflecht, in dem gerade wegen der Vernetzung der Belange die Vernachlässigung schon eines einzelnen Belanges die Ausgewogenheit der Abwägung als Ganzes in Frage stellen kann. Insofern drohen bloße „Nachbesserungen" im ergänzenden Verfahren zu abwägungsfehlerhaften Gesamtergebnissen zu führen. Daraus wird vielfach und mit Recht gefolgert, dass ein ergänzendes Verfahren zur Fehlerheilung nur in Betracht komme, wenn eine punktuelle Nachbesserung möglich ist, die im Übrigen die Gesamtabwägung unberührt lässt.⁴³ 27

Auf dieser Linie bewegen sich auch die Erwägungen im Gesetzgebungsverfahren und die ersten Judikate des Bundesverwaltungsgerichts. In der Begründung zum Regierungsentwurf wird dem ergänzenden Verfahren die mögliche Bereinigung solcher Fehler zugewiesen, die nicht „das Grundgerüst der Abwägung" betreffen.⁴⁴ Das Bundesverwaltungsgericht hat – unter ausdrücklicher Anknüpfung an seine Judikatur zum Fachplanungsrecht⁴⁵ – befunden, dass es für die Anwendbarkeit des § 215a Abs. 1 Satz 1 BauGB genüge, wenn „die konkrete Möglichkeit der Fehlerbehebung in einem ergänzenden Verfahren" bestehe. Dies wiederum setze voraus, „dass der zu behebende Mangel nicht 28

---

39 BMBau (Fn. 2), Rn. 112 ff.; BT-Drs. 13/6392, S. 74; *Hoppe/Henke* (Fn. 4), S. 1409 ff.
40 BVerwGE 56, S. 110 (133).
41 Die Entwicklung der Rechtsprechung wird detailliert und kritisch nachvollzogen bei *Sieg*, Die Schutzauflage im Fachplanungsrecht, 1994, S. 16 ff.; s. auch *Henke* (Fn. 38), S. 72 ff.
42 S. die systematische Entwicklung einer kritischen Perspektive mit praktischen (!) Vorschlägen bei *Sieg* (Fn. 41), S. 161 ff.; zurückhaltender, aber durchaus problembewußt *Henke* (Fn. 38), S. 162 ff.; ebenso *Hoppe/Henke* (Fn. 4), S. 1412 f.
43 S. nur *Hoppe/Henke* (Fn. 4), S. 1412.
44 BT-Drs. 13/6392, S. 74.
45 BVerwGE 100, S. 370 (373).

von solcher Art und Schwere ist, dass er die Planung als Ganzes von vornherein in Frage stellt oder die Grundzüge der Planung berührt (§ 13 BauGB)".[46]

29   Aus dieser Judikatur ergeben sich zwei wesentliche Maßgaben für ein ergänzendes Verfahren. Erstens wird klargestellt, dass das OVG von der Möglichkeit des § 47 Abs. 5 Satz 4 VwGO, den fehlerbehafteten Plan vorläufig für unwirksam zu erklären, schon dann Gebrauch machen muss, wenn eine Fehlerbehebung im ergänzenden Verfahren **möglich** erscheint. Das OVG soll nicht durch eigene planerische Erwägungen Gewissheit darüber suchen, ob eine Fehlerheilung definitiv gelingen kann. Zweitens markiert das Gericht mit den „Grundzügen der Planung" und der „Planung als Ganzes" eine definitive Grenze für den Einsatz des ergänzenden Verfahrens gemäß § 215a Abs. 1 BauGB.

30   Zur Durchführung des ergänzenden Verfahrens ist noch Folgendes zu bemerken: Wenn die Gemeinde nach § 215a Abs. 1 BauGB verfahren will, dann hat sie das ursprüngliche Planungsverfahren, das wegen seiner relevanten Fehlerhaftigkeit nur scheinbar abgeschlossen war, an der Stelle fortzusetzen, an der ihr der Fehler unterlaufen ist. Von diesem Punkt an ist das Planungsverfahren nach den allgemeinen Vorschriften für die Bauleitplanung zu wiederholen. Bei einem Abwägungsfehler, also beispielsweise einem Abwägungsdefizit, wie es im *Sylt*-**Fall (1)** hinsichtlich der räumlichen Grenze des Landschaftsschutzgebietes unterlaufen ist, muss das Planverfahren in der Phase der planerischen Abwägung fortgesetzt werden. In diesem Falle läge es nach heutiger Rechtslage nahe, im Verfahren nach § 215a Abs. 1 BauGB die westliche Baugrenze auf der tatsächlichen Grenze des Landschaftsschutzgebietes festzusetzen, womit das klägerische Grundstück vollen Umfanges im Bereich des reinen Wohngebiets läge. Durch diese Korrektur würden auch die Grundzüge der Planung nicht berührt, da es dem Plangeber erkennbar gerade und nur auf die Bewahrung des Landschaftsschutzgebietes ankam.

31   Die Heilung beispielsweise eines Ausfertigungs- oder Bekanntmachungsfehlers zwingt ersichtlich nicht dazu, die in einem vorangehenden Verfahrensstadium bewältigte Aufgabe der planerischen Abwägung erneut anzupacken. Allerdings können sich inzwischen die tatsächlichen Verhältnisse so geändert haben, dass gewisse Modifikationen des Abwägungsergebnisses wünschenswert erscheinen. Hier darf die Gemeinde den tatsächlichen Änderungen Rechnung tragen, sie muss es jedoch nicht. Denn gemäß § 214 Abs. 3 Satz 1 BauGB ist für die „gerechte" Abwägung die Sach- und Rechtslage im Zeitpunkt der Beschlussfassung über den Bauleitplan maßgeblich. Diese Beschlussfassung wird jedoch bei der Behebung etwa eines Verkündungsfehlers nicht wiederholt. Also bleibt insofern die frühere Sach- und Rechtslage maßgeblich.

32   Etwas anderes gilt nur, wenn die tatsächliche Entwicklung inzwischen einen Zustand erreicht hat, der eine Verwirklichung der planerischen Festsetzungen

---

46 BVerwG, NVwZ 1999, S. 414 = DVBl. 1999, S. 243 (244); BVerwG, NVwZ 1999, S. 420; BVerwGE 110, S. 193 (203); vgl. ferner E 110, S. 118.

auf unabsehbare Zeit ausschließt, und wenn die Erkennbarkeit dieser Tatsache einen Grad erreicht hat, der einem etwa dennoch in die Fortgeltung der Festsetzung gesetzten Vertrauen die Schutzwürdigkeit nimmt. Derart **funktionslose** Festsetzungen darf die Gemeinde nicht durch Heilung eines Form- oder Verfahrensmangels in Kraft setzen.[47] Das beruht darauf, dass – wie sogleich zu erörtern ist (II.) – Festsetzungen, die in dem beschriebenen Sinne funktionslos werden, **nichtig** sind.

Natürlich muss die Gemeinde einen als fehlerhaft erkannten Bauleitplan nicht in einem ergänzenden Verfahren nachbessern. Sie ist auch berechtigt, den fehlerhaften Plan unter Anwendung der für die Aufstellung von Bauleitplänen maßgeblichen Vorschriften **aufzuheben** (§ 2 Abs. 4 BauGB) oder einen neuen Bebauungsplan aufzustellen. Diese beiden Vorgehensweisen kommen in den Fällen ausschließlich in Betracht, in denen Fehler vorliegen, die weder irrelevant noch heilungsfähig sind. Der Aufhebung eines fehlerhaften Bebauungsplans im förmlichen Aufhebungsverfahren steht auch nicht entgegen, dass der Plan etwa in den Fällen des § 214 Abs. 1 Nr. 3 BauGB ipso iure nichtig ist. Dieses begriffsjuristische Argument führt an der Interessenlage vorbei: Es geht in solchen Fällen darum, den **Rechtsschein** eines vermeintlich gültigen Bauleitplans zu beseitigen.[48]

33

Die Gemeinde muss – will sie einen Bebauungsplan aufheben – auch das förmliche Aufhebungsverfahren durchführen. Ein vereinfachtes Verfahren etwa in Form eines einfachen Satzungsbeschlusses, der die Nichtigkeit des Bauleitplans feststellt, steht nicht zur Verfügung. Entsprechende Erwägungen einer Gesetzesänderung sind seinerzeit ausdrücklich verworfen worden.[49]

34

6. Der Grundsatz der Planerhaltung: Verfahrensgestaltung zwischen Effizienz und Fairness

Vor rund 20 Jahren hat die deutsche Staatsrechtslehre die angelsächsische Idee des Rechtsstaats entdeckt, die wesentlich vom Gedanken fairer (Verwaltungs-)Verfahren geprägt ist. Das Bundesverfassungsgericht hat die neue Einsicht in das deutsche Verfassungsrecht inkorporiert und vertritt in ständiger Rechtsprechung die Auffassung, „dass Grundrechtsschutz weitgehend auch durch Gestaltung von Verfahren zu bewirken ist und dass die Grundrechte demgemäß nicht nur das gesamte materielle, sondern auch das Verfahrensrecht beeinflussen, soweit dies für einen effektiven Grundrechtsschutz von Bedeutung ist".[50]

35

Neben diesem grundrechtlichen und damit dem Schutz individueller Rechte dienenden Aspekt der Gestaltung von Verwaltungsverfahren ist auch dem

36

---

47 BVerwG, NVwZ 1997, S. 893 (895) = DVBl. 1997, S. 828 (830).
48 BVerwGE 75, S. 142 (144 f.).
49 Pro: BT-Drs. 10/5027, S. 21 f., contra: BT-Drs. 10/6166, S. 135.
50 BVerfGE 53, S. 30 (65) (*Mülheim-Kärlich*); s. aus der „Frühzeit" *Grimm*, Verfahrensfehler als Grundrechtsverstöße, NVwZ 1985, S. 865.

Gesichtspunkt der Verfahrens**partizipation** der Bürger als Ausdruck des Demokratieprinzips des Grundgesetzes Rechnung zu tragen.⁵¹

37 Die verfassungsrechtlichen Leitsterne des Grundrechtsschutzes durch Verwaltungsverfahren und der bürgerschaftlichen Partizipation in Verwaltungsverfahren drohen angesichts der oben beschriebenen Entwicklung in unvertretbarer Weise an Steuerungswirksamkeit zu verlieren. Im Zuge der Globalisierungs- und Standort-Deutschland-Debatte werden im Namen der neuen Leitideen von Beschleunigung, Deregulierung und Privatisierung verwaltungsverfahrens- und verwaltungsprozessrechtliche Positionen drastisch beschnitten.⁵² Das gilt keineswegs nur, aber eben auch für das Bauplanungsrecht. In der gelegentlich unverblümten Sprache von Politikern geraten Bürger, die ihre (verbliebenen) Verfahrenspositionen wahrnehmen, schon wieder zu Querulanten, die sich den im Wohle des „ganzen Volkes" liegenden Großprojekten „irrational" entgegenstellten.

38 Auf der anderen Seite ist gewiss richtig, dass Verwaltungsverfahren so wirkungsvoll und zügig wie möglich durchgeführt werden sollen. Die Bauleitplanung hat auch die Aufgabe, wichtige Vorhaben im Interesse Einzelner und im Interesse der Allgemeinheit zügig zu ermöglichen. Es kommt aber darauf an, bei der Ausgestaltung des Verfahrens die beschriebenen beiden Seiten zu sehen. Die jetzt seit 20 Jahren anhaltende Beschneidung von Positionen im Bauplanungsrecht erscheint nicht mehr als ausgewogener Kompromiss zwischen Fairness und Effizienz des Verfahrens. Insbesondere ist dabei zu berücksichtigen, dass die oben referierte Rechtstatsachenforschung keinerlei Rechtfertigung für eine nahezu permanente Reduktion der Rechtsposition Betroffener ergeben hat. Deshalb kommt es in besonderem Maße darauf an, jedenfalls bei der Auslegung der Heilungsvorschriften das beschriebene verfassungsrechtliche Spannungsverhältnis in den Blick zu nehmen. Die Möglichkeit, nahezu alle Fehler des Planverfahrens im Nachhinein heilen zu können, darf weder zu einem Niedergang der Verfahrenskultur führen noch zu Lasten betroffener Belange durch suboptimale Nachbesserungen gehen.⁵³

II. Die Nichtigkeit funktionsloser planerischer Festsetzungen

39 Bebauungspläne als Satzungen und damit als Rechtsnormen können durch die Bildung von Gewohnheitsrecht außer Kraft gesetzt werden⁵⁴ – wenn und soweit man in Rechtsordnungen mit dem Kodifikationsprinzip überhaupt

---

51 S. nur *Hendler*, Die bürgerschaftliche Mitwirkung bei der städtebaulichen Planung, 1977; *Schuppert*, Einflußnahme auf die Verwaltung durch Bürgerbeteiligung und kollektive Interessenwahrnehmung, in: Hoffmann-Riem (Hrsg.), Bürgernahe Verwaltung?, 1980, S. 279.
52 S. m.w.N. *Koch*, Beschleunigung, Deregulierung, Privatisierung: Modernisierung des Umweltrechts oder symbolische Standortpolitik, ZAU 1997, S. 45 ff., 210 ff.
53 In diesem Sinne offenbar auch *Hoppe/Henke* (Fn. 4), S. 1414.
54 BVerwGE 26, S. 282 (284 f.).

Gewohnheitsrecht anerkennt.[55] Allerdings dürfte Gewohnheitsrecht als Quelle einer Planderogation kaum je in Betracht kommen. Denn die Mindestvoraussetzungen einer langdauernden, vom Plan abweichenden Übung sind für den „Umgang" des Rechtsverkehrs mit Bebauungsplänen untypisch. Abweichende Entwicklungen werden vielmehr bewusst als vom Satzungsrecht abweichend über Dispense eingeleitet. So ist es auch zu den Abweichungen von der im Baustufenplan vorgesehenen Bebauungstiefe im **Fall (2)** gekommen. Das führt zu der entscheidenden Frage, ob eine bewusst vom Plan abweichende Baugenehmigungspraxis keinerlei Auswirkungen auf die Geltung solcher planerischer Festsetzungen haben soll, die durch die Genehmigungspraxis weitgehend „überspielt" worden sind.

Während das Bundesverwaltungsgericht in der schon zitierten Entscheidung noch betont hat, dass **nur** Gewohnheitsrecht im Stande sei, planerische Festsetzungen zu derogieren, messen die Richter in der Entscheidung zu **Fall (2)** dem Umstand besondere Bedeutung zu, dass Bebauungspläne „in einem ungleich stärkeren Maße wirklichkeitsbezogen" seien, „als dies für den abstrakt-allgemeinen Rechtssatz im herkömmlichen Sinne zutrifft". Pläne seien – so präzisieren die Richter nun – „in einer sie kennzeichnenden Art weniger auf Geltung als auf konkrete Erfüllung angelegt".[56] Daher trete eine planerische Festsetzung „wegen Funktionslosigkeit außer Kraft, wenn und soweit die Verhältnisse, auf die sie sich bezieht, in der tatsächlichen Entwicklung einen Zustand erreicht haben, der eine Verwirklichung der Festsetzung auf unabsehbare Zeit ausschließt, und die Erkennbarkeit dieser Tatsache einen Grad erreicht hat, der einem etwa dennoch in die Fortgeltung der Festsetzung gesetzten Vertrauen die Schutzwürdigkeit nimmt".[57]

40

Die Fälle einer Überplanung von **Altlasten**[58] zwingen zu einer weiteren Präzisierung der Dogmatik der Funktionslosigkeit. Wenn die Gemeinde hinreichend sorgfältige Ermittlungen angestellt hat, sodass der Abwägungsvorgang fehlerfrei ist, sich jedoch Jahre später dennoch herausstellt, dass eine Altlast die festgesetzte Nutzung **dauerhaft ausschließt**, so liegt es nahe, auch in solchen Fällen eine Nichtigkeit wegen Funktionslosigkeit anzunehmen, obwohl sich nicht die Verhältnisse, sondern nur die Kenntnisse über die Verhältnisse geändert haben. Insofern ist zwischen **anfänglicher** und **nachträglicher** Funktionslosigkeit zu unterscheiden.

41

Diese Differenzierung ist in der Rechtsprechung des Bundesverwaltungsgerichts auch ausdrücklich angelegt. So heißt es in der Leitentscheidung: „Recht mit derart funktionslosem Inhalt kann nicht in Kraft treten, und es

42

---

55 Skeptisch *Larenz*, Methodenlehre der Rechtswissenschaft, 6. Aufl. 1991, S. 356 ff.; *Bydlinski*, Juristische Methodenlehre und Rechtsbegriff, 2. Aufl. 1991, S. 213 ff.
56 BVerwGE 54, S. 5 (9); ebenso BGH, BauR 1983, S. 231.
57 BVerwGE 54, S. 5 (Leitsatz), (10) (Begründung); s. ferner E 67, S. 334 (336); BVerwG, UPR 1990, S. 27; E 85, S. 273 (281 ff.); E 108, S. 71; UPR 2000, S. 229; näher *Degenhart*, Geltungsverlust „funktionsloser" Bebauungspläne?, BayVBl. 1990, S. 71; kritisch *Baumeister*, Rechtswidrigwerden statt Funktionslosigkeit von Bebauungsplänen, GewArch 1996, S. 318.
58 Siehe § 17 Rn. 67 ff.

263

tritt außer Kraft, wenn sich der Mangel der Funktionslosigkeit nachträglich einstellt."⁵⁹

43 Demgegenüber erschiene es konstruiert, in den nachträglich erkannten Altlastenfällen einen Verstoß gegen das Gebot gerechter Abwägung mit der Begründung annehmen zu wollen, dass das Abwägungsergebnis – der Plan – nach **heutigem** Erkenntnisstand nicht mehr begründbar sei. Immerhin kommt es nach § 214 Abs. 3 BauGB für die Abwägung auf die Sach- und Rechtslage im **Zeitpunkt der Beschlussfassung** über den Bauleitplan an. Damit kann sinnvollerweise nur die seinerzeit bei ordnungsgemäßer gemeindlicher Ermittlung **erkennbare** Sachlage gemeint sein.

44 Im Übrigen erweist sich der Maßstab der Funktionslosigkeit auch in den Fallkonstellationen als angemessen, in denen im Nachhinein eine Altlast erkannt wird, die zwar im Entdeckungszeitpunkt durchaus der vorgesehenen Nutzung entsprechend sanierungsfähig ist, zum Zeitpunkt der Entscheidung über den Plan jedoch aus technischen Gründen einer Sanierung nicht zugänglich gewesen wäre. Nichtigkeit wegen Funktionslosigkeit ist in solchen Fällen nicht anzunehmen. Ein Fehler im Abwägungsergebnis zum Zeitpunkt der Beschlussfassung über den B-Plan müsste dagegen mit der Nichtigkeitsfolge verbunden sein. ⁶⁰

45 Die vorstehenden Überlegungen bestätigen nochmals, dass das Abwägungsgebot grundsätzlich allein auf den Abwägungs**vorgang** gerichtet ist. Eine solcherart vereinfachte Abwägungsdogmatik wird auch mit dem besonderen Problem der Altlasten fertig, das sich bei näherer Betrachtung gar nicht als Abwägungs-, sondern als Problem der Funktionslosigkeit erweist.

§ 19 Vermögensrechtliche Plangewährleistung und sonstiges Planschadensrecht (§§ 39 ff. BauGB)

Literatur: *Deutsch*, Planschadensrecht und Eigentumsgrundrecht, DVBl. 1995, S. 546; *Krohn*, Das Planschadensrecht im Spannungsfeld zwischen Inhaltsbestimmung des Eigentums und Enteignung, in: Planung und Plankontrolle, FS für Schlichter, 1995, S. 439; *Remmert*, Nutzungsvorbereitende Aufwendungen in Gebieten nach §§ 34, 35 BauGB und ihre Entschädigung bei Entwertung durch Bebauungsplan, DVBl. 1995, S. 221

Fall 1: Der Kläger betrieb seit 1949 in der Stadt K. einen Holzhandel und ein Sägewerk. Das Betriebsgrundstück lag nach dem Flächennutzungsplan sowie einem „Baugebietsplan" in einem gemischten Baugebiet mit zweigeschossiger Bauweise. Infolge von Genehmigungen nach § 34 BBauG erfuhr das Gebiet bis 1964 einen Wandel zum allgemeinen Wohngebiet. Im Juni 1964 brannte der größte Teil der Betriebsgebäude ab. Im Juli reichte der Kläger eine Bauvoranfrage zur Wiedererrichtung des Sägewerkes ein. Im August wurde die Aufstellung eines Bebauungsplanes i.S.v. § 30 BBauG be-

---

59 BVerwGE 54, S. 5 (8); diese Formulierung wird ausdrücklich aufgegriffen in E 85, S. 273 (281).
60 Für weitere Einzelheiten *Koch/Schütte*, Bodenschutz und Altlasten in der Bauleitplanung, DVBl. 1997, S. 1415 (1417 ff.).

schlossen. Nach diesem im Oktober 1966 in Geltung getretenen Bebauungsplan liegt das Betriebsgrundstück des Klägers im allgemeinen Wohngebiet. Die Baugenehmigungsbehörde lehnte Anfang 1965 die Erteilung eines Vorbescheides mit der Begründung ab, dass das Vorhaben nach der vorhandenen Bebauung bedenklich und nach den künftigen Festsetzungen des Bebauungsplanes unzulässig sei. Widerspruch und Klage blieben erfolglos. Insbesondere konnte der Kläger auch nicht die Feststellung der Rechtswidrigkeit der Ablehnung seiner Voranfrage erstreiten. Daraufhin begehrte der Kläger eine Geldentschädigung wegen Ablehnung der Bauvoranfrage.

In Anlehnung an BGHZ 64, S. 366 und BGHZ 81, S. 374.

Fall 2: Nach den Festsetzungen eines im Juni 1967 als Satzung beschlossenen und im Juli bekannt gemachten Bebauungsplanes durfte das Grundstück der Klägerin mit einem sechsgeschossigen Wohnhaus bebaut werden. Im Juni 1977 beantragte die Klägerin die Baugenehmigung für ein siebenstöckiges Wohnhaus, im März 1978 – nach Ablehnung des ersten Antrages – eine Genehmigung für ein sechsgeschossiges. Ende März 1978 erachtete das Verwaltungsgericht in einem Rechtsstreit zwischen einem anderen Grundeigentümer und der beklagten Gemeinde den Bebauungsplan wegen Verstoßes gegen das Entwicklungsgebot des § 8 BBauG als nichtig; das Oberverwaltungsgericht bestätigte die Entscheidung im Mai 1980. Die Beklagte informierte die Klägerin von der verwaltungsgerichtlichen Entscheidung und teilte ihr im Juli 1978 mit, dass nunmehr nur noch zweigeschossig, wenngleich mit dem beabsichtigten Bauvolumen gebaut werden dürfe. Die Klägerin nahm daraufhin ihren Bauantrag zurück und begehrte von der Beklagten Ersatz für diejenigen Aufwendungen, die sie im Vertrauen auf die Gültigkeit des Bebauungsplanes gemacht habe. Die Honorare für den Architekten und den Statiker sowie die Kosten für die Baugrunduntersuchungen beliefen sich insgesamt auf 55.000 DM.

Nach BGH, BauR 1982, S. 457.

Fall 3: Die Bf. sind Miteigentümer eines großen Privatgrundstücks im Stadtbereich von Hamburg. Auf dem Grundstück steht eine 1812 errichtete denkmalgeschützte Villa, die parkartig von Wiesen und Bäumen umgeben ist. Das Grundstück war nach der Ortsbausatzung von 1939 als „Wohngebiet mit Gewerbebetrieben" ausgewiesen. Entsprechend dieser Ausweisung hatten die Bf. 1983 eine Bauvoranfrage für den Bau von 3 Wohnhäusern und 51 Wohnungen gestellt. Nach Zurückstellung dieses Antrags erließ die Stadt Hamburg im Jahr 1985 einen neuen Bebauungsplan, der die Schaffung einer öffentlichen Parkanlage zum Ziel hatte. Für das Grundstück des Bf. sieht der Bebauungsplan eine öffentliche Grünfläche und eine Gemeinbedarfsfläche für einen Kindergarten vor. Die denkmalgeschützte Villa soll zu gastronomischen oder kulturellen Zwecken genutzt werden, soweit dies mit der Zweckbestimmung der Parkanlage vereinbar ist. Der von den Bf. gegen den Bebauungsplan erhobene Normenkontrollantrag blieb erfolglos. Die Nichtzulassungsbeschwerde wurde vom BVerwG zurückgewiesen. Die Verfassungsbeschwerde wurde nicht angenommen.

BVerfG, DÖV 1999, S. 777.

Fall 4: Die Beteiligte zu 1 ist Eigentümerin eines 617 m² großen Grundstücks in Berlin-Schöneberg, das früher mit einem im Krieg zerstörten fünfgeschossigen Miethaus bebaut war und seither brachliegt. Im Baunutzungsplan für (u. a.) Schöneberg vom 28.12.1960 war das Grundstück als allgemeines Wohngebiet der Baustufe V/3 (GFZ 1,5) dargestellt.

Wegen des Erweiterungsbedarfs einer seit 1970 auf dem angrenzenden Grundstück von der Gemeinde betriebenen Kindertagesstätte stellte das Bezirksamt Schöneberg 1992 einen – durch Verordnung der Senatsverwaltung für Bau- und Wohnungswesen vom 26. 9. 1994 (GVBl. I., S. 424) festgesetzten – Bebauungsplan auf, durch den das Grundstück der Beteiligten zu 1 in eine Fläche für den Gemeinbedarf, Zweckbestimmung: „Kindertagesstätte und Anlagen für soziale Zwecke" einbezogen wurde. Der Bebauungsplan erfasste außer dem Bereich der Kindertagesstätte und dem Grundstück der Beteiligten zu 1 auch einige weitere Grundstücke, für die es jedoch bei der Einstufung als allgemeines Wohngebiet mit wenigstens fünfgeschossiger Bebauung verblieb.

Die Beteiligte zu 1 verlangte vom Land Berlin die Übernahme ihres Grundstücks und beantragte mangels einer Einigung über den Preis 1994 bei der Beteiligten zu 5 (Enteignungsbehörde) die Entziehung ihres Eigentums. Mit Beschluss vom April 1996 hat die Beteiligte zu 5 das Grundstück zu Gunsten des Landes Berlin enteignet. Die vom Land Berlin zu leistende Enteignungsentschädigung hat die Beteiligte zu 5 im Hinblick auf eine derzeit noch mögliche gewerbliche Nutzung des Grundstücks als Lagerplatz oder Standort für einen Gebrauchtwagenhandel auf 336.000,– DM festgesetzt. Das Ansinnen der Beteiligten zu 1, für die Höhe der Enteignungsentschädigung auf die bauliche Nutzbarkeit des Grundstücks vor der Nutzungsänderung durch den Bebauungsplan vom 26. 9. 1994 abzustellen, hat die Beteiligte zu 5 mit dem Hinweis auf die über die Sieben-Jahres-Frist nach § 42 Abs. 3 BauGB hinaus unterbliebene Bebauung des Grundstücks abgelehnt. Hiergegen hat die Beteiligte zu 1 Antrag auf gerichtliche Entscheidung gestellt. Landgericht (Kammer für Baulandsachen) und Kammergericht (Senat für Baulandsachen) haben der Beteiligten zu 1 Recht gegeben, das Kammergericht in einer Urteilsfassung, wonach die vom Land Berlin an die Beteiligte zu 1 zu leistende Entschädigung an Stelle von 336.000,– DM 1.120.000,– DM beträgt. Mit der Revision erstrebte das Land Berlin ohne Erfolg die Wiederherstellung der Entscheidung der Beteiligten zu 5 zur Höhe der Enteignungsentschädigung.

BGH, BauR 1999, S. 1001.

I. Problemstellung

1 Gewandelte Verhältnisse, veränderte Bedürfnisse der Bürger und neue planerische Zielsetzungen der Gemeinde sind – vielfach gemeinsam – Gründe dafür, mittels Bebauungsplanung bisher zulässige Bodennutzungen zu beschränken oder ganz auszuschließen. Ergibt sich die Zulässigkeit einer Nutzung aus einem Bebauungsplan, so fragt sich, ob die Gemeinde aus Gründen des Vertrauensschutzes zumindest eine bestimmte Zeit lang an die von ihr geschaffenen planerischen Festsetzungen gebunden sein soll. Eine solche Bindung widerspräche jedoch dem städteplanerischen **Gestaltungsauftrag** der Gemeinde (§ 1 Abs. 1, 3, 5 BauGB). Insbesondere ist zu bedenken, dass ein Bebauungsplan durchaus nicht nur ein einzelnes Vorhaben ermöglicht, also nicht einen Einzelfall normiert, sondern ein ganzes Bündel von Vorhaben und somit ein erhebliches Beharrungspotenzial enthält. Aber auch ein nach den Festsetzungen eines Bebauungsplanes zulässiges einzelnes Vorhaben kann – bei entsprechender Dimension – eine neue planerische Konzeption entscheidend behindern.

Das Vertrauen der Bürger in eine bestimmte planerische Rechtslage und den damit verbundenen Möglichkeiten der Grundstücksnutzung wird zunächst dadurch geschützt, dass ein **verwirklichtes Vorhaben** Bestandsschutz genießt und daher nur unter sehr strengen Voraussetzungen einer neuen Rechtslage angepasst werden muss. Für die Bürger sind daher neue planerische Festsetzungen, die die Nutzbarkeit ihrer Grundstücke einschränken, „nur" erheblich, soweit sie ein bislang zulässiges Vorhaben noch nicht verwirklicht haben oder soweit der Bestandsschutz für ein verwirklichtes Vorhaben letztlich doch Nachteile gegenüber einer Aufrechterhaltung der gegenwärtigen planerischen Situation nicht „auffängt". **2**

Der Gesetzgeber hat den Konflikt zwischen dem Interesse der Gemeinden an Planungsflexibilität einerseits und dem Vertrauen der Bürger auf den Bestand eines Planes (sog. **Plangewährleistung**) andererseits nicht durch eine spezifizierte Bindung der Gemeinden an planerische Bestände, sondern durch die Einräumung von Entschädigungsansprüchen für Planbetroffene gelöst. Im Übrigen hat die Gemeinde natürlich vorfindliche Nutzungen und Nutzungsrechte nach Maßgabe des Gebots gerechter Abwägung (§ 1 Abs. 6 BauGB) zu berücksichtigen. **3**

Das Planungsschadensrecht des BauGB, das ohne nennenswerte Änderungen aus dem BBauG übernommen worden ist, sieht drei Arten von Entschädigungsansprüchen vor: **4**

- Zentrale Bedeutung hat die Entschädigung bei Änderung oder Aufhebung einer zulässigen Nutzung (§ 42 BauGB). Allerdings ist ein entsprechender Anspruch subsidiär (vgl. § 43 Abs. 3 BauGB) gegenüber
- Ansprüchen wegen nachteiliger Festsetzungen im Bebauungsplan (§§ 40, 41 BauGB).
- Außerdem gewährt § 39 BauGB Ersatz solcher Aufwendungen, die in Vorbereitung einer zulässigen Nutzung getätigt worden sind, ihren Wert jedoch durch die neue Planung (teilweise) verloren haben.

II. Entschädigung bei Änderung oder Aufhebung einer zulässigen Nutzung

Nach § 42 Abs. 2 BauGB ist eine den Bodenwertverlust ausgleichende Entschädigung zu leisten, wenn „die zulässige Nutzung eines Grundstücks innerhalb einer Frist von sieben Jahren ab Zulässigkeit aufgehoben oder geändert" wird. Erfolgen Aufhebung oder Änderung einer zulässigen Nutzung **nach** Ablauf von **sieben Jahren** ab Zulässigkeit der Nutzung, dann ist gemäß § 42 Abs. 3 BauGB Bodenwertausgleich nur zu leisten, wenn eine **ausgeübte** Nutzung betroffen ist. Wer also innerhalb von sieben Jahren ab Zulässigkeit einer Nutzung die rechtlichen Möglichkeiten nicht umgesetzt hat, verliert die vermögensrechtliche Absicherung seines im Übrigen fortbestehenden Anspruches **5**

267

auf Genehmigung der zulässigen Nutzung. Zu beachten ist noch, dass nicht ausgeübte Nutzungen nach Maßgabe der Absätze 5–8 des **§ 42 BauGB** ausnahmsweise über die Siebenjahresfrist hinaus vermögensrechtlichen Schutz erfahren, wenn der Nutzungsberechtigte sozusagen ohne eigenes Verschulden sein Vorhaben nicht rechtzeitig verwirklichen konnte. Kurz gesagt sind das die Fälle, in denen der Eigentümer dadurch an einer „fristgerechten" Verwirklichung der ihm möglichen und von ihm beabsichtigten (beachte Absatz 8) Nutzung gehindert wurde, dass

- einem rechtzeitig genehmigten bzw. vorbeschiedenen Vorhaben eine nachfolgende Rechtsänderung entgegensteht (Absatz 6),
- das Baugesuch nach Maßgabe einer Veränderungssperre oder statt einer solchen zurückgestellt wurde (Absatz 5),
- das Baugesuch innerhalb der Siebenjahresfrist rechtswidrig abgelehnt (Absatz 7 Satz 1) oder nicht in gehöriger Frist beschieden (Absatz 7 Satz 2) wurde.

6 Die **Befristung** der vermögensrechtlichen **Plangewährleistung** für **nicht ausgeübte Nutzungen** auf sieben Jahre war ein zentraler und umstrittener Punkt der BBauG-Novelle 1976. Den Gemeinden ging es vor allem darum, größere Planungsspielräume durch die Begrenzung von Entschädigungspflichten zu erhalten. Auch rechnete man mit einem gewissen Druck auf die private Initiative im Sinne einer Inangriffnahme zulässiger Vorhaben vor Ablauf der Siebenjahresfrist. Andererseits wurden – obgleich die Siebenjahresfrist gemessen am Regierungsentwurf bereits einen Kompromiss darstellte – verfassungsrechtliche Bedenken dahingehend angemeldet, dass die Befristung eine Enteignung ohne Entschädigung darstelle. Auf die verfassungsrechtlichen Fragen, um die es inzwischen deutlich stiller geworden ist, wird noch einzugehen sein (unten Rn. 24 ff.). Im Folgenden können von den zahlreichen Problemen, die § 42 BauGB mit sich bringt, nur zwei herausgegriffen werden, nämlich einmal die Frage, was eine „zulässige Nutzung" darstellt, und zum anderen der Streit darüber, ob nur die Aufhebung oder Änderung einer zulässigen Nutzung durch **Bebauungsplan** erheblich ist oder auch Gebietsveränderungen durch die **Baugenehmigungspraxis** tatbestandlich die „Aufhebung" oder „Änderung" der zulässigen Nutzung bewirken kann.

1. Zulässige Nutzungen

7 Zulässige Nutzungen sind solche, auf deren Genehmigung ein **Anspruch** besteht.[1] Bei Erfüllung der tatbestandlichen Voraussetzungen der planungsrechtlichen Zulässigkeitstatbestände der §§ 30, 33, 34, 35 BauGB besteht jeweils planungsrechtlich ein Genehmigungsanspruch. Die Feststellung, **ob die** tatbestandlichen Voraussetzungen **im konkreten Fall** erfüllt sind, bereitet in Fällen, die nach § 30 BauGB zu beurteilen sind, noch die geringsten Probleme.

---

1 S. nur Battis/Krautzberger/Löhr-*Battis*, BauGB, 7. Aufl. 1999, § 42, Rn. 4.

Schwieriger ist es, über Ansprüche nach den §§ 33, 34, 35 BauGB zu entscheiden.[2]

Selbst im qualifiziert überplanten Bereich (§ 30 BauGB) ist die Entscheidung über die Existenz eines Bebauungsanspruchs nicht durchweg einfach. Problematisch sind insbesondere die Fragen, ob ausnahmsweise ein Anspruch auf **Erschließung** besteht[3] und deshalb die Erschließung – wie gesetzlich gefordert – gesichert ist, ob ein Anspruch auf Erteilung einer **Befreiung** gemäß § 31 Abs. 2 BauGB angenommen und berücksichtigt werden kann[4] und ob ausnahmsweise das **Rücksichtnahmegebot** des § 15 BauNVO einer an sich zulässigen Nutzung entgegensteht.

8

Auch bei den Zulässigkeitstatbeständen der §§ 33, 34, 35 BauGB stellt sich die Erschließungsfrage. Im Übrigen sind mit der Beurteilung der Planreife (§ 33 BauGB), des Einfügens (§ 34 BauGB) und der öffentlichen Belange (§ 35 Abs. 3 BauGB) schwierige Probleme zu lösen. Schließlich ist u. U. auch die Frage zu bedenken, wann in den Fällen mit Ermessensvorschriften (insbesondere § 31 Abs. 2 BauGB) ein Anspruch wegen Ermessensreduktion auf Null anzunehmen ist. Diese Schwierigkeiten vermeidet ein Teil der Literatur, indem mit beachtlichen Gründen in den Fällen der §§ 33 und 35 BauGB jegliches Vertrauen in eine in solchen Fällen stets nur „labile" Genehmigungslage bestritten wird.[5]

9

Natürlich sind die angesprochenen Unsicherheiten in der Auslegung und Anwendung der planungsrechtlichen Zulässigkeitstatbestände auch dann zu bewältigen, wenn es um die Entscheidung über einen Baugenehmigungsantrag geht. Im Zusammenhang des Planschadensrechts kommt aber erschwerend hinzu, dass nur **hypothetisch** über das Bestehen eines planungsrechtlichen Genehmigungsanspruchs zu befinden ist, wobei die „Existenz" dieses Anspruchs gemäß der Verjährungsvorschrift des § 44 Abs. 4 BauGB fast vier Jahre zurückliegen kann, was die rechtliche Beurteilung noch schwieriger machen kann.

10

2. Aufhebung der zulässigen Nutzung

Wesentlich umstrittener noch als die Auslegung des Begriffs „zulässige Nutzung" ist die Frage, **wodurch** die Aufhebung oder Änderung einer zulässigen Nutzung erfolgen muss, soll ein Entschädigungsanspruch ausgelöst werden. Vieles spricht dafür, dass die gesetzliche Regelung nur eine Rechtsänderung durch Bebauungsplan meint. Der Bundesgerichtshof hat jedoch – einigen Literaturstimmen folgend – in seinen beiden Entscheidungen zum *Sägewerks-*

11

---

2 S. zu den Genehmigungstatbeständen der §§ 30ff. BauGB im Einzelnen unten, § 26.
3 Zum Anspruch auf Erschließung BVerwGE 92, S. 8; im Einzelnen s. § 26 Rn. 42ff.
4 Dagegen Berliner Kommentar-*Krohn*, 2. Aufl. 1995, § 42, Rn. 11; Battis/Krautzberger/Löhr-*Battis* (Fn. 1), § 42, Rn. 4; a.A. *Hoppe/Grotefels*, Öffentliches Baurecht, 1995, § 9 Rn. 12.
5 S. nur Berliner Kommentar-*Krohn* (Fn. 4), § 42, Rn. 11f.; ferner Ernst/Zinkahn/Bielenberg-*Bielenberg*, BauGB, Stand: 4/2000, § 42, Rn. 35ff.

Fall (1) die Auffassung vertreten, dass ein Entschädigungsanspruch auch dann in Betracht komme, wenn die zulässige Nutzung nicht durch einen Bebauungsplan, sondern auf Grund des § 34 BBauG durch eine die maßgebliche Bebauung sukzessive umstrukturierende Genehmigungspraxis aufgehoben oder geändert wird.[6]

12 Im *Sägewerks*-Fall (1) hat sich infolge von Genehmigungen, die auf der Grundlage des § 34 BBauG erteilt worden sind, eine Wandlung vom gemischten Baugebiet zum allgemeinen Wohngebiet ergeben. Dies wiederum hat nach dem Brand im Jahre 1964 die Genehmigungsunfähigkeit eines Wiederaufbaus des Sägewerks zur Folge. Damit ist der Kläger einer früher zulässigen Nutzung seines Grundstückes verlustig gegangen – wenn auch nicht durch bauplanerische Aufhebung oder Änderung der zulässigen Nutzung. Der Bundesgerichtshof räumt ein, dass § 44 BBauG 1960 (jetzt § 42 BauGB) „zunächst" nur den Fall der Nutzungsaufhebung oder -änderung durch **Bebauungsplan** betreffe. Das ergebe schon der systematische Zusammenhang mit den voranstehenden Normen, die Entschädigungsansprüche wegen nachteiliger Festsetzungen in Bebauungsplänen gewährten (jetzt §§ 40, 41 BauGB), sodass auch der Auffangtatbestand des § 44 BBauG 1960 auf Schäden durch Bebauungspläne gerichtet sei.[7] Verfassungsrechtliche Erwägungen zwängen jedoch zur Anwendung von § 44 BBauG 1960 auf die Umstrukturierung von Gebieten im Wege der **Genehmigung** von Vorhaben nach § 34 BBauG. Da solche Genehmigungen im Einzelfall enteignende Eingriffe zur Folge haben könnten, müsse wegen der Junktim-Klausel des Art. 14 Abs. 3 Satz 2 GG eine Entschädigungsregelung im BBauG gefunden werden.[8]

13 Die Entscheidungen des Bundesgerichtshofs sind auf deutlichen Widerspruch gestoßen.[9] Zwar wird eingeräumt, dass durch Genehmigungen Umstrukturierungen von Baugebieten mit der Folge der Verminderung, Änderung oder Aufhebung zuvor zulässiger Nutzungen herbeigeführt werden könnten; auch an der Schutzwürdigkeit eines derart Betroffenen wird nicht gezweifelt. Jedoch wird den Gerichten die Berechtigung abgesprochen, auf solche Fälle den Entschädigungstatbestand des § 44 BBauG 1960 (jetzt: § 42 BauGB) anzuwenden. Vielmehr sei die Entziehung von zulässigen Nutzungen durch Gebietsumstrukturierungen auf dem Genehmigungswege rechtswidrig, sodass sich die betroffenen Bürger dagegen wehren könnten und müssten.[10] Eine Gemeinde, die ein Baugebiet umstrukturieren wolle, sei auf den Weg über eine – gegebe-

---

6 BGHZ 64, S. 366 mit zustimmender Anmerkung von *Schmidt-Aßmann*, DVBl. 1976, S. 170; bestätigt in BGHZ 81, S. 374; ebenso Ernst/Zinkahn/Bielenberg-*Bielenberg* (Fn. 5), § 42 BauGB, Rn. 66 ff.
7 BGHZ 64, S. 366 (370).
8 BGHZ 64, S. 366 (371); BGHZ 81, S. 374 (376).
9 *Papier*, Aktuelle Probleme des Planungsschadensrechts nach § 44 BBauG, BauR 1976, S. 297 (304 f.); *Breuer*, Entschädigungsrechtliche Konsequenzen von Eingriffen in die Baufreiheit, DÖV 1978, S. 189 (200); *Bröll*, Das Planungsschadensrecht des Bundesbaugesetzes, BayVBl. 1984, S. 424 (425 r.Sp.); Berliner Kommentar-*Krohn* (Fn. 4), § 42, Rn. 10; *Hoppe/Grotefels* (Fn. 4), § 9 Rn. 12; Battis/Krautzberger/Löhr-*Battis* (Fn. 1) § 42, Rn. 3.
10 *Breuer* (Fn. 9).

nenfalls Entschädigungsansprüche nach § 44 BBauG 1960 auslösende – entsprechende Bebauungsplanung verwiesen.¹¹

Die Kritik an der BGH-Judikatur erscheint inzwischen auch deshalb überzeugend, weil der Nachbarschutz im Bereich von § 34 BauGB und damit die Möglichkeit, sich gegen „schleichende" Gebietsumstrukturierungen zu wehren, deutlich verbessert worden ist. Insofern ist nicht nur auf das das drittschützende Rücksichtnahmegebot umfassende Einfügenserfordernis des § 34 Abs. 1 BauGB zu verweisen¹², sondern auch auf den in § 34 Abs. 2 verankerten Gebietswahrungsanspruch.¹³ 14

III. Ansprüche wegen nachteiliger Festsetzungen im Bebauungsplan

Die zulässige bauliche Nutzung eines Grundstücks kann auch dadurch geändert oder aufgehoben werden, dass fremdnützige, insbesondere im Interesse der Allgemeinheit liegende planerische Festsetzungen getroffen werden. Dabei geht es um Gemeinbedarfs-, Verkehrs-, Versorgungs-, Entsorgungsflächen und ähnliche Flächenbedarfe (§ 40 Abs. 1 BauGB). Der *Hamburger Park*-Fall (3) bietet dafür ein instruktives Beispiel. In solchen Fällen ist der Eigentümer für Vermögensnachteile zu entschädigen, es sei denn, dass die „Festsetzungen oder ihre Durchführung den Interessen des Eigentümers oder der Erfüllung einer ihm obliegenden Rechtspflicht dienen" (§ 40 Abs. 1 Satz 2 BauGB). Letzteres ist etwa dann anzunehmen, wenn Flächen für Gemeinschaftsstellplätze und Gemeinschaftsgaragen festgesetzt werden (§ 40 Abs. 1 Satz 1 Nr. 10 BauGB), damit die nach der jeweiligen Landesbauordnung bestehende Pflicht erfüllt werden kann, in angemessener Zahl Stellplätze zu schaffen.¹⁴ 15

Als primäre Form der Entschädigung sieht das Gesetz einen Übernahmeanspruch des Betroffenen vor. Dabei gewährt § 40 Abs. 2 BauGB zunächst nur einen Anspruch auf Übernahme, ohne die Bürger darauf festzulegen. Anspruchsvoraussetzungen sind alternativ 16

– die wirtschaftliche Unzumutbarkeit, das Grundstück zu behalten,¹⁵ oder
– die nach § 32 BauGB mögliche Ablehnung von wertsteigernden Investitionen, wenn dadurch die bisherige Nutzung zumindest wesentlich herabgesetzt wird (§ 40 Abs. 2 BauGB).

Sind diese Voraussetzungen erfüllt, so kann gemäß § 40 Abs. 3 Satz 2 BauGB **nur** dieser Anspruch geltend gemacht werden. Eine Entschädigung in **Geld** ist 17

---

11 *Papier* (Fn. 9); a.A. nachdrücklich *Schmidt-Aßmann* (Fn. 6), S. 171.
12 Zum teilweise nachbarschützenden Rücksichtnahmegebot in § 34 BauGB: BVerwG, BBauBl. 1981, S. 576 (577); bestätigend und zusammenfassend BVerwGE 67, S. 334 (337).
13 S. dazu BVerwGE 94, S. 151; für weitere Einzelheiten unten § 28 Rn. 30 ff.
14 Vgl. § 37 LBO B-W; Art. 52, 53 BayBO; § 48 BauO Bln; § 49 BremLBO; § 48 HBauO; § 50 HBO; § 48 LBauO M-V; § 46 ff. NBauO; § 51 BauO NW; § 45 LBauO Rh.-Pf.; § 52 BauO LSA; § 55 LBO S-H; § 49 ThürBO.
15 Vgl. beispielsweise BGHZ 93, S. 165.

dem Berechtigten gemäß § 40 Abs. 3 Satz 1 BauGB zu gewähren, „wenn und soweit Vorhaben nach § 32 BauGB nicht ausgeführt werden dürfen und dadurch die bisherige Nutzung seines Grundstücks wirtschaftlich erschwert wird". Auch in diesen Fällen kann der Entschädigungsberechtigte jedoch auf den Übernahmeanspruch verwiesen werden, „wenn das Grundstück für den im Bebauungsplan festgesetzten Zweck alsbald benötigt wird" (§ 40 Abs. 3 Satz 3 BauGB). Über den Umfang der Entschädigung, das Verfahren sowie den Entschädigungspflichtigen treffen die §§ 43, 44 BauGB Regelungen. Herausgehoben sei davon nur, dass § 43 Abs. 3 Satz 1 BauGB ausdrücklich die Subsidiarität von Ansprüchen nach § 42 BauGB gegenüber den Ansprüchen nach §§ 40, 41 BauGB bestimmt und § 43 Abs. 3 Satz 1 BauGB die Entschädigungsgrenzen des § 42 BauGB, also u. a. die Siebenjahresfrist für nicht ausgeübte Nutzungen, auf die Ansprüche nach §§ 40, 41 BauGB überträgt.

18 Die Frage, wie die Entschädigungsansprüche zu bemessen sind, hat größte praktische Bedeutung. Das macht zunächst der *Berliner Kindertagesstätten-Fall* (4) anschaulich. Immerhin geht es um den Unterschied zwischen Entschädigungen in Höhe von 336.000,00 DM und 1.120.000,00 DM: Der Eigentümer eines brachliegenden Grundstücks, der über sieben Jahre lang von der planerischen Einstufung als allgemeines Wohngebiet keinen Gebrauch gemacht hatte, verlangte nach der Umplanung, derzufolge sein Grundstück für den Allgemeinbedarf (Kindertagesstätte) vorgesehen war, eine Übernahme des Grundstückes gegen Entschädigung, die sich an der im Übrigen Plangebiet zulässigen Wohnnutzung bemessen sollte. Der Bundesgerichtshof ist dieser Forderung mit der Begründung gefolgt, dass eine verfassungskonforme Auslegung gebiete, dass dem Grundstück, das für öffentliche Zwecke in Anspruch genommen wird, diejenige bauliche Nutzbarkeit als entschädigungsbegründendes Qualitätsmerkmal zugerechnet werden müsse, die nach der Neu- und Umplanung im Plangebiet allgemein vorgesehen sei.[16]

19 Interessant ist auch der Fall der rechtstreuen Gemeinde, die die seit 1976 geltende naturschutzrechtliche Eingriffsregelung immerhin schon 1992 im Rahmen einer Bebauungsplanung zur Anwendung brachte, dabei aber erhebliche Probleme mit der von ihr planerisch festgesetzten Ausgleichsfläche hatte. Die Gemeinde hat landwirtschaftlich genutzte Flächen eines Eigentümers als Wohngebiet ausgewiesen und zugleich eine andere Fläche des gleichen Eigentümers als Ausgleichsfläche, und zwar als private Grünfläche, festgesetzt. Der Eigentümer verlangte nun Übernahme der für ihn nutzlosen Grünfläche gegen Enteignungsentschädigung. Die Gemeinde war der – zutreffenden – Ansicht, dass der Eigentümer als Nutznießer der ihm zugute kommenden planerischen Vorbereitung eines Eingriffs auf den als Wohngebiet festgesetzten Grundstücken den entsprechenden Ausgleich zu tragen habe. Die Enteignungsbehörde hat demgegenüber auf Antrag des Eigentümers das Grundstück der Stadt übertragen, und zwar gegen Zahlung von rund 500.000,- DM Enteignungsentschädigung. LG und OLG haben die Entscheidung bestätigt. Erst der

---

16 BGH, BauR 1999, S. 1001 (1002 f.).

Bundesgerichtshof hat sie mit der Maßgabe aufgehoben, dass bei der Berechnung der Enteignungsentschädigung die planungsbedingte Wertsteigerung des – wesentlich größeren – Restgrundstücks berücksichtigt werden müsse.[17] Solche Probleme können die Gemeinden nunmehr durch konsequente Zuordnung in Verbindung mit klaren Kostentragungsregelungen gemäß § 135a ff. BauGB vermeiden.

IV. Ersatz des Vertrauensschadens

Trifft ein Nutzungsberechtigter im berechtigten Vertrauen auf den Bestand eines rechtsverbindlichen Bebauungsplanes Vorbereitungen für die Verwirklichung von planerisch zugelassenen Nutzungsmöglichkeiten, so kann er Entschädigung insoweit verlangen, als die Aufwendungen durch Änderung, Ergänzung oder Aufhebung des Bebauungsplanes an Wert verlieren (§ 39 Satz 1 BauGB). Erschließungsbeiträge rechnen ebenfalls zu diesen Aufwendungen (§ 39 Satz 2 BauGB). Der **Fall (2)** veranschaulicht gut, welche Aufwendungen hier in Betracht kommen und inwiefern sie wertlos werden können: Angesichts der im Bebauungsplan ausgewiesenen sechsgeschossigen Bauweise ließ die Klägerin durch Architekten und Statiker ein entsprechendes Gebäude planen. Dafür waren natürlich auch Baugrunduntersuchungen erforderlich. Nachdem nunmehr – nach „Entdeckung" der Nichtigkeit des Bebauungsplanes – nur noch zweigeschossig gebaut werden darf, sind allenfalls noch die Baugrunduntersuchungen von Nutzen, sofern die Klägerin weiterhin an einem Bauvorhaben interessiert ist.

Gleichwohl erhielt die Klägerin im **Fall (2)** keinen Aufwendungsersatz zugesprochen, denn sie hat ihre Aufwendungen nicht im Vertrauen auf einen rechtsverbindlichen, sondern auf einen inzwischen als nichtig erkannten Bebauungsplan getätigt. Die Rechtsverbindlichkeit des Planes ist jedoch ausdrücklich tatbestandliche Voraussetzung für den Aufwendungsersatz. Auch die Interessenlage bei Vertrauen auf den Rechtsschein eines ungültigen Bebauungsplanes entspricht nicht derjenigen bei Änderung, Ergänzung oder Aufhebung eines rechtsverbindlichen Planes. Im letzteren Fall wird der Plangeber deshalb mit dem Vertrauensschaden belastet, weil er bewusst eine selbstgeschaffene Lage nunmehr ändert. Im Falle des nichtigen Planes enttäuscht der Plangeber nicht durch erneutes planerisches Tun geschaffenes Vertrauen, sondern er wird mit den Konsequenzen von rechtsfehlerhafter Planung konfrontiert. Dies ist ein Problem der Haftung für staatliches Unrecht, was insbesondere durch Amtshaftungsansprüche gemäß Art. 34 GG, § 839 BGB zu lösen ist. Der Bundesgerichtshof hat somit zu Recht – der wohl überwiegenden Literaturmeinung folgend – eine analoge Anwendung von § 39j BBauG a. F.

---

17 BGH, DVBl. 1998, S. 34 ff.

(= § 39 BauGB) abgelehnt.[18] Wenn *Birk* demgegenüber § 39 BauGB jedenfalls dann anwenden will, wenn ein – wie sich später herausstellt – nichtiger Bebauungsplan durch Erteilung einer Genehmigung „vollzogen" worden ist, so besteht dafür deshalb kein Bedarf, weil eine gegebenenfalls nach § 48 Abs. 3 des jeweils maßgeblichen Landes-Verwaltungsverfahrensgesetzes auszusprechende Rücknahme der Baugenehmigung ohnehin einen Vertrauensschutzanspruch auslöst.

22 Aufmerksamkeit verdient insbesondere noch die tatbestandliche Voraussetzung eines berechtigten Vertrauens auf den Bestand des Planes. Ein solches berechtigtes Vertrauen liegt dann nicht vor, wenn für die Bürger klar erkennbar mit einer relevanten Ergänzung, Änderung oder Aufhebung des Planes in absehbarer Zeit zu rechnen ist. Jedenfalls eine das maßgebliche Grundstück umfassende Veränderungssperre oder die Zurückstellung eines Baugesuches nehmen einem eventuell fortbestehenden Vertrauen in den Bestand des Planes die Berechtigung.

23 Eindeutig ist die gesetzliche Regelung insofern, als es um das Vertrauen in Nutzungsmöglichkeiten geht, „die sich aus dem Bebauungsplan ergeben". Damit scheidet vom Wortsinn des Gesetzes her eine Entschädigung wegen Vertrauens in eine bislang gemäß §§ 34, 35 BBauG/BauGB zulässige Nutzung aus. Gleichwohl wird immer wieder von einigen Autoren eine Erstreckung der Entschädigungsregelung auf solche Fälle befürwortet.[19] Dem ist jedoch nicht zu folgen. Bei nicht überplanten Gebieten ist prinzipiell eher mit einer planerischen Initiative zu rechnen als bei überplanten. Bei überplanten Gebieten hat der Plangeber seinen städtebaulichen Ordnungs- und Gestaltungsanspruch bereits rechtsverbindlich kundgetan. Für die nicht überplanten Gebiete fehlt ein solches, eine gewisse (!) Kontinuität verbürgendes Verhalten des Plangebers.[20] Dieser im Großen und Ganzen anzutreffende Unterschied ist gleichwohl eine jedenfalls vor Art. 3 GG standhaltende Rechtfertigung für die vom Gesetzgeber eindeutig vorgenommene Differenzierung zwischen den entschädigungswürdigen Vertrauenstatbeständen.

---

18 BGHZ 84, S. 292; instruktiv sind auch die Ausführungen dazu, warum im konkreten Fall ein Amtshaftungsanspruch nicht greift (S. 298 ff.); s. auch BGHZ 97, S. 1; BGHZ 109, S. 380; BGHZ 110, S. 1 sowie *Boujong*, Schadensersatz und Entschädigungsansprüche wegen fehlerhafter Bauleitplanung und rechtswidriger Bauverwaltungsakte nach der Rechtsprechung des Bundesgerichtshofs, WiVerw 1991, S. 59.
19 *Schenke*, Der Aufwendungsersatz beim Ausschluss einer gem. §§ 34 f. BBauG bestehenden baulichen Nutzungsmöglichkeit durch einen Bebauungsplan, DÖV 1971, S. 45; *Remmert*, Nutzungsvorbereitende Aufwendungen in Gebieten nach §§ 34, 35 BauGB und ihre Entschädigung bei Entwertung durch Bebauungsplan, DVBl. 1995, S. 2221.
20 So auch Battis/Krautzberger/Löhr-*Battis* (Fn. 1), § 39, Rn. 7; Berliner Kommentar-*Gaentzsch* (Fn. 4), § 39, Rn. 4; Ernst/Zinkahn/Bielenberg-*Bielenberg* (Fn. 5), § 39, Rn. 17.

V. Die verfassungsrechtliche Einordnung des Planungsschadensrechts

Als das heute geltende Planungsschadensrecht durch die BBauG-Novelle 1976 geschaffen wurde, geschah dies in einem Klima verfassungsrechtlicher Zweifel daran, ob die Befristung des Schutzes nicht ausgeübter Nutzungen zulässig sei oder mangels gesetzlicher Entschädigungsregelung eine verfassungswidrige Enteignung darstelle.[21] Inzwischen ist diese Regelung ebenso wie das übrige Planungsschadensrecht weitgehend als verfassungskonform akzeptiert.[22] Stattdessen ist jedoch – bedingt durch die neuere eigentumsrechtliche Rechtsprechung des Bundesverfassungsgerichts[23] – Streit über die richtige verfassungsrechtliche Einordnung des Planungsschadensrechts entstanden. In der Literatur wird teilweise die Auffassung vertreten, es handele sich durchweg um Eigentumsinhaltsbestimmungen i. S. v. Art. 14 Abs. 1 Satz 2 GG,[24] andererseits werden aber einige Tatbestände des Planungsschadensrechts als Enteignungsregelungen angesehen.[25]

Ohne die Diskussion hier in voller Breite aufnehmen zu können, seien kurz drei Thesen begründet.

(1) Das Planungsschadensrecht des BauGB ist öffentlich-rechtliche **Eigentumsinhaltsbestimmung,** die an Art. 14 Abs. 1 und 2 GG zu messen ist.

(2) Soweit durch die seinerzeitige Neufassung des Planungsschadensrechts bestehende Nutzungsrechte eingeschränkt oder aufgehoben worden sind, handelt es sich **nicht** um eine **Legalenteignung** i. S. v. Art. 14 Abs. 3 GG, sodass Enteignungsentschädigungen nicht vorgesehen werden mussten.

(3) Wenn durch Bebauungsplanung nicht ausgeübte Nutzungen innerhalb von sieben Jahren ab ihrer Zulässigkeit oder ausgeübte Nutzungen geändert oder aufgehoben werden, so handelt es sich um **Enteignungen** i. S. v. Art. 14 Abs. 3 GG, für die das BauGB – der Junktim-Klausel entsprechend – eine gesetzliche Entschädigungsregelung trifft.

Zu (1): Nach Art. 14 Abs. 1 Satz 2 GG bestimmt der Gesetzgeber Inhalt und Schranken des Eigentums. Dabei hat er die Anerkennung des Privateigentums (Art. 14 Abs. 1 Satz 1 GG) ebenso zu beachten wie dessen Sozialgebundenheit (Art. 14 Abs. 2 GG). Die Inhalts- und Schrankenbestimmung erfolgt durch die „generelle und abstrakte Festlegung von Rechten und Pflichten hinsichtlich solcher Rechtsgüter, die als Eigentum im Sinne der Verfassung zu verstehen sind".[26] Dafür darf der Gesetzgeber sowohl zivilrechtliche als auch öffentlich-

---

21 Vgl. den Überblick über den seinerzeitigen Meinungsstand bei *Breuer* (Fn. 9), S. 189 ff.
22 S. nur *Krohn*, Das Planschadensrecht im Spannungsfeld, in: FS für Schlichter, 1995, S. 439.
23 BVerfGE 52, S. 1; E 58, S. 300. Kurzüberblick m.w.N. bei *Koch/Rubel*, Allgemeines Verwaltungsrecht, 2. Aufl. 1992, IX, Rn. 22 ff.
24 So etwa *Maurer*, Enteignungsbegriff und Eigentumsgarantie, in: FS für Dürig, 1990, S. 293 (304).
25 Dafür entschieden Maunz/Dürig-*Papier*, Grundgesetz, Stand Mai 1994, Art. 14, Rn. 410 ff., insbes. 421 ff.; Battis/Krautzberger/Löhr-*Battis* (Fn. 1), Vorbemerkung zu den §§ 39–44, Rn. 5; Schrödter-*Breuer*, § 39 BauGB, Rn. 20; Berliner Kommentar-*Gaentzsch* (Fn. 4), § 40, Rn. 2; Berliner Kommentar-*Krohn*, § 42, Rn. 2.
26 BVerfGE 52, S. 1 (27).

rechtliche Regelungen schaffen.²⁷ Dementsprechend sind die Normen des Planungsschadensrechts im BauGB öffentlich-rechtliche Eigentumsinhaltsbestimmungen des Rechtsguts „Grundeigentum". Beispielsweise legt die Siebenjahresfrist für nicht ausgeübte Nutzungen (§ 42 Abs. 3 BauGB) abstrakt-generell fest, dass nach dem Baurecht bestehende Nutzungsrechte, die nicht ausgeübt werden, nur sieben Jahre lang einen vermögensrechtlichen Schutz erfahren. Nach Ablauf dieser Frist sind diese Nutzungsrechte nicht mehr Bestandteil des Grundeigentums. Diese Eigentumsinhaltsbestimmung ist auch verfassungsmäßig, da sie einen vertretbaren Ausgleich zwischen der Institutsgarantie privatnützigen Eigentums (Art. 14 Abs. 1 Satz 1 GG) und der Sozialbindung des Eigentums (Art. 14 Abs. 2 GG) herstellt.²⁸ Einerseits reicht eine siebenjährige vermögensrechtliche Nutzungsgewährleistung jedenfalls aus, um wohl überlegte Dispositionen treffen zu können. Andererseits fordert die im Allgemeininteresse liegende Flexibilität des Plangebers, dass die Entschädigungslast bei Umplanungen in Grenzen gehalten wird.

27 Zu (2): Die BBauG-Novelle 1976 brachte mit der Siebenjahresfrist insofern eine Verschlechterung der vorhandenen Rechtspositionen einzelner Bürger mit sich, als vor der Rechtsänderung nicht ausgeübte Nutzungen grundsätzlich auch über die sieben Jahre hinaus dem verfassungsrechtlichen Eigentumsschutz unterfielen. Die Novelle hat für die Betroffenen eine Übergangsregelung derart getroffen, dass für alle vorhandenen Nutzungsrechte die Siebenjahresfrist erst mit In-Kraft-Treten der Gesetzesänderung, also am 1. 1. 1977, zu laufen begann (Art. 3 § 10 Abs. 1 Satz 1 Änderungsgesetz zum BBauG). Damit wird den Inhabern der **Altrechte** genau die Position eingeräumt, die nunmehr für alle Bürger gilt.²⁹ Eine Enteignung in Form der Legalenteignung liegt in solchen Fällen nicht vor. Es muss nämlich strikt zwischen – einerseits – der **Umgestaltung alter Rechte bei Gelegenheit der Neugestaltung des Eigentumsinhalts und** – andererseits – einer **Entziehung von Rechtspositionen durch Gesetz für einige** Bürger bei Aufrechterhaltung der Rechtslage im Übrigen unterschieden werden. Nur letzteres ist eine entschädigungspflichtige **Legalenteignung**, ersteres nicht. Deshalb steht auch nach der Rechtsprechung des Bundesverfassungsgerichts „der Gesetzgeber bei der Neuordnung eines Rechtsgebiets nicht vor der Alternative, die alten Rechtspositionen zu konservieren oder gegen Entschädigung zu entziehen".³⁰ Bei der Neuordnung eines Rechtsgebiets dürften vorhandene individuelle Rechtspositionen durch eine „angemessene und zumutbare Übergangsregelung" umgestaltet werden.³¹

---

27 BVerfGE 58, S. 300 (330, 335 ff.).
28 S. *Krohn* (Fn. 22), S. 441 ff.
29 Zu einer vergleichbaren Problematik BVerfGE 31, S. 275 ff. (insbes. 291 ff.).
30 BVerfGE 58, S. 300 (351). Terminologisch war das Gericht zunächst nicht konsequent: Die im Text zitierten Ausführungen werden im Urteil ausdrücklich als Erwägungen zum Problem der **Legalenteignung** angekündigt (S. 338). Handelte es sich um Legalenteignung, wäre eine Entschädigungspflicht die unausweichliche verfassungsrechtliche Folge. Klarstellend inzwischen BVerfGE 83, S. 201 (211 ff.).
31 Für weitere Einzelheiten der Altrechteproblematik *Koch*, Der Atomausstieg und der verfassungsrechtliche Schutz des Eigentums, NJW 2000, S. 1529.

Zu (3): Wenn durch einen bestimmten Bebauungsplan Nutzungsrechte entzogen werden, die durch das Planungsschadensrecht geschützt sind, so handelt es sich um **Enteignungen**, für die das Gesetz die verfassungsrechtlich gebotene Entschädigungsregelung trifft. Der Umstand, dass der Bebauungsplan als **Satzung** und somit als **Rechtssatz** ergeht, macht eine Nutzungsentziehung durch Bebauungsplan nicht etwa zu einer Eigentumsinhaltsbestimmung i. S. v. Art. 14 Abs. 1 Satz 1 GG. Denn der Bebauungsplan trifft keine abstrakt-generelle Bestimmung über Rechte und Pflichten von Grundeigentümern an sich, sondern er belastet einzelne Eigentümer besonders. Darüber darf die vom Gesetzgeber des BauGB gewählte Rechtsform für den Bebauungsplan nicht hinwegtäuschen.[32]

28

Gerade dieser Sicht folgt das Bundesverfassungsgericht für das Bauplanungsrecht nicht. Völlig unzweideutig heißt es im *Hamburger Park*-**Fall (3)**, „Festsetzungen eines Bebauungsplans sind Inhaltsbestimmungen des Eigentums, auch wenn sie die bisherige Rechtslage zum Nachteil bestimmter Grundeigentümer abändern und wenn diese Rechtsänderungen mit einem Entschädigungsanspruch nach §§ 39 ff. BauGB verbunden sind".[33] Dies ist insofern nicht ganz überraschend, als das Bundesverfassungsgericht bereits vor einiger Zeit im Falle bauplanungsrechtlich zugemuteter Verkehrsimmissionen Festsetzungen eines B-Plans als Eigentumsinhaltsbestimmung qualifiziert hat.[34] Die Begründung dieser Sicht fällt auch in der neueren Entscheidung sehr lapidar aus: Die Enteignung ziele auf die vollständige oder teilweise Entziehung konkreter subjektiver Rechtspositionen, die durch Art. 14 Abs. 1 GG geschützt seien. Bei einem B-Plan gehe es demgegenüber darum, für ein bestimmtes Gebiet Art, Maß und Umfang der Grundstücksnutzung für die Zukunft neu zu ordnen. Das sei eine Frage der Eigentumsinhaltsbestimmung.[35]

29

Hier klingt der dem Bundesverfassungsgericht gelegentlich nachgesagte enge, „formale" Enteignungsbegriff an, demzufolge Enteignungen Güterbeschaffungsvorgänge seien und mithin die **Übertragung von Rechten** für eine Enteignung konstitutiv sei.[36] Dem kann in dieser Allgemeinheit nicht gefolgt werden. Im *Kleingarten*-Beschluss heißt es: „Enteignung im Sinne des Art. 14 Abs. 3 GG ist der staatliche Zugriff auf das Eigentum des Einzelnen. Ihrem Zweck nach ist sie auf vollständige oder teilweise Entziehung konkreter subjektiver Rechtspositionen gerichtet, die durch Art. 14 Abs. 1 Satz 1 GG gewährleistet sind."[37] Von einem Wechsel des Rechtssubjekts ist in dieser zentralen Entscheidung ebenso wenig die Rede wie im bereits zitierten *Nassauskiesungs*-Beschluss. Einzuräumen ist, dass im *Pflichtexemplare*-Beschluss vom Zugriff der Exekutive auf ein „von ihr benötigtes Vermögensobjekt"

30

---

32 Prägnant in diesem Sinne auch Battis/Krautzberger/Löhr-*Battis* (Fn. 1), Vorbemerkung zu den §§ 39–44, Rn. 5.
33 BVerfG, DÖV 1999, S. 777.
34 BVerfGE 79, S. 174 (191 f.).
35 BVerwG, DÖV 1999, S. 777.
36 So z. B. AK-GG-*Rittstieg*, Art. 14, 15 GG, Rn. 187 ff.
37 BVerfGE 52, S. 1 (27).

gesprochen wird,[38] jedoch kommt es auf den darin anklingenden Gesichtspunkt des Güterbeschaffungsvorganges bzw. des Rechtssubjektwechsels nicht entscheidungstragend an, sondern auf den Unterschied zwischen einem Zugriff „durch **Einzelakt** auf ein **bestimmtes** Vermögensobjekt" und einer „in **genereller** und **abstrakter** Weise begründeten Naturalleistungspflicht".[39] Damit ist der die Rechtsprechung des Bundesverfassungsgerichts mit Recht tragende Sachgesichtspunkt zur Unterscheidung von Inhaltsbestimmung des Eigentums und Enteignung angesprochen. In der Tat ist das, was eine Enteignung entschädigungsbedürftig macht, der Umstand, dass bei Aufrechterhaltung des geltenden Rechts einem Einzelnen oder einem Teil der Bürger Eigentumspositionen genommen werden, die andere entsprechend dem fortgeltenden Recht behalten dürfen.[40]

31 Nach allem kann – entgegen dem Bundesverfassungsgericht – die Entziehung ausgeübter Nutzungen durch neue – durchaus singuläre – planerische Festsetzungen nur als Enteignung eingeordnet werden. Das steht auch durchaus nicht im Widerspruch zur Rechtsprechung des Bundesverfassungsgerichts zum Denkmalschutz. Im Gegenteil verdeutlicht der Vergleich mit dem Denkmalschutzrecht, warum dessen Beschränkungen im Einzelfall Eigentumsinhaltsbestimmungen sind, Nutzungsentziehungen im Bauplanungsrecht dagegen Enteignungen. Völlig zutreffend heißt es in der jüngsten Entscheidung des Bundesverfassungsgerichts zum Denkmalschutz, dass ein denkmalschutzrechtlicher Versagungsakt im individuellen Fall die abstrakt-generelle denkmalrechtliche Eigentumsinhaltsbestimmung „aktualisiere".[41] Das trifft die Sache durchaus, auch wenn die Denkmalschutzbehörden einen gewissen Konkretisierungsspielraum haben.

32 Die Entziehung einer zulässigen Bodennutzung durch planerische Festsetzung lässt sich demgegenüber keinesfalls als „Konkretisierung" einer abstrakt-generellen, inhaltlich die späteren Beschränkungen vorzeichnenden gesetzlichen Regelung verstehen. Der bauplanerische Entzug von Nutzungsrechten erfolgt vielmehr in hoher planerischer Eigenständigkeit der Gemeinde mit Blick auf ihr städtebauliches Entwicklungskonzept. Insofern steht der planerische Nutzungsentzug in struktureller Parallele zur Enteignung, die ja – wie betont werden muss – auch und stets auf abstrakt-generellen eigentumsinhaltsbestimmenden gesetzlichen Regelungen beruhen muss. Aber Enteignung und Nutzungsentzug durch Bebauungsplan haben gemeinsam, dass sie nicht an inhaltlich vorgegebene, nur konkretisierungsbedürftige Grundstückseigenschaften Beschränkungen knüpfen, sondern – wenngleich recht abwägend – autonome individuelle Rechtsentzüge festsetzen.

---

38 BVerfGE 58, S. 137 (144).
39 BVerfGE 58, S. 137 (144); Hervorhebungen vom Verf.
40 Ausführlich und mit näherer Begründung dazu *Koch* (Fn. 31), S. 1531 ff.
41 BVerfGE 100, S. 226 (240).

§ 20 Die Instrumente der Planverwirklichung im Überblick (Vorkaufsrecht, Baugebot, Enteignung, Umlegung, Erschließung)

Literatur: *Bielenberg*, Neue Rechtsprechung zum Bodenordnungsrecht, ZfBR 1995, S. 5; *Brenner*, Das Grundeigentum in der städtebaulichen Umlegung, DVBl. 1993, S. 291; *Dolde*, Städtebauliche Enteignung und planerische Abwägung, in: Franssen (Hrsg.), Bürger – Richter – Staat, FS für Sendler, 1991, S. 225; *Runkel*, Das Baugebot nach der jüngsten Rechtsprechung des Bundesverwaltungsgerichts und dem Maßnahmengesetz zum Baugesetzbuch, ZfBR 1990, S. 163; *Schlichter*, Überlegungen zum Baugebot, in: Baurecht aktuell, FS für Weyreuther, 1993, S. 349; *Stadler*, Umlegungsrecht und Erschließungsrecht – Änderungen durch die BauGB-Novelle 1998, ZfBR 1998, S. 12; *Stüer*, Baugebot nach § 176 BauGB – Ein „stumpfes Schwert"?, DÖV 1988, S. 337

Durch die Bauleitplanung soll die bauliche oder sonstige Nutzung der Grundstücke vorbereitet und geleitet werden (§ 1 Abs. 1 BauGB). Die Planung soll eine geordnete städtebauliche Entwicklung unter Berücksichtigung einer großen Fülle relevanten Abwägungsmaterials (§ 1 Abs. 5 BauGB) gewährleisten. Die **Verwirklichung** der städtebaulichen Leitbilder verlangt jedoch grundsätzlich **private Investitionen** von Bauherren, die die planerischen Möglichkeiten sachgerecht umsetzen wollen. Insofern ist die **Baugenehmigung** das bedeutendste Instrument zur Verwirklichung der Bebauungsplanung. An dieser erforderlichen Initiative von Investoren kann es fehlen. Für diese Fälle hält das BauGB eine Reihe von Instrumenten bereit, die eine Verwirklichung planerischer Festsetzungen durch staatlichen Zwang ermöglichen:

In Betracht kommt die Ausübung eines besonderen **Vorkaufsrechts** auf satzungsrechtlicher Grundlage gemäß § 25 Abs. 1 Nr. 1 BauGB, wobei die Ausübung dieses Vorkaufsrechts seitens des Grundstückskäufers gemäß § 27 Abs. 1 BauGB abgewendet werden kann, wenn er in der Lage ist, das Grundstück plankonform zu nutzen und sich rechtzeitig dazu verpflichtet. Mit Blick auf die grundsätzliche Priorität privater Initiative ist auch zu beachten, dass die Gemeinde ein durch Ausübung des Vorkaufsrechts erlangtes Grundstück zu veräußern hat, sobald dadurch der mit dem Erwerb verfolgte Zweck verwirklicht werden kann (§ 89 Abs. 1 Nr. 1, Abs. 2 BauGB).

Als effektives, lange Zeit ein Schattendasein führendes Instrument zur Verwirklichung planerischer Festsetzungen kommt der Erlass eines **Baugebots** in Betracht.[1] Gemäß § 176 Abs. 1 BauGB kann die Gemeinde im Geltungsbereich eines Bebauungsplans den Eigentümer durch Bescheid verpflichten, sein Grundstück entsprechend den Festsetzungen des Bebauungsplanes zu bebauen oder ein vorhandenes Gebäude oder eine sonstige Nutzung den Festsetzungen des Bebauungsplanes anzupassen.

---

1 S. nur *Stüer*, Baugebot nach § 176 BauGB – Ein „stumpfes Schwert"?, DÖV 1988, S. 337.

4 Das Bundesverwaltungsgericht hat dem Baugebot inzwischen klarere Konturen gegeben.² Angesichts dessen, dass Bebauungspläne vielfach mehr oder minder große Gestaltungsspielräume für die Nutzung von Grundstücken lassen, scheint die Gemeinde bei der Erwägung eines Baugebots vor einem Dilemma zu stehen. Versucht sie nämlich ein **möglichst bestimmtes** und damit auch gut **vollstreckbares Baugebot** zu erlassen, so verstößt dies möglicherweise gegen den eigentumsrechtlichen Gestaltungsspielraum, den die planerischen Festsetzungen einräumen. Versucht die Gemeinde – umgekehrt – ein sehr „weich" formuliertes Baugebot zu erlassen, so ergeben sich Zweifel an der gebotenen hinreichenden Bestimmtheit dieses Verwaltungsakts, die im Übrigen auch Voraussetzung der Anwendung von Verwaltungszwangsmitteln ist.

5 Gefordert sei – so das Bundesverwaltungsgericht – mithin eine Lösung, die beiden Maßstäben – dem der Bestimmtheit und dem der Handlungsfreiheit des Eigentümers – gerecht werde, ohne dass der Erlass eines Baugebots letztlich immer an einem der beiden Erfordernisse scheitere. Die Lösung könne nur darin bestehen, die Anforderungen an die **Bestimmtheit** eines Baugebots **gering** zu halten.³ Danach sei es zulässiger Inhalt eines Baugebots, den Eigentümer zu verpflichten, „alsbald Maßnahmen zur baulichen Nutzung im planungsrechtlichen Zulässigkeitsrahmen zu ergreifen".⁴ Angesichts der mehr oder minder großen Bandbreite planungsrechtlich zulässiger Bebauungen kommt als Mittel der Verwaltungsvollstreckung in der Regel nur – aber auch immer – ein **Zwangsgeld** in Betracht.⁵

6 Da die baulichen Vorhaben regelmäßig einer Baugenehmigung bedürfen, erscheint es sehr sachgerecht, dass das Bundesverwaltungsgericht das „**Bauantragsgebot**" als Minus gegenüber dem Baugebot als rechtlich zulässig anerkannt hat.⁶ Das Fehlen einer ausdrücklichen gesetzlichen Regelung ändere am Vorhandensein einer Rechtsgrundlage nichts, da die Ermächtigung zum Erlass eines Baugebots auch die Ermächtigung zum Erlass eines Bauantragsgebots umfasse.

7 Vor Erlass eines Baugebots soll die Gemeinde die Maßnahmen mit dem Betroffenen **erörtern** (§ 175 Abs. 1 Satz 1 BauGB). Materiell-rechtlich setzt ein Baugebot voraus, dass die alsbaldige Durchführung der Maßnahme aus städtebaulichen Gründen erforderlich ist (§ 175 Abs. 2 BauGB). Dafür genügt es nicht schon, dass die Maßnahme nach dem Bebauungsplan zulässig ist. Zwar ist ein Bebauungsplan auf Verwirklichung seiner Festsetzungen angelegt. Dennoch bleibt die Verwirklichung der Festsetzungen grundsätzlich privater Initiative überlassen. Ein Baugebot setzt daher eine Situation im Plangebiet voraus, „die keinen längeren Aufschub der Verwirklichung der bauplaneri-

---

2 BVerwGE 84, S. 335; E 84, S. 354; E 88, S. 97; s. zur neueren Entwicklung *Runkel*, Das Baugebot nach der jüngsten Rechtsprechung des BVerwG und dem Maßnahmengesetz zum Baugesetzbuch, ZfBR 1990, S. 163 sowie *Schlichter*, Überlegungen zum Baugebot, in: Baurecht aktuell, FS für Weyreuther, 1993, S. 349.
3 BVerwGE 84, S. 335 (339).
4 BVerwGE 84, S. 335 (340).
5 BVerwGE 84, S. 335 (341).
6 BVerwGE 84, S. 335 (349); E 84, S. 354.

schen Festsetzungen duldet".[7] In diesem Zusammenhang weist das Gesetz ausdrücklich auf einen dringenden Wohnbedarf der Bevölkerung hin (§ 175 Abs. 2, 2. Halbsatz BauGB).

Weitere Voraussetzung für die Zulässigkeit eines Baugebots ist die **objektive wirtschaftliche Zumutbarkeit** des Vorhabens (§ 176 Abs. 3 BauGB). Nur dann kann ein Baugebot als verfassungsrechtlich zulässige **Eigentumsinhaltsbestimmung** angesehen werden.[8] Persönliche wirtschaftliche Schwierigkeiten gerade des Eigentümers schließen jedoch den Erlass eines Baugebots nicht aus. Allerdings kann der Eigentümer in solchen Fällen von der Gemeinde die Übernahme des Grundstücks gegen Entschädigung verlangen (§ 176 Abs. 4 BauGB).

Weigert sich ein Eigentümer hartnäckig und trotz mehrfacher Fristsetzungen und Zwangsgeldandrohungen nebst –festsetzungen, einem Baugebot nachzukommen, so gerät ein weiteres Instrument der Verwirklichung planerischer Festsetzungen in den Blick, nämlich die **Enteignung**. Gemäß § 85 Abs. 1 BauGB kann u. a. enteignet werden, um entsprechend den Festsetzungen des Bebauungsplans ein Grundstück zu nutzen oder eine solche Nutzung vorzubereiten (Nummer 1). Speziell den Zusammenhang zum Instrument des Baugebots stellt § 85 Abs. 1 Nr. 5 BauGB her, demzufolge eine Enteignung zulässig sein kann, wenn ein Eigentümer die Verpflichtung nach § 176 Abs. 1 oder 2 BauGB nicht erfüllt.

Eine **Enteignung** muss wegen der Schwere des Grundrechtseingriffs stets **ultima ratio** sein. Das bringt auch das BauGB deutlich zum Ausdruck. Denn nach § 87 Abs. 1 BauGB ist eine Enteignung in den genannten und weiteren Fällen im Einzelfall nur zulässig, wenn das **Wohl der Allgemeinheit** sie erfordert und der Enteignungszweck auf andere zumutbare Weise nicht erreicht werden kann. Als eine solche andere Weise kommt gerade ein Baugebot in Betracht. Demgemäß hat auch das Bundesverwaltungsgericht befunden, dass ein freies Wahlrecht der Gemeinde zwischen der Enteignung und Durchsetzung eines Baugebots mittels Verwaltungszwanges nicht bestehe. Vielmehr sei die Durchsetzung des Baugebots im Verwaltungszwang geeignet, die Enteignung als schwereren Eingriff und letztes Mittel abzuwenden.[9]

Allerdings kann die Gemeinde rechtlich **nicht** verpflichtet sein, gleichsam **dauerhaft** auf **Zwangsgeldfestsetzungen** zur Durchsetzung eines Baugebots setzen zu müssen. Einer vom Verhältnismäßigkeitsgrundsatz gesteuerten sinnvollen Abstufung von Verwaltungszwang und Enteignung entspricht es, dass vor einer wiederholten Zwangsgeldandrohung geprüft wird, ob an Stelle eines Vorgehens mittels Baugebots ein Antrag auf Enteignung des Grundstücks Aussicht auf Erfolg bietet. Wenn dies zu bejahen ist, so erscheint es sachgerecht, nunmehr den Weg der Enteignung zu beschreiten.[10] Der Enteignungs-

---

7 BVerwGE 84, S. 335 (346).
8 BVerwGE 84, S. 354 (358f.).
9 BVerwGE 84, S. 354 (359).
10 BVerwGE 84, S. 354 (361).

antrag bietet jedoch nur Aussicht auf Erfolg, wenn – wie bereits gesagt – das **Wohl der Allgemeinheit** die Enteignung erfordert. Hierfür sind schwierige Fragen der Abwägung zwischen privaten und öffentlichen Belangen zu klären. Allein das Ziel einer plankonformen Nutzung rechtfertigt eine Enteignung jedenfalls nicht. Ob ein städtebaulich erforderliches (§ 175 Abs. 2 BauGB), aber nicht erfolgreich durchsetzbares Baugebot regelmäßig das enteignungsrechtliche Gemeinwohlerfordernis erfüllt, ist offen.

12 Die Verwirklichung eines Bebauungsplanes kann jedoch nicht nur wegen fehlender privater Investitionsbereitschaft ausstehen, sondern auch oder gar nur deshalb, weil die **planungsrechtlich erforderlichen Rahmenbedingungen** für eine plankonforme Nutzung nicht erfüllt sind. Damit sind die Fragen der **Bodenordnung** (§ 45 ff. BauGB) und der **Erschließung** (§§ 123 ff. BauGB) angesprochen:

13 Unter dem Gesichtspunkt der **Bodenordnung** geht es darum, die Verwirklichung planerischer Festsetzungen dadurch zu ermöglichen oder jedenfalls zu erleichtern, dass bebaute und unbebaute Grundstücke durch **Umlegung** „in der Weise neu geordnet werden, dass nach Lage, Form und Größe für die bauliche oder sonstige Nutzung zweckmäßig gestaltete Grundstücke entstehen" (§ 45 Abs. 1 Satz 1 BauGB). Dafür werden die im Umlegungsgebiet belegenen Grundstücke rechnerisch zu einer „Umlegungsmasse" vereinigt (§ 55 Abs. 1 BauGB). Nach Ausscheidung der für Erschließungsmaßnahmen einschließlich der für den Ausgleich von mit der Erschließung verbundenen Eingriffen in Natur und Landschaft im Bebauungsplan vorgesehenen Flächen (§ 55 Abs. 2 BauGB) verbleibt die sog. Verteilungsmasse (§ 55 Abs. 4 BauGB), die dann auf die beteiligten Grundeigentümer nach dem Verhältnis der von ihnen eingebrachten Flächen oder nach dem Verhältnis der entsprechenden Grundstückswerte zu verteilen ist (§ 56 BauGB). Auf Einzelheiten dieses praktisch sehr bedeutsamen, jedoch komplizierten Verfahrens kann hier nicht näher eingegangen werden.[11]

14 Im Geltungsbereich aller bauplanungsrechtlichen Zulässigkeitstatbestände (§§ 30 ff. BauGB) sind Vorhaben nur zulässig, wenn die **Erschließung** gesichert ist.[12] Der Begriff der Erschließung ist im BauGB nicht definiert. Insbesondere kann dem **Erschließungsbeitragsrecht** der §§ 127 ff. BauGB keine Konkretisierung des Erschließungserfordernisses entnommen werden. Dort ist nur festgelegt, welche Erschließungsanlagen **beitragsfähig** sind. Ob solche Anlagen jeweils errichtet werden müssen (oder dürfen), ist damit nicht bestimmt.

---

11 Siehe etwa *Brenner*, Das Grundeigentum in der städtebaulichen Umlegung, DVBl. 1993, S. 291; *Bielenberg*, Rechtsprechung zum Bodenordnungsrecht, ZfBR 1995, S. 5; *Stadler*, Umlegungsrecht und Erschließungsrecht – Änderung durch die BauGB-Novelle 1998, ZfBR 1998, S. 12; *Steiner*, Grünanlagen als vorweg ausscheidungsfähige Flächen im Umlegungsrecht, NVwZ 1995, S. 12.
12 S. auch § 26 Rn. 42 ff.

Eine Präzisierung des Begriffs der Erschließung ist zunächst vom Zweck dieser 15
Zulässigkeitsbedingung her möglich. Die Erschließung eines Grundstücks soll
eine geordnete, gefahrlose bauliche Nutzung ermöglichen. Dafür ist jedenfalls
ein Anschluss an das öffentliche Straßen- und Wegenetz,[13] die Möglichkeit
ordnungsgemäßer Abfall- und Abwasserbeseitigung sowie die unerlässliche
Versorgung mit Wasser und Elektrizität erforderlich. Im Übrigen können die
Anforderungen an die Erschließung im Bebauungsplan konkretisiert werden
(s. § 125 BauGB) sowie dem einschlägigen Landesrecht, insbesondere den
Bauordnungen und den Regelungen der Abwasser- und Abfallbeseitigung zu
entnehmen sein.

Die **Erschließungsaufgabe** liegt grundsätzlich bei der Gemeinde (§ 123 Abs. 1 16
BauGB). Verzögert die Gemeinde insbesondere wegen der Kosten die Durchführung der erforderlichen Erschließungsmaßnahmen, so scheitert daran die
Verwirklichung der planerischen Festsetzungen eines Bebauungsplanes. In
solchen Fällen ist also nicht eine fehlende private Investitionsbereitschaft für
ein „Verwirklichungsdefizit" verantwortlich. Für solche Konstellationen stellt
sich daher die Frage, ob unter Umständen mit Blick auf die Ausnutzungsmöglichkeit von planerischen Festsetzungen ein **Anspruch auf Erschließung**
bestehen kann.

Gemäß § 123 Abs. 3 BauGB besteht grundsätzlich kein Rechtsanspruch auf 17
Erschließung. Ausnahmsweise kann sich jedoch die Erschließungslast zu einer
Erschließungspflicht mit einem korrespondierenden Individualanspruch „verdichten". In der jüngeren Rechtsprechung ist eine solche gemeindliche Erschließungspflicht aus dem Grundsatz von Treu und Glauben entwickelt
worden.[14] Inzwischen hat der Gesetzgeber in § 124 Abs. 3 BauGB eine dementsprechende Regelung getroffen. Danach ist die Gemeinde im Bereich eines
Bebauungsplans im Sinne von § 30 Abs. 1 BauGB dann zur Durchführung von
Erschließungsmaßnahmen verpflichtet, wenn sie das zumutbare Angebot eines
Dritten, selbst die Erschließung vorzunehmen, abgelehnt hat.

§ 21 Die Kontrolle der Bauleitpläne

Literatur: *Birk,* Bauplanungsrecht in der Praxis: BauGB 98, BauNVO 90, Normenkontrolle § 47 VwGO 98, 4. Auflage 1998; *Kohl,* Leitfaden für die Normenkontrolle von
Bebauungsplänen, JuS 1993, S. 320; *Schenke,* Die Antragsbefugnis natürlicher und juristischer Personen im Normenkontroll-Verfahren gem. § 47 Abs. 2 Satz 1 1. Alt. n.F.
VwGO, in: VerwArch 1999, S. 301; *ders.,* „Reform" ohne Ende – Das Sechste Gesetz zur
Änderung der Verwaltungsgerichtsordnung (6. VwGOÄndG), NJW 1997, S. 81;
Schmidt-Preuß, Anmerkung zu BVerwG vom 24. 8. 1998 – 4 CN 2.98, DVBl. 1999,

---
13 S. etwa BVerwGE 92, S. 304.
14 Näher zur höchstrichterlichen Rechtsprechung *Hofmann-Hoeppel,* Die Verdichtung der gemeindlichen Erschließungslast zur Erschließungspflicht, BauR 1993, S. 520.

S. 103; *Stüer*, Antragsbefugnis im Normenkontrollverfahren – Stürzt die Abwägungs- und Rechtsschutzpyramide ein?, BauR 1999, S. 1221

Fall 1: (a) Antragstellerin K. betreibt im Geltungsbereich des 1972 festgestellten Bebauungsplans Nr. 1 als Mieterin ein Kaufhaus. Das sich nördlich anschließende Gebiet weist der 1977 festgestellte Bebauungsplan Nr. 2 als Kerngebiet aus, in dem u.a. ein Groß-Warenhaus errichtet werden soll. K. sieht in der planerischen Ermöglichung des Vorhabens eine wettbewerbsverzerrende Wirtschaftsförderung und begehrt die Nichtigerklärung des Bebauungsplans. Ist K. antragsbefugt?

(b) Antragsteller E. ist Eigentümer eines Einfamilienhauses, das an dem eine Sackgasse bildenden H.-Weg liegt. Der Bebauungsplan Nr. 57 weist bislang gärtnerisch genutzte Grundstücke jenseits des Endes des H.-Weges als allgemeines Wohngebiet für die Errichtung viergeschossiger Häuser aus. Die Erschließung soll über den auszubauenden H.-Weg erfolgen. E. fürchtet erhebliche Belästigungen durch den zunehmenden Kraftfahrzeugverkehr und erstrebt die Nichtigerklärung des Bebauungsplanes insoweit, als dieser eine Verlängerung des H.-Weges vorsieht. Ist E. antragsbefugt?

(c) Antragstellerin B. stellt Beton-Dachsteine her, die u.a. in Niederbayern vertrieben werden. Sie wendet sich gegen die Gültigkeit des Bebauungsplanes für das Gebiet „Thermalbad G", soweit dieser Plan die textliche Festsetzung erhält, dass die Dachdeckung in einem Teil des Plangebietes in „Tonziegel naturrot" auszuführen sei. B. meint, gegenüber den Tonziegelherstellern wirtschaftlich unzulässig benachteiligt zu werden. Ist sie antragsbefugt?

(d) Antragstellerin P. ist Pächterin eines Grundstücks im Geltungsbereich des Bebauungsplanes Nr. 27, der das seinerzeit als Industriegebiet festgesetzte Betriebsgrundstück als – teilweise eingeschränktes – Gewerbegebiet festgesetzt hat und in der unmittelbaren Nähe ein allgemeines Wohngebiet ausweist. P. sieht die Existenz ihres Betriebes wegen der drohenden Nutzungskonflikte gefährdet und begehrt deshalb die Nichtigerklärung des Bebauungsplanes. Ist P. als Pächterin antragsbefugt?

Alles nach BVerwGE 59, S. 87.

Fall 2: Die Antragssteller wenden sich mit der Normenkontrolle gegen einen Bebauungsplan der Antragsgegnerin, durch den eine bisher überwiegend bewaldete Fläche als private Grünfläche mit der Konkretisierung „Dauerkleingärten" einschließlich Vereinsheim und Parkplätzen ausgewiesen wird. Sie machen geltend, dass ihr nur noch durch einen 10 m breiten und als Pferdekoppel genutzten Schutzstreifen von dem überplanten Gebiet getrenntes Wohngrundstück durch den von der Kleingartenanlage und dem Vereinsheim ausgehenden Freizeitlärm unzumutbar beeinträchtigt werde. Die Antragsgegnerin habe den Belang der Wohnruhe in der Abwägung vernachlässigt und zu Unrecht von der Festsetzungsmöglichkeit des § 9 Abs. 1 Nr. 24 BauGB keinen Gebrauch gemacht.

Das Oberverwaltungsgericht hat den Normenkontrollantrag als unzulässig abgewiesen, weil die Antragsteller nicht antragsbefugt seien. Als verletztes Recht im Sinne von § 47 Abs. 2 Satz 1 VwGO komme zwar grundsätzlich das bebauungsrechtliche Gebot der Rücksichtnahme in Betracht. Das Vorbringen der Antragsteller genüge jedoch nicht den Anforderungen an die Geltendmachung einer entsprechenden Rechtsverletzung, weil eine unzumutbare Betroffenheit ihres Wohngrundstücks durch die Nutzung des Kleingartengeländes ersichtlich ausscheide. Als Eigentümer eines an den Außenbereich angrenzenden Grundstücks müssten sie damit rechnen, dass sich die bisherige Situation verändere.

Nach BVerwGE 107, S. 215.

Fall 3: Die Antragstellerin wendet sich im Normenkontrollverfahren gegen den Bebauungsplan Nr. 307 der Antragsgegnerin und dessen erste Änderung. Das Normenkontrollgericht hat die erste Änderung des Bebauungsplans wegen eines Abwägungsmangels für nichtig erklärt. Für nichtig erklärt wurde ferner der Bebauungsplan in seiner ursprünglichen Fassung hinsichtlich einer textlichen Festsetzung, mit der im Kerngebiet eine Wohnnutzung teilweise zugelassen wird. Im Übrigen, also hinsichtlich der Ursprungsfassung des Bebauungsplans ohne die erwähnte textliche Festsetzung, hat das Normenkontrollgericht den Antrag abgelehnt. Offen könne hierbei bleiben, ob der Bebauungsplan ganz oder teilweise funktionslos geworden sei. Denn im Normenkontrollverfahren könne nicht festgestellt werden, dass ein Bebauungsplan infolge Funktionslosigkeit seine ursprüngliche Geltung verloren habe.

Nach BVerwGE 108, S. 71.

I. Verwaltungsinterne Kontrolle im Rahmen von Anzeige- und Genehmigungsverfahren

Die Gemeinden unterliegen hinsichtlich der Bauleitplanung ebenso der staatlichen **Rechtsaufsicht**, wie dies für sonstige **Selbstverwaltungsangelegenheiten** gilt: Nach § 6 Abs. 1 BauGB bedarf der Flächennutzungsplan der Genehmigung durch die höhere Verwaltungsbehörde. Die Genehmigung darf nur bei Rechtsverstößen versagt werden (§ 6 Abs. 2 BauGB). Dabei hat die Genehmigungsbehörde auch „die Einhaltung der Vorschriften zu prüfen, deren Verletzung sich nach den §§ 214, 215 auf die Rechtswirksamkeit eines Flächennutzungsplanes oder einer Satzung nicht auswirkt" (§ 216 BauGB). Bis 1987 bedurften auch Bebauungspläne einer solchen Genehmigung. Mit dem BauGB 1987 wurde die Genehmigungspflicht auf selbstständige und vorzeitige Bebauungspläne (§ 8 Abs. 2 Satz 2, Abs. 3 Satz 2 und Abs. 4 BauGB) beschränkt. Im Übrigen waren die Bebauungspläne nur noch anzeigepflichtig. In dem Anzeigeverfahren konnte die Genehmigungsbehörde binnen drei Monaten von ihrer Prüfungskompetenz Gebrauch machen. Auch die Anzeigepflicht ist nunmehr mit dem BauROG vollständig entfallen, nachdem bereits zuvor das BauGB-MaßnahmeG Bebauungspläne, die der Befriedigung dringenden Wohnbedarfs dienen, von der Anzeigepflicht ausgenommen hatte.

1

Von dem weitgehenden Verzicht auf präventive staatliche Kontrolle erwartet der Gesetzgeber eine Stärkung der Eigenverantwortlichkeit der Kommunen und vor allem eine Beschleunigung der Planung. Die Abschaffung von Genehmigungs- und Anzeigepflicht liegt damit im Trend der „Beschleunigungsgesetzgebung" der Neunzigerjahre, mit der an mancher Stelle zu Gunsten investorenfreundlicher Planung auf Verfahrens- und Kontrollvorkehrungen und damit zugleich aber auch auf Qualität und Bestandssicherheit der Planung verzichtet wurde, wobei die Bestandssicherheit durch die bereits beschriebenen Regeln für Fehlerirrelevanz und Fehlerheilung gewahrt werden soll. Dies

2

ist ein durchaus fragwürdiger Weg.¹ Schon die Abschaffung der Genehmigungspflicht 1987 war stark umstritten. Die vom Bundesbauminister seinerzeit in Auftrag gegebene „Rechtstatsachenuntersuchung zur Baugenehmigungspraxis" hat die wichtige Rolle der Genehmigungsbehörde für die **„Planungskultur"** einer Region erwiesen und gelangte zu einer positiven Gesamteinschätzung der Genehmigungsbedürftigkeit hinsichtlich des Zieles, die formelle und materielle Rechtmäßigkeit der Bebauungspläne zu gewährleisten.² Nach einer anderen Erhebung lehnte seinerzeit sogar die Mehrheit von Gemeinden eine Streichung der Genehmigungspflicht ab.³ Ein entsprechendes Ergebnis hat damals auch das im Rahmen des Gesetzgebungsverfahrens durchgeführte Planspiel erbracht: „Die Umwandlung der Genehmigungspflicht für Bebauungspläne in eine Anzeigepflicht wird von den Planspielern in der vorgesehenen Form abgelehnt, da die Neuregelung für die Praxis keine Vorteile, sondern eher Nachteile bringt".⁴ Neue, zur Vorbereitung des BauROG durchgeführte Rechtstatsachenuntersuchungen haben die früheren Studien darin bestätigt, dass eine Genehmigungsbedürftigkeit merklich dazu beiträgt, die Rechtmäßigkeit der Bebauungspläne zu gewährleisten. Bei erstmaliger Einreichung bleiben in den alten Ländern 65 % und in den neuen Ländern nur 25 % aller Pläne unbeanstandet.⁵ Wider alle wissenschaftliche Einsicht konnte sich der Gesetzgeber der vorwiegend polemisch geführten Beschleunigungsdebatte offenbar nicht entziehen.

II. Die Bebauungspläne in der abstrakten Normenkontrolle

3 Seit dem 1.1.1977 obliegt in den alten Bundesländern, seit der Wiedervereinigung auch in den neuen Bundesländern den Oberverwaltungsgerichten bzw. Verwaltungsgerichtshöfen die **abstrakte Normenkontrolle** von Bebauungsplänen und sonstigen Satzungen und Rechtsverordnungen, die auf Grund des BBauG oder des Städtebauförderungsgesetzes ergangen sind. In der inzwischen dem BauGB angeglichenen Fassung lautet der maßgebliche § 47 Abs. 1 Nr. 1 VwGO:

„Das Oberverwaltungsgericht entscheidet im Rahmen seiner Gerichtsbarkeit auf Antrag über die Gültigkeit

---

1 S. grundsätzlich *Koch*, Beschleunigung, Deregulierung, Privatisierung – Modernisierung des Umweltrechts oder symbolische Standortpolitik, ZAU 1997, S. 45 und 210.
2 *Scharmer/Wollmann/Argast*, Rechtstatsachenuntersuchung zur Baugenehmigungspraxis, 1985, S. 55 f.
3 *Schäfer/Schmidt-Eichstaedt*, Praktische Erfahrungen mit dem Bundesbaugesetz, 1984, S. 132.
4 BT-Drs. 10/6166, S. 116 r.Sp.
5 *Schmidt-Eichstaedt*, in: Bericht der Bundesregierung zu den Ergebnissen der Rechtstatsachen- und Wirkungsforschung bezüglich der neuen und geänderten städtebaulichen Vorschriften, BT-Drs. 13/5489, S. 14 f.

1. von Satzungen, die nach den Vorschriften des Baugesetzbuchs erlassen worden sind, sowie von Rechtsverordnungen auf Grund des § 246 Abs. 2 des Baugesetzbuchs..."

Im Folgenden können nur die Grundzüge dieser Klageart beschrieben werden. Über die praktische Bedeutung dieses Verfahrens ist im Vorangehenden schon mehrfach berichtet worden. Hier sei deshalb nur pauschal auf die einschlägigen Rechtstatsachenuntersuchungen verwiesen.[6]

1. Die Zulässigkeit des Normenkontrollantrages

a) Der Gegenstand eines Normenkontrollverfahrens

Die Frage, welche Normen überhaupt Gegenstand eines Normenkontrollverfahrens gemäß § 47 Abs. 1 Nr. 1 VwGO sein können, ist trotz des recht klaren Wortsinns für einige besondere Fallkonstellationen nicht ohne weiteres zu beantworten.

Unzweifelhaft unterliegen Flächennutzungspläne nicht der Normenkontrolle.[7] Sie ergehen **nicht** als **außenwirksame** Rechtssätze. Sofern Bebauungspläne in Hamburg als **förmliche Gesetze** festgestellt werden, was durch § 246 Abs. 2 BauGB zugelassen wird, sind diese nach der Rechtsprechung des Bundesverfassungsgerichts **wie Satzungen** zu behandeln. Der Gleichheitssatz gebiete, dass in Hamburg die Bürger gleiche Rechtsschutzmöglichkeiten haben, unabhängig davon, ob ein Bebauungsplan als Verordnung oder als förmliches Gesetz festgestellt werde.[8] – Ob im Wege der Analogie zu § 47 VwGO eine Klage auf Erlass untergesetzlicher Rechtsnormen zulässig ist, kann hier dahinstehen.[9] Jedenfalls für Bebauungspläne scheidet dies aus, da nach § 2 Abs. 3 BauGB kein Anspruch auf die Aufstellung von Bauleitplänen besteht.

Das Bundesverwaltungsgericht hat befunden, „dass einem gegen Maßnahmen der Rechtssetzung gerichteten **vorbeugenden** Rechtsschutz keine schlechthin durchgreifenden prozessualen Hindernisse entgegenstehen".[10] Dabei gehen die Richter aber offenkundig davon aus, dass ein möglicher Rechtsschutz gegen eine „drohende Normsetzung" prozessual **nicht** auf (eine Analogie zu) § 47 VwGO gestützt werden könnte, sondern – wie die Inbezugnahme einer früheren Entscheidung zum gemeindenachbarlichen Abstimmungsgebot (§ 2 Abs. 2 BauGB) zeigt – im Wege der Feststellungsklage (§ 43 VwGO) oder

4

5

---

6 *Scharmer*, Bebauungspläne in der Normenkontrolle, 1988; *Schäfer/Schmidt-Eichstädt* (Fn. 3), S. 311 ff.
7 BVerwG, DVBl. 1990, S. 1352.
8 BVerfGE 70, S. 35 (Leitsatz 4 nebst Begründung); näher zur Rechtslage in Hamburg *Koch*, Recht des Städtebaus und der Landesplanung, in: ders./Hoffmann-Riem (Hrsg.), Hamburgisches Staats- und Verwaltungsrecht, 2. Aufl. 1998, S. 209.
9 Dazu Nachweise bei *Kopp/Schenke*, VwGO, 11. Aufl. 1998, § 47, Rn. 10 m.w.N.; Schoch/Schmidt-Aßmann/Pietzner, VwGO, Lsbl. Stand: 1/00, -*Gerhardt*, § 47, Rn. 12, 16.
10 BVerwGE 54, S. 211 (215).

der Unterlassungsklage erlangt werden kann.[11] Der Erfolg einer solchen Klage setzt einen nach materiellem Recht bestehenden Anspruch auf Unterlassung der rechtsetzenden Maßnahme voraus, woran es nach gegenwärtigem Erkenntnisstand im Bereich der Bauleitplanung zumeist fehlen dürfte.[12]

6 Von der Frage nach einem vorbeugenden Rechtsschutz zu unterscheiden ist die Frage, von welchem Stadium der Rechtssetzung an ein sozusagen normenkontrollfähiger Bebauungsplan vorliegt. Da bei Bebauungsplänen eine zeitliche Divergenz zwischen Verkündung (= Erlass) und In-Kraft-Treten rechtlich ausgeschlossen ist (§ 10 Abs. 3 Satz 4 BauGB), ist die bei anderen Rechtssätzen denkbare „Vorverlegung" der Kontrollfähigkeit auf einen Zeitpunkt vor In-Kraft-Treten der Norm[13] nicht möglich, es sei denn, man würde doch eine vorbeugende Normenkontrolle zulassen. Der Umstand allerdings, dass gerade strittig ist, ob ein Bebauungsplan formell rechtsgültig erlassen worden ist, hindert die Zulässigkeit eines Normenkontrollantrages jedoch nicht, da die umstrittene Geltungsproblematik gerade im Rahmen des Normenkontrollverfahrens geklärt werden kann und soll.[14]

7 Probleme bereitete schließlich die erhebliche Zahl **übergeleiteter** Pläne (§ 173 Abs. 3 BBauG a. F.), bezüglich derer zunächst obergerichtlich entschieden wurde, sie seien nicht „nach den Vorschriften des BBauG... erlassen worden" (§ 47 Abs. 1 Nr. 1 VwGO) und unterlägen daher nicht der abstrakten Normenkontrolle.[15] Dem ist nicht zu folgen, da die Überleitung die Pläne zu Plänen im Sinne des BBauG bzw. nunmehr BauGB gemacht hat, ohne dass ein sachlicher Grund für eine partielle Rechtsschutzimmunisierung der übergeleiteten Pläne ersichtlich ist.[16]

8 Gegenstand eines Normenkontroll-Verfahrens kann auch – wie im **Fall (3)** – die Entscheidung über die Gültigkeit eines Bebauungsplans im Hinblick auf ein Außer-Kraft-Treten wegen **Funktionslosigkeit** sein.[17] Die Normenkontrolle soll eine rasche und **allgemeinverbindliche** Entscheidung über die Rechtswirksamkeit von Bebauungsplänen ermöglichen. An einer solchen allgemein gültigen Klärung besteht auch – fast könnte man sagen: erst recht – Interesse hinsichtlich des etwas unscharfen Maßstabes der Funktionslosigkeit.[18]

---

11 BVerwGE 40, S. 323 (insbes. 327); ebenso BayVGH, BayVBl. 1985, S. 83.
12 BVerwGE 54, S. 211 (215 ff.).
13 Vgl. *Kopp/Schenke* (Fn. 9), § 47, Rn. 12; Schoch/Schmidt-Aßmann/Pietzner-*Gerhardt* (Fn. 9), § 47, Rn. 48.
14 OVG Berlin, ZfBR 1980, S. 51; zustimmend *Stüer*, Erfahrungen mit der verwaltungsgerichtlichen Normenkontrolle – eine Zwischenbilanz, DVBl. 1985, S. 469 (473 r.Sp.).
15 OVG Münster, OVGE 34, S. 54; OVG Berlin, OVGE Bln Bd. 15, S. 84; der VGH München, BRS 44, Nr. 28, hat allerdings die Anwendbarkeit von § 47 VwGO auf übergeleitete Pläne angenommen.
16 So nunmehr BVerwG, BayVBl. 1992, S. 23. Instruktiv zur umfassenden Kontrolle aller Pläne BVerwGE 101, S. 364.
17 BVerwGE 108, S. 71 mit Anm. von *Pabst*, ZfBR 1999, S. 244; Schoch/Schmidt-Aßmann/Pietzner-*Gerhardt* (Fn. 9), § 47, Rn. 111.
18 S. zur Funktionslosigkeit von Bebauungsplänen § 18 Rn. 39 ff.

b) Die Antragsbefugnis

Gemäß § 47 Abs. 2 Satz 1 VwGO kann jede Behörde sowie jede natürliche oder juristische Person den Normenkontrollantrag stellen, „die geltend macht, durch die Rechtsvorschrift (...) in ihren Rechten verletzt zu sein oder in absehbarer Zeit zu werden". Die große Ähnlichkeit dieser Formulierung zu der in § 42 Abs. 2 VwGO normierten **Klagebefugnis** für Anfechtungs- und Verpflichtungsklagen ist nicht zu übersehen. Diese Annäherung der Antragsbefugnis im Normenkontrollverfahren an die Klagebefugnis ist durch das 6. VwGO-Änderungsgesetz von 1996 erfolgt. Nach der alten Fassung des § 47 Abs. 2 VwGO war Voraussetzung eines Normenkontrollantrages, dass der Antragsteller durch den Bebauungsplan einen **Nachteil** erlitten oder alsbald zu erwarten hat. Nunmehr kommt es zentral auf die **Möglichkeit** einer Verletzung in **eigenen Rechten** an.

9

Mit der Neuregelung hat der Gesetzgeber ersichtlich die Absicht verfolgt, die Zulässigkeit von Normenkontrollverfahren gegen Bebauungspläne gegenüber dem bisherigen Rechtszustand einzuschränken. Dieses Ziel ist jedoch verfehlt worden, wie das Bundesverwaltungsgericht in seiner klaren und prägnanten Grundsatzentscheidung **(Fall 2)** überzeugend dargelegt hat. Drei Feststellungen sind aus diesem Judikat festzuhalten:

10

- Das Tatbestandsmerkmal des „Geltendmachens" einer Rechtsverletzung ist im gleichen Sinne zu verstehen wie in § 42 Abs. 2 VwGO, also im Sinne der so genannten **Möglichkeitstheorie:** Es genügt, wenn der Antragsteller substantiiert Tatsachen vorträgt, „die es zumindest möglich erscheinen lassen, dass er durch die Festsetzungen des Bebauungsplans in einem Recht verletzt wird".[19]
- Das in § 1 Abs. 6 BauGB enthaltene Abwägungsgebot hat drittschützenden Charakter hinsichtlich solcher privaten Belange, die für die Abwägung erheblich sind.[20]
- Für die Abwägung erheblich sind (nur) solche privaten Belange, „die in der konkreten Planungssituation einen städtebaulich relevanten Bezug haben". Insoweit könne auf die Rechtsprechung des Senats zum Nachteilsbegriff des § 47 Abs. 2 Satz 1 VwGO a. F. zurückgegriffen werden.[21]

Entscheidend an diesem Judikat ist, dass ein **subjektives Recht auf gerechte Abwägung** betreffend Privatbelange anerkannt worden ist, sodass – im Sinne der Neufassung des § 47 Abs. 2 Satz 1 VwGO – eine „**Rechtsverletzung**" geltend machen kann, wer durch einen Bebauungsplan einen Nachteil hinsichtlich „seiner" relevanten Belange zu erleiden droht. Für die Antragsbefugnis kommt es also – völlig unverändert – darauf an, ob ein solcher „**Nachteil**" droht. Der Gesetzgeber, der eine höhere Hürde für die Antragsbefugnis wollte, nämlich eine mögliche **Rechtsverletzung,** hat nicht erkannt, dass schon im

11

---

19 BVerwGE 107, S. 215 (217).
20 BVerwGE 107, S. 215 (220).
21 BVerwGE 107, S. 215 (218); bestätigend E 110, S. 36 (39).

Falle eines drohenden Nachteils eine Rechtsverletzung deshalb möglich ist, weil das **Gebot der gerechten Abwägung** auch bezüglich privater Belange fordert, drohende Nachteile in der Abwägung zu berücksichtigen.[22]

12 Der neuen Rechtsprechung des Bundesverwaltungsgerichts ist uneingeschränkt zuzustimmen. Schon vom Wortsinn des § 1 Abs. 6 BauGB her ist unzweideutig, dass auch private Belange gerecht abzuwägen sind. Nach der bislang in Rechtprechung und Literatur im Verwaltungsrecht generell vorherrschenden **Schutznormtheorie** drängt sich auf, dass dieses so formulierte Abwägungsgebot jedenfalls **auch** den Privatbelangen zu dienen bestimmt und insofern drittschützend mit der Konsequenz ist, dass Drittbetroffene entsprechende Rechtsverstöße gerichtlich geltend machen können. Dies wird von einer teleologischen Betrachtung des Abwägungsgebots gestützt, die das Gebot als **Konfliktschlichtungsprogramm für multipolare Interessenkonflikte** erweist, das gerade auch dem Ausgleich der kollidierenden Privatinteressen dienen und insofern drittschützend sein soll.[23]

13 Nach allem kommt es also für die Frage nach der Antragsbefugnis im Kern darauf an, ob

- Beeinträchtigungen für abwägungserhebliche Privatbelange drohen und
- eine abwägungsfehlerhafte Behandlung dieser Belange zumindest möglich erscheint.

Die zweite, einfacher zu präzisierende Voraussetzung ist seit langem aus der Judikatur und Literatur zu § 42 Abs. 2 VwGO geläufig. Die erste Voraussetzung ist nach Maßgabe der frühen Grundsatzentscheidung des Bundesverwaltungsgerichts zu beurteilen, wobei gegebenenfalls jüngere, konkretere Judikate zu beachten sind. In der alten Leitentscheidung heißt es:

14 (1) „Ein die Befugnis zur Einleitung eines Normenkontrollverfahrens gegen einen Bebauungsplan begründender Nachteil im Sinne des § 47 Abs. 2 Satz 1 VwGO ist gegeben, wenn der Antragsteller durch den Bebauungsplan oder durch dessen Anwendung negativ, d. h. verletzend in einem Interesse betroffen wird bzw. in absehbarer Zeit betroffen werden kann, das bei der Entscheidung über den Erlass oder den Inhalt dieses Bebauungsplans als privates Interesse des Antragstellers (oder eines Rechtsvorgängers) in der Abwägung berücksichtigt werden musste, das also – anders ausgedrückt – zum notwendigen Abwägungsmaterial im Sinne von BVerwGE 45, 310 (322) gehörte."[24]

---

22 S. die zustimmende und treffliche Anmerkung von *Schmidt-Preuß*, DVBl. 1999, S. 105; in der Tendenz eher kritisch *Stüer*, Antragsbefugnis im Normenkontroll-Verfahren – Stürzt die Abwägungs- und Rechtsschutzpyramide ein?, BauR 1999, S. 1221.
23 Grundlegend zu dieser **Konfliktschlichtungsformel** als Maßstab für Drittschutz *Schmidt-Preuß*, Kollidierende Privatinteressen im Verwaltungsrecht, 1992, S. 84 ff., 186 ff.; konkret zu § 1 Abs. 6 BauGB *ders.* (Fn. 22).
24 BVerwGE 59, S. 87 (100); neuerdings E 110, S. 36 (39); ferner BVerwG, NuR 2000, S. 691.

(2) „Bei der planerischen Abwägung unbeachtet bleiben können alle (betroffenen) Interessen, die entweder – objektiv – geringwertig oder aber – sei es überhaupt, sei es im gegebenen Zusammenhang – nicht schutzwürdig sind."[25]

(3) „Darüber hinaus beschränkt sich die Abwägungsbeachtlichkeit auf solche Betroffenheiten, die erstens mehr als geringfügig, zweitens in ihrem Eintritt zumindest wahrscheinlich und drittens – dies vor allem – für die planende Stelle bei der Entscheidung über den Plan als abwägungsbeachtlich erkennbar sind."[26]

Diese Maßstäbe werden in der Entscheidung zu § 47 Abs. 2 Satz 1 VwGO noch einmal kompakt formuliert und für unverändert maßgeblich erklärt:

„Nicht abwägungsbeachtlich sind also insbesondere geringwertige oder mit einem Mangel behaftete Interessen sowie solche, auf deren Fortbestand kein schutzwürdiges Vertrauen besteht oder solche, die für die Gemeinde bei der Entscheidung über den Plan nicht erkennbar waren."

Anschaulich werden die trotz aller Konkretisierungsanstrengungen recht abstrakten Kriterien an den seinerzeitigen Vorlagefällen in der Entscheidung E 59, S. 87:

Im *Kaufhaus*-Fall (1a) – bietet § 1 Abs. 5 Nr. 8 BauGB den Einstieg: Belange der Wirtschaft sind grundsätzlich abwägungserheblich. Ob ein Unternehmen auf der Grundlage eines Mietvertrages betrieben wird oder das Betriebsgrundstück im Eigentum der Firma steht, spielt nach dieser Norm ersichtlich keine Rolle.[27] Die Frage nun, was genau zu den schutzwürdigen Belangen der Wirtschaft rechnet, kann nur so beantwortet werden, dass das Bauplanungsrecht keinen grundsätzlichen Schutz vor Konkurrenten ermöglichen soll.[28] Soweit mit Hilfe der Bebauungspläne Strukturpolitik „im Interesse einer verbrauchernahen Versorgung der Bevölkerung" (§ 1 Abs. 5 Nr. 8 BauGB) betrieben werden soll, ist dies ersichtlich nichts, was im Interesse des Einzelunternehmens geschehen soll. Die Betreiberin des Kaufhauses ist deshalb nicht antragsbefugt.[29]

Zum *Sackgassen*-Fall (1b) – bemerkt das Bundesverwaltungsgericht etwas sibyllinisch, aber zutreffend, dass ein Grundeigentümer in aller Regel nicht in Rechten verletzt werde, „wenn etwas geschieht, was sich in einer Verschlechterung der vor dem Grundstück bisher bestehenden Verkehrsverhältnisse auswirkt". Daraus folge jedoch nicht, „dass die Interessen von Anliegern an der Aufrechterhaltung einer gegebenen Verkehrslage bei der planerischen Abwägung allemal unberücksichtigt zu bleiben hätten".[30] Das Interesse von Anwohnern an der Vermeidung einer Verkehrszunahme könne – so hat das

---
25 BVerwGE 59, S. 87 (102).
26 BVerwGE 59, S. 87 (103).
27 BVerwGE 59, S. 87 (101).
28 BVerwGE 59, S. 87 (103).
29 Ebenso in der Vorlagesache OVG Rheinland-Pfalz, BauR 1980, S. 444.
30 BVerwGE 59, S. 87 (102).

Bundesverwaltungsgericht inzwischen präzisiert – selbst dann zum notwendigen Abwägungsmaterial gehören, „wenn die damit verbundene Lärmzunahme – bezogen auf einen rechnerisch ermittelten Dauerschallpegel – für das menschliche Ohr kaum wahrnehmbar ist."[31]

18 Im *Tonziegel*-**Fall** (1c) liegen die Dinge weitgehend wie im *Kaufhaus*-**Fall** (1a). Zwar seien die Erwerbschancen von Unternehmen nicht schlechthin unbeachtlich („Belange der Wirtschaft"), aber der Umstand, dass „planerische Festsetzungen auf Markt- und Erwerbschancen Einfluss nehmen, nämlich in der einen Richtung Chancen eröffnen und in einer anderen Richtung Chancen beseitigen", sei geradezu unvermeidlich und deshalb grundsätzlich hinzunehmen.[32]

19 Im Fall der **Herabzonung** eines Industriegebiets – **Fall (1d)** – schließlich war klarzustellen, dass auch der auf der Grundlage eines Pachtvertrages geführte Betrieb abwägungserheblich ist („Belange der Wirtschaft"); außerdem wurde – mit Recht – das Interesse an der Erhaltung des Geschäftsumfangs für abwägungserheblich erklärt.[33]

c) Antragsfrist

20 Der Gesetzgeber hat bei dem Versuch, die Bebauungspläne „rechtsmittelfest" zu machen – ausführlich dazu § 18 – keinen Ansatzpunkt ausgelassen und daher auch eine zweijährige Antragsfrist für Normenkontrollanträge in § 47 Abs. 2 Satz 1 VwGO eingeführt, obwohl schon bislang und auch weiterhin in § 215 BauGB bereits Rügefristen für Verfahrens-, Form- und Abwägungsmängel normiert sind.[34]

2. Die Begründetheit eines Normenkontrollantrages

21 Ein Normenkontrollantrag ist genau dann begründet, wenn der Bebauungsplan gegen maßgebliche Rechtsvorschriften verstößt (a) und diese Verstöße für die Rechtswirksamkeit des Planes erheblich und noch rügefähig sind (b).

a) Fehlerhaftigkeit des Bebauungsplanes

22 Die Redeweise von der „Fehlerhaftigkeit des Bebauungsplans" ist eine präzisionsbedürftige Vereinfachung. Erforderlich ist zunächst eine Präzisierung des

---

31 BVerwG, NJW 1992, S. 2844; ebenso BVerwG, NVwZ 1994, S. 683.
32 BVerwGE 59, S. 87 (103); daraufhin wurde die Antragsbefugnis im Ausgangsverfahren verneint: BayVGH, BayVBl. 1980, S. 537; vergleichbarer Fall: OVG NW, BRS 38, Nr. 50.
33 BVerwGE 58, S. 87 (99f.); vergleichbare Fälle: OVG NW, BRS 38, Nr. 33; OVG Lüneburg, BRS 39, Nr. 44; OVG Lüneburg, NuR 1984, S. 108.
34 Mit Recht sehr kritisch *Schenke*, Reform ohne Ende – Das sechste Gesetz zur Änderung der VwGO und andere Gesetze (6. VwGO-ÄnderungsG), NJW 1997, S. 81 (83 f.).

Gegenstandes („Bebauungsplan") der Begründetheitsprüfung (aa) und sodann die Zuordnung der spezifischen rechtlichen Kontrollmaßstäbe (bb).

aa) Gegenstand der Begründetheitsprüfung ist nicht einfach **der** Bebauungsplan. Genauer gesehen lassen sich vier Gegenstände gerichtlicher Kontrolle unterscheiden,[35] nämlich

- das Planverfahren,
- der Planinhalt (im Sinne der planerischen Festsetzung),
- der Abwägungsvorgang (im Sinne der materiellen Begründung des Planes) und
- das Abwägungsergebnis (im Sinne der Begründbarkeit des Planes).[36]

Dass das BauGB an das **Planverfahren** rechtliche Anforderungen stellt und welche dies im Einzelnen sind, ist bereits dargestellt worden (§ 15). Die Abgrenzung eines Prüfungsgegenstandes „Planverfahren" liefert einen Bezugspunkt für die Systematisierung relevanter Rechtsnormen. Dabei sei eingeräumt, dass dieser Ordnungsgesichtspunkt „Verfahren" nicht von vornherein ganz trennscharf ist. Jedoch bietet das Gesetz selbst im Rahmen der Vorschriften über die Wirksamkeit von Bauleitplänen (§§ 214 ff. BauGB) wichtige Anhaltspunkte. Weitere Präzisierungen können durch Rechtsprechung und Lehre erfolgen.

Auch der **Planinhalt** unterliegt als solcher, d.h. völlig unabhängig von dem dahin führenden Verfahren und der plantragenden Abwägung der betroffenen Belange, rechtlichen Anforderungen und damit auch gerichtlicher Kontrolle. So gestattet § 9 BauGB in Verbindung mit den Ergänzungen und Konkretisierungen der BauNVO bestimmte planerische Festsetzungen. In diesem – wenn man so will – **Rahmen möglicher Rechtsfolgen** muss sich der Planinhalt bewegen. Eine Anforderung an den Planinhalt steckt auch in den Regelungen für das Verhältnis von Flächennutzungs- und Bebauungsplan insofern, als ein materielles Entwickeltsein des Bebauungsplanes aus dem Flächennutzungsplan gefordert ist (§ 8 Abs. 2 Satz 1 BauGB).[37] Schließlich stellt auch das rechtsstaatliche Bestimmtheitsgebot Anforderungen an den Planinhalt.

Dass der **Abwägungsvorgang** im Sinne dessen, was der Plangeber materiell zu Gunsten des Planes erwogen und abgewogen hat, Gegenstand gerichtlicher Kontrolle sein kann, liegt schon angesichts der geläufigen gerichtlichen Kontrolle von Ermessensentscheidungen nahe. Auch die Ausübung des planerischen Ermessens ist darauf zu prüfen, ob die Ermessens**erwägungen** die rechtlichen Vorgaben berücksichtigt haben. Ist dies der Fall, so ist das Ergebnis als rechtmäßig begründet hinzunehmen. Darüber, dass das Abwägungsgebot (§ 1 Abs. 6 BauGB) Anforderungen an den Abwägungsvorgang im Sinne der ma-

---

35 Vgl. auch *Koch/Rubel*, Allgemeines Verwaltungsrecht, 2. Aufl. 1992, VIII. Rn. 9 ff.
36 Zu den Begriffen Abwägungsvorgang/Abwägungsergebnis sowie Begründung/Begründbarkeit vgl. oben § 17 Rn. 62 ff.
37 Vgl. näher oben § 15 Rn. 22 ff.

teriellen Planbegründung stellt, ist bereits Näheres ausgeführt worden (oben § 17 Rn. 62 ff.).

27 Schließlich ist auch das **Abwägungsergebnis** im Sinne der Begründbarkeit des Planes möglicher und auch anerkannter Gegenstand gerichtlicher Kontrolle. Hierbei gilt es zunächst, eine nahe liegende Verwechslung mit der Kontrolle des Planinhalts zu vermeiden. Die oben angeführte Planinhaltskontrolle betrifft die **Festsetzungen** des Planes gänzlich unabhängig von den zugrunde liegenden, tragenden oder denkbaren planerischen Erwägungen. Demgegenüber ist die Ergebniskontrolle – insofern ist die eingebürgerte Bezeichnung durchaus missverständlich – gerade **keine reine Ergebnisbetrachtung** am Maßstab zugelassener Rechtsfolgen, sondern eine Frage nach der rechtlichen **Rechtfertigungsfähigkeit des Ergebnisses.**

28 bb) Zur Beantwortung der Frage nach den **Maßstäben der Begründetheitsprüfung** kann hier weitgehend auf die jeweils einschlägigen Kapitel über „Das Planverfahren" (betr. **Verfahrens**kontrolle), über „Formen der Planung und Gestaltungsmöglichkeiten" (betr. **Inhalts**kontrolle), über „Die Rechtfertigung der Planung zwischen planerischer Gestaltungsfreiheit und rechtsstaatlichem Abwägungsgebot" (betr. Kontrolle von **Abwägungsvorgang und -ergebnis**) und über „Die Rechtswirksamkeit von Bauleitplänen" (betr. die Voraussetzungen der **Rechtserheblichkeit von Normverstößen**) verwiesen werden. Im vorliegenden Zusammenhang bleibt eine – ebenfalls schon angesprochene – Problematik noch erörterungsbedürftig: Es soll gefragt werden, ob überhaupt, wann und warum neben der Kontrolle des Abwägungsvorganges auch die Kontrolle des Abwägungsergebnisses erforderlich ist. Gibt es rechtliche Maßstäbe, die die **kumulative Kontrolle** beider Gegenstände erfordern und sinnvoll erscheinen lassen?

29 Im Abschnitt über das Abwägungsgebot (§ 17 Rn. 62 ff.) wurde darüber berichtet, dass nach ständiger Rechtsprechung des Bundesverwaltungsgerichts die Maßstäbe des Abwägungsgebots sowohl an den Abwägungsvorgang wie auch an das Abwägungsergebnis anzulegen sind. Lediglich das Gebot, überhaupt in eine Abwägung einzutreten, richte sich nur an den Abwägungsvorgang. Im Übrigen sollen die Maßstäbe identisch sein (Abwägungsdefizit, Abwägungsfehleinschätzung, Abwägungsdisproportionalität). Wegen dieser Maßstabsidentität von Begründungs-(Vorgangs-) und Begründbarkeits-(Ergebnis-) Kontrolle ergab sich, dass es sinnlos ist, von der **Gemeinde** neben einer tragfähigen Begründung für das Ergebnis noch die Begründbarkeit des Ergebnisses zu verlangen. **Stellen die planerischen Erwägungen der Gemeinde** nämlich eine **tragfähige Begründung** dar, dann ist der Plan **auch begründbar**, denn es gibt ja eine rechtliche akzeptable Begründung.

30 Aus diesen Überlegungen folgt nicht notwendig, dass es auch für die **gerichtliche** Plankontrolle sinnlos ist, Begründung **und** Begründbarkeit zu prüfen. Gerade ein Blick auf die gerichtliche Kontrolle „normalen" Rechtsfolgeer-

messens zeigt die denkbare Funktion einer zusätzlichen Begründbarkeitsprüfung.³⁸ Erweisen sich die behördlichen Ermessenserwägungen als fehlerhaft, so wird die Entscheidung dennoch in den Fällen aufrechterhalten, in denen nur diese Entscheidung ergehen darf, also allein diese Entscheidung **begründbar** ist. In diesen Fällen der so genannten Ermessensreduktion auf Null hat die Begründbarkeitskontrolle somit eine **entscheidungskonservierende** Funktion. Eine solche Funktion wird der Begründbarkeitskontrolle im Planungsrecht von der Rechtsprechung jedoch ersichtlich nicht eingeräumt. Folglich ist die Begründbarkeitskontrolle im Regelfall überflüssig. Allerdings gibt es drei Fallgruppen, in denen der Begründbarkeitskontrolle doch eine eigenständige Funktion zukommt:

(1) Die Entscheidung des Bundesverwaltungsgerichts, die erstmals die Differenz von Abwägungsvorgang und Abwägungsergebnis enthielt, betraf den Fall eines übergeleiteten Planes, bei dem der Abwägungsvorgang nach **altem**, das Abwägungsergebnis nach **neuem** Recht beurteilt werden soll.³⁹ Unter dieser Prämisse hat die Ergebniskontrolle natürlich eine eigene Relevanz.⁴⁰ **31**

(2) Nach § 214 Abs. 3 Satz 2 BauGB sind bestimmte Fehler im Abwägungsvorgang irrelevant (vgl. oben § 18 Rn. 16 ff.).⁴¹ Auch in diesen Fällen kommt der Ergebnis-(Begründbarkeits-)Kontrolle eine eigenständige, nämlich ergebniskonservierende Funktion zu: Vorgangsfehler sind teilweise unbeachtlich, und der Plan wird „gehalten", wenn nur das Ergebnis stimmt.⁴² **32**

(3) Außerdem kommt – worauf *Erbguth* hingewiesen hat⁴³ – der Ergebnis-(Begründbarkeits-)Kontrolle dann selbstständige Bedeutung zu, wenn die Vorgangskontrolle einerseits und die Ergebniskontrolle andererseits verschiedene **Sachlagen** zugrunde legen müssen. Dies ist nach der Rechtsprechung in solchen – atypischen – Fällen geboten, in denen zwischen Beschlussfassung der Gemeinde und In-Kraft-Treten des Bebauungsplanes ein so erheblicher Wandel der Verhältnisse eingetreten ist, dass ein seinerzeit zutreffend begründeter Plan nun nicht mehr begründbar erscheint. Solche Fallgestaltungen sind aus der Rechtsprechung allerdings nicht bekannt geworden.⁴⁴ **33**

b) Die Rechtserheblichkeit der Fehler

Wie im Abschnitt über die Rechtswirksamkeit von Bauleitplänen (§ 18) näher dargelegt worden ist, hat im Bauplanungsrecht der Grundsatz der Planerhal- **34**

---

38 Zum Folgenden auch *Koch*, Das Abwägungsgebot im Planungsrecht, DVBl. 1983, S. 1125; ferner die Nachweise in § 17 Rn. 65 ff.
39 BVerwGE 41, S. 67.
40 So *Koch* (Fn. 38), S. 1128.
41 Vgl. BVerwGE 64, S. 33.
42 Dazu *Koch* (Fn. 38), S. 1129 f.
43 *Erbguth*, Neue Aspekte zur planerischen Abwägungsfehlerlehre?, DVBl. 1986, S. 1230 (1233 l.Sp.); ebenso *ders.*, Raumdeutsames Umweltrecht, 1986, S. 373.
44 Zur Rechtspflicht einer erneuten Abwägung im ergänzenden Verfahren gem. § 215a BauGB wegen beachtlicher Änderungen der Sach- oder Rechtslage s. BVerwG, NVwZ 1996, S. 374.

tung das Nichtigkeitsdogma abgelöst. Danach führen Fehler in der Bebauungsplanung nur noch unter äußerst eingeschränkten Bedingungen zur Nichtigkeit eines Bebauungsplanes. Bezüglich eines jeden Rechtsverstoßes ist daher in der Begründetheitsprüfung der Normenkontrolle zu fragen, ob der Fehler eventuell gemäß § 214 BauGB **irrelevant** ist oder wegen Ablauf der Rügefristen des § 215 BauGB **nicht mehr geltend gemacht** werden kann. Schließlich ist noch zu prüfen, ob ein ergänzendes Verfahren zur **Fehlerheilung** gemäß § 215a BauGB mit der Folge in Betracht kommt, dass das Gericht gemäß § 47 Abs. 5 Satz 4 VwGO den Plan für (nur) vorläufig unwirksam erklärt.

Nach allem ergibt sich folgender Aufbau für Rechtsgutachten im Verfahren der abstrakten Normenkontrolle eines Bebauungsplans:

c) Aufbauhinweise: Bebauungspläne in der abstrakten Normenkontrolle (§ 47 VwGO)

35

I. Die Zulässigkeit des NK-Antrages

1. Zulässiger Gegenstand eines NK-Antrages (§ 47 Abs. 1 VwGO)
2. Antragsbefugnis (§ 47 Abs. 2 Satz 1 VwGO):
   Geltendmachung einer Rechtsverletzung (wie § 42 Abs. 2 VwGO); Abwägungsgebot (§ 1 Abs. 6 BauGB) hat drittschützenden Charakter
3. Antragsfrist (§ 47 Abs. 2 Satz 1 VwGO: 2 Jahre)

II. Die Begründetheit eines NK-Antrages

1. Fehlerhaftigkeit des B-Planes
   a) Planverfahren
   b) Planinhalt: zulässige Festsetzungen?
   c) Planungsleitsätze beachtlich und beachtet?
   d) Abwägungsgebot (Vorgang und Ergebnis)
      aa) Abwägungsausfall
      bb) Abwägungsdefizit
      cc) Abwägungsdisproportionalität
         – Überwindung eines Optimierungsgebots mit starken Gründen
         – Vertretbarer Ausgleich abstrakt gleichrangiger Belange
2. Rechtserheblichkeit der Fehler
   a) Beachtlichkeit von Fehlern (§ 214 BauGB)
      – Verfahrensfehler (Abs. 1)
      – Entwicklungsgebot F-Plan → B-Plan (Abs. 2)
      – Abwägungsfehler (Abs. 3; wichtig: BVerwGE 64, S. 33 – *Sylt*)
   b) Rügefristen (§ 215 BauGB)
   c) Ergänzendes Verfahren zur Fehlerheilung (§ 215a BauGB, § 47 Abs. 5 Satz 4 VwGO)
3. Verfahrensrechtliche Aspekte: Beiladung

3. Verfahrensrechtliche Fragen

a) Die Beiladung Drittbetroffener

Besonders in solchen Fällen, in denen ein Bebauungsplan der Normenkontrolle zugeführt wird, der ein einzelnes (Groß-)Vorhaben planerisch ermöglichen soll, stellt sich die Frage, ob die vom Bebauungsplan Begünstigten **beigeladen** werden können oder gar müssen. In diesen Fällen wird der Begünstigte nämlich regelmäßig durch die gerichtliche Entscheidung in seinen **rechtlichen Interessen** berührt (§ 65 Abs. 1 VwGO), da er im Falle der Nichtigerklärung des Planes sein plankonformes Vorhaben nicht verwirklichen kann. Man könnte sogar sagen, dass die stattgebende Normenkontrollentscheidung, die die Ungültigkeit der Norm **allgemeinverbindlich** (§ 47 Abs. 5 Satz 2 VwGO) feststellt, gerade deshalb auch dem begünstigten Dritten gegenüber „nur einheitlich ergehen kann" (§ 65 Abs. 2 VwGO), sodass an sich sogar die Voraussetzungen einer **notwendigen** Beiladung vorliegen.[45]

36

Nachdem in Literatur und obergerichtlicher Rechtsprechung die Zulässigkeit der Beiladung im Normenkontrollverfahren zunehmend bejaht wurde,[46] hat das Bundesverwaltungsgericht im Rahmen einer Vorlage des OVG Lüneburg die Beiladung für unzulässig erklärt.[47] Aus den mit Argumenten zum Wortsinn und zur Entstehungsgeschichte von § 47 VwGO und zum Zweck der Beiladung methodisch korrekten Entscheidungsgründen sei hier das auch vom Gericht als zentral angesehene Argument herausgegriffen:[48] Nicht das Interesse des Dritten, sondern „objektive Gründe der Verfahrensökonomie und der Rechtssicherheit" seien die eigentliche Rechtfertigung der Beiladung. Durch die Beiladung des Dritten erstrecke sich die materielle Rechtskraft der Entscheidung auch auf ihn. Insoweit würden weitere Prozesse mit der Möglichkeit einander widersprechender Entscheidungen vermieden. Eine derartige Bedeutung könne die Beiladung im Normenkontrollverfahren jedoch nicht haben. Einer Nichtigerklärung des Bebauungsplanes komme kraft Gesetzes **Allgemeinverbindlichkeit** zu. Insoweit bestehe **kein Bedarf** an einer mit Rechtskrafterstreckung verbundenen Beiladung, da die rechtskräftige Nichtigerklärung ohnehin gegenüber jedermann gelte. Soweit das Oberverwaltungsgericht die Norm für gültig erachte, führe diese Entscheidung nicht zu einer positiven Feststellung der Gültigkeit der Norm. „Allein der unterlegene Antragsteller wird davon ausgeschlossen, ohne Änderung der Sach- oder Rechtslage ein neues Normenkontrollverfahren mit demselben Begehren einzuleiten."[49] An

37

---

[45] A.A. BVerwGE 65, S. 131 (133); wie im Text *Bettermann* in einer Urteilsanm. zu dieser Entscheidung: DVBl. 1982, S. 954 (956 l.Sp.); *Bettermann* zieht allerdings daraus die Konsequenz, dass eine Beiladung im Normenkontrollverfahren grundsätzlich nicht in Betracht kommt.
[46] Vgl. den instruktiven Überblick bei *Ronnellenfitsch*, Die Beteiligung Dritter im Normenkontrollverfahren nach § 47 VwGO, VerwArch 74 (1983), S. 281.
[47] BVerwGE 65, S. 131.
[48] BVerwGE 65, S. 131 (136f.).
[49] BVerwGE 65, S. 131 (137).

einer rechtskraftähnlichen Erstreckung dieser Wirkung auf Dritte bestehe kein schutzwürdiges Interesse.

38 Die Begründung ist folgerichtig. **Wenn allein** eine Verfahrensökonomie und Rechtssicherheit bietende Rechtskrafterstreckung als „objektiver" (vernünftiger) Gesetzeszweck die Beiladung rechtfertigen kann, dann ist die Beiladung im Normenkontrollverfahren teils nicht erforderlich – wegen gesetzlicher inter-omnes-Wirkung – teils nicht hilfreich, weil kein Stück des Planes positiv außer Streit gestellt werden kann.[50] An der Entscheidung des Bundesverwaltungsgerichts lässt sich daher nur „rütteln", wenn man die Frage nach dem Zweck der Beiladung anders, nämlich im Sinne eines zumindest der Verfahrensökonomie gleichwertigen **Schutzes des Drittbetroffenen** beantwortet.[51] Dann nämlich gilt jedenfalls für die Normenkontrolle von Bebauungsplänen, dass es eine Reihe unmittelbar durch den Bebauungsplan Begünstigter und durch eine mögliche Nichtigerklärung unmittelbar Benachteiligter gibt, die daher in gleicher Weise ein die Beiladung rechtfertigendes Rechtsschutzinteresse haben wie die in rechtserheblicher Weise Drittbetroffenen eines Verwaltungsakts.

39 Entgegen der Auffassung des Bundesverwaltungsgerichts hat die Beiladung in der Tat auch Rechtsschutzfunktion. Das Normenkontrollverfahren als solches ist **nicht nur** ein „objektives Rechtsbeanstandungsverfahren", sondern dient auch dem individuellen Rechtsschutz.[52] Das ist angesichts der Antragsbefugnis, die die Möglichkeit einer Rechtsverletzung des Antragstellers verlangt, geradezu offenkundig. Der Abwehr von Nachteilen für die abwägungserheblichen individuellen Belange des Antragstellers entspricht aber auf der anderen Seite die Verteidigung der gewährten individuellen Vorteile, nämlich der planerisch eingeräumten Nutzungsmöglichkeiten. Fast schon widersprüchlich erscheint der abschließende Rat des Bundesverwaltungsgerichts, „dass die Unzulässigkeit der Beiladung dem Gericht nicht verbietet, solche Personen, die durch die Normenkontrollentscheidung in Rechten oder rechtlichen Interessen berührt werden, in entsprechender Anwendung des § 47 Abs. 2 Satz 3 VwGO im Gerichtsverfahren anzuhören..."[53] Wie die Gerichte dies nutzen werden, bleibt abzuwarten.

b) Mündliche Verhandlung

40 Gemäß § 47 Abs. 5 S. 1 VwGO entscheidet das OVG durch Urteil oder, wenn es eine mündliche Verhandlung nicht für erforderlich hält, durch Beschluss.

---

50 Die ratio der Entscheidung verkennt *Bettermann* in seiner kritischen Anmerkung (Fn. 45)
51 Dies wählt daher zutreffend *Kopp* als Ausgangspunkt für seine Befürwortung der Beiladung im Normenkontrollverfahren: Die Beteiligung im verwaltungsgerichtlichen Normenkontrollverfahren, in: FS zum hundertjährigen Bestehen des Bayerischen Verwaltungsgerichtshofes, 1979, S. 205 (216).
52 So auch BVerwGE 68, S. 12 (14) bestätigt in E 110, S. 203; a.A. anscheinend E 65, S. 131 (136).
53 BVerwGE 65, S. 131 (138); Zweifel an dieser Rechtsprechung neuerdings im Beschl. des BVerfGs, DVBl. 2000, S. 1842.

Darüber, ob eine mündliche Verhandlung entbehrlich ist, entscheidet es nach richterlichem Ermessen. Diesem Ermessen zieht allerdings Art. 6 Abs. 1 S. 1 EMRK eine Grenze. Im Anschluss an die gefestigte Rechtsprechung des Europäischen Gerichtshofs für Menschenrechte folgert das BVerwG aus Art. 6 Abs. 1 S. 1 EMRK, dass „über einen Normenkontrollantrag, mit dem sich der Eigentümer eines im Plangebiet gelegenen Grundstücks gegen eine Festsetzung und einem B-Plan wendet, aufgrund der öffentlichen mündlichen Verhandlung zu entscheiden ist."[54]

c) Rechtsmittel

Für die Normenkontrollverfahren gegen Bebauungspläne waren die Oberverwaltungsgerichte viele Jahre lang erste und letzte Instanz. Um die Einheitlichkeit der Rechtsprechung und eine gewisse Leitfunktion des Bundesverwaltungsgerichts zu sichern, bestanden immerhin **Vorlagepflichten**. Die Oberverwaltungsgerichte mussten bei grundsätzlicher Bedeutung einer entscheidungserheblichen Rechtsfrage oder bei einer beabsichtigten Abweichung von der Rechtsansicht eines anderen Oberverwaltungsgerichts oder des Bundesverwaltungsgerichts das Verfahren aussetzen und dem Bundesverwaltungsgericht eine begründete Stellungnahme zu der entscheidungserheblichen Rechtsfrage vorlegen. 41

Anfang der 80er-Jahre ist bereits Klage über die (angeblich) fehlende Vorlagebereitschaft der Oberverwaltungsgerichte geführt worden.[55] Das Bundesverwaltungsgericht hat dem Oberverwaltungsgericht Berlin in einem erstaunlichen obiter dictum in scharfen Worten, aber mit Recht die Unterlassung einer gebotenen Vorlage vorgehalten.[56] Es ging dabei um die tatsächlich ungeklärte Reichweite des so genannten Konfliktbewältigungsgebots (vgl. oben § 17 Rn. 50 ff.). Auch die bekannten Zahlen belegen, dass seinerzeit überraschend wenige Vorlagen das Bundesverwaltungsgericht erreichten.[57] Allerdings lässt sich aus solchen Zahlen schwerlich auf die Verletzung von Vorlagepflichten schließen. Insoweit ist die inhaltliche Auflistung von „Beispiele(n) für die Nichtvorlage klärungsbedürftiger Rechtsfragen" durchaus aufschlussreicher.[58] 42

Nach den seinerzeit vorliegenden Belegen mochte manches dafür sprechen, die Vorlagebereitschaft durch die mit dem Änderungsgesetz zum BauGB 1976 eingeführte **Nichtvorlagebeschwerde** zu stärken (§ 47 Abs. 7 VwGO a. F.).[59] 43

---

54 BVerwGE 110, S. 203 (206) mit Anm. von *Lenz, Klose*, Der menschenrechtliche Anspruch auf mündliche Verhandlung über Normenkontrollaufträge, NVwZ 2000, S. 1004.
55 *Schlichter*, Überlegungen zur Einführung einer Nichtvorlagebeschwerde im Normenkontrollverfahren, NJW 1985, S. 2446; *Stich*, Zur Notwendigkeit einer Nichtvorlagebeschwerde bei Normenkontrollentscheidungen in Bundesbaurechtssachen, DVBl. 1982, S. 173.
56 BVerwGE 69, S. 30.
57 Vgl. *Schlichter* (Fn. 55), S. 2449 l.Sp.
58 *Schlichter* (Fn. 55), S. 2449 l.Sp.
59 Für Einzelheiten s. *Grooterhorst*, Einstweilige Anordnung und Nichtvorlagebeschwerde im Normenkontrollverfahren, DVBl. 1989, S. 1176.

Auch Rechtsschutzgesichtspunkte lassen daran zweifeln, ob für die vielfach sachlich bedeutsamen Normenkontrollverfahren eine Instanz ohne jegliches Rechtsmittel angemessen ist. Im Übrigen ist zu bedenken, dass im Falle der inzidenten Kontrolle eines Bebauungsplanes aus Anlass des Rechtsstreits um eine Baugenehmigung ohnehin die Revision eröffnet ist. Inzwischen ist nun durch Änderungsgesetz vom 1. 11. 1996 an Stelle des Vorlageverfahrens die „Normalität" eines Revisionsverfahrens getreten (§ 132 VwGO). Danach ist die Revision zulässig, wenn entweder das Oberverwaltungsgericht oder – auf Nichtzulassungsbeschwerde hin – das Bundesverwaltungsgericht sie zugelassen hat.[60]

4. Die einstweilige Anordnung im Normenkontrollverfahren

a) Normenkontrollverfahren und effektiver Rechtsschutz

44 Die Rechtsweggarantie des Art. 19 Abs. 4 GG gebietet die Einrichtung eines **effektiven Rechtsschutzes**, d. h. eine „tatsächlich wirksame gerichtliche Kontrolle", die verhindert, dass während des gerichtlichen Rechtsschutzverfahrens „irreparable Entscheidungen" der Exekutive „vollendete Tatsachen" schaffen.[61] Dem effektiven Rechtsschutz dient die dem Gericht durch § 47 Abs. 6 VwGO gegebene Möglichkeit, „auf Antrag eine einstweilige Anordnung (zu) erlassen, wenn dies zur Abwehr schwerer Nachteile oder aus anderen wichtigen Gründen dringend geboten ist". Ob allerdings gerade diese Regelung verfassungsrechtlich **geboten** ist, erscheint fraglich und wird von der überwiegenden Meinung bestritten. In Literatur und Rechtsprechung herrscht nämlich die Auffassung vor, dass schon das Normenkontrollverfahren als solches kein verfassungsrechtlich gebotenes Rechtsmittel ist, vielmehr die sonstigen Klageverfahren der Rechtsweggarantie des Art. 19 Abs. 4 GG genügen.[62] Dann ist aber erst recht das Verfahren der einstweiligen Anordnung gemäß § 47 Abs. 6 VwGO nicht verfassungsrechtlich notwendig.

45 Indessen spricht manches dafür, dass die abstrakte Normenkontrolle jedenfalls für Bebauungspläne eine verfassungsrechtlich gebotene Klageart darstellt. Das Bundesverfassungsgericht hat ausführlich und überzeugend dargelegt, dass gerade Bebauungspläne vielfach „individuell und konkret die Art und das Maß baulicher Nutzung" in einer Weise festlegten, die den betroffenen Grundstücken „einen bestimmten rechtlichen Status" gebe, „ohne dass es dazu des Dazwischentretens eines weiteren rechtlichen Vollzugsaktes bedürfte". Die Dispositionsbefugnis des Eigentümers werde teilweise „**unmittelbar**" eingeschränkt, und der Bebauungsplan beeinflusse durch seine Festsetzungen „**direkt**" den Wert der Grundstücke. Daher bejaht das Bundesverfassungsgericht – unter Abweichung von seiner früheren Rechtsprechung – bei belastenden

---

60 S. näher zur Neuregelung *Redeker*, Neue Experimente mit der VwGO?, NVwZ 1996, S. 526.
61 Grundlegend BVerfGE 35, S. 263 (274); vgl. auch Maunz/Dürig-*Schmidt-Aßmann*, Grundgesetz, Stand Januar 1985, Art. 19 Abs. 4, Rn. 273 ff.
62 BVerwGE 68, S. 12 (14); *Kopp/Schenke* (Fn. 9), § 47, Rn. 9 m.w.N.

Festsetzungen die „unmittelbare Grundrechtsbetroffenheit" des Grundeigentümers.[63] Soweit aber von unmittelbarer Grundrechtsbetroffenheit durch Bebauungspläne auszugehen ist, erscheint es fraglich, ob die insoweit allein in Betracht kommende Feststellungsklage gemäß § 43 VwGO den verfassungsrechtlich gebotenen Rechtsschutz gewährleistet. Das Bundesverfassungsgericht konnte diese Frage offen lassen und hat sie ausdrücklich offen gelassen.[64]

Die Voraussetzungen einer einstweiligen Anordnung gemäß § 47 Abs. 6 VwGO stellen in der Gerichtspraxis augenscheinlich schwer erfüllbare Ansprüche an die Antragsteller. Die Rechtstatsachenforschung zum Normenkontrollverfahren im Bauplanungsrecht hat hierzu folgende Indizien geliefert: Von 796 ausgewerteten Entscheidungen im Erhebungszeitraum betrafen 15,5 % Eilverfahren und 84,5 % Hauptsacheverfahren. 87,8 % der Eilanträge wurden abgewiesen.[65] Damit korrespondiert der Eindruck aus anwaltlicher Praxis, dass die einstweilige Anordnung nach § 47 Abs. 6 VwGO **praktisch kein Rechtsbehelf** sei.[66] Im Folgenden können nur einige besonders wichtige Aspekte von Zulässigkeit (b) und Begründetheit (c) eines Antrags auf Erlass einer einstweiligen Anordnung skizziert werden. 46

b) Zulässigkeit eines Antrages auf einstweilige Anordnung

Auch Eilanträge sind nur **zulässig**, wenn der Antragsteller durch den Bebauungsplan oder dessen Anwendung möglicherweise in seinen Rechten verletzt ist (§ 47 Abs. 2 Satz 1 VwGO). Auf diese Voraussetzung, die das Normenkontrollverfahren als eines auszeichnet, das auch dem individuellen Rechtsschutz dient, kann sinnvollerweise bei einem Annex-Verfahren, wie es das Verfahren auf Erlass einer einstweiligen Anordnung darstellt, nicht verzichtet werden. Dabei kommt es – wie schon der Wortsinn deutlich macht – nicht unbedingt auf in naher Zukunft „drohende" konkrete Bauvorhaben an. Der Nachteil kann sich auch **unmittelbar** aus dem Plan ergeben. Demgegenüber geht es bei den sogleich zu erörternden Begründetheitsanforderungen des „schweren Nachteils" oder des „anderen wichtigen Grundes" um drohende **reale** Verwirklichungen des planerisch Zulässigen. Deshalb ist im Verfahren der einstweiligen Anordnung streng zwischen der Prüfung einer möglichen Rechtsverletzung im Sinne der Zulässigkeitsvoraussetzung des § 47 Abs. 2 Satz 1 VWGO einerseits und der Prüfung eines schweren Nachteils im Sinne der Begründetheitsanforderung des § 47 Abs. 6 VWGO andererseits zu unterscheiden. 47

---

63 BVerfGE 70, S. 35 (53); Hervorhebungen vom Verf.
64 BVerfGE 70, S. 35 (52). Anscheinend neigt Maunz/Dürig-*Schmidt-Aßmann* (Fn. 61), Art. 19 Abs. 4, Rn. 75, der Auffassung zu, dass § 47 VwGO „im Kern" von der Rechtsweggarantie geboten ist.
65 *Scharmer* (Fn. 6), S. 183.
66 *Grave*, Vorläufiger Rechtsschutz gemäß § 47 Abs. 7 VwGO, BauR 1981, S. 156 (160 r.Sp.).

48 Dem Antrag auf Erlass einer einstweiligen Anordnung kann grundsätzlich nicht mit der Begründung das Rechtsschutzinteresse abgesprochen werden, dass gegen das konkret drohende bauliche Vorhaben Rechtsschutz im Wege der §§ 80a, 123 VwGO zu suchen sei. Dagegen spricht erstens, dass der Bebauungsplan selbst unmittelbar Rechte, insbesondere Grundrechte beeinträchtigen kann.[67] Planerisch belastete Bürger auf mögliche Vollzugsakte zu verweisen, erscheint unter dem Gesichtspunkt der Rechtsweggarantie fragwürdig. Zweitens und vor allem ist zu bedenken, dass der Kreis der nach § 47 VwGO überhaupt rechtsschutzfähigen privaten Interessen über die nach §§ 80a, 123 VwGO schutzfähigen Rechte insofern hinausgeht, als im Verfahren nach § 47 VwGO auch das Recht auf gerechte Abwägung der eigenen Belange geltend gemacht werden kann (s. oben Rn. 11 ff.). Daher schnitte der Verweis auf die §§ 80a, 123 VwGO Rechtsschutzmöglichkeiten ab.[68]

49 Probleme bereitet die Beantwortung der Frage, wer richtiger **Antragsgegner** im Verfahren des einstweiligen Rechtsschutzes gemäß § 47 Abs. 6 VwGO ist. Zwar bestehen im Hauptsacheverfahren keine Zweifel daran, dass der Plangeber Antragsgegner ist. Da mit einer einstweiligen Anordnung regelmäßig verhindert werden soll, dass für plankonforme Vorhaben Baugenehmigungen erteilt werden, ist die Baugenehmigungsbehörde als möglicher Antragsgegner jedenfalls in Betracht zu ziehen. Wenn allerdings die gerichtliche Entscheidung in einer vorläufigen Außervollzugsetzung des Bebauungsplanes mit – dem Hauptsacheverfahren entsprechend – inter-omnes-Wirkung besteht, so ist auch die Baugenehmigungsbehörde rechtlich gehindert, auf der Grundlage des Bebauungsplanes Vorhaben zu genehmigen. Nur eine solche Aussetzung des Vollzuges mit Wirkung für alle entspricht dem Charakter des Normenkontrollverfahrens.[69]

50 Zwar ist zu berücksichtigen, dass die Begründetheit des Normenkontrollantrages grundsätzlich von einer schweren Betroffenheit gerade des Antragstellers, nicht aber von den Erfolgsaussichten in der Hauptsache, also nicht davon abhängt, ob der Plan voraussichtlich gültig oder nichtig ist. Das könnte dafür sprechen, den Plan nur **relativ**, nämlich im Verhältnis Antragsteller-Antragsgegner, für nicht vollziehbar zu erklären. Damit aber wäre – sofern die Baugenehmigungsbehörde Antragsgegnerin wäre – diese gegenüber einem schwer abgrenzbaren Kreis Dritter gehindert, den in Streit stehenden Planvollzug zu genehmigen. Denn die Behörde darf die Lage zu Lasten des Antragstellers auch nicht durch Genehmigungen für Dritte verändern. Der Handlungsspielraum der Exekutive wird also nicht wesentlich größer als im Falle einer Außervollzugsetzung mit Wirkung gegenüber jedermann. Lediglich drohen weitere – an sich überflüssige – Verfahren des einstweiligen Rechtsschutzes

---

67 Nochmals: BVerfGE 70, S. 35 (52 f.).
68 In diesem Sinne OVG Saarland, DÖV 1985, S. 74; Einzelheiten m.w.N. zu dem unübersichtlichen Meinungsstand bei *Karpen*, Einstweiliger Rechtsschutz des Nachbarn im Baurecht, NJW 1986, S. 881 (886 r.Sp.f.).
69 *Kopp/Schenke* (Fn. 9), § 47, Rn. 105 m.w.N.; Schoch/Schmidt-Aßmann/Pietzner-*Schoch* (Fn. 9), § 47, Rn. 183.

seitens anderer Bürger und damit Unsicherheit darüber, welche Behörden (Gemeinde als Plangeber, Baugenehmigungsbehörde, BImSchG-Genehmigungsbehörde etc.) überhaupt als Antragsgegner gewählt werden sollen. Somit sprechen auch praktische Gründe für die Vollzugsaussetzung mit inter-omnes-Wirkung.[70] Dafür ist die Gemeinde als Plangeber richtige Antragsgegnerin. Die vorstehenden Überlegungen dürfen nicht mit der Frage verquickt werden, ob der **Teil** eines Planes (mit genereller Wirkung) außer Vollzug gesetzt werden kann. Dies ist grundsätzlich zu bejahen.[71]

c) Begründetheit eines Antrages auf einstweilige Anordnung

Der Antrag auf Erlass einer einstweiligen Anordnung ist **begründet**, „wenn dies zur Abwehr schwerer Nachteile oder aus anderen wichtigen Gründen dringend geboten ist". Die beiden Alternativen haben somit eine gemeinsame Voraussetzung, nämlich dass die einstweilige Anordnung „dringend geboten" sein muss. Damit ist – wie unten erörtert wird – den Gerichten eine Abwägungsaufgabe gestellt. Zunächst seien kurz die alternativen Voraussetzungen des schweren Nachteils bzw. des anderen wichtigen Grundes vorgestellt. 51

Der **schwere Nachteil** muss durch den Vollzug des Planes drohen. Insofern müssen die **konkreten** Auswirkungen eines **bestimmten** „planvollziehenden" Vorhabens ermittelt werden. Nicht maßgeblich für die Bestimmung des drohenden Nachteils ist das, was planerisch zwar zulässig ist, jedoch nicht zur Verwirklichung ansteht. Dieser Differenzierung zwischen den planerisch zulässigen und den aktuell und real drohenden Nachteilen kann praktisch ganz erhebliche Bedeutung zukommen. Genehmigungsbehörde und Planbegünstigter können nämlich unter dem Eindruck des gerichtlichen Verfahrens zu solchen (zulässigen) Abweichungen vom Bebauungsplan bereit sein, die den bzw. die Antragsteller schonen. So kann ein Vorhaben hinsichtlich Geschosszahl und Baumasse gegenüber dem Zulässigen und zunächst Beabsichtigten reduziert, in der Stellung auf dem Grundstück oder hinsichtlich der Verkehrsanbindung verändert oder es können zusätzliche Lärmschutzmaßnahmen zugesichert werden. Solche Ankündigungen, die gegebenenfalls durch rechtliche Sicherungen für das Gericht glaubhaft gemacht werden, können einem Vorhaben die für einen Antragsteller sonst vorhandenen schweren Nachteile mit der Folge nehmen, dass die einstweilige Anordnung als unbegründet abzuweisen ist, während sich der Bebauungsplan im Hauptsacheverfahren als nichtig erweisen mag, weil er unter Verstoß gegen das Abwägungsgebot Festsetzungen enthält, deren volle Ausnutzung für den Antragsteller schwere Nachteile mit sich bringen würde. 52

Im Übrigen wird der Begriff des schweren Nachteils schrittweise für verschiedene Problembereiche der Bebauungsplanung präzisiert werden müssen. Das kann beispielsweise so aussehen: „Verkehrslärmimmissionen, die den Durch- 53

---

70 A.A. *Karpen* (Fn. 68), S. 888 l.Sp.
71 OVG Hamburg, BauR 1987, S. 657.

schnittswert von 70 dB(A) täglich von 6 bis 22 Uhr und an Sonnabenden während der Geschäftszeit bis 14 Uhr bzw. 17 Uhr nicht überschreiten, stellen keine schweren Nachteile dar." Mögen auch **schwere** Nachteile erst anzunehmen sein, wenn die im gescheiterten Entwurf des Gesetzes zum Schutz von Verkehrslärm mit 70 dB(A) festgelegte Schwelle zur **Lärmsanierungsbedürftigkeit** von Straßen überschritten wird, so melden sich doch Zweifel an dem hohen Wert, wenn davon auszugehen sein sollte, dass die hohe Belastung unkorrigierbar rechtlich Bestand haben dürfte, wenn sich der Plan im Hauptsacheverfahren als nichtig erwiese. Gerade bei Großvorhaben ist regelmäßig anzunehmen, dass etwa eine Abrissverfügung rechtlich zulässigerweise unterbleibt und daher im Verfahren der einstweiligen Anordnung zugemutete Belastungen auf Dauer bestehen werden. Damit stellt sich die Frage, ob denn im Verfahren der einstweiligen Anordnung nicht der drohenden Schaffung **vollendeter Tatsachen** ein eigenes Gewicht zu Gunsten des Antragstellers zukommt.

54   Rechtsprechung und Literatur versuchen, diesen Gesichtspunkt unter die zweite Alternative des § 47 Abs. 6 VwGO zu subsumieren, nämlich unter das Tatbestandsmerkmal „**andere wichtige Gründe**". Die Auffassungen gehen allerdings weit auseinander. Teilweise wird die Schaffung **vollendeter Tatsachen** nur dann als erheblich angesehen, wenn diese Tatsachen zugleich einen schweren Nachteil darstellen.[72] Damit käme jedoch dem Gesichtspunkt der vollendeten Tatsachen keine eigenständige Bedeutung zu. Dem generellen Ziel des vorläufigen Rechtsschutzes entsprechend wird man demgegenüber die Schaffung vollendeter Tatsachen als wichtigen Grund i.S.v. § 47 Abs. 6 VwGO auch dann anzusehen haben, wenn die drohenden Nachteile gerade wegen ihrer **Dauerhaftigkeit** ein besonderes Gewicht haben.[73] Allerdings dürfte in solchen Fällen ohnehin ein „schwerer Nachteil" anzunehmen sein, sodass die Ansicht Beachtung verdient, mit „andere wichtige Gründe" seien eher Interessen der Allgemeinheit gemeint, die dann Anordnungsgrund sein könnten, wenn eine Behörde den Antrag auf Erlass einer einstweiligen Anordnung stelle.[74]

55   Eine einstweilige Anordnung setzt weiter voraus, dass sie „dringend geboten" ist. Zur Interpretation dieses Tatbestandsmerkmals kann auf die Rechtsprechung des Bundesverfassungsgerichts zu § 32 BVerfGG zurückgegriffen werden. In Anlehnung an diese Norm hat der Gesetzgeber erklärtermaßen die einstweilige Anordnung im Normenkontrollverfahren eingeführt.[75] Nach der maßgeblichen Rechtsprechung des Bundesverfassungsgerichts sind abwägend diejenigen Nachteile einander gegenüberzustellen, die dem Antragsteller entstehen, wenn die einstweilige Anordnung abgewiesen wird, der Plan sich jedoch später als ungültig erweist, und die Nachteile, die entstehen, wenn

---

72 OVG NW, BRS 35, Nr. 31.
73 So auch: OVG NW, BRS 35, Nr. 30; OVG Lüneburg, BRS 39, Nr. 44.
74 So *Erichsen/Scherzberg*, Die einstweilige Anordnung im Verfahren der verwaltungsgerichtlichen Normenkontrolle (§ 47 Abs. 7 VwGO), DVBl. 1987, S. 168.
75 BT-Drs. 7/4324, S. 12.

der einstweiligen Anordnung stattgegeben wird, der Plan jedoch im Hauptsacheverfahren Bestand hat.[76] Dabei dürfte, ohne dass dies in der Rechtsprechung des Bundesverfassungsgerichts klar zum Ausdruck kommt, eine einstweilige Anordnung nur dringend geboten sein, wenn entweder die dem Antragsteller drohenden Nachteile hohes Gewicht haben („schwere Nachteile"; erste Alternative) und die Nachteile im Falle der Stattgabe geringeres Gewicht haben **oder** die dem Antragsteller drohenden Nachteile zwar nicht schwer, aber doch irreparabel sind und die Nachteile einer Stattgabe überwiegen. Bei dieser Abwägung haben die Erfolgsaussichten in der Hauptsache außer Acht zu bleiben, es sei denn, sie sind offensichtlich.[77] In solchen Fällen dürfte allerdings regelmäßig eine unverzügliche Entscheidung in der Hauptsache angezeigt sein.

III. Bauleitpläne als Gegenstände inzidenter gerichtlicher Kontrolle

Die gerichtliche Kontrolle von Bebauungsplänen kann auch im Rahmen einer Auseinandersetzung um ein konkretes bauliches Vorhaben erforderlich sein. Eine solche **inzidente Kontrolle** ist dann erforderlich, wenn die Zulässigkeit eines streitbefangenen Vorhabens von der Gültigkeit eines vorliegenden Bebauungsplanes abhängt. Wann die Zulässigkeit eines Vorhabens von der Wirksamkeit eines Bebauungsplanes abhängt, ergibt sich im Einzelnen aus den bauplanungsrechtlichen Genehmigungstatbeständen (vgl. unten § 26). Ein gerichtliches Verfahren, das zu einer inzidenten Plankontrolle führt, kann etwa von einem Bauwilligen mit der Behauptung in Gang gesetzt werden, sein nach dem Bebauungsplan unzulässiges Vorhaben sei dann zulässig, wenn man den wegen Rechtswidrigkeit unwirksamen Bebauungsplan außer Acht lasse. Auch eine Nachbarklage gegen ein bauliches Vorhaben (vgl. unten § 30) kann zur Inzidentkontrolle eines Bebauungsplanes beispielsweise dann führen, wenn der Nachbar geltend macht, dass das streitige Vorhaben zwar nach dem Bebauungsplan zulässig, dieser jedoch mit der Folge ungültig sei, dass das Vorhaben nach den dann maßgeblichen Bestimmungen nicht verwirklicht werden dürfe.

56

Beruht die gerichtliche Entscheidung eines solchen Baurechtsstreits auf der richterlichen Überzeugung von der Ungültigkeit des Bebauungsplanes, so kommt dieser Entscheidungsprämisse **keine inter-omnes-Wirkung** zu. Die Ungültigkeit eines Bebauungsplanes gegenüber jedermann kann nur im Rahmen der abstrakten Normenkontrolle festgestellt werden.[78]

57

---

76 Die Abwägungsaufgabe wird in diesem Sinne formuliert seit BVerfGE 29, S. 120 (123).
77 Vgl. etwa BVerfGE 34, S. 341 (342); BVerfG, NJW 1977, S. 430 m.w.N.; speziell für die einstweiligen Anordnungen im Rahmen des Normenkontrollverfahrens *Kopp/Schenke* (Fn. 9), § 47, Rn. 104 ff.; a.A. Schoch/Schmidt-Aßmann/Pietzner-*Schoch* (Fn. 9), § 47, Rn. 152 ff., der diesem „Abwägungsmodell" ein „Stufenmodell" entgegensetzt.
78 Siehe allgemein zum Verhältnis von Normenkontrolle und Inzidentverfahren *Dageförde*, Prinzipale und inzidente Kontrolle desselben Bebauungsplanes, VerwArch 79 (1988), S. 123.

§ 22 Das besondere Städtebaurecht im Überblick (Sanierungsmaßnahmen, Entwicklungsmaßnahmen, Erhaltungssatzung, städtebauliche Gebote)

Literatur: *Ax*, Die städtebauliche Entwicklungsmaßnahme im Überblick, BauR 1996, S. 803; *Battis*, Städtebauliche Entwicklungsmaßnahme, NJ 1999, S. 100; *Battis/Krautzberger/Löhr*, Die Neuregelungen des Baugesetzbuches zum 1.1.1998, NVwZ 1997, S. 1145; *Degenhart*, Möglichkeiten und Grenzen der städtebaulichen Entwicklungsmaßnahme neuen Rechts, DVBl. 1994, S. 1041; *Fieseler*, Leipziger Stadtentwicklungspraxis – Instrumente zur zügigen Durchführung der städtebaulichen Sanierungsmaßnahme, NVwZ 1997, S. 867; *Fislake*, Das Bauantragsgebot zum Baugebot, NVwZ 1990, S. 1046; *Kutzki*, Ökologische Stadterneuerung, BBauBl 1996, S. 783; *Porger*, Verfassungs- und Verwaltungsprobleme der Einleitung und Durchführung städtebaulicher Entwicklungsmaßnahmen nach den §§ 165 bis 171 BauGB, WiVerw 1999, S. 36; *Runkel*, Das Baugebot nach der jüngsten Rechtsprechung des Bundesverwaltungsgerichts und dem Maßnahmegesetz zum Baugesetzbuch, ZfBR 1990, S. 163; *Schönfeld*, Zur (Un-)Zulässigkeit von städtebaulichen Entwicklungsmaßnahmen für Gewerbegebiete, BayVBl. 1999, S. 33; *Stich*, Zur Größe städtebaulicher Entwicklungsbereiche i.S. der §§ 165 bis 171 BauGB, BauR 1996, S. 811

1   Es gibt eine Fülle städtebaulicher Aufgaben, die nicht mit Hilfe des „normalen" Städtebaurechts und dessen spezifischer Kombination aus kommunaler Rahmensetzung und privater Initiative bewältigt werden können. Für diese Konstellationen stellt das **besondere Städtebaurecht** Vorschriften über

- **Sanierungsmaßnahmen** zur Beseitigung städtebaulicher Missstände (§§ 136 ff. BauGB),
- **Entwicklungsmaßnahmen** zur Schaffung neuer oder zur Neuentwicklung bestehender Ortsteile (§§ 165 ff. BauGB),
- **Erhaltungssatzungen** zum Zwecke des Ensembleschutzes, des Milieuschutzes und des Schutzes bei Umstrukturierungen (§§ 172 ff. BauGB), sowie schließlich
- **städtebauliche Gebote** wie das Baugebot, das Modernisierungs- und Instandsetzungsgebot und das Abrissgebot, die zur effektiven Lösung von Missständen **im Einzelfall** eingesetzt werden sollen (§§ 175 ff. BauGB),

bereit.

2   Diese Instrumente zeichnen sich unbeschadet aller Vielfältigkeit und Verschiedenheit gemeinsam dadurch aus, dass der Gemeinde eine wesentlich **aktivere Rolle** bei der **Verwirklichung** städtebaulicher Ordnungsvorstellungen eingeräumt wird. Dies geht einher mit einer entsprechenden Beschneidung von Eigentümerbefugnissen. Darin liegen auch die Gründe dafür, dass das besondere Städtebaurecht unter besonderen politischen „Geburtswehen" entstanden ist. Dieses Rechtsgebiet wurde zunächst außerhalb des BBauG als **Städtebauförderungsgesetz** kodifiziert.[1] Mit der Novellierung des BBauG 1976[2] wurden

---
1   StBauFG vom 27.7.1971, BGBl. I, S. 1125.
2   BGBl. I, S. 2256 (3617).

(nur) die städtebaulichen Gebote in das „normale" Städtebaurecht integriert. Das BauGB von 1987 brachte sodann einen wesentlichen Einschnitt in der Entwicklung des besonderen Städtebaurechts, soweit zwar das Sanierungsrecht in das neue BauGB integriert und damit die **Stadterneuerung als städtebauliche Daueraufgabe** anerkannt,[3] das StBauFG im Übrigen jedoch aufgehoben worden ist, sodass die städtebaulichen Entwicklungsmaßnahmen wegen angeblich fehlenden Bedürfnisses seitens der Gemeinden zunächst entfielen.[4]

Schon 1990 wurde die Bedürfnisfrage wiederum anders beantwortet: Mit dem **Wohnungsbau-Erleichterungsgesetz** wurde in den §§ 6, 7 des BauGB-Maßnahmengesetzes erneut die Möglichkeit städtebaulicher Entwicklungsmaßnahmen vorgesehen.[5] Sodann brachte das Investitionserleichterungs- und Wohnbaulandgesetz vom 22. 4. 1993[6] die Reintegration eines neugefassten Rechts städtebaulicher Entwicklungsmaßnahmen in das BauGB, sodass das besondere Städtebaurecht in der eingangs beschriebenen Breite im BauGB verankert ist. Durch das BauROG (1. 1. 1998) ist dieser Rechtsbereich noch fortentwickelt worden, indem die Anwendungsvoraussetzungen der Instrumente des besonderen Städtebaurechts präzisiert und das Sanierungs- und Entwicklungsrecht stärker miteinander verzahnt worden sind und die naturschutzrechtliche Eingriffsregelung integriert worden ist.[7]

Städtebauliche Sanierungsmaßnahmen kommen gemäß § 136 Abs. 2 BauGB für **Gebiete** in Betracht,

– die nach der vorhandenen Bebauung den Anforderungen an gesunde Wohn- und Arbeitsverhältnisse oder an die Sicherheit der dort lebenden Menschen nicht mehr entsprechen (so genannte **Substanzschwäche**sanierung) oder

– die in der Erfüllung der ihnen städtebaulich obliegenden Aufgabe beeinträchtigt sind (so genannte **Funktionsschwäche**sanierung).

Einzelheiten zu rechtlich relevanten Substanz- und Funktionsmängeln benennt § 136 Abs. 3 BauGB, die Zielrichtung der auf das Wohl der Allgemeinheit verpflichteten Sanierungsmaßnahmen beschreibt § 136 Abs. 4 BauGB.

Die Durchführung einer städtebaulichen Sanierung erfolgt in drei ihrerseits komplexen Phasen, nämlich der vorbereitenden **Planung** einschließlich einer gegebenenfalls erforderlichen Bebauungsplanung (s. § 140 BauGB), der Durchführung von **Ordnungsmaßnahmen** wie die Schaffung einer adäquaten Bodenordnung und die Herstellung der nötigen Erschließungsanlagen (s. § 147 BauGB) und schließlich der – soweit wie sachdienlich – den Grundeigentümern überlassenen Durchführung von **Baumaßnahmen** (s. § 148 BauGB). Die

---

3 BauGB-E, BT-Drs. 10/4630, S. 50.
4 Zum vermeintlich fehlenden Bedürfnis seinerzeit *Krautzberger*, Das neue Baugesetzbuch – Das besondere Städtebaurecht, NVwZ 1987, S. 647 (651).
5 Wohnungsbau-Erleichterungsgesetz vom 17. 5. 1990, BGBl. I, S. 926.
6 BGBl. I, S. 466.
7 S. zu den Neuregelungen *Battis/Krautzberger/Löhr*, Die Neuregelungen des Baugesetzbuches zum 1. 1. 1998, NVwZ 1997, S. 1145 (1162 ff.).

Gemeinde kann sich zur Erfüllung der ihr im Rahmen der Sanierung obliegenden Aufgaben gemäß §§ 157 ff. BauGB so genannter **Sanierungsträger** bedienen.

6 Die wichtige **Planungsphase** wird durch den Beschluss der Gemeinde über den Beginn der **vorbereitenden Untersuchungen** eingeleitet (§ 141 Abs. 3 BauGB). Im Rahmen dieser vorbereitenden Untersuchungen sind u. a. „Beurteilungsunterlagen zu gewinnen über die Notwendigkeit der Sanierung, die sozialen, strukturellen und städtebaulichen Verhältnisse und Zusammenhänge sowie die anzustrebenden allgemeinen Ziele" (§ 141 Abs. 1 BauGB). Die beabsichtigte Sanierung ist **möglichst frühzeitig** mit den Eigentümern, Mietern, Pächtern und sonstigen Betroffenen zu **erörtern** (§ 137 BauGB). Im Rahmen der Planungsphase kann eine Gemeinde gemäß § 142 BauGB das betroffene Gebiet förmlich als Sanierungsgebiet festlegen **(Sanierungssatzung)**. Durch die Sanierungssatzung wird für eine Fülle möglicher sanierungs-„störender" Aktivitäten (Baumaßnahmen, Grundstücksgeschäfte usw.) eine spezifische **Genehmigungspflicht** begründet (§§ 144 ff. BauGB).

7 Zur Planung der Sanierungsmaßnahmen gehört auch die Erarbeitung (und ständige Fortschreibung) des **Sozialplanes** (§ 140 Nr. 6 BauGB). Die Gemeinde hat daher gemäß § 180 BauGB zu prüfen, ob sich die Sanierungsmaßnahmen voraussichtlich nachteilig auf die persönlichen Lebensumstände der in dem Gebiet wohnenden und arbeitenden Menschen auswirken werden. Mögliche Hilfsmaßnahmen, beispielsweise bei einem erforderlichen (vorübergehenden) Umzug, sind mit den Betroffenen zu erörtern. Das Ergebnis der Erörterungen ist schließlich maßnahmebezogen im Sozialplan darzustellen (§ 180 Abs. 2 BauGB). In diesem Zusammenhang ist auch auf den gegebenenfalls zu gewährenden **Härteausgleich** (§ 181 BauGB) hinzuweisen.

8 Die §§ 153 ff. BauGB regeln den **Bodenwertausgleich**. Der Kerngedanke der Vorschrift liegt darin, sanierungsbedingte Bodenwertsteigerungen „abzuschöpfen", wodurch zugleich ein Beitrag zu der Finanzierung der der Gemeinde entstandenen Kosten geleistet wird.

9 **Städtebauliche Entwicklungsmaßnahmen** zielen – anders als die Sanierungsmaßnahmen – nicht auf die Beseitigung städtebaulicher Missstände, sondern auf eine beschleunigte Befriedigung **neuer Bedarfe** beispielsweise an Wohn- und Arbeitsstätten, einschließlich der dafür erforderlichen Infrastruktur (s. § 165 Abs. 2 Satz 2 BauGB).[8] Die „Trabanten"-Stadt auf der grünen Wiese bietet das anschaulichste Beispiel für eine solche Maßnahme – ein Beispiel allerdings, das eher der zurückliegenden Epoche der Städtebaupolitik angehört. Insbesondere aus Gründen des sparsamen und schonenden Umgangs mit Grund und Boden (s. § 1a Abs. 1 und 2 BauGB sowie § 8a BNatSchG) steht

---

8 Zur Voraussetzung eines „qualifizierten städtebaulichen Handlungsbedarfs" siehe näher BVerwGE 107, S. 123; zum „erhöhten Bedarf an Arbeitsstätten" (§ 165 Abs. 3 Nr. 2 BauGB) anschaulich BVerwG, DVBl. 1998, S. 1294; *Battis*, Städtebauliche Entwicklungsmaßnahme, NJ 1999, S. 100; *Degenhart*, Möglichkeiten und Grenzen der städtebaulichen Entwicklungsmaßnahme neuen Rechts, DVBl. 1994, S. 1041.

heute generell die Binnenentwicklung der Ortschaften und damit auch die **Innenentwicklungsmaßnahme** im Vordergrund.[9] Auf diesen Bereich wurde in § 6 Abs. 4 Satz 3 BauGB-Maßnahmengesetz in der Fassung von 1990[10] sogar der Akzent gesetzt, der allerdings mit der Reintegration der städtebaulichen Entwicklungsmaßnahmen in das BauGB durch das Investitionserleichterungs- und Wohnbaulandgesetz vom 22. 4. 1993 bewusst wieder aufgegeben worden ist.[11] Offenbar sieht der Gesetzgeber unter dem Eindruck von Engpässen in der Wohnraumversorgung auch wieder stärker das Erfordernis von Außenbereichsentwicklungsmaßnahmen.

Die **Durchführung** städtebaulicher Entwicklungsmaßnahmen ist hinsichtlich des Verwaltungsverfahrens und der Handlungsinstrumente der Gemeinde sehr stark an die entsprechenden, vielfach ausdrücklich in Bezug genommenen Regelungen für die städtebaulichen Sanierungsmaßnahmen angelehnt (s. oben Rn. 5 ff.). Insbesondere hat die Gemeinde vor einer förmlichen Festlegung eines Entwicklungsgebiets durch **Entwicklungssatzung** Voruntersuchungen durchzuführen, um angemessene Beurteilungsgrundlagen für die beabsichtigten Maßnahmen zu gewinnen (s. § 165 Abs. 4 BauGB). Die Entwicklungssatzung hat im Wesentlichen die gleiche „Sperrwirkung" für Veränderungen im Entwicklungsgebiet wie die Sanierungssatzung und kann wie diese durch Bau- und Ordnungsmaßnahmen vollzogen werden (§ 169 BauGB). Die Gemeinde kann zur Erfüllung der ihr obliegenden Aufgaben **Entwicklungsträger** beauftragen.

10

Hervorzuheben ist, dass die Gemeinde gemäß § 166 Abs. 3 BauGB grundsätzlich die Grundstücke im Entwicklungsbereich erwerben soll. Gerade dadurch soll der Effekt einer **beschleunigten städtebaulichen Entwicklung** erreicht werden, der maßgeblich – wenngleich nicht allein[12] – den Einsatz des besonderen Instrumentariums rechtfertigen soll. Zu beachten ist ferner, dass die Gemeinden im städtebaulichen Entwicklungsbereich auch ohne Bebauungsplan die benötigten Grundstücke unter – im Vergleich mit §§ 85 ff. BauGB – erleichterten Bedingungen **enteignen** können.[13]

11

Eine Regelung über **Erhaltungssatzungen** ist zunächst 1976 in das BBauG aufgenommen worden (§ 39 k BBauG). Diese Vorschrift war Ergebnis einer gewandelten Einstellung zur städtebaulichen Sanierung. Nachdem in den 60er-Jahren die Sanierung mit der Abrissbirne und das Errichten moderner Neubauten zu teilweise „gesichtslosen" Stadtteilen mit erheblichen Verlusten an Urbanität geführt hatten, war das Bewusstsein für eine **Sanierung durch die**

12

---

9 Siehe zur Unterscheidung von Innenbereichs- und Außenbereichsentwicklungsmaßnahmen näher *Runkel*, Städtebauliche Entwicklungsmaßnahmen nach dem Maßnahmengesetz zum Baugesetzbuch, ZfBR 1991, S. 91 (93).
10 Wohnungsbau-Erleichterungsgesetz vom 17. 5. 1990, BGBl. I, S. 926.
11 *Krautzberger/Runkel*, Die städtebaurechtlichen Vorschriften des Investitionserleichterungs- und Wohnbaulandgesetzes vom 22. 4. 1993 (BGBl. I, S. 466), DVBl. 1993, S. 453 (460 r.Sp.).
12 S. die Nachweise in Fn. 7.
13 Zur verfassungsrechtlichen Unbedenklichkeit dieser Regelung ausführlich BVerwG, DVBl. 1998, S. 1294.

Erhaltung wertvoller Bausubstanz sowie historisch gewachsener Ortsbilder (neu) entstanden.

13 Eine Erhaltungssatzung darf dem Ensembleschutz (§ 172 Abs. 1 Nr. 1 BauGB), dem Milieuschutz (Nr. 2) sowie der sozialen „Abfederung" von Umstrukturierungen (Nr. 3) dienen. Mit diesen Zielsetzungen ist in einem Bebauungsplan oder durch sonstige Satzung ein Gebiet als **Erhaltungsgebiet** zu kennzeichnen. Diese planerische Festsetzung begründet eine eigenständige **Genehmigungspflicht** für den Abbruch, die Änderung und die Nutzungsänderung baulicher Anlagen (§ 172 Abs. 1 Satz 1 BauGB). Soweit die Erhaltungssatzung dem Ensembleschutz dienen soll, unterliegt auch die **Errichtung** baulicher Anlagen dem besonderen Genehmigungserfordernis (§ 172 Abs. 1 Satz 2 BauGB). Die Erhaltungssatzung selbst hat nur das Erhaltungsgebiet zu bezeichnen und den bzw. die Erhaltungsgründe i. S. v. § 172 Abs. 1 BauGB zu benennen. Die Gründe für eine **Genehmigungsversagung** innerhalb des so bestimmten Erhaltungsgebiets sind – hinreichend bestimmt – **gesetzlich normiert**, nämlich in § 172 Abs. 3–5 BauGB.[14]

14 Im Bereich des **Ensembleschutzes** ist die Genehmigung zu versagen, wenn die bauliche Anlage das Ortsbild, die Stadtgestalt oder das Landschaftsbild prägt oder sonst von städtebaulicher, insbesondere geschichtlicher oder künstlerischer Bedeutung ist. Mit den zuletzt genannten Maßstäben berührt die Vorschrift auch Aspekte des – grundsätzlich der Regelungsbefugnis der Länder unterliegenden – Denkmalschutzes, jedoch in einer kompetenzrechtlich zulässigen, weil auf städtebauliche Aspekte beschränkten Form.[15] Im Übrigen darf im Bereich des Ensembleschutzes die Genehmigung für die Errichtung einer baulichen Anlage versagt werden, wenn durch die Anlage die städtebauliche Gestalt des Gebiets beeinträchtigt würde (alles in § 172 Abs. 3 BauGB).

15 Im Bereich des **Milieuschutzes** darf die Genehmigung nur versagt werden, wenn die Zusammensetzung der Wohnbevölkerung aus besonderen städtebaulichen Gründen erhalten werden soll.[16] Daher kann beispielsweise eine „Luxussanierung" unterbunden werden, die aus Gründen der Mietpreissteigerung zur Abwanderung sozial schwacher Bevölkerungskreise und zu entsprechendem Problemdruck in anderen Stadtquartieren führen würde. Die Erhaltung der baulichen Anlage muss allerdings wirtschaftlich zumutbar sein (alles in § 172 Abs. 4 BauGB).

16 Bei **städtebaulichen Umstrukturierungen** darf die Genehmigung gemäß § 172 Abs. 5 BauGB nur versagt werden, „um einen den sozialen Belangen Rechnung tragenden Ablauf auf der Grundlage eines Sozialplanes (§ 180 BauGB) zu sichern".

---

14 BVerwGE 78, S. 23.
15 BVerwGE 78, S. 23 (28 ff.).
16 Näher BVerwG, NVwZ 1998, S. 503 mit Anmerkung *Battis*, NJ 1998, S. 98; *Tietzsch*, Bestätigung für den Milieuschutz, NVwZ 1998, 590.

Im Falle einer Genehmigungsversagung hat der Grundeigentümer unter Umständen gegen die Gemeinde einen Anspruch auf Übernahme nebst Entschädigung (§ 173 Abs. 2 BauGB).

Mit Recht hat das Bundesverfassungsgericht das „städtebauliche Erhaltungsrecht" als verfassungsrechtlich zulässige **Eigentumsinhaltsbestimmung** eingeordnet.[17]

Die **städtebaulichen Gebote** schließlich (§§ 175 ff. BauGB) erlauben als vierte Säule des besonderen Städtebaurechts die Bekämpfung sehr unterschiedlicher „Missstände" nicht gebietsbezogen, sondern **im Einzelfall**. Das **Baugebot** (§ 176 BauGB), das bereits näher erläutert worden ist,[18] ermöglicht unter näher bestimmten Voraussetzungen (§ 175 Abs. 2 BauGB), Eigentümer zur **plankonformen** Bebauung bzw. – im unbeplanten Innenbereich – zur Schließung von **Baulücken** zu verpflichten.

Das **Modernisierungs- und Instandsetzungsgebot** (§ 177 BauGB) erlaubt, im Einzelfall Missstände und Mängel an baulichen Anlagen zu bekämpfen. Missstände liegen insbesondere vor, wenn die Anforderungen an gesunde Wohn- und Arbeitsverhältnisse nicht mehr erfüllt sind (§ 177 Abs. 2 BauGB). Mängel liegen insbesondere vor, wenn die bestimmungsgemäße Nutzung oder – wegen der äußeren Beschaffenheit einer baulichen Anlage – das Ortsbild beeinträchtigt werden (§ 177 Abs. 3 BauGB).

§ 179 BauGB ermächtigt die Gemeinden zum – entschädigungspflichtigen – **Abbruch** einer Anlage, sofern diese entweder den Festsetzungen des Bebauungsplans nicht entspricht und ihnen auch nicht angepasst werden kann, oder wenn die Anlage Missstände i.S.v. § 177 BauGB aufweist, die nicht durch Modernisierung oder Instandsetzung behoben werden können. Der durch das BauROG 1998 eingefügte § 179 Abs. 1 Satz 2 BauGB stellt klar, dass die Gemeinde unter den Voraussetzungen von Abs. 1 Nr. 1 auch Maßnahmen der **Bodenentsiegelung** durchsetzen kann. Schließlich können auf der Grundlage des § 178 BauGB planerisch festgesetzte Anpflanzungspflichten vollzogen werden (**Pflanzgebot**).

§ 23 Die Hauptstadtplanung

Literatur: *Hoppe*, Berlin oder Bonn – Wer entscheidet über die städtebauliche Entwicklung Berlins als Hauptstadt Deutschlands?, DVBl. 1993, S. 573; *ders.*, Bauleitplanung und Landesplanung in der Bundeshauptstadt Berlin, DVBl. 1997, S. 234; *Scholz*, Das Berlin/Bonn-Gesetz, NVwZ 1995, S. 35; *Wilke*, Bauleitplanung in der Bundeshauptstadt, in: Planung, FS für Hoppe, 2000, S. 385

---

17 BVerfG, DVBl. 1987, S. 465.
18 Oben § 20 Rn. 3 ff.

1 Mit dem Investitionserleichterungs- und Wohnbaulandgesetz vom 22. 4. 1993[1] ist § 247 BauGB neu gefasst worden. Er enthält – durch das BauROG vom 1. 1. 1998 den Entwicklungen angepasst – recht detaillierte „Sonderregelungen für Berlin als Hauptstadt der Bundesrepublik Deutschland". Diese Vorschrift basiert auf dem „Vertrag über die Zusammenarbeit der Bundesregierung und des Senats von Berlin zum Ausbau Berlins als Hauptstadt der Bundesrepublik Deutschland und zur Erfüllung seiner Funktion als Sitz des Deutschen Bundestages und der Bundesregierung".[2] Flankierend hat das Land Berlin sein Ausführungsgesetz zum BauGB durch das „Gesetz zur Änderung der Zuständigkeiten für den Ausbau Berlins als Hauptstadt der Bundesrepublik Deutschland" vom 6. 4. 1993[3] geändert.[4]

2 Aus der komplexen Regelung sollen hier nur zwei Aspekte herausgehoben werden, nämlich die **Gewichtung der Hauptstadtbelange** sowie die **Entscheidungsprärogative der Bundesorgane:**

3 Nach § 247 Abs. 1 BauGB soll in der Bauleitplanung den Belangen, „die sich aus der Entwicklung Berlins als Hauptstadt Deutschlands ergeben, und den Erfordernissen der Verfassungsorgane des Bundes für die Wahrung ihrer Aufgaben besonders Rechnung getragen werden". Damit wird diesen Belangen eine besondere, herausgehobene Bedeutung zuerkannt, ohne dass ihnen – natürlich – ein absoluter Vorrang zukommt. Man wird diese Belange in der Terminologie des Bundesverwaltungsgerichts als **Optimierungsgebote** einzuordnen haben, also als Belange mit einem **relativen** abstrakten Vorrang,[5] die nur hinter Belange zurücktreten müssen, denen im konkreten Abwägungsfall ein entsprechend großes Gewicht zukommt.[6]

4 Hinsichtlich der Entscheidungskompetenz sieht § 247 Abs. 2 BauGB zunächst eine Erörterung der Planung in einem vom Bund und vom Land Berlin gebildeten **Gemeinsamen Ausschuss** vor. Kommt es zu keiner Einigung, so können gemäß § 247 Abs. 3 Satz 1 BauGB die Verfassungsorgane des Bundes ihre Erfordernisse **eigenständig** feststellen. In den Gesetzesmaterialien wird in diesem Zusammenhang auf eine anscheinend vergleichbare Regelung hingewiesen, nämlich auf das so genannte **Kirchenprivileg** in § 1 Abs. 5 Satz 2 Nr. 6

---

1 BGBl. I, S. 466, am 1. 5. 1993 in Kraft getreten.
2 Hauptstadtvertrag vom 25. 8. 1992, Anlage I zur BR-Drs. 6/93; s. auch BT-Drs. 12/4208 und BT-Drs. 12/4047, S. 3 f.
3 GVBl, S. 140, ber. S. 244. Nach Ansicht von *Hoppe*, Bauleitplanung und Landesplanung in Berlin, DVBl. 1997, S. 234, haben diese Änderungen nicht vermocht, die investitionshemmende Verwaltungsstruktur Berlins hinreichend zu modifizieren.
4 Zu den Hintergründen des Umzugs der Verfassungsorgane von Bonn nach Berlin: *Scholz*, Das Berlin/Bonn-Gesetz, NVwZ 1995, S. 35.
5 Nur in der Terminologie anders *Hoppe*, Berlin oder Bonn – Wer entscheidet über die städtebauliche Entwicklung Berlins als Hauptstadt Deutschlands?, DVBl. 1993, S. 573 (575 r.Sp.), der zwischen Belangen mit einem relativen Vorrang unterscheidet und solchen, die ein Optimierungsgebot darstellen. In der Sache ordnet *Hoppe* – wie auch hier vertreten – die Hauptstadtbelange als solche mit einem relativen Vorrang ein. Zu den Begriffen der Abwägungsdogmatik s. oben § 17, insbesondere zu den Optimierungsgeboten § 17 Rn. 31 ff.
6 So nun auch OVG Berlin, BRS 58 Nr. 53.

BauGB, wonach in die Abwägung die von den Kirchen- und Religionsgemeinschaften des öffentlichen Rechts festgestellten Erfordernisse für Gottesdienst und Seelsorge einzustellen sind.[7]

Der Vergleich mit dem Kirchenprivileg überzeugt allerdings wenig. Während nämlich die von den Kirchen „autonom" festgestellten kirchlichen Belange in die Abwägung einzustellen sind, unterliegen die von den Verfassungsorganen des Bundes festgestellten Erfordernisse gerade keiner Abwägung durch die Planungsträgerin des Landes Berlin.[8] Vielmehr ergibt sich aus § 247 Abs. 3 Satz 2 BauGB, dass vorhandene Bauleitpläne und sonstige Satzungen den festgestellten Erfordernissen **anzupassen sind.** Hinzu kommt eine **Erstplanungspflicht** des Landes Berlin gemäß § 247 Abs. 4 BauGB. Auch dort heißt es eindeutig, dass – soweit erforderlich – eine Bauleitplanung zur Verwirklichung der von den Verfassungsorganen festgestellten Erfordernisse durchzuführen ist.

5

Das Recht der Verfassungsorgane des Bundes, ihre Erfordernisse selbstständig festzustellen, verbunden mit der Anpassungs- und Erstplanungspflicht des Landes Berlin an die von den Verfassungsorganen festgestellten Erfordernisse, bedeutet allerdings keinen absoluten Vorrang der Belange der Verfassungsorgane des Bundes gegenüber anderen städtebaulichen Belangen. Vielmehr bleibt es insoweit bei der oben (Rn. 3) getroffenen Feststellung eines **relativen** abstrakten Vorranges der Belange der Verfassungsorgane des Bundes. Diese sind nämlich bei der ihnen im Konfliktfall zugewiesenen Kompetenz, ihre Erfordernisse autonom festzustellen, keineswegs vom planungsrechtlichen Abwägungsgebot befreit. Sie haben vielmehr – wie § 247 Abs. 3 Satz 1, 2. Halbsatz BauGB ausdrücklich besagt – „eine geordnete städtebauliche Entwicklung Berlins zu berücksichtigen".

6

Insgesamt ergibt sich: Wenngleich Berlin den von den Verfassungsorganen des Bundes autonom festgestellten Erfordernissen durch Anpassungs- und Erstplanungspflichten nachkommen muss, besteht jedoch im Rahmen der **gerichtlichen Kontrolle** die Möglichkeit zu prüfen, ob die Verfassungsorgane des Bundes bei der autonomen Feststellung ihrer Erfordernisse gegen das Gebot gerechter Abwägung verstoßen haben.

7

---

7 BT-Drs. 12/4208, S. 5.
8 Ebenso *Hoppe* (Fn. 5), S. 580 r.Sp.

3. Teil
Zulassung und Überwachung baulicher Anlagen

§ 24 Das Verfahren der Vorhabenzulassung nach den Landesbauordnungen

Literatur: *Erbguth/Stollmann*, Das bauordnungsrechtliche Genehmigungsfreistellungsverfahren, NVwZ 1995, S. 868; *Groß*, Das gemeindliche Einvernehmen nach § 36 BauGB als Instrument zur Durchsetzung der Planungshoheit, BauR 1999, S. 560; *Hauth*, Besteht ein Rechtsanspruch des Bauherrn auf Beteiligung des Nachbarn im Baugenehmigungsverfahren?, LKV 1995, S. 387; *Jäde*, Nochmals: Abschied von der Baugenehmigung – Beginn beschleunigten Bauens?, NVwZ 1995, S. 672; *ders.*, Verfahrensfragen der neuen Landesbauordnungen, UPR 1995, S. 81; *ders.*, Neuere Entwicklungen im Bauordnungsrecht, ZfBR 1996, S. 241; *Mampel*, Ver(de)reguliert: Einige Fragen zum Baugenehmigungs-Freistellungsrecht, NVwZ 1996, S. 1160; *Ortloff*, Die Entwicklung des Bauordnungsrechts, NVwZ 1996, S. 647, NVwZ 1997, S. 333, NVwZ 1998, S. 581, NVwZ 1999, S. 955, NVwZ 2000, S. 750; *ders.*, Abschied von der Baugenehmigung – Beginn beschleunigten Bauens?, NVwZ 1995, S. 112; *Ritter*, Bauordnungsrecht in der Deregulierung, DVBl. 1996, S. 542; *Sauter*, Die neue Bauordnung und der „schlanke Staat", BayVBl. 1998, S. 2; *Stuer/Ehebrecht-Stuer*, Bauplanungsrecht und Freistellungspolitik der Länder, DVBl. 1996, S. 482

Fall 1: Die Klägerin ist Miteigentümerin eines Grundstücks, auf dem sie mit ihrer Familie seit Januar 1978 ständig in einem 1977 neu errichteten Einfamilienhaus wohnt. Auf einem unmittelbar gegenüberliegenden Grundstück wird seit Oktober 1977 – mit Unterbrechung von Mitte 1981 bis Januar 1983 – in einem Anbau an eine Garage eine Trinkhalle betrieben. Die Bauerlaubnis für diese Trinkhalle wurde dem damaligen Eigentümer im Dezember 1976 erteilt. Die gaststättenrechtliche Erlaubnis zum Betrieb der Trinkhalle erhielt er im Oktober 1977. Nach dem für das Gebiet aufgestellten Bebauungsplan ist der gesamte Bereich beiderseits der Straße als allgemeines Wohngebiet ausgewiesen. Tatsächlich befindet sich dort mit Ausnahme der Trinkhalle ausschließlich Wohnbebauung. Seit Anfang Juni 1978 wandte sich die Klägerin wiederholt an den Beklagten und wies auf die mit dem Betrieb der Trinkhalle nach ihrer Auffassung verbundenen unzumutbaren Belästigungen durch Lärm sowie Verunreinigung und Beschädigungen ihres Eigentums hin. Nach entsprechenden Vorverfahren erhob sie gegen die Erteilung der Schankerlaubnis und der Bauerlaubnis Klage. Beide Klagen wurden rechtskräftig abgewiesen. Im Januar 1983 eröffnete der Beigeladene mit neuer Gaststättenerlaubnis des Beklagten wiederum die Trinkhalle. Gegen diese Erlaubnis legte die Klägerin unter Wiederholung ihrer früheren Beschwerden erfolglos Widerspruch ein.

Nach BVerwGE 80, S. 259 (*Trinkhalle*).

Fall 2: Der Kläger begehrt die Erteilung einer Baugenehmigung für eine beabsichtigte Nutzungsänderung seines bislang als Gaststätte genutzten Gebäudes. Er möchte nunmehr eine Spielhalle betreiben. Die erforderliche gewerberechtliche Spielhallenerlaubnis gemäß § 33i GewO erhielt der Kläger im August 1990. Seinen anschließend gestellten Baugenehmigungsantrag für die Nutzungsänderung lehnte die beklagte Stadt ab, und zwar ausschließlich unter Hinweis darauf, dass der Kläger noch eine sanierungsrechtliche

Genehmigung gemäß §§ 144, 145 BauGB benötige, da er sein Vorhaben im Bereich einer Sanierungssatzung verwirklichen wolle. Solange die sanierungsrechtliche Genehmigung nicht vorliege, könne eine Baugenehmigung nicht erteilt werden. Das OVG hat hat die fehlende Sanierungsgenehmigung nicht als Hindernis für die begehrte Baugenehmigung anerkannt und der Klage auf Baugenehmigung stattgegeben. Das Bundesverwaltungsgericht hat die Nichtzulassungsbeschwerde der Beklagten als unbegründet zurückgewiesen.

Nach BVerwGE 99, 351.

Fall 3: Die Kläger wollen im Gebiet der beigeladenen Gemeinde H. einen Verbrauchermarkt errichten. Die beklagte Baugenehmigungsbehörde hat ihnen auf Grund eines Verpflichtungsurteils des Oberverwaltungsgerichts vom 22. 11. 1979 einen positiven Bauvorbescheid mit dem Datum des 20. 3. 1980 über die Zulässigkeit eines Verbrauchermarktes mit einer Geschossflächenzahl von 1500 m² erteilt. Den daraufhin eingegangenen Bauantrag lehnte die Beklagte mit Bescheid vom 15. 9. 1980 unter Berufung auf eine am 12. 12. 1979 von der Gemeinde beschlossene und am 21. 3. 1980 in Kraft getretene Veränderungssperre ab. Am 5. 11. 1980 ist der von der Gemeinde beschlossene Bebauungsplan Nr. 19 in Kraft getreten; er setzt für das Grundstück der Klägerin ein „Sondergebiet: Werkstatt und Heim für Behinderte" fest. Hat die Klage auf Erteilung der Baugenehmigung Erfolg?

Nach BVerwGE 69, S. 1.

I. Einführung

1 Errichtung, Änderung und Nutzungsänderung baulicher Anlagen bedürfen jedenfalls unter zwei Gesichtspunkten einer rechtlichen Regulierung, nämlich einerseits hinsichtlich der an ein Bauwerk zu stellenden Sicherheitsanforderungen (Standsicherheit, Feuersicherheit usw.) und andererseits hinsichtlich der Vermeidung möglicher Nutzungskonflikte beispielsweise zwischen Wohnbebauung und Industrievorhaben. Die spezifischen **Sicherheitsanforderungen**, die sich um 1900 herum aus dem allgemeinen Polizeirecht heraus entwickelt haben (daher früher „Baupolizeirecht" genannt), sind in den **Bauordnungen der Bundesländer**[1] geregelt. Die Steuerung der möglichen **Nutzungskonflikte** obliegt dagegen nach einem zutreffenden Rechtsgutachten des Bundesverfassungsgerichts[2] gemäß Art. 74 Nr. 18 GG dem Bund, der mit den

---

1 LBO B-W vom 8. 8. 1995 (GVBl. 1995, S. 617), zul. geänd. am 15. 12. 1997 (GVBl. S. 521); BayBO vom 4. 8. 1997 (GVBl. 1997, S. 433), zul. geänd. am 27. 12. 1999 (GVBl. S. 532); BauO Bln vom 3. 9. 1997 (GVBl. 1997, S. 421); BbgBO vom 2. 6. 1998 (GVBl. 1998, S. 81); BremLBO vom 27. 3. 1995 (GVBl. 1995, S. 211); HBauO vom 1. 7. 1986 (GVBl. 1986, S. 183), zul. geänd. am 4. 11. 1997 (GVBl. 1997, S. 489); HBO vom 20. 12. 1993 (GVBl. S. 655), zul. geänd. am 17. 12. 1998 (GVBl. S. 562); LBauO M-V vom 20. 5. 1998 (GVBl. 1998, S. 468), zul. geänd. am 21. 7. 1998 (GVBl. S. 647); BauO vom 13. 7. 1995 (GVBl. 1995, S. 199), zul. geänd. am 6. 10. 1997 (GVBl. 1997, S. 422); BauO NW vom 1.3.2000 (GVBl. 2000, S. 256); LBauO Rh.-Pf. vom 8. 3. 1995 (GVBl. 1995, S. 19), zul. geänd. am 24. 11. 1998 (GVBl. S. 365); LBO Saarl. vom 27. 3. 1996 (ABl. 1996, S. 477), zul. geänd. am 8. 7. 1998 (Abl. S. 721); SächsBO vom 30. 3. 1999 (GVBl. 1999, S. 86); BauO LSA vom 29. 6. 1994 (GVBl. 1994, S. 723), zul. geänd. am 24. 11. 1995 (GVBl. S. 339); LBO S-H vom 10.1.2000 (GVBl. 2000, S. 47); ThürBO vom 3. 6. 1994 (GVBl. 1994, S. 589).
2 BVerfGE 3, S. 407; s. ferner E 77, S. 288.

§§ 29 ff. BauGB die planungsrechtlichen Zulässigkeitsanforderungen an bauliche Vorhaben normiert hat. Die planungsrechtliche Zulässigkeit kann allerdings die Gemeinde entscheidend durch die Wahrnehmung ihrer Planungshoheit nach Maßgabe des ebenfalls im BauGB normierten Rechts der Bauleitplanung beeinflussen,[3] denn die bauplanungsrechtlichen Zulässigkeitstatbestände für bauliche Anlagen stellen vorrangig auf die Festsetzungen in gemeindlichen Bebauungsplänen ab (s. § 30 BauGB).

Die Einhaltung der bauordnungs- und bauplanungsrechtlichen Anforderungen im Einzelfall kann durch **präventive staatliche Kontrollen** und durch **Überwachungsmaßnahmen** der Bauaufsicht sichergestellt werden. Die vielfältigen Formen präventiver Kontrollen (Genehmigung, Teilgenehmigung, Vorbescheid, Anzeige) wie auch die – zunehmende – Freistellung baulicher Vorhaben von jeglicher präventiver Kontrolle sind ebenso detailliert in den Landesbauordnungen geregelt wie das umfängliche Instrumentarium repressiver Kontrollen.

2

Mit den Formen präventiver Kontrollen, insbesondere mit dem Erfordernis einer Baugenehmigung, wird der Staat in gewissem Umfange seiner grundrechtlich fundierten Schutzpflicht besonders für Leben und Gesundheit der Grundrechtsträger gerecht.[4] Das ist offenkundig, sofern es um Fragen etwa der Standsicherheit, der Feuersicherheit, der Sicherheit technischer Einrichtungen der baulichen Anlagen geht. Allerdings zwingt die insoweit gewiss grundrechtlich aufgegebene staatliche Risikosteuerung nicht ausnahmslos zu präventiven staatlichen Kontrollen. Es kann auch eine effektive staatliche Überwachung genehmigungsfreien Bauens den grundrechtlichen Schutzpflichten genügen. Allerdings bestehen im Bereich staatlicher Überwachung tendenziell erhebliche Vollzugsdefizite.[5] Gleichwohl hat sich seit Anfang der 90er Jahre im Zuge der Debatte um die Beschleunigung staatlicher Verwaltungsverfahren gerade im Bauordnungsrecht ein tief greifender Abbau präventiver Kontrollen durchgesetzt, auf den noch näher einzugehen sein wird.[6]

3

Nachfolgend werden die in den Landesbauordnungen normierten verfahrensrechtlichen Aspekte der Zulassung baulicher Vorhaben erörtert. Die materiellbauordnungsrechtlichen Zulässigkeitsanforderungen sind Gegenstand von § 25, die bauplanungsrechtlichen Zulässigkeitsanforderungen werden in § 26 behandelt.

4

---

3 S. § 23.
4 Wesentliche Rechtsprechung zur staatlichen Schutzpflicht: BVerfGE 39, S. 1 (41 ff.) *(Fristenlösung)*; E 56, S. 54 (73) *(Fluglärm)*; E 49, S. 89 (141) *(Kalkar I)*; E 79, S. 174 (202) *(Straßenverkehrslärm)*.
5 *Koch/Borchardt/Haag/Laskowski*, Anlagenüberwachung im Umweltrecht – Zum Verhältnis von staatlicher Überwachung und Eigenkontrolle, 1998; *Lübbe-Wolf*, Beschleunigung von Genehmigungsverfahren auf Kosten des Umweltschutzes, ZUR 1995, S. 57.
6 Vgl. unten Rn. 35 ff.; 38 ff.

II. Das Baugenehmigungsverfahren

1. Der Gang des Verfahrens

5 Wenngleich die Zulässigkeitsanforderungen an bauliche Vorhaben zum Teil von den Gemeinden im Rahmen ihrer Planungshoheit durch Bebauungspläne geschaffen werden, gibt es kein spezifisch planungsrechtliches Vorhabengestattungsverfahren, sondern ein **einheitliches Baugenehmigungsverfahren**, das sich sowohl auf die landesrechtlichen bau-„polizeilichen" Anforderungen wie auch auf die bundes- und kommunalrechtlichen bauplanungsrechtlichen Anforderungen erstreckt.

6 Das Genehmigungsverfahren wird mit dem schriftlichen **Bauantrag** eingeleitet, der nach den meisten Bauordnungen bei der Gemeinde einzureichen ist, die den Antrag mit ihrer Stellungnahme unverzüglich an die Bauaufsichtsbehörde weiterleitet. In einigen Bundesländern, insbesondere den Stadtstaaten ist der Antrag direkt an die Bauaufsichtsbehörde zu richten. Dem Antrag sind alle für die Beurteilung des Vorhabens erforderlichen Unterlagen – die sogenannten **Bauvorlagen** – beizufügen (vgl. z. B. § 63 Abs. 1 HBauO). Die Bauvorlagen müssen von einem der in den Bauordnungen näher bezeichneten **bauvorlageberechtigten Entwurfsverfasser** – für Gebäude von einem Architekten oder Bauingenieur – unterschrieben sein. Voraussetzung des Antrags- und Genehmigungsverfahrens ist nicht, dass der Antragsteller dinglich oder vertraglich zur Nutzung des Grundstücks berechtigt ist, denn die Baugenehmigung verschafft dem Antragsteller kein solches Recht. Da die Baugenehmigung nur die Einhaltung aller öffentlich-rechtlichen Normen voraussetzt, ergeht sie im Übrigen unbeschadet der privaten Rechte Dritter.[7] Deshalb kann es aber auch an einem Sachbescheidungsinteresse des Antragstellers fehlen, wenn mangels (absehbarer) Nutzungsberechtigung die Baugenehmigung für den Antragsteller von vornherein wertlos wäre.[8]

7 Bei der Prüfung des Genehmigungsantrags sind gegebenenfalls **andere öffentliche Stellen zu beteiligen**. Hinsichtlich solcher Anforderungen, die nicht Gegenstand eines eigenständigen Genehmigungsverfahrens sind,[9] ordnen einige Bauordnungen die Beteiligung der sachnäheren Behörde an.[10] Aber auch wenn die Beteiligung nicht vorgeschrieben ist, ist gleichwohl eine Beteiligung im Wege der Amtshilfe möglich und häufig auch ratsam. Die **Gemeinden** sind

---

7 Vgl. § 58 Abs. 3 LBO B-W; Art. 72 Abs. 4 BayBO; § 62 Abs. 5 BauO Bln; § 74 Abs. 5 BbgBO; § 74 Abs. 2 BremLBO; § 69 Abs. 2 Satz 3 HBauO; § 70 Abs. 2 Satz 1 HBO; § 72 Abs. 4 LBauO M-V; § 75 Abs. 3 Satz 1 BauO NW; § 68 Abs. 1 Satz 2 LBauO Rh.-Pf.; § 77 Abs. 2 LBO Saarl; § 70 Abs. 4 SächsBO; § 74 Abs. 4 BauO LSA; § 78 Abs. 4 LBO S-H; § 70 Abs. 4 ThürBO.
8 BVerwGE 42, S. 115 (116).
9 Vgl. dazu Rn. 14.
10 Vgl. § 53 Abs. 2 LBO B-W; Art. 69 Abs. 1 Satz 2 BayBO; § 60 Abs. 1 BauO Bln; § 71 Abs. 3 BbgBO; § 71 Abs. 2 BremLBO; § 66 Abs. 2 Satz 1 HBO; § 69 Abs. 1 Satz 2 LBauO M-V; § 73 Abs. 3, 4 NBauO; § 72 Abs. 2 BauO NW; § 64 Abs. 5 LBauO Rh.-Pf.; § 72 Abs. 2 LBO Saarl; § 67 Abs. 3 SächsBO; § 71 Abs. 2 BauO LSA; § 73 Abs. 1 LBO S-H; § 67 Abs. 1 ThürBO.

gemäß § 36 Abs. 1 BauGB zu beteiligen (siehe dazu unten Rn. 10ff.). In den Fällen des § 36 Abs. 1 Satz 4 BauGB ist die **höhere Verwaltungsbehörde** zu beteiligen. Ferner schreiben einige Fachgesetze die Mitwirkung der für ihren Vollzug zuständigen **Fachbehörden** für den Fall vor, dass das Bauvorhaben ihren Aufgabenkreis berührt (z. B. für bauliche Anlagen an Bundesstraßen, § 9 Abs. 2 Satz 1 FStrG). Schließlich können auch betroffene **Nachbarn** als Beteiligte hinzugezogen werden. Die Beteiligung der Nachbarn ist – sofern nicht die Länder spezielle Regelungen getroffen haben[11] – jedenfalls nach § 13 Abs. 2 Satz 2 VwVfG dann zwingend, wenn die Genehmigung rechtsgestaltende Wirkung für den Nachbarn hat. Das ist der Fall, wenn die Gemeinde mit der Genehmigung eine Ausnahme oder Befreiung von einer den Nachbarn schützenden Vorschrift oder Festsetzung des Bebauungsplans erteilt.

Einige Länder haben ihren Bauaufsichtsbehörden für die Behandlung des Bauantrags **Fristen** vorgegeben.[12] Soweit keine Fristen bestimmt sind, stellt sich mit Blick auf die Dreimonatsfrist von § 75 S. 2 VwGO die Frage, wie lange ein Genehmigungsverfahren dauern darf und wann Untätigkeitsklage erhoben werden kann. Bemerkenswert ist in Anbetracht der vielfältigen Beschleunigungsbemühungen der Landesgesetzgeber, dass überhaupt keine gesicherte Datenbasis über die Dauer der Genehmigungsverfahren sowie einzelner Genehmigungsabschnitte existiert.[13] 8

2. Die zuständigen Behörden

Wie sich aus § 36 BauGB ergibt, können bis zu drei verschiedene Behörden an der Entscheidung über die baurechtliche Genehmigungsfähigkeit eines Vorhabens mitwirken, nämlich die **Baugenehmigungsbehörde**, die **Gemeinde** sowie die **höhere Verwaltungsbehörde**. Diese komplizierte Regelung hat folgende Gründe:[14] 9

Zu den Selbstverwaltungsangelegenheiten der Gemeinde i. S. v. Art. 28 Abs. 2 GG rechnet zwar die Aufgabe der **Bauleitplanung**, nicht jedoch das bauspezifische Sicherheits- und Ordnungsrecht. Letzteres ist vielmehr Angelegenheit der Bundesländer. Daher sind die Gemeinden nicht kraft Selbstverwaltungsrecht Baugenehmigungsbehörde. Demgemäß muss zwischen der staatlichen 10

---

11 Vgl. § 55 LBO B-W; Art. 71 BayBO; § 73 BbgBO; § 73 BremLBO; § 68 Abs. 3 HBauO; § 69 HBO; § 71 LBauO M-V; § 72 NBauO; § 74 BauO NW; § 66 LBauO Rh.-Pf.; § 73 LBO Saarl.; § 69 SächsBO; § 73 BauO LSA; § 77 LBO S-H; § 69 Abs. 2 ThürBO.
12 Beispielsweise hat nach § 54 Abs. 4 LBO B-W die Bauaufsichtsbehörde über den Bauantrag für Wohngebäude und Nebenanlagen innerhalb von einem Monat und für sonstige Vorhaben innerhalb von zwei, ausnahmsweise drei Monaten ab Eingang der vollständigen Bauvorlagen zu entscheiden. Nach § 72 Abs. 4 LBO Saarl. und § 71 Abs. 9 BbgBO muss die Behörde einen Monat, nach § 60 Abs. 1 Satz 5 und 6 BauO Bln sechs Wochen nach Eingang der erforderlichen Zustimmungen und Stellungnahmen anderer Behörden entscheiden.
13 Vgl. *Mampel*, Ver(de)reguliert: Einige Fragen zum Baugenehmigungs-Freistellungsrecht, NVwZ 1996, S. 1160.
14 Vgl. instruktiv zur Entstehungsgeschichte Ernst/Zinkahn/Bielenberg, BauGB, Stand: 4/2000, -*Söfker*, § 36, Rn. 1.

319

Baugenehmigungsbehörde und der Gemeinde unterschieden werden. Gleichwohl erscheint zur **Wahrung der gemeindlichen Planungshoheit** eine Beteiligung der Gemeinde am Baugenehmigungsverfahren jedenfalls dann geboten, wenn von der gemeindlichen Bauleitplanung abgewichen werden soll. Da im Übrigen Genehmigungen im nicht (qualifiziert) beplanten Bereich sozusagen „vollendete Tatsachen" für eine zukünftige gemeindliche Bauleitplanung setzen, ist auch hier zum Schutz der noch nicht ausgeübten Planungshoheit der Gemeinden ihre Beteiligung geboten. Den vorstehenden Überlegungen entsprechend sieht § 36 Abs. 1 Satz 1 BauGB vor, dass über „die Zulässigkeit von Vorhaben nach den §§ 31, 33 bis 35.... im bauaufsichtlichen Verfahren von der Baugenehmigungsbehörde im Einvernehmen mit der Gemeinde" zu entscheiden ist. „Einvernehmen" ist dabei strikt in dem Sinne zu verstehen, dass die **Zustimmung** der Gemeinde erforderlich ist.[15]

11 Gemäß § 36 Abs. 1 Satz 3 BauGB haben die Länder sicherzustellen, dass die Gemeinden rechtzeitig über Vorhaben unterrichtet werden, deren Zulässigkeit sich nach § 30 BauGB richtet. Der Grund für diese Regelung liegt darin, dass gerade im qualifiziert überplanten Bereich (§ 30 BauGB) vielfach Vorhaben vom Genehmigungserfordernis mit der Folge freigestellt worden sind, dass die Gemeinden von solchen Vorhaben ohne die spezifisch normierte Informationspflicht gar nichts erfahren würden. Nur durch diese Information über solche Vorhaben werden die Gemeinden in den Stand gesetzt, zum Schutz ihrer planerischen Intentionen eine Zurückstellung des Baugesuchs (§ 15 BauGB) zu beantragen oder eine Veränderungssperre (§ 14 BauGB) zu beschließen.

12 Zu beachten ist, dass die Gemeinde selbst Baugenehmigungsbehörde sein kann und vielfach auch ist. Das ergibt sich aus der sogenannten **Kommunalisierung** der unteren Verwaltungsebene der (grundsätzlich dreigliedrigen) Landesverwaltungen.[16] Untere staatliche Verwaltungsbehörden sind die Kreise und die kreisfreien **Städte**. Insofern nehmen manche Gemeinden die Aufgaben der Baugenehmigungsbehörde im **Auftrag** des Staates wahr. Außerdem übertragen einige Landesbauordnungen auch **kreisangehörigen** Gemeinden die Befugnisse der Bauaufsichtsbehörde als Auftragsangelegenheit. In diesen Fällen hätte die Gemeinde bei Erfüllung der Auftragsangelegenheit mit sich selbst als Trägerin der kommunalen Planungshoheit Einvernehmen herzustellen. Nach ganz überwiegender Ansicht entfällt jedoch in diesen Fällen die Notwendigkeit, ein besonderes Einvernehmen zu erklären.[17]

13 Nach § 36 Abs. 1 Satz 4 BauGB können die Landesregierungen durch Rechtsverordnung festlegen, dass in den Fällen des § 35 Abs. 2 und 4 BauGB auch die Zustimmung der **höheren Verwaltungsbehörde** erforderlich ist. Diese Rege-

---

15 Einzelheiten bei *Groß*, Das gemeindliche Einvernehmen nach § 36 BauGB als Instrument zum Durchsetzen der Planungshoheit, BauR 1999, S. 560.
16 Knappe Darstellung m.w.N. bei *Koch/Rubel*, Allgemeines Verwaltungsrecht, 2. Aufl. 1992, II., Rn. 16 ff., 39 ff.
17 Ernst/Zinkahn/Bielenberg-*Söfker* (Fn. 14), § 36, Rn. 15.

lung eines fakultativen Zustimmungserfordernisses ist durch das Investitionserleichterungs- und Wohnbaulandgesetz zum 1. 5. 1993 eingeführt worden. Zuvor war die Zustimmung der höheren Verwaltungsbehörde zwingend erforderlich. Soweit ersichtlich hat bislang noch kein Bundesland von dieser gesetzlichen Ermächtigung Gebrauch gemacht. Nach § 36 Abs. 2 Satz 2 BauGB gelten aus Gründen der **Verfahrensbeschleunigung** Einvernehmen und Zustimmung als erteilt, wenn sie nicht binnen zweier Monate nach Eingang des Ersuchens der Baugenehmigungsbehörde ausdrücklich verweigert worden sind.

Eine Baugenehmigung kann auch im Rahmen **anderer Verfahren** als dem Baugenehmigungsverfahren erteilt werden. Das ist dann der Fall, wenn diesen anderen Verfahren **Konzentrationswirkung** zukommt **und** die baurechtlichen Genehmigungsvoraussetzungen zu beachten sind. So liegt es z. B. im Genehmigungsverfahren nach dem BImSchG. Gemäß § 13 BImSchG schließt die immissionsschutzrechtliche Genehmigung andere öffentlich-rechtliche Genehmigungen ein. Demgemäß ordnet § 36 Abs. 1 Satz 2 BauGB auch für diese Konstellationen das Erfordernis des gemeindlichen Einvernehmens an.[18] **Anders** liegen die Dinge bezüglich solcher baulichen Vorhaben, die gemäß § 38 BauGB von der Beachtung der Vorschriften der §§ 29 bis 37 BauGB freigestellt sind. In den dort aufgeführten **Planfeststellungsverfahren** sowie Genehmigungsverfahren für Abfallverbrennungsanlagen gemäß dem BImSchG muss die Gemeinde nur **beteiligt** werden, ihres Einvernehmens bedarf es nicht. 14

Für den Rechtsschutz ist zu beachten, dass **Außenverbindlichkeit** allein der Entscheidung der Baugenehmigungsbehörde zukommt. Das gilt gerade auch in den Fällen, in denen die Baugenehmigungsbehörde die Baugenehmigung deshalb ablehnen muss (!), weil die Gemeinde oder die höhere Verwaltungsbehörde ihre Zustimmung versagen. Die Baugenehmigungsbehörde und die Widerspruchsbehörde müssen also auch ein ihnen falsch erscheinendes Versagen der Genehmigung nach außen hin gerichtlich vertreten.[19] In einem solchen Gerichtsverfahren ist die Gemeinde notwendig beizuladen. Ein der Klage des Bauwilligen stattgebendes Urteil bindet damit auch die Gemeinde. Im Übrigen kann die Baugenehmigungsbehörde – hält sie die Einvernehmensverweigerung für rechtswidrig – im Wege der **Rechtsaufsicht** gegen die Gemeinde vorgehen. 15

Auch wenn – wie schon ausgeführt – das Einvernehmenserfordernis dem Schutz der gemeindlichen Planungshoheit dient, kann die Gemeinde ihr Einvernehmen nicht nach Maßgabe planerischer Gestaltungsfreiheit ausüben. Vielmehr ist die Gemeinde – wie die Baugenehmigungsbehörde – an die baurechtlichen Genehmigungstatbestände gebunden. Das besagt § 36 Abs. 2 Satz 1 BauGB ausdrücklich. Hat ein Bauherr danach einen Genehmigungsanspruch, so **muss** die Gemeinde ihr Einvernehmen erklären **oder** eine der 16

---

18 Durch die Klarstellung im Gesetz ist die entgegenstehende, schon nach altem Recht unzutreffende Entscheidung BVerwG, GewArch 1977, S. 168 hinfällig.
19 BVerwGE 22, S. 342; BVerwG, BauR 1986, S. 425.

Möglichkeiten ergreifen, die dem Schutz der Planungshoheit dienen sollen. Letzteres heißt, dass die Gemeinde nach Eingang eines Bauantrages die Aufstellung eines Bebauungsplanes (§ 2 Abs. 1 Satz 2 BauGB) und auf dieser Grundlage eine Veränderungssperre beschließen (§ 14 BauGB) oder die Zurückstellung des Baugesuches beantragen (§ 15 BauGB) kann. Durch Feststellung des Bebauungsplanes als Satzung (§ 10 BauGB) kann die Gemeinde schließlich die Zulässigkeitsvoraussetzungen für das beantragte Vorhaben verändern. Ein solches Vorgehen kann Entschädigungspflichten zur Folge haben (§§ 18, 40 ff. BauGB).

17 Verweigert die Gemeinde **rechtswidrig** ihr Einvernehmen, so kann dies einen **Amtshaftungsanspruch** begründen. Nach der Rechtsprechung des Bundesgerichtshofs verletzen die zuständigen Amtsträger einer Gemeinde, wozu auch die Mitglieder des Gemeinderates zu rechnen seien, ihre Amtspflichten gegenüber einem Bauwilligen, wenn sie das Einvernehmen rechtswidrig verweigern. Hinsichtlich des Verschuldens sei auch von Gemeinde- und Stadträten zu verlangen, dass sie die verkehrserforderliche Sorgfalt einhielten. Für die Mitglieder kommunaler Vertretungskörperschaften gebe es nicht etwa mildere Maßstäbe.[20]

3. Parallele Gestattungsverfahren

18 Alle Landesbauordnungen machen die Erteilung einer Baugenehmigung nicht nur davon abhängig, dass die baurechtlichen Voraussetzungen erfüllt sind, sondern auch davon, dass „dem Vorhaben öffentlich-rechtliche Vorschriften nicht entgegenstehen".[21] Diese Formulierung umfasst sowohl die bauordnungsrechtlichen wie auch die bauplanungsrechtlichen Zulässigkeitsanforderungen, aber auch sonstige rechtliche Anforderungen, die vielfach an die Art der Nutzung anknüpfen. Die nachfolgende Abbildung zeigt das „Drei-Säulen-Modell, das bei jedem Gutachtenaufbau bezüglich eines Genehmigungsanspruchs zu bedenken ist.

---

20 BGH, NVwZ 1986, S. 504; kritisch zu dieser Entscheidung *Schröer*, Die Haftung von Stadt- und Gemeinderats- sowie von Kreistagsmitgliedern bei Amtspflichtverletzungen, NVwZ 1986, S. 449; zum Fall der rechtswidrigen Erteilung des Einvernehmens vgl. BGH, UPR 1987, S. 103.
21 § 58 Abs. 1 LBO B-W; sinngleich Art. 72 Abs. 1 BayBO; § 62 Abs. 1 BauO Bln; § 74 Abs. 1 BbgBO; § 74 Abs. 1 BremLBO; § 69 Abs. 1 HBauO; § 70 Abs. 1 HBO; § 72 Abs. 1 LBauO M-V; § 75 Abs. 1 i.V.m. § 2 Abs. 10 NBauO; § 75 Abs. 1 BauO NW; § 68 Abs. 1 LBauO Rh.-Pf.; § 77 Abs. 1 LBO Saarl.; § 70 Abs. 1 SächsBO; § 74 Abs. 1 BauO LSA; § 78 Abs. 1 LBO S-H; § 70 Abs. 1 ThürBO.

Genehmigungsvoraussetzungen

BauordnungsR (HBauO)	BauplanungsR (BauGB, BauNVO, B-Plan, F-Plan)	Sonstiges öffentliches R
– Generalklausel (§ 3 u. aaRT) – bauliche Ausnutzung des Grundstücks (§§ 4 ff) – Gestaltung (§§ 12 ff.) – Baustoffe (§§ 20 ff.) – Ausstattung baulicher Anlagen (§§ 24 ff.) – insbesondere Stellplätze (§§ 48 f.) – Ausnahmen und Befreiungen (§§ 66 f.) – Baulasten (§ 79)	– § 30 BauGB i.V. m. B-Plan und BauNVO, u. U. Ausnahmen oder Befreiungen (§ 31 BauGB) – § 34 BauGB, evtl. i.V. mit „einfachem" B-Plan oder mit BauNVO – § 35 BauGB, evtl. mit „einfachem" B-Plan und/oder F-Plan	– §§ 22 BImSchG i.V. m. BImSchV – aber nicht: – GastG – § 33a GewO – § 33i GewO, da selbstständige Genehmigungen erforderlich

Das Bundesverwaltungsgericht hatte diese Regelung der Bauordnungen in einer älteren Entscheidung missverständlich so interpretiert, dass die Baugenehmigungsbehörde die „Unbedenklichkeit eines Vorhabens **unter jedem öffentlich-rechtlichen Gesichtspunkt rechtsverbindlich** feststellen muss".[22] Das würde beispielsweise bedeuten, dass die Baugenehmigung für eine Spielhalle zugleich die erforderliche gewerberechtliche Erlaubnis gemäß § 33i GewO einschlösse. Damit wäre der Baugenehmigung **Konzentrationswirkung** zugesprochen. Dies ist jedoch abzulehnen.

19

Dies hat das VG Schleswig[23] den Inhaber einer Baugenehmigung wissen lassen, der sich mit dieser auch schon im Besitz der gewerberechtlichen Spielhallenerlaubnis wähnte. Vielmehr ist zwischen **Prüfungs-** und **Entscheidungs**kompetenz der Baugenehmigungsbehörde zu unterscheiden: „Die Vereinbarkeit des Vorhabens mit den übrigen öffentlich-rechtlichen Vorschriften, auch denen, die nicht im engeren Sinne zum Bereich des Baurechts zählen, war zwar zu prüfen, nicht jedoch zu bescheiden." Eine Bindungswirkung hinsichtlich der gewerberechtlichen Voraussetzungen eines Vorhabens entfalte die Baugenehmigung nicht. Wie lässt sich aber angesichts des sehr weiten Wortsinnes der bauordnungsrechtlichen Genehmigungsnorm („wenn öffentlich-rechtliche Vorschriften nicht entgegenstehen") eine solche Einschränkung der Entscheidungskompetenz der Baugenehmigungsbehörde begründen?

20

Zunächst ist zu bedenken, dass die auszulegenden gesetzlichen Formulierungen keineswegs eine ausdrückliche Anordnung einer Konzentrationswirkung

21

---
22 BVerwGE 26, S. 287 (289); vgl. aber nunmehr E 74, S. 315 (324 f.); E 82, S. 61.
23 VG Schleswig, NVwZ 1983, S. 695 (696 r.Sp.).

der Baugenehmigung enthalten. Das zeigt schon ein Vergleich mit eindeutigen Normierungen der Konzentrationswirkung wie etwa in § 75 Abs. 1 VwVfG oder § 13 BImSchG. Hinzu kommt, dass die entsprechenden Formulierungen der Landesbauordnungen auch gerade dann einen vernünftigen Zweck erfüllen, wenn man sie im Sinne eines **umfassenden Prüfauftrages** und einer **eingeschränkten Entscheidungskompetenz** versteht. Als derart vernünftiger Zweck kommt vor allem das Ziel in Betracht, **Kompetenzlücken zu vermeiden**. Es kann nämlich gesetzliche Voraussetzungen eines Vorhabens geben, für die keine der eingerichteten Fachbehörden nach ihrer „eigentlichen" Fachzuständigkeit verantwortlich ist. Dann kommt es darauf an, dass diese Voraussetzungen nicht durch das „Netzwerk" der Zuständigkeiten fallen, sondern wegen der umfassenden Prüfungskompetenz der Bauaufsichtsbehörde jedenfalls erkannt und schließlich von derjenigen Behörde entschieden werden, zu deren originärem Zuständigkeitsbereich der stärkere sachliche Bezug besteht.

22 Die Verteilung der **Entscheidungskompetenzen** kann dabei durchaus schwierig sein. Ein anschauliches Beispiel für Schwierigkeiten bei der Zuweisung der Entscheidungskompetenz bietet die Genehmigung übertägiger bergbaulicher Einrichtungen unter **immissionsschutzrechtlichen** Gesichtspunkten.[24] Sofern solche Anlagen als nicht genehmigungsbedürftige Anlagen im Sinne des BImSchG einzustufen sind, müssen sie am Maßstab der §§ 22 ff. BImSchG geprüft werden. Danach müssen die nach dem Stand der Technik vermeidbaren schädlichen Umwelteinwirkungen verhindert, die unvermeidbaren auf ein Mindestmaß reduziert werden. Für die Überprüfung dieser Voraussetzungen bei der Genehmigung einer Anlage gibt es keine spezielle Entscheidungskompetenz, da ja eine Entscheidung der zuständigen Immissionsschutzbehörde gerade **nicht** erforderlich ist.

23 Der Konflikt zwischen den „Auffangzuständigkeiten" der Bauaufsichtsbehörde und der Bergbehörde ist nach der einleuchtenden Auffassung des Bundesverwaltungsgerichts zu Gunsten der Bergbehörde zu entscheiden, da die immissionsschutzrechtlichen Probleme den **stärkeren** Sachbezug zur originären Zuständigkeit der Bergbehörde hätten. Denn die Immissionen gingen nicht von den baulichen Anlagen, sondern vom Verladen und Befördern der Bodenschätze und des Nebengesteins aus. Wegen dieses Sachbezugs zur bergbaulichen Tätigkeit sei **im Rahmen der Betriebsplanzulassung** durch die Bergbehörde abschließend auch über die immissionsschutzrechtlichen Anforderungen des § 22 BImSchG zu entscheiden.[25]

24 Eine ähnlich gelagerte Problematik weist der eingangs dargestellte *Trinkhallen*-**Fall (1)** auf. Dabei resultiert der Kompetenzkonflikt allerdings nicht aus der Zuteilung einer zumindest in keinem originären Zuständigkeitsbereich angesiedelten Norm (wie § 22 BImSchG), sondern daraus, dass sowohl das gaststättenrechtliche wie auch das baurechtliche Entscheidungsprogramm die Entscheidung über den Immissionsschutz ausdrücklich beinhalten. Sowohl § 4

---
24 BVerwGE 74, S. 315.
25 BVerwGE 74, S. 315 (324 f.).

Abs. 1 Nr. 3 GastG wie auch (der im Planbereich einschlägige) § 15 BauNVO verlangen, dass das Vorhaben keine schädlichen Umwelteinwirkungen auf die Nachbarschaft hervorruft. Daher stellt sich die Frage, welche der beiden zuständigen Behörden mit Verbindlichkeit auch für die andere über die Immissionsproblematik entscheiden darf. Mit guten Gründen hat das Bundesverwaltungsgericht befunden, dass die „typischen mit der bestimmungsgemäßen Nutzung einer Gaststätte in einer konkreten baulichen Umgebung verbundenen Immissionen" von der Bauaufsichtsbehörde zu beurteilen seien.[26] Daraus folgt in diesem **Fall (1)**, dass die unverändert gegenüber der Klägerin bestandskräftige Baugenehmigung den Immissionskonflikt verbindlich entschieden hat und die neue gaststättenrechtliche Erlaubnis keinesfalls wegen Verstoßes gegen § 4 Abs. 1 Nr. 3 GastG aufgehoben werden kann, da diese Frage nicht abweichend von der Baugenehmigung entschieden werden darf.[27]

Kommt die Bauaufsichtsbehörde im Rahmen der wahrgenommenen umfassenden **Prüfkompetenz** zu dem Ergebnis, dass ein bauliches Vorhaben zwar nicht am Baurecht, jedoch an anderem, nicht in der Entscheidungskompetenz der Bauaufsicht stehenden Fachrecht scheitern dürfte oder gar müsste, so stellt sich die Frage nach dem **Sachbescheidungsinteresse** des Antragstellers: Ist die Behörde verpflichtet, ein – gebenenfalls – aufwändiges Baugenehmigungsverfahren durchzuführen oder kann sie den Antragsteller darauf verweisen, zunächst die (äußerst) zweifelhafte andere „Genehmigungshürde" zu nehmen? Hierzu hat das Bundesverwaltungsgericht grundsätzlich entschieden, dass einem Genehmigungsantrag das Sachbescheidungsinteresse nur dann fehle, wenn sich das andere Genehmigungshindernis „schlechthin nicht ausräumen" lasse.[28]

Für den Fall, dass die Behörde auf Grund ihrer Prüfung zu dem positiven Ergebnis kommt, dass die außerhalb ihrer Entscheidungskompetenz liegende Zulassung wahrscheinlich gewährt werden wird, stellt sich die Frage, ob sie gleichwohl diese Entscheidung abwarten muss oder bereits die Baugenehmigung erteilen darf. Als sogenannte „**Schlusspunkttheorie**" wird hierzu vertreten, dass die Baugenehmigung den Schlusspunkt aller das Bauvorhaben betreffenden behördlichen Prüfungen bilde. Die Baugenehmigung könne daher erst erteilt werden, wenn alle weiteren erforderlichen Zulassungsentscheidungen anderer Fachbehörden ergangen seien.[29] Das Bundesverwaltungsgericht hat seine anfängliche zustimmende Rechtsprechung zur Schlusspunkttheorie[30] mittlerweile aufgegeben und im eingangs referierten *Spielhallen*-**Fall**

---

26 BVerwGE 80, S. 259 (262).
27 Für eine weitere Konstellation im Verhältnis Gaststättenerlaubnis und Baugenehmigung s. BVerwGE 84, S. 11; zum Verhältnis von Baugenehmigung und atomrechtlicher Genehmigung gem. § 6 AtomG s. E 82, S. 61.
28 BVerwGE 48, S. 242 (247); bestätigend E 84, S. 11 (13); zur Problematik auch E 82, S. 61 (70).
29 OVG Münster, BauR 1992, S. 610; *Ortloff*, Abschied von der Baugenehmigung – Beginn beschleunigten Bauens?, NVwZ 1995, S. 112 (113); dagegen auf der Grundlage spezifischen Landesrechts: VGH Mannheim, NVwZ-RR 1991, S. 140 sowie BayVGH, NVwZ 1994, S. 304 (305).
30 BVerwG, NVwZ-RR 1995, S. 66; BVerwG, BauR 1996, S. 227.

(2) dazu klargestellt, dass allein das jeweilige Landesrecht bestimme, was Entscheidungsgegenstand im Baugenehmigungsverfahren ist.[31] Zur Auslegung von Landesrecht hat sich das Bundesverwaltungsgericht als Revisionsinstanz naturgemäß nicht geäußert. Sofern das Landesrecht die Vereinbarkeit des Vorhabens mit den Vorschriften des öffentlichen Rechts fordert, dürfte im Sinne der Schlusspunkttheorie anzunehmen sein, **dass die Genehmigung nicht ergehen darf**, bevor die übrigen erforderlichen Zulassungen erteilt sind. Dies schließt allerdings nicht aus, eine Baugenehmigung unter der aufschiebenden Bedingung der noch fehlenden Zulassungen zu erteilen. Dahin tendiert anscheinend auch das Bundesverwaltungsgericht.[32]

4. Baugenehmigung, Teilbaugenehmigung, Vorbescheid

27 Auf die Baugenehmigung besteht, wenn öffentlich-rechtliche Vorschriften nicht entgegenstehen, ein **Anspruch**.[33] Kein Anspruch auf Genehmigung, sondern nur auf ermessensfehlerfreie Entscheidung besteht insoweit, als die Genehmigung von der Erteilung einer Ausnahme oder Befreiung abhängt. Die Genehmigung wird schriftlich gegenüber dem Bauherrn erteilt und mit ihrer Bekanntgabe wirksam.

28 Als gebundene Entscheidung darf die Baugenehmigung mit solchen **Nebenbestimmungen** versehen werden, die durch Rechtsvorschrift zugelassen sind oder die sicherstellen sollen, dass die gesetzlichen Voraussetzungen zur Erteilung der Baugenehmigung erfüllt werden (vgl. § 36 Abs. 1 HmbVwVfG und die entsprechenden Regelungen der anderen Bundesländer). Gerade letzteres ist für Baugenehmigungen entscheidend: Es geht vielfach darum, ein bauliches Vorhaben durch Bedingungen und Auflagen erst genehmigungsfähig zu machen. Dabei kann es erforderlich sein, Teile des Vorhabens den rechtlichen Anforderungen entsprechend zu modifizieren. Nebenbestimmungen, die derart ändernd in die Bauvorlage eingreifen, werden allgemein als modifizierende Auflagen bezeichnet. Solche Auflagen konnten nach früherer Rechtsprechung des Bundesverwaltungsgerichts nicht gesondert angefochten werden;[34] es musste Verpflichtungsklage auf Erteilung der ursprünglich beantragten Genehmigung erhoben werden. Nach neuerer Rechtsprechung soll die Anfechtung einer modifizierenden Auflage möglich sein, wenn die Genehmigung ohne die Auflage hätte erteilt werden müssen.[35] Die Anfechtung führt daher zu dem gleichen Ergebnis wie die Verpflichtungsklage. Allerdings kommt nach der neueren Unterscheidung eine aufschiebende Wirkung von Widerspruch und Klage gegen modifizierende Auflagen in Betracht.

---

31 BVerwGE 99, S. 351.
32 BVerwGE 99, S. 351 (354).
33 Vgl. Nachweise in Fn. 21.
34 BVerwGE 36, S. 145 (153).
35 BVerwG, NVwZ 1984, S. 371 = BVerwGE 67, S. 37 (*Heidelberg*).

Baugenehmigungen erlöschen im Übrigen grundsätzlich, wenn sie nicht innerhalb einer bestimmten Frist in Anspruch genommen worden sind.[36] In dieser Zeitspanne setzen sie sich allerdings gegen nachfolgende Rechtsänderungen durch. Dies ist für eine der Baugenehmigung nachfolgende Veränderungssperre in § 14 Abs. 3 BauGB ausdrücklich normiert und gilt damit – sonst wäre diese Regelung unsinnig – auch für einen nachfolgenden Bebauungsplan.[37] Rechtliches Durchsetzen meint dabei, dass allenfalls ein Widerruf nach dem maßgeblichen Verwaltungsverfahrensrecht (vgl. etwa § 49 Abs. 2 Nr. 4 VwVfG) möglich ist, der jedoch mit einem Entschädigungsanspruch des Bürgers für erlittenen Vertrauensschaden verbunden ist (vgl. § 49 Abs. 5 VwVfG).

29

Vielfach mag sich empfehlen, nicht die erforderlichen und kostspieligen Unterlagen für eine „Voll"-Genehmigung zusammenzustellen, sondern möglicherweise problematische Aspekte eines baulichen Vorhabens, insbesondere die **bauplanungsrechtliche Bebaubarkeit** des Grundstücks, vorab zu klären. Für solche Fälle sehen alle Landesbauordnungen vor, dass dem Bauherrn „auf Antrag zu einzelnen Fragen des Bauvorhabens ein Bescheid (Vorbescheid) zu erteilen" ist.[38] Der Nutzen eines solchen **Vorbescheids** hängt natürlich von seinem Umfang und Verbindlichkeitsgrad ab:

30

Das Bundesverwaltungsgericht geht in ständiger Rechtsprechung davon aus, dass ein Vorbescheid über die bauplanungsrechtliche Zulässigkeit eines Vorhabens bereits eine **teilweise Genehmigung** des Vorhabens darstellen könne. In diesem Falle komme dieser sogenannten **Bebauungs**genehmigung die Rechtswirkung einer Genehmigung zu, nicht bloß die schwächere Verbindlichkeit einer Zusicherung (im Sinne von § 38 VwVfG).[39] Dementsprechend setzt sich ein solcher Vorbescheid nach Maßgabe seines Regelungsgehalts wie eine „Voll"-Genehmigung gegenüber einer nachfolgenden Veränderungssperre und einem nachfolgenden Bebauungsplan durch (vgl. § 14 Abs. 3 BauGB zur Veränderungssperre). Da im *Verbrauchermarkt*-Fall (3) nach Auffassung des Berufungsgerichts der Vorbescheid in der Landesbauordnung Schleswig-Holstein (§ 80 a. F.; jetzt § 72 LBO S-H) mit der Rechtswirkung einer **Bebauungs**genehmigung ausgestattet ist, setze sich (sogar) der (nur) **einen Tag** vor In-Kraft-Treten der Veränderungssperre erteilte Vorbescheid gegenüber dieser Veränderungssperre und dem nachfolgenden Bebauungsplan durch.

31

Allerdings hat das Bundesverwaltungsgericht im *Verbrauchermarkt*-Fall auch die Gelegenheit zur Klarstellung darüber genutzt, dass ein Vorbescheid über die bauplanungsrechtliche Genehmigungsfähigkeit eines Vorhabens **keines-**

32

---

36 Vgl. § 62 LBO B-W; Art. 77 BayBO; § 64 BauO Bln; § 78 BbgBO; § 76 BremLBO; § 71 HBauO; § 72 HBO; § 74 LBauO M-V; § 77 NBauO; § 77 BauO NW; § 71 LBauO Rh.-Pf.; § 80 LBO Saarl.; § 72 SächsBO; § 76 BauO LSA; § 80 LBO S-H; § 72 ThürBO.
37 BVerwGE 69, S. 1 (4 f.).
38 So die Formulierung in § 65 HBauO; ähnlich § 57 LBO B-W; Art. 75 BayBO; § 59 BauO Bln; §§ 76, 66 BbgBO; § 69 BremLBO; § 65 HBO; § 68 LBauO M-V; § 74 NBauO; § 71 BauO NW; § 69 LBauO Rh.-Pf.; § 76 LBO Saarl.; § 66 SächsBO; § 70 BauO LSA; § 72 LBO S-H; § 66 ThürBO.
39 BVerwGE 68, S. 241 (243).

wegs zwingend – etwa aus bundesrechtlichen Gründen – eine so starke Rechtsverbindlichkeit haben müsse. Es sei vielmehr dem Landesgesetzgeber anheim gegeben, die Rechtswirkungen eines Vorbescheids zu normieren.[40] Blickt man dementsprechend auf die Landesgesetze, so zeigt sich beispielsweise, dass Hamburg – anders als z.B. Bayern (Art. 75 BayBO) und Nordrhein-Westfalen (§ 71 BauO NW) – in seiner neuen Bauordnung die Rechtswirkungen des Vorbescheids entscheidend abgeschwächt hat. Nach § 71 Abs. 1 Satz 2 HBauO wird der Vorbescheid **unwirksam**, „sobald für das Grundstück eine Veränderungssperre in Kraft getreten oder ein Bebauungsplan öffentlich ausgelegt oder ohne öffentliche Auslegung festgesetzt worden ist und der Vorbescheid der Planausweisung widerspricht". Diese eingeschränkte Bestandskraft kommt dem Vorbescheid nach hamburgischem Recht grundsätzlich 3 Jahre lang zu (§ 71 Abs. 1 HBauO).

33 Alle Landesbauordnungen eröffnen den Bürgern auch die Möglichkeit, bereits vor Erteilung der Baugenehmigung eine Gestattung für die Ausführung einzelner Bauabschnitte oder Bauteile, kurz: eine **Teilbaugenehmigung** zu erlangen.[41] Nach der Hamburgischen Bauordnung setzt dies ausdrücklich voraus, dass „das Vorhaben grundsätzlich genehmigungsfähig ist" (§ 69 Abs. 4 Satz 1 HBauO). Diese Regelung erscheint sehr zweckmäßig, kann jedoch rechtliche Schwierigkeiten mit sich bringen, die aus dem Immissionsschutzrecht gut bekannt sind. Nach § 8 BImSchG setzt nämlich die Teilgenehmigung ein **vorläufiges positives Gesamturteil** (so lautet nicht der Text, aber das rechtsdogmatische Stichwort) voraus. Dazu hat sich die Auffassung herausgebildet, dass das vorläufige positive Gesamturteil einerseits – natürlich – keine definitive Entscheidung über das Vorhaben darstelle, andererseits aber auch nicht lediglich tatbestandliche Voraussetzung der Teilgenehmigung sei, sondern durchaus eine gewisse **Bindungswirkung** entfalte.[42] Nach § 8 Satz 2 BImSchG steht allerdings das vorläufige positive Gesamturteil insbesondere unter dem Vorbehalt der **Änderung der Rechtslage**.

34 Es spricht vieles dafür, die Regelung des BImSchG auch für die Auslegung von § 69 Abs. 4 HBauO heranzuziehen. Im Übrigen ist zu beachten, dass teilweise auch für Bauordnungen, die – wie u.a. die bayerische – das Erfordernis eines vorläufigen positiven Gesamturteils nicht enthalten, angenommen wird, dass vor Erteilung einer Teilbaugenehmigung die **grundsätzliche** Vereinbarkeit des **ganzen** Vorhabens mit dem öffentlichen Baurecht zu prüfen und die Behörde

---

40 BVerwGE 69, S. 1 (3); kritisch zu dieser Entscheidung *Dürr*, Rechtsnatur und Bindungswirkung des Bauvorbescheids, JuS 1984, S. 770.
41 Vgl. § 61 LBO B-W; Art. 76, 77 BayBO; § 63 BauO Bln; § 75 BbgBO; § 75 BremLBO; § 71 HBO; § 73 LBauO M-V; § 76 NBauO; § 76 BauO NW; § 70 LBauO Rh.-Pf.; § 78 LBO Saarl.; § 71 SächsBO; § 75 BauO LSA; § 79 LBO S-H; § 71 ThürBO.
42 Vgl. nur GK-BImSchG, Stand: 6/2000, -*Hofmann*, § 8, Rn. 71 ff.

an ihre diesbezügliche Entscheidung nach Maßgabe der Regelungen über Rücknahme und Widerruf einer Baugenehmigung gebunden sei.[43]

III. Das vereinfachte Genehmigungsverfahren

Mit Ausnahme von Niedersachsen und Baden-Württemberg sehen inzwischen die Bauordnungen für bestimmte Bauvorhaben minderer städtebaulicher und sicherheitsrechtlicher Bedeutung – in der Regel gehören dazu auch kleinere Wohngebäude und Nebenanlagen sowie kleinere Lagerhallen – ein **vereinfachtes Genehmigungsverfahren** vor.[44] Prägend für diese Entwicklung war die Freie und Hansestadt Hamburg mit dem Wohnungsbauerleichterungsgesetz von 1990.[45] Die Verfahrensvereinfachung besteht regelmäßig darin, dass der **Prüfungsumfang der Behörde eingeschränkt** wird, und zwar im Wesentlichen auf die planungsrechtliche Zulässigkeit, einzelne bauordnungsrechtliche Anforderungen sowie Ausnahmen und Befreiungen.[46] Dass das Vorhaben auch die übrigen, von der Behörde nicht mehr zu prüfenden Vorschriften einhält, müssen in der Regel die qualifizierten Entwurfsverfasser oder darüber hinaus auch Prüfingenieure bestätigen. Damit wird die präventive Kontrolle teilweise **privatisiert**. Die entsprechende Verschlankung der behördlichen Prüfung soll nach Vorstellung der Landesgesetzgeber die Verfahrensdauer verkürzen. Dementsprechend werden obendrein vielfach Fristen bestimmt, innerhalb derer die Bauanträge zu bescheiden sind.[47]

35

Für den Fall, dass im vereinfachten Verfahren über den Bauantrag nicht fristgerecht entschieden wird, bestimmen einige Bauordnungen, dass die Genehmigung nach Fristablauf als erteilt gilt.[48] Diese Genehmigungsfiktionen sind auch von Befürwortern der Verfahrensbeschleunigung z.T. scharf als ungeeignet kritisiert worden.[49]

36

---

43 So pauschal für alle Bauordnungen BGH, NVwZ 1983, S. 500 (501 r.Sp.); ferner *Simon*, Bayerische Bauordnung, Stand September 1986 (alte Fassung!), Art. 76, Rn. 6; a.A. *Sauter*, Landesbauordnung für Baden-Württemberg, Stand September 1986, § 61, Rn. 10.
44 Vgl. Art. 73 BayBO; § 60a BauO Bln; § 69 Abs. 8, 9 BbgBO; § 67 BremLBO; HWoBauErlG; § 67 HBO; § 63 LBauO M-V; § 68 BauO NW; § 65 LBauO Rh.-Pf.; § 67 LBO Saarl; § 62a SächsBO; § 66 BauO LSA; § 75 LBO S-H; § 62a ThürBO.
45 S. dazu *Koch*, Recht der Landesplanung und des Städtebaus, in: Koch/Hoffmann-Riem (Hrsg.), HmbStVwR, 2. Aufl. 1998, S. 187 (210, 229).
46 Vgl. die Nachweise in Fn. 44.
47 Vgl. § 68 Abs. 8 BbgBO: 2 Monate nach Eingang; § 67 Abs. 4 BremLBO: 3 Monate nach Eingang; § 5 HWoBauErlG: 2 Monate nach Eingag; § 67 Abs. 5 HBO: 3 Monate nach Eingang; § 63 Abs. 7 LBauO M-V: 3 Monate nach Eingang; § 68 Abs. 8 BauO NW: sechs Wochen nach Eingang; § 65 Abs. 4 LBauO Rh.-Pf.: 1 Monat nach Eingang; § 67 Abs. 5 BauO Saarl.: drei Monate nach Eingang; § 66 Abs. 9 BauO LSA: 10 Arbeitstage; § 75 Abs. 8 LBO S-H: drei Monate nach Eingang.
48 Vgl. § 67 Abs. 4 BremLBO, § 67 Abs. 5 Satz 4 HBO, § 5 HWoBauErlG; vgl. Übersicht nach Rn. 47.
49 *Jäde*, Neuere Entwicklungen im Bauordnungsrecht, ZfBR 1996, S. 241 (245); *Sauter*, Die Neue Bauordnung und der „schlanke Staat", BayVBl. 1998, S. 2 (4).

37 Dem begrenzten Prüfungsumfang entsprechend reduziert sich auch die Bindungs- und Legalisierungswirkung der Genehmigung. Verstößt die Bauausführung gegen Vorschriften, deren Einhaltung die Behörde im vereinfachten Genehmigungsverfahren nicht zu prüfen hatte, so steht das Vorhaben „im Widerspruch zu öffentlich-rechtlichen Vorschriften", sodass dagegen bauaufsichtlich eingeschritten werden kann.[50]

IV. Das Bauanzeigeverfahren

38 Die meisten Bundesländer haben zur Erleichterung des Bauens ein **Anzeigeverfahren** (teilweise auch Freistellungs- oder Kenntnisgabeverfahren genannt) eingeführt,[51] das sich prototypisch wie folgt beschreiben lässt: Für bestimmte Vorhaben geringerer städtebaulicher und sicherheitsrechtlicher Bedeutung – u. a. für kleinere Wohnbauten und Nebenanlagen sowie den Abbruch von Gebäuden –, die im Geltungsbereich eines qualifizierten Bebauungsplans liegen, wird zu Gunsten einer Anzeige auf die Genehmigung verzichtet. Gleichwohl soll auch im Anzeigeverfahren – wenn auch in mehr oder weniger stark beschränktem Umfang – das Vorhaben auf seine materielle Legalität geprüft werden **können**. Deshalb sind mit der Bauanzeige Bauvorlagen einzureichen. Durch die Bauvorlagen ist jedenfalls nachzuweisen,

– dass das Vorhaben den Festsetzungen des Bebauungsplans entspricht und es keiner (genehmigungsbedürftigen) Ausnahme oder Befreiung bedarf.

Die meisten Länder verlangen zudem den Nachweis,

– dass die Bausicherheit durch einen Prüfingenieur oder staatlich anerkannten Sachverständigen und insgesamt die Einhaltung aller öffentlich-rechtlichen Vorschriften durch den Entwurfsverfasser schriftlich versichert wird, und

– dass die Erschließung gesichert ist und Abstands- und Stellplatzregeln eingehalten werden.

Teils ist darüber hinaus vorausgesetzt,

– dass keine Gefahr für die öffentliche Sicherheit oder Ordnung besteht.

39 Eine ausdrückliche **Verpflichtung** zur Prüfung des Vorliegens dieser Voraussetzungen hat einzig das Saarland normiert.[52] In Brandenburg[53] und Sachsen[54] **ist** die Bauausführung **zu untersagen**, wenn die **Voraussetzungen für die Freistellung** von der Genehmigungspflicht nicht vorliegen, woraus letztlich

---

50 So ausdrücklich § 68 Abs. 8 Satz 4 BauO NW.
51 § 51 LBO B-W; Art. 64 BayBO; § 56a BauO Bln; § 69 BgbBO; § 66 BremLBO; BauanzeigeVO Hbg; § 64 LBauO M-V; § 69a NBauO, § 67 BauO NW, § 65a LBauO Rh.-Pf.; § 66 BauO Saarl.; § 63 SächsBO; § 74 LBO S-H; § 62b ThürBO.
52 § 66 Abs. 4 Satz 2 LBO Saarl.
53 § 69 Abs. 6 BbgBO.
54 § 63 Abs. 8 Satz 2 SächsBO.

ebenfalls auf eine Pflicht zur Prüfung der Unterlagen zu schließen ist. In einigen Bundesländern ist der Verzicht auf eine Prüfung ausdrücklich normiert.[55] Die übrigen Bauordnungen treffen entweder keine erkennbare Regelung zur Prüfung der Unterlagen oder stellen diese Prüfung in das Ermessen der Bauaufsichtsbehörden.[56] Den letztgenannten Vorschriften kommt allerdings keine praktische Bedeutung zu.

Eine Überprüfung der eingereichten Bauvorlagen wird aber regelmäßig durch die Gemeinden erfolgen, denen nach allen Bauordnungen das aus § 36 Abs. 1 S. 3 BauGB (vgl. Rn. 7) folgende Recht zusteht, vor Ausführung eines Vorhabens über Maßnahmen zur Sicherung der Bauleitplanung nach den §§ 14 und 15 BauGB zu entscheiden und die darüber hinaus verlangen können, dass aus anderen Gründen – also beispielsweise deshalb, weil nach ihrer Auffassung die Voraussetzungen für die Freistellung von der Genehmigungspflicht nicht erfüllt sind – ein (vereinfachtes) Genehmigungsverfahren durchzuführen ist.[57] **40**

Anzeige- (bzw. Freistellungs-)verfahren unterscheiden sich vom vereinfachten Genehmigungsverfahren im Wesentlichen in zwei Punkten, nämlich erstens darin, dass die Bauaufsichtsbehörde im vereinfachten Genehmigungsverfahren einen wichtigen Teil der Genehmigungsvoraussetzungen des Vorhabens zwingend prüfen muss, während im Anzeigeverfahren die Prüfung (in unterschiedlichem Umfang) im Ermessen der Behörde steht, und zweitens darin, dass der Bauherr im Anzeigeverfahren gar keine – auch keine eingeschränkte – behördliche Unbedenklichkeitserklärung erhält. Nach h.A. vermittelt das Anzeigeverfahren deshalb auch **keinerlei Legalisierungswirkung**, sodass gegen eine betreffende Anlage eine Abrissverfügung erlassen werden kann, wenn sich nachträglich herausstellt, dass sie gegen materielles Recht verstößt und die Anlage auch aktuell nicht genehmigungsfähig ist.[58] **41**

Weil eine Legalisierungswirkung nicht eintritt, stellt sich jedenfalls insoweit, wie der Behörde im Anzeigeverfahren eine Prüfung der o.g. Voraussetzungen zwingend aufgetragen ist, die Frage, ob der Staat dafür haftet, wenn eine Anlage umgebaut oder abgerissen werden muss, weil sie solche materiellen Voraussetzungen, die die Bauaufsichtsbehörde im Anzeigeverfahren hätte prüfen müssen, nicht erfüllt.[59] Insoweit bleibt abzuwarten, ob die Rechtsprechung in der behördlichen Prüfung auch eine **Amtspflicht zum Schutz des Bauherrn vor Fehlinvestitionen** erblicken wird. **42**

---

55 § 51 Abs. 4 Satz 2 LBO B-W; § 66 Abs. 6 Satz 2 BremLBO zu einer Prüfpflicht der Gemeinde. Gem. § 74 Abs. 7 LBO S-H bedarf es einer bauaufsichtlichen Prüfung nicht, unberührt bleibt aber die Pflicht, ermessensfehlerfrei darüber zu wachen, dass die öffentlich-rechtlichen Vorschriften eingehalten werden.
56 § 5 Abs. 2 HmbBauAnzVO; § 62b Abs. 4 Satz 2 ThürBO.
57 Vgl. Art. 64 Abs. 4 BayBO; § 56a Abs. 2 Satz 2 BauO Bln; § 69 Abs. 3 BbgBO; § 66 Abs. 6 BremLBO; sinngleich § 5 HmbBauAnzVO und § 64 Abs. 3 LBauO M-V; § 67 Abs. 1 Nr. 3 BauO NW; § 65a Abs. 1 Satz 2 LBauO Rh.-Pf.; § 66 Abs. 10 LBO Saarl.; § 63 Abs. 1 Nr. 4 SächsBO; § 74 Abs. 14 LBO S-H; § 62b Abs. 4 ThürBO.
58 So z.B. *Mampel* (Fn. 13), S. 1164; *Ortloff* (Fn. 29), S. 118; *Jäde* (Fn. 49), S. 246; so auch VG Meiningen, Urt. v. 5.12.1996 – 5 E 943/96 –.
59 Vgl. *Sauter* (Fn. 49), S. 4.

43 Jedenfalls für die Einhaltung all derjenigen öffentlich-rechtlichen Anforderungen, die von der Bauaufsichtsbehörde im Anzeigeverfahren nicht zu prüfen sind – also alle die, die nicht ausdrücklich genannt sind –, haften ausschließlich die verantwortlichen Privaten. Zu diesen Anforderungen gehört neben der Vielzahl bauordnungsrechtlicher Bestimmungen insbesondere auch die nach § 15 BauNVO gebotene Rücksichtnahme auf die umliegende Bebauung.[60]

44 Weil mit dem Verzicht auf die Genehmigung auch die Rechtssicherheit über die materielle Zulässigkeit des Vorhabens entfällt, birgt das Anzeigeverfahren für den Bauherrn, besonders aber auch für die Entwurfsverfasser, die Bauunternehmer, Prüfingenieure und Architekten ein beträchtliches Haftungsrisiko. Ob dieses Risiko durch den Beschleunigungseffekt aufgewogen wird, darf bezweifelt werden. Denn wie gesehen beinhaltet das Anzeigeverfahren gleichwohl stets eine behördliche Präventivkontrolle, die, auch wenn sie nur summarisch erfolgen soll, den Bauaufsichtsbehörden durch Fristen ermöglicht werden muss, welche nicht maßgeblich unter denjenigen liegen, die ihnen im vereinfachten Genehmigungsverfahren gesetzt sind. Ein wenig überspitzt lässt sich daher konstatieren, dass das Anzeigeverfahren die Nachteile des Genehmigungsverfahrens mit denjenigen der Genehmigungsfreiheit verbindet.[61] In der Praxis derjenigen Länder, die dem Bauherrn ein **Verfahrenswahlrecht** einräumen, wird schließlich beobachtet, dass vom Anzeigeverfahren teils deshalb kein Gebrauch gemacht wird, weil die Entwurfsverfasser die Risikoübernahme ablehnen.[62]

V. Die verfahrensfreien Vorhaben

45 Seit jeher kennt das Bauordnungsrecht auch die **gänzliche Freistellung** baulicher Vorhaben von präventiven Verwaltungsverfahren, sei es Genehmigungs-, sei es Anzeigeverfahren.[63] Einige Länder haben im Zuge der Bemühungen um Verfahrensbeschleunigung ihre Freistellungskataloge deutlich erweitert. Besonders weit ist dabei gewiss Bayern gegangen. Diese Baufreistellungsregelungen dürfen nicht mit den gelegentlich „Freistellungsverfahren" genannten Bauanzeigeverfahren verwechselt werden. Insofern ist die Bezeichnung der gänzlich freigestellten Vorhaben in § 50 der LBO B-W als „Verfahrensfreie Vorhaben" besonders sachgerecht. Solche verfahrensfreien Vorhaben müssen im Übrigen in gleicher Weise den öffentlich-rechtlichen Vorschriften entsprechen wie genehmigungsbedürftige Vorhaben.

---

60 S. näher dazu § 26 Rn. 24 ff.; 27 ff.
61 *Jäde* (Fn. 49), S. 246.
62 Vgl. *Kirstenpfad*, Beschleunigtes Baurecht in der Praxis, LKV 1996 S. 93 (94).
63 § 50 LBO B-W; Art. 63 BayBO; § 56 BauO Bln; § 67 BbgBO; § 65 BremLBO; § 61 Abs. 1 HBauO i.V. mit der BauFreiVO; § 63 HBO; § 65 LBauO M-V; § 69 Abs. 1 NBauO; § 65 BauO NW; § 61 LBauO Rh.-Pf.; § 65 LBO Saarl.; § 63a SächsBO; § 67 BauO LSA; § 69 LBO S-H; § 63 ThürBO. Zur Freistellungspolitik s. insbesondere *Stüer/Ehebrecht-Stüer*, Bauplanungsrecht und Freistellungspolitik der Länder, DVBl. 1996, S. 482.

VI. Der Abbau präventiver Kontrollen – Nutzen und Risiken

Überkommene Verwaltungsverfahren auf den Prüfstand zu stellen und nach zeitgemäßen Lösungen zu suchen ist gewiss immer wieder erforderlich. Der gelegentlich schon rauschartigen Begeisterung für Beschleunigung und Privatisierung im Bereich der Genehmigung von Bauvorhaben und auch von Industrieanlagen[64] beruht jedoch nicht auf hinreichend zuverlässigen empirischen Studien, sondern vor allem auf Vorurteilen über staatliche Verwaltung und auf der Verallgemeinerung einzelner Beispiele für gelegentlich gewiss unzumutbare Abläufe in staatlichem Genehmigungsverfahren. Seriöse wissenschaftliche Studien zu dem Ablauf von Genehmigungsverfahren konnten aber keinen bedeutsamen Beschleunigungsbedarf erkennen,[65] der obendrein den enormen gesetzgeberischen Aufwand und die immensen Kosten der Umstellung der Verwaltung rechtfertigen könnte.

46

Die unübersichtliche Vielfalt der Länderregelungen bezüglich vereinfachter Verfahren, Anzeigeverfahren und Freistellungsregelungen bringt im Übrigen erhebliche Rechtsunklarheiten mit sich.[66] Eine Fülle von Rechtsstreitigkeiten in der Verwaltungsgerichtsbarkeit ist unvermeidlich. Die Vorhabenträger bezahlen geringfügige Beschleunigungen mit der Übernahme erheblicher rechtlicher Risiken. Insbesondere aber steht die Gesetzeskonformität des Baugeschehens in Frage. Der Abbau präventiver Kontrollen kann unter dem Gesichtspunkt der Gewährleistung gesetzeskonformen Baugeschehens nur durch ein hohes Maß an repressiver Überwachungstätigkeit ausgeglichen werden,[67] dass den Verwaltungen weder finanziell noch personell möglich ist. Nach allem verwundert es nicht, dass der Abbau präventiver Kontrollen im öffentlichen Baurecht sehr kontrovers beurteilt wird.[68]

47

---

64 Zu den allgemeinen Tendenzen *Koch*, Beschleunigung, Deregulierung, Privatisierung – Modernisierung des Umweltrechts oder symbolische Standortpolitik, ZAU 1997, S. 45 und 210.
65 *Steinberg u. a.*, Zur Beschleunigung des Genehmigungsverfahrens für Industrieanlagen, 1991; *ders. u. a.*, Genehmigungsverfahren für gewerbliche Investitionsvorhaben in Deutschland und ausgewählten Ländern Europas, 1995.
66 Zu den einzelnen landesrechtlichen Neuregelungen s. *Dahlke-Piehl*, Die neue Sächsische Bauordnung, SächsVBl. 1999, S. 121 (125 ff.); *Koch*, Die Entwicklung des Baurechts in den norddeutschen Küstenländern, NordÖR 2000, S. 393; *Krohn*, Die neue Landesbauordnung Mecklenburg-Vorpommern – Rückschritt oder Fortschritt?, NordÖR 1998, S. 379 (380 ff.); *Maier*, Die Neuregelungen in der Landesbauordnung Nordrhein-Westfalen (BauO NRW 2000), VA 2000, S. 104; *Preschel*, Das neue Deregulierungskonzept der brandenburgischen Bauordnung, NJ 1998, S. 126; *Suttkus*, Die beschleunigte Zulassung von (Wohn-)Bauvorhaben nach der Schleswig-Holsteinischen Landesbauordnung 1994, NordÖR 1998, S. 372.
67 Zum Verhältnis präventiver und repressiver staatlicher Kontrollen s. sehr instruktiv *Lübbe-Wolff* (Fn. 5).
68 Aus der Fülle der Stimmen vgl. für den neuen Trend insbesondere die engagierten Beiträge von *Jäde*, der geradezu den Eindruck hat, an einer Revolution mitzuwirken: *Jäde*, Strukturprobleme des Bauordnungsrechts, UPR 1994, S. 201; *ders.*, Auf der Flucht vor dem neuen Baurecht, BayVBl. 1994, S. 363; *ders.*, Bauordnungsrecht im Wandel, GewArch 1995, S. 187. Gegen den Abbau präventiver Kontrollen u. a. *Ortloff* (Fn. 29); *Simon*, Die neue Bayerische Bauordnung aus der Sicht der Praxis, BayVBl. 1994, S. 332; *Degenhart*, Das Sächsische Aufbaubeschleunigungsgesetz, SächsVBl. 1995, S. 1.

Übersicht: Die präventive Kontrolle von Bauvorhaben in den Bundesländern

LBauO	Verfahren bei genehmigungsbedürftigen Vorhaben (Rn. 5 ff.)	Vereinfachtes Verfahren ohne Genehmigungsfiktion (Rn. 35 ff.)	Vereinfachtes Verfahren mit Genehmigungsfiktion (Rn. 35 ff.)	Bauanzeigeverfahren (Rn. 38 ff.)	Freistellung (Rn. 44)
Baden-Württemberg LBO B-W vom 8.8.1995, GVBl. 1995, S. 617, zuletzt geändert am 15.12.1997, GVBl. 1997, S. 521	§ 58 i.V.m. § 49 LBO B-W			§ 51 LBO B-W	§ 50 LBO B-W
Bayern BayBO vom 4.8.1997, GVBl. 1997, S. 433, zuletzt geändert am 27.12.1999, GVBl. 1999, S. 532	Art. 72 i.V.m. Art. 62 BayBO	Art. 73 BayBO		Art. 64 BayBO	Art. 63 BayBO
Berlin BauO Bln vom 3.9.1997, GVBl. 1997, S. 421.	§ 62 i.V.m. § 55 BayO Bln	§ 60a BauO Bln		§ 56a BauO Bln	§ 56 BauO Bln
Brandenburg BbgBO vom 2.6.1998, GVBl. 1998, S. 81	§ 74 i.V.m. § 66 BbgBO	§ 69 Abs. 8, 9 BbgBO		§ 69 BbgBO	§ 67 BbgBO
Bremen BremLBO vom 27.3.1995, GVBl. 1995, S. 211	§ 74 iVm § 64 BremLBO		§ 67 BremLBO	§ 66 BremLBO	§ 65 BremLBO

Hamburg HBauO vom 1.7.1986, GVBl. 1986, S. 183, zuletzt geändert am 4.11.1997, GVBl. 1997, S. 489	§ 69 i.V.m. § 60 HBauO		§ 5 HmbWoBau-ErlG	BauanzeigeVO Hamburg	§ 61 HBO iVm der BauFreiVO
Hessen HBO vom 20.12.1993, GVBl. 1993, S. 655, zuletzt geändert am 17.12.1998, GVBl. 1998, S. 562	§ 70 i.V.m. § 62 HBO		§ 67 HBO		§ 63 HBO
Mecklenburg-Vorpommern LBauO M-V vom 20.5.1998, GVBl. 1998, S. 468, zuletzt geändert am 21.7.1998, GVBl. 1998, S. 647	§ 72 i.V.m. § 62 LBauO M-V		§ 63 Abs. 7 LBauO M-V	§ 64 LBauO M-V	§ 65 LBauO M-V
Niedersachsen NBauO vom 13.7.1995, GVBl. 1995, S. 199, zuletzt geändert am 6.10.1997, GVBl. 1997, S. 422	§ 75 i.V.m. § 68 NBauO			§ 69a NBauO	§ 69 NBauO
Nordrhein-Westfalen BauO NW vom 1.3.2000, GVBl. 2000, S. 256	§ 75 i.V.m. § 63 BauO NW	§ 68 BauO NW		§ 67 BauO NW	§ 65 BauO NW

3. Teil Zulassung und Überwachung baulicher Anlagen

Rheinland-Pfalz LBauO Rh.-Pf. vom 8.3.1995, GVBl. 1995, S. 19, zuletzt geändert am 24.11.1998, GVBl. 1998, S. 365	§ 68 i.V.m. § 60 LBauO Rh.-Pf.		§ 65 Abs. 4 LBauO Rh.-Pf.	§ 65a LBauO Rh.-Pf.	§ 61 LBauO Rh.-Pf.
Saarland LBO Saarl. vom 27.3.1996, ABl. 1996, S. 477, zuletzt geändert am 8.7.1998, ABl. 1998, S. 721	§ 77 i.V.m. § 64 LBO Saarl.		§ 67 Abs. 5 LBO Saarl.	§ 66 LBO Saarl.	§ 65 LBO Saarl.
Sachsen SächsBO vom 30.3.1999, GVBl. 1999, S. 86	§ 70 i.V.m. § 62 SächsBO	§ 62a SächsBO		§ 63 SächsBO	§ 63a SächsBO
Sachsen-Anhalt BauO LSA vom 29.6.1994, GVBl. 1994, S. 723, zuletzt geändert am 24.11.1994, GVBl. 1995, S. 339	§ 74 i.V.m. § 65 BauO LSA		§ 66 Abs. 9 BauO LSA		§ 67 BauO LSA
Schleswig-Holstein LBO S-H vom 10.1.2000, GVBl. 2000, S. 47	§ 78 i.V.m. § 68 LBO S-H		§ 75 Abs. 11 LBO S-H	§ 74 LBO S-H	§ 69 LBO S-H
Thüringen ThürBO vom 3.6.1994, GVBl. 1994, S. 589	§ 70 i.V.m. § 62 ThürBO	§ 62a ThürBO		§ 62b ThürBO	§ 63 ThürBO

§ 25 Die bauordnungsrechtlichen Zulässigkeitsvoraussetzungen

Literatur: *Dahlke-Piel*, Die neue sächsische Bauordnung, SächsVBl. 1999, S. 212; *Koch*, Recht der Landesplanung und des Städtebaus, in: ders./Hoffmann-Riem (Hrsg.), Hamburgisches Staats- und Verwaltungsrecht, 2. Aufl. 1998, S. 187; *ders.*, Die Entwicklung des öffentlichen Baurechts in den norddeutschen Küstenländern, NordÖR 2000, S. 393; *Krohn*, Die neue Landesbauordnung Mecklenburg-Vorpommern – Rückschritt oder Fortschritt?, NordÖR 1998, S. 379; *Ortloff*, Die Entwicklung des Bauordnungsrechts, NVwZ 1995, S. 436, NVwZ 1996, S. 647, NVwZ 1997, S. 333, NVwZ 1998, S. 581, NVwZ 1999, S. 955, NVwZ 2000, S. 750; *Schwarz*, Die Entwicklung des Baulastenrechts seit 1994, BauR 1998, S. 446

Einerseits sind die Bundesländer bemüht, Gemeinsamkeiten der Landesbauordnungen[1] zu bewahren und zu schaffen. Dem soll die **Musterbauordnung** (MBO) dienen, die die Ministerkonferenz der Arbeitsgemeinschaft der für das Bau-, Wohnungs- und Siedlungswesen zuständigen Minister und Senatoren der Länder (ARGEBAU) 1959 erarbeitet und zuletzt 1992 fortgeschrieben hat.[2] Andererseits entwickeln die Länder gleichwohl eigenständige rechtspolitische Vorstellungen, sodass auch diejenigen Länder, die ihre Bauordnungen nunmehr neugefasst haben, auf deutliche Abweichungen von der MBO nicht verzichten mochten. **1**

Auf kurzem Raum lässt sich ein Überblick über die in den Details vielfach voneinander abweichenden Bauordnungen nicht geben. Angesichts dessen, dass die Landesbauordnungen jedoch weitestgehend in dem übereinstimmen, was sie überhaupt an Gegenständen regeln, und auch die Grundstrukturen dieser Regelungen zumindest sehr ähnlich sind, lässt sich doch ein anschaulicher Eindruck vom Bauordnungsrecht dadurch vermitteln, dass die wichtigs- **2**

---

1   LBO B-W vom 8.8.1995 (GVBl. 1995, S. 617); BayBO vom 4.8.1997 (GVBl. 1997, S. 433); s. dazu *Jäde/Weinl/Dirnberger*, Schwerpunkte des neuen Bauordnungsrechts, BayVBl. 1994, S. 321, sowie *Simon*, BayBO, Synopse mit Erläuterungen, 1994; BauO Bln vom 3.9.1997 (GVBl. 1997, S. 421); BbgBO vom 25.3.1998 (GVBl. 1998, S. 82), s. dazu *Preschel*, Das neue Deregulierungskonzept der Brandenburgischen Bauordnung, NJ 1998, S. 126; BremLBO vom 27.3.1997 (GVBl. 1995, S. 211); HBauO vom 1.7.1986 (GVBl.S. 183), zul. geänd. d. G. vom 4.11.1997 (HmbGVBl. S. 489, 492); s. dazu *Koch*, Recht der Landesplanung und des Städtebaus, in: ders./Hoffmann-Riem, Hamburgisches Staats- und Verwaltungsrecht, 2. Aufl. 1998 S. 187; HBO vom 20.12.1993 (GVBl. 1993, S. 775); LBauO M-V vom 6.5.1998 (GVBl. 1998, S. 468), s. dazu *Krohn*, Die neue Landesbauordnung Mecklenburg-Vorpommern – Rückschritt oder Fortschritt?, NordÖR 1998, S. 379; NBauO vom 13.7.1995 (GVBl. 1995, S. 199); BauO NW vom 9.11.1999 (GVBl. 1995, S. 622), zul. geänd. durch das am 1.6.2000 in Kraft getretene Zweite Änderungsgesetz vom 9.11.1999, in der Fassung der Bekanntmachung vom 1.3.2000 (GVBl. 2000, S. 255), s. dazu Gubelt, Das neue Bauordnungsrecht in Nordrhein-Westfalen, NVwZ 2000, S. 1013; *Maier*, Die Neuregelungen in der Landesbauordnung Nordrhein-Westfalen (BauO NRW 2000), VA 2000, S. 104; LBauO Rh.-Pf. vom 8.3.1995 (GVBl. 1995, S. 19); LBO Saarl. vom 27.3.1996 (ABl. 1996, S. 477); SächsBO vom 25.2.1999 (GVBl. 1999, S. 86), s. dazu *Dahlke-Piehl*, Die neue Bauordnung, SächsVBl. 1999, S. 121; BauO LSA vom 29.6.1994 (GVBl. 1994, S. 723); LBO S-H vom 10.1.2000 (GVBl. 2000, S. 47), s. dazu *Suttkus*, Die beschleunigte Zulassung von (Wohn)Bauvorhaben nach der Schleswig-Holsteinischen Landesbauordnung 1994, NordÖR 1998, S. 372; ThürBO vom 3.6.1994 (GVBl. 1994, S. 553).

2   Musterbauordnung (MBO) i.d.F. vom Dezember 1992; Textausgabe zu beziehen über den Bau-Verlag, Wiesbaden; Textausgabe mit Einführung, hrsg. von *Böckenförde/Temme/Krebs*, 3. Aufl. 1993.

ten Vorschriften anhand einiger ausgewählter Bauordnungen erläutert werden. Der gelegentlich beschrittene Weg, die MBO zu erläutern, scheint weniger sinnvoll. Denn sie gilt nirgends.

I. Zum Geltungsbereich der Landesbauordnungen: Der Begriff der baulichen Anlage

3 Die bauordnungsrechtlichen Zulässigkeitsanforderungen gelten – unabhängig von der Genehmigungsbedürftigkeit, einer Anzeigepflicht oder einer Freistellung von präventiven Verfahren – für **jede bauliche Anlage**, sofern diese nicht ausdrücklich vom Geltungsanspruch des Bauordnungsrechts ausgenommen ist.

4 Bauliche Anlagen sind „mit dem Erdboden verbundene, aus Bauprodukten hergestellte Anlagen".[3] Eine „Verbindung" mit dem Boden liegt kraft gesetzlicher Definition auch dann vor, „wenn die Anlage

– durch eigene Schwere auf dem Boden ruht oder
– auf ortsfesten Bahnen begrenzt beweglich ist oder
– nach ihrem Verwendungszweck dazu bestimmt ist, überwiegend ortsfest benutzt zu werden".[4]

5 Zur weiteren Klarstellung führen die Landesbauordnungen auch enumerativ eine Reihe von Anlagen auf, die zwingend und unabhängig von der Erfüllung der Definitionsmerkmale des Begriffs der „baulichen Anlage" als bauliche Anlagen anzusehen sind. Dazu gehören u. a. Kinderspiel- und Freizeitflächen, Camping- und Zeltplätze, Stellplätze für Kraftfahrzeuge und Standplätze für Abfallbehälter.[5]

6 Einige Anlagen, die die Merkmale des Begriffs der „baulichen Anlage" erfüllen, werden explizit vom Geltungsanspruch des Bauordnungsrechts ausgeschlossen und anderen Regelungsregimen zugewiesen. Dazu gehören u. a.

– Anlagen des öffentlichen Verkehrs und ihre Nebenanlagen, mit Ausnahme von Gebäuden,[6]
– Rohrleitungen, die dem Ferntransport von Stoffen dienen,
– Kräne und ähnliche Anlagen sowie
– Schiffe und andere schwimmende Anlagen, die ortsfest benutzt werden, einschließlich ihrer Aufbauten.[7]

---

3 Vgl. § bzw. Art. 2 Abs. 1 Satz 1 aller Bauordnungen.
4 Vgl. § bzw. Art. 2 Abs. 1 Satz 2 aller Bauordnungen.
5 Vgl. § bzw. Art. 2 Abs. 1 Satz 3 aller Bauordnungen.
6 Ob eine 450 m lange Überdachung einer Einkaufsstraße dem Bauordnungsrecht unterfällt, bleibt offen in VGH Mannheim, NVwZ-RR 1996, S. 553; eine bahnfremde Nutzung auf Bahngelände unterliegt dem Baurecht: OVG Lüneburg, NVwZ 1997, S. 602.
7 Vgl. die in § 3 NBauO bzw. jeweils in § bzw. Art. 1 Abs. 2 jeder Bauordnung ausgeschlossenen Anlagen.

Diese Ausschlusskataloge sind im Wesentlichen unproblematisch. Zum einen ist zu beachten, dass **Gebäude** regelmäßig **nicht** vom Geltungsbereich des Bauordnungsrechts ausgenommen werden. Zum anderen ist zu berücksichtigen, dass die technische Sicherheit der vom Bauordnungsrecht ausgeschlossenen Anlagen **spezialgesetzlich** geregelt ist. So werden etwa die technischen Anforderungen an die genannten Rohrleitungen auf der Grundlage von § 19d WHG normiert. Die Anforderungen an Kräne bestimmen sich nach dem Gerätesicherheitsgesetz. Dennoch gibt es auch einige Probleme, beispielsweise mit stationär verwendeten (Hotel-)Schiffen und anderen ortsfest verwendeten schwimmenden Anlagen (z.B. Schwimmdocks). Hier könnte die Anwendbarkeit des Bauordnungsrechts gelegentlich schwierige Rechtsfragen bereinigen. 7

Eine längere Zeit bedeutsame rechtliche Problematik ist inzwischen bereinigt worden: Der frühere § 29 BauGB machte die Anwendbarkeit der bau**planungs**rechtlichen Zulässigkeitstatbestände der §§ 30 ff. BauGB davon abhängig, dass nach dem maßgeblichen Landesbauordnungsrecht ein Genehmigungs- oder Anzeigeverfahren vorgeschrieben war. Um zu vermeiden, dass bauplanungsrechtlich bedeutsame Vorhaben den bundesrechtlichen Zulässigkeitsvoraussetzungen entzogen werden, hat deshalb das Bundesverwaltungsgericht in der bekannten *Wyhl*-Entscheidung erkannt, dass es dem Landesgesetzgeber untersagt sei, planungsrechtlich relevante Vorhaben von einer präventiven baurechtlichen Kontrolle freizustellen.[8] Das schließt erst recht aus, planungsrechtlich relevante Vorhaben gänzlich aus dem Geltungsbereich des Bauordnungsrechts auszunehmen. Diese Problematik ist jedoch inzwischen hinfällig geworden, weil § 29 BauGB in seiner geltenden Fassung die bauplanungsrechtlichen Zulässigkeitstatbestände unabhängig davon für maßgeblich erklärt, wie sich das Bauordnungsrecht zu diesen Vorhaben verhält. 8

II. Die bauordnungsrechtliche Generalklausel

Die baupolizeiliche Herkunft des Bauordnungsrechts[9] kommt deutlich in der bauordnungsrechtlichen **Generalklausel** zum Ausdruck, die – in Nuancen verschieden – allen Bauordnungen gemeinsam ist. So lautet auch in Hamburg das grundlegende Gebot an den Bauherrn, „dass die öffentliche Sicherheit oder Ordnung, insbesondere Leben, Gesundheit sowie die natürlichen Lebensgrundlagen nicht gefährdet werden und keine unzumutbaren Belästigungen entstehen" dürfen (§ 3 Abs. 1 Satz 1 HBauO).[10] Das Schutzgut der natürlichen Lebensgrundlagen hat erst in jüngerer Zeit Eingang in die Bauordnungen einiger Länder gefunden. Einige Bauordnungen enthalten darüber hinaus eine Konkretisierung der neuen ökologischen Zielsetzung. So heißt es z.B. in 9

---

8 BVerwGE 72, S. 300 (323 ff.).
9 Vgl. das Rechtsgutachten BVerfGE, S. 407 (430 ff.).
10 Die Bauordnungen der übrigen Bundesländer enthalten im Kern die gleiche Regelung jeweils in § bzw. Art. 3; die NBauO normiert die Generalklausel in § 1.

§ 3 Abs. 1 Satz 2 HBO: „.... insbesondere ist mit Boden, Wasser und Energie rationell und sparsam umzugehen, Bauabfälle sind zu vermeiden; Bodenaushub und nicht vermeidbare Bauabfälle sind umweltunschädlich zu verwerten, soweit dies entsprechend möglich und wirtschaftlich nicht unzumutbar ist".

10 Anders als das allgemeine Polizeirecht enthält aber das Bauordnungsrecht eine Spezifizierung der Pflichtenlage in Form der zahlreichen Anforderungen an die Bauausführung, die Baustoffe, den Brandschutz, haustechnische Anlagen usw. Daneben spielen **technische Regelwerke**, insbesondere die Normen des Deutschen Instituts für Normung (DIN), bei der Bestimmung der Sicherheitsanforderungen eine praktisch bedeutsame Rolle.[11] Rechtliche Grundlage dafür ist in Hamburg § 3 Abs. 3 Satz 1 HBauO:[12] „Die allgemein anerkannten Regeln der Technik sind zu beachten." Eine genauere Betrachtung dieser Norm führt zu rechtsdogmatischen Schwierigkeiten von erheblicher praktischer Bedeutung. Wenige Hinweise dazu müssen hier genügen.[13]

11 Seit frühen Judikaten des Reichsgerichts zum Tatbestand der Baugefährdung (§ 330 StGB a.F.; § 319 StGB) werden unter „allgemein anerkannten Regeln der Technik" (aaRT) solche Regeln verstanden, die von den Fachleuten in der Baupraxis ganz überwiegend anerkannt werden.[14] Diese aus dem Strafrecht kommende Begriffsbestimmung wird zunehmend für das öffentliche Recht der technischen Sicherheit abgelehnt. Die Erforderlichkeit staatlicher Gefahrenabwehr könne nicht von der möglicherweise falschen Mehrheitsauffassung unter den Fachleuten der technischen Praxis abhängig gemacht werden. Nur solche Regeln könnten deshalb als „aaRT" angesehen werden, die zu einer **effektiven Gefahrenabwehr** geeignet seien.[15]

12 Wenn man bedenkt, dass die so genannten technischen Regeln nicht durchweg wertneutrale Zweck-Mittel-Aussagen beispielsweise zum Hochbau darstellen, sondern – sofern sie überhaupt sicherheitsrelevant sind – zugleich eine Entscheidung über das anzustrebende **Sicherheitsniveau** enthalten,[16] wird man *Marburger* jedenfalls im Ergebnis zustimmen müssen: In welchem Maße insbesondere Leben und Gesundheit vor Risiken der Technik zu schützen sind, darf aus verfassungsrechtlichen Gründen nicht der Praxis der Beteiligten, insbesondere den risikostiftenden Kreisen überantwortet werden. Daraus folgt jedoch nicht, dass der Begriff „aaRT" neu interpretiert werden muss, sondern dass „aaRT" nur insoweit Beachtung finden dürfen, wie sie geeignet sind, das

---

11 S. dazu *Rath/Brendle*, Die Zukunft der Normung im Bauwesen – Analyse und Reformvorschläge, BauR 1997, S. 575 sowie *Büge/Tünnesen-Harms*, Braucht die Baustoffindustrie (zertifizierte) Qualitätssicherungssysteme?, BauR 1997, S. 250.
12 Die Bauordnungen der übrigen Bundesländer enthalten mit der Ausnahme Niedersachsens jeweils in § bzw. Art. 3 eine im Wesentlichen entsprechende Regelung.
13 Einzelheiten m.w.N. bei *Koch*, Grenzen der Rechtsverbindlichkeit technischer Regeln im öffentlichen Baurecht, 1986; *Battis/Gusy*, Technische Normen im Baurecht, 1988; *Di Fabio*, Rechtsnatur und Rechtsprobleme bei der bauaufsichtlichen Einführung Technischer Baubestimmungen, in: UTR Bd. 27 (1994), S. 51.
14 RGSt 44, S. 75 (79); 56, S. 343 (346).
15 Insbes. *Marburger* hat diese Position entwickelt: Die Regeln der Technik im Recht, 1979, S. 145 ff.
16 Näher zu den Komponenten einer technischen Regel: *Koch* (Fn. 13), S. 3 ff.

gesetzesgemäße **Sicherheitsniveau** zu verwirklichen. Für § 3 HBauO bedeutet dies, dass die in Abs. 3 Satz 1 angeordnete Beachtung der „aaRT" nur im Rahmen der in Abs. 1 Satz 1 statuierten Grundpflicht gilt. Das hat die praktisch erhebliche Konsequenz, dass die Exekutive und – letztverbindlich – die Gerichte über das im Bauordnungsrecht anzustrebende Sicherheitsniveau entscheiden, nicht aber die am Bau beteiligten Kreise.[17]

Was die schriftlich fixierten technischen **Regelwerke privater Normungsinstanzen** wie etwa die Normen des DIN angeht, so ist unstreitig, dass es sich dabei nicht um Rechtssätze handelt und dass diese Normen auch nicht ohne weiteres „aaRT" sind. Allerdings wird überwiegend angenommen, dass für diese Regelwerke die (widerlegliche) Vermutung streite, sie seien „aaRT". Dem kann nicht gefolgt werden.[18] Selbst wenn aber eine solche Vermutungswirkung anzunehmen wäre, so stünden die Regelwerke immer noch unter dem Relevanzvorbehalt, dass sie nur im Rahmen des **gesetzlich** vorgegebenen, von Exekutive und Gerichten zu konkretisierenden Sicherheitsniveaus Anwendung finden können.

13

Dies alles bedeutet freilich nicht, dass dem in technischer Praxis und in den technischen Regelwerken vorfindlichen Sachverstand praktisch keine rechtserhebliche Bedeutung mehr zukommen dürfe. Vielmehr ist es Aufgabe der Bauaufsichtsbehörden, nach kritischer Würdigung des Standes sachverständiger Erkenntnisse durch Verwaltungsvorschriften (in Hamburg: fachliche Weisungen) **technische Baubestimmungen** einzuführen[19] und/oder auf dem Verordnungswege Sicherheitsanforderungen zu präzisieren.[20]

14

III. Die bauliche Ausnutzung des Grundstücks

Die bauliche Ausnutzung des Grundstücks ist nach Art und Maß Gegenstand vielfältiger bau**planungs**rechtlicher Festsetzungsmöglichkeiten. Insbesondere hinsichtlich der **Anordnung** von Gebäuden und ihren Nebenanlagen auf dem Grundstück gibt es traditionell eine **Regelungskonkurrenz** von Bauplanungs- und Bauordnungsrecht. Einerseits kann bau**planungs**rechtlich die Platzierung zulässiger Bauwerke durch die Festsetzung von Baulinien, Baugrenzen oder Bebauungstiefen erfolgen (§ 9 Abs. 1 Nr. 2 BauGB, § 23 BauNVO). Andererer-

15

---

17 Einzelheiten zu dieser Position bei *Koch* (Fn. 13), insbes. S. 26 ff.; ebenso *Zängl*, Rechtsverbindlichkeit technischer Regeln (Normen) im Baurecht, BayVBl. 1986, S. 353.
18 Zur Kritik der Vermutungsthese *Koch* (Fn. 13) S. 36 ff.
19 Vgl. § 3 Abs. 3 LBO B-W; Art. 3 Abs. 2 BayBO; § 3 Abs. 3 BauO Bln; § 3 Abs. 3 BbgBO; § 3 Abs. 3 BremLBO; § 3 Abs. 3 HBauO; § 3 Abs. 3 HBO; § 3 Abs. 3 LBauO M-V; § 96 Abs. 2 NBauO; § 3 Abs. 3 Satz 1 BauO NW; § 3 Abs. 3 LBauO Rh.-Pf.; § 3 Abs. 4 LBO Saarl.; § 3 Abs. 3 SächsBO; § 3 Abs. 4 BauO LSA; § 3 Abs. 3 LBO S-H; § 3 Abs. 3 ThürBO; dazu näher *Di Fabio* (Fn. 13).
20 § 73 LBO B-W; Art. 90 BayBO; § 76 BauO Bln; § 88 BbgBO; § 86 BremLBO; § 81 HBauO; § 86 HBO; § 85 LBauO M-V; § 95 NBauO; § 85 BauO NW; § 85 LBauO Rh.-Pf.; § 94 LBO Saarl.; § 82 SächsBO; § 86 LBauO LSA; § 91 LBO S-H; § 82 ThürBO.

seits gehören Abstandsregelungen, insbesondere Bestimmungen über den **Grenzabstand** (sogenannter Bauwich), insofern zum traditionellen Bestand des Bau**ordnungs**rechts, als damit einer Brandübertragung vorgebeugt und für hinreichende Belichtung und Belüftung sowie ungestörtes Wohnen gesorgt werden soll.[21]

16 Bei Divergenzen zwischen Planungs- und Bauordnungsrecht haben nach § 6 Abs. 13 HBauO zwingende Festsetzungen eines Bebauungsplanes Vorrang.[22] Dem entspricht auch § 6 Abs. 1 Satz 2 HBauO: „Vor Außenwänden, die planungsrechtlich oder bauordnungsrechtlich an Nachbargrenzen errichtet werden müssen oder dürfen, sind Abstandsflächen nicht erforderlich."[23] Eine Relativierung des Vorrangs für das Planungsrecht enthält § 4 Abs. 4 HBauO mit Rücksicht auf die **reale** bauliche Situation: Eine vorhandene Grenzbebauung auf dem Nachbargrundstück bzw. ein dort gewährter Grenzabstand haben zur Folge, dass eine vom Plan abweichende Bebauung auf der Grenze bzw. mit Grenzabstand auf dem Baugrundstück zugelassen oder verlangt werden kann.[24]

17 In der Sache unterscheidet die HBauO – der Musterbauordnung folgend und in Übereinstimmung mit der überwiegenden Zahl von Landesbauordnungen – nicht mehr zwischen Grenzabständen und Abstandsflächen vor notwendigen Fenstern, sondern kennt nur noch „**Abstandsflächen**" als Flächen, die vor Außenwänden von Gebäuden frei von baulichen Anlagen zu halten sind (§ 6 Abs. 1 Satz 1 HBauO).[25] Die Abstandsflächen müssen grundsätzlich auf dem jeweiligen Baugrundstück liegen, jedoch werden öffentliche Verkehrsflächen, Gewässer erster Ordnung sowie – mit Einschränkungen – öffentliche Wälder und Grünflächen bis zu deren Mitte angerechnet (§ 6 Abs. 2 Satz 2 HBauO).[26]

---

21 Zu dieser Funktion der bauordnungsrechtlichen Abstandsflächenregelungen s. BVerwGE 88, S. 191 (195); vgl. ferner *Schulte*, Probleme der Neuregelung der Abstandsflächenvorschriften durch die BauO NW 1995, BauR 1996, 26; *Fley*, Vorrang des Bebauungsplans vor einer Abstandsflächenregelung nach den Landesbauordnungen, BauR 1995, S. 303.

22 Vgl. § 5 Abs. 1 Satz 3 LBO B-W; Art. 7 Abs. 1 BayBO; § 6 Abs. 14 BauO Bln; § 6 Abs. 11 BbgBO; § 6 Abs. 9 BremLBO; § 6 Abs. 13 HBO; § 6 Abs. 15 LBauO M-V; § 13 Abs. 3 NBauO; § 6 Abs. 17 BauO NW; § 8 Abs. 11 LBauO Rh.-Pf.; § 7 Abs. 4 LBO Saarl.; § 6 Abs. 15 SächsBO; § 6 Abs. 15 BauO LSA; § 6 Abs. 13 LBO S-H; § 6 Abs. 16 ThürBO.

23 Vgl. § 5 Abs. 1 LBO B-W; Art. 6 Abs. 1 BayBO; § 6 Abs. 1 BauO Bln; § 6 Abs. 1 BbgBO; § 6 Abs. 1 BremLBO; § 6 Abs. 1 HBO; § 6 Abs. 1 LBauO M-V; § 8 NBauO; § 6 Abs. 1 BauO NW; § 8 Abs. 1 LBauO Rh.-Pf.; § 6 Abs. 1 LBO Saarl.; § 6 Abs. 1 SächsBO; § 6 Abs. 1 BauO LSA; § 6 Abs. 1 LBO S-H; § 6 Abs. 1 ThürBO.

24 Vgl. § 6 Abs. 5 LBO B-W; Art. 6 Abs. 1 Sätze 3 u. 4 BayBO; § 6 Abs. 1 BauO Bln; § 6 Abs. 1 BbgBO; § 6 Abs. 1 BremLBO; § 6 Abs. 1 HBO; § 6 Abs. 1 LBauO M-V; § 8 Abs. 3 NBauO; § 6 Abs. 1 BauO NW; § 6 Abs. 1 LBauO Rh.-Pf.; § 6 Abs. 1 LBO Saarl.; § 6 Abs. 1 Sätze 3 u. 4 SächsBO; § 6 Abs. 1 BauO LSA; § 6 Abs. 1 LBO S-H; § 6 Abs. 1 ThürBO.

25 Zwischen Grenzabständen (Bauwich) und Abstandsflächen unterscheidet nur noch die NBauO (§ 10 NBauO).

26 Vgl. § 5 Abs. 2 LBO B-W; Art. 6 Abs. 7 BayBO; § 6 Abs. 2 BauO Bln; § 6 Abs. 2 BbgBO; § 6 Abs. 2 BremLBO; § 6 Abs. 2 HBO; § 6 Abs. 2 LBauO M-V; § 9 Abs. 1 NBauO; § 6 Abs. 2 BauO NW; § 8 Abs. 2 LBauO Rh.-Pf.; § 6 Abs. 2 LBO Saarl.; § 6 Abs. 2 SächsBO; § 6 Abs. 2 BauO LSA; § 6 Abs. 2 LBO S-H; § 6 Abs. 2 ThürBO.

Auch dürfen sich Abstandsflächen auf andere Grundstücke dann erstrecken, wenn dies im Wege der **Baulast** (vgl. unten Rn. 42 ff.) gesichert wird.[27] Für die Bemessung der Tiefe der Abstandsflächen ist die **Höhe** der jeweiligen Außenwand mit einem Zuschlag für die Dachhöhe maßgeblich. Bei einer Dachneigung von 45° bis 60° ist die halbe Dachhöhe, bei einer Neigung über 60° die ganz Dachhöhe in Ansatz zu bringen (§ 6 Abs. 6 HBauO).[28] Das sich bei Addition ergebende Maß ist die Höhe („h"), die in § 6 Abs. 9, 10, 12 HBauO zur Tiefenbestimmung für die Abstandsflächen verwendet wird. Pauschal betrachtet fordern die Bauordnungen neben einem Mindestabstand von zumeist 3 m eine Abstandsfläche von 40 bis 100 % des Höhenmaßes. Regelmäßig wird ein geringerer Abstand für schmale, bis zu 16 m tiefe Gebäudeseiten zugelassen (**Schmalseitenprivileg**). Auf die mitunter recht komplizierten Einzelheiten dieser Regelung ist hier nicht näher einzugehen.[29]

18

IV. Anforderungen an die Bauausführung im Überblick

Die Anforderungen an die Bauausführung bilden im Grunde den „harten Kern" bauordnungsrechtlicher Gefahrenabwehr. Sie können hier gleichwohl nur im Überblick dargestellt werden. Zu diesen Anforderungen der Bauordnungen zählen insbesondere:

19

- Die Betriebs- und Verkehrssicherheit der Baustellen,[30]
- Die Gewährleistung der Standsicherheit:[31] Dazu gehört vor allem, dass die Gebäude statischen Anforderungen genügen müssen und der Baugrund hinreichend tragkräftig ist, dass das Gebäude gegen chemische und physikalische Einflüsse sowie gegen Schädlingsbefall gesichert ist.

---

27 Vgl. § 7 Abs. 1 LBO B-W; in Art. 7 Abs. 5 BayBO ist eine „Zustimmung" des Nachbarn vorgesehen, die auch für und gegen seinen Rechtsnachfolger gilt; § 7 Abs. 1 BbgBO; § 7 HBauO; § 7 Abs. 1 HBO; § 7 Abs. 1 LBauO M-V; § 9 Abs. 2 NBauO; § 7 Abs. 1 BauO NW; § 9 Abs. 1 LBauO Rh.-Pf.; § 8 Abs. 1 LBO Saarl.; § 7 Abs. 1 SächsBO; § 7 Abs. 1 BauO LSA; § 7 Abs. 1 LBO S-H; § 7 Abs. 1 ThürBO.
28 Vgl. § 5 Abs. 4 LBO B-W; Art. 6 Abs. 3 BayBO; § 6 Abs. 4 BauO Bln; § 6 Abs. 4 BbgBO; § 6 Abs. 4 BremLBO; § 6 Abs. 4 HBO; § 6 Abs. 4 LBauO M-V; § 6 Abs. 4 BauO NW; § 8 Abs. 4 LBauO Rh.-Pf.; § 6 Abs. 4 LBO Saarl.; § 6 Abs. 4 SächsBO; § 6 Abs. 4 BauO LSA; § 6 Abs. 4 LBO S-H; § 6 Abs. 4 ThürBO.
29 S. dazu im Überblick *Ortloff*, Die Entwicklung des Bauordnungsrechts, NVwZ 1998, S. 581(582); *ders.*, Die Entwicklung des Bauordnungsrechts, NVwZ 1997, S. 333 (334).
30 Vgl. § 12 LBO B-W; Art. 12 BayBO; § 12 BauO Bln; § 14 BbgBO; § 14 BremLBO; § 14 HBauO; § 14 HBO; § 11 LBauO M-V; § 17 NBauO; § 14 BauO NW; § 51 LBauO Rh.-Pf.; § 13 LBO Saarl.; § 14 SächsBO; § 14 BauO LSA; § 16 LBO S-H; § 14 ThürBO.
31 Vgl. § 13 LBO B-W; Art. 13 BayBO; § 13 BauO Bln; § 15 BbgBO; § 15 BremLBO; § 15 HBauO; § 15 HBO; § 12 LBauO M-V; § 18 NBauO; § 15 BauO NW; § 13 LBauO Rh.-Pf.; § 16 LBO Saarl.; § 15 SächsBO; § 15 BauO LSA; § 17 LBO S-H; § 15 ThürBO.

- Die brandschutztechnischen Anforderungen an Gebäude und Gebäudeteile:[32] Leicht entflammbare Baustoffe dürfen nicht verwendet werden. Wände müssen in der Regel feuerbeständig sein und ihre Standsicherheit bei Bränden behalten. Durch feuerbeständige Brandwände ist zu gewährleisten, dass Brände nicht auf andere Gebäude und Gebäudeabschnitte übergreifen. Decken müssen mindestens feuerhemmend sein. Die Differenzierung zwischen feuerhemmenden und feuerbeständigen Gebäudeteilen knüpft an so genannte Feuerwiderstandsklassen an. Für den Fall eines Brandes sind durch die Anordnung durchgehender Treppenhäuser und ausreichend breiter Flure Rettungswege einzurichten.
- Die Gebrauchssicherheit: Dazu zählt beispielsweise, dass Treppen durch ausreichende Stufenbreite und einen Handlauf gesichert sind und dass alle zugänglichen Flächen eine lichte Mindesthöhe (von 2 m) aufweisen. Eine sichere Benutzung des Gebäudes gewährleisten diverse Anforderungen an die haustechnischen Anlagen. Diese umfassen die Betriebssicherheit von Lüftungs-, Leitungs- und Kanalanlagen sowie von Feuerungs-, Wärme- und Brennstoffversorgungsanlagen. Die sicherheitstechnischen Anforderungen an die Elektroinstallationen sind nicht bauordnungsrechtlich, sondern in der 2. Durchführungsverordnung zum Energiewirtschaftsgesetz unter Bezugnahme auf technische Normen des Verbandes Deutscher Elektrotechnik (VDE) geregelt.

V. Bauprodukte

20 Bauprodukte – das sind Baustoffe, Bauteile, Anlagen und Fertigbauten (vgl. § 2 Abs. 11 HBauO)[33] – dürfen nur verwendet werden, wenn gewährleistet ist, dass durch ihre Verwendung keine Gefahren i. S. der bauordnungsrechtlichen Generalklausel hervorgerufen werden und auch sonst nicht gegen Bauordnungsrecht verstoßen wird. Um dies zu gewährleisten, schreiben die Bauordnungen die Zulassung und Kontrolle von Bauprodukten in einem recht komplizierten, aber weitgehend einheitlichem Regelungsschema vor, dessen Grundzüge sich folgendermaßen darstellen:[34]

21 Soweit die an Bauprodukte zu stellenden Sicherheitsanforderungen durch allgemein anerkannte Regeln der Technik konkretisiert worden sind, ist der Nachweis zu erbringen, dass das Bauprodukt diesen Regeln entspricht. Diese Voraussetzungen erfüllen ohne weiteres solche Baustoffe, die nach den Vor-

---

32 Vgl. § 17 LBO B-W; Art. 15 BayBO; § 15 BauO Bln; § 17 BbgBO; § 17 BremLBO; § 17 HBauO; § 17 HBO; § 14 LBauO M-V; § 20 NBauO; § 17 BauO NW; § 15 LBauO Rh.-Pf.; § 18 LBO Saarl.; § 17 SächsBO; § 17 BauO LSA; § 19 LBO S-H; § 17 ThürBO.
33 Vgl. § 17 LBO B-W; Art. 19 BayBO; § 18 BauO Bln; § 20 BbgBO; § 20 BremLBO; § 20 HBO; § 17 LBauO M-V; § 24 NBauO; § 20 BauO NW; § 18 LBauO Rh.-Pf.; § 25 LBO Saarl.; § 20 SächsBO; § 20 BauO LSA; § 23 LBO S-H; § 20 ThürBO.
34 Vgl. für Einzelheiten *Runkel*, EG-Binnenmarkt für Bauprodukte – das Bauproduktegesetz, ZfBR 1992, S. 199.

schriften des **Bauproduktgesetzes** oder vergleichbare Vorschriften anderer EU-Mitgliedstaaten zugelassen und mit dem **Konformitätszeichen der EG** (CE-Zeichen) gekennzeichnet sind. Baustoffe, die nicht mit dem CE-Zeichen gekennzeichnet sind, bedürfen eines gesonderten Nachweises, dass sie nicht wesentlich von den aaRT abweichen (so genannter Übereinstimmungsnachweis). Dieser Übereinstimmungsnachweis wird erbracht durch (1) das Übereinstimmungszertifikat einer staatlichen Zertifizierungsstelle oder (2) die Übereinstimmungserklärung des Herstellers.[35]

Die Zulassung und Überwachung von Bauprodukten haben die Länder auf der Grundlage entsprechender Ermächtigungen in ihren Bauordnungen im Wesentlichen dem auf Grund eines Bund-Länderabkommens als Anstalt des öffentlichen Rechts gegründeten *Deutschen Institut für Bautechnik (DIB)* übertragen. Das DIB hat in der Bauregelliste A für eine Vielzahl von Bauprodukten die Anforderungen bestimmt, die diese Stoffe nach den aaRT erfüllen müssen. Bauprodukte, die von der Bauregelliste A erfasst sind (so genannte geregelte Baustoffe), erhalten den Übereinstimmungsnachweis, wenn sie nicht wesentlich von den darin bestimmten Anforderungen abweichen. Für Bauprodukte, die von den Bestimmungen der Bauregelliste A wesentlich abweichen, und für nicht geregelte Bauprodukte kann die Übereinstimmung mit den aaRT generell durch eine allgemeine bauaufsichtliche Zulassung[36] oder ein allgemeines bauaufsichtliches Prüfzeugnis[37] nachgewiesen werden. Zulassung bzw. Prüfzeugnis ergehen nach einer Prüfung durch das DIB und werden in der Bauregelliste A bekannt gemacht. Ferner können die nicht geregelten Bauprodukte auch mit einer Zustimmung im Einzelfall verwendet werden.[38] 22

Die Übertragung der Prüfung und Überwachung von Bauprodukten auf das DIB ist landesverfassungsrechtlich unbedenklich. Nach Art. 2 Abs. 3 der Hamburgischen Verfassung darf Hamburg mit anderen Bundesländern gemeinsame Behörden gründen bzw. sich an solchen Einrichtungen beteiligen.[39] Dabei darf sich Hamburg sicherlich nicht vollständig des eigenen Einflusses auf die Entscheidungen des gemeinsamen Verwaltungsträgers begeben. Dies ist nach den genannten Vorschriften aber auch nicht geschehen. Bundesverfas- 23

---

35 Vgl. § 22 LBO B-W; Art. 24 BayBO; § 22 BauO Bln; § 25 BbgBO; § 25 BremLBO; § 22 HBauO; § 25 HBO; § 22 LBauO M-V; § 28 NBauO; § 25 BauO NW; § 22 LBauO Rh.-Pf.; § 30 LBO Saarl.; § 24 SächsBO; § 25 BauO LSA; § 28 LBO S-H; § 24 ThürBO.
36 Vgl. § 18 LBO B-W; Art. 20 BayBO; § 19 BauO Bln; § 21 BbgBO; § 21 BremLBO; § 20a HBauO; § 21 HBO; § 18 LBauO M-V; § 25 NBauO; § 21 BauO NW; § 19 LBauO Rh.-Pf.; § 26 LBO Saarl.; § 21 SächsBO; § 21 BauO LSA; § 24 LBO S-H; § 21 ThürBO.
37 Vgl. § 19 LBO B-W; Art. 20 BayBO; § 19a BauO Bln; § 22 BbgBO; § 22 BremLBO; § 20b HBauO; § 22 HBO; § 19 LBauO M-V; § 25a NBauO; § 22 BauO NW; § 19a LBauO Rh.-Pf.; § 27 LBO Saarl.; § 22 SächsBO; § 22 BauO LSA; § 25 LBO S-H; § 21a ThürBO.
38 Vgl. § 20 LBO B-W; Art. 22 BayBO; § 20 BauO Bln; § 23 BbgBO; § 23 BremLBO; § 20c HBauO; § 23 HBO; § 20 LBauO M-V; § 26 NBauO; § 23 BauO NW; § 20 LBauO Rh.-Pf.; § 28 LBO Saarl.; § 23 SächsBO; § 23 BauO LSA; § 26 LBO S-H; § 22 ThürBO.
39 Neben Hamburg hat auch Berlin eine solche verfassungsrechtliche Ermächtigung in Art. 96 BerlVerf; die übrigen Länder haben mit den Gesetzen über die Errichtung des Deutschen Instituts für Bautechnik einfachgesetzliche Grundlagen geschaffen.

VI. Bauliche Gestaltung

24 Nach § 12 Abs. 1 HBauO müssen bauliche Anlagen „nach Form, Maßstab, Verhältnis der Baumassen und Bauteile zueinander, Werkstoff und Farbe so gestaltet sein, dass sie nicht verunstaltet wirken". Absatz 2 verlangt, dass Straßenbild, Ortsbild, Stadtbild und Landschaftsbild nicht verunstaltet werden dürfen. Absatz 3 eröffnet die Möglichkeit, an umgebungsprägende Bauten besondere Anforderungen zu stellen. Absatz 4 unterwirft die Dachgestaltung, Absatz 5 die Anbauweise spezifischen Anforderungen.

25 Auch in den Bauordnungen der anderen Länder sind die Gebote für die **Baugestaltung** ähnlich unspezifisch und vage.[40] Diese Normen sind offenbar auch nicht über eine konkretisierungsfreudige Rechtsprechung zu nachhaltigem Einfluss gelangt. Andernfalls hätte eine Reihe erschreckend monotoner Vorstädte der Bundesrepublik nicht entstehen können.[41] Dabei mag auf Seiten der Rechtsprechung eine verständliche Zurückhaltung gegenüber dem Gebotsgehalt der Baugestaltungsverordnung von 1936 – RGBl. I, S. 938 – („anständige Baugesinnung") eine Rolle gespielt haben. Eine zurückhaltende Tendenz ist sicher durch die verfassungskonforme Auslegung des § 1 der Baugestaltungsverordnung seitens des Bundesverwaltungsgerichts angestoßen worden. Die Richter befanden seinerzeit, dass die ausreichende rechtsstaatliche Bestimmtheit dieser Normen nur erreichbar sei, wenn sie im Sinne einer Vermeidung von „Verunstaltung", das ästhetische Empfinden nicht bloß beeinträchtigender, sondern verletzender „Zustände" verstanden werde.[42] Auf diese Rechtsprechung geht auch noch die Wortwahl von § 12 Abs. 1 und 2 HBauO zurück.[43]

26 Anlagen der **Außenwerbung** sind in besonderem Maße geeignet, verunstaltend zu wirken. Sie erfahren daher in allen Bauordnungen eine nähere Regelung.[44] Nach dem besonders detaillierten hamburgischen Recht gilt für Anlagen der Außenwerbung zunächst der bereits erwähnte § 12 HBauO. Dies folgt entweder aus dem Charakter einer Werbeanlage als baulicher Anlage oder

---

40 Vgl. § 11 LBO B-W; Art. 11 BayBO; § 10 BauO Bln; § 12 BbgBO; § 12 BremLBO; § 12 HBO; § 10 LBauO M-V; § 53 NBauO; § 12 BauO NW; § 5 LBauO Rh.-Pf.; § 4 LBO Saarl.; § 12 SächsBO; § 12 BauO LSA; § 12 LBO S-H; § 12 ThürBO.
41 Fast gänzliches Versagen des Baurechts auf dem Gebiet der Baugestaltung diagnostiziert *Wiechert*, Baurecht, in: Faber/Schneider (Hrsg.), Niedersächsisches Staats- und Verwaltungsrecht, 1985, S. 278 (307).
42 BVerwGE 2, S. 172 (176f.).
43 So ausdrücklich die Begründung des Gesetzentwurfs (Bürgerschafts-Drs. 11/5093, S. 52).
44 Vgl. § 11 Abs. 3 LBO B-W; Art. 11 Abs. 2 BayBO; § 11 BauO Bln; § 13 BgbBO; § 13 BremLBO; § 13 HBauO; § 13 HBO; § 53 LBauO M-V; § 49 NBauO; § 13 BauO NW; § 50 LBauO Rh.-Pf.; § 15 LBO Saarl.; § 13 SächsBO; § 13 BauO LSA; § 15 LBO S-H; § 13 ThürBO.

– falls diese Voraussetzung zu verneinen ist – aus der ausdrücklichen Regelung des § 13 Abs. 2 Satz 1 HBauO, der die sinngemäße Anwendung der für bauliche Anlagen geltenden Vorschriften anordnet. Ferner gelten für Anlagen der Außenwerbung die besonderen Anforderungen der Absätze 3 bis 10 von § 13 HBauO. Dabei normiert Absatz 3 ein Verbot von Werbeanlagen für näher bestimmte, eindeutig verunstaltende Gestaltungen und für die Fälle der Gefährdung der Verkehrssicherheit. Im Übrigen muss unterschieden werden zwischen der Werbung am **Ort der Leistung** und der **Erinnerungswerbung**. Allgemein in Vorgärten (Absatz 4) und im Übrigen in Kleinsiedlungsgebieten, Dorfgebieten und Wohngebieten (Absatz 5) sowie außerhalb der im Zusammenhang bebauten Ortsteile (Absatz 7) ist grundsätzlich nur Werbung am Ort der Leistung zulässig. Die Ausnahmeregelungen sind zu beachten. Soweit Erinnerungswerbung zulässig ist, sind spezifische gestalterische Einschränkungen normiert (Absatz 6). Absatz 10 enthält eine Regelung für Automaten.

Neben den genannten Bestimmungen enthalten die Bauordnungen Ermächtigungen zum Erlass **ortsrechtlicher Vorgaben für die Baugestaltung**. Auf deren Grundlage können die Gemeinden im Interesse eines einheitlichen Ortsbildes durch so genannte Gestaltungssatzungen[45] oder durch Festsetzungen im Bebauungsplan[46] insbesondere die Dach- und Fassadengestaltung regeln. Die satzungsrechtlich bestimmten Anforderungen an die Baugestaltung unterliegen nach der Rechtsprechung des Bundesverwaltungsgerichts nicht dem Abwägungsgebot des § 1 Abs. 6 BauGB, und zwar auch dann nicht, wenn sie nach § 9 Abs. 4 BauGB im Bebauungsplan festgesetzt werden.[47] Die Festsetzungen behalten ihren ordnungsrechtlichen Charakter; ihre Gültigkeit beurteilt sich nach den allgemeinen Anforderungen an kommunales Satzungsrecht, insbesondere danach, ob die in ihnen liegende Eigentumsinhaltsbeschränkung gemäß Art. 14 Abs. 1 Satz 2, Abs. 2 GG gerechtfertigt ist.

27

VII. Notwendige Ausstattung baulicher Anlagen

Zahlreiche Normen der Landesbauordnungen sollen eine **funktionsgerechte Nutzung** der baulichen Anlagen gewährleisten. Sie normieren deshalb – abhängig von der Art der Nutzung – Anforderungen an die Ausstattung der Gebäude und Grundstücke. Dazu wird hier nur ein knapper Überblick über

28

---

45 Vgl. § 74 LBO B-W; Art. 91 Abs. 1 BayBO; § 76 Abs. 8 BauO Bln; § 89 Abs. 1 BbgBO; § 87 Abs. 1 BremLBO; § 81 Abs. 1 Nr. 6 HBauO; § 87 Abs. 1 HBO; § 86 Abs. 1 LBauO M-V; § 56 i. V. m. § 97 NBauO; § 86 Abs. 1 BauO NW; § 86 Abs. 1 LBauO Rh.-Pf.; § 93 Abs. 1 LBO Saarl.; § 83 SächsBO; § 87 Abs. 1 BauO LSA; § 92 Abs. 1 LBO S-H; § 83 Abs. 1 ThürBO.
46 Vgl. § 87 Abs. 3 BremLBO; § 87 Abs. 4 HBO; § 86 Abs. 4 LBauO M-V; § 56 i V.m. § 98 NBauO; § 86 Abs. 4 BauO NW; § 86 Abs. 6 LBauO Rh.-Pf.; § 93 Abs. 4 LBO Saarl.; § 83 Abs. 4 SächsBO; § 87 Abs. 4 BauO LSA; § 92 Abs. 4 LBO S-H; § 83 Abs. 4 ThürBO.
47 BVerwG, NVwZ 1995, 899; ausführlich zu diesem Themenfeld *Manssen*, Stadtgestaltung durch örtliche Bauvorschriften, 1990.

29 die in den Einzelheiten stark voneinander abweichenden Landesregelungen gegeben:

29 Die **Erschließung** des Grundstücks wird teilweise bauordnungsrechtlich angeordnet. Insbesondere fordern die Bauordnungen, dass die ausreichende dauernde **Trinkwasserversorgung** durch Anschluss des Gebäudes an die öffentliche Wasserversorgung und entsprechende Versorgungsanlagen gewährleistet ist.[48] Ebenfalls bauordnungsrechtlich vorgeschrieben ist, dass die **Abwasserbeseitigung** durch die erforderlichen Anlagen und den Anschluss an die öffentliche Kanalisation gesichert ist.[49] Schließlich ist auch die **Abfallentsorgung** zu gewährleisten.[50] Jeweils werden detaillierte Anforderungen an die Lage und Beschaffenheit der erforderlichen Ver- und Entsorgungseinrichtungen gestellt.

30 Besondere Anforderungen stellen die Bauordnungen an die **Ausstattung von Aufenthaltsräumen**[51] und insbesondere von **Wohnungen**.[52] U.a. wird eine Mindestraumhöhe vorgeschrieben. Die Räume müssen durch nach außen führende Fenster ausreichend belichtet und belüftbar sein. Wohnungen müssen für sich abgeschlossen sein, ausreichend Aufenthaltsraum, eine Küche, einen Waschraum und eine Toilette haben.

31 Alle Bauordnungen enthalten ferner Vorschriften über die **Herrichtung nicht bebauter Grundstücksteile**. Für Wohngebäude sind auf dem jeweiligen Grundstück selbst oder einem anderen in der Nähe gelegenen Grundstück Kinderspiel- und Freizeitflächen herzustellen.[53] Hierfür werden bestimmte Mindestmaße vorgegeben. In Hamburg beispielsweise muss eine Kinderspiel- und Freizeitfläche für Gebäude mit mehr als fünf Wohneinheiten von mindestens 10 m² pro Wohneinheit und mindestens 150 m² Gesamtfläche eingerichtet

---

48 Vgl. § 33 Abs. 1 LBO B-W; § 39 BauO Bln; § 43 BbgBO; § 42 BremLBO; § 39 HBauO; § 41 HBO; § 40 LBauO M-V; § 42 Abs. 1 NBauO; § 44 BauO NW; § 38 Abs. 1 LBauO Rh.-Pf.; § 44 Abs. 2 LBO Saarl.; § 40 SächsBO; § 43 BauO LSA; § 46 LBO S-H; § 40 ThürBO; keine entsprechende Bestimmung enthält die BayBO.
49 Vgl. § 33 Abs. 3 LBO B-W; Art. 42 BayBO; § 40 BauO Bln; § 44 BbgBO; § 43 BremLBO; § 40 HBauO; § 42 HBO; § 41 LBauO M-V; § 42 Abs. 2 NBauO; § 44 BauO NW; § 38 Abs. 2 LBauO Rh.-Pf.; § 44 Abs. 3 LBO Saarl.; § 41 SächsBO; § 44 BauO LSA; § 47 LBO S-H; § 41 ThürBO.
50 Vgl. § 33 Abs. 2 LBO B-W; Art. 43, 44 BayBO; §§ 42, 43 BauO Bln; § 47 BbgBO; § 45 BremLBO; § 43 HBauO; § 45 HBO; § 43 LBauO M-V; § 42 Abs. 3 NBauO; § 46 BauO NW; § LBauO Rh.-Pf.; § 44 LBO Saarl.; § 44 Sächs BauO; § 47 BauO LSA; § 50 LBO S-H; § 44 ThürBO.
51 Vgl. § 34 LBO B-W; Art. 45 BayBO; § 44 BauO Bln; § 48 BbgBO; § 46 BremLBO; § 44 HBauO; § 46 HBO; § 44 LBauO M-V; § 43 NBauO; § 48 BauO NW; § 41 LBauO Rh.-Pf.; § 45 LBO Saarl.; § 45 SächsBO; § 48 BauO LSA; § 51 LBO S-H; § 45 ThürBO.
52 Vgl. § 35 LBO B-W; Art. 44 – 50 BayBO; § 45 BauO Bln; § 49 BbgBO; § 47 BremLBO; § 45 HBauO; § 47 HBO; § 45 LBauO M-V; § 44 NBauO; §§ 49, 50 BauO NW; § 42 LBauO Rh.-Pf.; § 46 LBO Saarl.; § 46–48 SächsBO; § 49 BauO LSA; § 52 LBO S-H; § 46 ThürBO.
53 Vgl. § 9 LBO B-W; Art. 8 BayBO; § 8 BauO Bln; § 9 BbgBO; § 8 BremLBO; § 10 HBauO; § 9 HBO; § 8 LBauO M-V; § 14 NBauO; § 9 Abs. 1 BauO NW; § 11 LBauO Rh.-Pf.; § 11 LBO Saarl.; § 9 Abs. 3–5 SächsBO; § 9 BauO LSA; § 10 LBO S-H; § 9 ThürBO.

werden. Im Übrigen sind die nicht bebauten Grundstücksteile in der Regel zu **bepflanzen**.[54] Teils gebieten die Bauordnungen auch, dass die Grundstücksoberfläche wasseraufnahmefähig zu gestalten ist.[55] Eine Bepflanzung mit Hecken und Büschen kann auch zur Abschirmung von Belästigungen durch Lärm, Passanten usw. verlangt werden. Aus Gründen der Sicherheit kann auch eine **Einfriedung** des Grundstücks gefordert werden.[56]

Nicht nur Versiegelungsverbot und Bepflanzungsgebot zeugen von einer zunehmenden, teilweise auch in den bauordnungsrechtlichen Generalklauseln verankerten **Ökologisierung des Bauordnungsrechts**.[57] Eine Vielfalt weiterer Regelungen der Landesbauordnungen sieht Maßnahmen umweltgerechten Bauens vor, wie beispielsweise das Gebot energiesparender Bauweise.[58] Insofern dürften allerdings die WärmeschutzVO des Bundes und die HeizungsanlagenVO die maßgeblichen und effektiveren Regelungen enthalten.[59] In der Sache sind diese Regelwerke auch materielles Bauordnungsrecht.

32

Ein weiteres, praktisch sehr relevantes Ausstattungselement ist neuerdings unter ökologischen Gesichtspunkten in die Kritik geraten: Alle Bauordnungen schreiben vor,[60] dass auf dem Baugrundstück oder einem in der Nähe gelegenen Grundstück die zur Bewältigung des durch die bauliche Anlage zusätzlich geschaffenen Parkraumbedarfs **notwendigen Kraftfahrzeugstellplätze** herzustellen sind.[61] Regelmäßig werden die Bauaufsichtsbehörden ermächtigt, den Ort und die Art der Stellplatzerrichtung im Hinblick auf städtebauliche und verkehrliche Erfordernisse zu bestimmen. Ist die Herstellung der Stellplätze unmöglich oder unzumutbar, so tritt in der Regel an die Stelle der Herstel-

33

---

54 Vgl. § 9 Abs. 1 LBO B-W; Art. 5 BayBO; § 8 BauO Bln; § 9 Abs. 1 BbgBO; § 7 BremLBO; § 9 Abs. 1 HBauO; § 9 HBO; § 8 LBauO M-V; § 14 NBauO; § 9 BauO NW; § 10 LBauO Rh.-Pf.; § 11 LBO Saarl.; § 9 Abs. 1 SächsBO; § 9 LBO S-H; § 9 ThürBO.
55 Vgl. § 8 Abs. 2 BauO Bln; § 9 Abs. 1 BbgBO; § 7 Abs. 1 BremLBO; § 9 Abs. 4 HBauO; § 9 Abs. 1 HBO; § 14 Abs. 4 NBauO; § 9 Abs. 1 BauO NW; § 10 Abs. 3 LBauO Rh.-Pf.; § 9 Abs. 1 SächsBO; § 9 Abs. 1 BauO LSA; § 9 Abs. 3 LBO S-H.
56 Vgl. Art. 9 BayBO; § 9 BremLBO; § 11 HBauO; § 10 HBO; § 15 NBauO; § 10 BauO NW; § 12 LBauO Rh.-Pf.; § 12 LBO Saarl.; § 10 BauO LSA; § 10 ThürBO.
57 Vgl. schon die Vorschläge zur Weiterentwicklung bei *Battis*, Rechtliche Rahmenbedingungen des ökologischen Bauens, NuR 1993, S. 1 und *Steffen*, Bausteine für eine Ökologisierung des Bauordnungsrechts, ZUR 1993, S. 49. Kritisch mit Blick auf die dadurch erschwerte Beschleunigung des Genehmigungsverfahrens *Herbert/Keckemeti/Dittrich*, Die neue Hessische Bauordnung (HBO 1993) – Umweltschutz und Verfahrensbeschleunigung?, ZfBR 1995, S. 67 (70); gegen diese Ansicht überzeugend schon *Erbguth/Stollmann*, Aktuelle Rechtsentwicklungen im Bauordnungsrecht, JZ 1995, S. 1141 (1149 f.).
58 § 18 Abs. 1 BauO NW; Art. 16 Abs. 1 BayBO. Informativer Überblick für die HBO 1993 bei *Herbert/Keckemeti/Dittrich* (Fn. 57).
59 Beide VOen beruhen auf dem EnergieeinsparungsG und werden gegenwärtig mit der Zielsetzung der Verschärfung überarbeitet. Die HeizungsanlagenVO dient auch der Umsetzung der HeizkesselwirkungsgradRL (92/42/EWG). Für Einzelheiten *Thorwarth*, CO_2-Minderungspotentiale im Wärmebedarf von Wohn- und Gewerbegebäuden und das Instrumentarium des Bau- und Immissionsschutzrechts, in: Koch/Caspar /Hrsg.), Klimaschutz im Recht, 1997, S. 185 (196 ff.).
60 Vgl. zu den vielfältigen Variationen des aktuellen Stellplatzrechts *Ortloff*, NVwZ 1997, S. 336.
61 Vgl. § 37 LBO B-W; Art. 52 BayBO; § 48 BauO Bln; § 52 BbgBO; § 49 BremLBO; § 48 HBauO; § 50 HBO; § 48 LBauO M-V; § 47 NBauO; § 51 BauO NW; § 45 LBauO Rh.-Pf.; § 50 LBO Saarl.; § 49 SächsBO; § 52 BauO LSA; § 55 LBO S-H; § 49 ThürBO.

lungspflicht die Pflicht, einen Ausgleichs- oder Ablösebetrag zu entrichten,[62] den die Gemeinden zweckgebunden zur Bewältigung des ruhenden Verkehrs einzusetzen haben.[63] In den letzten Jahren haben die landesrechtlichen Regelungen über Stellplätze eine bemerkenswerte Diversifizierung erfahren. Vor allem ökologische Ansätze fanden in unterschiedlicher Konsequenz Eingang in die diesbezüglichen Regelungen. Durch das kontinuierlich starke Wachstum des motorisierten Individualverkehrs waren und sind viele Gemeinden in eine Notstandssituation gekommen.[64] Auf der Grundlage der zutreffenden Annahme, dass Parkraum Kraftfahrzeugverkehr anzieht, sind Konzepte eines stellplatzreduzierenden und –optimierenden Parkraummanagements entwickelt worden.[65] Dies versuchen inzwischen einige Bundesländer auch dadurch zu fördern, dass sie die bauordnungsrechtliche Stellplatzpflicht flexibilisiert haben. Die weitestgehende Lösung hat dabei die Berliner Bauordnung mit dem so genannten „Berliner Modell" gewählt und die Stellplatzpflicht praktisch abgeschafft.[66] Hessen und Nordrhein-Westfalen sind den Weg der Verantwortungsweitergabe gegangen und haben die Gemeinden umfassend[67] bzw. für bestimmte Teile des Gemeindegebiets[68] ermächtigt, Stellplatzregelungen durch kommunale Satzungen zu treffen.[69]

34 Schließlich sind noch die Regelungen über **Gemeinschaftsanlagen** zu erwähnen.[70] Darin wird bestimmt, dass die Herstellung und Unterhaltung von Gemeinschaftsanlagen verlangt werden kann, um auf diesen Flächen die soeben beschriebene notwendige Ausstattung (Stellplätze, Abfallsammelstellen, Kinderspielplätze, Freizeitflächen) für mehrere Gebäude gemeinsam zu schaffen.

---

62 Die Höhe der Ausgleichszahlungen ist in den Bundesländern nicht einheitlich festgelegt. So gilt beispielsweise in Hamburg nach § 1 Abs. 1 AusgleichsbetragsG vom 15.4.1992 (GVBl. 1992, S. 81) pauschal ein Satz von DM 32.300,– (Innenstadt) und DM 17.600,– (restliches Stadtgebiet) je notwendigem Stellplatz. Hessen dagegen ermächtigt in § 50 Abs. 6 Nr. 9 HBO die Gemeinden, durch Satzung festzulegen, welchen prozentualen Anteil an den eingesparten Baukosten die Bauherrin oder der Bauherr als Ausgleich zu zahlen hat.
63 Die Ausgleichszahlung ist vom BVerwG als verfassungsrechtlich zulässige Sonderabgabe mit Ausgleichsfunktion eingeordnet worden: BauR 1985, S. 668 (zu § 64 Abs. 4 HBauO a.F.).
64 *Koch/Mengel*, Örtliche Verkehrsregelungen und Verkehrsbeschränkungen, in: Koch (Hrsg.), Rechtliche Instrumente einer dauerhaft umweltgerechten Verkehrspolitik, 2000, S. 245 m.w.N. = NuR 2000, S. 1.
65 Ausführlich dazu *Smeddinck*, Stellplatzpflicht und umweltpolitische Steuerung, 1999, S. 296 ff.; *Beaucamp*, Innerstädtische Verkehrsreduzierung mit ordnungsrechtlichen und planungsrechtlichen Mitteln, 1997, S. 50 ff.
66 5. ÄndG vom 5.11.1994 (GVBl. 1994, S. 440); s. dazu *Ortloff*, Die Entwicklung des Bauordnungsrechts, NVwZ 1997, S. 333 (336) sowie *ders.*, Schon wieder: Änderungen der Bauordnung für Berlin, LKV 1998, S. 131 (132 f.).
67 § 50 Abs. 6 HBO.
68 § 51 Abs. 4 BauO NW.
69 Instruktiver Überblick über die derzeit diskutierten Modelle bei *Sommer*, Einige Überlegungen zu den rechtlichen Rahmenbedingungen der Verkehrsbeeinflussung durch „Drehen an der Stellplatzschraube", ZUR 1999, S. 87 m.w.N.
70 Vgl. § 40 LBO B-W; § 9 BauO Bln; § 11 BbgBO; § 10 BremLBO; § 50 HBauO; § 11 HBO; § 9 LBauO M-V; § 52 NBauO; § 11 BauO NW; § 14 LBO Saarl.; § 11 SächsBO; § 11 BauO LSA; § 13 LBO S-H; § 11 ThürBO.

VIII. Ausnahmen und Befreiungen von bauordnungsrechtlichen Anforderungen

Ein Vorhaben ist – nach allen Landesbauordnungen – nur genehmigungsfähig, wenn es nicht in Widerspruch zu öffentlich-rechtlichen Normen steht. Das bedeutet jedoch nicht, dass die bauordnungsrechtlichen Anforderungen unbedingt eingehalten werden müssen. Vielmehr sehen alle Bauordnungen im Einklang mit einer langen Rechtstradition die Möglichkeit vor, dass **Ausnahmen** und **Befreiungen** bzw. **Abweichungen**[71] gewährt werden können.

35

Ausnahmen und Befreiungen unterscheiden sich nach überlieferter Systematik darin, dass die Ausnahme solche Abweichungen von Regelanforderungen gestattet, die **ausdrücklich** und ihrem **Inhalt** nach in der jeweiligen Rechtsnorm genannt sind,[72] während die Befreiung eine Abweichung von solchen Normen gewährt, die ihrem Sinn nach **strikt** einzuhaltende Anforderungen formulieren.[73] Eine Ausnahme sieht z. B. § 6 Abs. 10 HBauO vor, der lautet: „Abweichend von Abs. 9 Satz 2 Nr. 5 kann in Gewerbe- und Industriegebieten die Mindesttiefe von 2,50 m bei Gebäuden geringer Höhe sowie in allen Gebieten bei untergeordneten Gebäuden bis auf 1,50 m unterschritten werden." Will die Behörde einen geringeren Abstand als 1,50 m zulassen, so kann das nur durch **Befreiung** geschehen.

36

Eine Befreiung kann nach § 67 HBauO[74] erteilt werden, wenn

37

– entweder Gründe des Wohls der Allgemeinheit dies erfordern oder
– das Einhalten der gesetzlichen Vorschriften eine besondere Härte bedeuten würde und die Abweichung mit öffentlichen Belangen vereinbar ist oder
– wenn sicherheitstechnische Anforderungen auch auf andere Weise als rechtlich vorgesehen erfüllt werden können.

Da hinter den gesetzlich normierten Anforderungen regelmäßig gute Gründe stehen, fällt es häufig nicht leicht, die Vereinbarkeit einer Abweichung mit den öffentlichen Belangen zu bejahen. So bedeutet – um bei dem o.g. Beispiel zu bleiben – das Unterschreiten der gesetzlich vorgesehenen Tiefe der Abstandsflächen regelmäßig einen partiellen Verzicht auf die Erfüllung der Ziele des Abstandsflächenrechts. Dafür muss es gewichtige Gründe geben.

---

71 Zum neuen Instrument der Abweichungen s. *Stollmann*, Das Recht der Abweichungen nach den neuen Landesbauordnungen, ZfBR 1997, S. 16.
72 So lautet § 66 Abs. 1 Satz 1 HBauO: „Die Bauaufsichtsbehörde kann die in diesem Gesetz oder in auf Grund dieses Gesetzes erlassenen Vorschriften vorgesehenen Ausnahmen zulassen, wenn die festgelegten Voraussetzungen gegeben sind und öffentliche Belange nicht entgegenstehen"; vgl. ferner § 56 LBO B-W; Art. 70 BayBO („Abweichungen"); § 61 BauO Bln; § 72 BbgBO („Abweichungen"); § 72 BremLBO; §§ 66, 67 HBauO; § 68 HBO; § 70 LBauO M-V; §§ 85, 86 NBauO; § 73 („Abweichungen"); § 67 LBauO Rh.-Pf.; § 75 LBO Saarl.; § 68 SächsBO; § 72 BauO LSA; § 76 LBO S-H; § 68 ThürBO („Abweichungen").
73 So auch BVerwGE 48, S. 123 (127 f.).
74 Vgl. Nachweise in Fn. 72.

38 Die Unterscheidung zwischen Ausnahme und Befreiung ist keine rechtstechnische Spielerei, sondern erfüllt wichtige rechtsstaatliche Funktionen. Insbesondere soll der jeweilige Normgeber durch den Begriff der **Ausnahme** gezwungen werden, sich über die eventuell zulässigen Abweichungen von seinen Regelanforderungen genauere Gedanken zu machen und die Bürger über denkbare Abweichungen und deren Voraussetzungen möglichst präzise zu informieren. Die **Befreiung** ist im Grunde für **nicht vorhersehbare** Abweichungen zu reservieren und steht deshalb traditionell unter strengen Anforderungen.

39 Angesichts dieser rechtsstaatlichen Relevanz der Differenzierung zwischen Ausnahmen und Befreiungen muss die in einigen Bauordnungen eingeführte pauschale „Abweichungs"-Regelung auf Skepsis stoßen. Erklärtes Ziel dieser Neuregelungen ist die Erleichterung des Abweichens von bauordnungsrechtlichen Vorschriften. Insbesondere die Anforderungen an eine Befreiung schienen manchem Landesgesetzgeber zu wenig flexibel.[75] Mit Recht ist demgegenüber ein rechtsstaatlich fragwürdiger Mangel an begrifflicher Schärfe der Neuregelungen konstatiert worden.[76]

40 Die Normierung von Ausnahmen sowie die Befreiungs- und Abweichungsvorschriften schaffen die Möglichkeit einer den konkreten Umständen angepassten städtebaulichen Entwicklung. Insbesondere die Möglichkeit einer Befreiung von an sich zwingenden Vorschriften ist allerdings auch **eigentumsverfassungsrechtlich** in einem gewissen Umfang geboten.[77] Die bauordnungsrechtlichen (und natürlich auch die bauplanungsrechtlichen) Anforderungen an bauliche Anlagen stellen Eigentumsinhaltsbestimmungen i.S.v. Art. 14 Abs. 1 Satz 2 GG dar. Bei der Schaffung solcher Vorschriften hat der Gesetzgeber die Eigentumsgewährleistung des Art. 14 Abs. 1 Satz 1 GG und das Sozialgebot des Art. 14 Abs. 2 GG zum Ausgleich zu bringen. Vor diesem Hintergrund gesehen dient die Befreiungsmöglichkeit dazu, im Einzelfall unverhältnismäßige Beschränkungen bei der baulichen Nutzung eines Grundstücks durch Abweichung von den Regelanforderungen vermeiden zu können.[78]

41 Angesichts der soeben beschriebenen Zweckbestimmung für die bauordnungsrechtlichen Befreiungsvorschriften kommt eine Befreiung im Übrigen auch in Betracht, wenn die Anwendung **neuen Bauordnungsrechts** auf vorhandene Anlagen unverhältnismäßig wäre. Insofern bietet die verfassungsrechtlich richtig verstandene Befreiungsnorm auch ein Stück verfassungsrechtlich gebotenen **Bestandsschutz**. Dies ist gerade deshalb bedeutsam, weil es einen unmittelbar aus Art. 14 Abs. 1 Satz 1 GG hergeleiteten Bestandsschutz grundsätzlich nicht

---

75 S. etwa die Begründung in LT-Drs. NW 11/7153, S. 195f.; für Einzelheiten der Neuregelung s. *Stollmann* (Fn. 71).
76 *Ortloff*, Die Entwicklung des Bauordnungsrechts, NVwZ 1997, S. 333 (336).
77 Ausführlich dazu BVerwGE 88, S. 191 (194 ff., insbes. 197).
78 Zur Befreiung von bauplanungsrechtlichen Vorschriften (§ 31 Abs. 2 BauGB) vgl. § 26 Rn. 36 ff.; 71 ff.

geben kann. Denn der Gesetzgeber bestimmt den Inhalt des Eigentums gemäß Art. 14 Abs. 1 Satz 2 GG und damit auch das Maß des Bestandsschutzes.[79]

IX. Baulasten

Wenn ein Bauvorhaben mit baurechtlichen Genehmigungsvoraussetzungen nicht vereinbar ist und weder Ausnahme noch Befreiung zulässig sind oder jedenfalls von der Behörde ermessensfehlerfrei nicht gewährt werden, dann kommt nach allen Bauordnungen mit Ausnahme derjenigen Bayerns und Brandenburgs die Möglichkeit in Betracht, die Genehmigungsfähigkeit durch eine **Baulast**[80] herbeizuführen: Ein Genehmigungshindernis kann nämlich dadurch ausgeräumt werden, dass den gesetzlichen Anforderungen nicht auf dem Baugrundstück, sondern durch Einbeziehung eines **Drittgrundstücks** entsprochen wird, also ein Drittgrundstück belastet wird. Fehlt beispielsweise erforderlichen Abstandsflächen (vgl. § 6 HBauO; oben Rn. 15 ff.) die gesetzlich vorgeschriebene Tiefe, so kann nach § 7 HBauO zugelassen werden, „dass sie sich ganz oder teilweise auf andere Grundstücke erstrecken, wenn durch Baulast nach § 79 gesichert ist, dass sie nicht überbaut und nicht auf andere Abstände und Abstandsflächen angerechnet werden". Eine Sicherung durch Baulast bedeutet nach § 79 HBauO, dass der zu belastende Grundeigentümer für sein Grundstück die erforderliche (öffentlich-rechtliche) Verpflichtung zu einem Tun, Dulden oder Unterlassen übernimmt. Die schriftlich (§ 79 Abs. 2 HBauO) gegenüber der Bauaufsichtsbehörde abzugebende Erklärung wird mit der Eintragung in das **Baulastenverzeichnis** wirksam und wirkt auch gegenüber einem Rechtsnachfolger.

42

Wenngleich die Regelung über Baulasten im Bauordnungsrecht zu finden ist, so bestehen doch keine durchgreifenden Bedenken, auch bau**planungs**rechtliche Genehmigungsvoraussetzungen im Wege der Baulast zu „erfüllen". Dafür spricht nicht nur, dass die Kompetenz der Baugenehmigungsbehörde sich auch auf die bauplanungsrechtliche Seite des Vorhabens erstreckt (§ 69 Abs. 1 HBauO), sondern vor allem der Umstand, dass die Baulast nicht etwa die (planungs- und damit teilweise bundes-) rechtlichen Voraussetzungen für die Genehmigungsfähigkeit ändert, sondern gerade die Einhaltung dieser Voraussetzungen auf Dauer durch Beeinflussung der **tatsächlichen Verhältnisse** gewährleistet. Wenn also planungsrechtliche Voraussetzungen auf einem Baugrundstück nicht erfüllt werden können, jedoch durch Belastung eines Nachbargrundstücks ein tatsächlicher Ausgleich für den rechtlichen Mangel geschaffen und durch Baulast rechtlich abgesichert werden kann, dann dürfte – falls einer der Befreiungstatbestände des § 31 Abs. 2 BauGB erfüllt ist –

43

---

[79] In diesem Sinne bestätigt das BVerwG die Änderung seiner früheren Rechtsprechung in der o.g. Entscheidung zur Befreiung: E 88, S. 191 (203); zum Bestandsschutz s. im Übrigen unten § 26 Rn. 106 ff.; § 27 Rn. 10 ff.
[80] *Schwarz*, Baulasten im öffentlichen Recht und im Privatrecht, 1995.

353

gegebenenfalls eine bundesrechtliche Befreiung gemäß § 31 Abs. 2 BauGB in Betracht kommen.[81]

44 Im übrigen muss eine Baulast **nicht notwendig ein Drittgrundstück** betreffen. Gerade bauplanungsrechtliche Anforderungen können schwerlich auf Drittgrundstücken verwirklicht werden. Typisch dürfte insoweit die vom Hamburgischen Oberverwaltungsgericht als baulastfähig anerkannte Verpflichtung sein, nach Fertigstellung eines neuen Wohnhauses das auf dem gleichen Grundstück liegende, bisher als Wohnhaus genutzte Gebäude zukünftig ausschließlich als betriebsbezogenes Bürogebäude zu nutzen. Durch diese Baulast wurde die Bebaubarkeit des im Außenbereich liegenden Grundstücks mit einem neuen Wohnhaus erst ermöglicht.[82]

§ 26 Die bauplanungsrechtlichen Zulässigkeitstatbestände

I. Das gesetzliche System der Zulässigkeitstatbestände

Literatur: *Battis/Krautzberger/Löhr*, Die Neuregelungen des BauGB zum 1.1.1998, NVwZ 1997, S. 1145; *Lüers*, Die Neuregelungen im Recht der Zulässigkeit von Vorhaben im Baugesetzbuch, WiVerw 1998, S. 57; *Stich*, Die bundesbaurechtlichen Vorschriften über die Zulässigkeit von Handelsbetrieben in den verschiedenen Baubereichen, GewArch 1998, S. 317; *Stüer/Ruck*, Planungsrechtliche Zulässigkeit von Vorhaben – Rechtsschutz, DVBl. 1999, S. 299

1 Bauplanungsrechtlich ist die Zulässigkeit von Bauvorhaben i.S. von § 29 BauGB in den §§ 30–35 BauGB geregelt. Das System der **bauplanungsrechtlichen Genehmigungstatbestände** ist im Kern seit der Erstfassung des BBauG (1960) unverändert geblieben. Zu unterscheiden sind zunächst drei Grundtatbestände, nämlich die tatbestandlichen Voraussetzungen von Genehmigungen

- im Geltungsbereich eines qualifizierten Bebauungsplanes (§ 30 Abs. 1 BauGB),
- im nicht qualifiziert überplanten Innenbereich (§§ 34, 30 Abs. 3 BauGB) und
- im nicht qualifiziert überplanten Außenbereich (§§ 35, 30 Abs. 3 BauGB).

2 Nach den anfänglichen Leitvorstellungen des Gesetzgebers sollte der Genehmigung nach Maßgabe der Anforderungen eines **qualifizierten Bebauungsplanes** i.S.v. § 30 Abs. 1 BBauG/BauGB die zentrale Bedeutung unter den städtebaulichen Zulässigkeitstatbeständen zukommen. Dem entsprach und entspricht die in § 1 Abs. 3 BBauG/BauGB normierte Pflicht der Gemeinden,

---

81 So BVerwGE 88, S. 24 (31), wobei allerdings mit Recht betont wird, dass jegliche Befreiung eine atypische Lage voraussetze.
82 Dazu OVG Hamburg, NJW 1987, S. 915.

"Bauleitpläne aufzustellen, sobald und soweit es für die städtebauliche Entwicklung und Ordnung erforderlich ist". Der gesetzgeberischen Konzeption lag – und liegt heute eingeschränkt – ein **Planmäßigkeitsprinzip** in dem Sinne zu Grunde, dass die Bauleitplanung und eine im Wesentlichen in diesem Rahmen verlaufende Genehmigungspraxis die städtebauliche Entwicklung steuern sollen (zur Genehmigung im Bereich qualifizierter Bebauungspläne unten III, Rn. 20 ff.).[1]

In den im **Zusammenhang bebauten Ortsteilen** muss bei fehlender (qualifizierter) Bebauungsplanung ersatzweise auf den **vorfindlichen Baubestand** als Maßstab für die Zulässigkeit von Vorhaben zurückgegriffen werden. So erlangen gemäß § 34 BauGB die tatsächlichen Verhältnisse Maßstäblichkeit und das **Sich-Einfügen** in den vorhandenen Bestand wird zur zentralen Zulässigkeitsvoraussetzung (näher unten IV, Rn. 50 ff.). 3

Außerhalb der im Zusammenhang bebauten Ortsteile sollten und sollen – sofern kein qualifizierter Bebauungsplan anderes regelt – grundsätzlich die „auf der grünen Wiese" gebietsadäquaten, so genannten **privilegierten Vorhaben** im Sinne von § 35 Abs. 1 BauGB gestattet werden. Zentrale Bedeutung innerhalb dieser privilegierten Vorhaben kommt „eigentlich" der land- und forstwirtschaftlichen Nutzung zu, wobei nicht zuletzt die starke Umstrukturierung in diesem Bereich maßgebliche Ursache für eine zunehmende Lockerung der „Bebauungssperre" des § 35 BauGB ist (Einzelheiten unten V, Rn. 74 ff.).[2] 4

Ist ein Vorhaben nach der je einschlägigen Genehmigungsvorschrift, also nach den §§ 30, 34 oder 35 BauGB nicht zulässig, so kann es gleichwohl gemäß § 33 BauGB genehmigungsfähig werden, wenn der **fortgeschrittene Stand eines Planaufstellungsverfahrens** die Prognose zulässt, dass das Vorhaben den künftigen Festsetzungen des Bebauungsplans nicht entgegensteht (Einzelheiten unten VI, Rn. 102 ff.). 5

Unter bestimmten von der Rechtsprechung entwickelten und neuerdings wieder restriktiver gefassten Voraussetzungen kann ein nach den Genehmigungstatbeständen unzulässiges Vorhaben aus Gründen des **Bestandsschutzes** zulässig sein (näheres unten VII, Rn. 106 ff.). 6

In der Rechtswirklichkeit hat sich § 30 BBauG/BauGB noch nicht zum dominierenden Genehmigungstatbestand entwickelt. Rund 30 % aller Baugenehmigungen für Wohngebäude und rund 40 % der Genehmigungen für Nicht-Wohngebäude wurden in den Jahren 1979 bis 1981 auf der Grundlage des 7

---

1 Vgl. nur Ernst/Zinkahn/Bielenberg, BauGB, Stand: 4/2000, -*Söfker*, § 1 Rn. 8; Battis/Krautzberger/Löhr, BauGB, 7. Auflage 1999,-*Krautzberger*, § 1 Rn. 14 ff.; Berliner Kommentar zum BauGB, 2. Auflage 1995, -*Gaentzsch*, § 1 Rn. 12 ff.
2 Vgl. Institut für Stadtforschung und Strukturpolitik, in: BMBau, Bericht zu den Ergebnissen der Rechtstatsachen- und -wirkungsforschung bezüglich der neuen und geänderten städtebaulichen Vorschriften, 1996, BT-Drs. 13/5489, S. 11 ff.

§ 34 BBauG erteilt.[3] Hinzu kommt, dass rund 3 % der Wohngebäude und 20 % der Nicht-Wohngebäude nach § 35 BBauG genehmigt worden sind.

8 Diese Entwicklung der Genehmigungspraxis ist rechtspolitisch insbesondere deshalb bedenklich, weil gerade die gewachsenen **Gemengelagen** von industrieller, gewerblicher und Wohnnutzung in den im Zusammenhang bebauten Ortsteilen städtebaulich nicht selten problematisch und daher objektiv planungsbedürftig sind. Deshalb ist es fragwürdig, dass in Novellierungen des BauGB mehrfach die steuernde Funktion der Bauleitplanung geschwächt worden ist.[4] Die Erleichterung der Befreiung von planerischen Festsetzungen (§ 31 Abs. 2 BauGB), die gesteigerte genehmigungsrechtliche Relevanz rechtlich noch unzureichend entwickelter Planungen (§ 33 Abs. 2 BauGB) sowie die Erleichterung für Genehmigungen im Außenbereich (§ 35 Abs. 4 BauGB) sind geeignet, die kommunale Planungsbereitschaft zu mindern. Sehr zu begrüßen ist deshalb andererseits die 1990 in die BauNVO aufgenommene Vorschrift des § 1 Abs. 10, die den Gemeinden die schwierige Überplanung von Gemengelagen erleichtert und somit zu konstruktiver Planung animieren kann.

II. Der Geltungsbereich der bauplanungsrechtlichen Zulässigkeitstatbestände

Literatur: *Grigoleit/Otto*, Verfassungsrecht vergeht, Fachplanungsrecht besteht? – Zur Reichweite des Eisenbahnfachplanungsrechts beim Bahnhofsbau, DÖV 2000, S. 182; *Lüers*, Die Neuregelungen im Recht der Zulässigkeit von Vorhaben im Baugesetzbuch, WiVerw 1998, S. 57; *Sarnighausen*, Zur Nutzungsänderung als Neubauvorhaben, DÖV 1995, S. 225; *Stüer/Rude*, Planungsrechtliche Zulässigkeit von Vorhaben – Rechtsschutz, DVBl. 1999, S. 299

Fall 1: Die Klägerin betreibt Außenwerbung. Sie beantragte, ihr das Anbringen eines beleuchteten Aluminium-Schaukastens für Wechselwerbung zu genehmigen. Der Schaukasten soll 1,40 m breit, 1,95 m hoch (Fläche: 2,73 m²) und 20 cm tief sein. Das Haus, an dem der Schaukasten angebracht werden soll, ist ein Wohnhaus; es liegt im Geltungsbereich eines Bebauungsplanes, der das Gebiet als allgemeines Wohngebiet ausweist. Die beklagte Stadt lehnte den Bauantrag ab, weil das Baugrundstück in einem allgemeinen Wohngebiet liege. Der Verwaltungsgerichtshof hielt die hiergegen gerichtete Klage für unbegründet, weil der Schaukasten gemäß § 14 Abs. 1 BauNVO nicht zulässige Nebenanlage darstelle. Der Revision blieb der Erfolg versagt, weil das Bundesverwaltungsgericht auf eine eigenständige, jedoch gemäß den §§ 2ff. BauNVO unzulässige Hauptnutzung erkannte.

Nach BVerwGE 91, S. 234.

---

3 Dies und weitere Einzelheiten bei *Scharmer/Wollmann/Argast*, Rechtstatsachenuntersuchung zur Baugenehmigungspraxis, 1985, S. 37; weitgehend übereinstimmende Ergebnisse bei *R. Schäfer/Schmidt-Eichstaedt*, Praktische Erfahrungen mit dem Bundesbaugesetz, 1984, S. 173 ff. Jüngere Ergebnisse für den Außenbereich in BMBau (Fn. 2), S. 11 ff.
4 Dazu instruktiv v. *Feldmann/Groth*, Das neue Baugesetzbuch, 1986, S. 368–396.

Fall 2: Der Kläger möchte im Einverständnis mit der Bundesbahndirektion St. auf einem nördlichen Teilstück des Bahnhofs R. einen SB-Lebensmittelladen mit einer Verkaufsfläche von 470 m² und 29 Stellplätzen errichten. Der Kläger ist der Meinung, dass er keine Baugenehmigung benötige, da auf dem Bahngelände die Bahn gemäß § 4 Abs. 2 AEG allein für bauordnungsrechtliche Fragen zuständig sei und gemäß § 38 Satz 1 BauGB die planungsrechtlichen Zulässigkeitstatbestände keine Anwendung fänden.

Nach BVerwGE 81, S. 111.

Die Anwendbarkeit der bauplanungsrechtlichen Zulässigkeitstatbestände setzt zunächst voraus, dass ein Vorhaben i. S. des § 29 BauGB verwirklicht werden soll (1.). Aber nicht alle diese Vorhaben unterliegen den Anforderungen der §§ 30–35 BauGB. Vielmehr schließt § 38 BauGB Fachplanungen mit überörtlicher Bedeutung von der Anwendung der bauplanungsrechtlichen Zulässigkeitstatbestände aus (2.). 9

1. Der Begriff des baulichen Vorhabens i. S. von § 29 BauGB

Der Begriff des Vorhabens bzw. der baulichen Anlage i. S. von § 29 BauGB ist mit dem Begriff der baulichen Anlage i. S. der Landesbauordnungen[5] zwar weitgehend, jedoch nicht völlig übereinstimmend. Die Divergenzen sind auch nicht überraschend, da die Begriffsbildung jeweils an den unterschiedlichen Zielen von Bauordnungs- und Bauplanungsrecht ausgerichtet ist. Zwar geht es beiden Teilrechtsordnungen um die Steuerung des Baugeschehens. Daher rührt die große Ähnlichkeit der Vorhaben- bzw. Anlagenbegriffe. Jedoch interessiert sich das Bauordnungsrecht – etwas vereinfacht gesagt – nur für Vorhaben, die Probleme der Bausicherheit aufwerfen, das Bauplanungsrecht zielt dagegen nur auf Vorhaben, die einer Steuerung unter dem Gesichtspunkt möglicher Nutzungskonflikte bedürfen. 10

Den bundesrechtlichen Begriff der baulichen Anlage hat das Bundesverwaltungsgericht auf die Begriffsmerkmale des **Bauens** und der **bodenrechtlichen Relevanz** zurückgeführt. Dabei wiederum ist als Bauen das Schaffen solcher Anlagen anzusehen, „die in einer auf Dauer gedachten Weise künstlich mit dem Erdboden verbunden sind". Planungsrechtlich relevant und somit eine Anlage i. S. v. § 29 Satz 1 BauGB sei jedoch nur eine Anlage, die „die in § 1 Abs. 4 und 5 BBauG genannten Belange in einer Weise berühren kann, die geeignet ist, das Bedürfnis nach einer ihre Zulässigkeit regelnden verbindlichen Bauleitplanung hervorzurufen".[6] Auf dieser Grundlage hat das Gericht ein mit Hilfe von Stahlrohren mit dem Land verbundenes, auf einem Weiher schwimmendes Hausboot als bauliche Anlage i. S. d. § 29 BBauG angesehen.[7] 11

---

5 Vgl. oben § 25 Rn. 4 ff.
6 BVerwGE 44, S. 59 (62). Die angesprochenen Belange sind jetzt in § 1 Abs. 6 BauGB (nicht abschließend) aufgeführt.
7 BVerwGE 44, S. 59 (63 f.).

12 Im eingangs skizzierten **Fall (1)** der *Werbeanlage* hat das Bundesverwaltungsgericht den Begriff der baulichen Anlage weiter präzisiert. Den Ausgangspunkt bilden unverändert die beiden genannten Komponenten des Begriffs, nämlich die bautechnische Komponente – auf Dauer angelegte künstliche Verbindung mit dem Erdboden – und die bauplanungsrechtliche Komponente in Form der städtebaulichen Relevanz der Anlage. Eine städtebauliche Relevanz der einzelnen Anlage – so wird nunmehr klargestellt – erschließe sich zutreffend nur bei einer **typisierenden** Betrachtung, also bei Unterstellung einer Häufung von Anlagen der beabsichtigten Art: „Städtebauliche Relevanz besteht dann, wenn die Anlage – auch und gerade in ihrer unterstellten Häufung – Belange erfasst oder berührt, welche im Hinblick auf das grundsätzliche Gebot des § 1 Abs. 3 BauGB in Verbindung mit § 1 Abs. 5 BauGB auch städtebauliche Belange erfasst oder berührt".[8] Da Außenwerbung gerade „auffallend" wirken solle, sei sie regelmäßig für das Ortsbild einer Gemeinde (s. § 1 Abs. 5 Satz 2 Nr. 4 BauGB) relevant. Bei unterstellter Häufung bestehe somit ein Planungsbedürfnis, mithin sei städtebauliche Relevanz anzunehmen. Somit ist der Schaukasten auch an den bundesrechtlichen Zulässigkeitstatbeständen zu messen. Dabei erweist sich eine sogenannte Fremdwerbung, d. h. eine Werbung, die nicht am Ort der Leistung erfolgt, nicht als gemäß § 14 BauNVO genehmigungsfähige Nebenanlage, sondern als selbständige gewerbliche Anlage, die im Geltungsbereich eines Bebauungsplanes an den §§ 2 ff. BauNVO zu messen ist.[9]

13 Im *Litfaßsäulen*-Fall[10] hat das OVG Hamburg im Anschluss an die referierte Rechtsprechung des Bundesverwaltungsgerichts darauf abgestellt, ob mit Blick auf eine gedachte Häufung ein städtebaulicher Koordinierungsbedarf bezüglich Litfaßsäulen bestehe. Von einer solchen Häufung – so meint das OVG – könne jedoch bei Litfaßsäulen grundsätzlich nicht ausgegangen werden. Auch sei im Übrigen eine städtebauliche Relevanz nicht erkennbar, sodass Litfaßsäulen zwar bauliche Anlagen i. S. des Bauordnungsrechts, nicht jedoch i. S. des Bauplanungsrechts darstellten.

14 Nach § 29 Satz 1 BauGB fällt unter den Begriff des Vorhabens nicht nur das **Errichten** und **Ändern** einer baulichen Anlage, sondern auch eine (bloße) **Nutzungsänderung**. Allerdings kann nicht jegliche Nutzungsänderung einer baulichen Anlage ein genehmigungsbedürftiges Vorhaben sein. Das Bundesverwaltungsgericht hat hierzu – sinnvoll eingrenzend – entschieden: „Jede Änderung der Nutzungsweise einer baulichen Anlage, die die Genehmigungsfrage neu aufwirft, stellt eine Nutzungsänderung im Sinne des § 29 BBauG dar." Danach sei der Wechsel vom Großhandel zum Einzelhandel eine relevante Nutzungsänderung, „denn das Bebauungsrecht unterwirft, wie sich aus den Vorschriften der BauNVO über zulässige Nutzungen in den Baugebieten, insbesondere auch aus § 11 Abs. 3 BauNVO, ergibt, Einzelhandel und Groß-

---

8 BVerwGE 91, S. 234 (237).
9 So BVerwGE 91, S. 234 (237 ff.); näher zur BauNVO unten Rn. 20 ff.
10 OVG Hamburg, NordÖR 1998, S. 118 = NVwZ-RR 1998, S. 616.

handel unterschiedlichen Regelungen".[11] Die Zuordnungen von Vorhaben zu den Gebietstypen der BauNVO dienen insoweit als Anhaltspunkte für Nutzungsänderungen.

Aber auch solche Änderungen der Nutzungsweise einer Anlage, die nicht zur Folge haben, dass das Vorhaben nach der BauNVO anders beurteilt wird, sind in der Rechtsprechung als Nutzungsänderung qualifiziert worden. Dies soll i.S. der oben bereits zitierten Rechtsprechung des BVerwG bereits dann der Fall sein, wenn durch die neue Nutzungsweise andere als die durch § 1 Abs. 6 bzw. § 1a BauGB geschützten städtebaulichen Belange negativ betroffen werden. So kann bereits die Änderung des Warensortiments eines Peripherie-Großmarktes eine Nutzungsänderung darstellen, wenn sie zum Aussterben des Einzelhandels im Stadtzentrum beiträgt oder einen die Anwohner belästigenden zusätzlichen Zufahrtsverkehr bedingt. 15

Die planungsrechtlichen Zulässigkeitsvoraussetzungen werden in der Regel im Rahmen des Baugenehmigungsverfahrens geprüft. Die in den Genehmigungstatbeständen der Landesbauordnungen geforderte Vereinbarkeit eines jeden Vorhabens mit den öffentlich-rechtlichen Vorschriften umfasst das Bauordnungsrecht, das Bauplanungsrecht sowie sonstige öffentlich-rechtliche Normen, für die es kein spezifisches Kontrollerlaubnisverfahren gibt.[12] Schwierigkeiten ergeben sich jedoch dann, wenn Vorhaben i.S. von § 29 BauGB nach Landesrecht keiner präventiven Kontrolle unterliegen. In dieser Konstellation muss jedenfalls sichergestellt werden, dass die Gemeinden unterrichtet werden, um im Rahmen ihrer Planungshoheit gegebenenfalls Maßnahmen (§§ 14, 15 BauGB) treffen zu können. Eine entsprechende Unterrichtung gebietet § 36 Abs. 1 Satz 3 BauGB).[13] 16

2. Der Vorrang der Fachplanungen nach § 38 BauGB

Erhebliche praktische Bedeutung hat die bundesrechtliche Freistellung wichtiger **Planfeststellungsverfahren** von den bauplanungsrechtlichen Genehmigungsvoraussetzungen. Nach § 38 BauGB bleiben Vorhaben mit überörtlicher Bedeutung, die in einem Planfeststellungsverfahren nach den Fachplanungsgesetzen zugelassen werden, sowie öffentlich zugängliche Abfallentsorgungsanlagen, die nach dem BImSchG genehmigt werden, von den §§ 29–37 BauGB unberührt. Das heißt, dass beispielsweise eine durch Planfeststellung nach § 31 Abs. 2 KrW-/AbfG zugelassene Abfalldeponie nicht den bauplanungsrechtlichen Anforderungen der §§ 30 ff. BauGB genügen muss. Dies gilt allerdings nur, wenn die Gemeinde beteiligt wird. Damit ist sichergestellt, dass die Gemeinde ihre Stadtplanung in die Fachplanung einbringen kann. Seit der Änderung des § 38 BauGB durch das BauROG schreibt die Vorschrift ausdrücklich vor, dass die städtebaulichen Belange bei der Fachplanung, berücksichtigt werden müssen. Aber auch 17

---

11 BVerwGE 68, S. 360 (362).
12 Vgl. § 24 Rn. 20 ff.
13 Näher dazu § 24 Rn. 11.

schon vor dieser Änderung waren die städtebaulichen Belange in der fachplanerischen Abwägung und nach § 2 Abs. 1 Nr. 5 AbfG a. F. auch bei der immissionsschutzrechtlichen Genehmigung von Entsorgungsanlagen zu berücksichtigen. Die „Berücksichtigung" der städtebaulichen Belange unterscheidet sich von der strikten Beachtung der bauplanungsrechtlichen Zulässigkeitstatbestände darin, dass die städtebaulichen Maßgaben in der Abwägung durch überwiegende – meist überörtliche Belange – überwunden werden können.[14]

18 Diese „Verdrängung" der bauplanungsrechtlichen Zulässigkeitstatbestände durch die Vorschriften der privilegierten Fachplanungen reicht natürlich nur soweit, wie ein Vorhaben nach dem jeweiligen Planfeststellungsrecht zu beurteilen ist. Bei sehr komplexen planfeststellungsbedürftigen Vorhaben, wie z. B. Flughäfen und großen Bahnhöfen, ist keineswegs jedes Element einer solchen „Anlage" der Planfeststellung fähig oder gar bedürftig. Das Privileg einer Freistellung von der unmittelbaren Anwendung der bauplanungsrechtlichen Zulässigkeitstatbestände soll nach dem Zweck der Regelung des § 38 Satz 1 BauGB ersichtlich nur den dem Betrieb der planfeststellungsbedürftigen Anlage dienenden Anlagenkomponenten und Nebenanlagen zukommen. Es sind jedoch keine vernünftigen Gründe dafür ersichtlich, dass beispielsweise Spielhallen in Bahnhöfen, Supermärkte in Bahnhöfen und ähnliche Anlagen von der Anwendung des Bauplanungsrechts freigestellt werden sollen. Daher bleibt es insoweit bei der Anwendbarkeit der bauplanungsrechtlichen Zulässigkeitstatbestände. Dies ist die – etwas „verklausulierte" – Botschaft des Bundesverwaltungsgerichts im *Bahnhofs*-**Fall (2)**.[15]

19 Schließlich ist noch eine weitere „Freistellung" bedeutender baulicher Vorhaben von den bauplanungsrechtlichen Zulässigkeitstatbeständen zu nennen: Nach § 37 BauGB kann die „besondere öffentliche Zweckbestimmung für bauliche Anlagen des Bundes oder eines Landes" eine Abweichung von den Vorschriften des BauGB erfordern. Absatz 2 hebt Vorhaben, die der Landesverteidigung, dem Bundesgrenzschutz oder dem zivilen Bevölkerungsschutz dienen, besonders hervor.[16]

III. Vorhaben im Geltungsbereich eines qualifizierten Bebauungsplanes (§ 30 Abs. 1 BauGB i. V. m. der BauNVO)

Literatur: *Claus*, Nochmals: Befreiungen gem. § 31 Abs. 2 BauGB ohne Atypik?, DVBl. 2000, S. 241; *Hoffmann*, Wegfall der „Atypik" bei der planungsrechtlichen

---

14 BVerwGE 70, S. 242; ausführlich dazu § 17.
15 Es ist nur konsequent, dass insoweit auch die Planungshoheit der Gemeinde bezüglich des räumlichen Geltungsbereichs eines Planfeststellungsbeschlusses unberührt bleibt; s. dazu *Koch*, Zur Konkurrenz zwischen Fachplanung und Bauleitplanung, in: Berkemann u. a. (Hrsg.), Planung und Plankontrolle, FS für *Schlichter*, 1995, S. 461.
16 Instruktiv BVerwGE 91, S. 227 zu einem Wohnbauvorhaben für das „zivile Gefolge" der US-Streitkräfte.

§ 26 Die bauplanungsrechtlichen Zulässigkeitstatbestände

Befreiung gemäß § 31 Abs. 2 BauGB?, BauR 1999, S. 445; *Koch*, Immissionsschutz in der Bauleitplanung, in: Erbguth u. a. (Hrsg.), Planung, FS für Hoppe, 2000, S. 544; *ders.*, Der Schutz der Umwelt in der Rechtsprechung zum öffentlichen Baurecht, Die Verwaltung 1998, S. 505; *Lenz*, Die neue Baunutzungsverordnung – Art der baulichen Nutzung, BauR 1990, S. 157; *Losch*, Novellierte Baunutzungsverordnung 1990 – Ein wirksamer Beitrag zum Umwelt- und Bodenschutz?, ZAU 1992, S. 257; *Mager*, Die Neufassung des Befreiungstatbestandes gemäß § 31 Abs. 2 BauGB 1998, DVBl. 1999, S. 205; *Sarnighausen*, Zur Erschließung und Zugänglichkeit von Baugrundstücken im Baurecht des Bundes und der Länder, NVwZ 1993, S. 424; *Stock*, Die Novelle 1990 zur Baunutzungsverordnung, NVwZ 1990, S. 518

Fall 1: Der Beklagte erteilte dem Beigeladenen die Genehmigung zum Bau eines zweigeschossigen Vorderhauses und eines eingeschossigen Hinterhauses, mit jeweils ausgebautem Dachgeschoss. Das Hinterhaus hat eine Geschossfläche von ca. 195 m². Seine 11,50 m breite und 8,20 m hohe Giebelwand befindet sich in einem Abstand von 3 m zur südöstlichen Grundstücksgrenze des Klägers. Der maßgebliche qualifizierte Bebauungsplan weist für den hier interessierenden Bereich ein allgemeines Wohngebiet geschlossener Bauweise aus. Zugelassen sind zwei Vollgeschosse und die Bebauung von bis zu 3/10 der Grundfläche. Für die Überschreitung der überbaubaren Grundfläche um 13 m² und der zulässigen Bebauungstiefe von 13 m sind im Bebauungsplan vorgesehene **Ausnahmen** erteilt worden. Die Geschossflächenzahl wurde eingehalten. Der Kläger wendet sich gegen die Hinterlandbebauung, die insbesondere die Nutzung seines Gartens wesentlich beeinträchtige.

Nach BVerwGE 67, S. 334.

Fall 2: Die Klägerin möchte auf ihrem in einem allgemeinen Wohngebiet liegenden Grundstück ein Wohnhaus mit Garage errichten. Auf dem benachbarten Grundstück befindet sich eine Lackiererei, die zehn Jahre davor als Nutzungsänderung einer Lagerhalle genehmigt worden ist. Die Lackiererei ist von verschiedenen Betreibern als Autolackiererei genutzt worden, wegen Konkurses zwischendurch mit einer zweijährigen Nutzungspause. Die Baugenehmigungsbehörde hat den Bauantrag abgelehnt: Das geplante Wohngebäude sei von der Art der Nutzung her zwar in einem allgemeinen Wohngebiet an sich unbedenklich. Gleichwohl könne es nicht zugelassen werden, da es unzumutbaren Belästigungen im Sinne des § 15 Abs. 1 Satz 2 BauNVO ausgesetzt werde. Ein ausreichender Immissionsschutz sei für das Baugrundstück selbst dann nicht sichergestellt, wenn die Autolackiererei auf dem Nachbargrundstück nach dem Stand der Technik betrieben werde. Auf die Belange dieses Betriebes müsse die Klägerin Rücksicht nehmen. Der Bestandsschutz, den die gewerbliche Nutzung genieße, sei nicht dadurch entfallen, dass der Betrieb zwei Jahre geruht habe. Da sich der Bestandsschutz aus der Baugenehmigung herleite, komme es nicht darauf an, ob die Autolackiererei den Festsetzungen eines Bebauungsplans widerspreche.

Nach BVerwGE 98, S. 235.

Fall 3: Der Beigeladene ist Eigentümer eines im Innenbereich von F. gelegenen Grundstücks. Dort führt er seit Jahren in einer Altbauvilla Programme der Erwachsenenbildung durch. Da die Räumlichkeiten zur Unterbringung der Kursteilnehmer und Lehrkräfte nicht ausreichen, beabsichtigt er die Errichtung eines Bettentraktes im nordwestlichen Teil seines Grundstückes. Die beantragte Genehmigung ist unter **Befreiung** von den Vorschriften über Geschosszahl und Traufhöhe sowie der im Bebauungsplan festgesetzten Art der baulichen Nutzung (reines Wohngebiet) erteilt worden. Die Klägerin ist Eigentümerin des nordwestlich benachbarten Grundstückes und wendet sich gegen die Genehmigung.

Nach BVerwGE 56, S. 71.

Fall 4: Die Klägerin begehrt einen Vorbescheid des Inhalts, dass die Bebauung des rückwärtigen Teils ihres Grundstücks mit einem (weiteren) Wohnhaus zulässig sei. Ihr Flurstück liegt im Geltungsbereich eines festgestellten Bebauungsplanes, der eine Trennung des streitbefangenen Grundstücks in eine vordere, 1200 m² große Teilfläche und eine hintere, 874 m² große Teilfläche vorsieht. Zwischen beiden Grundstücksteilen setzt der Plan eine Stichstraße fest, die jedoch bislang nicht hergestellt ist. Weil es somit an der im Plan vorgesehenen Erschließungsstraße fehle und eine Befreiung von dieser Festsetzung nicht in Betracht komme, könne – so die Beklagte – eine Baugenehmigung nicht in Aussicht gestellt werden.

Nach BVerwG, NVwZ 1986, S. 646.

1. Bebauungsplan und Baunutzungsverordnung

20 Im Geltungsbereich eines i. S. v. § 30 Abs. 1 BauGB qualifizierten Bebauungsplanes ist ein Vorhaben zulässig, wenn es den Festsetzungen des Planes nicht widerspricht **und** die Erschließung gesichert ist. Fehlt dem Plan eines der qualifizierenden Merkmale, so handelt es sich um einen **einfachen** Bebauungsplan, der im Rahmen der Genehmigungstatbestände der §§ 34, 35 BauGB maßgeblich ist (so § 30 Abs. 3 BauGB). Die qualifizierenden Merkmale muss ein Bebauungsplan nicht notwendig allein, er kann sie auch „gemeinsam mit sonstigen baurechtlichen Vorschriften" erfüllen. So ist es beispielsweise möglich, dass ein Bebauungsplan, der keine örtlichen Verkehrsflächen ausweist, durch einen allein solche Verkehrsflächen festsetzenden zusätzlichen Bebauungsplan qualifiziert wird. Praktisch relevant ist dies vornehmlich für „Alt"-Pläne, die gemäß § 173 Abs. 3 BBauG übergeleitet worden sind. Solche Pläne enthalten vielfach keine Verkehrsflächenausweisung, können jedoch durch alte Fluchtlinienpläne, aber auch durch Verkehrsflächen festsetzende Pläne neuen Rechts ergänzt werden.[17]

21 **Bebauungspläne** bestehen aus einer zeichnerischen Darstellung und einem Textteil. Die zeichnerische Darstellung erhält dadurch ihren informativen Gehalt, dass die Planzeichenverordnung (PlanzVO) Symbole mit einer bestimmten Bedeutung bereitstellt. So heißt beispielsweise „WR" „Reines Wohngebiet", „GE" „Gewerbegebiet", „MK" „Kerngebiet" usw. Darüber, welche baulichen Vorhaben in diesen Gebieten realisiert werden dürfen, gibt die Baunutzungsverordnung (BauNVO) Auskunft. Alle **Gebietstypen der BauNVO** enthalten **drei Regelungskomponenten**: In Absatz 1 wird jeweils der Gebietscharakter beschrieben; in Abs. 2 werden die im Gebiet regelmäßig zulässigen Nutzungen, im jeweiligen Absatz 3 die ausnahmsweise zulässigen Nutzungen aufgeführt. Diese Gebietsvorschriften werden durch ihre Festset-

---

17 Näher dazu für Berlin: *v. Feldmann*, Berliner Planungsrecht, 1985; am Beispiel Hamburgs jetzt umfassend *Lechelt*, Baurecht in Hamburg, 1994, S. 231 ff.

zung im Bebauungsplan selbst **Bestandteil** des Bebauungsplanes (s. § 1 Abs. 3 Satz 2 BauNVO). Daraus folgt zwingend, dass die planerischen Festsetzungen von Gebietsarten im Sinne der Fassung der BauNVO zu verstehen sind, die **zum Zeitpunkt des Beschlusses über den Bebauungsplan in Kraft war.** Daher sind alle Fassungen der BauNVO (1962, 1968, 1977, 1990) unverändert rechtserheblich.[18]

Für reine Wohngebiete beispielsweise besagt § 3 BauNVO, dass sie dem Wohnen dienen (Absatz 1), dass Wohngebäude zulässig sind (Absatz 2) und dass **ausnahmsweise** „Läden und nicht störende Handwerksbetriebe, die zur Deckung des täglichen Bedarfs für die Bewohner des Gebiets dienen, sowie kleine Betriebe des Beherbergungsgewerbes" zugelassen werden können (Abs. 3 Nr. 1). Ferner können ausnahmsweise „Anlagen für soziale Zwecke sowie den Bedürfnissen der Bewohner des Gebiets dienende Anlagen für kirchliche, kulturelle, gesundheitliche und sportliche Zwecke" zugelassen werden (Abs. 3 Nr. 2). Nach diesen Vorschriften ist der Bettentrakt für die Erwachsenen-Bildungsstätte im Reinen Wohngebiet – **Fall (2)** – jedenfalls nicht als „Regelnutzung", sondern allenfalls ausnahmsweise als kulturellen Zwecken dienende bauliche Anlage (Abs. 3 Nr. 2) genehmigungsfähig.[19] Allerdings dürfte es für den Bettentrakt an der weiteren Voraussetzung fehlen, dass die Anlage den Bedürfnissen der Bewohner dieses Gebiets dient. 22

Gesetzliche Grundlage für die ausnahmsweise Zulassung ist in solchen Fällen gegebenenfalls § 31 Abs. 1 BauGB. Danach können solche Ausnahmen von den Festsetzungen eines Bebauungsplanes zugelassen werden, „die in dem Bebauungsplan nach Art und Umfang ausdrücklich vorgesehen sind". Nach § 1 Abs. 3 Satz 2 BauNVO werden – wie schon ausgeführt – durch die planerischen Festsetzungen eines Baugebietes die einschlägigen Vorschriften der §§ 2–14 BauNVO grundsätzlich Bestandteile des Bebauungsplanes. Folglich sind bei der Festsetzung eines WR-Gebietes die in § 3 Abs. 3 BauNVO genannten Ausnahmen solche, die i.S.v. § 31 Abs. 1 BauGB im Bebauungsplan ausdrücklich vorgesehen sind. Demgemäß können diese Ausnahmen nach Maßgabe einer sachgerechten Ermessensausübung zugelassen werden. Die Ermessensausübung hat sich am Gebietscharakter zu orientieren. Der Gebietscharakter für WR-Gebiete wird in § 3 Abs. 1 BauNVO bestimmt. Diese Gebiete sollen dem Wohnen dienen. Deshalb muss beispielsweise die Zahl der wohnfremden Gebäude grundsätzlich gering gehalten werden. 23

---

18 *Stich*, Die drei Baunutzungsverordnungen 1962, 1968 und 1977, DÖV 1978, S. 537; *Stock*, Die Novelle 1990 zur BauNVO, NVwZ 1990, S. 518.
19 Seit der Entscheidung des BVerwG hat sich die Rechtslage insofern geändert, als die ausnahmsweise genehmigungsfähigen Vorhaben in Abs. 3 Nr. 2 erst durch die Novellierung der BauNVO 1990 eingefügt worden sind. Seinerzeit kam deshalb auch eine ausnahmsweise Genehmigungsfähigkeit nicht in Betracht.

2. Das Rücksichtnahmegebot des § 15 BauNVO

24 Wenn ein Vorhaben den Anforderungen der BauNVO an die zulässige Art der Nutzung (Gebietstyp), an das Maß der Nutzung (§§ 16–21a BauNVO) sowie an die Bauweise und die überbaubaren Grundstücksflächen entspricht, so folgt daraus gleichwohl noch **nicht** die Genehmigungsfähigkeit des Vorhabens. Vielmehr ist der systematisch nicht ganz überzeugend platzierte § 15 BauNVO zu beachten. Nach dieser Norm sind Vorhaben, die den einzelnen Anforderungen der Baunutzungsverordnung entsprechen, gleichwohl dann **unzulässig**,

- „wenn sie nach Anzahl, Lage, Umfang oder Zweckbestimmung der Eigenart des Baugebiets widersprechen" (Abs. 1 Satz 1), oder
- „wenn von ihnen Belästigungen oder Störungen ausgehen können, die nach der Eigenart des Baugebiets im Baugebiet selbst oder in dessen Umgebung unzumutbar sind, oder wenn sie solchen Belästigungen oder Störungen ausgesetzt werden" (Abs. 1 Satz 2).

25 Diese Norm hat in jüngerer Zeit in der Rechtsprechung an Bedeutung gewonnen, was augenscheinlich darauf zurückzuführen ist, dass das, was nach einem Bebauungsplan in Verbindung mit der BauNVO zulässig ist, in rücksichtsloser Weise ausgenutzt wird bzw. werden soll. In diesen Problemkomplex gehört der Fall der Hinterlandbebauung – **Fall (1)**. Nach den planerischen Festsetzungen und den Regelungen der BauNVO ist das Vorhaben unter Gewährung von Ausnahmen genehmigt worden. Das ist – sieht man zunächst von § 15 BauNVO ab – auch rechtlich zulässig. Nach § 31 Abs. 1 BauGB können – wie oben Rn. 23 erörtert – von Festsetzungen eines Bebauungsplanes solche Ausnahmen zugelassen werden, „die in dem Bebauungsplan nach Art und Umfang ausdrücklich vorgesehen sind". Laut Sachverhalt lässt der Bebauungsplan ausdrücklich ein Überschreiten der festgesetzten Bebauungstiefe und der Grundflächenzahl (3/10) zu. Eine solche Ausnahme von der Grundflächenzahl (zum Begriff GFZ s. § 19 Abs. 1 BauNVO) darf der Bebauungsplan gemäß § 16 Abs. 6 BauNVO vorsehen. Die festgesetzte geschlossene Bauweise muss schließlich nicht eingehalten werden, weil die „vorhandene Bebauung eine Abweichung erfordert" (§ 22 Abs. 3 BauNVO). Im hinteren Grundstücksbereich befindet sich ja kein „anbaufähiges" Gebäude auf den Nachbargrundstücken. Zusammenfassend ergibt sich, dass die Baugenehmigung erteilt werden durfte, falls dem nicht § 15 BauNVO entgegenstand. Zur Auslegung und Anwendung dieser Norm hat das Bundesverwaltungsgericht in der zitierten Entscheidung Grundsätzliches ausgeführt:

26 Die in einem Bebauungsplan vorgenommene Konfliktbewältigung sei keineswegs stets abschließend mit der Folge, dass im Einzelfall auf die vorhandene Bebauung keine über die Beachtung der planerischen Festsetzungen hinausgehende Rücksicht zu nehmen sei. Vielmehr sei eine solche **Rücksichtnahme** auf die benachbarte Bebauung dann angezeigt, wenn der Bebauungsplan von zulässiger „planerischer Zurückhaltung" geprägt sei oder wenn ein Vorhaben im Wege prinzipiell zulässiger Ausnahmen genehmigt werden solle. § 15

BauNVO sei eine Ausprägung dieses **Rücksichtnahmegebots**.²⁰ Die Beurteilung, ob die nötige Rücksicht geübt worden sei, erfordere „eine Gesamtschau der von dem Vorhaben ausgehenden Beeinträchtigung". Im Streitfalle ergebe sich nicht schon aus der Einhaltung der Geschossflächenzahl, dass das Vorhaben nicht rücksichtslos sei. Was den Kläger vornehmlich beeinträchtige, sei die Lage des genehmigten Gebäudes im rückwärtigen Grundstücksteil in Verbindung mit Höhe und Breite des Baukörpers.²¹

3. Insbesondere: Rücksichtnahmegebot und Schutz vor schädlichen Umwelteinwirkungen

Nach § 15 Abs. 1 Satz 2 BauNVO ist ein nach den planerischen Festsetzungen zwar zulässiges Vorhaben dennoch unzulässig, wenn

- entweder von ihm Belästigungen oder Störungen ausgehen können, die nach der Eigenart des Baugebiets im Baugebiet selbst oder in dessen Umgebung unzumutbar sind, oder
- wenn es selbst solchen Belästigungen oder Störungen ausgesetzt wäre.

27

Diese Regelung ist nach der gefestigten und zutreffenden Rechtsprechung des Bundesverwaltungsgerichts Ausdruck des **Rücksichtnahmegebots**,²² das – wie auch der Verordnungstext deutlich macht – **gegenseitige** Rücksichtnahme verlangt. Der *Lackiererei*-**Fall (2)** ist ein instruktives Beispiel dafür, dass das Rücksichtnahmegebot nicht nur an den Emittenten bzw. Störer gerichtet ist. Die beantragte Errichtung eines Wohngebäudes in dem allgemeinen Wohngebiet wird abgelehnt, weil sich die Wohnnutzung unzumutbaren Belästigungen aussetzen würde. Auf den ersten Blick könnte eine solche Entscheidung, derzufolge nicht der Emittent, sondern der potenziell Belästigte zur „Unterlassung" verpflichtet wird, geradezu als abwegig erscheinen. Man muss jedoch bedenken, dass hier eine aus verschiedenen rechtlichen Erwägungen ebenfalls zulässige gewerbliche Nutzung bereits verwirklicht ist, sodass vernünftigerweise Rücksicht auf die prioritäre Nutzung gefordert wird.²³

§ 15 Abs. 1 Satz 2 BauNVO ist ein zentrales baugenehmigungsrechtliches Steuerungsinstrument zum Schutz vor schädlichen Umwelteinwirkungen, insbesondere zum Schutz vor Lärm. Für die praktische Handhabung ist der Maßstab für die gesetzliche Schwelle der **Unzumutbarkeit** entscheidend. Nach allgemeiner Ansicht und ständiger Rechtsprechung des Bundesverwaltungsgerichts ist davon auszugehen, dass sich Immissionsschutzrecht und Bauplanungsrecht bei der Fixierung eines **gebietsadäquaten Immissionsniveaus** ergänzen.²⁴ Die Gemeinden bestimmen nämlich durch die Festsetzung einer

28

---

20 BVerwGE 67, S. 334 (337 f.).
21 BVerwGE 67, S. 334 (340).
22 Grundlegend zum Rücksichtnahmegebot BVerwGE 52, S. 122 (*Schweinemäster*).
23 Es können zur Lösung eines solchen Konflikts auch beiderseitige Anstrengungen verlangt werden; sehr anschaulich BVerwG, BauR 2000, S. 234 = UPR 2000, S. 183.
24 BVerwGE 74, 315 (320); s. den Überblick bei *Koch*, Der Schutz der Umwelt in der Rechtsprechung zum Bauplanungsrecht, Die Verwaltung 1998, S. 505 (530 ff.).

bestimmten Gebietsart grundsätzlich über den Maßstab der Zumutbarkeit. Denn die Gebietstypen der BauNVO bilden gerade unter dem Gesichtspunkt des Schutzes der Wohnnutzung und anderer sensibler Nutzung ein offenkundiges Kontinuum vom Kurgebiet bis zum Industriegebiet.[25]

29 Die **Konkretisierung** des jeweils gebietsadäquaten Immissionsniveaus liefert sodann das Immissionsschutzrecht mit seinen zahlreichen Immissionsgrenz- und Immissionsrichtwerten. Für die Zumutbarkeit von Lärm sind danach die baugebietsspezifisch differenzierenden Immissionswertsysteme der TA Lärm, der Sportanlagenlärmschutzverordnung (18. BImSchV),[26] die Freizeitlärm-Richtlinie des Länderausschusses für Immissionsschutz[27] sowie der Verkehrslärmschutzverordnung (16. BImSchV)[28] heranzuziehen. In Betracht kommt schließlich noch das Richtwertsystem der DIN 18 005 („Schallschutz im Städtebau").[29]

30 Die maßgeblichen Immissionswerte der immissionsschutzrechtlichen Regelwerke sind allerdings teilweise keine Grenz-, sondern Orientierungswerte.[30] Das gilt namentlich für die TA Lärm. Das ist grundsätzlich auch aus der Sicht des Bauplanungsrechts insofern sachgerecht, als die Baugebietstypen eine erhebliche „Plastizität" aufweisen und ihre konkrete „Belastbarkeit" erst dadurch erfahren, dass bestimmte Nutzungsarten, die eigentlich „typgerecht" sind, ausgeschlossen oder Nutzungsarten, die nur ausnahmsweise zulässig sind, in einer Gebietsart für regelmäßig zulässig erklärt werden. Hinzu kommt, dass vielfach auch vorhandene bauliche Situationen zu überplanen sind, die vom entsprechenden Immissionsniveau des nun vorgegebenen Gebietstyps nach unten oder oben abweichen können. Alle diese Probleme löst eine gefestigte Rechtsprechung durch das – nicht arithmetisch zu verstehende – Gebot der Mittelwertbildung.[31] Die Mittelwertbildung muss allerdings dort ihre Schranke finden, wo die Beeinträchtigung der störanfälligen Nutzung definitiv unzumutbar wird. Für die Wohnnutzung hat das Bundesverwaltungsgericht als „absolute Zumutbarkeitsschwelle" das zulässige Belastungsniveau für Mischgebiete angesehen.[32]

---

25 Zu der dem städtebaulichen Trennungsgrundsatz geschuldeten Gebietstypik der BauNVO s. *Koch*, Immissionsschutz in der Bauleitplanung, in: Erbguth u. a. (Hrsg.), Planung, FS für Hoppe, 2000, S. 549.
26 Zur Relevanz der 18. BImSchV im Bauplanungsrecht sehr instruktiv BVerwGE 109, S. 246 = NuR 2000, S. 94 sowie BVerwGE 109, S. 314 = BauR 2000, S. 234.
27 Zur Präzisierung des gebietsadäquaten Immissionsniveaus durch die LAI-Freizeitlärm-Richtlinie s. mit zahlreichen Nachweisen *Koch/Maaß*, Rechtliche Grundlagen der Bewältigung von Freizeitlärmkonflikten, NuR 2000, S. 71.
28 Zur Rolle der 16. BImSchV im Bauplanungsrecht s. nur BVerwG, NJW 1995, S. 2572.
29 Vgl. auch den Überblick über diese Regelwerke bei *Uechtritz*, Bewertung von Lärm in der Bauleitplanung, in: Erbguth u. a. (Hrsg.), Planung, FS für Hoppe, 2000, S. 567.
30 Als Grenzwerte werden die Immissionswerte der 16. BImSchV (s. dazu BVerwGE 101, S. 1) sowie diejenigen der 18. BImSchV (s. dazu BVerwG, UPR 1995, S. 108) eingestuft.
31 BVerwGE 50, 49 (54f.) (*Tunnelofen*); BVerwG, DVBl. 1985, S. 397; E 98, S. 235 (244); s. näher *Koch*, in: ders./Scheuing (Hrsg.), GK-BImSchG (Stand: 2/96), § 3 Rn. 246ff.
32 BVerwGE 84, S. 322 (333).

31 Das gebietsadäquate Schutzniveau kann nur **akzeptorbezogen**, also quellenunabhängig bestimmt werden. Schädliche Umwelteinwirkungen und damit unzumutbare Belästigungen durch Lärm liegen an einem bestimmten Ort mithin dann vor, wenn die Summe der Lärmeinwirkungen an diesem Ort die Erheblichkeitsschwelle überschreitet (**Summe der Lärmeinwirkungen**).[33] Nur eine solche akzeptorbezogene Betrachtungsweise ist geeignet, einen angemessenen Schutz zu gewährleisten. Andernfalls – wenn jede Lärmart für sich betrachtet wird – droht eine unkontrollierte additive Verlärmung beispielsweise von Wohngebieten durch ein Zusammenwirken von Verkehrswegen, gewerblichen Anlagen sowie Sportanlagen, die getrennt je für sich nach der 16. BImSchV, der TA Lärm sowie der 18. BImSchV beurteilt werden. Eine solche Sicht kann für die Bestimmung des gebietsadäquaten Immissionsniveaus im Rahmen der BauNVO nicht maßgeblich sein. Rechtssetzung und Rechtsprechung gehen allerdings bislang den Weg einer segmentierten Bewertung der jeweils einzelnen Lärmquellen.[34]

32 Angesichts der soeben (Rn. 30) beschriebenen Variationsbreite des gebietsadäquaten Immissionsniveaus verlangt die Anwendung von § 15 Abs. 1 Satz 2 BauNVO im Einzelfall eine „Feinsteuerung" unter Berücksichtigung der konkreten Umstände. Es gibt inzwischen eine Entscheidungssequenz von beachtlicher Länge, die im Einzelfall unter dem Gesichtspunkt der **Sozialadäquanz** von den Immissionswerten der verschiedenen Regelwerke gänzlich absieht oder doch abweicht. Vom *liturgischen Glockengeläut*[35] über die *Feueralarmsirene*[36] bis hin zum *Wertstoffhof*[37] hat der Begriff der Sozialadäquanz eine Rolle bei der Festlegung zumutbaren Lärms gespielt. In der Entscheidung zum *Wertstoffhof* hat das Bundesverwaltungsgericht die Gelegenheit wahrgenommen, näher zum (Hilfs-)Maßstab der Sozialadäquanz auszuführen: Der Begriff der Sozialadäquanz erfülle keine eigenständige Maßstabsfunktion. Der Kreis der zumutbaren Immissionen werde durch ihn weder erweitert noch verengt. Er diene lediglich als „Differenzierungsmerkmal", das es unter Zumutbarkeitsgesichtspunkten ermögliche, der jeweiligen Art der Störung Rechnung zu tragen.[38]

33 Das heißt nun aber gerade nichts anderes als dass dem Gesichtspunkt der Sozialadäquanz eben doch Maßstabsfunktion zukommen soll, allerdings wohl im Sinne einer anlagenbezogenen „Feinsteuerung". Das ist sicher auch nicht grundsätzlich unzutreffend. Insbesondere ist eine Konkretisierung da-

---

33 *Hansmann*, Rechtsprobleme bei der Bewertung von Lärm, NuR 1997, S. 53 (56 ff.); *Koch* (Fn. 31), § 3 Rn. 30 ff. und 234 ff. m.w.N.; *ders.*, Die rechtliche Beurteilung der Lärmsummation nach BImSchG und TA Lärm 1998, in: Czajka u. a. (Hrsg.), Immissionsschutzrecht in der Bewährung, FS für Feldhaus, 1999, S. 215 ff.
34 Erst jüngst hat das BVerwG ausführlich begründet und bestätigt, dass beim Bau eines Verkehrsweges keine summative, sondern eine segmentierte Lärmbewertung zu erfolgen habe: BVerwGE 101, S. 1.
35 BVerwGE 68, S. 62 (67 ff.).
36 BVerwGE 79, S. 254 (260 ff.).
37 BVerwG, NVwZ 1996, S. 1001.
38 BVerwG, UPR 1996, S. 309 (310) = NVwZ 1996, S. 1001 (1002).

hingehend, dass Nebenanlagen und Einrichtungen im Sinne von § 14 BauN-VO, die dem Nutzungszweck des Baugebiets dienen und seiner Eigenart nicht widersprechen, als „sozialadäquat" zuzulassen sind, jedenfalls grundsätzlich richtig. Im Übrigen wird allerdings darauf zu achten sein, dass aus dem Teilmaßstab der Sozialadäquanz kein Instrument uferloser Abwägungen zu Lasten gestörter Nutzungen wird.[39]

34 Zur Beurteilung der Frage, ob eine konkrete Nutzung mit unzumutbaren Störungen für seine Umgebung im Sinne des § 15 Abs. 1 Satz 2 BauNVO verbunden ist, hat das Bundesverwaltungsgericht in jahrzehntelanger Rechtsprechung eine sogenannte **Typisierungslehre** entwickelt, derzufolge die immissionsschutzrechtliche **Vermutung** eines besonderen Störpotenzials der immissionsschutzrechtlich genehmigungsbedürftigen Anlagen (§ 4 Abs. 1 BImSchG) für die bauplanungsrechtliche Beurteilung maßgeblich sein soll.[40] Erweist sich die an den Vorhabentyp gebundene Vermutung im Einzelfall mit Blick auf den tatsächlichen Grad der Emissionen als unbegründet, könne eine Zulassung im Gewerbegebiet nur im Wege der Befreiung nach § 31 Abs. 2 BauGB erfolgen. Gegen diese Rechtsprechung gerichtet ist die im Jahr 1990 eingeführte Neuregelung in § 15 Abs. 3 BauNVO, derzufolge die Anlagenzulassung nicht allein nach der verfahrensrechtlichen Einordnung des BImSchG bzw. der 4. BImSchV zu beurteilen ist. Danach hat sich das Bundesverwaltungsgericht zu einer Einschränkung seiner Typisierungs-Rechtsprechung hinsichtlich solcher Betriebe veranlasst gesehen, die in Anhang I der 4. BImSchV nicht in erster Linie wegen der Gefahr schädlicher Umwelteinwirkungen aufgeführt sind oder von vornherein keine Störungen befürchten lassen.[41]

35 Mit dem Schaubild (*vgl. nächste Seite*) soll die Maßstabsbildung für den Begriff der Unzumutbarkeit in § 15 BauNVO veranschaulicht werden.

4. Die Befreiung von planerischen Festsetzungen

36 Die Genehmigungsfähigkeit eines Vorhabens im Geltungsbereich eines Bebauungsplans kann auch dadurch herbeigeführt werden, dass von Festsetzungen des Planes im Einzelfall eine **Befreiung** erteilt wird. Ausnahme und Befreiung unterscheiden sich – wie grundsätzlich auch im Bauordnungsrecht[42] – danach, ob ausdrücklich vorgesehene Abweichungen oder Abweichungen von strikten Festsetzungen gewährt werden. Die Befreiung ist das Mittel, um unvorhersehbaren Besonderheiten Rechnung tragen zu können. Dieser Zielsetzung entsprechend sind die Zulässigkeitsvoraussetzungen einer Befreiung traditionell sehr streng gewesen. Davon ist jedoch der Gesetzgeber des BauGB zunehmend abgewichen. Die Rechtsprechung des Bundesverwaltungsgerichts bemüht sich

---
39 Näher *Koch*, in: ders. (Hrsg.), Schutz vor Lärm, 1990, S. 41 (47 ff.); s. auch *ders.*, Grundlagen für das Aufstellen und Betreiben von Altglascontainern, NuR 1996, S. 276 ff.
40 S. BVerwG, NJW 1975, S. 460.
41 BVerwG, DVBl. 1993, S. 111 f.; BVerwG, Buchholz 406.12 § 6 BauNVO Nr. 11, S. 12 f.
42 S. oben § 25 Rn. 35 ff.

Das gebietsadäquate Belastungsniveau mit „Feinsteuerung"

Gebietstypik der BauNVO	Gebietsadäquates Immissionsniveau (LAI)	Feinsteuerung
1. Kurgebiet, Krankenhäuser, Pflegeanstalten	45 dB(A) Werktags außerhalb der Ruhezeit 45 dB(A) Werktags Ruhezeit; Sonn-, Feiertags 35 dB(A) nachts	1. Ausgestaltung des Baugebiets
2. Reines Wohngebiet	50 dB(A) Werktags außerhalb der Ruhezeit 45 dB(A) Werktags Ruhezeit; Sonn-, Feiertags 35 dB(A) nachts	2. Mittelwertbildung an Gebietsgrenzen
3. Allg. Wohngebiet, Kleinsiedlungsgebiet	55 dB(A) Werktags außerhalb der Ruhezeit 50 dB(A) Werktags Ruhezeit; Sonn-, Feiertags 40 dB(A) nachts	3. Geräuschspezifik
4. Kerngebiet, Dorfgebiet, Mischgebiet	60 dB(A) Werktags außerhalb der Ruhezeit 55 dB(A) Werktags Ruhezeit; Sonn-, Feiertags 45 dB(A) nachts	4. Spitzenpegel
5. Gewerbegebiet	65 dB(A) Werktags außerhalb der Ruhezeit 60 dB(A) Werktags Ruhezeit; Sonn-, Feiertags 50 dB(A) nachts	5. Gebietsadäquate Nutzungen
6. Industriegebiet	70 dB(A) Werktags außerhalb der Ruhezeit 70 dB(A) Werktags Ruhezeit; Sonn-, Feiertags 70 dB(A) nachts	6. Sozialadäquate Nutzung (str.)

groß ←——— Schutzbedürfnis ———→ gering

demgegenüber kontinuierlich darum, die Möglichkeiten der Befreiung einzugrenzen, um den Steuerungsanspruch der Bebauungsplanung zu bewahren.[43]

37   Die klassischen Befreiungstatbestände[44] liegen vor, wenn entweder das **Wohl der Allgemeinheit** eine Abweichung **erfordert** (§ 31 Abs. 2 Nr. 1 BauGB) oder den Einzelnen bei strikter Durchführung des Planes eine offenbar **nicht beabsichtigte Härte** treffen würde (§ 31 Abs. 2 Nr. 3 BauGB). Diesen beiden Tatbeständen mit Tradition hat schon die Novelle zum BBauG 1979 einen nicht unproblematischen **Dritten** hinzugefügt: Nach § 31 Abs. 2 Nr. 2 BBauG 1979 durfte „im Einzelfall" befreit werden, wenn „städtebauliche Gründe die Abweichung rechtfertigen und die Grundzüge der Planung nicht berührt werden". Mit dem BauGB 1987 wurde die Befreiung weiter erleichtert. Gefordert war nur noch, dass die Abweichung vom Bebauungsplan „städtebaulich vertretbar" war und die Grundzüge der Planung nicht berührt wurden. An die Stelle der städtebaulichen **Rechtfertigung** war die städtebauliche **Vertretbarkeit** getreten. Immerhin war weiterhin eine Befreiung nur „im Einzelfall" zulässig. Gerade diese Beschränkung der Befreiungen auf „Einzelfälle" ist mit der erklärten Zielsetzung entfallen, damit die in der Rechtsprechung entwickelte Befreiungsvoraussetzung einer bodenrechtlich **atypischen Einzelfallsituation** als nunmehr irrelevant beiseite zu schieben.[45]

38   In der Entscheidungssequenz des Bundesverwaltungsgerichts zum Befreiungstatbestand des § 31 Abs. 2 BBauG/BauGB[46] spielt die Befreiungsvoraussetzung einer **bodenrechtlichen atypischen Situation** eine zentrale Rolle: Im **Fall (3)** des *Bettentrakts* für eine Erwachsenenbildungsstätte ist seinerzeit Befreiung von der Festsetzung „Reines Wohngebiet" gewährt worden. Denn zum Zeitpunkt der Entscheidung sah § 3 BauNVO noch nicht die ausnahmsweise Zulässigkeit von Anlagen für kulturelle Zwecke vor. Daher konnte eine Genehmigung mit Sicherheit nur bei Befreiung von zwingendem Recht erfolgen. Als möglicherweise erfüllter Befreiungstatbestand kam nur die Befreiung zum Wohl der Allgemeinheit (§ 31 Abs. 2 Nr. 1 BauGB; § 31 Abs. 2 Satz 1 der 2. Alternative BBauG 1976) in Betracht. Für eine Präzisierung des Tatbestandes bezog sich das Bundesverwaltungsgericht in dieser grundlegenden Entscheidung auf den **Zweck** der Befreiungsregelung und führte dazu aus:

39   Eine Befreiung rechtfertige sich daraus, dass jede Normierung mit einer Abstraktion und Verallgemeinerung verbunden sei, die **atypischen** Fällen nicht gerecht zu werden vermögen. Die **Atypik** sei deshalb Voraussetzung einer jeden Befreiung. Die Atypik bei der „Gemeinwohlbefreiung" (§ 31 Abs. 2

---

43 Vgl. den Überblick über die Rechtsprechung bei *Mager*, Die Neufassung des Befreiungstatbestandes gemäß § 31 Abs. 2 BauGB 1998, DVBl. 1999, S. 205.
44 S. grundsätzlich *Erwe*, Ausnahmen und Befreiungen im öffentlichen Baurecht, 1987; zur Rolle von Befreiungen in der Baugenehmigungspraxis *Scharmer u.a* (Fn. 3), S. 32 ff.; *Schäfer/Schmidt-Eichstaedt* (Fn. 3), S. 194 ff.
45 BT-Drs. 13/6392, S. 56.
46 BVerwGE 40, S. 268; E 56, S. 71; BVerwG Buchholz 406.11 § 31 BBauG/BauGB; E 88, S. 24; BVerwG, BauR 1999, S. 1280; ähnlich auch zu bauordnungsrechtlichen Befreiungsvorschriften E 88, S. 191.

Nr. 1 BauGB/BBauG) setzt nach Auffassung des Gerichts voraus, dass ein bei der planerischen Abwägung nicht berücksichtigtes und nicht abschätzbares Gesamtinteresse eine „Art Randkorrektur der planerischen Festsetzung" erfordere.[47] Von dieser Zielsetzung der Bewältigung atypischer Fälle her „erforderten" Gründe des Wohls der Allgemeinheit dann eine Befreiung, „wenn es zur Wahrnehmung des jeweiligen öffentlichen Interesses vernünftigerweise geboten ist, mit Hilfe der Befreiung das Vorhaben an der vorgesehenen Stelle zu verwirklichen."[48]

Auf die Änderung durch das BauROG hat sich das Bundesverwaltungsgericht etwas undeutlich eingelassen. Einerseits wird auf die Absicht des Gesetzgebers ausdrücklich hingewiesen, mit der Streichung des **Einzelfallerfordernisses** die in der Rechtsprechung entwickelte Voraussetzung der Atypik los zu werden. Auf der anderen Seite betont das Gericht das auch in der Neuregelung vorfindliche Tatbestandsmerkmal der Wahrung der **Grundzüge der Planung** und entwickelt dies in Richtung auf das Kriterium der Atypik: „Durch das Erfordernis der Wahrung der Grundzüge der Planung stellt [er] sicher, dass die Festsetzungen des Bebauungsplans nicht beliebig durch Verwaltungsakt außer Kraft gesetzt werden. Die Änderung eines Bebauungsplans obliegt nach § 2 Abs. 4 BauGB unverändert der Gemeinde und nicht der Bauaufsichtsbehörde. Hierfür ist in den §§ 3 und 4 BauGB ein bestimmtes Verfahren unter Beteiligung der Bürger und der Träger öffentlicher Belange vorgeschrieben, von dem nur unter den in § 13 BauGB genannten Voraussetzungen abgesehen werden kann. Diese Regelung darf auch weiterhin nicht durch eine großzügige Befreiungspraxis aus den Angeln gehoben werden."[49]

40

Der Tendenz des Bundesverwaltungsgerichts ist entschieden zuzustimmen. Die planerischen Entscheidungen der Kommunen dürfen nicht zum beliebigen Abwägungsgegenstand der Bauaufsichtsbehörden herabgestuft werden. Hier ist einmal daran zu erinnern, dass das Verfahren der Bebauungsplanung mit bestimmten Elementen der fairen Interessenkoordination ausgestaltet ist, namentlich der zweistufigen Bürgerbeteiligung. Diese so gewonnenen Entscheidungen dürfen nicht durch eine Fülle von Befreiungen aus den Angeln gehoben werden. Im Übrigen weiß jeder Sachkundige, welchem enormen Druck Bauaufsichtsbehörden seitens finanzstarker Investoren ausgesetzt sind. Da ist es der Sache dienlich, wenn Ermessensspielräumen enge Grenzen gezogen sind.

41

5. Erschließung

Nach § 30 Abs. 1 BauGB setzt die Zulässigkeit eines Vorhabens auch voraus, dass die **Erschließung** gesichert ist. Der Begriff der Erschließung ist im BauGB nicht definiert. Eine nähere Begriffsbestimmung ist aber vom Zweck her

42

---
[47] BVerwGE 56, S. 71 (74).
[48] BVerwGE 56, S. 71 (76).
[49] BVerwG, BauR 1999, S. 1280; Kritik bei *Claus*, Nochmals: Befreiungen gemäß § 31 Abs. 2 BauGB ohne Atypik, DVBl. 2000, S. 241.

möglich, dem dieses Tatbestandsmerkmal dient. Die Erschließung eines Grundstücks soll seine gefahrlose, geordnete bauliche Nutzung ermöglichen. Dafür ist jedenfalls ein Anschluss an das öffentliche Straßen- und Wegenetz,[50] die Möglichkeit ordnungsgemäßer Abfall- und Abwasserbeseitigung sowie die unerlässliche Versorgung mit Wasser und Elektrizität erforderlich. Eine Konkretisierung dieser Anforderungen kann nicht etwa dem **Erschließungsbeitragsrecht** der §§ 127 ff. BauGB entnommen werden. Dort ist festgelegt, welche Erschließungsanlagen **beitragsfähig** sind. **Ob** solche Anlagen jeweils errichtet werden dürfen bzw. müssen, ist damit nicht bestimmt. Konkretisierungen des Erschließungserfordernisses können dem maßgeblichen Bebauungsplan (vgl. § 125 BauGB) und dem einschlägigen Landesrecht, insbesondere den Bauordnungen[51] sowie den Regelungen über Abwasser- und Abfallbeseitigung entnommen werden. Insofern wird man sagen können, dass der Bundesgesetzgeber im Zusammenhang mit der Zulässigkeit baulicher Anlagen einen der Landes- und gemeindlichen Rechtsetzung (begrenzt) offenen Erschließungsbegriff eingeführt hat.[52]

43 Im **Fall (4)** enthält der Bebauungsplan eine Konkretisierung des Erschließungserfordernisses dahingehend, dass eine Stichstraße den hinteren Teil des klägerischen Grundstücks erschließen soll. Nun ist jedoch diese Erschließungsstraße auch nach vielen Jahren noch nicht gebaut, sodass sich die bauplanerische Erschließungsregelung als langjähriges Bauhindernis erweist. Dies führt zu zwei Fragen:

(1) Hat sich die gemeindliche Erschließungs**aufgabe** (vgl. § 123 Abs. 1 BauGB) möglicherweise zu einer auch dem Kläger gegenüber bestehenden Erschließungs**pflicht** verdichtet?

(2) Besteht zumindest ein Anspruch darauf, unter Befreiung von der planerischen Erschließung eine andere, den bauordnungsrechtlichen Regelungen entsprechende Zuwegung nutzen zu dürfen?

44 Grundsätzlich besteht **kein Rechtsanspruch auf Erschließung** (§ 123 Abs. 3 BauGB). Für besondere Konstellationen ist jedoch in der Rechtsprechung des Bundesverwaltungsgerichts mit Recht anerkannt, dass die Gemeinde zu einer Erschließung verpflichtet sein kann.[53] Entscheidend ist der auch im öffentlichen Recht geltende **Grundsatz von Treu und Glauben**. Mit dem Bundesverwaltungsgericht ist es als treuwidrig anzusehen, wenn eine Gemeinde einen qualifizierten Bebauungsplan nicht mehr ausführen (lassen) will, ihn jedoch nicht aufhebt, sondern nur „auf Eis legt", also u. a. die Erschließung hartnäckig

---

50 Zu den Anforderungen an eine ausreichende wegemäßige Erschließung eines Außenbereichsgrundstücks s. BVerwGE 74, S. 19 (25 ff.); zur wegemäßigen Erschließung s. ferner E 88, S. 70 und E 92, S. 304.

51 Vgl. zu den Regelungen über Zugänge und Zufahrten auf Grundstücken § 5 aller LBauO außer Art. 4 BayBO; § 15 III LBO B-W; § 7 LBO Rh.-Pf.

52 So auch Ernst/Zinkahn/Bielenberg-*Söfker* (Fn. 1), § 30, Rn. 40.

53 BVerwGE 64, S. 186; BVerwG, NVwZ 1986, S. 646; zusammenfassend und weiterführend BVerwGE 92, S. 8; zur Entwicklung der Rechtsprechung *Hofmann-Hoeppel*, Die Verdichtung der gemeindlichen Erschließungslast zur Erschließungspflicht, BauR 1993, S. 520.

verweigert. Damit nehme eine Gemeinde die **Sperrwirkung** eines Bebauungsplanes in Anspruch, ohne die korrespondierende, Vorhaben **ermöglichende Wirkung** zu fördern.[54] Die Gemeinde muss entweder – unter eventueller Inkaufnahme planschadensrechtlicher Konsequenzen – den Bebauungsplan aufheben oder seine Verwirklichung ernsthaft auch durch Erschließung fördern.

Sofern die Gemeinde sich allein auf **wirtschaftliche Schwierigkeiten** zur Begründung unterbliebener Erschließungsmaßnahmen beruft, darf sie ein zumutbares privates Erschließungsangebot gemäß § 124 Abs. 3 Satz 2 BauGB nur ablehnen, wenn sie nunmehr selbst die Erschließung durchführt.

Im **Fall (4)** ist jedoch ein Anspruch auf Erschließung mit der Begründung verneint worden, dass der hintere Grundstücksteil auch ohne den vermeintlich „sperrenden" Bebauungsplan bisher nicht bebaut werden dürfe, sodass sich der Plan gar nicht als Bausperre erweise.

Ein Dispens von der Erschließungspflicht als solcher kommt nach zutreffender einhelliger Ansicht nicht in Betracht. Denn die Erschließungspflicht ist eine **bundes**gesetzliche Genehmigungsvoraussetzung. § 31 Abs. 2 BauGB aber sieht einen Dispens nur hinsichtlich **planerischer** Festsetzungen vor. Allerdings kommt ein Dispens von der planerisch vorgesehenen Erschließung jedenfalls dann und grundsätzlich in Betracht, wenn eine andere ordnungsgemäße Erschließung möglich wäre, im Streitfall etwa über die Bildung eines sogenannten Pfeifenstielgrundstücks. Ein solcher Weg war jedoch nach den tatsächlichen Feststellungen des Berufungsgerichts rechtlich nicht gegeben.

„Gesichert" ist die Erschließung dann, wenn die Erschließungsanlagen voraussichtlich bis zur Fertigstellung des baulichen Vorhabens funktionsfähig sind. Dies ist im Beispielsfall nicht erfüllt, da die beklagte Stadt keinerlei Anstalten zur Realisierung der Stichstraße trifft.

6. Hinweise zum Gutachtenaufbau

Für den Gutachtenaufbau im Regelungsbereich des § 30 BauGB ist Folgendes zu beachten:

(1) Bauliches Vorhaben im planungsrechtlichen Sinne des § 29 BauGB?
(2) Befindet sich das Baugrundstück im Geltungsbereich eines qualifizierten B-Plans im Sinne von § 30 Abs. 1 BauGB oder eines vorhabenbezogenen B-Plans im Sinne von § 30 Abs. 2 BauGB? Wenn nicht →§ 30 Abs. 3 BauGB i.V.m. § 34 oder § 35
(3) Entspricht das Vorhaben den Festsetzungen des B-Plans, insbesondere den durch den B-Plan inkorporierten Zulässigkeitsvoraussetzungen der BauNVO (Ausnahmen berücksichtigen)?

---

54 BVerwGE 92, S. 8 (21).

(4) Wenn (3) nicht der Fall ist: Kommt eine Befreiung gem. § 31 Abs. 2 BauGB in Betracht?
(5) Wenn (3) der Fall ist: Ist das Vorhaben dennoch gem. § 15 BauNVO unzulässig (Rücksichtnahmegebot)?
(6) Ist die Erschließung gesichert?

IV. Vorhaben innerhalb der im Zusammenhang bebauten Ortsteile (§ 34 BauGB)

Literatur: *Battis/Krautzberger/Löhr*, Die Neuregelungen des BauGB zum 1.1.1998, NVwZ 1997, S. 1145; *Borges*, Gibt es faktische sonstige Sondergebiete?, DVBl. 1998, S. 626; *Jäde*, Einfügensgebot und Baunutzungsverordnung, UPR 1992, S. 251; *Lemmel*, Die Bedeutung der BauNVO für die Anwendung des § 34 BauGB, in: Berkemann u. a. (Hrsg.), Planung und Plankontrolle, FS für Schlichter, 1995, S. 371; *Scharmer*, Das Bebauungsrecht im unbeplanten Innenbereich, 1992; *Schink*, Möglichkeiten und Grenzen der Schaffung von Bauland durch Innen- und Außenbereichssatzungen nach § 34 Abs. 4, 5 und § 35 Abs. 6 BauGB, DVBl. 1999, S. 367; *Schmidt-Aßmann*, Bauen in unbeplanten Bereichen, JuS 1981, S. 731

Fall 1: Die Klägerin will ein etwa 3,9 ha großes, weitgehend parkähnlich bewachsenes Grundstück am Nordufer des Bodensees im Stadtgebiet von K. mit einem Hotel und fünf Wohngebäuden bebauen. Das Grundstück war ursprünglich mit Haupt- und Nebengebäude eines Sanatoriums bebaut. Die Beigeladene hat das Grundstück 1971 erworben und es mit Genehmigung der Beklagten von den alten Gebäuden des Sanatoriums freilegen lassen, um es auf der Grundlage eines Bebauungsplanes, dessen Aufstellung die Beklagte beschlossen hatte, neu zu bebauen. Das Vorhaben scheiterte an Meinungsverschiedenheiten mit der Beklagten über die planerische Gestaltung. Ein von der Beklagten 1978 als Satzung beschlossener Bebauungsplan wurde vom Regierungspräsidium nicht genehmigt. Nachdem die Klägerin 1977 das Grundstück erworben hatte, beantragte sie 1980 einen Bauvorbescheid zur Errichtung eines Hotels mit 200 Betten sowie von 5 bis zu fünfgeschossigen Wohngebäuden mit insgesamt 185 Wohneinheiten auf dem Grundstück. Die Beklagte lehnte den Antrag mit der Begründung ab, das Vorhaben sei nach § 35 BBauG zu beurteilen, da es auf einer „Außenbereichsinsel" im Stadtgebiet errichtet werden solle. Selbst wenn aber § 34 BBauG einschlägig sein sollte, könne das Vorhaben nicht genehmigt werden, da es sich nicht in die vorhandene Umgebung einfüge.

Nach BVerwGE 75, S. 34.

Fall 2: Der Kläger begehrt eine Bebauungsgenehmigung für die Errichtung einer Windenergieanlage zur Beheizung seines Einfamilienhauses auf seinem ca. 1200 m² großen Grundstück, das innerhalb eines im Zusammenhang bebauten, nicht überplanten Ortsteils liegt. Die Anlage soll aus einem etwas 12 m hohen Stahlrohrmast, einem Drehkranz an der Spitze und einem darauf montierten Dreiblattrotor von etwa 10 m Durchmesser mit Getriebe und Gleichstromgenerator bestehen. Die Beklagte lehnte den Antrag mit der Begründung ab, dass sich in der Umgebung des klägerischen Grundstücks bislang

Vergleichbares nicht finde und sich die Windenergieanlage somit nicht in die nähere Umgebung einfüge.

Nach BVerwGE 67, S. 23.

Fall 3: Die Klägerin will in G. ein Selbstbedienungswarenhaus mit einer Verkaufsfläche von 7500 m² errichten. Das etwa 38 000 m² große Grundstück liegt an der in die B 55 einmündenden W.-Straße. Zu der Anlage sollen 625 Parkplätze und ein Auto-Service-Center mit Tankstelle und Waschstraße gehören. Für das Gebiet existiert kein Bebauungsplan. Die Beklagte hat die begehrte Baugenehmigung mit der Begründung verweigert, dass das geplante Warenhaus einen vorwiegend übergemeindlichen Einzugsbereich haben würde. Das Berufungsgericht hat die Klage im Wesentlichen aus folgenden Erwägungen abgewiesen: Die verkehrlichen Folgewirkungen im Umfang von ca. 300 Fahrzeugbewegungen pro Stunde ließen sich nur durch eine entsprechende Bauleitplanung oder straßenrechtliche Fachplanung bewältigen. Dieses Planungserfordernis stünde dem Vorhaben als öffentlicher Belang im Sinne von § 34 Abs. 1 BBauG entgegen. Das Bundesverwaltungsgericht hat dieses Urteil u. a. deshalb aufgehoben, weil ein solches Planungserfordernis kein rechtlich erhebliches Hindernis für eine Genehmigung gemäß § 34 BBauG darstelle.

Nach BVerwGE 68, S. 352.

Fall 4: Der Kläger ist Eigentümer eines mit einem Wohnhaus bebauten Grundstücks, das in einem Gebiet ohne Bebauungsplan liegt. Etwa 70 m weiter südlich befindet sich am Ende zweier öffentlicher Straßen, die das Grundstück des Klägers im Westen und im Osten einrahmen, der Gebäudekomplex eines Kurhauses. In der Umgebung sind weitere Wohnhäuser, daneben aber auch eine Tischlerei, mehrere Büros und Läden sowie das Feuerwehrgerätehaus vorhanden. Das Kurhaus wurde im Jahr 1907 errichtet. Es diente von Beginn an nicht nur als Kureinrichtung. Vielmehr fanden in ihm zahlreiche andere Veranstaltungen wie Theateraufführungen, Konzerte, Tagungen und ähnliches statt. In den vergangenen Jahrzehnten ist das Kurhaus mehrfach umgebaut worden. Zuletzt ist der Komplex in den 90er-Jahren umgestaltet worden. Neben einem Neubau des „Haus des Gastes" sind ein Restaurant mit 100 Plätzen sowie zwei Kegelbahnen und ein Kegelstüberl hinzugekommen.

Der Kläger legte gegen sämtliche Bescheide für den neuesten Umbau Widerspruch ein. Die Widersprüche wurden nicht beschieden. Er hat Untätigkeitsklage erhoben und damit geltend gemacht, durch verstärkten An- und Abfahrtsverkehr, für den keine angemessene Problemlösung gefunden worden sei, unzumutbar beeinträchtigt zu werden.

Nach BVerwG, BauR 1999, S. 152.

Fall 5: Der Kläger betreibt seit 1961 in der H.-Straße der Gemeinde R. einen Zimmereibetrieb. Das Grundstück liegt inzwischen inmitten von Wohnbebauung, die auf der Grundlage eines 1974 beschlossenen, 1982 für nichtig erklärten Bebauungsplanes errichtet worden ist. Der Kläger möchte seine 32 m lange und 15 m tiefe, an einer Längsseite offene Werkhalle durch einen Vorbau von 23,5 m Breite und 6 m Tiefe erweitern und schallhemmend abschließen. Die Baugenehmigung wurde mit der Begründung abgelehnt, dass der Betrieb inzwischen einen Fremdkörper im Wohngebiet darstelle, der nicht weiter verfestigt werden dürfe. Schon der betriebsbedingte Anlieferverkehr führe für sich genommen zu einer kritischen Lärmbelastung der Nachbarschaft.

Nach BVerwGE 84, S. 322.

1. Überblick

50 § 34 BauGB enthält in seiner geltenden Fassung zwei verschiedene **Genehmigungstatbestände** (Absätze 1 und 2) sowie diese Tatbestände flankierende, spezielle Ermächtigungen für gemeindliches Satzungsrecht (Absätze 4 und 5). Der – kurz gesagt – **Einfügenstatbestand** des Absatzes 1 erklärt die tatsächlichen Verhältnisse in der Umgebung des Baugrundstücks für maßgeblich: Was sich insofern einfügt, ist – vereinfacht – rechtlich zulässig (näher unten 3., Rn. 60 ff.). Der **baugebietsorientierte** Zulässigkeitstatbestand des Absatzes 2 „aktiviert" im nicht überplanten Innenbereich die an sich nur im Geltungsbereich von Bebauungsplänen geltende BauNVO für diejenigen Konstellationen, in denen die nähere Umgebung des Baugrundstücks einem der Baugebiete im Sinne der BauNVO entspricht (unten 4., Rn. 68 ff.).

51 Die Anwendung der Genehmigungstatbestände des § 34 BauGB hängt durchgehend davon ab, dass ein Baugrundstück in einem **im Zusammenhang bebauten Ortsteil** liegt. Diese Voraussetzung führt vielfach zu Abgrenzungsschwierigkeiten, vornehmlich an den Stadträndern. Insbesondere dort führen Baulücken oftmals zu der Frage, ob und wieweit noch ein Bebauungszusammenhang angenommen werden kann. Hier bietet § 34 Abs. 4 den Gemeinden die Möglichkeit, **satzungsrechtlich** für klare Verhältnisse zu sorgen. Dabei entspricht die **Abgrenzungssatzung** der Nummer 1 am deutlichsten dem eben genannten Klarstellungsbedürfnis. Demgegenüber erfüllen die **Abrundungssatzung** der Nummer 3 sowie die **Entwicklungssatzung** der Nummer 2 kein Klarstellungsbedürfnis, sondern ermöglichen eine vereinfachte **Baulandbeschaffung** für (Außen-)Bereiche, die grundsätzlich gemäß § 35 BauGB von nicht privilegierter Bebauung freizuhalten sind.[55]

52 Gerade die zuletzt genannte Möglichkeit der „Umfunktionierung" von Außenbereichsteilen zu Baugebieten im **vereinfachten Satzungswege** beleuchtet sehr deutlich die fragwürdige städtebauliche Entwicklung, die § 34 BBauG/BauGB im Laufe der Jahre genommen hat. § 34 BBauG 1960, der erst 1976 geändert wurde, lautete:

„In Gebieten, für die die Gemeinde noch nicht beschlossen hat, einen Bebauungsplan im Sinne des § 30 aufzustellen oder für die die Aufstellung eines solchen Bebauungsplanes nicht erforderlich ist, ist innerhalb der im Zusammenhang bebauten Ortsteile ein Vorhaben zulässig, wenn es nach der vorhandenen Bebauung und Erschließung unbedenklich ist."

53 In dieser Gesetzesfassung kam noch deutlich zum Ausdruck, dass dem **Bebauungsplan** die **primäre** Steuerungsfunktion für die Bebauung zukommt, eine Baugenehmigung ohne planerische Grundlage eher die Ausnahme darstellen sollte. Die Dinge nahmen jedoch einen anderen Verlauf (vgl. schon oben I.),

---

[55] *Schink*, Möglichkeiten und Grenzen der Schaffung von Bauland durch Innen- und Außenbereichssatzungen nach § 34 Abs. 4, 5 und § 35 Abs. 6 BauGB, DVBl. 1999, S. 367; *ders.*, Schaffung von Bauland und Baurecht im Innen- und Außenbereich der Gemeinden nach dem geltenden Städtebaurecht, UPR 1997, S. 121.

insbesondere entsprach und entspricht der Grad der Überplanung der im Zusammenhang bebauten Ortsteile nicht dieser Konzeption. Bis 1982 waren nur rund 50 % der im Zusammenhang bebauten Ortsteile überplant, und die Bautätigkeitsstatistik für 1979 bis 1981 weist aus, dass 30 bis 40 % aller Genehmigungen auf der Grundlage des § 34 BBauG ergingen.[56]

Seiner erheblichen Bedeutung in der Rechtspraxis entsprechend fand § 34 BBauG in der Novelle von 1976 eine sehr detaillierte Ausgestaltung, in der jede Bezugnahme auf Planungsabsichten der Gemeinde und Planungsbedürftigkeit entfallen ist. Die gewichtigen städtebaulichen Auswirkungen dieses Genehmigungstatbestandes versuchte der Gesetzgeber im Übrigen durch eine gegen die im Namen der Baufreiheit großzügige Rechtsprechung des Bundesverwaltungsgerichts gerichtete **Einengung** der **Zulässigkeitsvoraussetzungen** zu steuern. An die Stelle der tatbestandlichen Voraussetzung der **Unbedenklichkeit**[57] eines Vorhabens trat das strengere Erfordernis des **Sich-Einfügens**[58] in die vorhandene Bebauung. Genehmigungsvoraussetzung wurde außerdem, dass „sonstige öffentliche Belange nicht entgegenstehen, insbesondere die Anforderungen an gesunde Wohn- und Arbeitsverhältnisse gewahrt bleiben und das Ortsbild nicht beeinträchtigt wird" (§ 34 Abs. 1 BBauG 1976).

54

Insgesamt ist zur 76er-Novelle festzustellen, dass sie zwar die Genehmigung nach § 34 BauGB sozusagen gleichberechtigt neben die plankonforme Genehmigung gemäß § 30 Abs. 1 BauGB stellte, jedoch zugleich bemüht war, die Genehmigungspraxis nach § 34 BauGB nicht ausufern zu lassen. Mit dem BauGB 1986 wurde § 34 BauGB dann jedoch maßgeblich erweitert um

55

– die Befreiungsmöglichkeit gemäß § 34 Abs. 2, 2. Halbsatz, BauGB,
– die Bestandsschutzregelung in § 34 Abs. 3 Nr. 2, BauGB,
– die neuartige, nunmehr wieder gestrichene Befreiungsregelung in § 34 Abs. 3 Nr. 1 BauGB sowie
– die Abrundungs- und Entwicklungssatzungen nach § 34 Abs. 4 Nrn. 2 und 3 BauGB zur vereinfachten Baulandbeschaffung.[59]

§ 34 Abs. 3 BauGB a. F. bestimmte, dass „nach den Absätzen 1 und 2 unzulässige Erweiterungen, Änderungen, Nutzungsänderungen und Erneuerungen von zulässigerweise errichteten baulichen und sonstigen Anlagen im Einzelfall zugelassen werden können, wenn erstens die Zulassung aus Gründen des Wohls der Allgemeinheit erforderlich ist oder zweitens das Vorhaben einem Betrieb dient und städtebaulich vertretbar ist." Diese Genehmigungstatbestände sollten unter den dort genannten Voraussetzungen ein Absehen von dem Einfügenserfordernis (§ 34 Abs. 1 BauGB) ermöglichen. In dieser Funktion war die Regelung von Anfang an stark umstritten. Inzwischen ist auch der Gesetzgeber zu der Auffassung gelangt, dass diese Befreiungsmöglichkeiten

56

---

56 Näheres bei *Scharmer u. a.* (Fn. 3), S. 21; *Schäfer/Schmidt-Eichstaedt* (Fn. 3), S. 65 ff.
57 Grundlegend seinerzeit BVerwGE 32, S. 31 ff.
58 Grundlegend dazu BVerwGE 55, S. 369 ff.
59 Kritisch zu dieser Entwicklung auch *v. Feldmann/Groth* (Fn. 4), S. 63 ff.; *Scharmer*, Das Bebauungsrecht im unbeplanten Innenbereich, 1992, S. 107 ff.

„dem Planungssystem zuwiderlaufen."[60] Die Bestimmung wurde daher durch das BauROG gestrichen. Gleichwohl steht dahinter keine Trendwende zurück zum Planungsvorbehalt. Vielmehr wurde § 34 Abs. 3 BauGB a.F. angesichts des zugleich mit dem BauROG erweiterten und über § 34 Abs. 2, 2. Halbsatz BauGB auch hier geltenden Befreiungstatbestandes des § 31 Abs. 2 BauGB nicht mehr für erforderlich erachtet.

2. Der Bebauungszusammenhang als Voraussetzung aller Zulässigkeitstatbestände des § 34 BauGB

57 Liegt ein Baugrundstück nicht im Geltungsbereich eines qualifizierten Bebauungsplanes i.S.v. § 30 Abs. 1 BauGB, so richtet sich die Genehmigungsfähigkeit dann – und nur dann – nach § 34 BauGB, wenn das Baugrundstück innerhalb „der im Zusammenhang bebauten Ortsteile" belegen ist (§ 34 Abs. 1 BauGB). Insofern kommt dem Tatbestandsmerkmal des **Bebauungszusammenhanges** eine zentrale Steuerungswirkung hinsichtlich der städtebaulichen Zulässigkeit von baulichen Vorhaben zu. Denn bei fehlendem Bebauungszusammenhang müssen nicht privilegierte Vorhaben regelmäßig an dem dann maßgeblichen § 35 Abs. 2, 3 BauGB scheitern. Wenn eine Gemeinde kein klarstellendes Satzungsrecht gemäß § 34 Abs. 4 BauGB in Form von Abgrenzungs-, Abrundungs- oder Entwicklungssatzungen geschaffen hat, kommt es entscheidend auf die Auslegung des Begriffs eines „im Zusammenhang bebauten Ortsteils"an.

58 Der **Fall (1)** – *Hotelbau am Bodensee* – veranschaulicht einen Teil der Auslegungsprobleme: Entscheidend ging es darum, ob ein immerhin 39 000 qm² großes, überwiegend parkähnlich bewachsenes, zwischenzeitlich 15 Jahre von Bebauung freigebliebenes Grundstück innerhalb des Bebauungszusammenhangs liegt oder diesen als eine „Außenbereichsinsel" unterbricht, sodass insoweit § 35 BauGB maßgeblich wäre. Das Bundesverwaltungsgericht knüpft an seine frühere Rechtsprechung an, derzufolge ein Bebauungszusammenhang auch dann anzunehmen ist, wenn eine Bebauung „trotz vorhandener Baulücken den Eindruck der Geschlossenheit (Zusammengehörigkeit) vermittelt".[61] Gegen die Behauptung einer „Außenbereichsinsel" im *Bodensee*-Fall setzt das Bundesverwaltungsgericht ein die vorhandene Bebauung und das streitbefangene Grundstück „verbindendes Element, nämlich die Verkehrsanschauung, die das unbebaute Grundstück als eine sich zur Bebauung anbietende Lücke erscheinen lässt".[62] Wessen Ansichten die Verkehrsanschauungen bilden, wird leider nicht gesagt. Dass sich aus der Perspektive der „beteiligten Kreise", also der Bauträger, Architekten und Bauherren, heutzutage jede Freifläche als Lücke zur Bebauung anbietet, sollte wohl kaum maßgeblich sein dürfen.

---

60 BT-Drs. 13/6392, S. 56.
61 BVerwGE 31, S. 20 (21).
62 BVerwGE 75, S. 34 (37).

Überzeugender ist das zweite Argument des Bundesverwaltungsgerichts zum **59**
Zeitablauf: Da sich Klägerin und Beigeladene permanent um die Bebauung des
zuvor immerhin mit einem Sanatorium bebauten Grundstücks bemüht hatten,
könne ihnen der Zeitablauf nicht mit der Folge entgegengehalten werden, dass
das Grundstück nunmehr seine Qualität als ein innerhalb des Bebauungszusammenhang liegendes verloren habe.[63] Insofern stellt das Gericht wohl
entscheidend darauf ab, dass vor der „Freilegung" des Grundstücks zum
Zwecke seiner erneuten Bebauung ein Bebauungszusammenhang bestanden
habe, der rechtlich maßgeblich bleibe, wenn der Bauherr sich kontinuierlich
um Bebauung bemühe.

3. Der Einfügenstatbestand (§ 34 Abs. 1 BauGB)

Sofern ein Grundstück nicht im qualifiziert überplanten Bereich, jedoch inner- **60**
halb eines im Zusammenhang bebauten Ortsteils liegt, kommt eine Baugenehmigung nach Maßgabe der Genehmigungstatbestände des § 34 BauGB in
Betracht. Dabei sind Festsetzungen eines **einfachen** Bebauungsplanes gemäß
§ 30 Abs. 3 BauGB vorrangig zu beachten. Im Übrigen ist sodann § 34 Abs. 1
BauGB als der grundlegende Genehmigungstatbestand anzusehen, der insgesamt fordert, dass

- sich das Grundstück nach Art und Maß der baulichen Nutzung, der Bauweise und der Grundstücksfläche, die überbaut werden soll, in die nähere
  Umgebung einfügt,
- die Anforderungen an gesunde Wohn- und Arbeitsverhältnisse gewahrt
  bleiben,
- das Ortsbild nicht beeinträchtigt wird sowie
- die Erschließung gesichert ist.

Die zentrale **Einfügensanforderung** kann hinsichtlich der **Art** der baulichen **61**
Nutzung gemäß § 34 Abs. 2 BauGB durch die Maßstäbe der BauNVO vollständig verdrängt werden, wenn die Umgebung des Vorhabens einem Bau-
gebietstyp der BauNVO entspricht. Deshalb ist gutachtlich auch stets Abs. 2
vor Abs. 1 zu erörtern. Erst wenn sich dabei herausstellt, dass die Maßstäbe der
BauNVO nicht anwendbar sind, muss geprüft werden, ob das Vorhaben dem
Einfügenserfordernis des § 34 Abs. 1 BauGB entspricht. Dieses Merkmal des
Einfügens hat das Bundesverwaltungsgericht nach komplizierten Überlegungen dahin präzisiert, dass sich ein Vorhaben dann einfüge,

- wenn es sich entweder in jeder Hinsicht innerhalb des aus seiner Umgebung
  hervorgehenden Rahmens halte und die nötige Rücksicht auf die unmittelbare Umgebung nehme, **oder**
- wenn es – falls dieser Rahmen nicht eingehalten werde – „weder selbst noch
  infolge einer nicht auszuschließenden Vorbildwirkung geeignet ist, boden-

---

63 BVerwGE 75, S. 34 (39).

rechtlich beachtliche Spannungen zu begründen oder vorhandene Spannungen zu erhöhen".[64]

62 Die zweite Alternative dieser Definition ermöglicht mit Recht die Verwirklichung von Vorhaben, die in ihrer Umgebung sozusagen ohne Vorbild sind,[65] aber gleichwohl nicht zu Spannungen führen. Insofern messen die Richter im Falle der *Windenergieanlage* – **Fall (2)** – in konsequenter Fortführung ihrer Rechtsprechung dem Umstand, dass es in der Umgebung des Vorhabens an Vergleichbarem fehlt, keine ausschlaggebende Bedeutung bei. Auch ein solches den durch die Umgebung gesetzten Rahmen überschreitendes Vorhaben sei zulässig, wenn es nicht bodenrechtlich relevante Spannungen begründe oder erhöhe.[66] Dem Berufungsgericht ist für die erforderliche Sachverhaltsaufklärung mit auf den Weg gegeben worden, dass die „abstrakte und nur entfernt gegebene Möglichkeit, dass ein Vorhaben Konflikte im Hinblick auf die künftige Nutzung benachbarter Grundstücke auslöst", die Zulässigkeit des Vorhabens nicht ausschließe.[67]

63 Ob die oben angeführte Definition von „Sich-Einfügen" wirklich als abschließend gemeint ist, erscheint nicht völlig klar. Nach der ständigen Rechtsprechung des Bundesverwaltungsgerichts enthält nämlich § 34 Abs. 1 BBauG ein **Gebot der Rücksichtnahme** auf die vorhandene Bebauung. Dieses Gebot soll im Begriff des Einfügens enthalten sein.[68] Nun enthält aber die Definition von „Sich-Einfügen" nur in der ersten Alternative ausdrücklich das Rücksichtnahmegebot. Ob es im Falle der zweiten Alternative noch hinzutreten soll oder in diesen Zulässigkeitsbedingungen bereits enthalten ist, bedarf noch der Klarstellung, die das Bundesverwaltungsgericht im Fall der *Windenergieanlage* leider unterlassen hat. Dort heißt es lediglich, dass der aus dem bisherigen Rahmen fallenden Windenergieanlage zwar nicht schon aus diesem Grunde, jedoch in Ansehung der konkreten Umstände dann die Genehmigung zu versagen sei, wenn gegen „das im Rahmen des § 34 BBauG anzuwendende Gebot der Rücksichtnahme" verstoßen werde.[69] Eine ausdrückliche Klärung des Verhältnisses dieser Bedingung zum Gebot, keine bodenrechtlich relevanten Spannungen herbeizuführen oder zu erhöhen, erfolgt nicht. Wollte man eine Identität der beiden Bedingungen annehmen, so wäre damit zugleich die Alternativität der Definition des Sich-Einfügens hinfällig. Dies dürfte auch sinnvoll sein, **denn im Grunde besagt das Einfügenserfordernis nichts anderes, als dass Rücksichtnahme auf das Vorhandene geboten ist.**

64 Die Einfügensdefinition des Bundesverwaltungsgerichts setzt unbeschadet dessen, ob sie zweistufig oder doch sachgerecht nur einstufig zu verstehen ist, in jedem Fall eine Bestimmung derjenigen Elemente der vorfindlichen

---

64 BVerwGE 55, S. 369 (370 ff., 381 ff.).
65 So ausdrücklich BVerwGE 55, S. 369 (386).
66 BVerwGE 67, S. 23 (30).
67 BVerwGE 67, S. 23 (31).
68 BVerwG, BBauBl. 1981, S. 576; bestätigt in BVerwGE 67, S. 334 (337) und E 68, S. 58 (60).
69 BVerwGE 67, S. 23 (31).

Bebauung voraus, die rechtlich den **Maßstab für das Einfügen** abgeben sollen. Im **Fall (4)** – *Erweiterungsbau für eine Zimmerei* – hat das Bundesverwaltungsgericht seine diesbezügliche Rechtsprechung fortentwickelt:

Streitentscheidend war u. a. die Frage, ob die Zimmerei, die inzwischen nahezu ausschließlich von Wohnbebauung umgeben war, bei der Bildung des maßstäblichen Rahmens für das Einfügenserfordernis zu berücksichtigen war oder als „Fremdkörper" außer Betracht zu bleiben hatte. Die Richter meinen, dass grundsätzlich jegliche vorhandene Bebauung, auch eine städtebaulich unerwünschte, zu berücksichtigen sei. Allerdings dürfe und müsse nur die **prägende** Bebauung berücksichtigt werden. Dabei könne eine völlig aus dem Rahmen fallende bauliche Nutzung unter Umständen als Fremdkörper, der die Eigenart des Gebietes nicht präge, außer Betracht bleiben. Umgekehrt könne jedoch ein einzelner Gewerbebetrieb in einem im übrigen „einheitlich strukturierten Wohngebiet" die Eigenart der Umgebung mitbestimmen.[70] Ob das Berufungsgericht danach wusste, worauf es bei der erneuten Sachprüfung sein Augenmerk zu richten hatte, darf bezweifelt werden.

65

Im *Warenhaus*-**Fall (3)** findet eine beachtenswerte Eingrenzung des Gebietes statt, das als „nähere Umgebung" im Sinne von § 34 Abs. 1 BauGB für die Prüfung des Einfügens maßgeblich sein soll: Nur solche von einem Vorhaben voraussichtlich ausgelösten bodenrechtlich relevanten Spannungen seien für das Einfügen relevant, die die **nähere Umgebung** betreffen. So hindere etwa rückstauender Verkehr, der die Wohnbebauung in der näheren Umgebung durch Immissionen unzumutbar belaste, ein Einfügen des Vorhabens. Spannungen dagegen, die die beabsichtigte Nutzung im Blick auf größere städtebaulich funktionale Zusammenhänge erwarten lasse, seien für das Sich-Einfügen irrelevant.[71] Zwar könnten – so bemerken die Richter – solche Auswirkungen eines Vorhabens eine Bauleitplanung i. S. d. § 1 Abs. 3 BBauG/BauGB „erforderlich" machen, ein solches **Planungsbedürfnis** hindere ein Einfügen des Vorhabens jedoch nicht.[72]

66

Im *Kurhaus*-Fall hat das Bundesverwaltungsgericht inzwischen genauer geklärt, dass und nach welchen Maßstäben der Zu- und Abfahrtsverkehr eines zur Genehmigung stehenden Vorhabens im Rahmen der Einfügensprüfung zu beachten ist. Der zu erwartende Zu- und Abgangsverkehr eines Vorhabens dürfe bei der Prüfung der bauplanungsrechtlichen Zulässigkeit nicht ausgeklammert werden, und zwar unabhängig davon, ob dieser Verkehr auf dem Baugrundstück oder auf den öffentlichen Straßen stattfinde. Der verkehrsbedingte Lärm rechne zu den wesentlichen Elementen für die Prüfung des Einfügens. Diese Fragen dürften auch deshalb nicht aus dem baugenehmigungsrechtlichen Entscheidungsprogramm ausgeblendet werden, weil weder

67

---

70 BVerwGE 84, S. 322 (325 f.).
71 BVerwGE 68, S. 352 (357 f.).
72 BVerwGE 68, S. 352 (357); so auch schon E 61, S. 128 (133 f.); kritisch mit guten Gründen *Kleinlein*, Das Planmäßigkeitsprinzip des BBauG und der bauplanungsrechtliche Nachbarschutz, DÖV 1986, S. 1010 (insbes. 1011).

das Gaststättenrecht noch das Immissionsschutzrecht für die rechtlich gebotene abschließende Problembewältigung geeignete Mittel bereithielten. Zur Bewertung der Zumutbarkeit des Parkplatzlärms vor dem Kurhaus sei auch nicht die Verkehrslärmschutzverordnung (16. BImSchV), sondern die strengere TA Lärm heranzuziehen. Für die rechtliche Beurteilung spiele es keine Rolle, ob Beeinträchtigungen vom Betriebslärm oder von verkehrsbedingten Geräuschen herrührten. Dieser Entscheidung ist uneingeschränkt zuzustimmen.

4. Der baugebietsorientierte Zulässigkeitstatbestand (§ 34 Abs. 2 BauGB)

68 Im Geltungsbereich von Bebauungsplänen richtet sich die Genehmigungsfähigkeit von Vorhaben wesentlich nach den planerischen Festsetzungen und damit nach der für diese Festsetzungen maßgeblichen BauNVO. In Übereinstimmung mit der bisherigen Rechtslage erklärt § 34 Abs. 2 BauGB auch **für den unbeplanten Innenbereich die Vorschriften der BauNVO** unter der Voraussetzung für maßgeblich, dass die „Eigenart der näheren Umgebung" eines Vorhabens einem der Baugebiete im Sinne der BauNVO entspricht. Allerdings beurteilt sich die Zulässigkeit nur hinsichtlich der **Art** des Vorhabens nach der BauNVO; für das zulässige **Maß** ist § 34 Abs. 1 BauGB einschlägige Genehmigungsnorm.

69 Soweit danach die BauNVO maßgeblich ist, richtet sich die Zulässigkeit eines Vorhabens **allein** nach der BauNVO. Eine nach der BauNVO zulässige Art der Nutzung kann leider beispielsweise nicht mit der Begründung versagt werden, das Vorhaben füge sich nicht in die nähere Umgebung ein.[73] Allerdings darf dabei nicht übersehen werden, dass die BauNVO selbst eine gewisse Rücksicht auf die Umgebung auch für den Fall vorschreibt, dass die planerischen Festsetzungen in Verbindung mit den korrespondierenden Regelungen der BauNVO eingehalten werden. Dies ergibt sich aus dem oben (Rn. 24 ff.) ausführlich erörterten § 15 BauNVO.

70 Wenn im *Zimmerei*-Fall die Zimmerei als Fremdkörper anzusehen ist, der die Eigenart des Baugebietes nicht prägt, dann ist in diesem Fall die nähere Umgebung mit ganz überwiegender Wohnbebauung und im Übrigen wenig nicht störendem Gewerbe als **Allgemeines Wohngebiet** im Sinne von § 4 BauNVO einzuordnen. Unter dieser Annahme ist die Hallenerweiterung für die Zimmerei wegen der Regelung des § 34 Abs. 2 BauGB an § 4 BauNVO zu messen. Wegen der von dem Betrieb ausgehenden Störungen kommt jedoch weder eine Gestattung gemäß § 4 Abs. 2 BauNVO noch eine **ausnahmsweise** Zulässigkeit

---

[73] Dies stellt eine Korrektur der Rechtsprechung des BVerwG dar, nach der die Voraussetzungen der BauNVO und die Tatbestandsmerkmale von § 34 Abs. 1 BBauG kumulativ erfüllt sein mußten: BVerwG, BauR 1981, S. 544 = BVerwGE 62, S. 250 (Abdruck ohne die hier maßgeblichen Passagen); bestätigt durch BVerwG, JZ 1982, S. 677.

gemäß § 34 Abs. 2, 2. Halbsatz BauGB i. V. m. § 4 Abs. 3 Nr. 2 BauNVO in Betracht.[74]

Mit diesen Erwägungen allein ist der Streitfall jedoch noch nicht entscheidbar. Denn § 34 Abs. 2, 2. Halbsatz BauGB sieht – in Abweichung von der früheren Rechtslage – nicht nur vor, dass auf die von der BauNVO ausnahmsweise zulässigen Vorhaben auch im unbeplanten Innenbereich § 31 Abs. 1 BauGB anzuwenden ist, sondern er ordnet darüber hinaus an, dass die Möglichkeit der **Befreiung** gemäß § 31 Abs. 2 BauGB zu prüfen ist. Von den drei Befreiungstatbeständen (s. oben Rn. 36 ff.) kommt im Zimmerei-Fall allenfalls Abs. 2 Nr. 2 in Betracht. Erforderlich ist danach, dass die Abweichung städtebaulich vertretbar ist und die Grundzüge der Planung nicht berührt werden. Da es im unbeplanten Innenbereich definitionsgemäß keine Planung gibt, von der abgewichen werden soll, ist auf die **tatsächliche Situation** abzustellen. Es komme darauf an – so meint das Bundesverwaltungsgericht –, ob der faktische Gebietscharakter durch das Vorhaben berührt werde. Das sei im Streitfall anzunehmen, da eine Zimmerei im faktischen Wohngebiet mit diesem Gebietscharakter „schlechthin unverträglich" sei.[75]

71

Die Einführung der Befreiungsmöglichkeit für den unbeplanten Innenbereich gemäß § 34 Abs. 2, 2. Halbsatz BauGB ist nur auf den ersten Blick gleichsam eine konsequente Parallelisierung der an den Gebietstypen der BauNVO orientierten Genehmigungen gemäß § 30 Abs. 1 und § 34 Abs. 2 BauGB. Denn die Erweiterung der Genehmigungsmöglichkeiten ohne Bebauungsplanung entwertet den Bebauungsplan als zentrales städtebauliches Steuerungsinstrument durch Förderung „planlosen" Bauens. Dabei kommt verschärfend hinzu, dass der ebenfalls eine neue Errungenschaft darstellende Befreiungstatbestand des § 31 Abs. 2 Nr. 2 BauGB einen sehr weiten Entscheidungsspielraum zu eröffnen scheint. Die mit der Neuregelung in § 34 Abs. 2, 2. Halbsatz BauGB verbundenen Befürchtungen[76] werden durch die Entscheidung des Bundesverwaltungsgerichts im *Zimmerei*-Fall allerdings erkennbar relativiert: Das konsequente Festhalten am Gebietstyp erscheint geeignet, eine allzu großzügige Befreiungspraxis in die städtebaulich notwendigen Schranken zu verweisen.

72

5. Hinweise zum Gutachtenaufbau

Die sehr „verschachtelten" Zulassungstatbestände des § 34 BauGB stellen einige Anforderungen an einen korrekten Gutachtenaufbau. Grundsätzlich ist folgende Prüfreihenfolge zu beachten, wobei allerdings ganz klare Schritte nicht künstlich zu problematisieren sind:

73

---

74 BVerwGE 84, S. 322 (329).
75 BVerwGE 84, S. 322 (329).
76 S. treffend *v. Feldmann/Groth* (Fn. 4), S. 383 ff.

(1) Liegt ein qualifizierter Bebauungsplan vor (→ § 30 BauGB)?
(2) Soll das Vorhaben innerhalb eines Bebauungszusammenhangs verwirklicht werden? (§ 34 Abs. 1 BauGB als Einstieg in Verbindung mit eventuellem Satzungsrecht gem. § 34 Abs. 4)
(3) Liegt ein vorrangiger einfacher Bebauungsplan vor (§ 30 Abs. 3 BauGB; in der FHH Baustufenpläne bedenken)?
(4) Entspricht die nähere Umgebung hinsichtlich der **Art** der Nutzung einem Gebietstyp im Sinne der BauNVO?
(5) Ist das Vorhaben gegebenenfalls seiner **Art** nach in diesem Gebiet zulässig? Kann es als Ausnahme oder im Wege der Befreiung zugelassen werden (§ 34 Abs. 2, 2. Halbsatz)? Fügt sich das Vorhaben gegebenenfalls hinsichtlich des **Maßes** der Bebauung gemäß § 34 Abs. 1 in die nähere Umgebung ein (Rücksichtnahmegebot)?
(6) Wenn die nähere Umgebung keinem Gebietstyp der BauNVO entspricht: Fügt sich das Vorhaben in die nähere Umgebung ein (Rücksichtnahmegebot)? Werden gesunde Wohn- und Arbeitsverhältnisse gewahrt (Schwelle: Mischgebiet)?

V. Vorhaben im Außenbereich (§ 35 BauGB)

Literatur: *Battis/Krautzberger/Löhr*, Die Neuregelungen des Baugesetzbuches zum 1.1.1998, NVwZ 1997, S. 1145; *Hoppe*, Die Rechtswirkungen eines Flächennutzungsplanes gegenüber nach § 35 Abs. 1 BauGB privilegierten Außenbereichsvorhaben in der Rechtsprechung des Bundesverwaltungsgerichts, DVBl. 1991, S. 1277; *Jäde*, Aktuelle Probleme der bauplanungsrechtlichen Begünstigung im Außenbereich, UPR 1991, S. 401; *Konrad*, Das sogenannte zweite Standbein der Landwirtschaft aus bauplanungsrechtlicher Sicht – Probleme der baurechtlichen Praxis mit dem Strukturwandel der Landwirtschaft im Außenbereich, BayVBl. 1998, S. 233 ff.; *Lüers*, Windkraftanlagen im Außenbereich – zur Änderung des § 35 BauGB, ZfBR 1996, S. 297 ff.; *v. Mutius*, Rechtliche Voraussetzungen und Grenzen der Erteilung von Baugenehmigungen für Windenergieanlagen, DVBl. 1992, S. 1469; *Runkel*, Steuerung von Vorhaben der Windenergienutzung im Außenbereich durch Raumordnungspläne, DVBl. 1997, S. 275; *Schmidt*, Die Raumordnungsklauseln in § 35 BauGB und ihre Bedeutung für Windkraftvorhaben, DVBl. 1998, S. 669; *Stollmann*, Der praktische Fall – Die ungenehmigte Holzhütte, VR 1998, S. 389 ff.; *Weyreuther*, Bauen im Außenbereich, 1979.

Fall 1: Die Kläger betreiben einen Campingplatz im Außenbereich der Gemeinde G. Um mehr Komfort bieten zu können, möchten sie Wasch- und Toilettenräume errichten. Die zuständige Behörde hat jedoch der Genehmigung mit der Begründung versagt, das Vorhaben rechne nicht zu den privilegierten Vorhaben i.S.v. § 35 Abs. 1 Nr. 4 BauGB und sei auch als sonstiges Vorhaben i.S.v. § 35 Abs. 2 BauGB nicht zulässig, da es öffentliche Belange (§ 35 Abs. 3 BauGB) beeinträchtige.

Nach BVerwGE 48, S. 109.

Fall 2: Die Klägerin betreibt auf einem Grundstück im Außenbereich der Gemeinde A. ein Unternehmen zur Rückgewinnung von Metallen. Dafür sind in großem Umfange Kabelabbrennungen erforderlich, die zu Belästigungen der Nachbarschaft durch Rauchschwaden und Gerüche führen. Die Behörde hat den Betrieb untersagt, da die natürliche Eigenart der Landschaft beeinträchtigt werde. Die Klägerin meint demgegenüber, dass solcherart belästigende Anlagen gerade in den Außenbereich gehörten.

Nach BVerwGE 55, S. 118.

Fall 3: Der Kläger bewirtschaftete am Rande der Ortslage von Wyk auf Föhr einen landwirtschaftlichen Betrieb. Er begehrte einen Bauvorbescheid für die Errichtung einer Windkraftanlage mit einer Leistung von 280 kW an einem Standort in einer Entfernung von 150 m, hilfsweise 100 m oder 50 m, von seiner Hofstelle, deren Strom zu etwa einem Fünftel der Versorgung seines Betriebs dienen und im Übrigen ins öffentliche Netz eingespeist werden soll. Die zuständige Behörde lehnte den Antrag ab, da das Vorhaben nicht privilegiert im Sinne von § 35 Abs. 1 BauGB sei und als sonstiges Vorhaben im Sinne von § 35 Abs. 2 BauGB wegen der Beeinträchtigung öffentlicher Belange unzulässig sei.

Nach BVerwGE 96, 95.

Fall 4: Der Kläger begehrt die Baugenehmigung für ein Einfamilienhaus mit Doppelgarage auf seinem 2,5 ha großen, im Außenbereich in unmittelbarer Nähe des Verkehrsflughafens N. gelegenen Grundstück. Er betreibt auf diesem Grundstück eine Gärtnerei mit u. a. drei Gewächshäusern. Übereinstimmend gehen die Beteiligten davon aus, dass das Vorhaben der Gärtnerei dienen würde. Gleichwohl wurde die Genehmigung verweigert, und zwar mit der Begründung, das Vorhaben liege in dem im Flächennutzungsplan vermerkten Erweiterungsbereich des Verkehrsflughafens. Auch sei in einem durchgeführten Raumordnungsverfahren festgestellt worden, dass die geplante zweite Start- und Landebahn der Raumordnung entspreche.

Nach BVerwGE 68, S. 311.

1. Überblick

§ 35 BauGB regelt die Genehmigungsfähigkeit von Vorhaben im **Außenbereich**. Aus § 30 Abs. 3 BauGB ergibt sich, dass zum Außenbereich diejenigen Gebiete gehören, die weder innerhalb der im Zusammenhang bebauten Ortsteile noch im Geltungsbereich eines qualifizierten Bebauungsplanes liegen. In diesen Gebieten richtet sich die Genehmigung von Vorhaben gegebenenfalls nach den Festsetzungen eines **einfachen** Bebauungsplanes und im Übrigen nach § 35 BauGB (so § 30 Abs. 2 BauGB).

74

§ 35 BauGB unterscheidet hinsichtlich der Genehmigungsfähigkeit zwischen „**sonstigen Vorhaben**" (Absatz 2) und den in Absatz 1 besonders herausgehobenen **privilegierten** Vorhaben. Privilegierte Vorhaben sind nur zulässig, wenn öffentliche Belange nicht **entgegenstehen**, „sonstige" Vorhaben dürfen keine öffentlichen Belange **beeinträchtigen**. Diese Formulierungsunterschiede bedeuten nach ständiger Rechtsprechung und einhelliger Lehre, dass sich privilegierte Vorhaben im Wege der Abwägung leichter gegenüber öffentlichen

75

Belangen durchsetzen können als sonstige Vorhaben.[77] Die privilegierten Vorhaben seien durch § 35 Abs. 1 BBauG/BauGB dem Außenbereich in planähnlicher Form zugewiesen und hätten ein dementsprechend hohes Gewicht gegenüber den öffentlichen Belangen des Absatzes 3. Sonstige Vorhaben sollten demgegenüber nach dem Gesetz im Außenbereich grundsätzlich nicht ausgeführt werden.

76 Im Übrigen muss in jedem Falle die „ausreichende Erschließung gesichert" sein. Sind die tatbestandlichen Voraussetzungen erfüllt, so besteht ein Genehmigungsanspruch. Insbesondere die Formulierung in Absatz 2 („können im Einzelfall zugelassen werden") räumt nach ständiger Rechtsprechung der Behörde auch aus verfassungsrechtlichen Gründen kein Ermessen ein.[78]

77 Wie die unabhängige Expertenkommission zur Novellierung des BauGB kürzlich ausgeführt hat, handelt es sich bei der Vorschrift das § 35 BauGB um „die grundlegende Umwelt- und Naturschutznorm des gesamten Baurechts". Im Interesse einer geordneten städtebaulichen Entwicklung der Gemeinden und insbesondere auch aus Gründen des Umweltschutzes ist es daher nach Auffassung der Kommission zwingend erforderlich, den Außenbereich auch künftig von nicht funktionsgerechter Bebauung freizuhalten.[79] Nur so könne der Außenbereich seine ökologische Ausgleichsfunktion für die bebauten Gemeindebereiche erfüllen. Diese zutreffende Sichtweise, die sich auch der Gesetzgeber zu Eigen gemacht hat (vgl. auch BT-Drs. 13/6392), steht allerdings in einem erheblichen Spannungsfeld zu dem seit Jahrzehnten dramatischen Strukturwandel in der Landwirtschaft.

78 Erhebliche praktische Bedeutung kommt dabei Absatz 4 zu, der für eine Reihe von Fallkonstellationen festlegt, dass sonstigen Vorhaben bestimmte öffentliche Belange nicht entgegengehalten werden dürfen.[80] Hier können nicht alle Vorhaben erörtert werden, denen diese Erleichterung gewährt wird. Aus der komplexen gesetzlichen Regelung sei nur zweierlei hervorgehoben:

– Unverändert wird zur Bewältigung des **Strukturwandels in der Landwirtschaft** die Möglichkeit eingeräumt, bislang für die Landwirtschaft genutzte Gebäude einer anderen Nutzung zuzuführen, soweit dies „ohne wesentliche Änderungen" der baulichen Anlage geschieht (§ 35 Abs. 4 Satz 1 Nr. 1 BauGB).[81]

– Die bauliche Erweiterung zulässigerweise errichteter **Wohngebäude** und **gewerblicher Betriebe** wird gegenüber dem alten Recht deutlich erleichtert (§ 35 Abs. 4 Satz 1 Nrn. 5 und 6, Satz 3 BauGB).[82]

---

77 BVerwGE 28, S. 148 (151); bestätigt in E 48, S. 109 (114); E 79, S. 318 (323).
78 BVerwGE 18, S. 247 (256 f.).
79 Bericht der Schlichter II-Kommission: Bundesminister für Bauwesen, Raumordnung und Städtebau (Hrsg.), Bericht der unabhängigen Expertenkommission zur Novellierung des BauGB vom 28. 10. 1995, Rn. 53 ff.
80 Sehr instruktiv zu den Tatbeständen des § 35 Abs. 4 BauGB BVerwGE 106, 228; E 107, 264.
81 Zum Begriff der wesentlichen Änderung einer baulichen Anlage BVerwG, ZfBR 1981, S. 90.
82 Dazu *Hoppe*, Die angemessene bauliche Erweiterung eines gewerblichen Betriebs im Außenbereich als Privilegierungstatbestand (§ 35 Abs. 4 Satz 1 Nr. 6 BauGB), DVBl. 1990, S. 1009.

2. Die privilegierten Vorhaben

Die privilegierten Vorhaben i. S. v. § 35 Abs. 1 BauGB lassen sich in drei Gruppen einteilen: (1) Die Vorhaben i. S. d. Nummern 1 und 2 betreffen die Landwirtschaft; (2) Nummer 3 umfasst **ortsgebundene** Unternehmen, die „auf die geografische oder geologische Eigenart" der Stelle im Außenbereich geradezu zwingend angewiesen sind;[83] (3) Nummer 4 erfasst Vorhaben, die zwar nicht auf einen bestimmten Außenbereichsort derart angewiesen sind wie die Anlagen der Nummer 3, die aber gleichwohl wegen spezifischer Anforderungen an die Umgebung, bestimmter Auswirkungen auf die Umgebung oder ihrer spezifischen Zweckbestimmung **nur im Außenbereich** ausgeführt werden können. Dazu rechnen wohl auch Kernenergieanlagen,[84] die inzwischen eigenständig dem Außenbereich zugewiesen sind (§ 35 Abs. 1 Nr. 5 BauGB), sowie die Anlagen zur Nutzung der Wind- und Wasserenergie, die seit dem 1. 1. 1997 ebenfalls speziell als privilegierte Vorhaben (§ 35 Abs. 1 Nr. 6) aufgeführt sind.[85]

79

Was die **landwirtschaftlichen** Vorhaben angeht, so ist die Legaldefinition in § 201 BauGB zu beachten. Nach § 35 Abs. 1 Nr. 1 BauGB ist ein Vorhaben im Übrigen nur zulässig, wenn es einem land- oder forstwirtschaftlichen Betrieb „dient". Dieser Begriff wird eher großzügig ausgelegt. Selbstverständlich fallen auch Wohngebäude für den Landwirt und seine Familie darunter, soweit diese Anlagen auf deren Bedarf ausgerichtet sind. Dementsprechend ist auch im *Gärtnerei*-**Fall (4)** ohne weiteres eine Privilegierung angenommen worden.

80

Für die **ortsgebundenen** Vorhaben der Nummer 3 ist zunächst zu beachten, dass im Gesetz das Merkmal der Ortsgebundenheit jedenfalls ausdrücklich nur auf gewerbliche Betriebe, nicht auch auf die sonstigen Vorhaben, insbesondere der öffentlichen Versorgung, bezogen ist. Das Bundesverwaltungsgericht hat jedoch mit Recht das Merkmal der Ortsgebundenheit auf den gesamten Tatbestand der Nummer 3 erstreckt[86] und dabei herausgearbeitet, dass Ortsgebundenheit nicht schon dann anzunehmen sei, wenn ein bestimmter Außenbereichsstandort für ein Vorhaben günstig sei. Ausreichend sei auch nicht, dass sich ein bestimmter Standort aus wirtschaftlichen Gründen regelrecht aufdränge.[87] Erforderlich sei vielmehr, dass das Vorhaben auf eine bestimmte Stelle geografisch oder geologisch geradezu zwingend angewiesen sei, wie beispielsweise ein Kiesabbau.[88]

81

Zweck der Privilegierungsregelung des § 35 Abs. 1 Nr. 4 BauGB ist es, solche Vorhaben grundsätzlich dem Außenbereich[89] zuzuweisen, die wegen ihrer

82

---

83 BVerwG, DÖV 1977, S. 328 (330 r.Sp.).
84 So jedenfalls BVerwGE 72, S. 300 (326).
85 Gesetz zur Änderung des BauGB vom 30. 7. 1996, BGBl. I, S. 1189.
86 Bestätigt in BVerwGE 96, S. 95 (97).
87 Die Judikatur zusammenfassend BVerwGE 96, S. 95 (98).
88 BVerwGE 79, S. 318 (322).
89 Im vorliegenden Zusammenhang ist – abweichend von der Legaldefinition – mit „Außenbereich" der nicht im Zusammenhang bebaute Bereich gemeint: BVerwGE 48, S. 109 (111).

spezifischen Beziehungen zur Umgebung nicht sinnvoll innerhalb der im Zusammenhang bebauten Ortsteile errichtet werden können. Allerdings ist nach der zutreffenden Rechtsprechung des Bundesverwaltungsgerichts zu fragen, ob ein solches, für den Innenbereich ungeeignetes Vorhaben auch wirklich im Außenbereich errichtet werden **soll**. Diesem Wörtchen im Tatbestand von § 35 Abs. 1 Nr. 4 BBauG a. F. (= § 35 Abs. 1 Nr. 4 BauGB) haben die Richter eine wesentliche Bedeutung zugesprochen. Nicht jedes Vorhaben, das – wie ein *Campingplatz*-**Fall (1)** – sinnvoll nur im Außenbereich errichtet werden **könne, solle** auch dort errichtet werden. Vielmehr sei ergänzend zu prüfen, ob das jeweilige Vorhaben **überhaupt** ausgeführt werden **soll**. Stelle man diese Frage nicht, so wäre ein Vorhaben umso eher im Außenbereich zulässig, je unerträglicher seine Ausführung in geschlossener Ortslage erscheine. Dies würde jedoch den Schutz des Außenbereichs vor Bebauung, den § 35 BauGB erstrebe, nicht gewährleisten.[90]

83 Für die Frage, ob ein Vorhaben im Außenbereich verwirklicht werden **soll**, sei namentlich zu bedenken, dass „der Außenbereich mit seiner naturgebundenen Bodennutzung und seiner Erholungsmöglichkeit für die Allgemeinheit grundsätzlich vor dem Eindringen wesensfremder Nutzung bewahrt bleiben" solle.[91] Beispielsweise dienten Wochenendhäuser der Befriedigung **individueller**, die Allgemeinheit notwendig ausschließender Erholungswünsche. Sie sollten deshalb ebensowenig im Außenbereich verwirklicht werden wie *Camping-Plätze*, die – wie im Streitfall – vorwiegend von ständigen Stellplatzmietern benutzt würden. Das gelte dann auch für wechselnd in Anspruch genommene Camping-Plätze, wenn diese „mit einer baulichen Verfestigung verbunden" seien.[92]

84 Eine weitere Präzisierung des Tatbestandsmerkmals „soll" hat das Gericht im *Recycling*-**Fall (2)** vorgenommen: „Anlagen, von denen das Unvermeidbare überschreitende nachteilige Umwelteinwirkungen ausgehen, gehören nicht zu denen, die nach § 35 Abs. 1 Nr. 4 BBauG 1960 bzw. § 35 Abs. 1 Nr. 5 BBauG 1976 im Außenbereich errichtet werden **sollen**."[93] Da nach dem Stand der Technik Kabelabbrennungen mit weniger stark emittierenden Anlagen möglich seien, **solle** die streitbefangene Anlage nicht im Außenbereich errichtet werden.

85 In dem durchaus typischen **Fall (3)** der *Windenergieanlage* des Landwirts hatte das Bundesverwaltungsgericht vor der Einführung der Privilegierung solcher Anlagen in § 35 Abs. 1 Nr. 6 Gelegenheit, alle Privilegierungstatbestände durchzuprüfen: Der Landwirtschaft „diene" die Windenergieanlage nicht, da sie nach ihrer Zweckbestimmung nicht überwiegend im Rahmen der landwirtschaftlichen Betriebsführung genutzt werden soll. Daran ändere auch das Ziel nichts, in für die Landwirtschaft schwierigen Zeiten die Ertragslage durch Einspeisung von Strom in das öffentliche Netz aufbessern zu wollen. Denn

---
90 BVerwGE 48, S. 109 (112).
91 BVerwGE 48, S. 109 (115).
92 BVerwGE 48, S. 109 (116).
93 BVerwGE 55, S. 118 (127).

die Privilegierung der Landwirtschaft umfasse keine davon unabhängigen gewerblichen Nutzungen.

Gerade wegen der geringen Eigennutzung (20 %) der Anlage liege jedoch zweifelsfrei ein Vorhaben der öffentlichen Energieversorgung i. S. v. § 35 Abs. 1 Nr. 3 vor, das jedoch auch dem Tatbestandsmerkmal der Ortsgebundenheit genügen müsse. Dieses Merkmal sei aber bei Windenergieanlagen nicht erfüllt. Sie hätten keine spezifische Beziehung zu einem **bestimmten Außenbereichsstandort**, weil nahezu auf allen Außenbereichsflächen der Norddeutschen Tiefebene günstige Windverhältnisse herrschten. Eine dementsprechende Zulassungspraxis würde den Schutzanspruch des § 35 Abs. 1 völlig aus den Angeln heben. 86

Die Windenergieanlage sei aber schließlich auch nicht deshalb privilegiert, weil sie wegen ihrer Anforderungen an die Umgebung bzw. ihre Auswirkungen auf die Umgebung im Außenbereich ausgeführt werden **solle** (§ 35 Abs. 1 Nr. 5 a. F., Nr. 4 n.F. BauGB). Hierbei sei die wertende, auf den Schutz des Außenbereichs zielende Bedeutung des Tatbestandsmerkmals „soll" zu beachten. Nicht jedes Vorhaben, das eine spezifische „Außenbereichspräferenz" aufweise, „solle" auch im Außenbereich verwirklicht werden. Gerade solche Vorhaben, die wie Windenergieanlagen wegen der Vielzahl der Bauwünsche zu einer nicht nur vereinzelten Bebauung im Außenbereich führen könnten, sollten **nicht ohne förmliche Planung** im Außenbereich ausgeführt werden können. 87

Der Gesetzgeber hat diese Entscheidung konstruktiv aufgegriffen, indem er einerseits die Windenergieanlagen ausdrücklich privilegiert hat (§ 35 Abs. 1 Nr. 6 BauGB), andererseits aber auch dem vom Bundesverwaltungsgericht mit Recht betonten Planungsbedürfnis Rechnung trägt. Denn nach der Neuregelung des § 35 Abs. 3 Satz 3 BauGB stehen einem privilegierten Vorhaben nunmehr öffentliche Belange entgegen, wenn im Flächennutzungsplan oder in einem Raumordnungsplan an anderer Stelle der jeweiligen Gemeinde Flächen für Windenergieanlagen ausgewiesen sind.[94] 88

3. Die sonstigen Vorhaben

Vorhaben, die nicht unter einen Privilegierungstatbestand fallen, sind nicht schlechthin unzulässig. Es fehlt ihnen allerdings die besondere Durchsetzungsstärke, die privilegierte Vorhaben gegenüber beeinträchtigten öffentlichen Belangen haben. In den zuvor erörterten Fällen ergab sich bei der Prüfung anhand von § 35 Abs. 2, 3 BBauG Folgendes: 89

---

[94] S. dazu *Schmidt*, Die Raumordnungsklauseln in § 35 BauGB und ihre Bedeutung für Windkraftvorhaben, DVBl. 1998, S. 669; *Runkel*, Steuerung von Vorhaben der Windenergienutzung im Außenbereich durch Raumordnungspläne, DVBl. 1997, S. 275; *Lüers*, Windkraftanlagen im Außenbereich – zur Änderung des § 35 BauGB, ZfBR 1996, S. 297 ff.

90 Das Wasch- und Toilettenhaus im *Campingplatz*-**Fall (1)** wurde als unzulässig angesehen, weil es öffentliche Belange beeinträchtige. Camping- und Zeltplätze, die mit baulichen Verfestigungen verbunden seien, dürften nur im Wege der Bebauungsplanung ermöglicht werden.[95]

91 Im *Recycling*-**Fall (2)** kam eine Genehmigung auf der Grundlage von § 35 Abs. 2, 3 BBauG 1960 nach der Feststellung des Berufungsgerichts, über die nähere Angaben fehlen, nicht in Betracht. Nach der jetzt geltenden Fassung von § 35 Abs. 3 BauGB ist eine Beeinträchtigung öffentlicher Belange jedenfalls insofern anzunehmen, als schädliche Umwelteinwirkungen hervorgerufen werden, die nach dem insoweit maßgeblichen BImSchG[96] zumindest deshalb unzulässig sind, weil sie nach dem Stand der Technik vermeidbar wären (vgl. §§ 5 Abs. 1 Nr. 2, 22 Abs. 1 Nr. 2 BImSchG).

92 Im Fall der *Windenergieanlage*-**Fall (2)** hat das Bundesverwaltungsgericht seine gefestigte und überzeugende Rechtsprechung bekräftigt, derzufolge ein **Planungsbedürfnis** im Sinne einer **Außenkoordination** der beantragten Nutzung mit anderen Nutzungen kein das Vorhaben hindernder öffentlicher Belang sei. Denn die Außenkoordination werde durch die in § 35 Abs. 3 BauGB explizit aufgeführten öffentlichen Belange gewährleistet. Der Umstand, dass es eine Vielzahl von Bauinteressenten für Windenergieanlagen gebe, weshalb dem Projekt die Privilegierung im Sinne von § 35 Abs. 1 abzusprechen sei, könne der Windenergieanlage als sonstiges Vorhaben im Sinne von § 35 Abs. 2 BauGB nicht entgegengehalten werden. Vielmehr sei die Anlage als singuläres Projekt auf ihre Vereinbarkeit mit den öffentlichen Belangen zu prüfen.

4. Die öffentlichen Belange

93 Bei Erörterung der privilegierten sowie der sonstigen Vorhaben ist bereits mehrfach von den **öffentlichen Belangen** i.S.v. § 35 Abs. 3 BauGB die Rede gewesen. Aus diesem Problemfeld sollen abschließend noch wenige, praktisch besonders bedeutsame Aspekte angesprochen werden.

94 Zu den öffentlichen Belangen rechnen gemäß § 35 Abs. 3 erster Spiegelstrich **Darstellungen im Flächennutzungsplan.** Wenngleich dem Flächennutzungsplan grundsätzlich keine rechtlichen Außenwirkungen zukommen, er nicht wie ein Rechtssatz gehandhabt werden kann,[97] so bildet doch die Regelung des § 35 Abs. 3 eine wichtige „Schaltstelle", die den Darstellungen eines Flächennutzungsplanes im Baugenehmigungsverfahren Außenverbindlichkeit verschaffen kann. Allerdings müssen diese Darstellungen sachlich und räumlich hinreichend konkret sein.[98] Der Darstellung von Flächen für die Landwirtschaft kommt keine solche qualifizierte, anderen Vorhaben entgegenstehende

---

95 BVerwGE 48, S. 109 (117).
96 Zur Maßgeblichkeit des BImSchG im Bebauungsrecht BVerwGE 68, S. 58 (59f.).
97 BVerwGE 68, S. 311 (313f.); BVerwG, DVBl. 1990, S. 1352.
98 BVerwGE 68, S. 311 (315); E 77, S. 300; E 79, S. 318 (323).

Bedeutung zu, da sie dem Außenbereich lediglich „die ihm nach dem Willen des Gesetzes in erster Linie zukommende Funktion" zuweist.[99]

Die Darstellung von Flächen für privilegierte Vorhaben begründet nach der Neuregelung in § 35 Abs. 3 Satz 3 BauGB zugleich einen öffentlichen Belang, der der Verwirklichung eines solchen Vorhaben an einem **anderen Ort** innerhalb der Gemeinde in der Regel entgegensteht.[100]

95

Auch für Vorhaben im Außenbereich gilt, dass sie Rücksichtnahme auf andere Nutzungen nehmen müssen. Das **Gebot der Rücksichtnahme**, dessen Rolle im Geltungsbereich des Bebauungsplanes (oben Rn. 24 ff., 27 ff.) und im unbeplanten Innenbereich (oben Rn. 63 ff., 69 ff.) bereits erläutert worden ist, wurde ursprünglich als nicht explizit aufgezählter öffentlicher Belang i. S. v. § 35 Abs. 3 BBauG kreiert: „Das Gebot der Rücksichtnahme auf schutzwürdige Individualinteressen steht zu den öffentlichen Belangen nicht im Gegensatz. Vielmehr ist dieses Gebot zugleich ein öffentlicher Belang i. S. d. § 35 Abs. 3 BBauG."[101] Dass es angesichts der offenen Liste öffentlicher Belange in § 35 Abs. 3 eines derart **sachlich unspezifischen** Rücksichtnahmegebots bedarf, erscheint schwerlich begründbar. Die Erklärung für die „Rücksichtnahme"-Rechtsprechung liegt in Folgendem:

96

In ständiger Rechtsprechung wurde den öffentlichen Belangen des § 35 Abs. 3 BBauG ein **drittschützender** Charakter abgesprochen. So konnten sich Dritte auch gegen Vorhaben, von denen unzumutbare Beeinträchtigungen auszugehen drohten, nicht zur Wehr setzen. Im zitierten *Schweinemäster*-Fall wurde die Rücksichtnahme zu einem Tatbestandsmerkmal ausgebaut, das unter besonderen Umständen auch **Nachbarschutz – Drittschutz** – gewährte.[102] Damit war ein Weg gefunden, um in begrenztem Umfange Nachbarschutz einräumen und dennoch weiterhin dem § 35 BBauG als solchem grundsätzlich nachbarschützenden Charakter absprechen zu können (vgl. näher unten § 28 Rn. 28). Zum Gehalt des Rücksichtnahmegebotes ist inzwischen u. a. befunden, dass es kein baurechtliches Rücksichtnahmegebot gebe, „das etwa dem Verursacher von Umwelteinwirkungen mehr an Rücksichtnahme zu Gunsten von Nachbarn gebieten würde, als es das BImSchG gebietet".[103] Dies führt aber zu der Frage, warum es des Gebots der Rücksichtnahme bedarf, soweit die Vermeidung schädlicher Umwelteinwirkungen ausdrücklich als öffentlicher Belang in § 35 Abs. 3 zweiter Spiegelstrich angeführt ist.

97

---

99 BVerwGE 79, S. 318 (323).
100 Diese Neuregelung ist weitgehend in der Rechtsprechung zur Bedeutung des F-Planes als öffentlicher Belang vorweggenommen worden: BVerwGE 77, S. 300 (LS); bestätigt in E 79, S. 318 (323); kritisch zu dieser Rechtsprechung *Hoppe*, Die Rechtswirkungen eines Flächennutzungsplanes gegenüber nach § 35 Abs. 1 BauGB privilegierten Außenbereichsvorhaben in der Rechtsprechung des BVerwG, DVBl. 1991, S. 1277 (insbes. 1285 ff.).
101 BVerwGE 52, S. 122 (125) (*Schweinemäster*); die Rechtsprechung zum Gebot der Rücksichtnahme zusammenfassend: BVerwGE 67, S. 334 (337).
102 BVerwGE 52, S. 122 (129 ff.).
103 BVerwGE 68, S. 58 (60).

98 Wie für § 34 BauGB, so stellt sich auch im Rahmen von § 35 BauGB die Frage, ob ein Planungserfordernis als öffentlicher Belang die Genehmigungsfähigkeit eines Vorhabens ausschließen kann. Wie oben (Rn. 90) berichtet, ist im *Campingplatz*-**Fall (1)** ein Planungserfordernis als öffentlicher Belang anerkannt worden, der **sonstigen** Vorhaben i.S.d. § 35 Abs. 2 BauGB entgegenstehen kann.[104] Im **Fall (3)** der ebenfalls als sonstiges Vorhaben eingestuften *Windenergieanlage* wurde eine die Planungsbedürftigkeit begründende Aufgabe der Binnenkoordination wegen des geringen Umfanges eines solchen Vorhabens verneint.[105] Zugleich ist in diesem Fall geklärt worden, dass ein Planungserfordernis i.S. einer Außenkoordination kein öffentlicher Belang i.S. von § 35 Abs. 3 BauGB sei, weil – wie bereits erwähnt – die Außenkoordination von privilegierten Vorhaben nicht durch Planung, sondern durch Beachtung der materiellen Anforderung i.S. der öffentlichen Belange des § 35 Abs. 3 BauGB erfolgen solle.[106]

99 Als öffentliche Belange können Ziele der überörtlichen Gesamtplanung, also **Ziele der Raumordnung und Landesplanung** ein Vorhaben hindern: „Raumbedeutsame Vorhaben dürfen den Zielen der Raumordnung und Landesplanung nicht widersprechen", heißt es in § 35 Abs. 3 Satz 3, 1. Halbsatz BauGB. Zu der in der Sache übereinstimmenden früheren Regelung hat das Bundesverwaltungsgericht präzisierend entschieden, dass nur solche Ziele der Raumordnung zulässigkeitshindernd sein können, die **sachlich** und **räumlich** hinreichend konkret für die Beurteilung des Einzelvorhabens seien. Im Ausgangs-**Fall (4)** fehlt es nach Auffassung der Richter an der hinreichenden sachlichen und räumlichen Konkretheit der Flughafenerweiterungsplanung.[107] Auch den im Landesentwicklungsprogramm für Bayern festgelegten Zielen, eine Zersiedlung und durchgehende Besiedlung der Gebirgstäler zu verhindern, sowie die Siedlungstätigkeit zu verlangsamen, ist keine hinreichende räumliche und sachliche Konkretheit zugesprochen worden.[108]

100 Zu den öffentlichen Belangen i.S. von § 35 Abs. 3 BauGB rechnen naheliegenderweise auch die „natürliche Eigenart der Landschaft" und das „Landschaftsbild". In diesem Zusammenhang hatte das BVerwG im *Arno-Breker*-Fall eine rechtssystematisch schwierige Problematik zu lösen.[109] Es ging um die Frage, ob zwei Monumental-Figuren des Künstlers Arno Breker auf einem weitläufigen Grundstück im Außenbereich aufgestellt werden dürfen oder ob § 35 Abs. 3 Nr. 5 BauGB entgegensteht. Zu Gunsten der Statuen wurde die ohne Gesetzesvorbehalt gewährleistete Kunstfreiheit (Art. 5 Abs. 3 GG) ins Spiel gebracht. Als kollidierendes Verfassungsrecht, das auch „schrankenlos" gewährte Rechte zurückdrängen kann, hat das BVerwG das Staatsziel Umweltschutz (Art. 20a GG) angesehen und auf dieser Grundlage § 35 BauGB und

---

104 BVerwGE 48, S. 109 (117).
105 BVerwGE 96, S. 95 (108).
106 BVerwGE 96, S. 95 (108).
107 BVerwGE 68, S. 311.
108 BVerwGE 68, S. 319.
109 BVerwG, DVBl. 1995, S. 1008, mit einer Anmerkung von *Uhle*, UPR 1996, S. 55.

insbesondere – streitentscheidend – Abs. 3 Nr. 5 als verfassungskonforme Kollisionslösung anerkannt. Mithin ist die Ausgleichsregelung jedenfalls Rechtsgrundlage auch für die Einschränkung von Bauwerken mit Kunstcharakter.

5. Hinweise zum Gutachtenaufbau

Zur Bewältigung der komplexen Zulässigkeitstatbestände des § 35 BauGB ist folgende **Prüfungsreihenfolge** zu beachten: 101

(1) Liegt ein qualifizierter Bebauungsplan vor (→ § 30 BauGB)?
(2) Liegt ein im Zusammenhang bebauter Ortsteil vor (→ § 34 BauGB)?
(3) Genügt das Vorhaben den Anforderungen eines eventuell maßgeblichen einfachen Bebauungsplans?
(4) Handelt es sich um ein privilegiertes Vorhaben im Sinne von § 35 Abs. 1?
(5) Stehen dem privilegierten Vorhaben öffentliche Belange im Sinne von § 35 Abs. 3 entgegen („Durchschlagskraft" des privilegierten Vorhabens beachten)?
(6) Wenn es sich – siehe Frage (4) – um ein „sonstiges" Vorhaben handelt: Werden öffentliche Belange im Sinne von Abs. 3 „beeinträchtigt"? Dürfen diese Belange wegen Abs. 4 diesem konkreten Vorhaben nicht entgegengehalten werden?
(7) Ist die Erschließung gesichert?

VI. Vorhaben im zukünftigen Geltungsbereich eines in der Planung befindlichen Bebauungsplanes (§ 33 BauGB)

Literatur: *Jäde,* Planreife – Ein Befreiungstatbestand?, BauR 1987, S. 252; *Steiner,* Bauen nach künftigem Bebauungsplan (§ 33 BauGB), DVBl. 1991, S. 739.

Fall: Der Kläger erstrebt die Baugenehmigung für ein Vorhaben mit fünf Wohnungen und fünf Garagen. Das Baugrundstück liegt nicht im Geltungsbereich eines Bebauungsplanes, es befindet sich jedoch im zukünftigen Geltungsbereich eines Bebauungsplanes, dessen Aufstellung die Gemeinde beschlossen hat. In diesem Plan soll u.a. für den Bereich des klägerischen Grundstücks ein Sondergebiet „Universitätsklinikum" festgesetzt werden. Nach dem Stand der Planungsarbeiten wird das Vorhaben des Klägers nicht mit den Festsetzungen des Plans vereinbar sein. Daher ist das Vorhaben nach Auffassung des Berufungsgerichts gemäß § 33 BBauG unzulässig.
Nach BVerwGE 20, S. 127.

1. Die Funktion dieses Zulässigkeitstatbestandes

§ 33 Abs. 1 BauGB regelt die Genehmigungserheblichkeit eines im Planverfahren befindlichen Bebauungsplanes. Die zukünftigen Festsetzungen können danach einem Vorhaben zur Genehmigung verhelfen, das nach der aktuellen 102

Rechtslage auf der Grundlage der §§ 30, 34 oder 35 BauGB nicht genehmigungsfähig ist. § 33 BauGB erlaubt sozusagen einen **Vorgriff auf künftiges Recht zu Gunsten** des Bauherrn. Der Norm darf nicht – sozusagen in Form eines Umkehrschlusses – entnommen werden, dass ein nach geltendem Recht zulässiges Vorhaben wegen der zu erwartenden künftigen Festsetzungen unzulässig sein kann. Das Verbot eines solchen Umkehrschlusses ergibt sich insbesondere aus einer Betrachtung des **Regelungszusammenhanges**, in dem § 33 BauGB zu interpretieren ist.

103 Gewiss ist es im Interesse eines effektiven und zu umsetzbaren Ergebnissen führenden Planverfahrens vielfach erforderlich, während des Verfahrens keine den Planungen entgegenstehenden Vorhaben zu genehmigen. Für diese **Sicherung des Planverfahrens** bietet das BauGB zwei Instrumente an, nämlich die von der Gemeinde zu beschließende Veränderungssperre (§ 14 BauGB) sowie die Zurückstellung von Baugesuchen (§ 15 BauGB).[110] Diese beiden Instrumente ziehen durch ihre rechtliche Ausgestaltung den Wirkungen eines Planverfahrens auf bauliche Vorhaben gesetzliche Grenzen, die umgangen würden, wenn ein fortgeschrittenes Planverfahren im Sinne von § 33 Abs. 1 Nr. 1 BauGB stets und von selbst die Unzulässigkeit eines den voraussichtlichen Festsetzungen widersprechenden Vorhabens ergeben würde. § 33 BauGB ist daher so auszulegen, dass eine solche unvernünftige Umgehung der gesetzlichen Plansicherungsinstrumente unterbleibt.[111] Dies hat das Berufungsgericht im Beispiels**fall** verkannt. Aus der beabsichtigten Ausweisung eines Sondergebiets „Universitätsklinikum" folgt keinesfalls die Unzulässigkeit der Errichtung eines Wohnhauses. Das klägerische Vorhaben ist vielmehr nach dem einschlägigen Genehmigungstatbestand konkret nach § 34 BauGB zu prüfen.

2. Die tatbestandlichen Voraussetzungen

104 Der neugefasste § 33 BauGB enthält zwei Tatbestände der Berücksichtigung eines schwebenden Planverfahrens. Nach **Absatz 1** besteht ein **Anspruch** auf Genehmigung eines den zukünftigen Festsetzungen entsprechenden Vorhabens, wenn die öffentliche Auslegung und die Beteiligung der Träger öffentlicher Belange durchgeführt sind, die Erschließung gesichert ist und der Antragsteller die zukünftigen Festsetzungen für sich und seine Rechtsnachfolger schriftlich anerkennt.[112] Nach Absatz 2 **kann** ein Vorhaben auch dann schon genehmigt werden, wenn das **Planverfahren** noch nicht den fortgeschrittenen Stand i.S.v. Abs. 1 Nr. 1 erreicht hat. Die in diesen Fällen mithin fehlende **formelle Planreife** soll dadurch ausgeglichen werden, dass den betroffenen Bürgern und Trägern berührter öffentlicher Belange zuvor Gelegenheit zur Stellungnahme zu geben ist, „soweit sie dazu nicht bereits zuvor Gelegenheit hatten". Die sogenannte **materielle Planreife** muss aber auch in den Fällen des Abs. 2 vorliegen. Mithin muss ein Planungsstand erreicht sein, der eine klare

---

110 Vgl. dazu oben § 16 Rn. 1ff.
111 So auch BVerwGE 20, S. 127.
112 Zur dinglichen Wirkung dieses Anerkenntnisses vgl. BVerwG, DVBl. 1996, S. 920.

Beurteilung der zukünftigen Plankonformität des zur Genehmigung stehenden Vorhabens zulässt.

Im Rahmen des § 33 BauGB kommt eine Zulassung im Wege einer Befreiung (§ 31 Abs. 2 BauGB) nicht in Betracht. Bei realistischer Betrachtungsweise birgt § 33 BauGB das Risiko in sich, dass eine Planung nur vorangetrieben wird, um ein bestimmtes Projekt zulassungsfähig zu machen, danach jedoch die Planung wieder eingestellt wird. Dieses in der Literatur, aber auch von den höheren Verwaltungsbehörden durchaus erkannte Risiko des § 33 BauGB darf nicht noch durch eine „antizipierte" Befreiung ins Unträgbare gesteigert werden. Es gibt auch keinen vernünftigen Grund dafür, im Zuge eines laufenden Planverfahrens an die Stelle einer vorhabenbezogenen Modifikation des Plans eine Befreiung von der noch nicht in Geltung gesetzten Festsetzung zu erteilen.

105

VII. Keine Zulässigkeit von Vorhaben wegen Bestandsschutzes oder „eigentumskräftig verfestigter Anspruchsposition"

Literatur: *Friauf*, Bestandsschutz bei gewerblichen Anlagen, in: Festgabe aus Anlass des 25-jährigen Bestehens des Bundesverwaltungsgerichts, 1978, S. 217; *Koch*, Bestandsschutz, in: ders./Lechelt (Hrsg.), Zwanzig Jahre Bundes-Immissionsschutzgesetz, 1994, S. 33; *Schulze-Fielitz*, Bestandsschutz im Verwaltungsrecht. Besonders im Bau-, Immissionsschutz und Atomrecht, Die Verwaltung 1987, S. 307; *Sendler*, Bestandsschutz im Wirtschaftsleben, WiVerw 1993, S. 235; *Sieckmann*, Eigentumsgarantie und baurechtlicher Bestandsschutz, NVwZ 1997, 853; *Wahl*, Abschied von den „Ansprüchen aus Art. 14 GG", in: Bender (Hrsg.), Rechtsstaat zwischen Sozialgestaltung und Rechtsschutz, 1993, FS für Redeker, 1993, S. 245.

Fall 1: Der Kläger begehrt eine Baugenehmigung für umfängliche Instandsetzungsarbeiten an seinem Wohnhaus und für ein Nebengebäude mit drei Garagen und zwei Abstellräumen. Das Hausgrundstück des Klägers befindet sich innerhalb einer durch qualifizierten Bebauungsplan festgesetzten Grünfläche. Sollte die Festsetzung ungültig sein, so befände sich das Haus im Außenbereich. Die zuständige Behörde hat daher aus bauplanungsrechtlichen Gründen die begehrten Genehmigungen versagt. Der Kläger beruft sich auf Bestandsschutz, da das Gebäude ursprünglich unstreitig in Übereinstimmung mit dem materiellen Baurecht errichtet worden sei.
Nach BVerwGE 72, S. 362.

Fall 2: Die Klägerin begehrt die nachträgliche Erlaubnis zu einer Nutzungsänderung. Sie ist Eigentümerin eines 260 m² großen, fast vollständig bebauten Grundstücks. In dessen rückwärtigem Teil befindet sich ein 1884 errichtetes zweigeschossiges Gebäude, das bis Anfang 1978 einer Zinngießerei zur gewerblichen Nutzung diente. 1983 begann die Klägerin, das bis dahin leer stehende Gebäude zu Wohnzwecken umzugestalten. Seit Anfang 1984 wird das Gebäude von einer Angehörigen der Klägerin als Wohnung genutzt. Für die Wohnnutzung liegt eine Baugenehmigung nicht vor. Der Abstand des klägerischen Gebäudes zur südlichen Grundstücksgrenze beträgt 0,5–1,00 m. Das Bauordnungsrecht von Rheinland-Pfalz verlangt seit 1986 (!) einen Abstand von mindestens 3 m. Im Oktober 1984 reichte die Klägerin Bauunterlagen zum Zwecke nachträglicher Genehmigung ein. Die beigeladene Stadt erteilte ihr Einvernehmen; hingegen erhob die beigeladene Nachbarin, die Eigentümerin des an der Rückseite südlich angrenzenden

Grundstücks ist, Bedenken. Der Beklagte versagte mit Rücksicht auf die bauordnungsrechtliche Abstandsregelung die Baugenehmigung und ordnete zugleich ein Nutzungsverbot an. Den Widerspruch der Klägerin wies der Kreisrechtsausschuss zurück. Dabei wurde die Möglichkeit einer Befreiung von den bauordnungsrechtlichen Abstandsvorschriften verneint. Vor Gericht blieb die Klägerin auch mit der Auffassung erfolglos, sie genieße für die Wohnnutzung Bestandsschutz.

Nach BVerwGE 88, S. 191.

Fall 3: Die Klägerin ist Eigentümerin eines Grundstücks, das früher einem landwirtschaftlichen Nebenerwerbsbetrieb diente. Das Grundstück ist Teil einer Ansammlung von 9 Wohnhäusern, die von der übrigen Bebauung des Ortsteils M. deutlich abgesetzt ist. Es wurde unter dem 20. 9. 1993 in den Geltungsbereich einer naturschutzrechtlichen Sicherstellungsverordnung einbezogen. Auf dem Grundstück befindet sich seit alters her ein Wohnhaus, das auf Grund einer im Jahr 1982 erteilten Baugenehmigung nachträglich erweitert wurde. Früher war auf dem Flurstück – etwa 15 m vom Wohnhaus entfernt – außerdem noch eine Scheune vorhanden, an die Anfang der 60er-Jahre mit bauaufsichtlicher Genehmigung ein Raum für die Unterbringung von Maschinen und Treckern angebaut wurde. Dieser Teil des Bauwerks wurde nach der Einstellung des landwirtschaftlichen Betriebs als Garage genutzt. Nach den Angaben der Klägerin wurde das Scheunengebäude als Ganzes im Jahr 1993 durch Sturmeinwirkung so stark beschädigt, dass es abgerissen werden musste. Die Kl. beantragte im Februar 1994 einen Bauvorbescheid für die Errichtung einer Doppelgarage auf dem Fundament des ehemaligen Scheunengebäudes. Die Bekl. lehnte den Antrag ab: Das nichtprivilegierte Außenbereichsvorhaben beeinträchtige öffentliche Belange. Widerspruch und Klage blieben erfolglos. Die Revision der Kl. wurde zurückgewiesen.

Nach BVerwGE 106, 228.

1. Die alte Dogmatik des aktiven Bestandsschutzes

106 Die Rechtsprechung des Bundesverwaltungsgerichts hat – jahrzehntelang und überwiegend in bemerkenswerter Ferne zum Gesetzesrecht – **unmittelbar aus Art. 14 GG** einen **Bestandsschutz** für bestehende bauliche Anlagen entwickelt, der einerseits die **Abwehr** nachträglicher staatlicher Anforderungen an ein Bauwerk stützt (**passiver** Bestandsschutz), andererseits auch **Ansprüche** auf die Genehmigung von Instandsetzungs- und (begrenzten) Erweiterungsmaßnahmen für die Fälle gewährt, in denen solche Maßnahmen an sich gegen Gesetzesrecht verstoßen (**aktiver** Bestandsschutz).[113] Außerdem ist für unbebaute Grundstücke ein Genehmigungsanspruch für Fälle bejaht worden, in denen Vorhaben zwar nach geltendem Recht unzulässig sind, jedoch eine sogenannte **eigentumskräftig verfestigte Anspruchsposition** vorliegen soll. Insofern kannte die ältere Rechtsprechung **eigenständige**, neben dem positiven Gesetzesrecht stehende **Anspruchsgrundlagen** für Baugenehmigungen.

107 Hinsichtlich des **aktiven** Bestandsschutzes war nach der Rechtsprechung zwischen **einfachem** und **überwirkendem** Bestandsschutz zu unterscheiden. Ge-

---

113 Die zweckmäßige Unterscheidung zwischen passivem und aktivem Bestandsschutz geht zurück auf *Friauf*, Bestandsschutz bei gewerblichen Anlagen, FG Bundesverwaltungsgericht, 1978, S. 217 (219).

meinsamer Ausgangspunkt für die beiden Ansprüche war die verfassungsrechtlich gebotene „Sicherung des durch Eigentumsausübung Geschaffenen". Der ursprünglich **legal geschaffene** Bestand könne sich „mit Rücksicht auf Art. 14 Abs. 1 GG – in diesen und jenen Grenzen –, in seiner bisherigen Funktion behaupten und damit auch gegen das ihm mittlerweile etwa entgegenstehende Gesetzesrecht durchsetzen". Dieser Bestandsschutz umfasse zweierlei, nämlich einmal den Fall, dass das bestandsgeschützte Vorhaben selbst reparaturbedürftig sei, und zum anderen den Fall, „dass ein Vorhaben... deshalb soll ausgeführt werden dürfen, weil sonst andere Baulichkeiten... ihren Sinn einbüßen".[114]

Die Voraussetzungen für Genehmigungsansprüche aus dem Gesichtspunkt des einfachen Bestandsschutzes wurden in der Rechtsprechung immer bestandsschutzfreundlicher gefasst. Zunächst wurde als Bestandsschutz gewährleistet, „das Bauwerk weiter so zu unterhalten und zu nutzen, wie es seinerzeit errichtet wurde";[115] **Wiederherstellungs-** und **Reparatur**arbeiten müssten die **Identität** des ursprünglichen Bauwerks wahren. Die Identität sei jedenfalls dann nicht gegeben, „wenn der erforderliche Eingriff in die Bausubstanz so intensiv ist, dass er eine statische Nachrechnung der gesamten Anlage notwendig macht."[116] Im *Nebengebäude*-**Fall (3)** – ist eine ausdrückliche Erweiterung des einfachen Bestandsschutzes vorgenommen worden. Nun wird anerkannt, dass sich aus dem verfassungsrechtlichen Bestandsschutz „über den Schutz des tatsächlichen Vorhandenen hinaus auch ein Anspruch auf eine – begrenzte – **Erweiterung** des Bestehenden herleiten lässt, soweit die Beibehaltung und funktionsgerechte Nutzung des Vorhandenen dies erfordert". Eine solche Erweiterung sei zulässig, „wenn sie öffentlich-rechtliche Vorschriften nicht über das hinaus verletzt, was die Erhaltung des Bestandes und seine weitere Nutzung bereits mit sich bringen".[117]

108

Nach diesen Kriterien wurde im Streitfall befunden, dass – erstens – die zur Genehmigung stehenden Garagen mit Abstellraum an keine andere rechtliche Schranke stießen als das vorhandene Wohnhaus – nämlich die Grünflächenausweisung des Bebauungsplans, bzw. die öffentlichen Belange i. S. v. § 35 Abs. 3 BBauG/BauGB – und dass – zweitens – die im beantragten Nebengebäude geplanten Garagen sowie Abstellräume zur funktionsgerechten Nutzung einer Wohnung gehörten.

109

Mit dieser Entscheidung zur Erweiterung des Bestehenden aus Gründen des Bestandsschutzes kam das Bundesverwaltungsgericht in die Nähe seines anderen Bestandsschutzkonstrukts, nämlich der Judikatur zum sogenannten **überwirkenden** Bestandsschutz.[118] In dieser Rechtsprechungslinie ging es darum, den Bestandsschutz, den Teile einer komplexen, funktionell zusammenhän-

110

---

114 BVerwGE 50, S. 49 (57).
115 BVerwGE 46, S. 126 (128).
116 BVerwGE 46, S. 126 (Leitsatz 1, 129).
117 BVerwGE 72, S. 362 (364).
118 BVerwGE 49, S. 365 (*Schaumlava*); E 50, S. 49 (*Tunnelofen*).

397

genden baulichen Anlage genießen, auf andere Komponenten dieser Anlage zu erstrecken.

111 Stets erheblich überschätzt wurde in ihrer Tragweite die Rechtsprechung zur **eigentumskräftig verfestigten Anspruchsposition**. In der seinerzeit grundlegenden Entscheidung heißt es: „Soweit Grundstücke bei Inkrafttreten des Bundesbaugesetzes in einer Weise bebaubar waren, die nach § 35 Abs. 2 BBauG nicht mehr zulässig ist, besteht die Bebaubarkeit trotz § 35 Abs. 2 BBauG dann fort, wenn sie den Schutz des Art. 14 Abs. 1 GG genoss und deshalb nicht ohne Zubilligung einer Entschädigung entzogen werden konnte."[119] Darüber, wann die Bebaubarkeit den Schutz des Art. 14 Abs. 1 GG genießen soll, also eine „eigentumskräftig verfestigte Anspruchsposition" darstellt, heißt es, „dass überhaupt irgendwann ein Anspruch auf die Zulassung der Bebauung" entstanden sein müsse und „dieser Anspruch nach Art. 14 Abs. 1 GG gegen eine entschädigungslose Entziehung geschützt" sein müsse.[120] Ein Anspruch auf Bebauung könne jedenfalls nur dann bestehen, wenn die Erschließung gesichert sei.[121] Die darüber hinaus erforderliche „eigentumskräftige Verfestigung" dieses Anspruchs trete nur ein – so wird in der späteren *Schaumlava*-Entscheidung präzisiert –, wenn „die fragliche Nutzung in der „Situation des Grundstücks in einer Weise angelegt ist, dass sie sich der darauf reagierenden Verkaufsauffassung als angemessen ‚aufdrängt'..., dass die Verkehrsauffassung diese Nutzung ‚geradezu vermisst'...".[122]

112 Problematisch an der referierten Rechtsprechung war stets, dass bis in die jüngste Zeit hinein nähere Überlegungen dazu fehlten, wie sich das einer Genehmigung entgegenstehende **Gesetzesrecht** und der im **Verfassungsrecht** wurzelnde Bestandsschutz zueinander verhalten. Im *Nebengebäude*-Fall heißt es lapidar: „Dieser Bestandsschutz setzt sich sowohl gegenüber den Festsetzungen eines Bebauungsplans als auch gegenüber den nach § 35 Abs. 2 und 3 BBauG für sonstige Vorhaben im Außenbereich maßgebenden öffentlichen Belangen durch."[123] Gar nichts verlautete zu dieser Problematik im Falle des abgebrannten Wohnhauses.[124] Im sogenannten *Fallhammer*-Fall wurde einfach postuliert, dass sich ein Genehmigungsanspruch „unabhängig von § 34 BBauG aus Art. 14 GG" rechtfertigen könne.[125]

113 Der referierten älteren Rechtsprechung, die in der Literatur weithin Beifall fand, war und ist Folgendes entgegenzuhalten:[126]

(1) Soweit das geltende Gesetzesrecht eine Genehmigungsfähigkeit baulicher Maßnahmen unter dem Gesichtspunkt des „Bestandsschutzes" nicht vorsieht,

---
119 BVerwGE 26, S. 111 (Leitsatz 2).
120 BVerwGE 26, S. 111 (117).
121 BVerwGE 26, S. 111 (118ff.).
122 BVerwGE 49, S. 365 (372).
123 BVerwGE 72, S. 362 (363).
124 BVerwGE 47, S. 126 (128).
125 BVerwG, Buchholz 406.11, § 34 BBauG Nr. 45, S. 116.
126 Ausführlich dazu schon *Koch/Hosch*, Baurecht, Raumordnungs- und Landesplanungsrecht, 1988, S. 258–265.

liegt dies grundsätzlich im Rahmen der dem Gesetzgeber gemäß Art. 14 Abs. 1 Satz 2 GG übertragenen **Eigentumsinhaltsbestimmung**. Eine solche Eigentumsinhaltsbestimmung kann grundsätzlich nicht seitens der Rechtsprechung unter direktem Rückgriff auf Art. 14 Abs. 1 Satz 1 GG „ausgehebelt" werden. Welche Befugnisse das Eigentum verleiht, ergibt sich nämlich aus der bestehenden Gesetzeslage.[127] Allerdings hat der Gesetzgeber zwei **verfassungsrechtliche Schranken** zu beachten, nämlich die **Eigentumsinstitutsgarantie** des Art. 14 Abs. 1 Satz 1 GG sowie die **Bestandsgarantie** des im Rahmen einer bestehenden Gesetzeslage erworbenen Eigentums.[128] Hier hätte nun die Bestandsschutzrechtsprechung dartun müssen, dass das Fehlen bestimmter Bestandsschutzregelungen gegen eines der beiden Verfassungsgebote verstoße. Außerdem dürfte die Fachgerichtsbarkeit eventuelle Verfassungsverstöße **nur dann selbst** beheben, wenn die für erforderlich gehaltenen Genehmigungen wegen Bestandsschutzes tatbestandlich methodengerecht im Wege der Auslegung oder Rechtsfortbildung begründet werden könnten. Anderenfalls wäre jeweils eine **Vorlage** der Sache gemäß Art. 100 Abs. 1 GG an das Bundesverfassungsgericht geboten.[129]

(2) Im Übrigen ist eine genaue Beachtung der gesetzlichen Bestandsschutzregelungen geboten. So enthält § 35 Abs. 4 BauGB mit der Zulassung von Umnutzungen, Ersatzbauten und Erweiterungen des Bestandes äußerst differenzierte Bestandsschutzregelungen, die insgesamt deutlich über die entsprechende Rechtsprechung hinausgehen. Es war und ist kein Grund dafür ersichtlich, dass diese Eigentumsinhaltsbestimmung verfassungswidrig sein könnte. **114**

2. Die Wende in der Bestandsschutzrechtsprechung

Seit einigen Jahren hat das Bundesverwaltungsgericht vorsichtig Abstand von der alten Bestandsschutzjudikatur genommen. In mehreren Judikaten aus der jüngeren Vergangenheit ist ausdrücklich anerkannt worden, dass dem **Gesetzgeber** mit der in Art. 14 Abs. 1 Satz 2 GG normierten Aufgabe, Inhalt und Schranken des Eigentums zu bestimmen, auch die Befugnis zukomme, über das Maß an Bestandsschutz verbindlich zu entscheiden.[130] **115**

Die Tragweite des Rechtsprechungswandels war längere Zeit noch nicht völlig absehbar.[131] Allerdings heißt es in allen Entscheidungen, die eine Neuorientierung in Sachen Bestandsschutz suchen, dass neben der einschlägigen gesetzli- **116**

---

127 Rechtsgrundsätzlich dazu BVerfGE 58, S. 300 (334 ff.) (*Naßauskiesung*).
128 BVerfGE 58, S. 300 (338 ff.: Institutsgarantie; 349 ff.: Bestandsgarantie).
129 So nun auch *Wahl*, Abschied von den „Ansprüchen aus Art. 14 GG", in: FS für Redeker, 1993, S. 256 (261); dagegen zweifelnd *Sendler*, Bestandsschutz im Wirtschaftsleben, WiVerw 1993, S. 235 (258 f.).
130 Siehe BVerwGE 84, S. 322 (334); E 85, S. 289 (294); BVerwG, ZfBR 1991, S. 83; Zwischenbilanz E 88, S. 191 (203); explizite Aufgabe der alten Rechtsprechung in E 106, 228; damit liegt das BVerwG nun auf der Linie, die seit mehr als einem Jahrzehnt in diesem Lehrbuch vertreten wird: *Koch/Hosch* (Fn. 126); in diesem Sinne inzwischen auch *Wahl* (Fn. 129), S. 245.
131 Im betonten Gegensatz zu *Wahl* (Fn. 129) meinte *Sendler* – wohl auch aus eigener Rechtsüberzeugung – nur in engen Grenzen einen „Abschied" vom Bestandsschutz „unmittelbar" aus Art. 14 GG zu erkennen: (Fn. 129), S. 253 ff.

chen Regelung kein Raum für einen unmittelbar auf Art. 14 Abs. 1 Satz 1 GG gestützten Bestandsschutz sei. Das wird sowohl für das „rechtliche Umfeld" des § 34 Abs. 3 (a. F.) BauGB,[132] den § 35 Abs. 4 BauGB[133] sowie die bauordnungsrechtlichen Befreiungsvorschriften[134] postuliert. Jeweils wird angenommen, dass diese Normen abschließend den Bestandsschutz regeln. Auch der Bebauungsanspruch aus einer so genannten eigentumskräftig verfestigten Anspruchsposition wurde angesichts der Regelungen des Planschadensrechts, das übrigens in seinem wesentlichen Gehalt seit mehr als 30 Jahren gilt, sowie der Norm des § 35 Abs. 4 Satz 1 Nr. 3 BauGB als obsoletes Richterrecht aufgegeben.[135]

117 Nach eindeutigem „Abschied" vom richterrechtlichen Bestandsschutz klang auch folgende Feststellung: „Es ist... grundsätzlich Aufgabe des Gesetzgebers, im Rahmen des Art. 14 Abs. 1 Satz 2 GG die grundrechtlich gebotenen und zulässigen Regelungen über Inhalt und Schranken des Eigentums zu treffen. Verfehlt er dies, so stellt sich die Frage der Verfassungswidrigkeit seiner getroffenen Entscheidung." Daraus folge, „dass ein Bestandsschutz, soweit damit eine eigenständige Anspruchsgrundlage gemeint sein soll, zu verneinen ist, wenn eine gesetzliche Regelung vorhanden ist".[136]

118 Die zuletzt genannte Bedingung „wenn eine gesetzliche Regelung vorhanden ist" deutet *Sendler* erweiternd im Sinne von „wenn **und soweit** eine gesetzliche Regelung vorhanden ist" und folgerte insgesamt daraus, dass die Rechtsprechung dadurch den Gedanken eines unmittelbar auf Art. 14 Abs. 1 Satz 1 GG gestützten richterrechtlichen Bestandsschutzes nicht aufgegeben habe.[137] Die weiter gehende These *Sendlers*, dass die diskutierten „Wendepunkt"-Judikate für einen Abschied vom richterrechtlichen Bestandsschutz nicht viel hergäben,[138] hat die Stoßrichtung und Stoßkraft der neuen Rechtsprechung, die den Anschluss an den Stand der eigentumsverfassungsrechtlichen Dogmatik erkennbar sucht, falsch eingeschätzt. Im Gegenteil hat sich das Bundesverwaltungsgericht durch die eher reservierte Reaktion der Literatur auf die Wende in der Bestandsschutzjudikatur veranlasst gesehen, klipp und klar einen Schlussstrich unter die ältere Rechtsprechung zu ziehen und diese ausdrücklich aufzugeben. Dazu wird im *Garagen*-**Fall (3)** u. a. ausgeführt:

119 Das Gericht weist zunächst auf seine jüngere Entscheidungssequenz zum Bestandsschutz hin und gibt sodann – „um gleichwohl verbliebene Zweifel auszuräumen" – seine im *Nebengebäude*-**Fall (2)** vertretene Rechtsprechung zum Bestandsschutz als eigenständiger, unmittelbar aus Art. 14 Abs. 1 GG folgender Anspruchsgrundlage „ausdrücklich auf". Einen Anspruch auf Zulassung eines Vorhabens aus eigentumsrechtlichem Bestandsschutz außerhalb der gesetzlichen Regelungen gebe es nicht. Wie weit der Schutz der Eigentums-

---
132 BVerwGE 84, S. 322.
133 BVerwG, ZfBR 1991, S. 83.
134 BVerwGE 88, S. 191.
135 BVerwGE 85, S. 289.
136 BVerwGE 88, S. 191 (293).
137 *Sendler* (Fn. 129), S. 254 f.
138 *Sendler* (Fn. 129), S. 256.

garantie reiche, ergebe sich aus der Bestimmung von Inhalt und Schranken des Eigentums, die nach Art. 14 Abs. 1 Satz 2 GG Sache des Gesetzgebers sei. Auch die Baufreiheit, die vom Schutzbereich des Eigentumsgrundrechts umfasst werde, sei nur nach Maßgabe des einfachen Rechts gewährleistet.[139]

Falls aber eine gesetzliche Regelung der Baufreiheit ein verfassungsrechtliches Defizit aufweise, dass sich weder durch Auslegung noch durch Analogie beheben lasse, so sei es den Fachgerichten verwehrt, unter Umgehung des einfachen Rechts unmittelbar auf der Grundlage der Verfassung Ansprüche zu gewähren. Vielmehr sei unter den Voraussetzungen des Art. 100 Abs. 1 GG das Verfahren auszusetzen und die Entscheidung des Bundesverwaltungsgerichts einzuholen. Art. 14 Abs. 1 GG fungiere in diesem Zusammenhang ausschließlich als verfassungsrechtlicher Prüfungsmaßstab, an dem das einfache Recht zu messen sei, nicht aber als eigenständige Anspruchsgrundlage, die sich als Mittel dafür benutzen lasse, die Inhalts- und Schrankenbestimmung des Gesetzgebers fachgerichtlich anzureichern.[140]

120

Alles in allem darf festgehalten werden, dass es Genehmigungsansprüche außerhalb der gesetzlichen Ordnung des öffentlichen Baurechts für bauliche Anlagen nicht gibt. Ganz gewiss gibt es zwar Genehmigungsansprüche, die dem verfassungsrechtlichen Gedanken des Bestandsschutzes geschuldet sind. Diese hat jedoch der Gesetzgeber zu normieren und tatsächlich normiert, wie das etwa in § 35 Abs. 4 BauGB geschehen ist. Gegen die Verfassungsmäßigkeiten dieser eigentumsinhaltsbestimmenden Normen sind bislang in der Literatur keine beachtlichen Argumente vorgetragen worden.[141]

121

VIII. Hinweise zum Gutachtenaufbau: Die Baugenehmigung im Rechtsstreit I (Bauherrenklage)

122

I Zulässigkeit der Klage

„Standardprogramm": Rechtsweg, Klageart, Klagebefugnis, Vorverfahren

II Begründetheit der Klage
§ 113 Abs. 5 VwGO; grundsätzlich Anspruchsaufbau

1. „Einstieg" über die Genehmigungsnorm der Landesbauordnungen (z. B. § 69 HBauO)
   a) Genehmigungsbedürftigkeit
      aa) Bauliche Anlage im bauordnungsrechtlichen Sinne

---

139 BVerwGE 106, S. 228 (234).
140 BVerwGE 106, S. 228 (235).
141 Solche Argumente sucht man auch bei dem Kritiker der neuen Rechtsprechung vergeblich: *Sickmann*, Eigentumsgarantie und baurechtlicher Bestandsschutz, NVwZ 1997, S. 853.

bb) Freistellung von präventiver Kontrolle?
cc) Anzeigeverfahren?
dd) Vereinfachtes Genehmigungsverfahren?
b) Genehmigungsfähigkeit
Entgegenstehen öffentlich-rechtlicher Vorschriften: „Drei-Säulen-Modell" beachten (§ 24 Rn. 18): Bauordnungsrecht, Bauplanungsrecht, sonstiges öffentliches Recht (teilweise keine Konzentrationswirkung)

2. Bauordnungsrechtliche Zulässigkeitsvoraussetzungen (§ 25)
   a) Bauliche Ausnutzung des Grundstücks (Abstandsflächen)
   b) Bauliche Gestaltung
   c) Ggfls. weitere Voraussetzungen
   d) Ausnahmen oder Befreiungen, wenn erforderlich
   e) Genehmigungsfähigkeit durch Baulast
3. Bauplanungsrechtliche Zulässigkeitstatbestände (§ 26)
   a) Planungsrechtlicher Vorhabenbegriff (§ 29 BauGB)
   b) Maßgeblicher Zulässigkeitstatbestand
      aa) Qualifiziert überplanter Bereich (§ 30 BauGB; Aufbauhinweise in Rn. 49)
      bb) Nicht qualifiziert überplanter Innenbereich (§ 34 BauGB; Aufbauhinweise in Rn. 73)
      cc) Nicht qualifiziert überplanter Außenbereich (§ 35 BauGB; Aufbauhinweise in Rn. 101)
      dd) Geltungsbereich eines künftigen B-Planes (§ 33 BauGB)
      ee) Kein Anspruch wegen Bestandsschutzes (Art. 14 GG)
4. Sonstiges öffentliches Recht
   Sofern kein anderes Verfahren präventiver Kontrolle vorgesehen ist, z.B. §§ 22 ff. BImSchG; nicht GastG, GewO.

§ 27 Bauaufsichtliche Maßnahmen

Literatur: *Gröpl*, Die Konkurrenz der Befugnisnormen im bayerischen Bauordnungsrecht, BayVBl. 1995, S. 292; *Jäde*, Bauaufsichtliche Maßnahmen, 1989; *Mampel*, Formelle und materielle Illegalität, BauR 1996, S. 647; *ders.*, Zum Anspruch Dritter auf bauaufsichtliches Einschreiten, DVBl. 1999, S. 1403; *Manow*, Bestandsschutz im Baurecht, 1993; *Ortloff*, Die Entwicklung des Bauordnungsrechts, NVwZ 1997, S. 333, NVwZ 1998, S. 581, NVwZ 1999, S. 955 sowie NVwZ 2000, S. 750; *Sendler*, Über formelle und materielle (Il)legalität im Baurecht und anderswo, FS für Ernst, 1980, S. 403.

I. Grundstrukturen des Bauaufsichtsrechts der Landesbauordnungen

Die materiell-rechtlichen Anforderungen des Bauordnungs- und Bauplanungsrechts sowie des einschlägigen sonstigen öffentlichen Rechts müssen auch tatsächlich **durchgesetzt** werden. Die **präventive** Kontrolle durch (tendenziell im Abbau befindliche) Genehmigungserfordernisse ist nur ein Instrument zur Gewährleistung rechtmäßigen Bauens. Hinzutreten muss eine angemessene **Überwachungstätigkeit**, die gegebenenfalls zu erforderlichen bauaufsichtlichen Maßnahmen führen muss. Etwas vereinfachend lassen sich drei Tätigkeitsfelder der bauaufsichtlichen Überwachung unterscheiden, nämlich

1

– die Kontrolle der Bauausführung einschließlich der Sicherheit der Baustellen,
– die Durchsetzung rechtmäßiger Zustände im baulichen Bestand, und dabei
– insbesondere die Anpassung vorhandener baulicher Anlagen an neue Rechtsvorschriften.

Alle Landesbauordnungen enthalten sowohl eine **Aufgaben- wie auch eine Befugnisgeneralklausel**. Während erstere der Bauaufsichtsbehörde die generelle Aufgabe zuweist, für die Einhaltung der baurechtlichen und sonstigen öffentlich-rechtlichen Vorschriften im Baugeschehen zu sorgen, bestimmt letztere, dass die Behörde auch „in Wahrnehmung dieser Aufgabe nach pflichtgemäßem Ermessen die erforderlichen Maßnahmen" zu treffen hat (§ 58 Abs. 1 HBauO).[1] Auf diese Ermächtigung muss immer dann zurückgegriffen werden, wenn für die jeweilige Maßnahme keine Spezialermächtigung besteht. Für die wichtigsten bauaufsichtlichen Maßnahmen finden sich solche speziellen Rechtsgrundlagen in allen Landesbauordnungen.

2

Kontrovers wird die Frage erörtert, ob das in der Befugnisgeneralklausel, aber auch das in den speziellen bauaufsichtlichen Befugnisnormen ausdrücklich eingeräumte „pflichtgemäße Ermessen" sowohl das Entschließungsermessen wie auch das Auswahlermessen umfasst. Vereinzelt wird angenommen, dass die Bauaufsichtsbehörden gegen Verstöße zwingend einschreiten müssten,

3

---

[1] Vgl. § 47 LBO B-W; Art. 60 BayBO; § 54 BauO Bln; § 64 BbgBO; § 61 BremLBO; § 61 HBO; § 61 LBauO M-V; §§ 65, 88 NBauO; § 61 BauO NW; § 58 LBauO Rh.-Pf.; § 61 LBO Saarl.; § 60 SächsBO; § 63 BauO LSA; § 66 LBO S-H; § 60 ThürBO.

ihnen lediglich bei der Wahl der angemessenen Maßnahmen ein Ermessen zustehe.² Mit Recht scheint sich inzwischen die Ansicht durchzusetzen, dass jedenfalls dann eine Ermessensreduktion auf Null eintrete, wenn drittschützende Normen verletzt zu werden drohen oder schon verletzt sind. Dieser Einschreitenspflicht korrespondiert dann auch ein entsprechender Anspruch des Dritten.³ Im Übrigen spricht generell Überwiegendes für die Annahme, dass die Bauaufsichtsbehörden im **Regelfall** gegen baurechtswidrige Zustände einschreiten müssen und nur in atypischen Sachverhaltskonstellationen von einem Eingreifen absehen dürfen. Natürlich bleibt ein Auswahlermessen hinsichtlich der angemessenen Maßnahmen.

4 Die Befugnisgeneralklauseln verpflichten die Bauaufsichtsbehörden regelmäßig dazu, nicht nur die Einhaltung aller baurechtlichen, sondern auch aller **sonstigen öffentlich-rechtlichen Vorschriften** zu gewährleisten, sofern und soweit diese sich auf bauliche Anlagen und deren Nutzung beziehen. Gerade in Bezug auf die Anforderungen an die Nutzung der Anlage kann es insoweit zu Überschneidungen mit umweltrechtlichen oder gewerberechtlichen Eingriffstatbeständen und insoweit zu Kompetenzkonkurrenzen kommen. Grundsätzlich gilt für die Anwendung der bauordnungsrechtlichen Generalbefugnis wie auch für die spezielleren Ermächtigungen, dass die Bauaufsichtsbehörde die Einhaltung all derjenigen Vorschriften durchsetzt, über deren Einhaltung sie auch im Genehmigungsverfahren zu entscheiden hat.⁴

5 Adressaten bauaufsichtlicher Maßnahmen sind als **Verhaltensstörer** zunächst diejenigen, die für die Einhaltung der öffentlich-rechtlichen Vorschriften verantwortlich sind. Regelmäßig sind dies nach den LBauO der **Bauherr** und im Rahmen ihres Wirkungskreises auch alle **anderen am Bau Beteiligten (§ 53 HBauO)**.⁵ Bauherr ist, wer auf eigene Verantwortung eine bauliche Anlage vorbereitet oder ausführt oder vorbereiten oder ausführen lässt (§ 54 HBauO).⁶ Neben diesen Verhaltensverantwortlichen haftet regelmäßig der aktuelle **Grundstückseigentümer als Zustandsstörer**. Bauaufsichtliche Anordnungen gelten auf Grund der §§ 1922, 1967 BGB gegen den **Gesamtrechtsnachfolger** und nach der Rechtsprechung auch gegen den **Einzelrechtsnachfolger** des ehemaligen Eigentümers, weil es sich bei den Anordnungen um dingliche, auf das Grundstück gerichtete Verfügungen handelt.⁷ **Zwangsmittel** zur

---

2 *Gröpl*, Die Konkurrenz der Befugnisnormen im Bayerischen Verordnungsrecht, BayVBl. 1995, S. 292 (293).
3 S. *Mampel*, Zum Anspruch Dritter auf bauaufsichtliches Einschreiten, DVBl. 1999, S. 1403 m.w.N; ferner unter § 28 Rn. 46 ff.
4 OVG Koblenz, BauR 1994, S. 503.
5 Vgl. § 41 LBO B-W; Art. 55 BayBO; § 57 BbgBO; § 54 BremLBO; § 55 HBO; § 54 LBauO M-V; §§ 61, 62 NBauO; § 56 BauO NW; § 52 LBauO Rh.-Pf.; § 55 LBO Saarl.; § 54 SächsBO; § 57 BauO LSA; § 60 LBO S-H; § 54 ThürBO.
6 Vgl. § 42 LBO B-W; Art. 56 BayBO; § 52 BauO Bln; § 58 BbgBO; § 55 BremLBO; § 56 HBO; § 55 LBauO M-V; § 57 NBauO; § 57 BauO NW; § 53 LBauO Rh.-Pf.; § 56 LBO Saarl.; § 55 SächsBO; § 58 BauO LSA; § 61 LBO S-H; § 55 ThürBO.
7 BVerwG, NJW 1971, S. 1624.

Durchsetzung der Anordnung müssen jedoch erneut auch gegen den Rechtsnachfolger ergehen.

II. Die Überwachung des Baugeschehens

Das zur Überwachung des Baugeschehens unerlässliche **Betretungsrecht** ist einschließlich der expliziten Einschränkung des in Art. 13 GG gewährten Grundrechts der Unverletzlichkeit der Wohnung ausdrücklich in § 58 Abs. 3 HBauO normiert.[8] Vielfältige Ermächtigungsgrundlagen zu den notwendigen **Bauzustandsbesichtigungen** enthält § 77 HBauO.[9] Danach ist die Bauaufsichtsbehörde u. a. ermächtigt, durch **Stichproben** die Ausführung genehmigungsbedürftiger Bauvorhaben zu überprüfen. Die Überprüfung erstreckt sich „insbesondere auf die Brauchbarkeit der verwendeten Bauprodukte, die Ordnungsmäßigkeit der Bauausführung, die Tauglichkeit und Betriebssicherheit der Gerüste, Geräte und der sonstigen Baustelleneinrichtungen". Bezüglich der genannten Bauprodukte dürfen Stichproben entnommen und überprüft werden.

6

Eine **Baustelle** stellt auch eine immissionsschutzrechtliche **nicht genehmigungsbedürftige Anlage** im Sinne von § 3 Abs. 5 BImSchG in Verbindung mit den §§ 22 ff. BImSchG dar. Daher können auch immissionsschutzrechtliche Anforderungen an Baustellen gestellt werden, die sich natürlich insbesondere auf den Schutz der Nachbarschaft vor Lärm beziehen. Eine wichtige Entscheidungshilfe dabei stellt die allgemeine Verwaltungsvorschrift zum Schutz gegen Baulärm dar.

7

Sofern im Rahmen der Überwachung Rechtsverstöße festgestellt werden, kommt die Anordnung einer **Baueinstellung** gemäß § 75 HBauO[10] in Betracht. Eine solche Anordnung ist einmal zulässig, wenn die erforderliche Baugenehmigung (noch) nicht vorliegt (§ 75 Abs. 1 Nr. 1 i. V. m. § 70 Abs. 1 HBauO). Außerdem kann die Baueinstellung angeordnet werden, wenn der Bauaufsichtsbehörde vor Beginn der Ausführung wesentliche Informationen über die am Bau Beteiligten nicht gegeben worden sind (§ 75 Abs. 1 Nr. 1 i. V. m. § 70 Abs. 3 HBauO). Ferner kann jeder Verstoß gegen die Anforderungen der Baugenehmigung oder gegen sonstige maßgebliche öffentlich-rechtliche Vorschriften Grund für eine Baueinstellung sein (§ 75 Abs. 1 Nr. 2

8

---

8 Vgl. § 47 Abs. 3 LBO B-W; § 54 BauO Bln; § 64 Abs. 4 BbgBO; § 61 Abs. 3 BremLBO; § 61 Abs. 5 HBO; § 60 Abs. 3 LBauO M-V; § 88 NBauO; § 61 Abs. 6 BauO NW; § 58 Abs. 4 LBauO Rh.-Pf.; § 61 Abs. 4 LBO Saarl.; § 60 Abs. 4 SächsBO; § 63 Abs. 4 BauO LSA; § 60 Abs. 5 ThürBO; die BayBO und die LBO S-H enthalten keine expliziten Ermächtigungen.
9 Vgl. § 66 LBO B-W; Art. 78 BayBO; § 72 BauO Bln; § 84 BbgBO; § 83 BremLBO; § 80 HBO; § 82 LBauO M-V; § 79 NBauO; § 82 BauO NW; § 76 LBauO Rh.-Pf.; § 84 LBO Saarl.; § 79 SächsBO; § 83 BauO LSA; § 88 LBO S-H; § 79 ThürBO.
10 Vgl. § 64 LBO B-W; Art. 81 BayBO; § 69 BauO Bln; § 81 BbgBO; § 81 BremLBO; § 77 HBO; § 79 LBauO M-V; § 89 NBauO; § 61 BauO NW; § 77 LBauO Rh.-Pf.; §§ 86 f. LBO Saarl.; § 76 SächsBO; § 81 BauO LSA; § 85 LBO S-H; § 76 ThürBO.

HBauO). Schließlich kann auch die Verwendung unzulässiger Bauprodukte entsprechend sanktioniert werden (§ 75 Abs. 1 Nr. 3 HBauO).

9 Durch den Abbau der präventiven Kontrollen des Baugeschehens[11] hat die repressive Bauaufsicht allgemein und die Überwachung des Baugeschehens im Besonderen erheblich an Bedeutung gewonnen. Insbesondere stellt sich die Frage, welchen Bindungen die Bauaufsichtsbehörde hinsichtlich des ihr in den maßgeblichen Vorschriften eingeräumten Ermessens in solchen Fällen unterliegt, in denen drittschützende Normen[12] des öffentlichen Baurechts ersichtlich verletzt werden. Wegen fehlender Baugenehmigung, die der Nachbar wegen Verstoßes gegen drittschützende Normen erfolgreich anfechten könnte, stellt sich hier die Frage, ob die Bauaufsichtsbehörde bei fehlender Genehmigungspflicht des Vorhabens gegen die Verletzung drittschützender Normen einschreiten **muss**. Dafür spricht Überwiegendes, da andernfalls vollendete Tatsachen zu Lasten des Drittbetroffenen geschaffen würden.[13] Denn nach Vollendung oder jedenfalls weitgehender Förderung des Bauwerks werden Drittbetroffene noch geringere Chancen haben, ein Einschreiten der Behörden zu erzwingen, da auch eine Beseitigungsanordnung wiederum im Ermessen der Bauaufsichtsbehörde steht.

III. Der (passive) Bestandsschutz für rechtmäßige bauliche Anlagen

10 Vom Bestandsschutz ist bereits ausführlich die Rede gewesen – allerdings vom aktiven Bestandsschutz, der Genehmigungsansprüche für solche Instandsetzungs-, Modernisierungs- und Erweiterungsmaßnahmen geben soll, die an sich nach positivem Recht nicht genehmigungsfähig sind (vgl. oben § 26 Rn. 10 ff.). Im Folgenden geht es um den **passiven** Bestandsschutz, insbesondere also darum, ob und inwieweit das einmal formell und materiell legal errichtete Bauwerk so weiter genutzt werden darf, wie es ausgeführt ist, auch wenn das Vorhaben den inzwischen **geänderten** baurechtlichen Vorschriften nicht mehr entspricht (unten 1.). Unter dem Gesichtspunkt des passiven Bestandsschutzes stellt sich auch die Frage, wie gegen ein (genehmigtes) Vorhaben eingeschritten werden kann, wenn im Nachhinein **Gefahrenlagen** entstehen oder erkannt werden (unten 2.). Beide Problemkomplexe sind in den Landesbauordnungen normiert.

---

11 § 24 Rn. 35 ff., 38 ff.
12 Ausführlich unten § 28.
13 In diesem Sinne mit zahlreichen Nachweisen *Mampel* (Fn. 3), Zum Anspruch Dritter auf bauaufsichtliches Einschreiten, DVBl. 1999, S. 1403; s. a. unten § 28 Rn. 46 ff.

1. Die Anpassung bestehender Anlagen an neues Baurecht

a) Änderungen des Bauordnungsrechts

Alle Landesbauordnungen enthalten Regelungen für die Anpassung bestehender Anlagen an neues Bauordnungsrecht.[14] Diese Regelungen entsprechen im Kern der hamburgischen Normierung in § 83 HBauO. Nach Absatz 2 dieser Norm „kann" die Bauaufsichtsbehörde eine Anpassung an „Anforderungen dieses Gesetzes..." verlangen, „soweit dies wegen einer Gefährdung der Sicherheit oder Gesundheit notwendig ist". Allein die Rechtsänderung rechtfertigt mithin kein Anpassungsverlangen, sondern weitere Voraussetzung ist eine Gefahrenlage.[15] Nimmt man hinzu, dass besonderen Sachgestaltungen durch die Ermessensgewährung Rechnung getragen werden kann, so stellt die Norm gewiss eine verfassungsmäßige Eigentumsinhaltsbestimmung im Sinne von Art. 14 Abs. 1 Satz 2 GG dar.

11

Die Bauordnungen der meisten Bundesländer kennen noch einen weiteren, nicht vom Bestehen einer Gefahrenlage abhängigen Tatbestand, der eine Anpassungsforderung an neues Bauordnungsrecht gestattet, nämlich die **wesentliche Änderung** eines bestehenden Bauwerks.[16] Teilweise dürfen dabei nur solche Anpassungen gefordert werden, die in einem technisch-konstruktiven Zusammenhang mit der vom Eigentümer beabsichtigten baulichen Änderung stehen. Außerdem verlangen alle Bauordnungen eine – unterschiedlich spezifizierte – wirtschaftliche Zumutbarkeit des Anpassungsverlangens. Nur die BayBO setzt darüber hinaus eine Gefahrenlage für Leben, Gesundheit und natürliche Lebensgrundlagen voraus.

12

b) Änderungen des Bauplanungsrechts

Der für ein genehmigtes Vorhaben günstige Bestand des **Bauplanungsrechts** kann sich einerseits durch **Änderung des BauGB oder der BauNVO**, andererseits durch **planerische Aktivitäten der Gemeinde** nachteilig verändern. Die bauordnungsrechtlichen Anpassungsregelungen erstrecken sich nicht auf Änderungen des Bauplanungsrechts. Das Bauplanungsrecht selbst enthält keine vergleichbaren Vorschriften über die Anpassung bestehender Anlagen an neues Gesetzes-, Verordnungs- oder Satzungsrecht. Dies ist auch sachgerecht. Denn es ist nicht ersichtlich, warum beispielsweise einer restriktiveren Fassung der

13

---

14 Vgl. § 76 LBO B-W; Art. 60 Abs. 5 BayBO; § 77 BauO Bln; § 86 BgbBO; § 89 BremLBO; §§ 61 Abs. 3, 83 HBO; § 87 LBO M-V; § 99 NBauO; 87 BauO NW; § 82 LBauO Rh-Pf; § 82 LBO Saarl.; § 84 SächsBO; § 88 BauO LSA; § 93 LBO S-H; § 84 ThürBO.
15 Zur Voraussetzung der konkreten Gefahr anschaulich OVG Lüneburg, BRS 30, Nr. 163; s. auch *Manow*, Bestandsschutz im Baurecht, S. 111 ff.
16 Vgl. § 76 Abs. 2 LBO B-W; Art. 60 Abs. 6 BayBO; § 77 Abs. 4 BauO Bln; § 86 Abs. 2 BgbBO; § 89 Abs. 3 BremLBO; § 83 Abs. 3 HBauO; § 87 Abs. 2 LBO M-V; § 99 Abs. 3 NBauO; § 87 Abs. 2 BauO NW; § 85 Abs. 2 LBauO Rh.-Pf.; § 82 Abs. 2 LBO Saarl.; § 84 Abs. 2 SächsBO; § 88 Abs. 2 BauO LSA; § 93 Abs. 2 LBO S-H; § 84 Abs. 2 ThürBO.

bauplanungsrechtlichen Zulässigkeitstatbestände der §§ 30 ff. BauGB rechtliche Konsequenzen für verwirklichte Vorhaben zukommen sollten.

14 Anders verhält es sich grundsätzlich im Falle **neuer Bebauungspläne**, deren Verwirklichung eine vorfindliche Bebauungslage im Wege stehen könnte. Hier muss eine **städtebauliche Fortentwicklung** durch Bebauungsplanung auch zu Lasten „alter Bausubstanz" jedenfalls prinzipiell möglich sein. Allerdings können solche städtebaulichen Umstrukturierungen nicht einfach auf dem Wege von Anpassungsforderungen erfolgen. Vielmehr bedarf es hier eines sehr differenzierten rechtlichen Instrumentariums, um das zumutbare Maß zwischen Kontinuität und Wandel im Einzelfall finden zu können.

15 Das geltende Gesetzesrecht bestimmt den **Inhalt des Eigentums** an vorhandenen baulichen Anlagen mit Blick auf die kommunale Bebauungsplanung dergestalt, dass grundsätzlich eine vorhandene bauliche Nutzung **Bestandsschutz** genießt. Beispielsweise wird eine vorhandene gewerbliche Nutzung nicht deshalb unzulässig, weil sie nach einem neuen Bebauungsplan in einem allgemeinen Wohngebiet liegt. Wenn der neue Bebauungsplan von einer **gerechten planerischen Abwägung** getragen wird, wird sich das nunmehr störende Vorhaben aber nicht dauerhaft der Umstrukturierung des Gebiets widersetzen können. Vielfach wird ein „schleichender Prozess" der Umstrukturierung dergestalt einsetzen, dass die nunmehr zulässige Nutzungsart sukzessive an das Vorhandene heranrückt und ein (vorübergehender) Ausgleich der konfligierenden Nutzungen gesucht wird, der jedoch auch mit **nachträglichen Anordnungen** auf immissionsschutzrechtlicher Grundlage (§§ 24, 25 BImSchG) verbunden sein kann.[17]

16 Allerdings kann gemäß § 179 Abs. 1 Nr. 1 BauGB die **Beseitigung** einer baulichen Anlage angeordnet werden, wenn sie „den Festsetzungen des Bebauungsplanes nicht entspricht und ihnen nicht angepasst werden kann". Nach der durch das BauROG 1998 eingeführten Regelung des § 179 Abs. 1 Satz 2 BauGB gilt Entsprechendes für die Wiedernutzbarmachung versiegelter Flächen. Ein Beseitigungsgebot setzt voraus, dass seine alsbaldige Durchführung „aus städtebaulichen Gründen erforderlich" ist (§ 175 Abs. 2 BauGB). Für Bewohner muss Ersatzwohnraum verfügbar sein (§ 179 Abs. 2 BauGB). Für Vermögensnachteile der Betroffenen ist eine angemessene Entschädigung zu leisten, an deren Stelle der Eigentümer aber auch die Übernahme des Grundstücks seitens der Gemeinde verlangen kann (§ 179 Abs. 3 BauGB). Schließlich kommt in eher ungewöhnlichen Situationen eine entschädigungspflichtige Enteignung gemäß §§ 85 ff. BauGB in Betracht.

---

17 Zur Problematik immissionsschutzrechtlicher Anforderungen wegen heranrückender Wohnbebauung s. GK-BImSchG (Stand: 6/2000)-*Koch*, § 17, Rn. 74 ff.

2. Die Anpassung baulicher Anlagen an neue Entwicklungen und Erkenntnisse

Eine Reihe von Landesbauordnungen enthält auch Ermächtigungsgrundlagen für ein behördliches Anpassungsverlangen in Fällen **nicht vorausgesehener** oder **neu entstandener Gefahrenlagen**.[18] Für die Problematik neu erkannter Gefahrenlagen mag hier beispielhaft auf die mit Asbest ausgekleideten Heizkörper von Nachtspeicherheizungen verwiesen werden. Nachdem die kanzerogene Wirkung von Asbeststaub deutlich erkannt und nachdem entdeckt worden ist, dass im Luftstrom der genannten Heizkörper teilweise Asbeststaub enthalten ist, war ein Einschreiten im Interesse des Gesundheitsschutzes erforderlich.[19]

17

Für diejenigen Bundesländer, die insoweit über eine spezifische Ermächtigungsgrundlage verfügen, heißt es durchaus repräsentativ in § 69 Abs. 3 HBauO, dass auch nach Erteilen der Genehmigung „Anforderungen gestellt werden (können), um nicht vorausgesehene Gefahren oder unzumutbare Belästigungen von der Allgemeinheit oder den Benutzern der baulichen Anlage abzuwenden". Damit kann die Verwaltung neuen Erkenntnissen und neuen tatsächlichen Entwicklungen Rechnung tragen, ohne auf den u. a. mit einer Entschädigung verbundenen Weg über § 49 Abs. 2 Nr. 3 (Hamb)VwVfG verwiesen zu sein.

18

Für diejenigen Bundesländer, die **keine** spezielle Ermächtigungsgrundlage für nachträgliche Anforderungen an bauliche Anlagen haben, wird die Ansicht vertreten, dass in Form der **polizei- und ordnungsrechtlichen Generalklausel** des jeweiligen Sicherheits- und Ordnungsgesetzes eine Ermächtigungsgrundlage vorliege. Eine **Störung der öffentlichen Sicherheit** als tatbestandliche Voraussetzung eines ordnungsbehördlichen Eingreifens liege in den Fällen nachträglich eingetretener oder erkannter Gefahren darin, dass damit gegen die **bauordnungsrechtliche Generalklausel** der jeweiligen Landesbauordnung verstoßen werde. Denn diese Generalklausel verlangt in allen Bundesländern, dass bauliche Anlagen so zu errichten, zu ändern oder zu unterhalten sind, dass die öffentliche Sicherheit und Ordnung nicht gefährdet wird.[20] Diese „Konstruktion" einer Ermächtigungsgrundlage fällt deshalb relativ kompliziert aus, weil die bauordnungsrechtlichen Generalklauseln selbst zweifelsfrei **keine** Befugnisnormen darstellen und damit nicht als Ermächtigungsgrundlagen für die Bauaufsichtsbehörde dienen können.

19

Ein wichtiger Teil nachträglich auftretender Konfliktlagen ist auf der Grundlage des **BImSchG** zu lösen: Soweit von einer baulichen Anlage **schädliche Umwelteinwirkungen**, insbesondere in Form von Luftverunreinigungen oder Lärm ausgehen, kann auch bei **baurechtlich genehmigten** Anlagen gemäß

20

---

18 Vgl. § 58 Abs. 6 LBO B-W; § 74 Abs. 10 BbgBO; § 74 Abs. 5 BremLBO; § 69 Abs. 3 HBauO; § 72 Abs. 9 LBauO M-V; § 70 Abs. 9 SächsBO; § 74 Abs. 9 BauO LSA; § 78 Abs. 9 LBO S-H; § 70 Abs. 9 ThürBO.
19 Siehe OVG Hamburg, NJW 1992, S. 524.
20 Siehe *Finkelnburg/Ortloff*, Öffentliches Baurecht, Bd. II, 4. Aufl. 1998, S. 203 f.

§§ 24, 25 BImSchG eingeschritten werden.[21] Einem Einschreiten auf immissionsschutzrechtlicher Grundlage steht – wie das Bundesverwaltungsgericht zutreffend entschieden hat – nicht etwa ein baurechtlicher Bestandsschutz entgegen.[22] Denn einen Bestandsschutz unmittelbar aus Art. 14 Abs. 1 Satz 1 GG gibt es nicht.[23] Vielmehr bestimmt der Gesetzgeber Inhalt und Schranken des Eigentums gemäß Art. 14 Abs. 1 Satz 2 GG. Daher bestimmt der Gesetzgeber auch über den Bestandsschutz. Für bauliche Anlagen, die zugleich (nicht genehmigungsbedürftige) Anlagen im Sinne des BImSchG sind, hat der Gesetzgeber aber den jederzeitigen „Zugriff" gemäß §§ 24, 25 BImSchG vorgesehen.

21 Daher hat das Bundesverwaltungsgericht mit Recht anerkannt, dass für eine genehmigte bauliche Anlage gemäß § 24 BImSchG die **Erhöhung des Schornsteins** mit der Begründung verlangt werden dürfe, dass andernfalls in der veränderten baulichen Umgebung schädliche Umwelteinwirkungen auftreten würden.[24] Insofern trägt der Bauherr nicht nur das Risiko neuer Erkenntnisse über die Gefährlichkeit seiner Anlagen (Beispiel: Nachtspeicherheizungen), sondern auch das Risiko zulässiger Veränderungen im „Umfeld" seiner baulichen Anlage. Welche nachteiligen Veränderungen im Umfeld hinzunehmen sind, bestimmt sich nach Maßgabe des **baurechtlichen Nachbarschutzes** (unten § 28), inwieweit ein finanzieller Ausgleich gefordert werden kann, nach Maßgabe des Planschadensrechts (oben § 19).

IV. Die Beseitigung rechtswidriger Zustände

22 Eine der schärfsten Maßnahmen der Bauaufsicht zur Beseitigung rechtswidriger Zustände ist die Anordnung einer **Abrissverfügung** für einen „Schwarzbau". Nach den maßgeblichen Rechtsgrundlagen in den Bauordnungen aller Bundesländer[25] kann die Bauaufsichtsbehörde die teilweise oder vollständige Beseitigung baulicher Anlagen anordnen, wenn diese Anlagen „im Widerspruch zu öffentlich-rechtlichen Vorschriften errichtet oder geändert wurden", und „nicht auf andere Weise rechtmäßige Zustände hergestellt werden können". Hier ist zunächst die **Legalisierungswirkung** einer Baugenehmigung zu bedenken: Eine wirksam genehmigte Anlage steht nicht im „Widerspruch zu öffentlich-rechtlichen Vorschriften", auch wenn sie materiell gegen Baurecht verstößt. Soll gegen eine solche formell rechtmäßige, aber materiell rechtswidrige Anlage eine Beseitigungsverfügung ergehen, so muss zunächst die Genehmigung zurückgenommen werden (§ 48 (Hmb)VwVfG). Die tat-

---

21 Für Einzelheiten siehe *Koch* (Fn. 17), § 24, Rn. 12, 28 f., § 25, Rn. 41, jeweils m.w.N.
22 BVerwG, NJW 1988, S. 2552; BVerwG, DVBl. 1993, S. 159 (161).
23 Siehe schon oben § 26 Rn. 115 ff.
24 BVerwG, NJW 1988, S. 2552.
25 § 65 LBO B-W; Art. 82 BayBO; § 70 BauO Bln; § 82 BbgBO; § 83 BremLBO; § 76 HBauO; § 78 HBO; § 80 LBauO M-V; § 61 BauO NW; § 89 NBauO; § 78 LBauO Rh.-Pf.; § 88 LBO Saarl.; § 77 SächsBO; § 81 BauO LSA; § 86 LBO S-H; § 77 ThürBO.

bestandliche Voraussetzung des Widerspruchs zu öffentlich-rechtlichen Normen im Sinne von § 76 Abs. 1 HBauO umfasst danach folgende Fallgruppen:

(1) Ein genehmigungsbedürftiges Vorhaben ist zwar materiell rechtmäßig, aber nicht genehmigt (**formelle Illegalität**). 23

(2) Ein der HBauO unterfallendes, vom Genehmigungserfordernis allerdings freigestelltes Vorhaben ist materiell rechtswidrig (**materielle Illegalität**).

(3) Ein genehmigungsbedürftiges Vorhaben ist sowohl nicht genehmigt (**formelle Illegalität**) als auch materiell rechtswidrig (**materielle Illegalität**).

In der **Fallgruppe (1)** sind durch die Erteilung der fehlenden Genehmigung rechtmäßige Zustände „auf andere Weise" als durch Abrissverfügung herstellbar, sodass die tatbestandlichen Voraussetzungen des § 76 Abs. 1 HBauO für eine Beseitigungsanordnung gerade nicht vorliegen. Hierzu sind auch solche Fälle zu rechnen, in denen im Wege einer Ausnahme oder Befreiung die Genehmigungsfähigkeit herbeigeführt werden kann. Die **Fallgruppe (3)** erfüllt die tatbestandlichen Voraussetzungen der Beseitigungsanordnung vollen Umfangs, denn das Vorhaben ist gegenwärtig sowohl formell wie materiell baurechtswidrig, rechtmäßige Zustände können also nicht anders als durch Abriss hergestellt werden. Nach der nicht ganz unproblematischen Rechtsprechung des Bundesverwaltungsgerichts, die in der Literatur überwiegend Zustimmung findet, soll eine bauliche Anlage aus eigentumsverfassungsrechtlichen Gründen schon dann als materiell rechtmäßig eingeordnet werden, wenn sie in **irgendeinem namhaften Zeitraum ihrer Existenz** nach den seinerzeitigen Maßstäben materiell rechtmäßig und damit genehmigungsfähig war.[26] 24

Diese Rechtsprechung ist in den maßgeblichen Normen der Landesbauordnungen nicht vorgezeichnet und eigentumsverfassungsrechtlich durchaus nicht geboten. Methodisch gesehen muss sich die Rechtsprechung auf eine verfassungsrechtliche Schranke des in den Landesbauordnungen eingeräumten Ermessens berufen. Das kann jedoch allenfalls in Einzelfällen überzeugen, wenn nämlich ein besonderer Vertrauenstatbestand des „Schwarzbauers" angenommen werden kann.[27] Andernfalls gelangt man zu einer auch rechtspolitisch fragwürdigen Privilegierung derjenigen, die sich über eine rechtlich statuierte Genehmigungspflicht einfach hinwegsetzen. Einer solchen Einstellung ist vorzubeugen. 25

Selbst wenn man jedoch der noch herrschenden Rechtsprechung folgen wollte, bleibt zu fragen, ob in Fällen **aktueller formeller und materieller** Baurechtswidrigkeit rechtmäßige Zustände durch Genehmigung herstellbar sind. Mit Recht hat das Bundesverwaltungsgericht neuerdings entschieden, dass „der Bestandsschutz keinen Anspruch auf Genehmigung des ursprünglich materiell rechtmäßig geschaffenen, inzwischen aber materiell rechtswidrig gewordenen 26

---
26 BVerwG, BRS 33, Nr. 37; instruktiv *Sendler*, Über formelle und materielle (Il)legalität im Baurecht und anderswo, in: FS für Ernst, 1980, S. 403.
27 Vorsichtig in diese Richtung wohl auch *Sendler*, Bestandsschutz im Wirtschaftsleben, WiVerw 1993, S. 235 (248 f.).

Bestandes" vermittele.²⁸ Deshalb wird eine **Duldung** des irgendwann materiell rechtmäßigen Baus als Alternative zur Beseitigungsanordnung vorgeschlagen. In der Konsequenz dieser Überlegung liegt es, auch für die **Fallgruppe (2)** genügen zu lassen, dass der nicht genehmigungsbedürftige Bau zu irgendeinem Zeitpunkt materiell rechtmäßig war.

27 Die **Fallgruppe (3)** schließlich erfüllt zweifelsfrei die tatbestandlichen Voraussetzungen der Ermessensermächtigung zur Beseitigungsanordnung. Da „Schwarzbauten" im Sinne der **Fallgruppe (3)** nicht nur vereinzelt vorkommen, sondern beispielsweise in Form von Wochenendhäusern im Außenbereich häufig anzutreffen sind, stellt sich immer wieder die Frage nach der **Gleichbehandlung** der „Sünder".²⁹ Das OVG Hamburg hat hierzu befunden, der Gleichheitssatz erfordere nicht, „dass beim Erlass einer Beseitigungsanordnung zugleich auch gegen alle anderen rechtswidrigen Anlagen in der Umgebung des Baus eingeschritten wird". Allerdings dürfe die Behörde in Problemgebieten, in denen bestimmte bauordnungswidrige Zustände gehäuft auftreten, erst nach systematischer Erforschung von Anzahl, Standort und Beschaffenheit der illegalen Gebäude gegen Einzelne eine Beseitigungsanordnung erlassen. Außerhalb solcher Problemgebiete erfordere die Beachtung des Gleichheitsgebots jedoch keine „Einschreitensplanung", sondern allein eine sachgemäße Einzelfallentscheidung. Eine solche Einzelfallentscheidung sei willkürlich, wenn die Behörde im gleichen Gebiet vergleichbare Anlagen dulde oder gar genehmige.³⁰

28 Die Untersagung einer im Widerspruch zu öffentlich-rechtlichen Vorschriften stehenden **Nutzung** ist nach § 76 Abs. 1 Satz 2 HBauO³¹ nicht davon abhängig, dass nicht auf andere Weise rechtmäßige Zustände hergestellt werden können. Demgemäß kann eine Nutzungsuntersagung trotz Genehmigungsfähigkeit der rechtswidrigen Nutzung erfolgen. Allerdings kann eine solche Untersagungsverfügung auch unverhältnismäßig und mithin ermessensfehlerhaft sein, wenn die Genehmigungsfähigkeit „handgreiflich" ist.

29 Die Überwachung und Durchsetzung der Baurechtskonformität von Nutzungen bereitet erhebliche Probleme. Deshalb sieht § 44 Abs. 4 HBauO³² eine spezifische Ermächtigung dafür vor, dass Räume, die nicht als Aufenthaltsräume genutzt werden dürfen, nicht missbräuchlich derart verwendet werden können. Die Bauaufsichtsbehörde ist berechtigt, besondere Anforderungen zu stellen, um eine **unzulässige Nutzung zu verhindern**. Sie kann dafür sogar die

---

28 BVerwGE 72, S. 362 (365).
29 Zum strapazierten Stichwort „keine Gleichbehandlung im Unrecht" näher *Koch/Rubel*, Allgemeines Verwaltungsrecht, 2. Aufl. 1992, VI. Rn. 52ff.
30 OVG Hamburg, Urt. v. 29. 5. 1986 – Bf II 6/84, UA, S. 14f. Ein planmäßiges Vorgehen fordert demgegenüber der VGH Kassel, Beschl. v. 12.7. 1985 – 4 TH 530/85.
31 Vgl. § 65 S. 2 LBO B-W; Art. 82 S. 2 BayBO; § 70 Abs. 1 S. 2 BauO Bln; § 82 Abs. 1 S. 2 BbgBO; § 82 Abs. 1 BremLBO; § 78 Abs. 1 HBO; § 80 Abs. 1 S. 2 LBauO M-V; § 89 Abs. 1 S. 2 Nr. 5 NBauO; § 61 Abs. 1 BauO NW; § 78 LBauO Rh.-Pf.; § 88 Abs. 2 LBO Saarl.; § 77 S. 2 SächsBO; § 81 Abs. 3 S. 2 BauO LSA; § 86 Abs. 1 S. 3 LBO S-H; § 77 Abs. 1 S. 2 ThürBO.
32 Die Bauordnungen der anderen Länder enthalten keine entsprechenden speziellen Regelungen; es muß also auf die Generalermächtigungen zurückgegriffen werden.

Entfernung von Einrichtungen und Anlagen verlangen, die eine Benutzung der Räume als Aufenthaltsräume ermöglichen würden.

Gegen Zustände der äußeren **Verwahrlosung** von baulichen Anlagen und nicht bebauten Grundstücken können **Instandsetzungs-** und **Aufräumgebote** ergehen (§ 76 Abs. 3 HBauO).[33] Auch sind die Gemeinden ermächtigt, bei Missständen oder Mängeln unter den Voraussetzungen der §§ 177, 175 Abs. 2 BauGB Modernisierungs- und Instandsetzungsgebote zu erlassen.

30

V. Die bauaufsichtlichen Ermächtigungsgrundlagen im Überblick

31

1. **Die (formelle) Generalklausel** (Rn. 2 ff.): Die zur Durchsetzung der baurechtlichen und sonstigen öffentlich-rechtlichen Vorschriften erforderlichen Maßnahmen – mit Ausnahme derjenigen, für die spezielle Ermächtigungsgrundlagen existieren:
2. **Die speziellen Ermächtigungen**
   a) Betretungsrecht (Rn. 6)
   b) Bauzustandsbesichtigung, Überprüfung des Baus, der Bauprodukte, usw. (Rn. 6)
   c) Baueinstellung (Rn. 8)
   d) Nachträgliche Anordnungen
      aa) Zur Abwehr vorher nicht erkannter Gefahren und unzumutbarer Belästigungen (Rn. 17)
      bb) Zur Anpassung an erhöhte Anforderungen neuen Rechts, zur Abwehr von Gesundheits- und sonst. Gefahren (Rn. 18), bei wesentlichen Änderungen, wenn wirtschaftlich zumutbar (Rn. 12)
   e) Abrissverfügung: Wenn illegal und Rechtmäßigkeit nicht auf anderem Wege hergestellt werden kann (Rn. 22 ff.)
   f) Nutzungsuntersagung (Rn. 28)
   g) Instandsetzung, Herrichtung (Rn. 30)
   h) Sonstige:
      – Verhinderung unzulässiger Nutzung von Räumen als Aufenthaltsräume (Rn. 29)
      – Herstellung von Spielplätzen und offenen Kfz.-Stellplätzen (§ 25 Rn. 31, 33)
3. **Ergänzende Ermächtigungen der Gemeinden:**
   a) Modernisierungs- und Instandsetzungsgebot gem. § 177 BauGB
   b) Rückbau- und Entsiegelungsgebot gemäß § 179 BauGB

---

33 Von der „Stoßrichtung" vergleichbar sind § 82 Abs. 2 BbgBO und § 86 Abs. 1 S. 2 LBO S-H, die zur Anordnung der Beseitigung verfallener, nicht mehr benutzter Anlagen ermächtigen.

§ 28 Nachbarschutz im öffentlichen Baurecht

Literatur: *Alexy,* Das Gebot der Rücksichtnahme im baurechtlichen Nachbarschutz, DÖV 1984, S. 953; *Blümel,* Vereinfachung des Baugenehmigungsverfahrens und Nachbarschutz, in: Ebenroth (Hrsg.), Verantwortung und Gestaltung, FS für Boujong, 1996, S. 521; *Degenhart,* Genehmigungsfreies Bauen und Rechtsschutz des Nachbarn, NJW 1996, S. 1433; *Fliegauf,* „Rechtsmissbrauch durch Sperrgrundstücke"?, NVwZ 1991, S. 748; *Jäde,* Der Mieter als Nachbar, UPR 1993, S. 330; *Koch,* Rechtsfortbildung im hamburgischen Bauplanungsrecht – rechtlicher Wandel durch richterliche Innovation, NordÖR 1999, S. 343; *Kraft,* Entwicklungslinien im baurechtlichen Nachbarschutz, VerwArch 89 (1998), S. 264; *Mampel,* Aktuelle Entwicklungen im öffentlichen Baunachbarrecht, DVBl. 1994, S. 1053; *ders.,* § 34 Abs. 2 BauGB dient auch dem Schutz des Nachbarn, BauR 1994, S. 299; *ders.,* Modell eines neuen bauleitplanerischen Drittschutzes, BauR 1998, S. 697; *ders.,* Baurechtlicher Drittschutz nach der Deregulierung, UPR 1997, S. 267; *Oeter,* Baurechtsvereinfachung, Drittschutz und die Erfordernisse wirksamen Rechtsschutzes, DVBl. 1999, S. 189; *Sarnighausen,* Zum Nachbaranspruch auf baubehördliches Einschreiten, NJW 1993, S. 1623; *ders.,* Behördliche Ermessensbindungen zum Schutz des Nachbarn gegen genehmigungsfreie Wohnbauten, UPR 1998, S. 329; *Schmidt-Preuß,* Anmerkungen zu BVerwG, Urt. v. 23. 8. 1996, DVBl. 1997, S. 65; *Steffen,* Der Anspruch des Nachbarn auf Bewahrung der Gebietsart, BayVBl. 1999, S. 161; *Uechtritz,* Vorläufiger Rechtsschutz eines Nachbarn bei genehmigungsfreigestellten Bauvorhaben – Konkurrenz zwischen Zivil- und Verwaltungsprozess?, BauR 1998, S. 719; *Weyreuther,* Das bebauungsrechtliche Gebot der Rücksichtnahme und seine Bedeutung für den Nachbarschutz, BauR 1975, S. 1

Fall 1: Die Kläger fechten eine dem beigeladenen Landwirt erteilte Baugenehmigung zur Errichtung eines neuen Schweinemaststalles an. Die vier Einfamilienhäuser der Kläger liegen an der Ostseite eines Genossenschaftsweges. Die baubehördlichen Genehmigungen zum Neubau dieser Wohnhäuser wurden in den Jahren 1948, 1950, 1965 und 1968 erteilt. Die umliegenden Flächen werden landwirtschaftlich genutzt. Gegenüber den Gebäuden der Kläger befinden sich auf der Westseite des Genossenschaftsweges die landwirtschaftlichen Gebäude des Beigeladenen. Auf dem Grundstück vom Weg zurückgesetzt stehen ein älteres Wohn- und Wirtschaftsgebäude sowie unmittelbar daneben ein Schweinestall. Näher zum Genossenschaftsweg liegen ein kleines Gebäude, das als Garage und zum Unterstellen von landwirtschaftlichen Maschinen verwendet wird, sowie eine alte Scheune, die auch als Futtersilo für die Tierhaltung dient. Etwa 33,50 m südlich dieser Scheune befindet sich im Abstand von etwa 5 m zum Genossenschaftsweg eine weitere Scheune. Zwischen diesen beiden Scheunen hat der Beigeladene auf Grund des Bauscheins des Beklagten vom 19. 7. 1970 etwa 25 m von den oben bezeichneten Wohngebäuden der Kläger entfernt einen Schweinestall neuzeitlicher Art errichtet und in Betrieb genommen, der der Mast von 300 bis 350 Schweinen dient. Die Kläger halten die von diesem Schweinestall ausgehenden Geruchsbelästigungen für unzumutbar.

Nach BVerwGE 52, S. 122 *(Schweinemäster).*

Fall 2: Der Kläger ist Eigentümer eines mit einem zweigeschossigen Haus bebauten Grundstücks in Köln. Die Beigeladenen sind Eigentümer eines angrenzenden Grundstücks, auf dem sie ein teils sechs- und teils elfgeschossiges Wohn- und Geschäftshaus mit einem zurückgesetzten zwölften Zweckgeschoss und mit einer rund 340 m² großen Tiefgarage errichtet haben. Der elfgeschossige Gebäudeteil ist zwischen 15 und 23 m vom Haus des Klägers entfernt. Beide Grundstücke liegen im Geltungsbereich eines Bebauungsplanes, der einen Teil des Planbereichs als Kerngebiet mit einer zulässigen

Zahl der Vollgeschosse von elf bzw. sechs und einer Geschossflächenzahl von 2,4 festsetzt. Für das übrige Plangebiet ist die Nutzung als allgemeines Wohngebiet festgesetzt. Die Beigeladenen erhielten 1971 und 1972 die Genehmigung zur Errichtung des Gebäudes, und zwar zunächst für ein sechsgeschossiges Wohn- und Geschäftshaus unter gleichzeitiger Befreiung von der Einhaltung des Bauwichs, danach zur Ausführung des siebten bis elften Geschosses unter Befreiung von der im Bebauungsplan festgesetzten und gemäß § 21a BauNVO erhöhten Geschossflächenzahl um 17,4 % und der festgesetzten zulässigen Geschosszahl um ein zurückgesetztes Zweckgeschoss. Die Baumaßnahmen wurden von den Beigeladenen zu Ende geführt. Der Kläger wendet sich mit der Klage gegen die Baugenehmigung. Er ist der Auffassung, die Genehmigung und die Befreiungsbescheide seien rechtswidrig.

Nach BVerwG, BBauBl. 1981, S. 576.

Fall 3: Die Beklagte erteilte dem Beigeladenen die Genehmigung zum Bau eines zweigeschossigen Vorderhauses und eines eingeschossigen Hinterhauses jeweils mit ausgebautem Dachgeschoss. Das Hinterhaus hat eine Geschossfläche von ca. 195 m². Seine 11,50 m breite und 8,20 m hohe Giebelwand befindet sich in einem Abstand von 3 Metern zur südöstlichen Grundstücksgrenze des Klägers. Der maßgebliche qualifizierte Bebauungsplan weist für den hier interessierenden Bereich ein allgemeines Wohngebiet geschlossener Bauweise aus. Zugelassen sind zwei Vollgeschosse und die Bebauung von bis zu drei Zehnteln der Grundfläche. Für die Überschreitung der überbaubaren Grundfläche um 13 m² und der zulässigen Bebauungstiefe von 13 m sind im Bebauungsplan vorgesehene Ausnahmen erteilt worden. Die Geschossflächenzahl wurde eingehalten. Der Kläger wendet sich gegen die Hinterlandbebauung, die insbesondere die Nutzung seines Gartens wesentlich beeinträchtige.

Nach BVerwGE 67, S. 334.

Fall 4: Die Kläger wenden sich gegen die Genehmigung einer Garagenanlage mit 13 Garagen, die gegenüber den Schlafräumen ihres Reihenhauses errichtet werden soll. Die Beigeladenen möchten mit dem Bauvorhaben eine zu ihren Wohnhäusern gehörige, bereits bestehende Garagenanlage in Richtung auf das klägerische Grundstück erweitern. Das Baugrundstück ist in dem maßgeblichen Bebauungsplan der Stadt G. als „nicht überbaubare Grundstücksfläche, die zu begrünen oder gärtnerisch zu gestalten ist", festgesetzt. Die beklagte Stadt G. hat von dieser Festsetzung in der Baugenehmigung Befreiung erteilt. Das Berufungsgericht hat der Klage stattgegeben, da die rechtswidrige Befreiung die Kläger insofern in ihren Rechten verletze, als die Abweichung vom Bebauungsplan die Kläger spürbar beeinträchtige. Das BVerwG sieht in dieser Begründung einen Verstoß gegen Bundesrecht und hat die Entscheidung aufgehoben.

Nach BVerwG, BauR 1987, S. 70.

Fall 5: Der Kläger wendet sich gegen eine den Beigeladenen erteilte Baugenehmigung für fünf Garagen auf dem Nachbargrundstück. Die Beigeladenen sind Eigentümer des 903 m² großen Grundstücks. Es ist mit einem Wohnhaus und einer Doppelgarage bebaut; nach den Feststellungen des Berufungsgerichts sind ferner zwei Stellplätze vorhanden. Das Grundstück grenzt an das ebenfalls mit einem Wohnhaus bebaute Grundstück des Klägers. Beide Grundstücke liegen im Geltungsbereich eines Bebauungsplans aus dem Jahre 1971, der den Bereich als reines Wohngebiet festsetzt und keine besonderen Festsetzungen für Garagen enthält. Die Beklagte erteilte den Beigeladenen die Baugenehmigung für die Errichtung von fünf Garagen im östlichen Bereich ihres Grundstücks. Die Garagen grenzen auf einer Länge von 8,24 m an das Grundstück des Klägers; zur östlich vorbeiführenden Straße halten sie einen Abstand von 5 m. Gegen die Baugenehmigung legte der Kläger Widerspruch ein und machte geltend, die Garagen seien aus bauordnungs- und bauplanungsrechtlichen Gründen unzulässig. Bauplanungsrechtlich verstieße die Genehmigung gegen die nachbarschützende Regelung des § 12 Abs. 2 BauNVO, da die Garagen nicht dem Stellplatzbedarf des Baugebiets dienten.

Nach BVerwGE 94, S. 151.

Fall 6: Die Klägerin und der Beigeladene sind Eigentümer benachbarter Grundstücke im Geltungsbereich des Baustufenplans Wohldorf/Ohlstedt der beklagten Freien und Hansestadt Hamburg vom 11. Juli 1952, erneut festgestellt am 14. Januar 1955. Der Plan setzt für sie und ihre Umgebung ein Wohngebiet mit zweigeschossiger offener Bebauung fest. Mit Bescheid vom 22. Februar 1991 erteilte die Beklagte dem Beigeladenen die Baugenehmigung für zwei Einfamilienhäuser als Doppelhaus im vorderen Bereich für die vorübergehende Unterbringung von Asylbewerbern. Mit Bescheid vom 24. Januar 1992 genehmigte die Beklagte den Umbau und die Nutzung des Nebengebäudes für die vorübergehende Unterbringung von weiteren Asylbewerbern und die Errichtung von Nebenräumen. Nach erfolglosem Widerspruchsverfahren hat die Klägerin Klage erhoben. Diese blieb in beiden Rechtszügen erfolglos. Das Berufungsgericht hat nämlich verneint, dass die Baugenehmigungen subjektive Rechte der Klägerin verletzten; ob die Baugenehmigungen nach objektivem Recht rechtswidrig seien, hat es unentschieden gelassen.

Nach BVerwGE 101, S. 364.

I. Die Verletzung in eigenen Rechten als verwaltungsprozessuale Voraussetzung erfolgreicher Nachbarklagen

1. Überblick

1 Die vorangehenden Abschnitte haben das Baugenehmigungsrecht insofern aus der Perspektive der potenziellen Bauherren dargestellt, als durchgehend nach der **Genehmigungsfähigkeit** von Vorhaben, nicht jedoch nach den Möglichkeiten ihrer **Verhinderung** gefragt wurde. Die entsprechenden Überlegungen waren gleichwohl nicht etwa „parteilich" in dem Sinne, dass der Schutz öffentlicher und nachbarlicher Belange zu Gunsten baulicher Investitionsmöglichkeiten außer Acht gelassen worden wäre. Denn einmal dienen die erörterten Genehmigungsvoraussetzungen ja gerade dem Schutz solcher öffentlichen und privaten Belange, die durch ein Vorhaben beeinträchtigt werden könnten. Zum Zweiten sind gerade auch diejenigen Elemente der Genehmigungstatbestände zur Sprache gekommen, die den Schutz von Nachbarn bewirken. So wurden der einschlägige § 15 BauNVO, der Einfügensbegriff in § 34 BauGB, die in § 35 BauGB gebotene Vermeidung schädlicher Umwelteinwirkungen sowie das in diesen drei Tatbeständen nach der Rechtsprechung des Bundesverwaltungsgerichts verankerte Gebot der Rücksichtnahme auf schutzwürdige Individualinteressen erörtert.

2 Sind somit materiell-rechtlich gesehen in den vorangehenden Erörterungen sowohl die Interessen von Bauherrn wie von Drittbetroffenen „ausgewogen" zur Sprache gekommen, fehlt gleichwohl eine wichtige Ergänzung aus der

416

Perspektive Drittbetroffener. Bisher wurde nämlich erörtert, was die zuständigen **Behörden** auch zu Gunsten Drittbetroffener zu beachten haben. Offen ist jedoch, inwieweit Dritte **gerichtlichen Rechtsschutz** gegenüber Bauvorhaben erlangen können. Die eigenständige Bedeutung dieser Frage ergibt sich aus folgenden Überlegungen:

Wenden sich Nachbarn mit der Anfechtungsklage gegen eine erteilte Baugenehmigung, so ist diese Klage nicht schon dann begründet, wenn der Verwaltungsakt – die Baugenehmigung – **rechtswidrig** ist. Vielmehr setzt gemäß § 113 Abs. 1 Satz 1 VwGO die Begründetheit einer Anfechtungsklage voraus, dass der Verwaltungsakt rechtswidrig **und** „der Kläger dadurch in seinen Rechten verletzt ist".[1] Wegen dieser den **Individualrechtsschutz** der VwGO kennzeichnenden Voraussetzung der Verletzung **klägerischer Rechte** ist es erforderlich, **präzise zu bestimmen, welche der baurechtlichen Genehmigungsvoraussetzungen Rechte Dritter** mit der Folge **gewährleisten**, dass Dritte bei einem Verstoß gegen diese Normen eine gerichtliche Aufhebung der Genehmigung erlangen können. Zwei Fragen sind dabei zu unterscheiden:

(1) Wie ist das Tatbestandsmerkmal „in seinen Rechten" in § 113 Abs. 1 Satz 1 VwGO auszulegen? Mit anderen Worten: Welche Eigenschaften muss eine beliebige Norm haben, damit von ihr gesagt werden kann, sie gewähre (einem Kläger) individuelle Rechte?

(2) Welche Normen des jeweiligen Sachgebiets – hier also des öffentlichen Baurechts – weisen die soeben erwähnten Eigenschaften auf und sind somit unter das Tatbestandsmerkmal „seine Rechte" zu subsumieren?

Die Antworten auf jede der beiden Fragen gehen erheblich auseinander. Die erste Frage wird durch das Bundesverwaltungsgericht sowie die derzeit überwiegende Lehre im Sinne der sog. **Schutznormtheorie** beantwortet. Danach gewähren Rechtsnormen genau dann Individualrechte – „eigene Rechte" i.S. von § 113 Abs. 1 Satz 1 VwGO –, wenn sie „auch der Rücksichtnahme auf individuelle Interessen oder deren Ausgleich untereinander dienen". Dafür sei Folgendes zu beachten: „Nicht jede Norm des materiellen öffentlichen Baurechts hat eine solche Zielrichtung. Vielmehr gibt es zahlreiche Normen des materiellen öffentlichen Landes- und Bundesbaurechts, die ausschließlich der Durchsetzung von Interessen der Allgemeinheit und gerade nicht dem Schutz individueller Interessen dienen.... Deswegen bedarf es jeweils der Klärung, ob eine baurechtliche Vorschrift ausschließlich objektiv-rechtlichen Charakter hat oder ob sie (auch) dem Schutz individueller Interessen dient, ob sie also Rücksichtnahme auf die Interessen Dritter gebietet. Das kann sich unmittelbar aus dem Wortlaut der Norm ergeben... In der Regel allerdings wird insoweit – da der Normgeber nur in Ausnahmefällen derartige Abwehrrechte ausdrücklich statuiert hat – eine Auslegung der Normen nach **Sinn und Zweck** in Betracht kommen; gelegentlich mag sich auch aus der Entstehungsgeschichte

---
1 Vgl. auch die korrespondierende Zulässigkeitsvoraussetzung der Klagebefugnis in § 42 Abs. 2 VwGO.

der Wille des historischen Normgebers ermitteln lassen, die Interessen Dritter zu schützen."[2]

6 Diese Schutznormtheorie ist immer wieder – in jüngerer Vergangenheit verstärkt mit Blick auf das europäische Gemeinschaftsrecht[3] – unter zwei Gesichtspunkten kritisiert worden: Bedenken richten sich einmal gegen die mit der **Schutznormtheorie** verbundene Beschränkung gerichtlicher Kontrolle des Verwaltungshandelns (unten Rn. 7 ff.), zum anderen gegen die mangelnde Präzision des Kriteriums für individualschützende Normen (unten Rn. 11 ff.).

2. Die Schutznormtheorie

7 Die mit der **Schutznormtheorie** verbundene Beschränkung des Rechtsschutzes ist auf verfassungsrechtliche Bedenken gestoßen.[4] Mit Blick auf die **Rechtsschutzgarantie** des Art. 19 Abs. 4 GG wird behauptet, dass der Rechtsschutz nicht davon abhängen könne, ob eine Norm nach dem gesetzgeberischen Willen individuellen Interessen zu dienen bestimmt sei. Schon dann, wenn eine Norm individuelle Belange tatsächlich schütze, müsse Rechtsschutz gegen einen Normenverstoß möglich sein. Von anderen Autoren wird behauptet, die **Grundrechte** gewährten insofern Schutz gegen jede faktische Beeinträchtigung, als jegliche Beeinträchtigung einer gesetzlichen Ermächtigungsgrundlage bedürfe. Folglich erscheint jede rechtswidrige faktische Beeinträchtigung zumindest als Verletzung der allgemeinen Handlungsfreiheit des Art. 2 Abs. 1 GG und somit als individuelle Rechtsverletzung. Im Grunde wird – so lässt sich dies auf § 113 Abs. 1 VwGO beziehen – eine **verfassungskonforme Auslegung**[5] des Begriffs in „seinen Rechten" dahingehend für richtig gehalten, dass nachteiliges Betroffensein durch rechtswidriges Staatshandeln eine Verletzung in eigenen Rechten darstelle. Der letztgenannten Sicht ist *Schwabe* mit überzeugenden Argumenten entgegengetreten,[6] die sich an einem baurechtlichen Beispiel folgendermaßen erläutern lassen:

8 Angenommen, es werde im unbeplanten Innenbereich ein Wohnhaus mit sechs Wohnungen genehmigt. Die beabsichtigte Bauweise mit Betonfertigbauteilen möge eindeutig als Beeinträchtigung des Ortsbildes anzusehen sein. Damit verstieße die erteilte Genehmigung gegen § 34 BauGB und wäre somit rechtswidrig. Nimmt man ferner an, dass der Nachbar N gewisse tatsächliche Beeinträchtigungen zu erwarten hat – bedingt etwa durch die zulässigerweise im Grenzabstand anzulegenden Kraftfahrzeugstellplätze –, so müsste nach der

---

2 BVerwG, BauR 1987, S. 70 (71 r.Sp.) (*Garagen I*-Fall 4).
3 S. dazu m.w.N. *Schoch*, Individualrechtsschutz im deutschen Umweltrecht unter dem Einfluss des Gemeinschaftsrechts, NVwZ 1999, S. 457.
4 Vgl. den knappen Überblick m.w.N. bei *Breuer*, Baurechtlicher Nachbarschutz, DVBl. 1983, S. 431 (432 f.).
5 *Koch/Rüßmann*, Juristische Begründungslehre, 1982, §§ 24, 25 m.w.N.
6 *Schwabe*, Grundrechtlich begründete Pflichten des Staates zum Schutz gegen staatliche Bau- und Anlagengenehmigungen?, NVwZ 1983, S. 523; *ders.*, Urteilsanmerkung, DVBl. 1984, S. 140; vgl. auch *Koch/Rubel*, Allgemeines Verwaltungsrecht, 2. Aufl. 1992, VII., Rn. 19 ff.

oben referierten Auffassung eine Rechtsverletzung des N i. S. v. § 113 Abs. 1 Satz 1 VwGO angenommen werden. Diese Konsequenz ist aber ersichtlich abwegig, denn einerseits betrifft der Rechtsverstoß – Beeinträchtigung des Ortsbildes – nicht den L als Individuum, sondern „nur" die Allgemeinheit und andererseits erfolgen die tatsächlichen Beeinträchtigungen des N auf hinreichender rechtlicher Grundlage.

Gerade dieses Beispiel veranschaulicht, dass zumindest auf ein Element der Schutznormtheorie nicht verzichtet werden kann: Es muss ein Verstoß gegen eine Norm vorliegen, die die klägerischen Individualinteressen **tatsächlich** schützt. Fraglich kann nur sein, ob mit der oben zuerst dargestellten Auffassung bereits wegen Art. 19 Abs. 4 GG anzunehmen ist, dass dem Einzelnen mit dem tatsächlichen Schutz zugleich eine entsprechende Rechtsposition verliehen wird, oder ob darüber hinaus eine gesetzgeberische Entscheidung über den individualschützenden Charakter einer Norm erforderlich ist. 9

Gegen einen **Subjektivierungsautomatismus** und für begrenzte Entscheidungsfreiheit des Gesetzgebers hinsichtlich des drittschützenden Charakters von Normen hat sich *Alexy* ausgesprochen. Er geht davon aus, dass das Baugenehmigungsrecht u. a. der „Abgrenzung der Sphären gleichgeordneter Rechtssubjekte durch den Staat" dient.[7] Dabei verpflichte – entsprechend der jüngeren Rechtsprechung des Bundesverfassungsgerichts – die **objektiv-rechtliche Seite der Grundrechte** den Staat dazu, die Nachbarn in hinreichendem Maße vor Eingriffen des Bauherrn zu schützen. Dieser Schutz könne „unter bestimmten Bedingungen eine Subjektivierung fordern, unter anderen kann ein Schutz durch bloß objektive Normen hinreichend sein". Dabei könne den Grundrechten „nicht für jede Konstellation zwingend entnommen werden, dass eine Subjektivierung gefordert oder ausgeschlossen ist. In diesem Spielraum kommt die herkömmliche Schutznormtheorie, nach der der Gesetzgeber konstitutiv über die Subjektivierung entscheidet, in vollem Umfange zum Tragen". 10

Ob im Zusammenhang mit Nachbarklagen zu Gunsten des Nachbarn der **abwehrrechtliche** Charakter der Grundrechte oder ihre **schutzrechtliche** Komponente relevant wird, ist eine grundrechtstheoretische Frage von grundsätzlicher Bedeutung, die hier nicht weiter vertieft werden kann.[8] Festgestellt werden darf aber, dass *Alexy* die Problematik des baurechtlichen Nachbarschutzes gewiss in Einklang mit der neueren verfassungsgerichtlichen Rechtsprechung[9] der schutzrechtlichen Seite der Grundrechte zugeordnet hat[10] und 11

---

7 *Alexy*, Das Gebot der Rücksichtnahme im baurechtlichen Nachbarschutz, DÖV 1984, S. 953 (958).
8 Umfassend, klar und tiefdringend *Alexy*, Theorie der Grundrechte, 1985, 9. Kapitel, II, mit ausführlicher Erörterung der besonders von *Schwabe* entwickelten Gegenposition.
9 Grundlegend ist die Entscheidung zur Fristenlösung in § 218 StGB a. F.: BVerfGE 39, S. 1 (41 ff.); die Übernahme ins Umweltrecht erfolgte in: BVerfGE 49, S. 89 (141 f.) *(Kalkar I)*; E 53, S. 30 (57); E 56, S. 54 (73).
10 Die Zuordnung des (baurechtlichen) Nachbarschutzes zur Problematik grundrechtlicher **Schutzpflichten** findet sich auch bei: *Schwerdtfeger*, Grundrechtlicher Drittschutz im Baurecht, NVwZ 1982, S. 5 (7); *Steinberg*, Grundfragen des öffentlichen Nachbarrechts, NJW 1984, S. 457.

dass insoweit auch der Subjektivierungsspielraum des Gesetzgebers konsequent begründet ist. Dies führt dann zu der Frage, ob das Kriterium der Schutznormtheorie für eine vom Gesetzgeber gewollte Subjektivierung einer Norm hinreichend präzise ist.

12 Woran man erkennen soll, ob eine Norm auch dem Schutz individueller Interessen „zu dienen bestimmt" ist, erscheint angesichts des überwiegenden Schweigens des Gesetzgebers kaum beantwortbar. *Breuer* behauptet mit einigem Recht, dass es sich dabei um einen „oft nur spekulativ zu ermittelnden Zweck" handele.[11] Auch die eingangs zitierte Entscheidung des Bundesverwaltungsgerichts (Rn. 5) führt jedenfalls nicht wesentlich weiter. Immerhin zielt die als maßgeblich angesehene Frage, ob „sich aus individualisierenden Tatbestandsmerkmalen der Norm ein Personenkreis entnehmen lässt, der sich von der Allgemeinheit unterscheidet",[12] auf den mit den üblichen Auslegungsregeln zu ermittelnden Gehalt der Norm und nicht mehr auf einen spezifischen Subjektivierungswillen des Gesetzgebers. Dies führt zu der Frage, ob damit sozusagen mangels gesetzgeberischer Klarstellung über den (nicht) gewollten Schutz der Nachbarschaft angesichts einer objektiven Begünstigung von Individualinteressen eine entsprechende Intention des Gesetzgebers fingiert werden soll.

13 Aus dem Auslegungsdilemma führt die von *Schmidt-Preuß* entwickelte und inzwischen auch in der Judikatur des Bundesverwaltungsgerichts aufgegriffene „Konfliktschlichtungsformel" als Kriterium für den drittschützenden Charakter von Normen hinaus:

„Notwendige, aber auch hinreichende *Voraussetzung* für das Vorliegen eines subjektiven öffentlichen Rechts im multipolaren Verwaltungsrechtsverhältnis ist, dass eine Ordnungsnorm *die kollidierenden Privatinteressen in ihrer Gegensätzlichkeit und Verflochtenheit wertet, begrenzt, untereinander gewichtet und derart in ein normatives Konfliktschlichtungsprogramm einordnet, dass die Verwirklichung der Interessen des einen Privaten notwendig auf Kosten des anderen geht.*"[13]

14 Mag man diese **neue Formel** als Präzisierung oder – mit *Schmidt-Preuß* – als Ersetzung der Schutznormtheorie für multipolare Interessenkonflikte ansehen: Sie vermeidet Spekulationen über Regelungsintentionen des Normsetzers und ist auch im Übrigen sachgerecht. Auch die Nachbarn im Baurecht sind nicht Querulanten, denen tunlichst der Rechtsschutz zu verweigern ist, sondern sie sind Partner einer multipolaren Konfliktgemeinschaft, die den Verstoß gegen die konfliktregelnden Normen im Interesse ihrer Sache, aber auch der gemeinsamen Sache in der Regel müssen geltend machen können. Es ist daher zu begrüßen, dass das Bundesverwaltungsgericht in seiner jüngsten Judikatur zum Nachbarschutz im öffentlichen Baurecht auf die „Konfliktschlichtungsformel"

---

11 *Breuer* (Fn. 4), S. 436 l.Sp.
12 BVerwG, BauR 1987, S. 70; ausdrücklich bestätigt in BVerwGE 94, S. 151 (158).
13 *Schmidt-Preuß*, Kollidierende Privatinteressen im Verwaltungsrecht, 1992, S. 246; ders., Urteilsanmerkung, DVBl. 1994, S. 288 (299).

zur Begründung des nachbarschützenden Charakters bauplanungsrechtlicher Vorschriften zugreift.[14] Darauf wird alsbald zurückzukommen sein.

II. Das Gebot der Rücksichtnahme als nachbarschützendes Element baurechtlicher Normen

Der heutige Stand baurechtlichen Nachbarschutzes ist auf verschlungenen Pfaden erreicht worden. Die aktuelle Rechtsprechung ist nur verständlich vor dem Hintergrund der historischen Entwicklung dieser Judikatur, die nachfolgend kurz skizziert wird.[15]   **15**

Das Bundesverwaltungsgericht hat zunächst für die drei planungsrechtlichen Genehmigungsbereiche – qualifiziert überplanter Bereich, nicht qualifiziert überplanter Innenbereich, nicht qualifiziert überplanter Außenbereich – den maßgeblichen bauplanungsrechtlichen Normen drittschützenden Charakter abgesprochen. Hinsichtlich des **qualifiziert beplanten Bereichs** wurden auch § 15 BauNVO[16] sowie die Befreiungsregelung des § 31 Abs. 2 BBauG[17] zunächst als nicht nachbarschützend qualifiziert. Danach gab es in diesem Bereich Nachbarschutz nur insoweit, als einer **planerischen Festsetzung** des maßgeblichen Bebauungsplanes ihrerseits nach dem **Willen des Plangebers** drittschützender Charakter zukommen sollte. Für den nicht qualifiziert beplanten **Innenbereich** wurden § 34 BBauG,[18] für den nicht qualifiziert beplanten **Außenbereich** § 35 Abs. 2 BBauG[19] als nicht nachbarschützend verstanden.   **16**

Diese Rechtsprechung, der die Instanzgerichte insbesondere hinsichtlich § 34 BBauG nur widerstrebend folgten,[20] wurde mit einer baurechtlichen Genehmigungspraxis konfrontiert, die jedenfalls teilweise Rechtswidrigkeiten offensichtlich dann gelassen einkalkulierte, wenn aussichtsreiche nachbarliche Klagen nicht zu befürchten waren.[21] Diesen offenbar frühzeitig in der Rechtsprechung erkannten Folgeproblemen einer nachbarrechts-„feindlichen" Rechtsprechung versuchte das Bundesverwaltungsgericht mit einem **Nachbarschutz unmittelbar aus Grundrechten**, und zwar zunächst aus Art. 14 GG,[22] später auch aus Art. 2 Abs. 2 GG[23] zu begegnen. Abgesehen von der rechtsdogmatischen Fragwürdigkeit dieses Weges (dazu unten Rn. 40 ff.) hat diese   **17**

---

14 BVerwGE 101, S. 364 (372).
15 Sehr instruktiv zur Entwicklung der Rechtsprechung auch *Kraft*, Entwicklungslinien im baurechtlichen Nachbarschutz, VerwArch 89 (1998), S. 264.
16 BVerwG, DVBl. 1974, S. 358 (361).
17 BVerwG, Buchholz 406.11, § 31 BBauG Nr. 4.
18 BVerwGE 32, S. 173.
19 BVerwGE 28, S. 268 (273 ff.).
20 Vgl. insbes. OVG Saarlouis, BauR 1976, S. 411 und NJW 1977, S. 2093.
21 Vgl. dazu *Scharmer/Wollmann/Argast*, Rechtstatsachenuntersuchung zur Baugenehmigungspraxis, 1985, S. 35 (67 ff).
22 BVerwGE 32, S. 173.
23 BVerwGE 54, S. 211.

"Notbremse" ersichtlich kaum gegriffen.²⁴ Dies dürfte Anstoß dafür gewesen sein, den schon in früheren Entscheidungen erwähnten Gesichtspunkt der Rücksichtnahme im *Schweinemäster*-**Fall (1)** präziser zu fassen und insbesondere dem **Rücksichtnahmegebot** unter bestimmten Umständen **nachbarschützenden** Charakter zuzusprechen.

18 Wie oben (§ 26 Rn. 96 ff.) schon ausgeführt, wurde und wird das **Rücksichtnahmegebot** als öffentlicher Belang i.S.v. § 35 Abs. 3 BBauG eingeordnet. Drittschützende Wirkung soll diesem Gebot dabei ausnahmsweise dann zukommen, „soweit in dadurch qualifizierter und zugleich individualisierter Weise auf besondere Rechtspositionen Rücksicht zu nehmen ist" **oder** das Betroffensein Dritter „wegen der besonderen Umstände so handgreiflich ist, dass dies die notwendige Qualifizierung, Individualisierung und Eingrenzung bewirkt".²⁵ Zu einer generellen „Subjektivierung" des Rücksichtnahmegebots konnte sich das Bundesverwaltungsgericht (bislang) nicht entschließen: „Die Annahme einer schlechthin drittschützenden Funktion des Gebots der Rücksichtnahme verbietet sich deshalb, weil zumindest im Baurecht einer Vorschrift drittschützende Wirkung nur dann zukommen kann, wenn sie einen bestimmten und abgrenzbaren, d. h. individualisierbaren und nicht übermäßig weiten Kreis der hierdurch Berechtigten erkennen lässt."²⁶

19 Wenn hiermit ein abgrenzbarer, eher enger Kreis von Begünstigten zur Voraussetzung des drittschützenden Charakters eines Tatbestandsmerkmals – nämlich des Gebots der Rücksichtnahme – gemacht wird, so erscheint dies wenig konsequent. Denn die vom Bundesverwaltungsgericht vertretene **Schutznormtheorie** hebt an sich nicht darauf ab, sondern auf den gesetzgeberischen **Subjektivierungswillen** bzw. – neuerdings – auf die **Konfliktschlichtungsformel**. Insofern darf es als überzeugende Korrektur angesehen werden, wenn das Bundesverwaltungsgericht im *Garagen I*-**Fall (4)** unter ausdrücklicher Aufgabe der früheren Rechtsprechung feststellt, „dass es nicht darauf ankommen kann, ob die Norm ausdrücklich einen fest ‚abgrenzbaren' Kreis der Betroffenen' benennt".²⁷

20 Wie allerdings nach einer nunmehr strikt anzuwendenden Schutznormtheorie ausgerechnet ein „Gebot der Rücksichtnahme auf schutzwürdige Individualinteressen" teilweise **nicht** drittschützend sein soll, erscheint schon sprachlich kaum nachvollziehbar. Einer solchen Annahme steht doch der klare Wortsinn dieses – allerdings so gerade nicht im Gesetzestext vorfindlichen – Gebots entgegen. „Subjektivierender" kann man sich doch gar nicht ausdrücken. Auch *Alexys* Rechtfertigung einer nur **teilweisen** Subjektivierung des Rücksicht-

---

24 Soweit ersichtlich hat das BVerwG lediglich im *Flachglas*-Fall einen – allein rügefähigen – „schweren und unerträglichen Eingriff" in das Eigentumsrecht bejaht: BVerwG, DÖV 1975, S. 92 (98 r.Sp.); insoweit nicht abgedruckt in BVerwGE 45, S. 309.
25 BVerwGE 52, S. 122 (125 f.).
26 BVerwGE 52, S. 122 (129).
27 BVerwG, BauR 1987, S. 70 (72 l.Sp.); ausdrücklich bestätigt in E 94, S. 151 (158).

nahmegebots mit Hilfe des Verhältnismäßigkeitsgrundsatzes überzeugt nicht voll.[28] Erst eine Besinnung auf die Tatbestandsmerkmale der bauplanungsrechtlichen Normen und deren Konfliktschlichtungsanspruch, verbunden mit der Aufgabe des „Gebots der Rücksichtnahme auf schutzwürdige Individualbelange", könnte den für eine teilweise Subjektivierung benötigten Interpretationsspielraum eröffnen (vgl. unten Rn. 25 ff.).

Im *Schweinemäster*-Fall (1), in dem sich die Bewohner von vier in 25 m Entfernung zu dem geplanten Stall befindlichen Einfamilienhäusern gegen die drohende Geruchsbelästigung wandten, hat das Bundesverwaltungsgericht befunden, dass alles dafür spreche, „dass der Kreis der Kläger im Sinne des Gesagten hinreichend individualisiert ist und folglich die Kläger das Gebot der Rücksichtnahme als drittschützend für sich in Anspruch nehmen können".[29] Im Kölner *Hochhaus*-Fall (2) wurde das Gebot der Rücksichtnahme als Bestandteil der Begriffe der „Unbedenklichkeit" (§ 34 BBauG 1960) bzw. des „Einfügens" (§ 34 BBauG 1976, insoweit identisch mit § 34 BauGB) angesehen (dazu schon oben § 26 Rn. 63). Außerdem – und darauf kommt es hier an – wurde dem Gebot der Rücksichtnahme deshalb ein drittschützender Charakter zu Gunsten des Klägers zuerkannt, weil „die besondere Schutzwürdigkeit gerade des Klägers als des dem Hochhaus am nächsten wohnenden Nachbarn auf der Hand" liege.[30]

Inzwischen hat das Bundesverwaltungsgericht seine Rechtsprechung zur partiellen Subjektivierung des Rücksichtnahmegebots auf § 15 BauNVO und § 31 Abs. 2 BBauG/BauGB übertragen. § 15 BauNVO, dem früher nachbarschützender Charakter abgesprochen worden ist,[31] wird nunmehr „als eine besondere Ausprägung des Rücksichtnahmegebots" bezeichnet,[32] sodass „auch insoweit die Regeln gelten, die ... für den in besonderen Fällen anzuerkennenden Drittschutz des Rücksichtnahmegebots aufgestellt" seien.[33] In dieser Entscheidung des *Hinterhaus*-Falles (3) wird wieder die drittschützende Wirkung des Rücksichtnahmegebots bejaht: „Nach Lage der Dinge drängt sich auf, dass von der Errichtung des Hintergebäudes gerade der Kläger als unmittelbarer Nachbar, dessen Hausgarten auf dieses Gebäude in vollem Umfang ausgerichtet ist, betroffen wird". Auch bringe der Kläger „eine besondere Schutzposition in die Interessenabwägung ein, nämlich die ihn schützende bauplanerische Festsetzung eines allgemeinen Wohngebiets mit geschlossener Bebauung".[34]

Im *Garagen I*-Fall (4) wird entgegen der früheren Rechtsprechung[35] § 31 Abs. 2 BBauG/BauGB insoweit als nachbarschützend gedeutet, „als diese Vorschrift das Ermessen der Baugenehmigungsbehörde dahin bindet, dass

---
28 *Alexy* (Fn. 7), S. 956.
29 BVerwGE 52, S. 122 (131).
30 BVerwG, BBauBl. 1981, S. 576 (577 r.Sp.).
31 BVerwG, DVBl. 1974, S. 358 (361).
32 BVerwGE 67, S. 334 (338).
33 BVerwGE 67, S. 334 (339).
34 BVerwGE 67, S. 334 (340).
35 BVerwG, Buchholz 406.11, § 31 BBauG Nr. 4.

die Abweichung ‚auch unter Würdigung nachbarlicher Interessen' mit den öffentlichen Belangen vereinbar sein muss".[36] Nachbarliche Belange seien bei einer Befreiung auch dann zu beachten, wenn von einer nicht nachbarschützenden planerischen Festsetzung abgewichen werde: „Das hat seinen Grund darin, dass mit der Abweichung nicht nur die Festsetzung des Planes außer Acht gelassen wird, sondern dass an die Stelle der festgesetzten eine konkrete andere bebauungsrechtliche Ordnung gesetzt und damit ein anderer Interessenausgleich vorgenommen wird."[37] Diese Frage, wann eine Befreiung nachbarliche Rechte verletze, sei nach den Maßstäben zu beantworten, die zum drittschützenden Gebot der Rücksichtnahme entwickelt worden seien. Ob nach diesen Grundsätzen Drittschutz im *Garagen I*-Fall (4) in Betracht kommt, lässt das Bundesverwaltungsgericht offen. Insbesondere thematisiert der Senat nicht, ob dem § 31 Abs. 2 BBauG/BauGB im konkreten Fall (!) deshalb drittschützender Charakter zukommt, weil der Kläger „handgreiflich" betroffen ist. Anscheinend wird – mit Recht – der § 31 Abs. 2 BauGB generell insoweit als drittschützend angesehen, als die Beachtung nachbarlicher Belange vorgeschrieben wird. Ist damit die fallabhängige Subjektivierung des Gebots der Rücksichtnahme aufgegeben?

24 Überblickt man die wesentliche Rechtsprechung zum Drittschutz vermittelnden Rücksichtnahmegebot, so ergibt sich, dass dieses Gebot seit der *Schweinemäster*-Entscheidung Hebel dafür war, früher verneinten Drittschutz in bauplanungsrechtliche Normen „hineinzulesen" **und** zugleich durch eine **fallbezogene** Subjektivierung zu begrenzen.

III. Drittschützende Normen des öffentlichen Baurechts

1. Verankerung des Drittschutzes in den Normen des Bauplanungsrechts

25 Als Bilanz der vorstehenden Darstellung, aber auch der oben (§ 26) beschriebenen Einordnung des Rücksichtnahmegebots in die bauplanungsrechtlichen Tatbestände ergibt sich, dass dieser – in der Literatur zum Teil heftig kritisierte[38] – **Umweg zur Gewährung von Drittschutz** seine anscheinend benötigte innovative Funktion erfüllt hat und nunmehr als unnötige Komplizierung **aufgegeben** werden sollte. Diesen Schritt hat das Bundesverwaltungsgericht im *Garagen I*-Fall (4) ersichtlich getan. Insbesondere wird in dieser Entscheidung das Hauptargument der Rechtsprechung gegen den drittschützenden Charakter bauplanungsrechtlicher Normen ausdrücklich aufgegeben. Dieses Hauptargument lautete – wie oben schon berichtet – stets, dass solche Normen

---

36 BVerwG, BauR 1987, S. 70 (72 r.Sp.).
37 BVerwG, BauR 1987, S. 70 (72 r.Sp.).
38 Eindrücklich etwa *Breuer*, Das baurechtliche Gebot der Rücksichtnahme – Ein Irrgarten des Richterrechts, DVBl. 1982, S. 1065.

nicht drittschützend sein könnten, die keinen „einigermaßen sicher abgrenzbaren Personenkreis" begünstigten.[39] Dieses Argument vermochte nicht zu überzeugen, weil damit ersichtlich nicht auf die Kriterien der zur Bestimmung von Drittschutz maßgeblichen Schutznormtheorie abgestellt wurde. Eine Norm kann ja auch dann Dritten **zu dienen bestimmt** sein, wenn der Kreis der Begünstigten schwer abgrenzbar ist. Dies anerkennt das Bundesverwaltungsgericht nunmehr ausdrücklich.[40]

Daraus werden sodann eindeutige Konsequenzen gezogen: „Der Senat hat deshalb die §§ 34, 35 Abs. 2 BBauG, § 15 Abs. 1 BauNVO nur bei qualifizierten Verstößen, die zu unzumutbaren Beeinträchtigungen führen, als drittschützend angesehen." Immerhin – die **planungsrechtlichen Normen selbst** werden als teilweise nachbarschützend angesehen. Eindeutig heißt es außerdem: „Deswegen sind es auch die einfachrechtlichen Vorschriften selbst, nicht aber ein außerhalb dieser Vorschriften stehendes ‚Gebot der Rücksichtnahme', die Drittschutz vermitteln."[41] Dies ist insofern kein Bruch mit der bisherigen Rechtsprechung, als das Bundesverwaltungsgericht stets – wie berichtet – um eine tatbestandliche Einordnung des Gebots der Rücksichtnahme in die bauplanungsrechtlichen Genehmigungstatbestände bemüht war. Gleichwohl ist es ein entscheidender Unterschied, ob ein in die Tatbestände eingeordnetes **besonderes** Gebot der Rücksichtnahme oder ob **die gesetzlichen Tatbestandsmerkmale selbst** Drittschutz gewähren. Letzteres ist zutreffend, klarer und einfacher. **26**

So „enthält" nicht etwa der Begriff des **Einfügens** in § 34 BauGB u. a. ein Gebot der Rücksichtnahme, sondern das gesetzliche Gebot des Einfügens verlangt nichts anderes als eine Rücksichtnahme auf das Vorhandene. „Sich einfügen" heißt „sich anpassen an Vorhandenes", heißt „Rücksicht nehmen". Zu dem Vorhandenen gehören auch Positionen Privater; auf diese ist folglich Rücksicht zu nehmen. Dies hat – so darf angesichts der insoweit bestehenden Vagheit der gesetzlichen Norm gesagt werden – jedenfalls auch im Interesse der Dritten, also der Nachbarn zu geschehen. Dabei mag mit dem Bundesverwaltungsgericht und den stützenden Argumenten *Alexys* über Grenzen der Subjektivierung zu reden sein, wobei allerdings zu beachten ist, dass das Bundesverwaltungsgericht im *Garagen I*-Fall (4) die stets postulierte Subjektivierungsvoraussetzung eines klar abgrenzbaren, nicht zu weiten Kreises der von einer Norm Begünstigten ausdrücklich aufgegeben hat. Danach dürfte dem Einfügensbegriff, soweit er eine Rücksichtnahme gerade auf private Belange gebietet, schwerlich der drittschützende Charakter abzusprechen sein. **27**

Was § 35 BauGB angeht, so bedarf es ebenfalls nicht eines Gebots der Rücksichtnahme als eigenständiges Tatbestandsmerkmal des Absatzes 3. Vielmehr finden sich in Absatz 3 bereits Belange, die eine Schonung privater Interessen gebieten. Dies gilt etwa für die zu vermeidenden **schädlichen Umwelteinⵯ** **28**

---

39 BVerwGE 32, S. 173 (st. Rspr.).
40 BVerwG, BauR 1987, S. 70 (72 l.Sp.); ausdrücklich bestätigt in E 94, S. 151 (158).
41 BVerwG, BauR 1987, S. 70 (73 l.Sp.).

wirkungen. Da die Aufzählung des Absatzes 3 nicht abschließend ist („insbesondere"), ist es zulässig und angezeigt, weitere Belange zu benennen, die **auch** im privaten Interesse zu beachten sind. Der Annahme eines **auch** drittschützenden Charakters solcher Belange steht nicht entgegen, dass diese Belange ein Vorhaben gegebenenfalls als **öffentliche Belange** hindern können.[42] Der Begriff der **öffentlichen** Belange erklärt sich aus der generellen Zielsetzung des § 35 BauGB, den Außenbereich im allgemeinen Interesse zu schonen. Dass damit zugleich dort vorhandene Privatinteressen geschützt werden und auch geschützt werden sollen, steht dazu nicht im Widerspruch. Gerade der Begriff der schädlichen Umwelteinwirkungen belegt dies insofern, als dieser Begriff nach der Legaldefinition des BImSchG Immissionen bezeichnet, die Gefahren, Nachteile oder Belästigungen für die Allgemeinheit **oder die Nachbarschaft** (vgl. § 3 Abs. 1 BImSchG) herbeizuführen geeignet sind. Spätestens mit Einführung dieses Tatbestandsmerkmals in § 35 Abs. 3 BBauG/BauGB hat der Gesetzgeber somit einen partiell drittschützenden Charakter dieser Norm anerkannt. Für die nähere Bestimmung derjenigen Belange, die drittschützend sind, sollte auf das pauschale Tatbestandsmerkmal des Gebots der Rücksichtnahme verzichtet werden.

29 Bei § 31 Abs. 2 BBauG/BauGB und § 15 BauNVO fungiert schon nach der Rechtsprechung des Bundesverwaltungsgerichts das Gebot der Rücksichtnahme nicht mehr als eigenständiges Tatbestandsmerkmal. Umgekehrt werden beide Normen sozusagen als eine insoweit abschließende und allein maßgebliche **Positivierung des Gebots der Rücksichtnahme** angesehen. Dann sollte aber auch für die nähere Eingrenzung des Umfangs des Drittschutzes nicht auf die zum Gebot der Rücksichtnahme entwickelten Grundsätze verwiesen, sondern aus den Tatbestandsmerkmalen dieser baurechtlichen Normen heraus entwickelt werden, welche Individualinteressen im Interesse dieser Dritten zu beachten sind.

30 Die jüngsten Entwicklungen in der Rechtsprechung betreffen den Nachbarschutz in **überplanten Gebieten**: Als Grundsatz wird – in Parallele zur „Subjektivierung" durch einen entsprechenden Willen des Gesetzgebers – auf den Willen der planenden Gemeinde abgestellt. Ob die Gemeinde eine Regelung **auch** zum Schutz Dritter trifft, darf sie grundsätzlich selbst entscheiden.[43] Dies gilt jedoch – wie das Bundesverwaltungsgericht in einer bemerkenswerten und viel diskutierten Fortentwicklung seiner Rechtsprechung im *Garagen II*-**Fall (5)** befunden hat – nicht ausnahmslos. Insbesondere der Festsetzung von **Baugebieten** gemäß der Typologie der BauNVO komme **kraft Bundesrechts** nachbarschützender Charakter zu.[44] Die Eigentümer innerhalb eines Baugebiets stünden in einer **Schicksalsgemeinschaft** dergestalt, dass die Beschränkung der Ausnutzbarkeit des eigenen Grundstücks mit dem Recht verbunden

---

42 So allerdings seinerzeit BVerwGE 28, S. 268 (275); anders E 52, S. 122 (125).
43 BVerwGE 94, S. 151 (155) m.w.N.
44 BVerwGE 94, S. 151 (155 ff.); dazu die Anm. von *Schmidt-Preuß*, DVBl. 1994, S. 288; ausführlich und zustimmend *Mampel*, Aktuelle Entwicklungen im öffentlichen Baunachbarrecht, DVBl. 1994, S. 1053.

sei, von den anderen Eigentümern ebenfalls die Einhaltung der gebietsprägenden Vorschriften verlangen zu können. Dieser **Gebietserhaltungsanspruch** der Grundeigentümer in einem Gebietstyp setzt im Übrigen nicht voraus, dass das baugebietswidrige Vorhaben im jeweiligen Einzelfall zu einer tatsächlich **spürbaren** Beeinträchtigung des Nachbarn führe. Vielmehr werde der nachbarliche Abwehranspruch schon durch die Zulassung des gebietswidrigen Vorhabens ausgelöst, weil dadurch das nachbarliche Austauschverhältnis gestört und eine Verfremdung des Gebiets eingeleitet werde.[45]

Zu den kraft Bundesrecht nachbarschützenden Regelungen rechnet das Bundesverwaltungsgericht dabei auch § 12 Abs. 2 BauNVO, der die Zulässigkeit von Garagen in Kleinsiedlungsgebieten, reinen Wohngebieten und allgemeinen Wohngebieten sowie Erholungsgebieten einschränkend regelt.[46] Mit Recht betonen die Richter, dass diese Norm **die Art** der baulichen Nutzung im jeweiligen Baugebiet regele. Die entsprechende Regelung könnte auch im Rahmen der jeweiligen Gebietsvorschriften getroffen werden und ist nur aus rechtstechnischen Gründen in einer Norm für vier Gebietsarten übergreifend geregelt worden.

31

Die kraft Bundesrechts nachbarschützenden Gebietsfestsetzungen der BauNVO haben – wie das Bundesverwaltungsgericht in einem obiter dictum feststellt – auch nachbarschützende Funktion, wenn sie nicht durch einen gemeindlichen Bebauungsplan in Bezug genommen und damit zu Bestandteilen des Bebauungsplans gemacht worden sind, sondern wenn sie über die Norm des § 34 Abs. 2 BauGB Geltung erlangen, weil es eben auf einen Subjektivierungswillen der planenden Gemeinde grundsätzlich nicht ankommt.[47]

32

Das neue Kriterium des „wechselseitigen Austauschverhältnisses" bzw. der „planungsrechtlichen Schicksalsgemeinschaft" ist durch den *Hamburger Baustufenpläne*-**Fall (6)** einem wahrhaft strengen Test unterworfen worden. Das Bundesverwaltungsgericht hatte darüber zu befinden, ob Gebietsfestsetzungen der gemäß § 173 Abs. 3 Satz 1 BBauG 1960 übergeleiteten alten Hamburger Baustufenpläne Nachbarschutz vermitteln. Das Hamburgische Oberverwaltungsgericht hatte in jahrzehntelanger Rechtsprechung mit respektablen Gründen (kein Subjektivierungswille der Plangeberin) den Festsetzungen der Baustufenpläne jeglichen drittschützenden Charakter abgesprochen.[48] Das Bundesverwaltungsgericht führt in dieser Entscheidung ausdrücklich im Anschluss an die *Garagen II*-Entscheidung **(5)** seine den Drittschutz objektivierende Rechtsprechung fort und entwickelt den Gedanken des **Austauschverhältnisses** der Grundeigentümer eines Baugebiets unter Rückgriff auf die **Konfliktschlichtungsformel** von *Schmidt-Preuß* fort: „Liegt bauplanerischen Festsetzungen – wie für Gebietsfestsetzungen typisch – eine Ausgleichsordnung zu

33

---
45 BVerwGE 94, S. 151 (161); s.a. BVerwG, NuR 2000, S. 578.
46 BVerwGE 94, S. 151 (157).
47 BVerwGE 94, S. 151 (156).
48 Vgl. zu den Hamburgensien *Koch*, Rechtsfortbildung im Hamburgischen Bauplanungsrecht – Rechtlicher Wandel durch richterliche Innovation, NordÖR 1999, S. 343.

Grunde, kommt einer solchen Regelung nach ihrem objektiven Gehalt Schutzfunktion zu Gunsten des an dem Austauschverhältnis beteiligten und damit genügend bestimmten Kreises von Grundeigentümern zu".[49]

34 Nachbarschutz in **überplanten Gebieten** wird auch dann gewährt, wenn von **nicht drittschützenden** planerischen Festsetzungen **rechtswidrig** abgewichen wird. Zwar fehle eine gesetzliche Regelung „über den Drittschutz gegenüber einer Baugenehmigung, die unter Verletzung nicht nachbarschützender Festsetzungen" erteilt worden sei. Diese Regelungslücke sei jedoch entsprechend der Wertung des Gesetz- und Verordnungsgebers, wie sie in § 15 Abs. 1 BauNVO und § 31 Abs. 2 BauGB ihren Ausdruck gefunden habe, zu schließen: „Denn wenn schon gegenüber Baugenehmigungen, die in Übereinstimmung mit den Festsetzungen eines Bebauungsplans erteilt worden sind, eine Verletzung des in § 15 Abs. 1 BauNVO konkretisierten Rücksichtnahmegebots geltend gemacht werden kann, so muss dieses Ergebnis erst recht im Hinblick auf Baugenehmigungen gelten, die diesen Festsetzungen widersprechen."[50]

35 Der Klarstellung halber ist hinzuzufügen, dass der Nachbarschutz aus der Festsetzung eines Baugebiets oder aus einer sonstigen drittschützenden planerischen Festsetzung weiter geht als der Schutz aus § 15 BauNVO im Falle einer rechtswidrigen Abweichung von einer nicht drittschützenden Festsetzung. Denn ein Verstoß gegen § 15 BauNVO (analog) liegt nur dann vor, wenn der Nachbar in unzumutbarer Weise konkret in schutzwürdigen Interessen betroffen wird. Auf die Einhaltung der festgesetzten Gebietsart oder einer drittschützenden planerischen Festsetzung besteht dagegen – wie bereits erwähnt (Rn. 30) – ein **strikter Anspruch** auch dann, wenn das Vorhaben noch nicht im konkreten Einzelfall zu einer spürbaren Beeinträchtigung des Nachbarn führt.[51]

36 Den vorstehend beschriebenen Nachbarschutz aus den Normen des Bauplanungsrechts kann nach der Rechtsprechung des Bundesverwaltungsgerichts grundsätzlich nur der jeweilige – zivilrechtliche – **Eigentümer eines benachbarten Grundstücks** in Anspruch nehmen.[52] Das Bauplanungsrecht sei nämlich nicht personen-, sondern grundstücksbezogen. Aufgabe des Bauplanungsrechts sei eine verträgliche Zuordnung von Nutzungsmöglichkeiten, wobei der erzielte Ausgleich eine Eigentumsinhaltsbestimmung für die betroffenen Grundeigentümer darstelle. Die Aufrechterhaltung eines gerechten Ausgleichs durch Inanspruchnahme von Nachbarschutz könne damit auch nur den Grundeigentümern oder den in eigentumsähnlicher Weise **dinglich Berechtigten** zukommen, nicht jedoch den lediglich obligatorisch berechtigten Mietern, Pächtern usw. Letztere verweist das Bundesverwaltungsgericht auf einen

---

49 BVerwGE 101, S. 364 (376). Von fallspezifischen Aspekten wie der rückwirkenden Interpretation der außer Kraft getretenen reichsrechtlichen Ermächtigungsgrundlagen der hamburgischen Baustufenpläne kann hier abgesehen werden; vgl. dazu *Koch* (Fn. 48).
50 BVerwGE 82, S. 343 (346).
51 BVerwGE 94, S. 151 (161).
52 BVerwGE 82, S. 61 (74 f.).

Drittschutz aus Art. 2 Abs. 2 GG (s. unten Rn. 41). Wichtiger noch erscheint der **immissionsschutzrechtliche** Drittschutz, der sich aus §§ 5 Abs. 1 Nr. 1, 3 Abs. 1, 2, 4 sowie §§ 22 Abs. 1, 3 Abs. 1, 2, 4 BImSchG ergibt.[53]

Überblickt man nunmehr bilanzierend die Rechtsprechung zum Nachbarschutz im öffentlichen Bauplanungsrecht, so ergibt sich, dass von einer unhaltbar restriktiven Ausgangsposition bezüglich der planungsrechtlichen Zulässigkeitstatbestände über den „Hilfstopos" des Rücksichtnahmegebots nunmehr ein alles in allem befriedigender, recht umfassender Drittschutz als Bestandteil der Zulässigkeitstatbestände des BauGB (§§ 30, 34, 35 BauGB), der Baugebietstypologie der BauNVO, der Befreiungsnorm des § 31 Abs. 2 BauGB sowie der „Rücksichtnahmevorschrift" des § 15 BauNVO einschließlich ihrer analogen Anwendung auf die Fälle rechtswidriger Abweichung von planerischen Festsetzungen entwickelt worden ist: **37**

Der Nachbar kann geltend machen **38**

(1) im überplanten Gebiet
 – einen Verstoß gegen die Gebietsfestsetzung (Gebietsbewahrungsanspruch),
 – einen Verstoß gegen eine sonstige drittschützende planerische Festsetzung,
 – einen Verstoß gegen das in § 15 BauNVO normierte Rücksichtnahmegebot,
 – einen Verstoß gegen das Rücksichtnahmegebot bei rechtswidriger Abweichung von einer nicht drittschützenden planerischen Festsetzung (§ 15 BauNVO analog),
 – im Falle einer Befreiung einen Verstoß gegen das in § 31 Abs. 2 BauGB normierte Rücksichtnahmegebot („nachbarliche Interessen"),
 – alles dieses auch bei übergeleiteten Altplänen;
(2) im nicht (qualifiziert) überplanten Innenbereich
 – in faktischen Baugebieten gemäß § 34 Abs. 2 BauGB
 – einen Verstoß gegen den Gebietscharakter
 – einen Verstoß gegen das in § 15 BauNVO normierte Rücksichtnahmegebot,
 – jede rechtswidrige Abweichung von nicht drittschützenden planerischen Vorschriften (§ 15 BauNVO analog),
 – im Falle der Befreiung einen Verstoß gegen das in § 31 Abs. 2 BauGB normierte Rücksichtnahmegebot,
 – im sonstigen Innenbereich einen Verstoß gegen das vom Einfügenserfordernis (§ 34 Abs. 1 BauGB) verlangte Rücksichtnahmegebot;
(3) im nicht (qualifiziert) überplanten Außenbereich
 – einen Verstoß gegen das zu den öffentlichen Belangen von § 35 Abs. 3 rechnende Rücksichtnahmegebot.[54]

---

53 Siehe dazu GK-BImSchG, Stand: 2/96, -*Roßnagel*, § 5, Rn. 837 ff., § 22, Rn. 193 ff.
54 Im Außenbereich gibt es keinen Gebietsbewahrungsanspruch: BVerwG, BauR 1999, S. 1439.

2. Verankerung des Drittschutzes in den Normen des Bauordnungsrechts

39 Erwähnt sei noch, dass sich natürlich auch für die **bauordnungsrechtlichen** Genehmigungsvoraussetzungen die Frage nach dem Nachbarschutz stellt. Eine herausgehobene Rolle für den Nachbarschutz spielen die regelmäßig als drittschützend angesehenen Abstandsflächen. Da diese Normen nicht revisibel sind, liegt keine einheitliche Rechtsprechung vor. Immerhin sah sich das Bundesverwaltungsgericht vor die Frage gestellt, ob landesrechtliche Anforderungen bauordnungsrechtlicher Art von einem bundesrechtlichen Gebot der Rücksichtnahme sozusagen „flankiert" werden. Die Frage ist verneint worden.[55]

IV. Nachbarschutz aus Grundrechten

40 Wie bereits mehrfach erwähnt worden ist, erkannte das Bundesverwaltungsgericht in ständiger Rechtsprechung auch einen direkt auf **Grundrechte** gestützten Nachbarschutz an. Baugenehmigungen – so hieß es in der Leitentscheidung – verletzen dann das durch Art. 14 GG geschützte Eigentum eines Nachbarn, „wenn sie bzw. ihre Ausnutzung die vorgegebene Grundstückssituation nachhaltig verändern und dadurch den Nachbarn schwer und unerträglich treffen".[56] Diese Voraussetzungen eines Abwehranspruchs haben in einer Reihe von Entscheidungen eine gewisse Präzisierung erfahren.[57] Insbesondere ist klargestellt worden, dass die Merkmale „schwer" und „unerträglich" „zwei selbständig nebeneinander stehende Begriffe unterschiedlichen Inhalts" seien. Eine Beeinträchtigung, die schwer sei, brauche nicht auch unerträglich zu sein. Der Begriff der Unerträglichkeit weise in seiner Verbindung mit dem Begriff der Unzumutbarkeit auf den Unterschied zwischen **Enteignung** und **Sozialbindung** hin: „Die Unerträglichkeit einer – schweren – Beeinträchtigung des Eigentums im Sinne ihrer Unzumutbarkeit erweist sich damit als Kriterium dafür, dass diese Beeinträchtigung die Grenze der Sozialbindung überschreitet und zum enteignenden Eingriff in das Eigentum wird."[58] Dementsprechend wurde im Streitfall entschieden: Der Lärm von dem Kinderspielplatz möge zwar schwer sein, er sei aber auch in einem reinen Wohngebiet zumutbar und damit erträglich.[59] Hinsichtlich des Begriffs der Schwere ist – nach Umwegen – geklärt, dass die Wertminderung eines Grundstücks „nur

---

55 BVerwG, NVwZ 1985, S. 653; NVwZ 1986, S. 468; s. auch BVerwGE 94, S. 151 (159).
56 BVerwGE 32, S. 173 (179).
57 BVerwGE 36, S. 248; E 44, S. 244; BVerwG, DVBl. 1974, S. 777; BVerwG, DÖV 1975, S. 92 (= E 45, S. 309; der Abdruck in der amtlichen Sammlung enthält nicht die hier maßgeblichen Passagen); E 52, S. 122; BVerwG, DVBl. 1978, S. 614.
58 BVerwG, DVBl. 1974, S. 777 (778 l.Sp.).
59 BVerwG, DVBl. 1974, S. 777 (778 r.Sp.).

Indizbedeutung für die Schwere des Eingriffs" hat. Eine Wertminderung könne nicht „um ihrer selbst willen" einen schweren Eingriff darstellen.⁶⁰

Danach ist auch anerkannt worden, dass Art. 2 Abs. 2 GG Grundlage eines nachbarlichen Abwehranspruchs sein kann. „Die durch Art. 2 Abs. 2 GG geschützten Rechtsgüter sind im Prinzip nicht weniger als das durch Art. 14 GG geschützte Eigentum geeignet, einem Rechtsschutz als Grundlage zu dienen, mit dem in Gestalt der sogenannten Nachbarklage oder doch nach der Grundstruktur dieser Klageform bestimmte Vorgänge ‚in der Umgebung' des jeweiligen Klägers unterbunden werden können".⁶¹   **41**

Die Rechtsprechung zum Nachbarschutz aus Grundrechten hat **kaum praktische Bedeutung** erlangt. Soweit zu erkennen ist, hat das Bundesverwaltungsgericht nur im *Flachglas*-Fall einen schweren und unerträglichen Eingriff in das Eigentum bejaht.⁶² Die fehlende Praxisrelevanz hat ihre Ursache nicht nur in den recht vagen, jedoch „irgendwie" sehr strengen Voraussetzungen eines solchen Abwehranspruchs. Vielmehr ist die Konstruktion eines eigenständigen grundrechtlichen Abwehranspruchs mit der Kreation des Gebots der Rücksichtnahme und dessen Re-Integration in bauplanungsrechtliche Normen **im Grunde funktionslos** geworden. Da die gebotene Rücksichtnahme nach der Rechtsprechung des Bundesverwaltungsgerichts einen nachbarlichen Interessenausgleich schon im „Vorfeld der Grenze zur enteignungsrechtlichen Unzumutbarkeit verlangt",⁶³ kann allenfalls bei einem Verstoß gegen das Rücksichtnahmegebot **zugleich** ein schwerer und unerträglicher Eingriff ins Eigentum vorliegen. Ist dagegen kein Verstoß gegen das Rücksichtnahmegebot anzunehmen, so **erst recht** kein schwerer und unerträglicher Eingriff. Dieser Zusammenhang schlägt sich in der Rechtsprechung bereits in formelhaften Wendungen nieder. Nach Verneinung eines Verstoßes gegen das Gebot der Rücksichtnahme heißt es regelmäßig: „Erst recht ist der Kläger nicht schwer und unerträglich in seinem Eigentum betroffen."   **42**

Mit der Subjektivierung des Rücksichtnahmegebots im *Schweinemäster*-Fall (1) wurde die Hilfskonstruktion des **unmittelbar** grundrechtlich gestützten Nachbarschutzes überflüssig, ohne dass zunächst die fällige Korrektur der Rechtsprechung erfolgte. Inzwischen hat das Bundesverwaltungsgericht jedoch – wie schon in der Erstauflage dieses Buches gefordert⁶⁴ – Konsequenzen aus seiner entwickelten Position zum baurechtlichen Nachbarschutz gezogen und befunden, dass in den baurechtlichen Zulässigkeitstatbeständen hinreichend drittschützende Regelungen vorhanden seien, neben denen als verbindliche **gesetzgeberische Eigentumsinhaltsbestimmung** i.S.v. Art. 14 Abs. 1   **43**

---

60 BVerwG, DVBl. 1978, S. 614 (617 r.Sp.).
61 BVerwGE 54, S. 211 (223) (dort finden sich auch gewichtige Relativierungen dieses Rechtsschutzes).
62 BVerwG, DÖV 1975, S. 92 (in BVerwGE 45, S. 309 ff. insoweit nicht abgedruckt).
63 BVerwGE 52, S. 122 (127).
64 *Koch/Hosch*, Baurecht, Raumordnungs- und Landesplanungsrecht, 1988, S. 290 f.

Satz 2 GG **kein Raum für weitere Abwehransprüche** der Nachbarn unmittelbar **aus Art. 14 Abs. 1 Satz 1 GG** sei.[65]

44 Damit trägt das Bundesverwaltungsgericht ebenso wie in seiner geänderten **Bestandsschutzrechtsprechung** (vgl. § 26 Rn. 115 ff.) dem heutigen Stand der eigentumsverfassungsrechtlichen Dogmatik Rechnung. Da der Gesetzgeber Inhalt und Schranken des Eigentums bestimmt (Art. 14 Abs. 1 Satz 2 GG), richtet sich der Schutz des Eigentums nach der bestehenden gesetzlichen Ordnung. Art. 14 GG bleibt (nur) Maßstab dieser Ordnung. Dementsprechend hätte sich das Bundesverwaltungsgericht seinerzeit fragen müssen, ob seine völlige Ablehnung des drittschützenden Charakters der planungsrechtlichen Zulässigkeitstatbestände mit Art. 14 GG vereinbar war. Bei Annahme der Unvereinbarkeit wäre eine **verfassungskonforme Auslegung** etwa im Sinne der späteren Rechtsprechung zum Rücksichtnahmegebot zu erwägen gewesen. Sofern eine solche Auslegung nicht als vertretbar angesehen worden wäre, hätte dem Bundesverfassungsgericht gem. Art. 100 Abs. 1 GG die Entscheidung über die Verfassungswidrigkeit der bauplanungsrechtlichen Zulässigkeitstatbestände überlassen werden müssen. Nach allem war der Nachbarschutz aus Grundrechten nicht nur sachlich verfehlt, sondern auch kompetenzwidrig judiziert.

V. Nachbarschutz nach der Deregulierung

45 Wie die vorangehenden Ausführungen gezeigt haben, existiert inzwischen ein differenziertes und umfängliches Recht des Drittschutzes gegen rechtswidrige Baugenehmigungen. Angesichts dieser Fülle nachbarrechtlicher „Genehmigungsabwehransprüche" erscheint die Position des Nachbarn im „deregulierten" Bereich, also hinsichtlich gänzlich genehmigungsfrei gestellter oder nur anzeigebedürftiger Vorhaben,[66] ausgesprochen schwierig, wenn nicht gar evident defizitär. Denn der Ansatzpunkt, um den der referierte Nachbarschutz zentriert ist, nämlich die Baugenehmigung, fehlt im deregulierten Bereich.[67]

46 Die Suche nach einer Rechtsgrundlage für nachbarliche Abwehr rechtswidriger Vorhaben im genehmigungsfreien Bereich führt zu den bauaufsichtsrechtlichen Ermächtigungsgrundlagen der Landesbauordnungen, die allerdings alle nach herrschender Ansicht problemrelevanten behördlichen Anordnungen – wie Baueinstellungs- und Beseitigungsverfügung – in das **Ermessen** der

---

65 BVerwGE 89, S. 69 (78); ausdrücklich bestätigt in E 101, S. 364 (373) (*Hamburger Baustufenpläne*).
66 Vgl. Einzelheiten oben § 24 Rn. 38 ff.
67 Zur Problematik insbesondere *Mampel*, Baurechtlicher Drittschutz nach der Deregulierung, UPR 1997, S. 267; *Degenhart*, Genehmigungsfreies Bauen und Rechtsschutz des Nachbarn, NJW 1996, S. 1433; *Uechtritz*, Nachbarrechte bei der Errichtung von Wohngebäuden im Freistellungs-, Anzeige- und vereinfachten Verfahren, NJW 1996, S. 640; *Sarnighausen*, Behördliche Ermessensentscheidungen zum Schutz des Nachbarn gegen genehmigungsfreie Wohnungen, UPR 1998, S. 329.

Bauaufsichtsbehörde stellen.⁶⁸ Daraus ergibt sich nach wohl ebenfalls überwiegender Ansicht, dass der Drittbetroffene, der die Verletzung einer drittschützenden Norm geltend machen kann, (nur) einen Anspruch auf **fehlerfreie Ermessensbetätigung** seitens der Bauaufsichtsbehörde hat. Die Behörde unterliegt natürlich rechtlichen Bindungen. Eine **Ermessensreduktion auf Null** zu Gunsten des in seinen Rechten verletzten Nachbarn soll jedoch nur vorliegen, wenn ein wesentliches Rechtsgut verletzt wird oder eine Störung von hoher Intensität vorliegt.⁶⁹

Das wird jedoch zunehmend in Literatur und Rechtsprechung als unangemessen angesehen. Die Position des Nachbarn im Bereich genehmigungsbedürftiger Vorhaben erscheint besser, hat er doch bei Verletzung von seinen Rechten einen strikten **Genehmigungsaufhebungsanspruch**. Auch die im genehmigungsfreien Bereich definitionsgemäß fehlende präventive behördliche Kontrolle sowie schließlich der schwierige Weg, die Behörde im Verfahren des einstweiligen Rechtsschutzes gemäß § 123 VwGO zu einem Einschreiten verpflichten zu lassen, führt zunehmend zu der Forderung, gleichsam **kompensatorisch** in den Fällen genehmigungsfreien Bauens in der Regel einen **Anspruch** des in seinen Rechten verletzten Nachbarn auf behördliches Einschreiten zu behaupten.⁷⁰

47

Diese für die spezifische Problematik durchaus gut vertretbare Sichtweise verfehlt jedoch „die Wurzel des Übels". Die Position des Nachbarn im Bereich genehmigungs**bedürftiger** baulicher Vorhaben wird dabei nämlich verkürzt dargestellt. Zwar ist richtig, dass der Drittbetroffene im Falle der Verletzung seiner Rechte durch eine Baugenehmigung einen **strikten** „Genehmigungsaufhebungsanspruch" hat. Allerdings schließt dies keineswegs einen ebenso strikten „Vorhabenabwehranspruch" ein. Denn insoweit ist wiederum das Ermessen der bauaufsichtlichen Eingriffsmöglichkeiten zu beachten, dass nach der ganz herrschenden Meinung der Behörde auch gestattet, rechtswidrige Zustände zu tolerieren. Bei genehmigungsbedürftigen Vorhaben hat der Nachbar also eine eher starke Stellung im Streit um die **Genehmigung**, aber eine ebenso schwache Position im Streit um die **tatsächliche Bereinigung** der Lage wie ein Nachbar im deregulierten Bereich.⁷¹

48

Insofern besteht also kein Anlass, eine ungleiche Position durch „Kompensation" halbwegs auszugleichen. Vielmehr ist grundsätzlich angezeigt, die Ansicht vom Ermessen im Bereich bauaufsichtlicher Maßnahmen stark abzuschwächen und im Regelfall eine Einschreitenspflicht anzunehmen, die nur

49

---

68 S. zu Einzelheiten oben § 27.
69 *Mampel* (Fn. 67), UPR 1997, S. 267 m.w.N., sowie *Uechtritz* (Fn. 67), NVwZ 1996, S. 640 (642 f.); *Muckel*, Der Nachbarschutz im öffentlichen Baurecht – Grundlagen und aktuelle Entwicklung, JuS 2000, S. 132, (135 f.).
70 So etwa *Degenhart* (Fn. 67), S. 1437 f.; *Uechtritz* (Fn. 67), NVwZ 1996, S. 640 (642 f.); *Sarnighausen* (Fn. 67) mit Einschränkungen; VGH Mannheim, BauR 1995, S. 219 (220).
71 Diese Überlegung hat zuerst *Mampel* in die Debatte eingebracht: (Fn. 67), S. 268 f.

in atypischen Fällen nicht besteht.⁷² Die Begründung der h. M. für die postulierte Geltung des **Opportunitätsprinzips** im Bauordnungsrecht besteht vor allem in dem stereotypen Hinweis auf die polizeirechtliche Generalklausel in den Sicherheits- und Ordnungsgesetzen der Länder. Dieser Hinweis trägt jedoch nicht. Denn die Polizeibehörden stehen einer außergewöhnlichen Zahl vielfach „flüchtiger" Rechtsverstöße gegenüber, wie beispielsweise der Missachtung von roten Fußgängerampeln. Angesichts dieser „flüchtigen" Massenerscheinungen kann ernsthaft eine Einschreitenspflicht der Polizei nicht postuliert werden. Im vergleichsweise statischen Bereich des Baurechts liegen die Dinge ersichtlich anders. Auch ein Baufortschritt verschiebt die rechtlich relevante Interessenlage nur unter bestimmten weiteren Umständen. Es ist aus der Praxis bekannt, dass teilweise mit großer Energie ein Baufortschritt in der Erwartung herbeigeführt wird, dass die Verwaltung auch rechtswidrig geschaffene wirtschaftliche Werte in der Ermessensbetätigung mit hohem Gewicht einstellen werde.⁷³

50 Auf Einzelheiten des **vorläufigen Rechtsschutzes** kann hier nicht eingegangen werden.⁷⁴ Der Kritik, die in der Literatur teilweise hinsichtlich der unterschiedlichen Erfolgschancen in Fällen von genehmigten Vorhaben einerseits (Antragsverfahren nach § 80a VwGO) und genehmigungsfreien (einstweilige Anordnung gem. § 123 VwGO) andererseits geübt wird, ist beizutreten. Allerdings ist schon de lege lata ohne weiteres eine starke Annäherung beider Rechtsbehelfe möglich. Denn § 123 Abs. 1 VwGO kennt eben nicht nur die Sicherungsanordnung mit den beiden Voraussetzungen des **Anordnungsanspruchs** und des **Anordnungsgrundes**, sondern auch die **Regelungsanordnung** gemäß § 123 Abs. 1 Satz 2 zur vorläufigen Gestaltung eines streitigen Rechtsverhältnisses. Danach hat sich im deregulierten Bereich der vorläufige Rechtsschutz für die Nachbarn zu richten. Der Umweg, den einzelne Obergerichte gehen, indem sie die Anforderungen an den **Anordnungsanspruch** wegen der ungünstigen Position des Nachbarn im deregulierten Bereich absenken, ist daher sachlich zwar vernünftig, in der rechtlichen Konstruktion jedoch nicht überzeugend.

---

72 In diesem Sinne schon oben § 27 Rn. 3; ebenso *Mampel* (Fn. 67), S. 268 f. und *Sarnighausen* (Fn. 67), S. 330 r.Sp.; von einem grundsätzlichen Anspruch auf Einschreiten geht in ständiger Rechtsprechung auch das OVG Münster bei Verletzung nachbarrechtlicher Vorschriften aus: BauR 1990, S. 341 (342); BauR 1993, S. 713 (717); BauR 1994, S. 746 (749).
73 Insofern ist die These von *Sarnighausen*, es sei unabweisbar, „daß die Ermessensausübung anders ausfallen muss, wenn die Gebäude schon stehen, als wenn es erst geplant wird" – (Fn. 67), S. 333 r.Sp. – zu pauschal. Mit Recht differenziert *Sarnighausen* dann selbst, insbesondere mit Blick auf Verstöße des Bauherrn gegen seine Informationspflicht im Nachbarschaftsverhältnis.
74 S. näher *Uechtritz* (Fn. 67), S. 645.

VI. Das Verhältnis von öffentlich-rechtlichem und privatrechtlichem Nachbarschutz

Baugenehmigungen werden nach der Regelung der Landesbauordnungen unbeschadet der privaten Rechte Dritter erteilt. Folglich bleibt den Nachbarn auch der Abwehranspruch aus § 1004 BGB. Was ein Grundeigentümer danach abwehren kann, ergibt sich näher aus § 906 BGB. Danach müssen Nachbarn einerseits unwesentliche, andererseits wesentliche, jedoch ortsübliche Immissionen hinnehmen. Sofern der Nachbar ortsübliche Beeinträchtigungen dulden muss, hat er unter gewissen Voraussetzungen einen Anspruch auf einen angemessenen Ausgleich im Geld. In Betracht kommt ferner ein quasinegatorischer Unterlassungs- und Beseitigungsanspruch gem. § 823 Abs. 2 BGB i. V. m. der entsprechenden Schutzvorschrift des öffentlichen Baurechts (= drittschützende Norm). 51

Erst recht kommt ein zivilrechtlicher Abwehranspruch im zuvor erörterten deregulierten Bereich in Betracht. Die im Zusammenhang mit dem Abbau des Genehmigungserfordernisses für Bauvorhaben in der Literatur vereinzelt entwickelte These, der Nachbar im deregulierten Bereich sei auf den Zivilrechtsweg verwiesen,[75] ist allerdings sowohl sach- wie gesetzeswidrig. Sachwidrig deshalb, weil damit das öffentliche Baurecht zukünftig zugleich von der Verwaltungs- und der Zivilgerichtsbarkeit zu entwickeln wäre, was mit Blick auf die zu erwartenden Divergenzen und die fehlende spezifische Sachkompetenz der Zivilgerichte nicht akzeptabel wäre. Aber auch das geltende Gesetzesrecht lässt nicht zu, die Nachbarn im deregulierten Bereich auf den Zivilrechtsweg zu verweisen. Die Deregulierung im Bauordnungsrecht bedeutet lediglich eine Verschiebung von der präventiven zur repressiven **staatlichen** Kontrolle des Baugeschehens, die nach wie vor im Umfang drittschützender Normen auch zu Gunsten der entsprechenden klageberechtigten Nachbarn auszuüben ist.[76] 52

Das Nebeneinander von öffentlich-rechtlichem und privatrechtlichem Nachbarschutz führt zu einer Fülle von Problemen.[77] Besondere Bedeutung kommt zwei Fragen zu, die nachfolgend kurz angesprochen werden: Einmal geht es darum, welche Rolle **Bebauungsplänen** für die Bestimmung der **ortsüblichen** und damit gegebenenfalls hinzunehmenden Einwirkungen zukommt. Zum Zweiten geht es um das **Ausmaß an Belästigung**, das nach den Maßstäben des Zivilrechts einerseits und denjenigen des öffentlichen Rechts andererseits noch zumutbar ist. 53

Der Bundesgerichtshof hat im grundlegenden *Tennisplatz*-Fall die von Tennisplätzen in einem planerisch festgesetzten Mischgebiet ausgehenden Lärmim- 54

---

[75] S. dafür *Oeter*, Baurechtsvereinfachung, Drittschutz und die Erfordernisse wirksamen Rechtsschutzes, DVBl. 1999, S. 189.
[76] Für die h. M. s. nur *Degenhart* (Fn. 67) und *Preschel*, Abbau der präventiven bauaufsichtlichen Prüfung und Rechtsschutz, DÖV 1998, S. 45 (51).
[77] Vgl. den Überblick bei *Vieweg/Röthel*, Der verständige Durchschnittsmensch im privaten Nachbarrecht – Zur Wesentlichkeit im Sinne des § 906 BGB, NJW 1999, S. 969.

missionen für **nicht ortsüblich** i. S. v. § 906 BGB angesehen. Für die Frage der Ortsüblichkeit komme es darauf an, „ob auch eine Mehrheit von Grundstücken in der Umgebung mit einer nach Art und Maß einigermaßen gleichen beeinträchtigenden Einwirkung benutzt wird". Das sei nicht der Fall; insbesondere präge der Tennisplatz der Beklagten nicht den Gebietscharakter. Dass in dem **planerisch festgesetzten Mischgebiet** Tennisplätze nach den Maßstäben der BauNVO (§ 6 Abs. 2 Nr. 5) an sich zulässig seien, gebe zivilrechtlich gesehen nur einen allgemeinen Anhalt für die Ortsüblichkeit. Gleichwohl könne die Ortsüblichkeit zu verneinen sein.[78]

55 Diese Entscheidung verkennt die gesetzliche Aufgabe und die gesetzlichen Wirkungen der Bauleitplanung. Durch Bauleitpläne dürfen Gebiete gestaltet und auch – gemessen am Bestand – umgestaltet werden. Dabei müssen die betroffenen Belange gerecht abgewogen werden. Hat die Umgestaltung enteignenden Charakter, so ist Entschädigung zu gewähren. Die solcherart durch Planung zu erzielende Konfliktbewältigung darf nicht durch davon absehende zivilrechtliche Ortsüblichkeitsbetrachtungen „unterlaufen" werden. Was zu einem bestimmten Zeitpunkt real ortsüblich ist, kann einer rechtmäßigen, auf Veränderung zielenden Planung nicht entgegengehalten werden. Deshalb ist die **Ortsüblichkeit** nach den **planerischen Festsetzungen** des Bebauungsplanes zu bestimmen.[79] Dies hat in der Ergänzung von § 906 Abs. 1 BGB Niederschlag gefunden. Danach kommt es nunmehr auf die Immissionsgrenz- und -richtwertsysteme des öffentlichen Rechts an, die alle nach Gebietstypen differenzieren und dabei grundsätzlich auf die **planungs**rechtliche Lage abstellen.[80]

56 Wenn also sowohl für den zivilrechtlichen wie für den öffentlich-rechtlichen Nachbarschutz den Bebauungsplänen und den darauf bezogenen Immissionsgrenz- und -richtwertsystemen eine entscheidende Funktion bei der Bestimmung der Schwelle noch zumutbarer Immissionen zukommt, so bleibt doch die Frage nach der „Feinabstimmung" der sprachlich jedenfalls **unterschiedlich formulierten Zumutbarkeitsschwellen**. Während gemäß § 906 BGB Immissionen, die **wesentliche** Beeinträchtigungen mit sich bringen, jedoch **ortsüblich** sind und mit wirtschaftlich zumutbaren Maßnahmen nicht abgestellt werden können, gegen eine Geldentschädigung hinzunehmen sind, verlangt das für den öffentlich-rechtlichen Immissionsschutz maßgebliche Immissionsschutzrecht, dass schädliche Umwelteinwirkungen nicht hervorgerufen werden (§§ 5 Abs. 1 Nr. 1, 3 Abs. 1, 2, 4 BImSchG) oder jedenfalls – bei nicht genehmigungsbedürftigen Anlagen – die technisch unvermeidlichen schädlichen Umwelteinwirkungen auf ein **Mindestmaß** reduziert werden (§ 22 Abs. 1 BImSchG). Von einer Entschädigung ist im Immissionsschutzrecht nicht die Rede.

---

[78] BGH, NJW 1983, S. 751.
[79] Ebenso *Johlen*, Bauplanungsrecht und privatrechtlicher Immissionsschutz, BauR 1984, S. 134 (137); *Papier*, Sportstätten und Umwelt, UPR 1985, S. 73 f.; s. auch GK-BImSchG-*Koch* (Fn. 53), § 3 Rn. 143 f., 244 f.
[80] S. nur Nr. 6.6 TA Lärm.

Die Maßstäbe des Immissionsschutzrechts kommen für bauliche Anlagen nicht nur als maßgebliches sonstiges öffentliches Recht zum Tragen, sondern auch deshalb, weil nach der Rechtsprechung die einschlägigen bauplanungsrechtlichen Anforderungen durch die immissionsschutzrechtlichen Maßstäbe konkretisiert werden. Das soll für die Anforderung des § 15 BauNVO ebenso gelten wie für das Einfügenserfordernis in § 34 Abs. 1 BauGB und – natürlich – den Begriff der schädlichen Umwelteinwirkungen in § 35 Abs. 3 BauGB.[81] Eine nähere Betrachtung zeigt allerdings, dass das Immissionsschutzrecht seinerseits auf das Baurecht „zurückverweist", da der Maßstab der erheblichen Belästigungen und erheblichen Nachteile (§ 3 Abs. 1 BImSchG) **gebietsspezifische Anforderungen** stellt und damit das Baurecht, insbesondere die Bauleitplanung, grundsätzlich über das zulässige Immissionsniveau durch Baugebietsfestsetzung entscheidet.[82]

57

Die höchstrichterliche Rechtsprechung von Bundesverwaltungsgericht[83] und Bundesgerichtshof[84] nimmt inzwischen an, dass die beschriebenen Maßstäbe des § 906 BGB und die das Baurecht prägenden des BImSchG identisch seien. Das ist aus einer Reihe von Gründen durchaus zweifelhaft.[85] Am auffallendsten ist gewiss der Umstand, dass das BImSchG insbesondere in § 22 zwar – und insoweit in Übereinstimmung mit § 906 BGB – vorsieht, dass u. U. schädliche Umwelteinwirkungen zugemutet werden dürfen. Für diese Fälle ist jedoch kein Ausgleich in Geld vorgesehen. Den hat jedoch das Bundesverwaltungsgericht in der *Feueralarmsirenen*-Entscheidung in Analogie zu § 906 Abs. 2 Satz 2 BGB, § 74 Abs. 2 Satz 3 VwVfG, § 41 Abs. 2 BImSchG, § 17 Abs. 4 FStrG a. F. entwickelt.[86] Allerdings ist diese Entschädigung nur für schädliche Umwelteinwirkungen zu zahlen, die das noch zulässige „Mindestmaß" an schädlichen Umwelteinwirkungen aus zwingenden Gründen (hier: öffentlicher Brandschutz) überschreiten. Immerhin ist dadurch eine gewisse Annäherung der Maßstäbe von zivilrechtlichem und öffentlich-rechtlichem Nachbarschutz erreicht.

58

Auch der **Gesetzgeber** ist inzwischen wie schon erwähnt im Sinne einer Annäherung der Maßstäbe tätig geworden: § 906 Abs. 1 BGB ist um zwei Sätze ergänzt worden, die bestimmen, dass Grenz- und Richtwerte, die in Gesetzen, Verordnungen oder Verwaltungsvorschriften gemäß § 48 BImSchG festgelegt sind, in der Regel die Schwelle zu den **wesentlichen** Beeinträchtigungen markieren.[87] Damit stellt sich allerdings verschärft die Frage, unter welchen Umständen „wesentlich" beeinträchtigende Immissionen gleichwohl i. S. v. § 906

59

---

81 S. oben § 26 Rn. 97.
82 S. näher *Koch*, Immissionsschutz in der Bauleitplanung, in: Erbguth u. a. (Hrsg.), Planung, FS für Hoppe, 2000, S. 549.
83 BVerwGE 79, S. 254 (258 f.); E 81, S. 197 (200); E 88 S. 210 (213); BVerwG, UPR 1996, S. 309.
84 BGHZ 111, S. 63 (65).
85 S. näher *Koch*, Der Erheblichkeitsbegriff in § 3 Abs. 1 BImSchG und seine Konkretisierung durch die TA Lärm, in: ders. (Hrsg.), Schutz vor Lärm, 1990, S. 41 (44 f.); *Classen*, Erheblichkeit und Zumutbarkeit bei schädlichen Umwelteinwirkungen, JZ 1993, S. 1042.
86 BVerwGE 79, S. 254 (262).
87 Siehe dazu auch BT-Drs. 12/7425, S. 85 ff.

Abs. 2 BGB **ortsüblich** sein können. Denn immissionsschutzrechtlich gesehen sind angesichts der gebietsspezifisch fixierten Immissionsgrenz- und -richtwerte ortsübliche i. S. von gebietsadäquaten Immissionen gerade nicht (rechtlich) wesentlich, sondern wegen der Ortsüblichkeit (Gebietsadäquanz) zumutbar. Nach allem ist das Postulat der Maßstabsidentität zwar wünschenswert, mit den maßgeblichen Tatbestandsmerkmalen aber wohl kaum vereinbar.

VII. Die Verwirkung von Abwehrrechten

60 Wird einem Nachbarn die dem Bauherren erteilte Baugenehmigung nicht vorschriftsmäßig bekannt gegeben, so muss der Nachbar seine Belange dennoch im Rahmen der Jahresfrist gemäß §§ 70, 58 Abs. 2 VwGO geltend machen, sobald er in anderer Weise sichere Kenntnis von der Baugenehmigung erlangt hat oder hätte erlangen müssen.[88] Diese Obliegenheit des Nachbarn hat das Bundesverwaltungsgericht aus dem „nachbarlichen Gemeinschaftsverhältnis" abgeleitet, das den Nachbarn nach dem Grundsatz von Treu und Glauben dazu verpflichte, „durch zumutbares aktives Handeln mitzuwirken, einen wirtschaftlichen Schaden des Bauherrn zu vermeiden oder den Verlust möglichst gering zu halten".

VIII. Hinweise zum Gutachtenaufbau: Die Baugenehmigung im Rechtsstreit II (Nachbarschutz)

61

I Die Zulässigkeit der Klage
„Standardprogramm": Rechtsweg, Klageart, **Klagebefugnis** – Verletzung einer drittschützenden Norm möglich? –, Vorverfahren

II Begründetheit der Anfechtungsklage

1. Rechtswidrigkeit der Baugenehmigung
   Mögliche Verstöße ergeben sich wieder aus dem „Drei-Säulen-Modell" (§ 24 Rn. 15): Bauordnungsrecht, Bauplanungsrecht, sonstiges öffentliches Recht; insofern sind hier die Genehmigungsvoraussetzungen durchzuprüfen wie in den Aufbauhinweisen zur Verpflichtungsklage des Bauherrn aufgezeigt (§ 26)

2. Rechtsverletzung des Drittbetroffenen (Anfechtungskläger)
   a) Bauordnungsrecht:
      Hier ist auf landesrechtliche Besonderheiten zu achten. Hamburg z. B. „kultiviert" seit jeher einen restriktiven Sonderweg: § 68 HBauO

---

88 Gefestigte Rechtsprechung des BVerwG: E 44, S. 294 (299 ff.); E 78, S. 85 (88 ff.); Klarstellungen in E 88, S. 210 (220) und E 91, S. 92 (97).

gibt abschließend den bauordnungsrechtlichen Nachbarschutz. Insgesamt spielen hier die Abstandsflächen eine zentrale Rolle.
b) Bauplanungsrecht:
Der „Irrgarten des Richterrechts" (*Breuer*) ist inzwischen übersichtlich:
aa) Qualifiziert überplanter Bereich (§ 30 BauGB):
- Gebiets(be)wahrungsanspruch: BVerwGE 94, S. 151; E 101, S. 365 (376);
- Rücksichtnahmegebot: § 15 BauNVO: BVerwGE 67, S. 334 (338 f.); § 31 Abs. 2 BauGB bei Befreiung: BVerwG, BauR 1987, S. 70 (72 l.Sp.); § 15 BauNVO analog bei rechtswidriger Abweichung von nicht drittschützenden (!) planerischen Festsetzungen: BVerwGE 82, S. 343 (346).
bb) Nicht qualifiziert überplanter Innenbereich (§ 34 BauGB):
- § 34 Abs. 2 BauGB: Gebiets(be)wahrungsanspruch: BVerwGE 94, S. 151 (155); § 15 BauNVO; § 31 BauGB (Rücksichtnahmegebot);
- § 34 Abs. 1: Rücksichtnahmegebot im Einfügenserfordernis (BVerwG, BBauBl. 1981, S. 576);
cc) Nicht qualifiziert überplanter Außenbereich
- Gebot der Rücksichtnahme ist ein öffentlicher Belang i.S.v. § 35 Abs. 3 BauGB (BVerwGE 52, S. 122).
dd) Baustufenpläne (*Hamburgensien*)
- Auch Festsetzungen in Baustufenplänen vermitteln – entgegen der ständigen Rechtsprechung des OVG Hamburg – Gebietsschutz: BVerwGE 101, S. 364 (377);
- Rücksichtnahmegebot bei der „Feinsteuerung" und bei rechtswidriger Abweichung von Festsetzungen in Analogie zu § 15 BauNVO, bei Befreiungen gem. § 31 Abs. 2 BauGB.
c) Sonstiges öffentliches Recht:
- § 22 BImSchG drittschützend (Vermeidungs- und Mindestmaßgebot)
d) Drittschutz unmittelbar aus Grundrechten:
- Art. 14 GG (BVerwGE 32, S. 173);
- Art. 2 Abs. 2 GG (BVerwGE 54, S. 211)
→ Ansatz ist grundsätzlich verfehlt und inzwischen überholt: BVerwGE 101, S. 364.

Anhang

Übersicht über höchstrichterliche Entscheidungen

Entscheidung in der amtlichen Sammlung/in Zeitschriften	Fundstelle im Buch	Besprechungen/ Anmerkungen
BVerwGE 45, 309 (*Flachglas*) – Abwägungsgebot	§ 17	*Schulze-Fielitz*, JURA 1992, 201
BVerwGE 47, 144 (*Hagenbeck*) – Gebot der Rücksichtnahme	§ 17	
BVerwGE 48, 70 – Bindungswirkung des § 8 Abs. 2 BauGB	§ 15	
BVerwGE 48, 109 (*Camping-Platz*) – Schutz des Außenbereichs durch die Privilegierungstatbestände des § 35 Abs. 1 BauGB	§ 26 V.	
BVerwGE 52, 122 (*Schweinemäster*) – Nachbarschutz in § 35 III BauGB	§ 28	*C.-F. Menger*, VerwArch 1978, 313 *B. Schloer*, JA 1986, 514
BVerwGE 54, 5 – Funktionslosigkeit bauplanerischer Festsetzungen	§ 18	*St. Gronemeyer*, DVBl. 1977, 756 *P. Baumeister*, GewArch 1996, 318
BVerwGE 55, 118 (*Recycling*) – Tatbestand des § 35 Abs. 1 Nr. 4 BauGB	§ 26 V.	*H. D. Jarass*, DÖV 1978, 409
BVerwGE 56, 71 – Befreiung nach § 31 BauGB aus Gründen des Gemeinwohls	§ 26 III.	
BVerwGE 59, 87 – Antragsbefugnis bei der Normenkontrolle gegen Bebauungspläne	§ 21	*W. Skoupis*, DVBl 1980, 315 *W. Brohm*, NJW 1981, 1689 *B. Linke*, BauR 1990, 529
BVerwG, BauR 1982, 30 (*Zentrum Nord*) – Beeinflussung der Bauleitplanung durch Vertrag	§ 13	

Entscheidung in der amtlichen Sammlung/in Zeitschriften	Fundstelle im Buch	Besprechungen/ Anmerkungen
BVerwGE 64, 33 – Erheblichkeit von Abwägungsmängeln	§ 18	H.-J. Koch, DVBl. 1983, 1125 G. Schwerdtfeger, JuS 1983, 270
BVerwGE 67, 23 (Windenergieanlage) – Einfügenserfordernis des § 34 Abs. 1 BauGB	§ 26 IV.	W. Söfker, BBauBl. 1983, 486
BVerwGE 67, 334 (Hinterhaus) – Das Rücksichtnahmegebot in § 15 Abs. 1 BauNVO und Nachbarschutz	§ 26 III., § 28	
BVerwGE 68, 311 (Gärtnerei) – Ziele der Raumordnung und Landesplanung als öffentliche Belange i.S.d. § 35 Abs. 3 BauGB	§ 26 V.	
BVerwGE 68, 352 (Warenhaus) – Einfügenserfordernis von § 34 Abs. 1 BauGB	§ 26 IV.	J. Bosch, BauR 1984, 350
BVerwGE 69, 1 (Verbrauchermarkt) – Rechtswirkung des Vorbescheides	§ 24	J. Bosch, BauR 1984, 350 H. Goerlich, NVwZ 1985, 90
BVerwGE 69, 30 (Kraftwerk Reuter) – Gebot der Konfliktbewältigung	§ 17	H.-J. Dageförde, UPR 1992, 406
BVerwGE 72, 362 (Garage I) – Genehmigungsanspruch aus Bestandsschutz (aufgegeben in E 106, 228 – Garage II)	§ 26 VII.	P. Selmer, JuS 1987, 245 S. Langer, JA 1987, 157
BVerwG, NVwZ 1986, 646 – Anspruch auf Erschließung	§ 26 III.	
BVerwGE 75, 34 (Hotelbau am Bodensee) – „Außenbereichsinsel" im Innenbereich	§ 26 IV.	
BVerfGE 76, 107 (Wilhelmshaven) – Verfassungsmäßigkeit der Einschränkung kommunaler Planungshoheit durch Raumordnungsprogramm	§ 12	C. Brodersen, JuS 1988, 734

Entscheidung in der amtlichen Sammlung/in Zeitschriften	Fundstelle im Buch	Besprechungen/ Anmerkungen
BVerwG, DVBl. 1987, 1273 (*Volksfürsorge*) – Konfliktbewältigung in der planerischen Abwägung	§ 17	W. *Hoppe*, NuR 1988, 6
BVerwGE 79, 200 – Mitwirkung befangener Gemeinderatsmitglieder bei Aufstellungsbeschluss	§ 15	U. *Bühler*, JA 1989, 160
BVerwGE 80, 184 – Umweltschützende Festsetzungen nach § 9 I Nr. 24 BauGB	§ 14	H. *Geiger*, BayVBl. 1989, 89
BVerwGE 80, 259 (*Trinkhalle*) – Zumutbarkeit von Lärmimmissionen bei bestandskräftiger Baugenehmigung	§ 24	P. *Selmer*, JuS 1989, 675
BVerwG, DVBl. 1989, 369 – Verbrennungsverbot durch Bebauungsplan	§ 14	P. *Selmer*, JuS 1990, 672
BVerwGE 81, 111 (*Bahnhofs-Fall*) – Bauplanerische Festsetzungen in planfestgestellten Gebieten	§ 13, § 26 II.	R. *Stich*, ZfBR 1992, 256
BVerwGE 84, 322 (*Zimmerei*) – § 34 Abs. 2 BauGB: Eigenart der näheren Umgebung	§ 26 IV.	M. *Krautzberger*, JZ 1991, 142
BVerwGE 89, 69 – Kein Drittschutz aus Art. 14 GG	§ 28	
BVerwG, DVBl. 1991, 445 – Abgrenzung zwischen zulässiger und unzulässiger „Negativplanung" der Gemeinde	§ 13	
BVerwGE 88, 191 – Kein Genehmigungsanspruch aus Art. 14 GG neben Landesbauordnungsrecht	§ 26 VII.	P. *Selmer*, JuS 1992, 440
BVerwGE 90, 96 – Gemeindeeigentum in der fachplanerischen Abwägung	§ 12	

Entscheidung in der amtlichen Sammlung/in Zeitschriften	Fundstelle im Buch	Besprechungen/ Anmerkungen
BVerwGE 90, 329 – Anpassungsgebot des § 1 Abs. 4 BauGB	§ 13	
BVerwGE 91, 234 *(Werbeanlage)* – Bauplanungsrechtlicher Begriff der baulichen Anlage	§ 26 II.	
BVerwGE 92, 56 *(Einheimischenmodell)* – Kein Festsetzungserfindungsrecht (§ 9 BauGB)	§ 15	*J. Aulehner*, JA 1994, 128 *H. Grziwotz*, DNotZ 1994, 69
BVerwGE 94, 151 *(Garage II)* – Gebietswahrungsanspruch	§ 28	*D. Mampel*, DVBl. 1994, 1053 *M. Bender*, JA 1994, 370 *H.-C. Sarnighausen*, NJW 1995, 502
BVerwGE 96, 95 *(Windenergie-Anlage)* – Planungserfordernis als öffentlicher Belang des § 35 Abs. 3 BauGB	§ 26 V.	*E. Taegen*, DVBl 1994, 1146 *W. Ewer*, SchlHA 1996, 192
BVerwGE 98, 235 – Gebot der Mittelwertbildung im Baugenehmigungsverfahren bei Immissionsbelastungen	§ 26 III.	*M. Uechtritz*, DVBl 1997, 347
BVerwGE 99, 351 *(Spielhalle)* – Entscheidungsgegenstand des Baugenehmigungsverfahrens/ Schlusspunkttheorie	§ 24	*P. Selmer*, JuS 1996, 467
BVerwGE 101, 364 *(Hamburger Baustufenpläne)* – Gebietswahrungsanspruch in allen Plänen	§ 28	*U. Niere*, DVBl. 1997, 65 *D. Mampel*, BauR 1998, 697
BVerwGE 106, 228 – Kein aktiver Bestandsschutz außerhalb der gesetzlichen Regelungen	§ 26 VII.	*P. Selmer*, JuS 1998, 851 *M. Erdemir*, JA 1999, 458

Entscheidung in der amtlichen Sammlung/in Zeitschriften	Fundstelle im Buch	Besprechungen/ Anmerkungen
BVerwGE 107, 215 – Drittschützende Wirkung des Abwägungsgebotes in der Normenkontrolle gegen Bebauungspläne	§ 21	*M. Schmidt-Preuß,* DVBl 1999, 103 *P. Selmer,* JuS 1999, 717 *P. Schütz,* NVwZ 1999, 929 *St. Muckel,* NVwZ 1999, 963
BVerwG, BauR 1999, 152 *(Kurhaus)* – Zumutbarkeit von Lärmimmissionen im Innenbereich	§ 26 IV.	*Th. Klindt,* IBR 1999, 79
BVerwGE 108, 71 – Funktionslose Bebauungspläne in der Normenkontrolle nach § 47 VwGO	§ 21	*R. Schwartmann,* UPR 1999, 214 *H.-J. Pabst,* ZfBR 1999, 244 *P. Selmer,* JuS 1999, 1028

Beispiel eines Bebauungsplans

Auszüge aus dem Bebauungsplan
Barmbek-Nord 7/Barmbek-Süd 6
der Freien und Hansestadt Hamburg
vom 20. Juni 1996

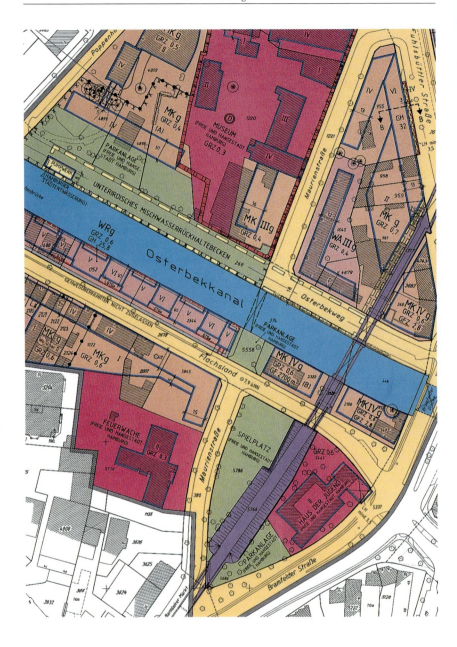

Barmbek-Nord 7 / Barmbek-Süd 6

Festsetzungen

▬▬▬	Grenze des räumlichen Geltungsbereichs des Bebauungsplans
WR	Reines Wohngebiet
WA	Allgemeines Wohngebiet
MK	Kerngebiet
z.B. (Wo) über II	Nur Wohnungen oberhalb eines bestimmten Vollgeschosses zulässig
z.B. GRZ 0,4	Grundflächenzahl als Höchstmaß
z.B. GF 2700m²	Geschoßfläche als Höchstmaß
GFZ	Geschoßflächenzahl
z.B. IV	Zahl der Vollgeschosse als Höchstmaß
S	Staffelgeschoß
z.B. GH 32	Gebäudehöhe als Höchstmaß über NN
g	Geschlossene Bauweise
▬▬▬	Baulinie
▬ ▬ ▬	Baugrenze
⋈⋈⋈	Arkaden
⋈	Brücken, Luftgeschoß
FD	Flachdach
GTGa	Fläche für Gemeinschaftstiefgaragen
▭	Umgrenzung der Grundstücke, für die GTGa bestimmt sind
▬	Fläche für den Gemeinbedarf
▭	Straßenverkehrsfläche
▨	Staßenverkehrsfläche besonderer Zweckbestimmung
▬▬▬	Straßenbegrenzungslinie
⊙	Straßenhöhe bezogen auf NN
▭	Fläche für die Abwasserbeseitigung
▭	Unterirdisches Mischwasserrückhaltebecken
▭	Grünfläche
▭	Mit Geh- und Fahrrechten zu belastende Flächen
—•—•—	Abgrenzung unterschiedlicher Festsetzungen
LH mind.	Lichte Höhe, als Mindestmaß
⊙	Erhaltung von Einzelbäumen
▭ D ▭	Denkmalschutz
z.B. (A)	Besondere Festsetzung (vergl. § 2)

Nachrichtliche Übernahmen

▭	Oberirdische Bahnanlage
▭	Wasserfläche

Kennzeichnungen

⋉⋊ ⋉⋊	Umgrenzung der Fläche, deren Böden erheblich mit umweltgefährdenden Stoffen belastet sind
▨	Vorhandene Gebäude
⋈	Begrenzung der unverbindlichen Vormerkung geplante Brücke

Hinweise

Maßgebend ist die Baunutzungsverordnung in der Fassung vom 23. Januar 1990 (Bundesgesetzblatt I Seite 133), zuletzt geändert am 22. April 1993 (Bundesgesetzblatt I Seiten 466, 479)

Längenmaße und Höhenangaben in Metern

Gesetz[1]
über den Bebauungsplan Barmbek-Nord 7/Barmbeck Süd 6
vom 20. Juni 1996
(Hamburgisches Gesetz- und Verordnungsblatt Seite 513)

§ 1

(1) Der Bebauungsplan Barmbek-Nord 7/Barmbeck-Süd 6 für den Geltungsbereich südlich des Wiesendamms zwischen Bramfelder Straße und Poppenhusenstraße (Bezirk Hamburg-Nord, Ortsteile 427 und 421) wird festgestellt.

Das Gebiet wird wie folgt begrenzt:

Hufnerstraße – Hufnerstraßenbrücke – Poppenhusenstraße – Wiesendamm – Fuhlsbüttler Straße – Ostgrenze des Flurstücks 1996 der Gemarkung Barmbek (Bahnanlagen) – Fuhlsbüttler Straße – Bramfelder Brücke – Bramfelder Straße – Barmbeker Markt – Maurienstraße – Süd- und Westgrenze des Flurstücks 5716, Südgrenzen der Flurstücke 1222, 2124, 2123, 2122, 2121 und 5603 der Gemarkung Barmbek.

(2) Das maßgebliche Stück des Bebauungsplans und die ihm beigegebene Begründung werden beim Staatsarchiv zu kostenfreier Einsicht für jedermann niedergelegt.

(3) Es wird auf folgendes hingewiesen:

1. Ein Abdruck des Plans und die Begründung können beim örtlich zuständigen Bezirksamt während der Dienststunden kostenfrei eingesehen werden. Soweit zusätzliche Abdrucke beim Bezirksamt vorhanden sind, können sie gegen Kostenerstattung erworben werden.

2. Wenn die in den §§ 39 bis 42 des Baugesetzbuchs in der Fassung vom 8. Dezember 1986 (Bundesgesetzblatt I Seite 2254), zuletzt geändert am 23. November 1994 (Bundesgesetzblatt I Seiten 3486, 3489), bezeichneten Vermögensnachteile eingetreten sind, kann ein Entschädigungsberechtigter Entschädigung verlangen. Er kann die Fälligkeit des Anspruchs dadurch herbeiführen, dass er die Leistung der Entschädigung schriftlich bei dem Entschädigungspflichtigen beantragt. Ein Entschädigungsanspruch erlischt, wenn nicht innerhalb von drei Jahren nach Ablauf des Kalenderjahres, in dem die in Satz 1 bezeichneten Vermögensnachteile eingetreten sind, die Fälligkeit des Anspruchs herbeigeführt wird.

3. Unbeachtlich sind

   a) eine Verletzung der in § 214 Absatz 1 Nummern 1 und 2 des Baugesetzbuchs bezeichneten Verfahrens- und Formvorschriften und

   b) Mängel der Abwägung,

   wenn sie nicht in den Fällen des Buchstabens a) innerhalb eines Jahres, in den Fällen des Buchstabens b) innerhalb von sieben Jahren seit dem Inkrafttreten des Bebauungsplans schriftlich gegenüber dem örtlich zuständigen Bezirksamt geltend gemacht worden sind; der Sachverhalt, der die Verletzung oder den Mangel begründen soll, ist darzulegen.

---

[1] Die Bebauungspläne werden im Stadtstaat Hamburg nicht – wie in den Flächenstaaten – als Satzung, sondern als Gesetz oder Rechtsverordnung erlassen (vgl. § 246 Abs. 2 BauGB auch für Berlin und Bremen).

§ 2

Für die Ausführung des Bebauungsplans gelten nachstehende Vorschriften:

1. Die in der Planzeichnung umgrenzte Gesamtlage der ehemaligen Gummiwarenfabrik auf den Flurstücken 1220 (teilweise) und 4636 der Gemarkung Barmbek westlich der Maurienstraße ist nach § 7 Absatz 2 des Denkmalschutzgesetzes vom 3. Dezember 1973 mit der Änderung vom 12. März 1984 (Hamburgisches Gesetz- und Verordnungsblatt 1973 Seite 466, 1984 Seiten 61, 63) dem Schutz dieses Gesetzes unterstellt.

2. In den Wohngebieten sind mit Ausnahme des östlich der Hufnerstraße liegenden Flurstücks 5603 Stellplätze nur in Tiefgaragen zulässig. Die nicht überbauten Flächen auf Tiefgaragen sind mit einer mindestens 50 cm starken durchwurzelbaren Überdeckung zu versehen und zu begrünen.

3. In den Wohngebieten entlang Flachsland, Hufnerstraße und Osterbekweg sind durch geeignete Grundrißgestaltung die Wohn- und Schlafräume, in den Kerngebieten entlang Bramfelder Straße, Fuhlsbüttler Straße, Hufnerstraße und der U-Bahn die Aufenthaltsräume den lärmabgewandten Gebäudeseiten zuzuordnen. Soweit die Anordnung der in Satz 1 genannten Räume an den lärmabgewandten Gebäudeseiten nicht möglich ist, muss für diese Räume ein ausreichender Lärmschutz durch bauliche Maßnahmen an Außentüren, Fenstern, Außenwänden und Dächern der Gebäude geschaffen werden.

4. In den Kerngebieten entlang der Fuhlsbüttler Straße sind Spielhallen und ähnliche Unternehmen im Sinne von § 33i der Gewerbeordnung, die der Aufstellung von Spielgeräten mit oder ohne Gewinnmöglichkeiten dienen, sowie Vorführ- und Geschäftsräume, deren Zweck auf Darstellungen oder auf Handlungen mit sexuellem Charakter ausgerichtet ist, unzulässig.

5. Auf der mit „(A)" bezeichneten Fläche des Kerngebiets an der Poppenhusenstraße sind nur Büro- und Verwaltungsgebäude zulässig.

6. In den Kerngebieten sind Tankstellen im Zusammenhang mit Parkhäusern und Großgaragen unzulässig, Ausnahmen für sonstige Tankstellen werden ausgeschlossen.

7. In dem mit „(B)" bezeichneten Kerngebiet sind Wohnungen bis zu 20 vom Hundert (v.H.) der festgesetzten Geschossfläche zulässig.

8. Im Kerngebiet südlich Flachsland sind die Dachflächen der eingeschossigen Gebäudeteile als Flachdächer herzustellen und mit einer extensiven Begrünung auf einer mindestens 5 cm starken durchwurzelbaren Überdeckung zu versehen.

9. Das festgesetzte Geh- und Fahrrecht umfaßt die Befugnis der Freien und Hansestadt Hamburg, einen allgemein zugänglichen Weg anzulegen und zu unterhalten.

10. In den Baugebieten mit Ausnahme des Kerngebiets östlich der Fuhlsbüttler Straße sind mindestens 20 v.H. der Grundstücksflächen mit Bäumen und Sträuchern zu begrünen.

11. Für die zu erhaltenden Bäume sind bei Abgang Ersatzpflanzungen vorzunehmen.

12. Auf Stellplatzanlagen ist für je vier Stellplätze ein Baum zu pflanzen.

13. Für Pflanzungen sind einheimische, standortgerechte Laubbäume und Sträucher zu verwenden. Bäume müssen einen Stammumfang von mindestens 18 cm in 1 m Höhe über dem Erdboden aufweisen. Im Kronenbereich der Bäume ist eine Vegetationsfläche von mindestens 12 m² je Baum anzulegen. Außerhalb von öffentlichen Straßenverkehrsflächen sind Geländeaufhöhungen oder Abgrabungen im Kronenbereich dieser Bäume unzulässig.

§ 3

Für das Plangebiet werden die bisher bestehenden Bebauungspläne aufgehoben.

Auszüge aus der
Begründung
zum Bebauungsplan Barmbek-Nord 7/Barmbek-Süd 6

1. **Grundlage und Verfahrensablauf**

   Grundlage des Bebauungsplans ist das Baugesetzbuch in der Fassung vom 8. Dezember 1986 (Bundesgesetzblatt I Seite 2254), zuletzt geändert am 23. November 1994 (Bundesgesetzblatt I Seiten 3486, 3489). In Erweiterung der städtebaulichen Festsetzungen enthält der Bebauungsplan naturschutzrechtliche Festsetzungen. Der Bebauungsplan enthält außerdem Festsetzungen zur Unterschutzstellung nach dem Denkmalschutzgesetz.

   Das Planverfahren wurde durch den Aufstellungsbeschluss N 4/91 vom 15. November 1991 mit der Ergänzung vom 2. März 1992 (Amtlicher Anzeiger 1991 Seite 2349, 1992 Seite 414) eingeleitet. Die Bürgerbeteiligung mit öffentlicher Unterrichtung und Erörterung und die öffentliche Auslegung des Plans haben nach den Bekanntmachungen vom 20. Februar 1992 und 16. Dezember 1994 (Amtlicher Anzeiger 1992 Seite 343, 1994 Seite 2797) stattgefunden.

2. **Inhalt des Flächennutzungsplans**

   Der Flächennutzungsplan für die Freie und Hansestadt Hamburg vom 21. Dezember 1973 (Hamburgisches Gesetz- und Verordnungsblatt Seite 542) stellt für den Geltungsbereich des Bebauungsplans gemischte Bauflächen mit dem Symbol Rathaus, Bezirksamt, Gericht (nördlich des Osterbekkanals), eine Autobahn oder autobahnähnliche Straße sowie zwei Schnellbahnlinien dar. Die Hufnerstraße, Fuhlsbüttler Straße und Bramfelder Straße sind als Hauptverkehrsstraßen hervorgehoben.

3. **Anlass der Planung**

   Mit dem Bebauungsplan sollen die planungsrechtlichen Voraussetzungen für die städtebauliche Neuordnung auf der Grundlage der Ergebnisse eines 1990 durchgeführten städtebaulichen Wettbewerbs geschaffen werden. Es sollen die planungsrechtlichen Voraussetzungen zur Realisierung neuer Standorte für eine Wohnnutzung nördlich der Straße Flachsland, Büro- und Gewerbenutzungen der Dienstleistungsbranche (Wiesendamm, Fuhlsbüttler Straße, Maurienstraße) sowie eines Ortsamtes (Poppenhusenstraße/Osterbekweg) bzw. zur Sicherung und Erweiterung bestehender Standorte von Wohnnutzungen, Büro- und Gewerbenutzungen der Dienstleistungsbranche sowie von Gemeinbedarfseinrichtungen geschaffen werden. (...)

4. **Angaben zum Bestand**

   (...)

5. **Planinhalt**

5.1 **Reines Wohngebiet**

   Nördlich der Straße Flachsland ist eine fünf- bis sechsgeschossige enge straßenparallele Randbebauung in geschlossener Bauweise festgesetzt. Mit der Festsetzung soll das Ergebnis des städtebaulichen Wettbewerbs planungsrechtlich abgesichert werden. Durch die Schaffung von ca. 150 Wohnungen wird ein Teil des Bedarfs an dringend erforderlichem Wohnraum in zentraler Lage mit guter Infrastruktur abgedeckt. Die enge, rhythmisierte Baukörperausweisung soll den städtebaulichen und gestalterischen Rahmen auf der Grundlage des Wettbewerbsergebnisses vorgeben. Mit der aufgrund der genannten städtebaulichen Erfordernisse festgesetzten Grundflächenzahl von 0,6 und der hohen Geschossflächenzahl von 3,6 werden die zulässigen Obergrenzen des Maßes der baulichen Nutzung gemäß § 17 Absatz 1 der Baunutzungsverordnung in der Fassung vom 23. Januar 1990 (Bundesgesetzblatt I Seite 133), zuletzt geändert am 22. April 1993 (Bundesgesetzblatt I Seiten 466, 479), überschritten. Ausgeglichen wird die Überschreitung u. a. durch die hohe Freiflächenqualität des Osterbekkanals mit Blickbeziehung zum nördlich gegenüberliegenden Park und Museum, so dass die allgemeinen Anforderungen an gesunde Wohn- und Arbeitsverhältnisse nicht beeinträchtigt, nachteilige Auswirkungen auf die Umwelt vermieden und durch die Unterbringung der Stellplätze ausschließlich in Tiefgaragen die Bedürfnisse des Verkehrs befriedigt werden. Sonstige öffentliche Belange stehen nicht entgegen. (…)

5.2 **Allgemeines Wohngebiet**

An der Hufnerstraße ist auf dem Flurstück 5603 eine viergeschossige, geschlossene, straßenparallele Randbebauung festgesetzt. Damit soll die vorhandene Wohnbebauung planungsrechtlich abgesichert werden. (…)

5.3 **Kerngebiet**

(…)

Nördlich und südlich des Osterbekkanals, in den Eckbereichen Fuhlsbüttler Straße/Osterbekweg und Flachsland/Bramfelder Straße sowie westlich der Bahntrasse auf dem Flurstück 3322 ist viergeschossiges Kerngebiet in geschlossener Bauweise im Rahmen einer Flächenausweisung mit einer Grundflächenzahl von 0,6 und einer Geschossflächenzahl von 2,8 bzw. einer Geschossfläche von 2.700 m² in Anlehnung an das städtebauliche Wettbewerbsergebnis festgesetzt. Mit der Festsetzung soll die durch hohen Verkehrslärm belastete vorhandene Wohnbebauung östlich der Bahntrasse langfristig zum Kerngebiet umstrukturiert werden (vgl. Ziffer 5.11). Eine Ausweisung als Wohngebiet ist aufgrund des starken Verkehrslärms durch Straße und Bahn und der örtlichen Situation, die keine lärmabgewandten Bereiche ermöglicht, nicht vertretbar. Mit der Kerngebietsausweisung westlich der Bahntrasse auf dem Flurstück 3322 soll vorrangig Rücksicht auf die vorhandene gewerbliche Nutzung genommen werden. In § 2 Nummer 7 ist bestimmt, dass in dem mit „(B)" bezeichneten Kerngebiet Wohnungen bis zu 20 vom Hundert (v.H.) der festgesetzten Geschossfläche zulässig sind. Damit wird für dieses Kerngebiet die Möglichkeit eines angemessenen Wohnanteils eröffnet. Mit der Realisierung der Bebauung soll auf eine Nutzungsverteilung hingewirkt werden, die eine Anordnung der Wohnflächen im westlichen Teil dieses Kerngebiets mit Orientierung zur angrenzenden Grünfläche und zum Osterbekkanal vorsieht. Damit können die sich aus dem Straßen- und Bahnverkehr ergebenden Immissionsbelastungen der Wohnnutzung in vertretbaren Grenzen gahalten werden. In § 2 Nummer 4 wird festgesetzt, dass in den Kerngebieten entlang der Fuhlsbüttler Straße Spielhallen und ähnliche Unternehmen im Sinne von § 33 i der Gewerbeordnung, die der Aufstellung von Spielgeräten mit oder ohne Gewinnmöglichkeit dienen, sowie Vorführ- und Geschäftsräume, deren Zweck auf Darstellung oder Handlungen mit sexuellem Charakter ausgerichtet ist, unzulässig sind. Der nördliche Teil der Fuhlsbüttler

Straße zwischen dem Barmbeker Bahnhof und der Hermann-Kauffmann-Straße (außerhalb des Plangebiets) stellt den zentralen Einkaufsbereich für Barmbek dar. Hier wurden erhebliche Anstrengungen unternommen, um diesen zentralen Standort zu entwickeln.

Durch die getroffene Festsetzung wird die städtebauliche Zielsetzung verfolgt, die südlich des Barmbeker Bahnhofs angestrebte Entwicklung zu einem attraktiven Ortszentrum mit Anbindung an den nördlichen Einkaufsbereich der Fuhlsbüttler Straße durch zentrumsschädigende Nutzungen und Betriebsformen nicht zu gefährden. Grundsätzlich besteht die Gefahr, dass Einzelhandelsgeschäfte und Dienstleistungsbetriebe durch die Ansiedlung von Spielhallen und ähnlichen Unternehmen verdrängt werden, da insbesondere die Betreiber von Spielhallen in der Lage sind, höhere Mieten bzw. Pachten zu zahlen als andere Unternehmen, weil derartige Betriebe vielfach nicht an Ladenschlußzeiten gebunden sind und wenig personalintensiv geführt werden. Jede Verkaufsflächenverdrängung durch Umnutzung, insbesondere durch Spielhallen und ähnliche Unternehmen, stellt einen Verlust für den Einkaufsbereich dar und führt zu einer nachteiligen Strukturveränderung mit starkem Niveau- und Attraktivitätsverlust sowie negativen Auswirkungen auf die Gestaltung der Gebäude. Der Ausschluss der genannten Einrichtungen ist deshalb sowohl unter Beachtung der Bedürfnisse der Bevölkerung als auch der Belange der Wirtschaft geboten.

In § 2 Nummer 6 ist festgesetzt, dass in den Kerngebieten Tankstellen im Zusammenhang mit Parkhäusern und Großgaragen unzulässig sind. Ausnahmen für sonstige Tankstellen werden ausgeschlossen. Damit soll in den Kerngebieten entlang Flachsland und der Maurienstraße der mit einem Tankstellenbetrieb verbundene erhebliche Zu- und Abfahrtsverkehr in Nachbarschaft zu den Wohngebieten vermieden werden. Außerdem sollen in den Kerngebieten an der Fuhlsbüttler Straße weitere die Attraktivität des Einkaufsbereichs schädigende städtebauliche Auswirkungen verhindert werden.

5.4 Fläche für den Gemeinbedarf

(…)

5.4.1 Museum

Im Eckbereich Poppenhusenstraße/Wiesendamm ist eine dem vorhandenen Rundbunker angepaßte Baukörperform mit zweigeschossiger Erweiterungsmöglichkeit und der Zweckbestimmung „Museum" festgesetzt. Hier soll ein Heimatmuseum als stadtteilbezogene Ergänzung zum südlich des Bunkers gelegenen Museum der Arbeit eingerichtet werden. (…)

5.4.2 Feuerwache

(…)

5.4.3 Haus der Jugend

(…)

5.5 Straßenverkehrsflächen/Marktfläche

(…)

5.6 Fläche für die Abwasserbeseitigung, Mischwasserrückhaltebecken

(...)

5.7 Grünflächen

(...)

5.8 Baumschutz und Begrünungsmaßnahmen

(...)

5.9 Denkmalschutz

(...)

5.10 Bodenverunreinigungen

(...)

5.11 Lärmschutz

Aufgrund der starken Verkehrsbelastungen der Bramfelder Straße, Fuhlsbüttler Straße und der Hufnerstraße sowie der Belastung durch die U-Bahn muß mit Lärmimmissionen für die angrenzenden Wohnflächen gerechnet werden. Gemäß der für das Plangebiet erstellten lärmtechnischen Untersuchung vom Juni 1994 ist geprüft worden, welche Schutzmaßnahmen für die angrenzende Bebauung geeignet sind, um zu einem unter Berücksichtigung dieser Vorbelastung zumutbaren und erträglichen Lärmwert zu gelangen. Danach ist eine Veränderung in der Trassenführung dieser verkehrlich übergeordneten Straßen sowie der Hochbahn nicht möglich. Auch aktive Lärmschutzmaßnahmen wie z.B. die Anlage von Wällen oder Wänden sind wegen der in diesem räumlich begrenzten Abschnitt nicht verfügbaren Flächen sowie aus Gründen der Stadtbildgestaltung nicht zu vertreten.

Die von den Lärmquellen umschlossene vorhandene Wohnbebauung zwischen der Bramfelder Straße/Fuhlsbüttler Straße und der U-Bahn nördlich und südlich des Osterbekkanals kann nicht mehr als Wohngebiet planungsrechtlich gesichert werden, da hier die Immissionsgrenzwerte deutlich überschritten werden und die Möglichkeit zur Schaffung von lärmabgewandten Gebäudeseiten fehlt. Deshalb wird in diesen Bereichen Kerngebiet festgesetzt.

Für die geplanten und vorhandenen Gebäude in den Bereichen Flachsland, Hufnerstraße und Osterbekweg kann ein wirksamer Schutz gegen den Verkehrslärm nur durch passive Lärmschutzmaßnahmen an den Gebäuden erreicht werden. In § 2 Nummer 3 wird deshalb festgesetzt, dass in den Wohngebieten entlang Flachsland, Hufnerstraße und Osterbekweg durch geeignete Grundrissgestaltung die Wohn- und Schlafräume, in den Kerngebieten entlang Bramfelder Straße, Fuhlsbüttler Straße, Hufnerstraße und der U-Bahn die Aufenthaltsräume den lärmabgewandten Gebäudeseiten zuzuordnen sind. Soweit die Anordnung der in Satz 1 genannten Räume an den lärmabgewandten Gebäudeseiten nicht möglich ist, muss für diese Räume ein ausreichender Lärmschutz durch bauliche Maßnahmen an Außentüren, Fenstern, Außenwänden und Dächern der Gebäude geschaffen werden. Durch diese Festsetzung wird die bauordnungsrechtliche Forderung des § 18 Absatz 2 der Hamburgischen Bauordnung nicht berührt. Danach müssen Gebäude einen ihrer Nutzung entsprechenden Schallschutz gegen Innen- und Außenlärm haben.

Für die im Baugenehmigungsverfahren zu stellenden Anforderungen sind die Technischen Baubestimmungen – Schallschutz – vom 10. Januar 1991 mit der Änderung vom 28. September 1993 (Amtlicher Anzeiger 1991 Seite 281, 1993 Seite 2121) maßgebend.

5.12 **Bauschutzbereich des Flughafens Fuhlsbüttel**

(...)

5.13 **Wasserflächen**

Die im Plangebiet befindliche Fläche des Osterbekkanals wird dem Bestand entsprechend nachrichtlich in den Bebauungsplan übernommen.

5.14 **Fläche für Bahnanlagen**

Die im östlichen Bereich des Plangebiets verlaufende oberirdische und teilweise hochliegende Bahnanlage wird bestandsgemäß nachrichtlich in den Bebauungsplan übernommen.

5.15 **Beeinträchtigungen von Natur und Landschaft**

Durch den Bebauungsplan wird in vielen Teilen des Plangebiets der Bestand gesichert, in anderen Teilen eine Verdichtung auf bereits bebauten oder versiegelten Flächen ermöglicht, so dass in weiten Bereichen keine zusätzlichen erheblichen Beeinträchtigungen des Naturhaushalts und Landschaftsbildes zu erwarten sind. An einigen Stellen des Plangebiets ergeben sich jedoch Änderungen der bestehenden Situation, die für die Belange von Naturschutz und Landschaftspflege relevant sind.

Nördlich der Straße Flachsland soll eine Wohnbebauung entstehen, die einschließlich der Tiefgarage zu einer Bebauung der Flächen in einer Größenordnung von ca. 80 v.H. führen wird. Durch die Festsetzung einer 50 cm starken Bodenüberdeckung gemäß § 2 Nummer 2 wird sichergestellt, dass die geringen Freiflächen bepflanzt werden können. Weitere Bestimmungen über Begrünungsmaßnahmen sind hier nicht umsetzbar. Würde z.B. die Bebauungstiefe verringert, so wäre der schmale Grundstücksstreifen nicht sinnvoll bebaubar. Die Flurstücke 1752 und 2344 sind zur Zeit kaum bewachsen, aber unversiegelt. Durch die Bebauung wird es zu einer Beeinträchtigung der Bodenfunktionen kommen. Zum Ausgleich werden die als Grünanlage nördlich des Osterbekkanals ausgewiesenen Bereiche entsiegelt.

7. **Aufhebung bestehender Pläne**

(...)

8. **Flächen- und Kostenangaben**

(...)

9. **Maßnahmen zur Verwirklichung**

(...)

Stichwortverzeichnis

A

Abfallentsorgung § 25, 29
Abgrenzungssatzung § 26, 51
Abrissverfügung § 42, 41; § 27, 22 ff.
Abrundungssatzung § 26, 51
Abstandsflächen § 25, 16 ff.
– Nachbarschutz § 28, 39
Abstandsregelungen § 25, 15
Abstimmung raumbedeutsamer Planungen und Maßnahmen § 7, 10
Abstimmungspflicht § 1, 33
Abstrakte Normenkontrolle s. Normenkontrolle
Abwägung § 12, 15 ff.; § 13, 13 ff.; § 15, 37 ff.; § 17, 1 ff.; § 18, 13 ff.; § 21, 10 ff., 23 ff.
– Abwägungsausfall § 17, 14 ff., 20 ff.
– Abwägungsdefizit § 17, 14 ff., 26 ff.
– Abwägungsdisproportionalität § 17, 14 ff., 31 ff.; § 21, 29
– Abwägungsergebnis § 17, 62 ff.; § 18, 14 ff.; § 21, 23, 27 ff.
– Abwägungsfehleinschätzung § 17, 14 ff., 39; § 21, 29
– Abwägungsfehler § 18, 9, 20 ff.; § 21, 28 ff.
– Abwägungsfreiheit § 12, 20
– Abwägungsgebot, rechtsstaatliches § 17, 1 ff., 14 ff., 62 ff.; § 21, 28 ff.
– Abwägungsschranken § 17, 71 ff.
– Abwägungsvorgang § 17, 21, 62 ff.; § 18, 14 ff.; § 21, 23, 26 ff.
– Begrenzung der planerischen Gestaltungsfreiheit § 12, 20
– Bindung an Gerechtigkeitsanforderungen § 12, 20
– drittschützender Charakter § 21, 10 ff.
– Ermittlungspflicht § 17, 29
– von Raumordnungsgrundsätzen § 3, 10, 22
– und Ziele der Raumordnung § 3, 21 f.
Abwasserbeseitigung § 25, 29
Abweichungen § 14, 18; § 15, 23 f.; § 25, 35 f.; § 26, 36 f.
– Abweichungsverfahren § 3, 52 f.
– s. a. Ausnahmen und Befreiungen

Achse § 3, 29
Aktiver Immissionsschutz § 14, 30
Allgemein anerkannte Regeln der Technik § 25, 10 ff.
Allgemeine bauaufsichtliche Zulassung § 25, 22
Allgemeines Wohngebiet § 14, 17 f.
Allgemeinheit, Wohl der s. Wohl der Allgemeinheit
Altlasten § 14, 43 f.; § 17, 27, 67 f.; § 24, 27 f.
– drittgerichtete Amtspflicht der Gemeinden § 14, 43
– Kennzeichnungspflicht für kontaminierte Flächen § 14, 44
Altrecht § 19, 27
Amtshaftung § 14, 43; § 17, 27; § 19, 17 ff.
Amtspflichtverletzung § 24, 44
– s. a. Amtshaftung
Anfechtungsklage § 7, 7; § 9, 18
Angelegenheit der örtlichen Gemeinschaft (s. Selbstverwaltungsangelegenheiten)
Anhörung § 12, 11, 13 ff.; § 15, 30
Anlage, bauliche § 24, 1 ff.; § 25, 3 ff., 28; § 26, 10 ff.
Anpassung an Ziele der Raumordnung § 3, 41; § 8, 4 ff.
Anpassungsgebot § 12, 26 ff.; § 13, 9 ff.
– Anzeigevorbehalt § 13, 15
– Genehmigungsvorbehalt § 13, 15
– Kommunalaufsicht § 13, 15
– an überörtliche Fachplanungen § 13, 16 ff.
Anpassungspflicht § 13, 9 ff.; § 27, 11 ff.
– Auslösung durch landesplanerische Zielsetzungen § 13, 12 ff.
– bestehender Anlagen an neues Bauordnungsrecht § 27, 11 f.
– bestehender Anlagen an neues Bauplanungsrecht § 27, 13 f.
– an neue Entwicklungen und Erkenntnisse § 27, 17 ff.
– als Pflicht zur erstmaligen Aufstellung eines Bauleitplanes § 8, 5 f.; § 13, 10
Anspruchsposition, eigentumskräftig verfestigte § 26, 106 ff.
Anzeigepflicht s. Bebauungsplan

461

Anzeigeverfahren § 24, 38 ff.
Arbeitsgemeinschaft der Landesplanungsstellen § 2, 4
Atypik § 26, 38 f.
– s. a. Befreiungen
Aufenthaltsräume § 25, 30; § 27, 29
Aufgabenkern
§ 12, 1 ff.
Aufstellungsbeschluss § 15, 2 ff.
– bei Veränderungssperre § 16, 3
Ausgleichsbetrag, Stellplätze § 25, 33
Ausgleichsflächen § 14, 41
Auskunftspflicht § 4, 8
Auslegungsverfahren § 15, 4 ff.
– Bürgerbeteiligung § 15, 3
– Fehlerunbeachtlichkeit § 15, 34
– Planänderung § 15, 31 f.
– Planungsverfahren § 15, 4
Ausnahmen § 25, 35 ff.; § 26, 23 ff.
– Anspruch auf Baugenehmigung § 24, 27
– Bauanzeigeverfahren § 24, 38
– Beteiligung der Nachbarn § 24, 7
– von Festsetzungen im B-Plan § 12, 17
– Veränderungssperre § 16, 11 f.
Ausnutzung, bauliche § 25, 15
Außenbereich § 26, 57 ff.
– Drittschutz
§ 28, 16, 28, 36
– s. a. Vorhaben
Außenkoordination § 26, 92, 98
Außenverbindlichkeit des Bebauungsplans § 14, 5
– s. a. Bebauungsplan
Außenwerbung, Anlage der § 25, 26
Aussetzung der Entscheidung über ein Baugesuch § 16, 12
– s. a. Veränderungssperre
Ausstattung baulicher Anlagen, notwendige § 25, 28

B

Bauantrag § 24, 6 ff.
– Behandlung des Bauantrags § 24, 8
– Genehmigungsfiktion § 24, 36
Bauantragsgebot § 20, 6
Bauanzeigeverfahren s. Anzeigeverfahren
Bauaufsicht § 11, 11; § 27
– im Konflikt mit der gemeindlichen Planungshoheit § 12, 16

– technische Baubestimmungen § 25, 14
– Überwachungsmaßnahmen, Bauüberwachung § 24, 2
Bauaufsichtliche Zulassung § 25, 22
– s. a. Bauprodukte
Bauausführung, Anforderungen an die
§ 25, 19
Baubestimmungen, technische § 25, 14
BauGB-MaßnahmenG § 22, 3, 9
Baugebiete § 14, 17 ff.
– allgemeines Wohngebiet § 14, 17
– Aufhebung der zulässigen Nutzung § 19, 13
– baugebietsorientierter Zulässigkeitstatbestand § 26, 68
– nach der BauNVO § 14, 16 ff.; § 26, 21 ff.
– Immissionsniveau § 26, 37 ff.
– Industriegebiet § 14, 19, 38
– Kerngebiet § 26, 21
– Mischgebiet § 26, 30; § 28, 54
– Nachbarschutz § 28, 30 ff.
– Rücksichtnahme auf die Eigenart des Baugebiets § 26, 27
– reines Wohngebiet § 26, 21 f.
Baugebietsorientierter Zulässigkeitstatbestand § 26, 68
Baugebot § 20, 3 ff.
– s. a. Städtebaurecht
Baugenehmigung § 24, 3 ff.
– Anpassung an neues Recht § 27, 11 ff.
– Anspruch § 24, 26 ff.
– bauordnungsrechtliche Zulässigkeitstatbestand § 25
– bauplanungsrechtliche Zulässigkeitstatbestände § 26
– Dritt- und Nachbarschutz nach der Deregulierung § 28, 3, 45
– Erlöschen § 24, 29
– Fachplanung, Voraussetzungen § 12, 24
– Frist § 24, 29
– Genehmigungsfiktion § 24, 36
– Konzentrationswirkung § 24, 14, 18 ff.
– Legalisierungswirkung § 24, 37, 41 f.; § 27, 22
– nachträgliche Anforderungen § 27, 17 ff.
– Rücknahme § 19, 21; § 24, 34
– Verfahren s. Baugenehmigungsverfahren

Stichwortverzeichnis

- Verhältnis zum Bebauungsplan
  s. Gebot der Konfliktbewältigung
- Widerruf § 24, **31, 34**
- zuständige Behörden § 24, **9 ff.**
- s. a. Teilbaugenehmigung, Vorbescheid

Baugenehmigungsbehörde § 24, **9 ff.**
- Außenverbindlichkeit der Entscheidung § 24, **15**

Baugenehmigungsverfahren § 24, **5 ff.**
- Anzeigeverfahren § 24, **38 ff.**
- Einleitung des Verfahrens § 24, **6**
- Gebot der Konfliktbewältigung § 17, **56**
- parallele Gestattungsverfahren § 24, **25 ff.**
- vereinfachtes Genehmigungsverfahren § 24, **35 ff.**
- verfahrensfreie Vorhaben § 24, **44**
- zuständige Behörden § 24, **9 ff., 25 ff.**
- s. a. Baugenehmigung

Baugestaltung § 25, **29**
Baugesuche § 24, **11**
- Aussetzung der Entscheidung § 16, **12**
- Veränderungssperre und Zurückstellung § 16, **1 ff.**
- s. a. Bauantrag

Baugrenze § 14, **24**; § 18, **16**
- bauliche Ausnutzung von Grundstücken § 25, **15**

Baukörperausweisung § 14, **24**
Baulandbeschaffung, vereinfachte § 26, **51, 55**
Baulast § 25, **42 ff.**
- Abstandsflächen § 25, **18**
- bzgl. bauplanungsrechtlicher Voraussetzungen § 25, **43**

Baulastenverzeichnis § 25, **42**
Bauleitplan § 1, **22, 26**; § 7, **19**; § 8, **4**; § 9, **21**
- Erläuterungsbericht § 15, **5**
- fehlerhafter § 12, **33**; § 18; § 21, **22 ff.**
- (inzidente) Kontrolle s. Normenkontrolle, abstrakte
- Rechtswirksamkeit § 18; § 21, **28 ff.**
- verbindlicher § 11, **3**; § 14, **5 ff.**
- vorbereitender § 14, **2 ff.**
- s. a. Bebauungs- und Flächennutzungsplan

Bauleitplanung
- Anpassung an privilegierte Fachplanungen § 13, **16 ff.**

- Beschleunigung § 11, **16 f.**; § 15, **22**; § 22, **2**
- Erforderlichkeit § 13, **1 ff.**
- Formen der § 14, **1 ff.**
- Gegenstand und Aufgaben § 11, **1 ff.**
- Geschichte der § 11, **8 ff.**
- Leitungsfunktion § 13, **4**
- Rechtsaufsicht § 15, **5, 22, 34**; § 21, **1**
- Sicherung der § 16
- vertragliche Verpflichtung § 13, **26**
- Vorbereitungsfunktion § 13, **4**
- s. a. Planungshoheit der Gemeinde

Bauleitplanverfahren § 15
- Aufstellungsbeschluss § 15, **2 f.**; § 16, **3**
- Auslegungsverfahren § 15, **4, 31 ff.**
- Bekanntmachung § 15, **6**
- Planreife § 19, **9**; § 26, **104**
- Satzungsbeschluss § 14, **11**; § 15, **3**
- s. a. Beteiligung

Bauliche Anlagen § 25, **3 ff.**; § 26, **11**
- s. a. Vorhaben

Bauliche Ausnutzung des Grundstücks § 24, **17**
bauliche Gestaltung § 25, **29**
bauliche Nutzung, Festsetzung der § 14, **16 ff.**
Baulinie § 14, **23 ff.**; § 25, **15**
Baumassenzahl § 14, **21**
Baunutzungsverordnung (BauNVO) § 14, **16 ff.**
Bauordnungsrechtliche Generalklausel § 25, **9 ff., 32**
- bauordnungsrechtliche Befugnisgeneralklausel § 27, **2**

bauplanungsrechtliche Bebaubarkeit § 24, **30**
- s. a. Vorbescheid

bauplanungsrechtliche Genehmigungsvoraussetzungen § 26
Bauplanungsverträge, verpflichtende § 13, **26**
Baupolizeirecht § 11, **8**; § 24, **1**
Bauprodukte, Bauproduktegesetz § 25, **20 ff.**; § 27, **6 f.**
BauROG § 11, **5 ff., 19**; § 14, **25**
- Atypik § 26, **40**
- Naturschutz § 17, **41**
Baustoffe, neue § 25, **20 ff.**
Baustufenplan § 28, **33**
Bauteile, neue § 25, **20 ff.**
Bauüberwachung § 27, **6 ff.**

463

Bauvorlagen § 24, 6
- im Anzeigeverfahren § 24, 38
- im vereinfachten Genehmigungsverfahren § 24, 35
Bauvorbescheid s. Vorbescheid
Bauweise § 14, 23 ff.
Bauwich § 14, 23; § 25, 15
Beachtenspflicht § 3, 40 ff.; § 7, 19
Bebaubarkeit, bauplanungsrechtliche s. Vorbescheid
- Bestandsschutz § 26, 111
Bebauungsgenehmigung s. Vorbescheid
Bebauungsplan, -planung (s. auch Bauleitplan) § 1, 26
- (abstrakte) Normenkontrolle § 21
- Altlasten § 14, 43 f.; § 17, 27, 67
- Anzeige bei der höheren Verwaltungsbehörde § 15, 5
- Aufstellungsbeschluss § 15, 2 f.; § 16, 3
- Außenverbindlichkeit § 14, 5 ff.
- Bekanntmachung § 15, 6
- Begründung § 15, 5
- einfacher § 26, 20, 60, 74
- Entwicklung aus dem Flächennutzungsplan § 14, 1, 8; § 15, 21 ff.
- Fehlerhaftigkeit § 18, 1 ff.; § 21, 22 ff.
- Fehlerrüge durch den Bürger § 18, 20 ff.; § 21
- Funktionslosigkeit § 18, 39 ff.
- Geltungsbereich eines zukünftigen § 26, 102 ff.
- Gleichzeitigkeit mit Flächennutzungsplan § 15, 1 ff.
- inzidente Verwerfung § 21, 22
- nachteilige Festsetzungen, Ansprüche § 19, 15 ff.
- Nichtigkeit § 17, 69; § 18, 1 ff., 25, 39 ff.
- Nutzungsaufhebung und -änderung § 19, 11 ff.
- qualifizierter § 26, 20 ff.
- Rechtsform § 14, 5 f.
- Rechtsverbindlichkeit § 14, 5
- übergeleitete § 21, 7; § 26, 20
- Verfahren der Aufstellung s. Bauleitplanverfahren
- Verhältnis zum Flächennutzungsplan § 15, 21 ff.
- Verknüpfung mit Landschaftsplanung s. Naturschutz
- vorzeitiger § 15, 1, 5

- s. a. Ausnahmen und Befreiungen, Immissions-, Natur- und Umweltschutz
Bebauungsplangarantieverträge § 13, 29
Bebauungsplanung, Verfahren s. Bauleitplanverfahren
Bebauungsplanverträge § 13, 27
Bebauungstiefe § 14, 2, 24; § 25, 15
Bebauungszusammenhang § 26, 51, 57 ff.
Befreiungen § 24, 27, 35, 38; § 25, 35 ff.; § 26, 36 ff., 71 ff.
- Einvernehmen der Gemeinde § 12, 21; § 24, 8
- Drittschutz § 28, 23
Begründbarkeitskontrolle, plankonservierende § 17, 63 ff.; § 21, 30
- s. a. Abwägungsergebnis
Begründung § 15, 5
Begründungskontrolle § 17, 63
Behandlung des Bauantrags § 24, 8
Beirat § 7, 31
Belange, öffentliche § 11, 7; § 17
- des Naturschutzes und der Landschaftspflege § 14, 25, 35 ff.
- im Außenbereich § 14, 4; § 26, 75 ff., 93 ff.
- in der Abwägung § 17
- städtebauliche § 12, 15 ff.; § 13, 14 ff.
- Träger § 15, 4
Bepflanzungsgebot § 25, 32
Beratungswesen § 4, 8
Berichtswesen § 4, 8
Berlin s. Hauptstadtplanung
Berliner Modell s. Parkraummanagement
Beschleunigungseffekt § 24, 44
Bestandskraftregelung § 11, 25; § 18, 24
Bestandsschutz § 26, 106 ff., 115 ff.
- aktiver § 26, 106 ff.
- Anpassung an neue Rechtslage § 19, 2
- Bestandsgarantie § 26, 113
- einfacher § 26, 107 f.
- passiver § 26, 106; § 27, 10 ff.
- überwirkender § 26, 107, 110
- Veränderungssperre § 16, 10
Bestimmtheit § 8, 9 ff.
Bestimmtheitsgebot, rechtsstaatliches § 21, 25
Beteiligung
- der Bürger § 5, 8; § 6, 3, 94; § 7, 16; § 15, 4, 11 ff., 26 ff.
- der Fachplanungsträger § 13, 18

- der Gemeinde/Kommune § 8, 3; § 12, 13, 15; § 15, 4
- der Nachbarn § 23, 7; § 24, 7
- der Nachbarstaaten § 15, 4
- der sachnäheren Behörde/Fachbehörde § 24, 7 ff.
- der Träger öffentlicher Belange § 15, 4

Beurteilung, raumordnerische/landesplanerische § 7, 18
Bezirksplanungsbehörde § 6, 56
Bezirksplanungsrat § 5, 50; § 6, 56 ff.
Bindungswirkung
- des Bundesraumordnungsprogramms § 4, 3
- der Kreisentwicklungsplanung § 1, 25
- der Planfeststellung § 1, 19
- der Raumordnungsplanung § 1, 9; § 1, 23
- gegenüber Gemeinden § 5, 8; § 8, 3 ff.
- gegenüber Privaten § 3, 1, 11 ff., 44 ff.; § 9, 2
- von Grundsätzen der Raumordnung § 3, 9 ff.
- von sonstigen Erfordernissen der Raumordnung § 3, 60
- von Teilplanungen § 5, 5
- von Zielen der Raumordnung § 3, 39 ff.

Binnenkoordination § 26, 98
Bodenordnung § 11, 9; § 20, 13
Bodenrecht § 1, 7, 23
Bodenschutz § 17, 41
- s. a. Altlasten, Optimierungsgebot

Brandschutztechnische Anforderungen § 25, 19
Braunkohlenplanung § 6, 29 ff., 64 f., 86, 94
Bundesraumordnung/-planung § 1, 2, 24; § 4, 1 ff.
Bundesmaßnahmen § 3, 51
Bürgerbeteiligung (s. auch Beteiligung) § 15, 26
- durch Anhörung § 15, 30
- frühzeitige § 15, 28 ff.
- zweiphasige § 15, 28
Bürgerinitiative § 15, 26
Bürgermitwirkung s. Bürgerbeteiligung

D

„Drei-Säulen-Modell" § 24, 18
Dringender Wohnbedarf § 17, 32; § 20, 7; § 21, 1
Drittschutz § 28
- s. a. Nachbarschutz
Drittschutz, immissionsschutzrechtlicher s. Immissionsschutz
Durchführungsvertrag § 14, 11 f.; § 15, 13
- s. a. Vorhaben- und Erschließungsplan

E

Eigentumsinhaltsbestimmung § 12, 19; § 16, 23; § 19, 24 ff.; § 20, 8; § 26, 113
Eigentumsinstitutsgarantie § 26, 113, 119
Eigentrumskräftig verfestigte Anspruchsposition § 26, 106 ff., 111 ff.
Eigenverantwortlichkeit der planenden Gemeinde § 12, 1 ff., 18
Eignungsgebiet § 3, 33, 36 ff.
Einfügen § 26, 50 ff., 60 ff.
Einfügenstatbestand § 26, 60 ff.
Eingriffsregelung, naturschutzrechtliche § 14, 25, 36 ff.; § 17, 32, 42 f.
Einvernehmen mit der Gemeinde § 12, 17, 24; § 24, 10 ff.
- Freistellung für Fachplanungen § 12, 3, 24
Emissionsgrenzwert § 14, 32; § 17, 50
Enteignung § 16, 23; § 19, 24 ff.; § 20, 9
Entschädigung § 8, 7 f.; § 19
- bei Änderung oder Aufhebung einer zulässigen Nutzung § 19, 5 ff.
- Übernahmeanspruch § 19, 16; § 20, 8
- wegen Gebietsumstrukturierung durch Baugenehmigung § 19, 11 ff.
- wegen nachteiliger Festsetzungen im Bebauungsplan § 19, 15 ff.
- wegen Vertrauensschadens § 19, 20 ff.
Entschädigungsregelung, gesetzliche § 19, 12, 23 ff.
- Veränderungssperre § 16, 8
Entscheidungskompetenz § 23, 4; § 24, 20 ff.
Entsiegelung § 22, 21
Entsorgungsanlagen § 26, 17
Entwicklungsmaßnahmen s. Städtebaurecht

Entwicklungssatzung § 22, 10; § 26, 51, 55
Entwurfsverfasser § 24, 6, 35, 38
– s. a. Haftungsrisiko
Erfordernisse der Raumordnung § 3, 1 ff.
Ergänzendes Verfahren § 18, 24 ff.
Erhaltungssatzung § 16, 24; § 22, 12 f.
Erläuterungsbericht § 15, 5
Erlöschen der Baugenehmigung § 24, 29
Erörterung § 12, 15; § 15, 21, 30
– s. a. Beteiligung
Ersatzmaßnahmen nach den LNatSchG § 14, 37, 41
Erschließung § 20, 14 ff.; § 25, 29; § 26, 42 ff.
– Anspruch § 19, 8; § 20, 16; § 26, 44
– Pflicht § 20, 17; § 26, 44
Erschließungsbeitragsrecht § 20, 14
Erstplanung § 8, 5; § 13, 10 ff.
Europäische Raumordnung § 10, 1 ff.

F

Fachliche Programme/Pläne § 5, 15, 81
Fachlicher Entwicklungsplan § 5, 1, 64
Fachplanerische Belange, abstrakte Gleichrangigkeit § 13, 18
Fachplanung, Verhältnis zur Bauleitplanung § 14, 16 f., 22 f.
– Anpassung an den Flächennutzungsplan der Gemeinde § 13, 19
– Begriff und Abgrenzung § 1, 6 ff., 18
– und Teilplanung § 5, 5
– Verhältnis zur Bauleitplanung § 13, 16 f., 22 f.
Fachplanungsgesetze § 13, 22 f.
Fachplanungsträger § 13, 18 f.
Faktische Beeinträchtigung § 28, 7
Fehlerheilung § 18, 26 ff.; § 21, 34
– s. a. ergänzendes Verfahren
Fernheizung § 14, 27
Fernstraßenplanung § 12, 3, 24; § 17, 60
Festsetzung baulicher Nutzung § 14, 16 ff.
Feststellungsklage § 9, 20 f.
Flächennutzungsplan § 1, 26; § 5, 6
– Bekanntmachung § 15, 6
– Erläuterungsbericht § 15, 5
– Genehmigung der höheren Verwaltungsbehörde § 15, 5

– Gleichzeitigkeit mit Bebauungsplan § 15, 1 ff.
– Programmausführungsfunktion § 14, 2
– Steuerungscharakter, globaler § 14, 2
– Verhältnis zum Bebauungsplan § 15, 21 ff.
Flughafenplanung § 12, 3, 24
Folgekostenvertrag § 15, 18
Formelle Illegalität der baulichen Anlage § 27, 23
Freistellung von der Genehmigungsbedürftigkeit § 24, 2, 38 ff., 44; § 26, 19
Freistellungsverfahren s. Anzeigeverfahren
Fremdenverkehr § 16, 19
Funktionslosigkeit § 18, 39 ff.
– anfängliche § 18, 41 ff.
– nachträgliche § 18, 43 ff.

G

Gebietsbeschreibungen § 14, 17
Gebiets(be)wahrungsanspruch § 28, 30 f., 38
Gebietscharakter § 26, 21 f., 71; § 28, 38
Gebietsentwicklungsplan § 6, 52
Gebietsumstrukturierung § 19, 11 ff.
– s. a. Erhaltungssatzung
Gebot
– der Abstimmung mit Nachbargemeinden § 12, 12
– der Anpassung an die Ziele der Raumordnung und Landesplanung § 13, 9 ff., 14 ff.
– der Eingriffsminimierung § 17, 42
– der erforderlichen Planung § 13, 1 ff., 14 ff.
– der Erstplanung § 13, 10 ff.
– der Konfliktbewältigung § 17, 50 ff.
– gerechter Abwägung § 12, 20; § 17
– der Rücksichtnahme § 17, 46
– s. a. Dritt- und Nachbarschutz
Gebrauchssicherheit § 25, 19
Gefahrenabwehr § 25, 11, 19
Gegenstromprinzip/-verfahren § 1, 31, 33; § 3, 31; § 5, 8
Gemeindezusammenschlüsse § 12, 21
Gemeindliche Bauleitplanung § 12
Gemeindliche Planungshoheit § 12
– Berücksichtigung bei der fachplanerischen Abwägung § 13, 22 ff.

- Einschränkung durch Anpassungsgebot § 12, 27; § 13, 22 ff.
- Konflikte mit staatlicher Baugenehmigung § 12, 16
- verfassungsrechtliche Gewährleistung eines Aufgabenkernbereichs § 12, 1 ff.
- wehrfähiges Recht § 12, 28 ff.

Gemeinschaftsanlagen § 25, 34
Gemengelage § 26, 8
Genehmigungsanspruch § 24, 26 ff.
- wegen aktiven Bestandsschutzes § 26, 106 ff.
- wegen eigentumskräftig verfestigter Anspruchsposition § 26, 111 ff.

Genehmigungsbedürftigkeit § 24, 1 ff.
- s. a. Freistellung, Anzeigeverfahren

Genehmigungsfähigkeit § 25, 26
Genehmigungsfiktion § 24, 36
Genehmigungstatbestände
- bauordnungsrechtliche § 25
- bauplanungsrechtliche § 26

Genehmigungsverfahren, bauordnungsrechtliches § 24, 5 ff.
- Beschleunigung § 24, 3, 13, 45 ff.

Genehmigungsvoraussetzungen
- bauordnungsrechtliche § 25
- bauplanungsrechtliche § 26

Genehmigungsvorbehalte, planungsrechtliche § 13, 15; § 17, 16

Generalklausel
- bauordnungsrechtliche § 25, 9 ff.
- bauordnungsrechtliche Befugnisgeneralklausel § 27, 2
- polizei- und ordnungsrechtliche § 11, 8; § 27, 19; § 28, 49

Gerichtliche Kontrolle der Planungspflicht § 13, 7 ff.
Gesamtplanung, räumliche § 1, 18, 22 f.
Geschossflächenzahl § 14, 31
Gesetzgebungskompetenz § 1, 1 f.; § 13, 11
Gesetzliche Entschädigungsregelung § 19, 12, 23 ff.
- bei Veränderungssperre § 16, 8

Gestaltung, bauliche § 25, 24 ff.
Gestaltungsauftrag § 17, 13; § 19, 1
- Verpflichtung zur bauplanerischen Festsetzung § 13, 26 ff.
- Vorkaufsrecht § 16, 22 ff.

Gestaltungsfreiheit, planerische § 11, 32; § 12, 20; § 13, 1 ff.; § 17, 1 ff.

Gestaltungsmöglichkeiten § 14, 16
Gestaltungssatzung § 25, 27
Gestattungsverfahren, parallele § 24, 18 ff.
- Schlusspunkttheorie § 24, 26
Gewerbegebiet § 14, 21; § 26, 21
Gewohnheitsrecht § 15, 39
Globaler Steuerungscharkter des Flächennutzungsplans § 14, 2
Grenzabstand § 14, 23; § 25, 15 f.
- s. a. Bauwich, Abstandsflächen
Grenzwertfestsetzung § 14, 31 ff.
Grundbuchamt § 16, 15
Grundflächenzahl § 14, 21; § 26, 25
Grundsatz der Planerhaltung § 5, 13, 62, 69, 73; § 6, 11, 36, 50, 63, 85, 93
Grundsatz der Zielerhaltung § 5, 85; § 6, 109
Grundsätze der Raumordnung § 3, 3 ff.; § 5, 7
Grundzüge der Planung § 15, 7, 32, § 18, 28 ff.; § 26, 37 ff.
- s. a. Befreiung

H

Härte, offenbar nicht beabsichtigte § 25, 37; § 26, 37
Haftungsrisiko § 24, 43
Hamburg
- abstrakte Normenkontrolle § 21, 4
- Baustufenpläne § 28, 33
- Feststellung von Bebauungsplänen als RVO oder Gesetz § 14, 6
Hauptstadtplanung § 23
- Entscheidungsprärogative der Bundesorgane § 23, 2
- Erstplanungspflicht § 23, 6 f.
- Gewichtung der Hauptstadtbelange § 23, 2
Heilung von Planungsfehlern § 11, 33; § 18, 4, 25 ff.; § 21, 2, 34
Herrichtung nicht bebauter Grundstücksteile § 25, 31
Hinterlandbebauung § 26, 25
Höhere Verwaltungsbehörde
- Anzeige von Bebauungsplänen § 15, 5
- im Baugenehmigungsverfahren § 24, 9 ff.
- Genehmigung von Flächennutzungsplänen § 15, 5; § 21, 1

– s. a. Beteiligung
Hoheitliche Maßnahme eigener Art § 3, 58; § 9, **4**, **11**
Höherstufige Planungen, Anpassung an § 13, **13**; § 17, **55**

I

Illegalität der baulichen Anlage
– formelle § 27, **23**
– materielle § 27, **23**
Immissionsniveau, gebietsadäquates § 26, **28 ff.**; § 28, **57**
Immissionsschutz § 13, **3**; § 14, **26**; § 17, **50**; § 28, **56**
– aktiver Schutz § 14, **30**
– Anlagen § 15, **41**
– Drittschutz § 26, **28 ff.**; § 28, **36**
– Festsetzungen im Bebauungsplan § 14, **30**
– parallele Gestattungsverfahren § 24, **14 ff.**
– passiver Schutz § 14, **30**, **34**
– Schutzflächen § 14, **30**
– Verwendungsbeschränkungen und -verbote für luftverunreinigende Stoffe § 14, **27 ff.**
– Vorkehrungen § 14, **3**
– Vorsorgegebot § 14, **28**
In-der-Regel-Ziele § 3, **54**
Individualrechtsschutz § 28, **3**
– s. a. Dritt- und Nachbarschutz, Subjektivierungswille
Industriegebiet § 14, **19**, **38**; § 17, **12**, **47**
Industrielle Großvorhaben s. Standortvorsorge
Information § 4, **8**
Inhaltskontrolle von planerischen Entscheidungen § 21, **25**
Innenbereich § 26, **50 ff.**
– Drittschutz § 28, **16**
Institut für Bautechnik § 25, **22**
Investitionserleichterungs- und Wohnbaulandgesetz § 11, **17**; § 13, **25**; § 22, **3**
Inzidentprüfung § 9, **8**; § 15, **33**; § 18, **22**; § 21, **43**, **56 ff.**

K

Kaufpreislimitierung, gesetzliche § 16, **22**
Kenntnisgabeverfahren s. Anzeigeverfahren
Kennzeichnungspflichten für kontaminierte Flächen s. Altlasten
Kernbereich gemeindlicher Aufgaben § 12, **1 ff.**
Kerngebiet § 26, **21**
Kinderspielplätze § 25, **5**, **31**, **34**
Kommunalaufsicht § 13, **15**
– s. a. Rechtsaufsicht
Kommunale Bauleitplanung, Beschränkung durch Anpassungsgebot § 12, **26**; § 13, **10 ff.**; § 14, **2**
Kommunale Planungshoheit s. gemeindliche Planungshoheit
Kommunale Selbstverwaltung § 3, **57**; § 5, **8**; § 6, **3**; § 8, **1**
Kommunalisierung der unteren Verwaltungsebene § 17, **12**
Konditionalprogramm § 12, **4**; § 13, **5**; § 14, **7**
Konfliktbewältigung, Gebot der § 17, **49 ff.**; § 25, **26**
Konfliktschlichtungsformel § 28, **13 f.**, **19**, **33**
Kontaminierte Flächen s. Altlasten
Kontrolle der Bauleitpläne
– Gegenstände der § 21, **4 ff.**, **23 ff.**
– Intensität § 18, **6**
– verwaltungsinterne § 15, **34**; § 21, **1 ff.**
– s. a. Inzidentprüfung, Normenkontrolle
Konzentrationswirkung § 24, **14**, **19 ff.**
Kraftfahrzeugstellplätze § 25, **33 f.**; § 28, **8**
– s. a. Stellplätze, Parkraummanagement
Kreisentwicklungsplanung § 1, **25**

L

Lärmschutz s. Immissionsschutz, Immissionsniveau
Länderübergreifende Regionalplanung § 6, **3**, **12**, **20**, **38**, **74**, **87**
Landesentwicklungsbericht § 7, **36 f.**
Landesentwicklungsplan § 5, **1**, **24**, **31**, **47**, **59**, **64**, **71**

Stichwortverzeichnis

Landesentwicklungsprogramm § 5, 15, 24, 47, 52, 81
Landesplanerische Beurteilung § 7, 18
Landesplanerische Entschädigung § 8, 7f.
Landesplanerische Zielsetzungen, Anforderungen § 13, 12
- Anpassungsgebot § 13, 14
- Bestimmtheit § 13, 13
- Geltungsanspruch § 13, 12
- gerechte Abwägung § 13, 13
- Gesetzesvorbehalt § 13, 12
- landesplanerische Erheblichkeit § 13, 12
Landesplanungsabteilung § 5, 27
Landesplanungskonferenz § 5, 27
Landesplanungsrat/-beirat § 7, 31
Landesplanungsverband § 2, 4
Landesplanungsvertrag § 5, 23
Landesraumordnungsplan § 5, 75
Landesraumordnungsprogramm § 5, 36, 41
Ländlicher Raum § 3, 7, 29
Landschaftsprogramm/-rahmenplan § 3, 32
Landwirtschaftliche Vorhaben § 26, 77, 80 ff.
Legalenteignung § 19, 25 f.
Legalisierungswirkung § 24, 37 ff.; § 27, 22
Leitbilder § 4, 7
Leitungsfunktion der Bauleitplanung § 13, 4
Luftreinhaltung s. Immissionsschutz

M

Materielle Illegalität baulicher Anlagen § 27, 23
Ministerkonferenz für Raumordnung § 4, 2; § 7, 34
Mischgebiet § 26, 30; § 28, 54
Mitteilungspflicht § 7, 21 ff.
Mitwirkungspflichten § 15, 33
Mitwirkungsrechte § 12, 23; § 15, 4
Musterbauordnung § 25, 1

N

Nachbargemeinde, Abstimmung mit § 12, 12; § 15, 4
Nachbarklage, Verletzung in eigenen Rechten § 28, 1 ff.
- s. a. Dritt- und Nachbarschutz
Nachbarlicher Ausgleichsanspruch § 17, 58
Nachbarschutz § 28
- Abstandsflächen § 28, 39
- im überplanten Gebiet § 28, 30, 34
- aus Festsetzungen im Bebauungsplan § 28, 34
- aus Grundrechten § 28, 11, 17, 40
- aus dem Rücksichtnahmegebot § 26, 97; § 28, 15 ff.
- nach der Deregulierung § 28, 45 ff.
- Verhältnis öffentlich- und privatrechtlicher § 28, 51 ff.
- Verwirkung der Abwehrrechte § 28, 60
- s. a. Drittschutz
Nachbarstaaten s. Beteiligung
Nachhaltige städtebauliche Entwicklung § 11, 5 f.
Nachhaltigkeit § 1, 30
natürliche Lebensgrundlagen
s. nachhaltige Entwicklung, Ökologisierung, Naturschutz
Naturschutz § 14, 35 ff.
- s. a. Bebauungsplan; Eingriffsregelung
Nebenbestimmung zur Baugenehmigung § 14, 33; § 24, 28
Neue Bundesländer § 15, 9
Nichtigkeit funktionsloser planerischer Festsetzungen s. Funktionslosigkeit
Normenkontrollantrag § 21
- Zulässigkeit § 21, 4 ff.
- Begründetheit § 21, 21 ff.
Normenkontrolle § 9, 3 ff., 15 ff.
Normenkontrollverfahren, abstraktes § 21
- Antragsbefugnis § 21, 9 ff.
- Begründetheit § 21, 21 ff.
- Beiladung § 21, 36 f.
- einstweilige Anordnung § 21, 44 ff., 51
- Gegenstand § 21, 4 ff., 23 ff.
- Nachteil § 21, 11, 46 ff.
- Nichtvorlagebeschwerde § 21, 43
- Vorlagepflicht § 21, 41 f.

- Zulässigkeit § 21, 4 ff.
Nutzung, bauliche § 14, 16 ff.
- Art § 47, 17 ff.
- Maß § 14, 21 ff.
Nutzungsänderung § 22, 13; § 26, 14 f.
Nutzungskonflikt § 17, 31; § 24, 1; § 26, 10

O

Öffentliche Belange s. Belange
Öffentlichkeitsbeteiligung § 13, 36
- s. a. Beteiligung
Ökologisierung des Bauordnungsrechts, ökologische Zielsetzung § 11, 15, 31; § 25, 9, 32 ff.
Optimierungsgebot § 17, 31 ff., 72 ff.

P

Parallele Gestattungsverfahren § 24, 18
Parallelverfahren § 15, 1 ff.
Parkraummanagement § 25, 33
Passiver Immissionsschutz s. Immissionsschutz
Planaufstellungsverfahren s. Bauleitplanverfahren
Planbegründung § 18, 17 ff.
- s. a. Abwägungsvorgang
Planerhaltung § 18, 1 ff.
Planerische Gestaltungsfreiheit s. Gestaltungsfreiheit
Planfeststellung § 1, 18 f.
Planfeststellungsverfahren
- Freistellung von planungsrechtlichen Genehmigungsvoraussetzungen § 12, 13 f.; § 13, 22; § 26, 17
- Beteiligungsrecht der Gemeinde § 12, 13
Plangewährleistung § 19, 3, 6
Planinhalt § 21, 23, 25
Plankontrolle, gerichtliche s. Normenkontrolle
Planmäßigkeitsprinzip § 13, 4
- Durchbrechung § 13, 5
Planreife § 19, 9; § 26, 104
Planschadensrecht § 19
Planung
- Anpassung an überörtliche Fach- und Gesamtplanung § 13, 9 ff., 16 ff.
- Erforderlichkeit § 13, 1 ff.

- Formen § 14, 1 ff.
- Grundzüge der § 14, 2; § 18, 29; § 26, 37 ff., 71
- überörtliche § 11, 30; § 12, 13 ff.; § 13, 9 ff., 16 ff.
Planungsausschuss § 6, 16, 18, 78, 80, 86
Planungsbedürfnis § 26, 12, 66
- s. a. Außenkoordination
Planungsbeirat § 7, 31 f.
Planungsermessen § 18, 3, 6
Planungsformen s. Planung
Planungsgebot § 8, 5; § 13, 11
Planungshoheit der Gemeinden § 3, 57; § 5, 8; § 8, 1
- Anhörungsrecht § 12, 11
- Bestandteil der verfassungsrechtlichen Selbstverwaltungsgarantie § 12, 1 ff.
- Entzug § 12, 22 ff.
- gesetzliche Beschränkungen § 12, 18 ff.
- Schutz der noch nicht ausgeübten § 12, 17
- substantialisierte § 12, 15, 28
- wehrfähiges Recht § 12, 25 ff.
- s. a. gemeindliche Planungshoheit
Planungsleitsätze § 17, 37, 71 ff.
Planungspflicht § 3, 41; § 5, 1 ff.; § 6, 2; § 8, 5 f.
Planungspflichten der Gemeinde § 13
- Anpassung an privilegierte Fachplanung § 13, 16 ff.
- Anpassung an Ziele der Raumordnung und Landesplanung § 13, 9 ff.
- Erforderlichkeit einer Bauleitplanung § 13, 1 ff.
- Pflicht zu konsequenter Planung § 13, 1
- Verletzung § 13, 5
Planungsschadensrecht § 19
Planungsverband § 12, 21; § 13, 20
Planungsverbote der Gemeinde § 13, 1
Planverfahren s. Bauleitplanverfahren
Planzeichenverordnung § 26, 21
Polizei- und ordnungsrechtliche Generalklausel § 11, 8; § 27, 19; § 28, 49
Popularbeteiligung § 15, 29
präventive Kontrolle, Präventivkontrolle § 21, 2; § 24, 2, 35, 43 f., **Anhang**; § 27, 9; § 28, 47
- Privatisierung der präventiven Kontrolle § 24, 35, 45 f.
Praktische Konkordanz § 17, 33

private Normungsinstanzen § 25, 13
Privilegierte Fachplanungen, Anpassung an § 12, 27
Privilegierte Vorhaben § 26, 79 ff.
Programmausführungsfunktion des Flächennutzungsplanes § 14, 2 ff.
Projektmittler § 15, 11, 19 ff.

Q

Qualifizierter Bebauungsplan § 26, 20 ff.

R

Rahmenplanung § 8, 11
Raumbedeutsame Planungen und Maßnahmen § 1, 10 ff.
Raumbeobachtung § 7, 27
Raumordnerisches Informationssystem § 7, 28
Raumordnung
– Aufgabe § 1, 29
– Begriff § 1, 6, 8 f.
– europäische § 4, 7; § 10, 1 ff.
– und Gemeinden § 8, 1 ff.; § 9, 10 ff.
– geschichtliche Entwicklung § 2, 1 ff.
Raumordnungsbericht § 7, 36 f.
Raumordnungsgesetz § 1, 1; § 2, 7
Raumordnungskataster § 7, 26
Raumordnungsklausel § 3, 39, 49; § 8, 4
Raumordnungsplanung § 1, 17 ff.
Raumordnungsplan § 5, 7
Raumordnungspolitischer Orientierungsrahmen/Handlungsrahmen § 4, 5
Raumordnungsverfahren § 3, 59; § 7, 9 ff.; § 7, 32
Raumordnungsverordnung § 7, 12
Recht der Fachplanungsträger s. Fachplanungsträger
Rechtsschutz § 9, 1 ff. (s. auch Normenkontrolle, Dritt- und Nachbarschutz, Bürgerbeteiligung)
Regeln der Technik, allgemein anerkannte § 25, 10 ff.
Regelungskonkurrenz § 25, 15
Regelwerke, technische § 25, 10 ff.
Regionalbezirksplanung § 6, 98
Regionale Planungsgemeinschaft § 6, 3, 24, 68, 90, 101
Regionale Planungsstelle § 6, 26, 82
Regionale Planungskonferenz § 6, 24

Regionaler Entwicklungsplan § 6, 89
Regionaler Flächennutzungsplan § 6, 2
Regionaler Planungsbeirat § 7, 31
Regionaler Planungsverband § 6, 15 f., 41 f., 78
Regionaler Raumordnungsplan § 6, 67, 100
Regionaler Teilgebietsentwicklungsplan § 6, 94
Regionales Raumordnungsprogramm § 6, 40, 46
Regionalplan/-planung § 6, 1 ff.
– als Teil der Raumordnungsplanung § 1, 24
– Bürgerbeteiligung § 6, 3
– länderübergreifende Regionalplanung § 6, 3, 12, 20, 38, 74, 87
– Pflicht zur § 6, 2
– und Braunkohle- und Sanierungsplanung § 6, 29, 64 f., 86
– und Gemeinden § 1, 33; § 6, 3
– und gemeinsamer Flächennutzungsplan § 6, 2
– und Teilplanung § 5, 3
Regionalplanungsrat § 6, 24
Regionalverband § 6, 6, 8, 15; § 9, 11
Regionalversammlung § 6, 24 f., 34, 90
Regionalvertretung § 6, 69
Regionalvorstand § 6, 24 f., 69
Regionsbeauftragter § 6, 18
Reichsstelle für Raumordnung § 2, 5
Reine Wohngebiete § 26, 21 f.
Rücksichtnahme, Gebot der s. Gebote
– s. a. Dritt- und Nachbarschutz
Rügefrist für Planungsfehler § 18, 20 ff.
– einjährige § 18, 21
– siebenjährige § 18, 23

S

Sachbescheidungsinteresse § 24, 6, 25
Sanierungsmaßnahme s. Städtebaurecht
Sanierungsplanung § 6, 29 ff.
Schlusspunkttheorie § 24, 26
– s. a. parallele Gestattungsverfahren
Schranken der planerischen Gestaltungsfreiheit der Gemeinde § 12, 18 ff.
– durch Planungsleitsätze § 13, 3; § 17, 71
– Gebot der Anpassung an Ziele der Raumordnung und Landesplanung § 13, 4

- Gebot der erforderlichen Planung § 13, 14
- Gebot gerechter Abwägung § 17, 3
Schutz vor schädlichen Umwelteinwirkungen § 14, 25 ff.; § 26, 27 ff.; § 27, 20
- s. a. Immissionsschutz, Dritt- und Nachbarschutz
Schutzgebietsfestsetzung § 1, 20
Schutznormtheorie § 21, 12; § 28, 5 ff.
Schutzpflicht § 24, 3
Schutzflächenfestsetzung s. Immissionsschutz
Selbstverwaltungsrecht der Gemeinden
- Anhörungsrecht § 12, 11
- Beschränkungen § 12, 1 ff, 18 ff.
- Entziehbarkeit von Angelegenheiten § 12, 7
- gesetzliche Sicherung § 12, 12 f.
- Kernbereich § 12, 1 ff.
- Mitwirkung bei der Fachplanung § 12, 15
- Verhältnismäßigkeit einer Beschränkung § 12, 8
Sicheinfügen baulicher Anlagen s. Einfügen
Sicherheitsanforderungen § 24, 1; § 25, 10 ff., 21
Sicherheitsniveau § 25, 12 f.
Sicherung der Bauleitplanung § 16
- s. a. Veränderungssperre, Zurückstellung von Baugesuchen
Sicherung der Raumordnung und Landesplanung § 7, 1 ff.
Siebenjahresfrist im Planungsschadensrecht § 19, 5 f., 26 f.
Siedlungsverband Ruhrkohlenbezirk § 2, 3
Soll-Ziele § 3, 54
Sozialadäquanz § 26, 32 f.
Spielplätze s. Kinderspielplätze
Stadtstaatenklausel § 5, 6
Städtebau § 1, 7 f., 22 f.
Städtebauliche Belange, abstrakte Gleichrangigkeit § 12, 15; § 26, 17
- in der Fachplanung § 13, 18
Städtebauliche Gebote s. Städtebaurecht
Städtebaulicher Vertrag § 14, 46; § 15, 10, 15 ff.
Städtebauliche Zielsetzung § 11, 5; § 15, 17
Städtebaurecht, besonderes § 22

- Entwicklungsmaßnahmen § 22, 9 ff.
- Sanierungsmaßnahmen § 14, 45 f.; § 22, 4 ff.
- städtebauliche Gebote § 22, 19 ff.
Standortvorsorge
- landesplanerische Standortvorsorge für industrielle Großvorhaben § 12, 26
- Standortvorsorgeplanung § 12, 27; § 13, 11
Stellplätze § 24, 38; § 25, 5
Stoffverwendungsverbote § 14, 29
- s. a. Immissionsschutz
Strukturelle Festlegungen § 3, 29
Strukturschwacher Raum § 3, 8, 29
Subjektivierungswille § 28, 12, 19
- s. a. Dritt- und Nachbarschutz

T

Technische Baubestimmungen § 25, 14
Technische Regelwerke § 25, 10 ff.
Teilbaugenehmigung § 24, 33 f.
Teilplan/-programm § 5, 1 ff.; § 6, 1
Teilungsgenehmigung § 16, 14 ff.
- Schutzfunktion § 16, 17
- Sicherungsfunktion § 16, 16
- Versagung § 16, 17
Trennungsgrundsatz, städtebaulicher § 17, 39, 47
Trinkwasserversorgung § 25, 29

U

Übereinstimmungsnachweis s. Bauprodukte
Übertragung der Planungsaufgabe auf Gemeindezusammenschlüsse § 22, 21
Überwachungsmaßnahmen s. Bauüberwachung
Umlegung von Grundstücken § 16, 24; § 20, 13
Umwelt, Umweltschutz § 11, 21
- in der Abwägung § 17, 31
- Festsetzung im Bebauungsplan § 14, 9, 25 ff.
- Kompetenz der EG § 10, 3 f.
- und Raumordnung § 1, 30 f.; § 3, 5; § 7, 10
- s. a. Gegenstand und Aufgaben der Bauleitplanung, Naturschutz, Immissionsschutz, Altlasten

Umweltverträglichkeitsprüfung (UVP)
§ 7, 10; § 15, 35 ff.
Unbeachtlichkeit von Planungsfehlern
§ 15, 34; § 16, 2, 13 ff.
– s. a. Planerhaltung
Unterrichtung § 4, 8
Untersagung § 7, 2 ff.
Unzumutbarkeit von Belästigungen § 26, 28, 35
– enteignungsrechtlich § 28, 42

V

Veränderungssperre § 16, 2 ff.; § 24, 31 f.
Verband Groß Berlin § 2, 2 (s. auch Hauptstadtplanung)
Verbände § 5, 8; § 6, 6
– s. a. Regionalverband, Regionaler Planungsverband
Verbandsgemeinden § 12, 21
Verbindliche Bauleitplanung s. Bebauungsplan
Verbindung mit dem Boden s. baul. Anlage
Verbot nicht erforderlicher Bauleitpläne § 13, 1 ff.
Verdichtungsraum § 3, 7, 29
Vereinfachtes Genehmigungsverfahren § 24, 35 ff.
Vereinfachtes Verfahren, eingeschränkte Betroffenenbeteiligung § 15, 7, 32
Verfahren der Bauleitplanung s. Bauleitplanung
Verfahren der Bebauungsplanung s. Bauleitplanung
Verfahrensbeschleunigung § 18, 25 f.; § 24, 13, 36
– s. a. Abbau präventiver Kontrolle
Verfahrensfreie Vorhaben s. Freistellung
Verfahrensvereinfachung § 18, 26; § 24, 35
Verfassungsbeschwerde § 9, 10 ff.
Verfassungskonformität des Planungsschadensrechts § 19, 24
Vermögensrechtliche Plangewährleistung § 19, 3 ff.
– s. a. Planungsschadensrecht
Verpflichtende Bauplanungsverträge § 13, 26
Versiegelungsverbot § 25, 32
Versorgungsanlagen § 25, 29
Verteilungsmasse s. Umlegung

Vertrag, städtebaulicher § 13, 26 ff.
Vertrauensschaden, Ersatz § 19, 20 f.
Vertretbarkeit, städtebauliche § 26, 37, 56, 71
Verunstaltung, verunstaltet § 25, 24 f.
– s. a. Außenwerbung
Verwahrlosung § 27, 30
Verwaltungsbehörde, höhere s. Höhere Verwaltungsbehörde
Verwaltungsgemeinschaften s. Gemeindezusammenschlüsse
Verwendungsbeschränkungen und -verbote für luftverunreinigende Stoffe § 14, 27 ff.
Vollgeschoß § 14, 21 f.
Vorabbindung der Gemeinde § 13, 30; § 17, 20 ff.
Vorbehaltsgebiet § 3, 33 ff.
Vorbereitender Bauleitplan s. Flächennutzungsplan
Vorbereitungsfunktion der Bauleitplanung § 13, 4
Vorbescheid § 16, 10; § 24, 30 ff.
Vorhaben
– bauliche i. S. v. § 29 BauGB § 26, 10 ff.
– im Außenbereich § 26, 74 ff.
– landwirtschaftliche § 26, 80
– ortsgebundene § 16, 86; § 26, 79
– privilegierte § 26, 4, 75, 79 ff.
– sonstige § 26, 89 ff.
Vorhabenbezogener Bebauungsplan § 14, 10 ff., 69; § 15, 13
Vorhaben- und Erschließungsplan § 14, 10 ff.
Vorkaufsrecht § 16, 22 ff.; § 20, 2
Vorlagepflicht § 21, 42
Vorranggebiet § 3, 33 ff.
Vorsorgegebot s. Immissionsschutz

W

Werbeanlagen s. Außenwerbung
Windenergie, Windkraft § 26, 63, 85 ff.
Wohl der Allgemeinheit § 12, 20; § 16, 24; § 26, 37 ff.
Enteignung § 20, 10 f.
Wohngebiet
– allgemeines § 14, 17 f.
– reines § 26, 21 f.
Wohnungen, Anforderungen an § 25, 30
– s. a. Aufenthaltsräume

473

Z

Zentrale Orte § 3, **6, 26**
Zielabweichung/ -änderung § 3, **51 ff.**
Ziele des Naturschutzes und der Landschaftspflege § 1, **8**; § 17, **43**
– s. a. Umwelt, Umweltschutz
Ziele der Raumordnung § 3, **2, 21 ff.**; § 5, **7**; § 6, **3 f.**; § 8, **4 ff.**
Zulässigkeit von Vorhaben
– bauordnungsrechtliche § 25
– bauplanungsrechtliche § 26
– s. a. Vorbescheid
Zulässigkeitstatbestand, baugebietsorientierter § 26, **50, 68 ff.**
Zumutbarkeit von Belästigungen § 26, **28 f., 34**
Zurückstellung von Baugesuchen § 16, **1 ff.**
Zustimmung s. Einvernehmen
Zwangsverbandsbildung § 12, **22**
Zweckprogramm § 12, **4**
Zweitwohnungen § 16, **19**
– s. a. Fremdenverkehr

REIHE »RECHTSWISSENSCHAFT HEUTE«.

Sachenrecht
von Professor Dr. Klaus Schreiber

2000, 3. Auflage, 270 Seiten, DM 39,–

ISBN 3-415-02709-0

Der Autor gibt einen verständlichen Überblick über die Systematik und die Grundlagen des Sachenrechts. Fallbeispiele verdeutlichen die Problempunkte des Sachenrechts auf einprägsame Weise.

Neben den Kerngebieten wie Eigentum und Besitz erläutert der Autor auch die Sicherungsrechte an beweglichen Sachen und Rechten sowie an Grundstücken. Dabei orientiert sich die gelungene Darstellung stets an den Prüfungsanforderungen des Ersten und Zweiten Staatsexamens.

»Didaktisch setzt Schreiber mit seinem Lehrbuch noch immer Maßstäbe. Unverändert gilt, manches findet man kaum anderswo so knapp und klar präsentiert wie bei Schreiber.«

Dr. Stefan Mutter, Jura, zur Vorauflage

Verwaltungsprozessrecht

Kurzlehrbuch mit Systematik zur Fallbearbeitung

von Professor Dr. Dr. h.c. Walter Schmitt Glaeser und Professor Dr. Hans-Detlef Horn

2000, 15. Auflage, 340 Seiten, DM 39,80

ISBN 3-415-02649-3

Jurastudenten und Rechtsreferendaren vermittelt das Kurzlehrbuch die wesentlichen Strukturen und Zusammenhänge des Verwaltungsprozessrechts. Ausbildungs- und examensrelevante Problemstellungen sind ausführlich erörtert. Fallbeispiele, Hinweise zur Methodik der Fallbearbeitung und konsequente und praxistaugliche »Ablaufpläne« für die Zulässigkeits- und Begründetheitsprüfung erleichtern das Verstehen der komplexen Materie.

»Verständliche, anschauliche und eingängige Darstellung des spröden Prozessrechtsstoffes ...«

Prof. Dr. Werner Hoppe, DVBl., zur Vorauflage

Ab301

Zu beziehen bei Ihrer Buchhandlung oder beim
RICHARD BOORBERG VERLAG
70551 Stuttgart bzw. Postfach 80 03 40, 81603 München
Internet: www.boorberg.de   E-Mail: bestellung@boorberg.de